신자유주의의
좌파적 기원

냉전시대 경제학 교류의 숨겨진 역사

신자유주의의 좌파적 기원

조하나 보크만 지음 | **홍기빈** 옮김

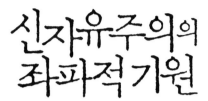

THE LEFT-WING

ORIGINS OF

NEOLIBERALISM

글항아리

일러두기

• 이 책의 각주는 모두 옮긴이주이며 원주는 후주로 처리했다.
• 원서에서 이탤릭체로 강조한 부분은 굵은 글씨로 표시했다.

서문

1988년 가을, 나는 헝가리 부다페스트에 도착했다. 캘리포니아 주립 대학의 해외 프로그램을 통해 교환학생으로 간 것이었다. 거기에서 나는 도저히 이해할 수 없는 상황과 만나게 되었고 이것이 나의 인생을 새로운 방향으로 몰고 가게 된다. 우리 교환학생들은 1년 동안 카를마르크스 경제대학에서 헝가리 학자들과 공부했고, 그들은 우리에게 세상을 새롭게 이해하는 방식을 가르쳐주었다. 심지어 미국 문학 같은 과목에서도 그러했다. 우리는 대규모 시위에 참가했으며, 로마 사람들* 마을에도 가보았고, 지하의 펑크 클럽에서 저녁을 보냈고, 교환학생 프로그램 담당자들과 이야기하면서 그들을 식겁하게 만들기도 했다. 한마디로 젊은 대학생들처럼 놀고 공부하고 친구를 사귀는 보통 생

---

*흔히 집시Gypsy라고 불리는 동유럽과 남유럽 일대에 거주하는 소수민족.

활을 보낸 것이다. 단지 어쩌다 보니 그 장소가 역사적 변화의 현장이었던 것뿐이었다.

내가 깜짝 놀랐던 것은 우리를 가르쳤던 교수들이 구사한 언어였다. 그들은 시장, 민주주의, 자유에 대해 아주 긍정적으로 이야기했기 때문이다. 미국의 우익들은 이 단어들을 정치적인 것으로 만들기 위해 무진 애를 썼으며, 이것들을 내걸고서 중남미 등지에서 그토록 사악한 짓들을 벌이기도 했다. 그런데 카를마르크스 경제대학의 우리 교수님들께서 마치 레이건 대통령의 로봇 같은 이야기를 하고 있는 게 아닌가. 미국으로 돌아와 대학원에 진학한 후 나는 내가 경험한 것들을 이해하려고 애쓰게 되었다. 도대체 사회주의란 무엇이었나? 자본주의는 또 무엇인가? 1989년에 벌어진 일은 무엇이었던가? 이 책은 이러한 질문들에 대해 지금 내가 내놓을 수 있는 대답이다.

박사논문을 준비하면서 나는 헝가리 사람들이 이미 1950년대부터 시장과 사회주의 두 가지 모두를 요구해왔다는 것을 알게 되었다. 헝가리에 대해 잘 알고 있는 이들이라면 이것이 놀라운 일이 아닐 것이다. 하지만 1990년대 당시의 학자들은 사회주의란 소비에트 러시아와 같은 중앙계획에 기초한 국가사회주의이며 또 그 이외의 형태는 있을 리 없을 것이라는 선입견을 깔고 있었다. 이러한 환경에서는 헝가리가 시장사회주의의 경험을 가지고 있다는 사실을 환기시키는 것 자체가 중요한 일이었다. 동시에 나는 또 일부 헝가리 경제학자들이 미국 등지에서 공부했으며 그 과정에서 주류 신고전파 경제학을 익혔다는 것도 알게 되었다. 1990년대 당시로서는 헝가리 사람들이 헝가리 밖의 세계와 완전히 절연된 상태가 아니었음을 인식하는 것 또한 중요한 문제였다. 나는 박사논문에서 이렇게 헝가리 경제학자들이 미국의 신고전파 경제학을 익혔던 것이 그들의 생각을 자본주의 쪽으로 몰고 가는 데에 특별히 기여했다고 가정했었다.

하지만 나는 여전히 1989년에 벌어진 일에 대해서는 제대로 이해하지 못했다는 느낌이었다. 그래서 하버드 대학의 데이비스 러시아 연구센터Davis Center for Russian Studies에서 박사 후 과정을 하고 있을 당시 나는 냉전 기간에 헝가리 및 여타 동유럽 나라 사람들과 함께 일했던 미국 경제학자들을 인터뷰하기 시작했다. 이러한 동-서 대화에 참여했던 경제학자들은 주변적인 인물이기는커녕 경제학 분야에서 중심적 위치를 차지한 인물들이었다. 이 미국인들은 도대체 어떻게 동유럽 경제학자들을 자본주의로 세뇌시킬 수 있었을까? 이 세뇌 과정을 이해하려면 전문적인 경제학자들이 구사하는 여러 이론과 모델들을 이해하는 수밖에 없었다. 이들이 외국으로 수출했던 게 도대체 무엇이었을까? 이들이 다른 나라의 경제학자들과 맺고 있었던 관련을 추적하다 보니 그 다음에는 이탈리아로 또 그 다음에는 옛날의 유고슬라비아로까지 가게 되었다. 또 그러다 보니 제1세계, 제2세계, 제3세계 전체에 걸쳐 있었던 경제학의 대화에 대해서도 알게 되었다. 몇 년에 걸친 수많은 인터뷰를 통하여 나는 미국 경제학자들이 신고전파 경제학을 미국적인 경제모델로 수출한 게 아니라는 사실을 깨닫게 되었다. 진실은, 신고전파 경제학은 생겨났을 때 이래로 시장과 경제계획, 경제적 자유와 효율성, 자본주의와 사회주의 등의 문제를 논할 때마다 전 세계의 경제학자라면 누구라 할 것 없이 항상 사용하는 언어를 제공해왔다는 것이다.

나는 수많은 경제학자와 오랜 세월 함께 앉아 수많은 시간을 보냈다. 그러지 않았더라면 나는 그들의 생각을 전혀 이해할 수 없었을 것이다. 이 경제학자들은 간혹 나의 인터뷰가 혼란스럽고 도무지 방향을 종잡을 수 없다는 것을 눈치 채곤 했다. 도대체 당신이 알고 싶은 것이 뭐요? 내가 알고 싶었던 것은 그들의 아이디어, 그들이 받았던 훈련, 그들을 일하게 만드는 동기, 그들의 정치적 관점, 그들의 생활 일반 등 실로 포괄적이었다. 나는 이 모든 것이 이들의 생각을 이해하는 데 필수적이라는 것을 알게 되었다. 이 경제학자들이 내게 그렇게 많은 시간을 내어주었던 이유도 따지고 보면 그들 또한 이 질문들에 대해 일정한 대답을 찾고 싶어했기 때문이라고 나는 믿는다.

이 책의 초고를 쓰면서 나는 경제학자들과의 대화 녹취를 직접적으로는 인용하지 않았다. 여기에는 몇 가지 이유가 있다. 우선 나는 온 세계를 돌며 인터뷰 대상자들을 만나는 가운데 만나자마자 녹음기를 들이대면서 연구 대상자 리뷰Human Subjects Review 서식에 서명하라고 하면 이들이 모두 무언가 의심을 품게 된다는 것을 감지했다. 어떤 경제학자는 아예 내가 우리 대화를 녹음할 경우 자기는 아무 말도 않을 것이라고까지 했다. 나는 재빨리 그냥 손으로 노트에 적을 테니 연구 대상자 리뷰 따위는 걱정 말라고 안심시켰다. 그래서 나는 이 여러 인터뷰를 그저 연구 작업 진행을 위한 출발점으로만 사용하기로 했다. 즉 문서 보관소와 출간 문헌들을 볼 때 어디를 어떻게 뒤져야 하는지를 가르쳐주는 지침으로만 쓰기로 한 것이다. 이 인터뷰들은 또 점점 대화처럼 변해갔다. 경제학자들이 내게 말하고자 했던 것들은 기술적으로나 정치적으로나 이해하기가 지극히 어려웠다. 그래도 서서히 나도 이해를 얻게 되었고, 다른 경제학자들을 만날 때마다 내가 이해한 게 맞는지 그들의 견해를 들어보기도 했다. 이에 따라 경제학자들은 점차 인터뷰 대상이라기보다는 대화 상대자처럼 되어갔다.

그럼에도 이들과 내가 행했던 인터뷰를 녹음기로 담거나 글자 그대로 채록하지 못한 것은 안타까운 일이다. 그들 중 많은 숫자는 인터뷰 이후에 유명을 달리하기도 했으니까. 하지만 나는 경제학자들에 대한 인터뷰는 그들 세계를 이해하는 과정의 일부로만 사용하기로 오래전에 결심한 바 있다. 내가 이 책을 쓰지 않을 수 없게끔 만든 것은, 이 경제학자들 전부는 물론 아니지만 이중 많은 숫자가 이 세상을 해방적인 방향으로 변혁하기 위해 싸워왔던 사람들과 여러 가지 방식으로 연결되어 있었다는 사실이었다. 이탈리아의 경제학이 어떠했는지는 정말로 지루하고 재미없는 주제가 될 수도 있는 질문이다. 하지만 내가 이탈리아 경제학에 대해 글을 쓰고 있는 가운데 나의 마음은 이런 경제학을 해나갔던 이들이 제2차 세계대전 당시 반파시즘 파르티잔들과 어떻게 연결되어 있었는지, 또 스탈린 치하의 소련에서 목숨을 잃었던 그들의 동료들과 어떻게 연결되어 있었는지, 제3세계 동맹국들과는 어땠으며 또 전 세계의 공식적 사회주의자들과 이에 저항했던 사회주의자들과는 어떻게 연결되어 있었는지 등의 질문으로 꽉 차 있었다. 또 이를 연구한 덕에 나는 1989년과 사회주의의 의미를 이해하는 데에도 큰 도움을 얻었다. 나와 함께 이야기를 나누었던 경제학자들과 다른 개개인들 모두에게 감사를 드린다. 물론 이 책에 개진된 여러 해석과 혹시 있을지 모를 모든 오류는 전적으로 나 혼자의 책임이다.

감사의 말

이만한 스케일의 책을 쓰다 보면 숱한 빚을 지게 된다. 가장 크게 빚진 이는 앤드루 지머맨이다. 그의 학문적, 인간적 지지가 없었다면 이 책을 완성할 수 없었을 것이다. 우리의 지속적인 토론과 열띤 논쟁 덕분에 이 책은 훨씬 더 나은 책이 될 수 있었다. 그는 이 책을 셀 수도 없을 만큼 여러 번 읽었다. 이렇게 함께 지적 생활을 공유한다는 것에서 얻은 혜택은 끝이 없을 정도다.

두 번째 중요한 빚은 미국 국회도서관 특히 유럽 자료실과 존 클루게 센터에 지고 있다. 나의 연구 조사는 전 세계를 떠돌며 이루어졌지만 국회도서관은 우리 집에서 조금만 걸어가면 있고 게다가 가장 뛰어난 장서, 저널, 수고를 가진 도서관의 하나다. 유럽 자료실은 이 멋진 자료들을 읽고 또 금요일 오후에는 차까지 마실 수 있는 아름다운 공간을 제공해주었다. 나는 또한 클루게 센터의 일원으로서 캐럴라인 브라운, 마시 다이니어스, 모니카 도밍게즈 토레스, 아그네스 케펠리, 켈리 펨버턴, 메리 루 레커, 재커리 슈락, 비디야 스와미나탄 등이 만들어준 지적인 분위기를 향유할 수 있었다. 나는 이러한 국보급 인물들의 주변에 있을 수 있는 행운을 누렸다.

이 책의 조사와 집필은 미국 학식 협회ACLS: American Council for Learned Societies, 조지메이슨 대학의 글로벌 연구센터와 교무처, 하버드 대학의 데이비스 러시아 연구센터, 조지위싱턴 대학의 유럽, 러시아, 유라시아 연구소, 국제 연구 및 교류위원회IREX: International Research and Exchanges Board, 미국 국회도서관의 존 클루게 센터, 우드로 윌슨 국제 학술센터 등의 지원을 받아 이루어졌다. 나는 이 기관들의 지원에 감사한다. 또한 나는 다음의 문서고들이 내게 자료에 대한 접근과 일하기 좋은 환경을 제공해준 데 감사한다. 세르비아 및 몬테네그로 문서고, 콘핀두스트리아 문서고, 포드 재단 문서고, 하버드 대학의 여러 문서고, 후버 연구소 문서고, 헝가리 과학 아카데미 문서고, 헝가리 공산당 연구소 문서고, 부다페스트 경제과학대학교의 여러 문서고, 헝가리 국립 문서고, 미국 국회도서관 수고 자료실, 구술사 문서고 그리고 예일 대학교의 여러 문서고 등이다.

많은 개인이 또한 이 책의 여러 부분을 읽고 중요한 논평과 비판을 주었으며, 자신들의 지식과 관점을 내게 너그러이 베풀어주었다. 나는 서문에서 내가 경제학 분야를 이해할 수 있도록 도와준 여러 경제학자를 언급했다. 특히 케네스 애로, 브란코 밀라노비치, 잔니 살비니, 하워드 와첼이 이 책의 여러 장과 관련된 내 논문들을 읽고 논평해준 것에 감사한다. 질 이올, 디트리히 뤼셰마이어, 유발 요네이, 그밖에 또 이름을 알 수 없는 이 책 초고의 평가자들은 이 책의 수고手稿 전체를 읽고 수고가 논리와 힘을 더 가질 수 있도록 중요한 기여를 해주었다. 또한 마이클 번스타인, 언드라시 브로지, 엘런 코미소, 마사 램플랜드, 아코시 로너터시, 스티븐 샤핀 등은 이 책의 앞부분을 읽어주었다. 나는 나의 공저자였던 마이클 번스타인과 질 이올로부터 많은 것을 배울 수 있었다. 스탠퍼드 대학 출판부의 마고 베스 크루펀과 제시카 월시 그리고 나의 편집자인 마거릿 피넷 등과 함께 일했던 것은 내게 큰 기쁨이었다. 또한 내가 수고를 완성하기까지 친절하게 지원해준 제임스 쿡에게 감사한다.

박사 후 과정으로 하버드 대학 데이비스 러시아 연구센터에 있을 당시 나는 여러 다양한 워킹그룹에 참여할 기회를 얻을 수 있었다. 데이비드 엥거먼, 에단 폴록, 실라 재서너프와 그녀의 과학 연구조사 세미나의 여러 동료에게 감사한다. 또한 볼커 베르간과 티머시 미첼에게 그들의 지속적인 지지에 대한 감사를 드린다. 미첼은 뉴욕 대학의 워크숍 '신자유주의는 어떻게 초국적 운동이 되었나'에 나를 초대해주었다.

나는 조지메이슨 대학의 일원이 되어 행운이라고 생각한다. 우리의 교무처장 피터 스턴스는 내가 도착한 날부터 내게 도움이 되어주었다. 우리 학과 동료 교수들은 내 작업에 큰 영향을 주었다. 특히 에이미 베스트, 존 데일, 휴 거스터슨, 낸시 핸러헌, 마크 제이컵스, 캐런 로젠블럼, 토니 사마라, 수전 트렌처, 스티브 밸러스 그리고 다른 학과 교수인 테렌스 라이언스, 피터 맨더빌, 아그니에슈카 파친스카, 폴 스미스 등에게 감사한다.

마지막으로 나의 가족, 친구들, 이웃들에게 감사한다. 나의 아버지, 형제, 자매, 이모, 삼촌, 사촌, 조카, 가족의 친구들 등이 나의 작업에 끝없는 지원과 관심을 보여주었다. 수도 워싱턴이라는 세계는 대단히 사교적인 사람들과 중요한 지역 정치 및 사회운동 그리고 끝없는 정치 토론으로 꽉 찬 데다 이따금씩은 자동차 퍼레이드까지 벌어지는 짜릿한 환경을 제공해주었다. 덕분에 나는 이곳 워싱턴에서 워싱턴 컨센서스와는 전혀 다른 생각들을 발전시킬 수 있었다.

서론

경제학자들과 사회주의

지난 50년간 가장 극적인 사건 중 하나는 온 세계가 신자유주의를 신봉하게 되었다는 것이다. 시장을 이상화하는 한편으로 국가나 사회주의는 물론이고 심지어 사회 정의와 같은 집단적 이상까지 비난하는 정치경제 이데올로기가 신자유주의다. 레이건 정부와 대처 정부는 복지국가를 공격하고, 국가 규제를 거부하고, 국영기업들을 사유화하고, 국가의 여러 기능을 시장 행위자들에게 넘겨줌으로써 신자유주의 경향의 결정판을 보여준 바 있다. 그런데 이 시기를 관찰한 이들은 많은 동유럽인 또한 자유시장이라는 것에 거의 레이건과 대처 못지않게 집착한다는 것을 알게 되었다. 1988년 가을과 1989년 봄에 걸쳐 헝가리 부다페스트에 교환학생으로 갔던 나 역시 이 때문에 당혹스러웠다. 우리를 가르쳤던 카를마르크스 경제대학의 교수들은 분명 사회주의자들이었을 터인데도 말하는 것을 보면 레이건식 미국 공화당 당원 같았기 때문이다. 1991년 소비에트 연합의 몰락은 신자유주의적 자본주의가 전 지구적으로 승리했음을 확인시켜주는 것으로 보였고, 이는 국가사회주의의 해체 그리고 전 세계에 걸친 시장 및 민주적 개혁의 실현으로 이어지고 있었다. 신자유주의는 전 세계를 근본적으로 바꾸어놓았다. 이 책은 신자유주의적 자본주의가 결코 헤게모니의 저거너트*가 아니며, 오히려 그것이 공격했던 바로 그 사회주의라는 대안적 체제에 붙어 기생하며 자라난 것임을 시사하고자 한다.

신자유주의의 발흥과 그것이 수많은 나라의 경제, 정치 체제, 문화, 사회에 얼마나 근원적인 영향을 끼쳤는가를 탐구하는 문헌은 엄청나게 많다. 이제는 신자유주의가 쇠퇴하고 있는 게 아니냐를 묻는 문헌까지 나오고 있는 실정이다.[1] 이 책에서 나는 신자유주의 사상과 정책의 발전과 확산에 있어서 전문적 경제학자들이 맡았던 중심적 역할을 연구하고자 한다. 정책 결정자들과 일반인들이 경제를 이야기하면서 사용하는 여러 개념과 이미지의 대다수는 경제학자들이 만들어낸 것이다. 이들은 또한 정치 및 여타 분야의 엘리트들에게 영향력을 행사하여 온 세계가 더욱 자신들의 이론과 추상적 모델에 가까워지도록 바꾸어나간다.[2] '경제'라는 것이 사회의 다른 부분과 뚜렷이 구별되는 하나의 독자적 영역이자 사회과학 및 정부 정책의 대상이라는 생각 자체도 정부 및 여타 조직에서 함께 일해온 경제학자들의 전문적 작업으

---

*저거너트juggernaut: 시바 신을 숭배하는 인도인의 종교의식에서 인신공양으로 바칠 희생자를 죽이는 데에 쓰는 물건으로서, 엄청난 양의 물건을 실은 큰 수레로 희생자를 치어 죽였다고 한다. 어디까지나 영국인의 이야기에 나오는 것으로 실존했다는 근거는 없으나 그 실재성과 무관하게 이 말은 19세기 이후 '무자비하게 작동하는 몰인격적인 메커니즘' 따위를 일컫는 용어가 되었다.

로부터 나온 것이다(Mitchell, 2002: ch.3).

경제학자들이 어떻게 해서 신자유주의를 발전시키고 확산시켰는가에 대해 학자들은 보통 세 가지 정도의 설명을 제시하고 있다. 그런데 이 세 입장 모두가 경제학자들이 항상 국가 혹은 시장 어느 한 쪽의 편을 들었으며, 따라서 모든 경제학자를 국가-시장이라는 축 위에 한 명 한 명 늘어놓는 것이 가능하다고 가정하고 있다. 그 첫 번째 설명은 우익 경제학자 개개인들 특히 밀턴 프리드먼과 프리드리히 하이에크에 초점을 두고 있다. 신자유주의의 핵심을 이루는 급진적 자유시장이라는 생각을 발전시킨 게 이들이라는 것이다. 우익 싱크탱크의 단일한 전략적 네트워크, 몽 펠르랭 협회Mont Pelerin Society 등의 결사체들, 스카이프 가족의 것과 같은 재단들은 이러한 신자유주의 아이디어들을 포장하고 전 세계적으로 활용하여, 경제에서 국가가 맡는 역할이라면 규제에서 케인스주의와 중앙계획까지 모두 싸잡아서 공격을 퍼부은 바 있다(Bourdieu and Wacquant, 1999; Campbell, 1998; Centeno, 1998; Cockett, 1995; Hartwell, 1995; Harvey ,2005; Kelly, 1997; Klein, 2007; Mirowski and Plehwe, 2009; Smith, 1993; Valdés, 1995; Yergin and Stanislaw, 1998).[3] 나오미 클라인 또한 그녀의 저서 『쇼크 독트린』(Klein, 2007) *에서 밀턴 프리드먼과 여타 신고전파 경제학자들이 여러 경제위기를 기회로 활용하여 충격요법 등의 급진적인 자유시장 정책 패키지를 실현해왔으며 이것이 결국 전세계에 "재난 자본주의disaster capitalism"를 가져왔다고 주장한 바 있다.

---

* 국내 번역본은 『쇼크 독트린—자본주의 재앙의 도래』, 김소희 옮김, 살림Biz, 2008.

두 번째 종류의 설명은 신고전파 경제학과 그 자유시장 모델들이 신자유주의가 보낸 일종의 트로이 목마 구실을 했음을 시사하고 있다(Aligica and Evans, 2009; Biglaiser, 2002; Kogut and Macpherson, 2007).[4] 하비는 그의 저서 『신자유주의의 짧은 역사』(Harvey, 2005)[*]에서 신자유주의가 1960년대 좌파가 성공을 거둔 이후 경제적 엘리트들이 자기들 권력을 회복하기 위해 추진해온 정치 프로젝트임을 훌륭하게 묘사하고 있지만, 그는 신자유주의와 신고전파 경제학을 하나로 뒤섞어놓고 있다.[5] 로널드 레이건과 마거릿 대처는 이러한 정치 프로젝트를 실현해야 한다는 과제를 위임받아 권력을 쥐었고 거기에다가 우익 경제학자들의 자유시장에 대한 비전이라는 또 다른 '유토피아 프로젝트'를 결합함으로써 그 정치 프로젝트의 성격을 은폐했다는 것이다. 많은 저서의 저자들이 이러한 신자유주의적 비전이 마르크스주의에 반대하는 신고전파 경제학에 기초하고 있다고 보았다. 그래서 하비 또한 이렇게 말한다.

신고전파라는 명칭은 곧 그들[이 경제학자들]이 19세기 후반에 출현한 신고전파 경제학의 자유시장 원리를 고수하여, 그것으로 애덤 스미스, 데이비드 리카도 그리고 물론 카를 마르크스까지 싹 다 몰아낸다는 것을 말해주고 있다(2005: 20).

하비는 여기에서 신자유주의의 핵심을 신고전파 경제학과 그 '자

---

[*] 국내 번역본은 『신자유주의—간략한 역사』, 최병두 옮김, 한울아카데미, 2009.

유시장 원리'에서 찾고 있다. 사회학자인 캠벨과 페데르센 또한 비슷한 주장을 내놓는다. "신고전파 경제학을 자명한 진리로 보는 깊은 신앙"이 바로 신자유주의의 핵심을 이룬다는 것이다(Campbell and Pedersen, 2001: 5). 스콧 세르노는 좀더 일반적으로 받아들여지는 관점을 보여주고 있다.

> 전 세계의 많은 나라가 자유무역과 자유시장의 사상을 발견하고 있었다. 이러한 접근법의 지적 기초는 신고전파 경제학으로부터 온다. 이 접근법은 종종 신자유주의라는 이름으로 불린다. (…) 이렇게 신자유주의는 미국의 정치적 보수주의자들의 경제철학이다. (…) 국제적 차원에서는 IMF와 세계은행이 자신들 스스로가 발전시킨 형태의 신자유주의 경제학을 전투적으로 지지한다(Sernau, 2010: 39-40).

많은 관찰자가 신자유주의 경제학이 전 세계적인 신자유주의의 발흥에 근본적인 역할을 수행했다는 사실에 동의하고 있다. 이러한 설명들에 의하면, 전 세계의 대부분이 신고전파 경제사상으로 개종하면서 신자유주의를 지지하게 되었고 이것이 다시 사회주의를 잠식하여 마침내 1980년대 말 사회주의가 실제로 지각변동의 퇴락을 맞게 되었다는 것이다.

세 번째 유형의 설명은 미국식 신자유주의 경제학으로 훈련을 받고 세계은행과 국제통화기금IMF 등 전 지구의 나라들에 신자유주의 사상을 강요하고 전 세계적으로 신자유주의 옹호자들이 형성되도록 지원했던 국제 금융기관들에서 권력을 행사했던 경제학자들을 지목한다(Babb, 2001; Dezalay and Garth, 2002; Henisz, Zelner, and Guillen, 2005; Orenstein, 2008).[6] 이 기관들 내부의 경제학자들과 이 전 세계적인 신자유주의 옹호자들의 네트워크가 국가 주도형 발전을 밀어치우고 그 자리에 신자유주의적 자유시장 정책들을 놓는 데 성공했다는 것이다. 이 세 가지 주장은 서로를 훌륭하게 보완하면서, 경제학자들의 이데올로기 프로젝트가 자본주의를 재조직하고 자신들의 권력을 다시 확립하려 했던 재계 엘리트들의 정치 프로젝트와 어떻게 맞물려 돌아 갔는가를 입증하고 있다(Blyth, 2002; Harvey, 2005; Klein, 2007).

　　이 책은 이 세 가지 설명에 기초하면서 동시에 이를 비판할 것이며, 이를 위해서 신자유주의가 사회주의에 기원을 가지고 있음을 밝힐 것이다. 신자유주의를 낳은 자본주의적 기원은 이미 명확하게 입증되었다. 관찰자들은 이미 칠레의 피노체트나 페루의 후지모리와 같은 우익 지도자들뿐만 아니라 서유럽과 남미의 사회주의자들까지도 신자유주의 경책들을 시행하고 있음을 기록한 바 있다(Bourdieu and Grass, 2002; Mudge, 2008; Sader, 2008). 이 점을 이해하려면 우리는 신자유주의와 신고전파 경제학을 하나로 섞어서는 안 되며, 신고전파 경제학이 자본주의적 과학 혹은 이데올로기라고 가정해서도 안 된다. 그리고 가장 중요한 것으로서, 국가-시장이라는 축을 완전히 뛰어넘어야만 한다고 나는 주장할 것이다.

　　나는 **신자유주의**를 시장, 국가, 기업, 인구 등을 조직하는 문제에 대한 정부 정책을 형성하는 아이디어들의 집합이라고 정의한다.[7] 이러한 정책들 중에는 탈규제, 무역 및 자본 이동 자유화, 인플레이션 억제

안정화, 공기업 사유화 등이 포함된다. 내가 1990년대 초 동유럽 내에서 그리고 동유럽에 관해서 벌어졌던 논쟁들을 이해하는 방식 또한 이러한 정의를 따르고 있다.[8] 신자유주의의 가장 분명한 특징은 자유롭고 아무 구속이 없는 경쟁적 시장을 옹호한다는 점 즉 조지프 스티글리츠의 말을 빌자면 그 '시장 근본주의'에 있다(Stiglitz, 2003: 74).[9] 신자유주의 이데올로기에 따르면, 국가가 맡고 있는 여러 기능은 관료 이익집단들 혹은 정치적 개입 등으로부터 자유로운 경쟁적 시장과 가격으로 이관시킬 수 있으며 또 마땅히 그래야만 한다. 거버넌스를 국가보다는 경쟁적 시장가격으로 인도하는 편이 효과도 더 크고 또 더 정의롭다는 것이다. 이와 동시에 신자유주의자들은 사적 소유 시장을 창출하기 위해서 그리고 사적 소유를 보호하기 위해서 강력한 국가 심지어 권위주의적인 국가까지도 요구하고 나선다.[10] 또한 신자유주의는 경영자들 및 주주들의 권력에 특권적 위치를 부여하며, 피고용자들의 권리 혹은 잠재적 권리에 대해서는 공격을 일삼는다(Harvey, 2005). 신자유주의자들은 대기업 내에서의 비효율과 권력 집중에 대해서는 이상하리만치 관심이 없다(Mirowski, 2009: 438). 마지막으로, 프리드먼과 하이에크를 위시한 여타 신자유주의자들은 자본주의를 옹호하고 증진해야 한다는 신념과 책임감을 가지고 있다. 이들이 말하는 자본주의는 앞에서 열거한 여러 성질 즉 자유시장, 작지만 권위주의적인 국가, 노동자들이 아닌 경영자들 및 주주들이 통제하는 위계적 기업 등을 특징으로 갖는 특정한 종류의 자본주의다. 요약하자면, 신자유주의는 다음의 것들을 모두 열성적으로 지지한다.

1. 경쟁적 시장

2. 더 작고 권위주의적인 국가

3. 경영진과 주주들이 통제하는 위계적 기업

4. 자본주의

이 네 가지 중 하나만 지지한다면 설령 경쟁적 시장을 지지한다고 해도 반드시 신자유주의자라고 할 수는 없다.

이렇게 네 가지 기준으로 신자유주의를 정의하게 되면, 경제학자들을 모두 국가 편 아니면 시장 편으로 나누는 통념적 가정을 피할 수 있다. 티머시 미첼이 주장했듯이, 엘리트들은 이 세계를 이분법의 "틀에다 짜 맞춘다". 자신들의 권위를 정당화하고 지지하기 위해 이항 대립으로 보이는 세계—예를 들어 소련의 사회주의 대 서방의 자유시장 자본주의—를 구축한다는 것이다. 국가-시장 이분법 또한 경제학의 성격 그리고 엘리트들의 권력의 성격을 애매하게 만들어 은폐해버린다. 이러한 이분법은 쉽게 다른 여러 이분법을 낳게 된다. 사회주의와 자본주의 사이의 이분법, 중앙계획과 시장 사이의 이분법, 케인스주의와 통화주의 사이의 이분법, 중남미의 구조주의 경제학과 미국의 신자유주의 사이의 이분법, 마르크스주의와 신고전파 경제학의 이분법 등등. 그 결과 국가에 대한 여러 주장은 거의 가만히 놓아두기만 해도 저절로 사회주의, 중앙계획, 케인스주의, 중남미의 구조주의 경제학에 대한 여러 주장이 마구 뒤섞인 짬뽕으로 변해버린다. 그런데 이와는 대조적으로, 신고전파 경제학자들은 전문적 연구에서는 자기들이 경쟁적 시장에 반대하는 입장에 있는지 지지하는 입장에 있는지에 초점을 두지 않는다는 것이 내가 발견한 사실이다. 이들은 시장, 중앙계획, 사회주의, 신고전파 경제학 모두를 동시에 분석적 도구로 사용하며, 어떨 때는 규범적 모델로 쓰기까지 한다. 또한 이들이 더욱 관심을 두고 있는 것은 위계질서냐 민주주의냐라는 전혀 다른 축이다. 예를 들어 일부 신고전파 경제학자들은 경제민주주의와 공산주의를 명분으로 삼아, 시장을 옹호하고 국가 계획을 거부한다. 따라서 이러한 경제학자들은 노동자 착취를 종식시키고 새로운 형태의 사회주의를 창조하려는 목표를 가지고 국가사회주의뿐 아니라 국가자본주의 및 대기업들까지 모두 비판한다. 다른 일부 신고전파 경제학자들은 시장을 옹호하지만 위계적 기업과 권위주의적 국가를 전제로 삼는다. 그런데 대중적 담론에서 사용되고 있는 국가냐 시장이냐라는 축 때문에 전문적 경제학계 내부에서는 이렇게 전혀 다른 대화가 오가고 있다는 사실이 완전히 은폐되어버린다.

내가 취한 접근법은 푸코식의 신자유주의 연구에 대한 보완물이기도 하지만 또 그와 차이를 갖기도 한다. 미셸 푸코는 1978년과 1979년에 콜레주 드 프랑스에서 했던 여러 강연에서 신자유주의를 새로운 형태의 통치성governmentality으로서 논한 바 있다(Foucault, 2008). 푸코를 따르는 이들은 신자유주의의 통치성이라는 것을 다음과 같이 이해한다. 이것은 개개인들을 통치 가능하며 스스로를 알아서 훈육시키는, 그러면서도 모험적 기업 활동에 나서는 주체로 형성―이렇게 그들의 영혼을 공학적으로 만들어간다―하며, 또 국가 행위자의 직접적 개입이 아닌 계산, 인도, 물질적 동기 부여 등을 통하여 원거리에서 통치한다. 이런 방법으로 인구 전체를 관리, 경영하고자 하는 것이 신자유주의적 통치성이라는 것이다(Ong, 2006; Rose, 1996: 1999). 질 이올은 이러한 접근법으로 체코슬로바키아의 기술관료들을 연구하여, 신자유주의의 출현이 자본주의와 동유럽 사회주의에서 각각 독자적으로 벌어졌다는 것을 입증한 바 있다(Eyal, 2003). 이올은 신자유주의는 통치의 한 기술로서 반드시 자본주의적일 필요는 없으며, 여러 다양한 경제 시스템에서 나타날 수 있다는 견해를 시사했다. 그는 새로이 나타난 신자유주의적 지형에서 국가, 시장, 전문가 권력 등이 융합되는 방식이 여러 가지라는 점을 부각시킴으로써, 경제학자들을 항상 국가 아니면 시장 어느 한쪽에 서는 존재라고 가정하는 잘못을 생산적으로 피해갈 수 있었다. 하지만 이렇게 푸코식의 접근이 신자유주의에 대한 여러 혜안을 제공한다고는 해도, 이는 신자유주의에 대한 여러 대안 체제들—사회주의 체제를 포함—을 그저 인간 영혼에 대한 공학이라는 점에서 모두 신자유주의로 뭉뚱그려버리는 문제를 안고 있다. 신고전파 경제학자들의 관점을 이해하기 위해서는 국가-시장이라는 축을 넘어서서 신고전파 경제학자들이 19세기 이래로 얼마나 다양한 형태의 사회주의를 탐구해왔는지를 인정해야 한다.

미국과 세계 전반에 걸쳐서 신고전파 경제학은 경제학이라는 학문의 주류를 대표하고 있다. 신고전파 경제학은 제2차 세계대전 이후로 마르크스주의, 진화경제학, 오스트리아학파 등의 이단적 경제학과 다른 방향으로 발전해왔으며, 이 점은 이 책에서 짧게나마 논의할 것이다. 하이에크와 오스트리아학파는 제2차 세계대전 이후 신고전파 경제학을 버린 바 있지만, 케인스주의자들 그리고 프리드먼과 같은 자유지상주의 및 통화주의의 시카고학파 경제학자들 나아가 동유럽의 많은 사회주의자들까지도 모두 이 신고전파 경제학을 사용하고 있다. 신고전파의 개척자이자 케인스주의자인 폴 새뮤얼슨도 이를 인정한다. "경제학자들은 어떤 상황에서이건 많은 점에서 분명히 견해를 공유한다(Samuelson, 1983: 5)." 예를 들어 새뮤얼슨은 프리드먼에 대해서도 이렇게 말하고 있다. "정책적 결론에 있어서 그와 정반대의 결론을 내리는 경우에도 현실에 대한 경험적 관찰과 그로부터 추론된 여러 확률적 가능성에 관해서 내가 완전히 동의하는 일이 얼마든지 있을 수 있다 (1983: 5-6)."[11] 따라서 신자유주의를 이해하기 위해서는 신자유주의와 신고전파 경제학을 분리해야 하며, 신고전파 경제학이 자본주의의 과학이라는 통념을 버려야만 한다.

영국의 윌리엄 스탠리 제번스William Stanley Jevons, 오스트리아의 카를 멩거Carl Menger, 스위스의 레옹 발라Léon Walras 등은 일반적으로 1870년대에 동시에 신고전파 경제학을 발견한 것으로 여겨진다.[12] 신고전파 경제학자들은 재화의 가치가 그것을 생산하는 데에 들어가는 **객관적인** 비용에 기초한다는 고전파의 관점을 넘어서서, 가치는 **주관적** 혹은 **느껴지는** 것이라는 관점 즉 어떤 상품이나 서비스의 효용 즉 유용성을 판단하는 것은 개별 행위자—개인 또는 개별 기업—이라는 관점으로 이동했다. 이렇게 1870년대 들어 가치와 가격을 이해함에 있어서 주관적인 방식으로 이동한 것이 훗날 한계주의 혁명Marginalist Revolution이라고 알려지는 것을 창출하게 되었다. 이러한 이름이 붙은 이유는 신고전파 경제학자들이 이를테면 소비자가 소비의 양을 가외로 (혹은 한계적으로) 한 단위씩 늘려갈 때마다 추가적으로 얻게 되는 만족 등 개별 행위자가 한계적 위치에서 보여주는 행동을 연구하기 시작했기 때문이다. 이것이 신고전파 경제학이 간혹 '한계주의'라고 불리는 이유다.[13] 신고전파 경제학자들이 모두 수학을 사용했던 것은 아니지만, 경제적 행위를 이렇게 한계주의적으로 이해하게 되면서 경제학자들은 미적분, 여러 수학적 정리, 물리학에서 빌어온 은유들을 경제학 분야에도 적용할 수 있게 되었다. 이는 기계적 세계에서 발견되는 여러 규칙성에 근거한 새로운 과학적 기초를 경제학에 약속하는 것으로 보였다(Mirowski, 1989).[14] 신고전파 경제학자들은 또한 시장이 여러 행위자를 정규적으로 조절하는 방식을 연구하는데, 이로써 경제학자들은 행위자들의 집단적 행동을 묘사할 뿐만 아니라 예견할 수도 있게 된다. 이러한 경제학자들은 여러 시장으로 이루어진 경제에서는 생산, 분배, 소비를 가장 효율적이 되도록 이끌어주는 여러 가격의 조합이 존재하는 균형 상태가 (개별 시장에서나 또 전체 시장에서나) 최소한 하나 이상 존재하도록 되어 있다고 가정한다. 신고전파 경제학이 즉각적으로 경제학자들 사이에서 인기를 얻은 것은 아니었지만, 제2차 세계대전 시기에 즈음해서는 주류경제학의 위치를 차지하게 된다(Bernstein, 2001; Howey, 1989; Yonay, 1998). 요컨대, 신고전파 경제학은 개별 행위자들에 대한 연구, 주관적 가치 및 가격이론, 한계 지점에서의 계산, 시장을 통한 집단적 행동 그리고 시장 균형 상태 등을 특징으로 갖게 된다.[15]

신자유주의가 사회주의적 기원을 가지고 있다고 말할 수 있는 세 가지 이유가 있다. 경제학자들은 새로운 지식을 창출하기 위해 여러 가지 사회주의 모델을 사용한다. 이러한 사회주의 모델들을 사용함으로써 사회주의 동구권의 신고전파 경제학자들과 자본주의 서방의 신고전파 경제학자들 사이에 전문적 대화가 이루어질 수 있었다. 그리고 사회주의에 대한 이 초국적 대화에서 창출된 지식을 신자유주의는 자기 것으로 만들었던 것이다. 이 세 가지에 대해 하나하나 짧게 설명하겠다.

첫째, 개인, 시장, 가격이라는 언어 자체가 경제에 대한 자본주의적 관점을 암시하고 있지만, 사실을 보자면 사회주의의 개념이 신고전파 경제학에서 토대 역할을 수행하고 있다. 신고전파 경제학의 창시자들은 전체 경제를 다룬 수리 모델들을 만들었고 이를 통해서 자유로운 경쟁적 시장은 생산, 분배, 소비에 있어 최적의 결과들을 낳게 되어 있음을 보여준 바 있다. 그런데 아무도 예측하지 못했던 일이지만, 1890년대가 되면 신고전파 경제학자들은 또한 경쟁적 시장경제가 중앙계획경제와 수학적으로 동일하다는 사실을 발견하게 된다. 따라서 경제학자들은 자유시장이 어떻게 움직일지를 예견하기보다는 시장의 수리 모델들을 취하여 그 여러 방정식을 풀어 시장이 없이도 여러 상품 및 서비스에 대해 최적의 가격과 수량이 얼마인가를 찾아낼 수가 있다는 것이다. 경제학자들은 새로운 신고전파 이론과 분석 도구를 개발하기 위해 중앙계획당국과 생산수단의 국가 소유가 실현되는 모종의 '사회주의국가' 모델들을 발전시켰다. 그 결과 순수한 시장경제와 중앙계획 사회주의가 신고전파 경제학의 중심에 나란히 존재하게 된다. 물론 이는 경제학자 개인의 정치적 입장과는 무관한 일이다. 이렇게 사회주의가 신고전파 경제학 방법론의 중심을 차지하고 있다는 것은 신자유주의의 형태를 결정짓게 된다.

오늘날에도 신고전파 경제학자들은 여전히 사회주의국가의 모델을 사용하여 자신들의 이론을 발전시키는 일을 정규적으로 계속하고 있다. 전직 IMF의 중국 분과장이었으며 지금은 인도 정부의 고문을 맡고 있는 에스와르 프라사드Eswar Prasad는 이렇게 말했다. "우리 경제학자들은 선의를 가진 독재자—즉 심장이 제대로 박혀 있는 독재자—라면 실제로 많은 좋은 일을 할 수 있다고 생각한다(Kestenbaum, 2010)." 프라사드의 관점이 별쭝난 것은 아니다. 이 선의를 가진 독재자보다는 "전능한 사회 계획가the social planner" 쪽이 좀더 자주 쓰이는 말로서, 이는 주류경제학 저작 전반에 걸쳐 등장하는 용어다. 왼쪽으로의 방향성을 좀더 띠고 있는 시장 실패학파뿐만 아니라(Dasgupta and Stiglitz, 1980a,b), 시카고학파(예를 들어 Becker, Murphy, and Grossman, 2006)와 합리적 기대학파(Hansen and Sargent 〔1994〕 1996; Kydland and Prescott, 1982; Lucas, 1972; Lucas and Prescott, 1971) 또한[16] 가설적으로 사회 계획가라는 개념에 입각하여 자신들의 모델을 구성하고 있다.[17] 경제학자들에 따르면 이 전능한 사회 계획가란 가상의 존재로서, 사회 전체를 대표하는 선의를 가진 인물이다. 이 계획가는 모든 비용과 모든 이들의 선호에 대해 완벽한 정보를 가지고 있다.[18] 완벽한 지식과 확실성을 가지고 있으므로, 이 인물은 예컨대 소비를 극대화해줄 생산 활동들을 찾아내 선택할 수가 있다. 경제학자들은 어떤 새로운 정책이나 제도가 생겨날 때마다 그것이 가져올 여러 결과를 평가하는 데 있어서 전능한 사회 계획가라면 어떤 결과를 가져올 것인가와 비교하는 방법을 사용한다. 이 책에서 보여주고자 하는 바이지만, 이 전능한 사회 계획가란 다름 아닌 1890년대의 사람들이 상상했던 사회주의국가다. 주류경제학자들은 스스로의 개인적인 정치적 신조와 무관하게 모든 종류의 경제 시스템과 정책들을 연구하기 위한 목적에서 국가사회주의의 모델을 동원하여 쓰고 있는 것이다.

신자유주의는 사회로부터 뽑혀 나온 자유주의disembedded liberalism
의 모습을 띠고 있으며 시장에 아무런 제약을 두지 말라는 교리인 듯
보이지만(Blyth, 2002), 실상은 항상 여러 제도를 논쟁의 대상으로 삼는
다. 제도라는 것을 당연하게 받아들여지는 사회적 패턴으로 이해한다
면 시장도 경제계획도 모두 제도라고 여겨야 하겠으나, 내가 발견한 바
로는 신고전파 경제학자들의 경우 시장과 경제계획만큼은 다른 제도
들과 다른 것으로 생각하고 있다. 일부 경제학자들은 국가만 경제에서
물러나준다면 시장과 시장의 작동에 필요한 모든 제도가 버섯처럼 저
절로 솟아날 것이라고 보는 것이 신고전파 경제학이라는 협소한 해석
을 제시하기도 한다. 그리고 동유럽의 보수주의자들 또한 시장만 사라
져준다면 중앙계획과 그에 필요한 여러 제도가 버섯처럼 저절로 생겨
날 것이라는, 관점은 정반대이지만 똑같이 협소한 신고전파 경제학의
해석을 제시한다. 시장과 중앙계획 사회주의국가는 신고전파 경제학의
핵심을 이루는 개념들이므로 이러한 협소한 관점들을 체현하고 있다.
하지만 이러한 협소한 해석들은 단지 현존하는 제도들을 그냥 주어진
것으로 받아들인다는 문제가 있다(Horvat, 1961, 2). 신고전파 경제학자
들은 이 두 가지 핵심 요소 즉 시장과 중앙계획 사회주의국가가 성공
적으로 작동하는 데에 어떠한 제도들이 필요한가를 계속해서 논의하
고 있다.

신고전파 경제학자들은 경쟁적 시장이든 중앙계획이든 다음 중
하나를 필요로 한다고 주장한다. 1) 위계적, 권위적 제도들 2) 탈중앙
화되고 평등주의에 입각한 민주적 제도들. 예를 들어 경제학자 데이비
드 립턴David Lipton과 제프리 색스Jeffrey Sachs는 국영기업들을 매입할 자

금을 가진 대규모 기업(초국적 기업일 때도 많다)이 반드시 필요하며, 노동자 소유나 자주관리 등은 여러 비효율성을 발생시키므로 근절해야 하며 강력한 국가가 나서서 엄청난 규모의 자원 재분배를 강제할 필요가 있다고 주장한다. 이와는 대조적으로 20세기 초 독일과 영국의 일부 사회주의 경제학자들은 여러 사회주의 제도가 경제를 자유시장이라는 이상적인 신고전파 모델과 실제로 비슷하게 만들어줄 것이라는 낙관적 견해를 가졌다. 이러한 제도들에는 반독점법과 회사의 자율권뿐만 아니라 경제 일부의 국가적·사회적 소유, 노동자의 기업 소유, 노동자 자주관리, 협동조합식 소유, 다양한 형태의 민주주의 등도 포함되었다. 그래서 스티글리츠와 같은 경제학자는 경쟁적 시장과 경제 민주화를 똑같이 신봉하고 옹호하고 있는 것이다. 신고전파 경제학자들의 안목으로 볼 때 이는 다른 시스템들을 섞어놓은 것이 아니다. 케인스주의 경제학은 사회주의 조금하고 자본주의 조금을 섞어놓은 것 같은 이미지를 가지고 있다. 하지만 신고전파 경제학자들은 완전히 경쟁적인 시장과 사회주의를 동시에 추구한다. 신고전파 경제학자들이 시장에 대해 아주 긍정적으로 이야기한다는 사실 때문에 이러한 사정을 잘 모르는 외부인들은 신고전파 경제학자들이 모조리 신자유주의자들이라고 착각하는 혼동이 빚어지는 것이다.

둘째, 신고전파 경제학의 방법론에 있어서 사회주의가 중심적 위치를 차지하고 있기 때문에, 사회주의 동구권과 자본주의 서방의 경제학자들은 몇십 년에 걸쳐 사회주의와 시장에 대한 대화를 진행할 수가 있었다. 신고전파 경제학에 있어서 사회주의가 중심적 위치를 갖는다는 것은 곧 중앙화 및 탈중앙화된 여러 추상적 모델, 시장사회주의의 실제 실험, 노동자 자주관리 사회주의라는 추상적 모델, 노동자 자주관리 사회주의의 실제 실험, 협동조합 등 다양한 여러 사회주의적 경제 형태가 신고전파 경제학과 관계가 있다는 것을 뜻했으며, 또 신고전파 경제학이 사회주의에 큰 의미를 갖는다는 것을 뜻했다. 1953년 이오시프 스탈린이 사망하고 매카시즘이 종식된 후, 냉전의 긴장이 완화되면서 소련식 사회주의와 서방의 자본주의를 모두 비판하는 새로운 간극적間隙的 공간들과 간극적 개인들이 늘어날 정도로 숨통이 트였다. 더글러스(Douglas, 1966)와 터너(Turner, 1967, [1969] 1995)는 여러 영역과 위치들 "그 어디에도 속하지 않는 중간의betwixt and between" 개인들은 전체의 물을 흐리는 위험한 존재들로 여겨지는 동시에 카리스마적인 인물들로 여겨진다는 이론을 제시한 바 있다. 이들은 어느 영역에도 속하지 않고 그 중간의 공간에 있기 때문에, 기존 영역에서는 얻을 수 없는 지식을 얻을 수 있으며 또 사람들은 그 지식이 잠재적으로 그 영역들을 오염시킬 수 있다고 믿는다는 것이다. 더글러스의 개념이나 터너의 개념은 모두 인간 사회에서 행해지는 여러 의식儀式을 검토하면서 나온 것들이지만, 동유럽과 서유럽과 미국 각각의 내부에 존재하던 간극적 공간들을 연결한 초국가적 공간이 출현하는 과정을 이해하는 데에도 큰 도움이 된다. 이러한 간극적 공간 안에서 여러 이질적 네트워크 사이에 초국가적인 대화가 행해졌고, 그 과정에서 신고전파 경제학에서도 또 사회주의에 대해서도 그 전에는 존재한 적도 없었고 존재할 수도 없었던 새로운 지식이 창출되었던 것이다.[19] 이 간극적 공간들은 비록 작았지만 순식간에 크게 팽창했고, 그 안에서 동유럽과 서방세계의 수많은 경제학자가 신고전파 경제학과 사회주의에 대해 토론했다.

이 책은 탈중앙화된 사회주의를 실험했던 두 동유럽 국가의 경험을 탐구한다. 유고슬라비아의 노동자 자주관리 사회주의와 헝가리의 시장사회주의가 그것이다. 신고전파 경제학의 중심에 있었던 사회주의는 중앙계획이라는 특정 형태 하나뿐이었고 그것도 추상적 모델에 불과했기 때문에, 신고전파 경제학자들에게는 이렇게 온갖 추상적 및 구체적 사회주의 모델들을 살펴보았던 것이 새로운 지식을 발전시키는 데에 큰 도움이 되었다. 경제학계의 여러 지도적 인사들이 참여한 이러한 초국가적 대화는 신고전파 경제학에 근본적 중요성을 갖는 여러 기여를 가져왔고, 이렇게 해서 발전하게 된 신고전파 경제학은 신자유주의의 모습을 만들어나가게 된다.

셋째, 신자유주의는 이렇게 초국가적으로 벌어졌던, 경쟁적 시장을 지지하는 사회주의 논의를 자신의 일부로 통합했으나, 정치적·경제적 민주주의를 요구하는 사회주의자들의 외침은 들어내버리고 그 자리에 위계적 제도들을 요구하는 자본주의적 주장을 가져다 놓았다. 동유럽 경제학자들은 무리지어 자유시장주의자로 개종한 듯 보였고, 공산권 몰락 이후 자유주의가 최종 승리를 거두었다는 관점은 이를 자신의 논거로 삼기도 했다. 하지만 앞서 짧게 논했듯이, 수많은 신고전파 경제학자가 사회주의 또한 시장을 자신의 요소로 통합할 수 있으며 뿐만 아니라 사실상 사회주의야말로 시장이 작동할 수 있는 최상의 조건을 제공할 수도 있다는 견해에 동의했다. 오랜 기간 전 세계에 걸쳐 수많은 사회주의자 집단은 경제에 대한 국가의 통제를 비판하면서 시장을 옹호하는 한편 경제적·정치적 민주주의, 노동자 혹은 협동조합의 생산수단 소유, 여타 사회주의적 제도들을 요구해왔다. 또한 개중에

[표 1.1] 사회주의와 신자유주의의 비교

소비에트 사회주의	헝가리 사회주의[a]	유고슬라비아 사회주의[b]	신자유주의
국가를 지지	국가를 지지하는 동시에 **국가에 반대**	**국가에 반대**	**국가에 반대**
시장에 반대	**시장을 지지**	**시장을 지지**	**시장을 지지**
생산수단의 국가 소유	생산수단의 국가 소유	비국가적 소유 (사회적 재산)	사적 소유
대규모 독점 기업들	경쟁적 기업들	경쟁적 기업들	대규모 독점 기업들
위계적 경영관리	위계적인 동시에 노동자 자주관리	노동자 자주관리	위계적 경영관리
사회주의적	사회주의적	사회주의적	자본주의적

a 이는 신경제메커니즘 개혁에서 상정한 헝가리 모델을 말한다.
b 이는 1950년대와 1960년대에 유고슬라비아의 지도적 경제 전문가들이 주장했던 모델이다.
* 표 안 강조는 각 시스템들 사이의 유사점을 나타내기 위한 것이다.

는 비록 전부는 아닐지라도, 민주적이고도 부유한 경제를 창출하여 그 것으로 서방의 독점 자본주의와 소련식 국가사회주의에 모두 똑같이 특징적으로 나타나는 위계적이고 억압적인 구조들을 대체해버리고자 하는 희망을 품고 논의에 적극 참여했던 신고전파 경제학자도 많았다.

이러한 여러 새로운 형태의 사회주의가 신자유주의인 것처럼 보 였던 이유는, 외부의 관찰자들은 사회주의란 소련식 국가사회주의밖 에 없는 것으로 또 시장은 반드시 자본주의적인 것이라고 상정할 때가 많았기 때문이다. 외부의 관찰자들은 그래서 신자유주의와 새로운 여 러 형태의 사회주의를 구별하지 못할 때가 많다. 표 1.1에서 우리는 유 고슬라비아 사회주의가 소련식 사회주의와 어떻게 다른지도 볼 수 있지만, 또 동시에 특히 1950년대와 1960년대에 상정되었던 모델이 그 몇 가지 이상에 있어서 얼마나 신자유주의와 흡사한지도 볼 수 있다. 유고슬라비아 사회주의와 신자유주의는 공히 국가를 불신하며 시장을 적극적으로 받아들인다.

하지만 유고슬라비아 사회주의와 신자유주의는 시장의 작동에 필요한 제도들이라는 점에서는 큰 차이를 보인다. 양자 모두 경제적 수단에 있어서는 동일하지만, 각자가 지향하는 정치적 목적과 근본적 가치들은 상극으로 다르다. 만약 동유럽에서 벌어졌던 경제학 논쟁을 시장이냐 국가 계획이냐라는 틀에 끼워 맞춘다면, 이 여러 새로운 형태의 사회주의는 모두 신자유주의와 똑같은 것으로 혼동되기 쉽다.

1989년경 정치 상황이 급변하자 국제 및 일국의 정치 엘리트들은 이 상황을 이용하기 위해서 하나의 사상적 패키지로서 신자유주의를 마련했다. 우파 경제학자들 및 활동가들뿐만 아니라 이 엘리트들 또한 그 이전부터 초국가적으로 벌어졌던 비판적인 사회주의적 논의들을 자기들 것으로 가져다가 썼던 것이다. 게다가 협소한 종류의 신고전파 경제학을 대표적인 것인 양 전면에 내밀어 신고전파 경제학의 논의 전체가 마치 사적 소유, 위계, 자본주의적 시장 등에 대한 요구인 것처럼 만들어버렸다.[20] 그렇게 하는 과정에서 이들은 사회주의와 시장에 대한 신고전파 경제학의 논의를 신자유주의 이데올로기로 왜곡해버렸다. 진실을 말하자면 신자유주의 이데올로기에는 수십 년에 걸친 급진적인 민주적 사회주의적 실험들의 성과가 최소한 잠재된 모습으로나마 포함되어 있다. 물론 이는 신자유주의의 옹호자들이 의도했던 바는 아니며, 오히려 그 반대자들이 가장 두려워하는 바이지만 말이다.

자유지상주의의 경제학자들이나 통화주의자들은 이 말을 듣고서 이렇게 말할 지도 모르겠다. "봤나? 우리가 옳았다! 저 케인스주의자들은 모두 한 묶음의 사회주의자들이 아닌가!" 많은 관찰자는 사회주의 경제학과 근본적으로 다른 자본주의 경제학의 존재를 상정하고 있다. 이들은 오늘날의 오스트리아학파 경제학이 자본주의 경제학이며 마르크스 정치경제학은 사회주의 경제학이라고 주장할지도 모른다. 사실을 따져본다면, 마르크스주의 정치경제학은 사회주의 계획의 경제학이 아니라 자본주의에 대한 비판적 경제학이다. 그리고 1장에서 논의하겠거니와, 참으로 이상하게 들리겠지만, 19세기의 오스트리아학파는 모종의 사회주의 경제학을 제시한 바 있다.

학자들이 신고전파 경제학의 이러한 측면을 전혀 인식하지 못하는 데는 이유가 있다. 이들은 신고전파 경제학자들의 학술 저작물을 폭넓게 또 주의깊게 읽는 대신 그저 경제학자들의 학술 작업 즉 이들이 전문 학술지에 게재하는 글들은 신자유주의적 자본주의의 여러 원리들을 반영하는 것이라고 그냥 치부해버릴 때가 많기 때문이다. 경제학자 자신들도 자기들의 전문적 저작의 성격을 애매모호하게 만들 때가 많다. 밀턴 프리드먼의 『자본주의와 자유』(Friedman, 1962a)와 프리드리히 하이에크의 『노예의 길』(Hayek, 1944)*처럼 아주 대중적인 저작들 중 일부는 경제학자들의 저작이 무엇보다도 정치적이며 이데올로기적인 팸플릿이라는 생각을 입증해주는 증거다. 학자들뿐만 아니라

---

* 국내 번역본은 각각 『자본주의와 자유』, 심준보·변동열 옮김, 청어람미디어, 2007, 『노예의 길』, 김이석 옮김, 나남출판, 2006

저널리스트 그리고 제프리 색스나 밀턴 프리드먼과 그 동료들처럼 유명한 소수의 경제학자에게만 초점을 두면서 모든 주류경제학자가 이들의 생각을 공유한다고 가정할 때가 많다(예를 들어 Harvey, 2005; Klein, 2007). 어떤 경제학자들은 이러한 잘못된 통념에 화를 내기도 하겠지만, 대부분의 경제학자는 이런 문제가 있다는 것 자체를 모르고 있다. 한번은 어떤 경제학자에게 왜 경제학자들은 대중이 당신들을 보수적 우파라고 생각하도록 계속 내버려두느냐고 물은 적이 있다. 그는 이 말을 듣자마자 내가 경제학자들이 보수 우파라고 생각한다는 점을 비판하고 나섰다. 그가 아는 경제학자들은 모조리 좌파라는 것이었다. 나는 내가 그렇게 생각한다는 게 아니라 이러한 잘못된 생각이 널리 퍼져 있으며 경제학자들이 왜 그걸 그대로 놓아두는지를 묻는 것이라고 설명하려 했지만, 그는 왜 자신들에 대해 그런 엉터리없는 가정을 하는 것이냐며 나에게 분통을 터뜨릴 뿐이었다. 아무래도 그는 보통 사람들이 경제학자라는 집단에 대해 모두 보수 우파이겠거니 생각한다는 사실을 모르는 것 같았다. 이들의 학술적 저작이 항상 이데올로기적 성격을 띠고 있는 것은 분명 맞다. 하지만 그 방식이 표면에 그대로 드러나 있는 것은 아니다. 여러 분석가는 여러모로 바쁘다 보니 경제학자들의 학술 저작물들을 꼼꼼히 연구하여 그들이 실제로 하는 일이 무엇인지를 밝혀내는 작업을 놓칠 때가 많다.

학자들은 서방 경제학자들과 우익 활동가 네트워크가 작용하면서 발휘하는 힘에 특권적 위치를 부여하여 아프리카, 아시아, 라틴아메리카는 물론 동유럽의 경제학자들에 대해서도 그들이 천진난만한 혹은 수동적인 지식의 수용자들이라고 여기는 경우가 있다. 이들은 신고전파 경제학은 자본주의적인 것이라고 미리 상정해놓고, 동유럽 경제학자들은 이러한 경제학을 모르고 있으며(Aligica and Evans, 2009; Grosfeld, 1990) 그들은 오로지 마르크스-레닌주의 정치경제학만을 따르거나 아니면 '시행착오'에 기초해서 임시변통의 경제학을 새로 만들어냈다는(Kovács, 1990: 224) 식으로 상정하는 것이 일반적이다. 하지만 나는 이미 1988년과 1989년에 헝가리에서 사회주의 경제학자들이 자유시장자본주의자들처럼 이야기하는 것을 관찰한 바 있기 때문에 이렇게 '서방'은 자본주의 경제학, '동유럽'은 사회주의 경제학이라는 식으로 관계를 설정하는 것에 의문을 갖기 시작했다. 헝가리에서 나는 공산당, 국가, 학술원, 카를마르크스 경제대학의 여러 문서고를 뒤졌고 또 여러 경제학자와 인터뷰를 했다. 당시에는 몰랐지만, 이는 자본주의 신고전파 경제학에서 고립되었다고 여겨지던 사회주의 경제학자들 간의 초국가적 연결망을 추적하는 긴 여행의 시작이었다. 헝가리에서의 연구 조사를 거치면서 나는 자연스럽게 그 경제학자들의 미국에 있는 동료들과도 인터뷰를 수행하게 되었다. 그러자 이 연구는 다시 나를 이탈리아에 있는 한 싱크탱크로 이끌었고, 더 나아가 옛날의 유고슬라비아에서 더 많은 문서고와 인터뷰 조사를 행하게 만들었다. 이 과정에서 발견한 것들은 마침내 이 유고슬라비아 경제학자들의 제3세계 동료들에 대해서도 연구 조사를 행하도록 나를 재촉했다.

여러 장소에서 연구 조사를 행하는 것에는 두 가지 장점이 있다. 첫째, 대부분의 학자는 경제학자들과 그들의 생각을 연구할 적에 한 나라를 단위로 삼기 때문에 설령 여러 개별 연구들을 합친다고 해도 각 나라의 경제학은 따로따로 연구된다(Fourcade, 2009; Kaase,

Sparschuh, and Wenninger, 2002; Milenkovitch, 1971; Wagener, 1998). 즉 오늘날까지의 학문적 연구는 일국 단위에서의 비교라는 차원에서 행해졌으며 초국가적인 차원은 아니었다. 하지만 실상을 보면 경제학자들은 자기 나라의 경제학자보다도 외국에 있는 동료들과 더 많은 공통점을 가지는 일이 얼마든지 있을 수 있다(Babb, 2001; Coats, 1996; Fourcade, 2006; Valdés, 1995). 둘째, 여러 다양한 언어를 사용함으로써 보통 번역될 가치가 없다고 여겨진 저작들 그리고 서평, 학술회의 발표문, 학계 내의 새로운 보고서 등등 현지의 경제학자들이 주로 관심을 갖는 사항들을 담은 저작들을 접할 수 있게 된다. 이 책에서 나는 프랑스어, 독일어, 이탈리아어, 헝가리아어, 러시아어, 세르보크로아트어 원문 텍스트를 사용할 것이며, 달리 밝히지 않는 한 내 스스로 번역하여 인용할 것이다. 이를 통하여 우리는 그 나라 현지의 여러 경향과 그 안에서 벌어진 논쟁들을 들여다볼 수 있게 될 것이다. 여기에 더하여 우리는 좀더 노골적으로 이데올로기적 경향을 보이는 경제학자들이 자기들 주장을 떠받치기 위해 참조하거나 재해석하는 저작들에 대해서도 필요하다면 원문을 다 볼 수 있으므로, 그 원래 텍스트의 내용은 무엇이며 그것이 그 나라 안에서는 어떤 방식으로 해석되었는가도 조사할 수 있게 된다. 이는 특히 냉전 시기의 이데올로기 그리고 마침내 서방이 승리했다는 탈냉전기의 이데올로기라는 맥락 속에서 큰 중요성을 가진다. 이러한 이데올로기 속에서는 사회주의의 역사가 마치 신자유주의적, 자본주의적 현재로 이르는 필연적 법칙을 밟아가는 과정인 양 다시 쓰였기 때문이다.

우리는 냉전 기간의 간극적 공간들을 규정하고 점령하다시피 했던 창의적인 투쟁들을 착취하고 이용했던 반동 세력이 바로 우익 활동가들이었음을 알 수 있다.[21] 수많은 기관이 함께하면서 동유럽과 서방 그리고 부자 나라와 가난한 나라 사이의 격차를 줄여나가는 것에 관심을 둔 개인들이 한곳에 모이게 되었으며 이들은 사회주의, 인권, 사회 정의, 그밖의 많은 주제를 토론했다. 이러한 토론을 통하여 사람들은 자본주의가 무엇인지는 물론, 사회주의 또한 반드시 소련식이 되어야 할 이유가 없다면 어떤 형태가 가능한지에 대해서도 이해하고자 했다. 그런데 이렇게 간극성으로부터 발전해 나온 자본주의와 사회주의에 대한 지식이 오늘날 그저 신자유주의 이데올로기에 불과한 모습을 띠게 되었다. 그 이유는 다름 아닌, "신자유주의적 상상력의 협소한 틀"로 인해 그러한 간극적 토론과 대안적 체제들에 대한 논의가 보이지 않게 되면서 신자유주의라는 패권적 사고방식만이 두드러지게 되었기 때문이다(Mitchell, 1999: 32). 그 이후로 이러한 간극적 공간은 이원화된 권력 세계에 의해 여러 가지 이분법으로 갈라져버렸거니와, 나는 이 책에서 그 공간을 다시 구성해보고자 한다. 그리고 신자유주의의 역사를 그것이 자신의 역사로부터 배제해버린 것들 즉 사회주의, 동유럽, 초국가적 좌파 등과 다시 연결시키고자 한다.[22] 이 초국가적으로 연결되었던 간극적 공간에 있었던 이들은 1989년 이후에 나타난 수렴 현상, 국가사회주의가 몰락한 이후 사회주의의 전망, 신자유주의적 자본주의의 성격, 사회주의의 가능성 등을 다시 이해하려고 애쓰고 있다.[23]

　이 책의 1장은 1870년대에서 1950년대에 이르는 기간에 신고전파 경제학이 어떻게 출현했는가를 살펴보면서 이후 논의의 기초를 마련한다. 이 장은 서유럽에서 신고전파 경제학이 나오게 된 여러 역사적 기원 그리고 사회주의가 신고전파 경제학을 발전시키는 하나의 분석 도구가 된 경위뿐만 아니라, 소련에서도 이와 궤를 같이하여 신고전파 경제학이 사회주의를 개선하는 한 도구가 되었던 과정을 함께 탐구할 것이다. 1953년 스탈린의 죽음, 매카시즘의 종식, 냉전의 해빙 등을 통해 비록 쉽지 않았지만 그래도 경제학자들은 신고전파 경제학에 기초한 서방-동유럽의 직접 대화를 시작할 수 있었으니, 이는 2장에서 살펴볼 것이다. 3장은 유고슬라비아를 다룬다. 유고슬라비아는 소련의 위성국가들로 구성된 공산주의 블록에서 쫓겨났으며, 그 특유의 반反국가적이고 시장을 지지하는 노동자 자주관리 사회주의를 통해서 전 지구적으로 널리 칭송받는 모델이 되었다. 4장은 헝가리의 고유한 시장사회주의 형태인 "구야시 공산주의"를 다룬다. 5장에서 나는 서유럽으로 돌아가 이탈리아 밀라노에 있는 싱크탱크인 경제 및 사회문제 연구센터CESES: Center for the Study of Economic and Social Problems를 살펴볼 것이다. 이 연구소는 모든 면에서 초국가적 우익 활동가들이 통제하는 우익 기관이었지만, 실상을 보면 국가사회주의와 서방 자본주의를 모두 대체할 수 있는 비판적 마르크스주의에 입각한 극좌적 대안들을 사유하는 좌파 학자들에게 의존하고 있었다. 6장에서 나는 1989년의 동유럽 여러 나라의 혁명들을 자유시장자본주의로의 전향이 아니라 민주적 시장사회주의를 실현하고자 했던 시도로서 다시 해석할 것이다. 마지막 7장에서는 어찌하여 체제 이행의 목표가 민주적 시장사회주의 실현에서 사회주의 파괴 및 자본주의 창출로 전환되었는가를 설명하고 또 어쩌다가 신고전파 경제학이 신자유주의를 지지하는 목적에 동원되었는가를 설명할 것이다. 하지만 사회주의는 신고전파 경제학의 방법과 이론 자체에 여전히 잠재되어 있다. 이는 조지프 스티글리츠 등 시장 실패학파나 사회주의 동유럽에 살았던 경제학자들뿐만 아니라 밀턴 프리드먼과 시카고학파의 방법과 이론에도 적용되는 이야기다.

1장

신고전파 경제학과 사회주의:
시초부터 1953년까지

경제 이론을 가르치는 대부분의 사람이 그렇겠지만,
나도 어떤 문제에 부닥칠 때마다 이를 사회주의국가의 관점에서
연구하는 것이 전혀 시간 낭비가 아니라는 것을 알게 되었다.
—

프레드 테일러 Fred M. Taylor
미국 경제학협회의 1928년 연례 회의에서의 회장 연설(Taylor 1929: 1)

신고전파 경제학은 이데올로기적으로 자본주의를 지지하며 사회주의
를 논박의 대상으로 삼는다. 이것이 학술 문헌에서나 대중적 문헌에서
나 일반적으로 나타나는 통념이다. 신고전파 경제학은 미국과 전 세계
에서 연구하고 가르치는 주류경제학으로서, 외부의 개입만 없다면 시
장이야말로 자원을 배분하는 가장 효율적인 방법이라는 관점에 기초
하고 있으니 분명 자본주의를 지지하고 사회주의를 반대하는 것으로
보이게 마련이다. 하지만 신고전파 경제학의 핵심에는 시장 모델들뿐
아니라 사회주의 모델들 또한 자리하고 있다.

　이 장에서는 신고전파 경제학이 19세기 서유럽에서 발원했던 것
에서부터 소련에서 활용된 이야기 그리고 1950년대 냉전 상황에서 겪
었던 여러 변화에 이르는 발전 과정을 그려내고자 한다. 경제사상사
를 다루는 역사가들은 사회주의와 사회주의자들이 신고전파 경제학의

발전에서 얼마나 중요한 역할을 했는지를 보통 깨닫지 못하며, 사회주의 경제사상을 별도의 장 혹은 절로 따로 다룬다(예를 들어 Ekelund and Hébert, 1990; Niehans, 1994). 이런 식의 취급 방식에 한 예외가 있다면 이른바 사회주의 계산논쟁이다. 이 논쟁에 대한 표준적인 이야기는 이러하다. 1920년대 초 오스트리아 경제학자 루트비히 폰 미제스Ludwig von Mises는 사회주의에 대한 전면적인 논박을 담은 논문 하나를 발표한다. 화폐, 시장, 가격이 없는 경제에서는 합리적인 경제 계산이 생겨날 여지가 없으며 따라서 사회주의는 불가능하다는 것이었다(Ekelund and Hébert, 1990: 575-577). 그리고 이야기는 계속된다. 1936년이 되자 오스카르 랑게Oskar Lange가 신고전파 경제학에 입각한 사회주의 모델 하나를 고안하여 이것으로 미제스에게 답한다. 랑게의 모델 안에서는 경제 계획자가 여러 가격을 결정하며 그러고 난 뒤에는 여러 시장으로 하여금 자신이 결정한 가격들을 재조정하도록 한다. 랑게에 따르면 이러한 시스템에서는 합리적인 경제 계산이 가능해지므로 이 모델은 따라서 사회주의의 가능성을 시사한다는 것이다. 그러자 하이에크는 랑게에 대한 대응으로서 미제스의 주장은 사회주의 경제가 불가능하다는 게 아니라 비효율적이라는 것이라고 수정했다.[1] 그 이후로 수십 년간 양쪽은 서로 자신들이 논쟁의 승자라고 주장하는 저작들을 내놓게 된다(예를 들어 Bergson, 1948: 447; Lavoie, 1985).

미제스가 처음 포문을 연 뒤 랑게가 처음으로 여기에 대응하기까지의 사이에 16년이라는 시간차가 있다는 사실은 이 '논쟁'의 성격에 대해 몇 가지 의문을 불러일으킨다. 이 논쟁을 전하는 관습적인 사례에서는 시간이 거의 아무런 역할도 하지 않고 있으며, 그 사이에 벌어진 중대한 역사적 사건들이 이 논쟁에 어떤 영향을 끼쳤을지에 대해서도 아무 이야기를 하지 않는다. 이러한 표준적 이야기에는 그저 자유시장을 옹호하는 이들이 중앙계획을 지지하는 이들에게 도전하고 있는 그림밖에 없는 셈이다. 그 결과 소련, 사회주의, 중앙계획, 케인스주의, 그밖에 거의 모든 형태의 다종다기한 정부의 경제 개입은 모조리 하나로 뒤섞여 정체를 알아볼 수 없는 무정형의 물체가 되어버렸으며, (비 마르크스주의) 경제학자들이 지지하는 여러 다양한 형태의 자유시장자본주의 또한 마찬가지로 하나의 무정형의 물체로 묶이게 된다. 그리하여 경제학의 모든 문제를 이 둘의 대립 구도로 설명해버리는 이분법이 나타나는 것이다.[2] 우익 활동가들은 오늘날에도 이 '사회주의 계산논쟁'을 이용하여 사회주의, 자본주의 그리고 경제학이라는 학문 자체에 대해 광범위한 이데올로기적 주장들을 내놓고 있다. 그런데 앞으로 살펴보겠지만 문제는 이 논쟁의 양측 모두—여기에는 당시의 오스트리아학파와 훗날의 시카고학파도 포함된다—가 사회주의 모델들에 근간한 신고전파 경제학을 사용했다는 점이다. 이 '사회주의 계산논쟁'과 케인스주의는 보통 경제학의 역사에서 중심적 위치를 차지하고 있지만, 나는 신고전파 경제학을 좀더 제대로 이해하기 위해 일부러 이것들을 빼고 이야기할 것이다. 이 두 가지가 이렇게 경제학 역사 서술에서 중심적인 위치를 차지하는 바람에 대부분의 학자는 시카고부터 모스크바까지, 또 매사추세츠 주의 케임브리지부터* 세르비아의 베오그라드에서까지 폭넓게 연구되고 가르쳐졌던 신고전파 경제학에서 사회

---

* 여기에 미국 경제학계에서 가장 중요한 대학 중 둘인 MIT와 하버드대가 있다.

주의가 근본적인 중요성을 갖는다는 사실을 보지 못하게 되기 때문이다.[3]

이 장에서 우리는 다양한 여러 사회주의가 신고전파 경제학의 핵심과 어떻게 연결되는지를 살펴보고 그 문헌적 근거를 제시할 것이다. 1870년대에 신고전파 경제학의 정초자들이 처음으로 작업을 시작했을 때 그들은 순수한 경쟁적 시장이 생산, 교환, 소비에 있어서 최적의 결과를 제공할 것이라는 가정에 근거하여 자신들의 과학을 구축했었다. 그런데 1890년대에 신고전파 경제학자들은 순수한 경쟁 시장 모델과 중앙계획으로 운영되는 사회주의 모델이 수학적으로 동일한 것이라는 생각을 발전시키게 된다. 이 두 모델 모두가 신고전파 경제학의 중심에 자리잡고 있다. 따라서 중앙계획의 사회주의 경제를 분석함으로써 신고전파 경제학과 시장에 대해 새로운 혜안을 얻을 수 있었으며, 그 반대도 마찬가지였다. 이 장 첫머리에 인용했던 미국 경제학협회 회장 프레드 테일러의 말은 이러한 신고전파의 방법론적 발견을 반영하고 있다. 하지만 경제학자들이 사회주의를 신고전파 경제학을 발전시킬 분석적 도구로 사용한다고 해서 반드시 스스로를 사회주의자로 여긴다는 것은 아니다. 오히려 실상을 보면 많은 이가 사회주의를 거부하거나 대단히 비판적인 입장을 가지고 있다.

사회주의 동유럽의 경제학과 자본주의 서방의 경제학은 사뭇 달라 보이지만, 동유럽에서나 서방에서나 경제학자들이 사회주의에 대한 논의 속에서 신고전파 경제학을 발전시켰다는 점은 동일하다. 경쟁적 시장과 중앙계획 사회주의가 형식적·수학적으로 동일하다는 것은 곧 새로 생겨난 소련이라는 현실 사회주의가 신고전파 경제학에 대해 중요한 의미를 가지며 또한 신고전파 경제학도 소비에트 사회주의에 중요한 의미를 갖는다는 것을 시사한다. 하지만 소비에트의 국가사회주의가 갈수록 위계적·권위적으로 되어가자, 좀더 민주적이고 평등주의적이며 탈중앙화의 성향을 가진 경제학자들은 탈중앙화된 시장사회주의의 추상적 모델들을 만들어내어 이를 신고전파 경제학의 핵심에 통합시켰다. 이러한 시장사회주의 모델들은 케인스주의와 같은 일종의 혼합경제가 아니었다. 이 모델들은 단일의 순수한 경쟁적 시장을 가정하고 있었다. 동시에 신고전파 경제학자들은 경쟁적 시장이 작동하기 위해서는 어떠한 제도들이 필요한가를 탐구하기 시작했다. 어떤 사회주의자들은 비위계적 사회주의 제도들이야말로 신고전파의 경쟁적 시장이 작동하는 데에 이상적인 환경을 제공한다는 생각을 선보였다. 이렇게 서방과 동유럽의 신고전파 경제학자들은 자신들 학문의 과거를 공유하고 있었으며 그 기초 위에서 나란히 경제학을 발전시켜나갔다. 이 장은 1953년에 끝난다. 이 해는 이오시프 스탈린이 죽고 또 매카시 재판이 종식된 해로서, 냉전의 긴장이 완화되면서 초국가적인 신고전파 경제학의 대화가 다시 살아나고 또 신고전파적인 사회주의 사상이 현실에 이루어지는 것이 가능해진 때였다.

신고전파 경제학의 출현

—

서론에서 이야기했듯이, 1870년대에 영국의 윌리엄 스탠리 제번스, 오스트리아의 카를 멩거, 스위스의 레옹 발라가 동시에 신고전파 경제학을 발견했다는 것이 일반적으로 받아들여지는 설명이다.[4] 신고전파 경제학의 새로움은 고전파 경제학자들 및 마르크스주의자들이 사용하는 노동가치론을 거부하고 이를 주관적 혹은 감지된 가치 개념으로 대체한 데에 있었다.

경제학자들은 그 이전에도 오랫동안 사회주의와 공산주의에 대한 많은 저작을 남겼으며, 그 태도는 상당히 부정적일 때가 많았다. 대부분의 경제학 교과서와 핸드북은 사회주의에 대한 다양한 비판을 폭넓게 담고 있었다(Gide, 1904; Pareto, 1896; Sidgwick, 1887; Taussig, 1911). 먼저 제1인터내셔널에 대한 이야기가 나오고, 그 다음에는 당시 막 새로이 출간된 카를 마르크스의 여러 저작(『자본』 1권은 1867년에 막 출간된 상태였다), 그 다음에는 오언Robert Owen, 생시몽Henri de Saint-Simon, 블랑Louis Blanc, 푸리에Charles Fourier 등 실패로 끝났다고 판단되는 여러 다양한 공산주의 실험의 이야기가 나오는 식이었다. 당시의 경제학자들은 그 개인적인 정치 성향과 무관하게 이러한 실험들과 사회주의 운동의 여러 조류가 경제학 기본 교과서에도 다루어져야 할 만큼 경제학에 있어서 중요한 문제라고 여겼다.

사회주의자들 또한 한계주의에 대해 좀더 폭넓은, 경제학 일반에 상당히 비판적인 저작을 발표할 때가 많았다. 고전학파의 경제학자들은 마르크스와는 반대로 보통 사회주의를 거부했고 자유방임 자본주의를 옹호했다. 이들은 사회주의 및 기타 형태의 경제 개입은 '자연적 법칙'에 어긋나게 작동하며 따라서 의도하지 않아도 결국 사회의 후생을 감소시키는 결과를 낳는다는 것을 보여주려 했다. 자유방임 자유주의와 반사회주의의 관점을 가진 경제학자들이야말로 신고전파 경제학을 가장 먼저 수용한 이들 중 하나였다(Mornati, 2001: 5). 따라서 사회주의자들 또한 신고전파 경제학자들과 그들이 사용하는 개념 도구들을 아주 의심스럽게 바라보게 되었다(Kurz, 1995; Lerner, 1934b; Michelini, 2001: lxviii).[5] 그래서 경제학과 사회주의는 상극이라는 생각이 널리 퍼지게 되었다(Mason, 1980).

19세기 사회주의의 관점에 따르면, 사회주의는 화폐, 가격, 이자, 이윤, 지대 등과 같은 자본주의 경제의 여러 범주 없이 기능할 것이며 따라서 현재의 경제학이 묘사하고 있는 것과는 다른 법칙들에 따라 기능하리라고 믿어졌다. 최소한 자본주의에서 사회주의로 이행하는 동안에는 화폐와 가격이 필요하다고 인정한 사회주의자들도 일부 있기는 했지만, 사회주의 경제는 조만간 화폐나 가격을 사용하지 않고 물리적 단위로 경제를 행정적으로 동원하게 될 것이라는 믿음이 더욱 일반적이었다(Brus, 1972).

하지만 신고전파 경제학이든 사회주의든 그 교리는 계속 바뀌고 있었기 때문에 신고전파 경제학자들도 점차 사회주의에 대해 새로운 생각들을 발전시켜나가게 된다. 다음은 영국 경제학자 헨리 시지윅Henry Sidgwick이 사회주의 경제학과 신고전파 경제학에 대해 말한 것이다.

두 시스템 혹은 사유 양식은 그 주제가 너무나 닮아 있기 때문에 (정치경제학의 실용적 목적에서 보자면 양쪽 모두 부의 생산과 분배를 올바른 기초 위에 확립할 것을 목적으로 삼고 있다) 이렇게 서로 나란히 1세기 동안 병존하면서 서로에게 중대한 영향을 끼치지 않았다는

것은 성립이 될 수 없는 이야기다(1895: 336).[6]

영국의 경제학자 존 스튜어트 밀John Stuart Mill은 부와 소득의 분배
에 대한 연구를 포괄하는 정치경제학으로의 전환을 상징적으로 보여
주는 인물이다. "부가 생산되는 조건과 법칙들은 물리학적 진리의 성격
을 함유하고 있다. (…) 부의 분배에 있어서는 그렇지 않다. 이는 오로
지 인간 세상의 제도가 어떻게 짜여 있느냐의 문제다([1848] 1917: 199-
200)." 무수한 사회적 불평등에 대해 사회주의자들이 퍼붓는 비난에
대응하여 여러 경제학자 또한 그들 직종이 전통적으로 보여왔던 자유
방임에 대한 지지에 의문을 던지기 시작한 것이다.[7] 이 당시의 젊은 경
제학자들 중에는 신고전파 경제학으로 돌아서면서 동시에 정치적으로
는 사회주의에 동조하는 경우가 많았다. 이렇게 부와 소득으로 문제가
전환되면 여기에는 사유재산은 물론 가능한 재분배 메커니즘들이 어
떤 것이 있는가 등의 문제가 나올 수밖에 없게 되며, 따라서 보수파 경
제학자들은 이에 대해 격렬한 비판으로 대응하고 나서게 된다.[8]

신고전파 경제학자들 중에 이렇게 정치적으로는 사회주의에 동조
하는 이들이 있었지만, 그들도 지적인 차원에서 마르크스주의에 동조
할 수는 없었다. 그 으뜸가는 이유는 마르크스가 노동가치론을 신봉했
기 때문이다(Faucci and Perri, 1995; Howey, 1989; Mason, 1980). 신고전파
경제학자들은 고전파 경제학과 노동가치론에 대한 비판에 근거하여
자신들의 이론은 물론 정체성까지도 구축했던 것이다(Howey, 1989). 마
르크스의 『자본』 1권은 1867년에 출간되었지만, 2권은 1885년 3권은
1894년으로 마르크스가 세상을 떠난 1883년 이후에 출간되었다. 일부

신고전파 경제학자들은 마르크스가 3권에 가서는 제발 진리를 바로 보고서 노동가치론을 기각해주었으면 하는 기대를 품기도 했다.[9] 이렇게 정치적으로는 사회주의에 동조하면서도 지적으로는 적대적인 입장을 견지한 수많은 경제학자가 있었다.

하지만 개중에는 사회주의와 신고전파 경제학을 서로 긴밀히 연결된 것으로 보는 이들도 있었다. 신고전파 경제학을 정초한 학자 중 하나인 레옹 발라는 사회주의와 자유경쟁을 모두 열렬히 지지한 사람이었다.

> 나는 스스로를 민주적 사회주의자라고 부른다. 왜냐면 나는 노예, 농노, 무산계급을 동일한 문제의 세 가지 경험적 단계라고 보기 때문이다. 동일한 문제란 바로 사적 소유와 조세의 문제로서, 이는 사회 내 인간들 사이에서 사회적 부를 어떻게 분배할 것인가의 문제다([1896] 1969: 144).[10]

발라는 최소한 1861년 이후로 스스로를 사회주의자라고 천명—물론 상당히 색다른 의미이기는 했다—했고(Baranzini, 2001; Cirillo, 1980; Landauer, 1959: 1623), 그와 동시에 또한 "자유경쟁이 지배하는 시장에서의 생산이야말로 여러 욕구를 최대한으로 만족시켜줄 수 있는 성격과 수량의 생산물들로 여러 서비스를 결합시키고 전환시키는 작업" 즉 최소 비용으로 최대 효용을 가져오는 것이라는 이유로 계속해서 '자유경쟁'을 지지하는 주장을 펼쳤다(Walras [1874] 1984: 255). 다른 신고전파 경제학자들처럼 그 또한 계속해서 마르크스주의적 사회주의와 그 노동가치론을 비판했다. 발라는 어째서 완전경쟁이 최대의 사회적 효용을 가져오는가를 설명하기 위해서 신고전파 경제학의 개념 도구들 중에서도 가장 중요한 것 하나를 창조했으니, 이것이 바로 그의 일반 균형 모델이다. 이 일반 균형 모델은 전체 경제를 일련의 방정식들로 묘사하며, 이를 통해 이 경제가 어떻게 수요와 공급의 최적의 균형 지점인 균형 상태에 도달하며 또 거기에서 어떻게 작동하는지를 보여준다. 자유로운 경쟁이 이루어지는 경제에서는 기업들이나 개인들이나 모두 수요와 공급이 균형을 취하는 균형가격을 향해 움직이게 되어 있다는 것으로, 이 과정을 발라는 '탐색tâtonnement'이라고 불렀다. 이러한 분석에서 참으로 흥미롭고도 중요한 부분은, 발라가 이 과정을 매개하는 존재로서 모종의 경매자를 상상했다는 점이다. 이 경매자가 여러 상품의 가격을 공표하고 또 그 가격을 변화시켜서 수요와 공급이 균형에 달하도록 한다는 것이다. 발라의 모델에 따르면 이상적인 상태에서는 무수한 기업이 서로 경쟁하는 가운데 시장에서(혹은 경매자로부터) 나오는 균형가격을 주어진 것으로 받아들이며, 이윤 지향적 생산 행위에 관한 제반 결정은 무엇이 비용을 가장 낮출 수 있는 길인가에 (즉 한계비용에) 근거하여 내려진다. 그 결과 이 기업들은 사회의 만족을 극대화시키면서 거기에 들어가는 비용은 최소화한다는 것이다.

발라에게 있어서 사회주의란 자유경쟁과 사회 정의가 실현되는데 필요한 여러 제도를 공급하는 것을 말한다. 사회주의가 성립하면 토지와 천연자원에 대한 국가 소유가 나타날 것이며 소득세는 폐지될 것이다.[11] 그 다음엔 국가가 토지와 천연자원의 소유자로서 이를 무수한 개인 및 집단들에 임대해줄 것이며, 이로써 여러 독점체가 제거되고 자유경쟁이 가능해진다. 토지와 천연자원의 임대를 통해 국가는 충분한 수입을 얻게 되므로 소득세는 불필요하며, 노동자들은 자신의 저축을 투자로 돌리는 것이 가능해지고 이로써 "계속해서 노동자이기는 하겠으나 그와 동시에 소유자 혹은 자본가"가 될 수 있다는 것이다.[12] 이렇게 발라가 옹호했던 사회주의적 제도들에 경제활동에 대한 국가의 개입은 들어 있지 않았지만, 이는 신고전파 경제학이 이상적으로 보는 자유경쟁의 실현을 가능케 하는 것이었다. 수학을 쓰는 신고전파 경제학은 이러한 경쟁의 경제를 설명하는 데 도움이 되었고 또 그것을 실현하는 데에 어떠한 개혁들이 필요한지를 시사해주었다(Baranzini, 2001: 48). 발라에게 있어서 완전경쟁, 사회주의, 신고전파 경제학, 수학 등은 단순히 서로를 보완하는 차원에 그치는 것이 아니라 어느 하나가 없다면 다른 것도 있을 수 없는 필수불가결의 관계에 있었다.[13] 발라의 이해에 따르면, 자유시장은 사회주의에 반드시 필요한 것이요 또 사회주의는 자유시장에 반드시 필요한 것이었다.

하지만 놀랍게도 신고전파 경제학이 사회주의에 대해 이루어놓은 혁신의 다수는 발라와 같은 사회주의자가 아니라 사회주의를 비판하는 경제학자들로부터 나왔다.[14] 신고전파 경제학자들은 자신들의 학문이 어느 경제 시스템에나 적용 가능할 뿐만 아니라 반드시 필요한 것이라고 이해했으며, 사회주의도 예외가 아니었다(Landauer, 1959: 1619-1635). 특히 이러한 비판가들은 사회주의자들은 미래의 사회주의 경제의 성격을 논의하지 않고 있으며 특히 카를 마르크스를 따르는 이들이 더욱 그러하다고 지적했다(Mises 〔1920〕 1938: 87-88).[15] 그 결과 사회주의자들은 사회주의 경제가 마치 여러 경제적 범주—가격, 화폐,

수요와 공급, 이윤—로부터 그리고 경제 법칙들로부터 해방될 수 있을 것 같은 그릇된 예언을 내놓는다는 것이다. 자유방임정책을 지지하면서 마르크스주의적 사회주의를 비판했던 신고전파 경제학자들은, 자본주의경제든 사회주의경제든 그 경제 법칙과 경제적 합리성은 동일하며 따라서 이런 법칙들을 회피하고자 하는 시도는 그저 실망만을 낳을 뿐이라고 주장했다(Böhm-Bawerk [1889, 1891] 1971; Wieser [1893] 1989). 예를 들어 네덜란드 경제학자인 니콜라스 피르손은 이렇게 말한다. "이론경제학의 노력이 불필요하다고 (…) 믿는 것은 실수임을 보이고자 한다. 이론경제학이라는 종류의 지식을 무시하는 것은 결코 가능하지 않으며, 심지어 사회주의를 현실에 건설하는 경우에도 마찬가지다(Pierson [1902] 1938: 43)." 이러한 비판가들이 암시하는 바는 곧, 경제 법칙을 진정으로 이해한다면 사회주의자가 될 리 없다는 것이었다. 이들에게 있어서 신고전파 경제학은 모든 경세 시스템에 보편적으로 적용 가능한 것이었다.

그와 동시에, 여러 사회주의 모델이 또 신고전파 경제학의 발전에 도움을 주었다. 신고전파 경제학의 주요한 여러 혁신을 이룬 이들은 사회주의에 비판적이지만 또 동시에 사회주의국가라는 추상적인 사회주의 모델을 방법론적 도구로 사용했다(Hayek [1935] 1938a: 24; Landauer, 1959: 1624; Lavoie, 1985: 80; Maksimović, 1958: ch.2). 하이에크는 이 점을 인정한다. "아주 처음의 시작부터 일정한 지점에 이를 때까지, 중앙의 지휘로 작동하는 경제의 여러 문제는 현대 경제학의 여러 이론에서 두드러진 위치를 차지했다([1935] 1938a: 24)." 오스트리아학파의 신고전파 경제학자이자 사회주의의 비판가인 프리드리히 폰 비저Friedrich von

Wieser는 자신의 가치 이론을 구축하기 위하여 모종의 '공산주의국가'를 사용했고. "우리는 공산주의국가를 완벽한 국가라고 생각할 것이다 (…) 자연적 가치란 바로 완벽하게 유기적이며 가장 고도로 합리적인 공동체가 인정하는 그러한 가치여야 마땅하다([1893] 1989: 60)." 비저는 이러한 공산주의국가를 다음과 같은 것이라고 여겼다.

> 이는 사유실험을 통하여 우리의 기존 경제로부터 인간의 불완전성에서 초래되는 여러 문제뿐 아니라 사적 소유까지 제거한다면 무엇이 남게 될 것인가를 깨닫게 도와주는 개념이다. 대부분의 이론가 특히 고전학파 경제 이론가들 또한 암묵적으로 이와 비슷한 추상화 작업을 행한 바 있다. 특히 어떤 것의 가격이야말로 그것의 가치에 대한 사회의 판단이 된다는 관점은 사람마다 구매력을 행사할 때 보이는 모든 개인적인 차이점, 그리하여 가격을 자연적 가치와 분리시키는 모든 개인적 차이점을 사상捨象하는 것에 해당한다. 이렇듯 수많은 경제 이론가가 스스로 깨닫지 못하는 사이에 공산주의적 가치 이론을 전개하고 있는 것이다(ibid., 61).

이렇게 사적 소유 혹은 소득 불평등이 없는 것으로 이상적으로 그려진 경제에서는 여러 상품이 각자의 '자연적 가치'를 가지게 될 것이며, 가격도 모두 이 자연적 가치와 일치하게 되리라는 것이었다. 다른 신고전파 경제학자들과 마찬가지로 비저 또한 자본주의에서나 사회주의에서나 가치 계산은 동일하다고 생각했다(Heimann, 1939: 89). 또 다른 오스트리아학파 경제학자인 오이겐 폰 뵘바베르크Eugen von Böhm-

Bawerk 또한 이와 비슷한 방식으로, 자본 이론을 다룬 자신의 저서에서 처음 100페이지를 "한 개인의 의지에 따라 인도되는 단일 상품경제"로 구성되는 공동체를 논의하는 데 쓰고 있다(Böhm-Bawerk〔1889, 1891〕 1971: 113). 신고전파 경제학자의 입장에서 볼 때, 중앙계획경제 즉 사적 소유가 없으며 "한 개인의 의지에 따라 인도되는" 경제라는 개념은 자유경쟁 경제에도 적용이 가능한 지식을 제공한다. 이 경제학자들은 현실의 경제정책의 목적으로서는 사회주의에 반대할 때가 많지만, 신고전파 경제학을 발전시키는 데 있어서는 사회주의 혹은 공산주의국가라는 형태로 사회주의의 개념을 도구로 사용했던 것이다.[16]

  1893년, 빌프레도 파레토Vilfredo Pareto는 스위스의 로잔 대학에서 정치경제학을 가르쳤던 레옹 발라의 교수직을 이어받는다.[17] 파레토는 신고전파 경제학에서 가장 중요한 개념 도구 3개를 만들었으며, 이것들은 훗날 '사회적 계획가' '사회적 후생함수' '파레토 최적'으로 각각 불리게 된다. 파레토는 1896~1897년에 저술한 자신의 정치경제학 교과서에서 발라를 따라 전체 경제를 수요와 공급, 시장가격 등으로 이루어지는 연립방정식 체계로 묘사한다. 그는 또한 경쟁적 시장경제를 사회주의국가와 동일한 것으로 놓는 신고전파의 전통을 따른다. "즉 이 두 시스템 모두 형식에 있어서는 다르지 않으며, 결국 동일한 지점에 도달한다. 그 결과는 지극히 괄목할 만한 것이다(ibid., 59)." 이 교과서 전체에 걸쳐 파레토는 모종의 '사회주의국가'를 사용하여 신고전파 경제학을 좀더 일반적으로 이론화하고 있다. 파레토에 따르면, 사회주의국가는 모든 생산을 안배하며, 생산수단의 집단적 소유권을 가지고 있으며, 사회 안의 모든 개개인에게 안녕—혹은 효용—을 극대화할 것을 추구한다는 것이다.[18] 이렇게 사회적 효용을 극대화해주는, 따라서 파레토 최적이라 할 수 있는 안배 상태로부터 무슨 변동이라도 있을 경우, 그 덕분에 누군가는 더 잘 살게 될지 모르지만 또 동시에 다른 누군가는 더 못살게 될 것이다.[19] 파레토는 '생산 전담부Ministry of Production'라는 것을 상상해내어 이것으로 발라의 경매자 개념을 대체해 버린다. 이 '생산 전담부'란 곧 발라가 완전경쟁 경제를 묘사하기 위해 사용했던 여러 방정식을 풀어주어 균형가격을 계산해내며, 그 다음에는 이 가격을 사용하여 사회적 후생을 극대화하게 된다. 오늘날 신고전파 경제학자들이 사용하는 사회적 계획가의 개념이 바로 이렇게 사회적 후생을 극대화해주는 '생산 전담부'다. 하지만 파레토에 따르면 이렇게 생산이 최적으로 벌어진다고 해도 혜택을 보지 못하는 사람이 있을 것이며, 따라서 사회주의국가는 이 과정에서의 패배자들에게 자금을 재분배—정액세나 배당금을 통하여—하여 그 시민 **모두**가 극대화된 안녕 혹은 효용을 얻을 수 있도록 해야 한다. 파레토는 여기에서 오늘날 표준적인 거시경제학 도구가 된 사회적 계획가, 사회적 후생함수, 파레토 최적 등의 개념을 만들어낸다. 나아가 파레토는 경제 전체를 묘사하는 연립방정식의 해를 실제로 구하는 작업은 엄청난 현실적 난제들을 안고 있지만, 신고전파 경제학에 따를 때 최소한 이론적으로는 그러한 사회주의 시스템이 얼마든지 가능하다는 점을 인정했다 (Pareto, 1896: 321).[20]

1908년에는 파레토의 로잔 대학 동료인 엔리코 바로네가 또한 신고전파 경제학과 사회주의에 대해 몇 가지 근본적 중요성을 가진 기여를 이룬다. 바로네는 파레토가 상상했던 '생산 전담부'의 방정식들을 수학적으로 풀 수 있다는 것을 설명했다.[21] 다른 신고전파 경제학자들과 비슷한 방식으로 바로네도 이렇게 선언한다. "집산주의적 사회의 균형을 묘사하는 방정식 체계는 자유경쟁의 방정식 체계와 다르지 않다(Barone [1908] 1938: 274)." 사회주의 시스템이 작동하기 위해서는 생산자들이 순수하게 경쟁적인 경제로부터 도출되는 두 개의 규칙을 반드시 따라야만 한다. 첫째는 (평균) 생산비용을 극소화할 것, 둘째는 가격과 (한계)생산비용을 일치시켜야 한다는 것이다(ibid., 289). 바로네는 그 다음으로 두 개의 혁신적인 사회주의 경제모델을 발전시킨다. 하나는 소비자들의 의사표현 없이 국가가 생산을 조직하는 중앙화된 모델이며 다른 하나는 시민들이 자기들 스스로의 직업과 소비를 선택하는 탈중앙화된 모델이다. 하지만 바로네는 이렇게 경고한다. 신고전파의 방법을 사용하는 중앙계획은 **"불가능한 것**은 아니"지만 현실적으로 그 방정식들의 해를 구하는 것은 지극히 어려울 것이라고(ibid., 287-290). 그가 제안하는 바는 그 대신 "아주 큰 규모"에서 "실험적인 방식으로" 방정식들의 해를 구하자는 것으로서, 시장과 사회주의를 결합하는 모종의 방식을 암시하는 것이었다(ibid., 288). 그후로 몇십 년간 신고전파 경제학자들은 바로네가 했던 여러 가정과 규칙들을 그대로 따라서 바로네가 시사했던 탈중앙화된 시장사회주의 모델을 발전시켰다.

이렇게 신고전파 경제학자들은 사회주의국가가 최소한 이론적으로는 경쟁적 시장과 동일한 결과를 낳을 수 있다고 주장했다. 이들은 스스로의 정치적 의도와는 무관하게 시장과 중앙계획 사회주의국가를 대조시키는 대신 시장 모델과 중앙계획 모델 모두를 방법론적 도구로 사용하여 자신들의 전문적 지식을 발전시켰다. 이들이 발전시킨 도구를 미래의 사회주의자들이 사용하게 된다.

볼셰비키 혁명과 신고전파 경제학
—

세계적 사건들이 터지면서 논의의 초점이 이동한다. 1917년 볼셰비키 혁명이 일어났으며 두 차례 세계대전 사이의 기간에 독일과 오스트리아에는 사회주의 정부가 들어서는 일도 있었다. 이를 통해 사회주의는 그 어느 때보다도 현실적인 가능성이 되었다. 관습적인 설명에 따르면, 오스트리아학파의 미제스가 바로 이 시점에서 사회주의의 불가능성 (혹은 비효율성)을 입증하기 위해 사회주의 계산논쟁에 불을 붙인 것이라고 한다(Caldwell, 1997; Lavoie, 1985). 그런데 사실을 보자면, 유럽에서 현실 사회주의가 나타나는 상황에 직면한 미제스가 신고전파 경제학과 시장이 보편적인 것이 아니라 순수하게 자본주의적인 것임을 주장했고 그 와중에 스스로가 입각한 신고전파 경제학의 핵심 가정들까지 거부했다는 것이 핵심이었다. 그리고 다른 많은 신고전파 경제학자들이 나서서 미제스와 달리 자신들 학문의 보편성을 계속해서 주장했으며, 그 과정에서 자신들의 방법론적 도구들이 사회주의를 위한 청사진이 될 수 있음을 깨닫게 되었다.[22]

오토 노이라트Otto Neurath가 바로 이러한 경로를 따라간 이였는데, 그는 오스트리아학파 계열의 신고전파 경제학자들로부터 배웠으며 또 동시에 독일 역사학파의 수장인 구스타프 슈몰러Gustav Schmoller로부터도 배운 이였다. 1918년 말엽 오스트리아 정부와 바이마르 독일 정부는 '사회화_{Sozialisierungs}' 위원회를 설립한다(Uebel, 2004: 40). 경제학자들
은 경제의 사회화가 이루어지면 어떤 일들이 벌어질 것인가를 놓고 논
쟁을 벌였다(Chaloupek, 1990). 노이라트는 이미 그 전 몇 년간 '전시 경
제학'을 발전시켜놓았으며, 이것이 국제적 사회주의를 낳을 것이라고
믿고 있었다(Uebel, 2004: 26-33). 1919년 그는 단명했던 바바리아 주
의 소비에트 정권에 자신의 '전면적 사회화' 모델을 제시했다. 이는 화
폐가 없으며 완전히 중앙화된 사회주의 계획경제였다(Mitchell, 1965:
293). 노이라트는 이러한 경제가 화폐나 시장이 없이 작동할 것이며 따
라서 현물을 단위로 하여 행정적으로 계획될 것이라고 주장했다. 사
실 이 모델은 오스트리아학파의 경제학자였던 비저의 '공산주의국가'
를 빼닮은 것이었다. 바바리아 소비에트 정부는 노이라트가 자신의 계
획을 실행에 옮길 수 있도록 그를 고용했지만, 그가 작업을 완수하기
전에 소비에트 정부가 무너지고 말았다(Mitchell, 1965; Uebel, 2004: 40).
또한 헝가리 소비에트 공화국에서 사회 생산 인민위원으로 참여했다가
1919년 비엔나로 망명한 칼 폴라니_{Karl Polanyi} 또한 이와 비슷하게 오로
지 신고전파 경제학만이 시장이 없는 계획경제의 모델을 제공할 수 있
다는 점을 인정했다.

> 마르크스가 자본주의경제에 대한 이론을 창조했다는 것은 인정할
> 수 있지만, 그의 이론은 사회주의 경제에 대해 다루는 일을 항상
> 고의적으로 회피했다. 우리가 뜻대로 활용할 수 있는 시장 없는 경
> 제의 유일한 이론은 한계주의 경제학파에서 나오는 이론이며, 폐
> 쇄경제에 대한 이론으로서라면 이를 인정할 수밖에 없다. 많은 이

에게 참으로 이해하기 힘든 이야기로 들리겠지만, 공산주의적인 관리경제는 그 고유의 이론경제학적 원리를 정초하기 위해 이 한계주의 경제학파에 의지하는 수밖에 없다(1922: 379-380).

노이라트는 한계주의에 입각하여 경제계획을 행하는 공산주의국가라는 신고전파 경제학의 방법론적 도구를 사회주의의 청사진으로 변형시킨 것이다.[23] 그의 모델은 비록 바바리아의 노동자 평의회 내에서는 인기가 좋았지만, 사회주의 경제학자들과 반사회주의 경제학자들 모두로부터 전반적인 비판을 불러일으켰다.

카를 카우츠키Karl Kautsky를 비롯한 독일과 오스트리아의 수많은 사회주의자가 노이라트의 모델을 비판했다(Chaloupek, 1990: 662). 일반적으로 카우츠키와 여타 사회민주주의자들은 국가란 본질적으로 계급 억압의 도구라는 이유에서 국가 권위를 거부했다(Zimmerman, 2010: 96-98). 많은 사회주의 경제학자가 이러한 관점을 공유하여 비권위주의적 모델들을 발전시켰고, 이를 통해 시장이냐 계획이냐는 단순한 정책적 선택지를 뛰어넘었다.

이러한 경제학자들은 사회화된 소유와 민주적으로 운영되는 결사체들을 요구했고, 나중에는 시장 또한 요구했다. 1921년 에두아르트 하이만Eduard Heimann에 따르면, 사회주의의 옹호자들은 "생산자들 및 소비자들 공히 그 대표들에게 경제의 운영 특히 가격의 책정을 위탁함으로써 (⋯) 생산자들과 소비자들의 적대감"을 극복하고자 했다. "오로지 노이라트만이 예외였다(Landauer, 1959: 1787)." 폴라니는 국가가 아니라 생산자 결사체들과 소비자 결사체들이 생산과 가격에 관련된 결정을 내려야 한다고 주장했다(Polanyi, 1922). 그의 저서 『거대한 전환』*에서 볼 수 있듯이, 폴라니가 비판했던 것은 신고전파(한계주의) 경제학이 아니라 미제스와 하이에크와 같은 '경제적 자유주의자들'이었다(Polanyi 〔1944〕 1957: ch.13). 폴라니는 마르크스주의와는 대조적으로, 모종의 '시장'을 갖추고 있는 사회주의의 "현실적인 경제 학설positive economic doctrine"을 추구했고 "사회주의 이행 경제의 한 유형"을 발전시켰다(Polanyi, 1922: 380, 413). 폴라니가 지지했던 것은 케인스주의의 정신에 입각한 시장에 대한 국가 개입이나 혼합경제가 아니었다. 그가 옹호했던 것은 경쟁적인 시장과 여기에 탈중앙화된 민주적인 여러 노동자들의 제도가 곁들여져 있는 것으로서, 이는 널리 퍼져 있었던 신고전파의 관점이기도 했다.[24] 1930년대 초가 되면 '시장사회주의자들'은 사회주의적 기업들이 자유시장에서 서로 경쟁하는 일이 가능함을 시사했다(Heimann, 1932; Landauer, 1931; Landauer, 1959: 1643~1650).[25] 프란츠 오펜하이머Franz Oppenheimer도 마찬가지로 단일한 자유시장에서 서로 경쟁하는 공산주의적인 경제 공동체들이 필요하다고 보았다(Heimann, 1944: 38). 결과적으로 시장사회주의자들은 사회주의에 대한 모종의 새로운 신고전파 모델을 창조한 것이다. 이 시장사회주의는 권위주의적인 중앙 국가를 넘어서서 급진적인 경제 및 정치 제도들을 갖춘 사회민주주의에 더욱 적합한 모델로 개발된 것이었다.

시장사회주의자들은 발라, 파레토, 바로네, 비저, 뵘바베르크의 신고전파 모델들을 새로운 사회주의 사회를 건설할 청사진으로 사용할

---

*국내 번역본은 『거대한 전환—우리 시대의 정치, 경제적 기원』, 홍기빈 옮김, 길, 2009.

수 있다는 것을 깨달았다. 당시 스웨덴의 경제학자이자 사회주의의 비판가인 구스타브 카셀의 저작이 새로 출간되면서 신고전파 경제학에 기초한 이상적인 사회주의 계획이 제공된 듯했다(Cassel, 1923). 이 시장 사회주의자들 중 하나인 에두아르트 하이만에 따르면, "카셀의 학설은 비저의 학설과 마찬가지로 자본주의보다는 사회주의에 훨씬 더 가깝다(Heimann, 1939: 92)." 카셀 또한 다른 신고전파 경제학자들과 마찬가지로 노동가치론을 비판했고 사회주의자들의 사상에 대해서도 폭넓게 비판을 제기했다(Cassel, 1923: 290). 카셀은 자신의 경제모델을 묘사한 후 이렇게 단언한다.

생산의 통제권과 물질적 생산수단의 소유권을 스스로 장악한 공동체가 있다고 해도, 이러한 원리들은 언제나 변함없이 적용될 것이다. 이러한 공동체를 우리는 '사회주의적'이라고 부른다. 이 이름은 자급자족의 교환경제를 나타내는 것으로서, 그 내부의 생산 전체는 공동체를 위해 공동체 스스로가 수행하며, 공동체는 그러한 목적을 위한 도구로서 공직자들을 스스로 임명한다. 또한 모든 물질적 생산수단은 공동체의 재산이 된다. 하지만 이 안에서도 교환경제에서와 똑같은 정도로 노동과 소비의 자유는 필수적인 것이 된다. 물론 이러한 정의는 오늘날까지 '사회주의적'이라고 묘사되어 온 모든 경제 질서에 적용되는 것은 아니다. 이는 이론적으로 보았을 때 가장 단순한 사회주의 경제를 표상하는 것으로서, 일종의 순수형이라고 할 수 있다(ibid., 129).[26]

카셀은 다른 신고전파 경제학자들과 마찬가지로 사회주의 모델이 경제학에 보다 일반적으로 "유용하며 유익하다"는 것을 알게 된다. 왜냐면 이 모델은 아주 간단하여 모든 교환경제에 보편적으로 나타나는 필수적 요소들에 대해 혜안을 제공해주기 때문이다(ibid., 129-130). 카셀의 저작은 신고전파의 가격이론 및 여타 영역에서 새로운 여러 혁신을 가져오는 데 기여했다. 시장사회주의자들은 신고전파 경제학이 사회주의에 도움이 되며 또 동시에 사회주의는 신고전파 경제학에 도움이 된다는 것을 알게 되었다.

　　사회주의 계산논쟁에 대한 대부분의 관습적인 설명은 하이에크가 1935년에 내놓은 오스트리아와 독일에서의 논쟁 정리에 의존하고 있다(예를 들어 Hodgson, 1999: 33-36; Lavoie, 1985). 하이에크는 미제스를 이 논쟁의 중심으로 만들고 있지만, 실상을 보자면 미제스는 중요하기는 하지만 수많은 논쟁 참여자 가운데 한 사람이었을 뿐이다. 19세기 말~20세기 초가 되면 대부분의 사회주의자들은 사회주의 사회에서도 최소한 소비 품목들에 대해서는 화폐가 사용될 것이라고 가정하게 되었다(Landauer, 1959: 1639). 신고전파 경제학자들은 사회주의 경제에서도 가격이 필요하다고 가정한 지 오래였으므로, 미제스는 이 점에서도 새로이 밝힌 것은 없었다. 그의 가장 논쟁적인 주장은 신고전파 경제학과 시장에 대한 것이었다. 그는 자본주의와 사회주의가 공통된 경제 법칙들의 필연성을 공유한다는 이전의 다른 신고전파 경제학자들의 주장 대신 "사회주의는 합리적 경제를 폐기한 것"이라고 선언했다(Mises [1920] 1938: 110). 따라서 신고전파 경제학은 오로지 자본주의에만 적용된다는 것이었다.

미제스는 사회주의 경제란 사적 소유와 시장가격을 뿌리 뽑고서 그 자리에 중앙계획의 현물교환을 가져다 놓는 것이라고 이해했으며, 그 점에서 노이라트와 같은 견해였다. 미제스가 보기에 노이라트의 문제는 그러한 과정에 어떤 난점들이 숨어 있는지를 이해하지 못했다는 점에 있었다(Mises, 1922). 시장, 사적 소유, 시장가격 등이 없다면 경제에서 합리적인 행동의 결정은 불가능해진다는 것이다. 따라서 그는 사회주의와 시장이란 서로를 배제하는 범주들이라고 여겼다.[27] 따라서 미제스에 따르자면 사회주의—중앙계획경제로 이해된다면—는 성립할 수 없는 것이었다. 카를 란다우어가 인식하고 있었듯이, 미제스는 사회주의만이 아니라 신고전파 경제학 또한 거부한 것이었다. "만약 미제스나 하이에크의 주장 중 하나라도 올바른 것이라면, 발라, 파레토, 비저, 바로네 등은 자신들의 방정식을 수립할 권리도 또 자신들의 곡선을 그을 권리도 없게 될 것이었다(1959: 1640 n134)." 신고전파 경제학의 보편성을 기각한 미제스의 주장은 그것이 사회주의에 대한 비판인 것만큼이나 신고전파 경제학과의 단절을 나타내는 것이기도 했다.

미제스는 사회주의를 중앙계획 및 생산수단의 국가 소유로 이해했던 마르크스주의자들에게 자신의 비판을 겨누었다(Mises, 1920, 1922). 후대의 오스트리아학파 경제학자인 돈 라포이에 따르면, 미제스는 그와 동시에 신고전파 경제학을 사용하면서 마르크스주의의 중앙계획을 비판했던 시장사회주의자들을 "마르크스주의의 형태로 되살아난 고전파 가치론의 위협에 맞서는" 자신의 동맹자들이라고 여겼다고 한다(Lavoie, 1985: 3).[28] 미제스와 다른 오스트리아학파 경제학자들에게 있어서는, "오늘날에는 오로지 **단 하나**의 경제학만이 존재한다는 것을 모두 인정해야" 했고 그것은 바로 한계주의 경제학이었다(미제스의 말, Kurz, 1995: 68-69에서 재인용). 미제스와 시장사회주의자들은 모두 신고전파 경제학을 공유하고 있었지만 (특히 미제스가 사적 소유와 자본주의를 옹호했던 점에서) 정치적인 견해는 달랐고 경제학 자체에 대해서도 견해가 달랐다.[29] 마르크스주의자들 또한 자본주의와 사회주의는 근본적으로 다른 것이라고 이해했던 점에서 미제스는 시장사회주의자들보다는 마르크스주의자들과 더 많은 점을 공유하고 있었지만, 그는 이를 훗날이 되어서야 깨닫는다(Lavoie, 1985). 미제스는 곧 신고전파 경제학으로부터 물러나와 철학적 질문들로 향하게 된다.[30]

영국의 새로운 사회주의
—

1930년대가 되면 영국과 미국에서도 신고전파 경제학에 기초한 모종의 '새로운 사회주의'가 대단히 대중적으로 확산된다(Hutt, 1940). 이 신고전파에 기초한 사회주의가 꽃피었던 곳은 1895년 페이비언 사회주의자*들이 설립한 런던 정치경제대학LSE: London School of Economics이었다.[31] 페이비언 사회주의자들은 이미 오래전부터 정통 고전파 경제학을 비판하고 그 대안이 될 경제학파들을 지지하고 있었다. 1890년대에 이들은

---

*시드니 웨브, 비어트리스 웨브Sidney and Beatrice Webb 부부와 버나드 쇼Bernard Shaw 등이 주축이 되어 영국에서의 사회주의 실현을 목표로 19세기 말에 성립된 협회. 수많은 좌파 정치가와 지식인이 서로 생각과 견해를 나누는 오늘날의 싱크탱크 역할을 했다. 마르크스주의를 배격하고, 평화적이고 점진적인 수단에 근거하여 국가를 활용한 산업의 합리적 재구성과 노동자의 평등을 사회주의의 상으로 삼았다.

이미 신고전파 경제학을 수용하며, 이를 프리드리히 엥겔스는 이렇게 말했다. "이 제번스-멩거주의자들은 페이비언 협회를 완전히 지배하고 있으며, 퇴물이 된 지 오래인 마르크스를 경멸하고 있다."[32] 1926년에 교수로 부임한 존 힉스John Hicks는 발라와 파레토식 신고전파 경제학을 다시 일으키는 데 도움을 주었다.[33] 사회주의의 비판자이자 오스트리아식 신고전파 경제학의 옹호자인 라이어널 로빈스Lionel Robbins와 아널드 플랜트Arnold Plant는 각각 1929년과 1930년에 LSE에서 교편을 잡기 시작한다. 이들은 교수로 부임하면서 미제스의 사상과 오스트리아 및 독일의 신고전파 논쟁들을 들여오게 된다.

에번 더빈Evan Durbin, 아바 러너Abba Lerner, 오스카르 랑게 등의 사회주의 학생 및 강사들은 이 반사회주의자들과 함께 신고전파 경제학의 최신 저작들을 배우게 되며, 이것들을 사용하여 시장사회주의의 여러 모델을 스스로 만들어낸다(Lerner, 1934b; Lnage, 1936, 1937). LSE는 이 새로운 수리적 신고전파 경제학을 만들어내는 주도적 중심지의 하나였다. 요네이가 밝혀낸 바 있듯이, 1930년대 미국에서도 제도주의와 수학을 쓰지 않는 오스트리아학파의 '구닥다리' 신고전파 경제학을 패배시킨 것은 "1930년대에 주력으로 처음 나타나서 제2차 세계대전 이후 금세 하늘로 치솟은 새로운 접근법이었다. 이 새 승리자는 바로 수리경제학이었다(Yonay, 1998: 184)." 이렇게 LSE에서 발라, 파레토, 바로네 등의 일반균형이론이 되살아나자 새로운 개념 도구들이 함께 나타났다.[34] 사회주의에 관심 있는 학생들을 포함한 많은 학생이 열심히 이 과목들을 들었고 특히 가격이론에 큰 관심을 보였다.[35] 카셀의 저작은 사회주의국가에서 가격을 결정하는 데에 신고전파 경제학을 어떻게 쓸 수 있는지를 설명했기 때문에 특히 중요하게 여겨졌다. 이 젊은 사회주의자들은 비저, 뵘바베르크, 파레토, 카셀 등의 사회주의 비판가들의 신고전파 모델을 아주 흥미로운 새 분석적 도구인 동시에 새로운 사회주의 사회의 청사진으로 여겨 열심히 탐구했다. 이 LSE 학생들과 강사들은 신고전파 경제학에 참여하는 한편으로 또 사회주의를 위해 시장과 신고전파 경제학을 동원한 것이었다.

훗날 노벨 경제학상 수상자이자 시카고학파의 경제학자가 되는 로널드 코스가 1930년 LSE의 한 수업에 들어왔고, 그 수업에서 그는 신고전파 경제학 그리고 그것이 자유시장 경쟁을 옹호하는 논리를 처음으로 배우게 된다(Coase, 1997a, b). 그 과목의 교수였던 아널드 플랜트는 모든 종류의 경제계획에 반대했으며 시장의 가격 결정 시스템이야말로 최적의 조정 메커니즘이라고 이해했다. 코스는 아주 먼 훗날 그 당시 자신이 '사회주의자'였음을 회상하면서 이렇게 말한다. "사회주의에 대한 나의 공감과 플랜트 교수의 접근법을 내가 어떻게 화해시켰는지 궁금할 것이다. 짧게 대답하자면, 나는 그 둘을 화해시킬 필요를 전혀 느끼지 못했다(Coase, 1991: 39)." 그는 미국에서 연구로 1년을 보내는 동안 기업 자체가 "작은 계획사회"라는 것을 깨닫게 되었다(Coase, 1997a: 3). 그는 스스로에게 물었다. 만약 교수들이 가르친 대로 정말로 가격만 있으면 경쟁적 시장경제가 기능할 수 있다고 한다면, 어째서 비시장적인 권위적 위계조직인 기업들이 존재하는 것인가? 그는 회상한다.

겉모습은 다르지만 똑같은 질문이 당시 내게 다른 방향에서 제기되었다. 당시는 러시아 혁명이 벌어진 지 14년밖에 되지 않았던 때다. 당시 우리는 공산주의 시스템에서 경제계획이 어떻게 실제로 수행될지에 대해 아는 바가 거의 없었다. 레닌은 러시아의 경제 시스템이 하나의 거대한 공장으로서 운영될 것이라고 말한 바 있다. 하지만 서방의 많은 경제학자는 그런 일은 불가능하다고 주장했다. 그런데 서방에 있던 여러 공장 가운데 어떤 것들은 지극히 컸다. 경제학자들이 가격 책정 시스템의 역할 그리고 중앙 경제계획이 성공할 수 없음에 대해 내놓은 견해와 우리 서방의 경제 내에서 작동하고 있는 기업들에는 경영진이 존재하며 또 그 기업들이 분명히 계획에 의해 돌아가는 사회라는 사실을 어떻게 화해시킬 수 있단 말인가?(ibid., 2)

코스는 기업이라는 블랙박스에 신고전파의 분석을 적용했다. 그는 이렇게 신고전파 분석을 사회주의 그리고 한 기업 내의 위계적 중앙계획을 연구하기 위한 도구로 그려냈다. 코스는 기업이 계획으로 움직이는 사회라는 사실과 국민경제 또한 하나의 거대한 기업 혹은 공장으로서 계획으로 움직인다는 사실 사이에 여러 유사점이 존재한다는 것을 보게 되었다. 일국적 규모에서의 경제계획에 대한 지식이 있으면 기업 수준에서의 계획에도 도움이 되며, 그 반대 또한 마찬가지라는 것이다.

1931년 오스트리아학파 신고전파 경제학의 지도적 구성원인 프리드리히 하이에크가 LSE에 당도했고, 피터 뵈트케의 의하면 그곳 학생들은 하이에크의 "약점을 찾아 무차별 공격을 가했다(Boettke, 2004)."

하이에크는 이미 비엔나에서 중앙계획 대 시장이라는 논쟁으로 단련되었기에, 자유시장과 사회주의를 둘 다 신봉하는 LSE의 사회주의 학생들이 하는 말이 그 당시의 독일 시장사회주의자들과 비슷하다는 것을 알아차렸다(Heimann, 1932; Landauer, 1931). 그리하여 하이에크는 이렇게 시장사회주의를 수용한 이들에 대한 대응으로서 중부 유럽에서 '집산주의적 경제계획Collectivist Economic Planning'을 놓고 벌어졌던 철 지난 논쟁의 글들을 다시 한 권으로 묶어서 새롭게 내놓았다. 이 과정에서 하이에크는 여기저기 흩어져 있었던 미제스, 랑게, 다른 초기 저자들의 글들로부터 사회주의 계산논쟁이라는 것을 창조했고, 이를 통해 우익 및 자유지상주의 집단들이 이후 몇십 년간 써먹을 전략을 만들어낸다. 이 책에서 그는 1920년대의 미제스, 1902년의 피르손이 쓴 사회주의에 대한 비판문과 게오르게 할음(Halm 〔1935〕 1938)과 하이에크(Hayek 〔1935〕 1938) 그리고 엔리코 바로네가 1908년에 제시했던 사회주의 수리 모델 등을 게재했다. 사회주의를 놓고 벌어졌던 논쟁에서 이렇게 여러 다른 시대에 쓰인 저작들을 하나로 묶음으로써 하이에크는 이 저작들을 그 역사적 상황과 논쟁의 맥락으로부터 탈각시켜버린 것이다. 이렇게 그는 사회주의를 탈역사화시켜, 그 정의를 오직 국가 소유 및 모든 물적 생산자원의 중앙계획만을 뜻하는 것으로 좁혀버렸다(Hayek, 1938a: 18-19; 또한 Michelini, 2001도 참조).[36] 하이에크는 이렇게 함으로써 사회주의와 시장을 날카롭게 구별해버린 미제스의 주장을 그대로 수용했다. 그 얼마 전에 이미 미제스는 스스로 이렇게 자신의 주장을 반복한 바 있다. "따라서 여전히 선택은 사회주의냐 아니면 시장경제냐 둘 중의 하나다(Mises, 1936: 142)." 사실상 이는 신고전파 경제학과 배치되는 이야기다.

하이에크는 사회주의가 시장과는 완전히 별개인 중앙계획이라는 자신의 그림을 뒷받침하기 위해 소련이라는 존재를 몇 가지 방식으로 동원했다. 한편으로 그는 소련이 아무 원칙 없이 자의적으로 운영되고 있으므로 중앙계획조차 없는 사회이며, 따라서 소련의 예는 "사회를 합리적으로 재구축하고자 하는 열망에서 나오는 지적인 문제에 답하는 데에는 아무런 도움이 되지 않는다"고 주장했다(Hayek, 1938b: 207). 그런데 또 다른 한편으로 그는, 소련이 자본주의 나라들보다 높은 생활수준을 달성하지 못한 것이야말로 사회주의가 작동할 수 없음을 증명한다고 주장했다. 여기서 중요한 점은, 사회주의가 성공할 수 없다는 보리스 브루츠쿠스Boris Brutzkus라는 러시아 학자의 분석을 하이에크가 자신의 주장과 비슷한 것으로 여기면서 근거로 삼고 있다는 점이다.

> 비록 이것들(브루츠쿠스의 여러 분석)이 당시 러시아가 직면했던 여러 구체적 문제를 연구하면서 나온 것이며 또 이 글이 쓰였던 당시 저자는 외부 세계와의 소통이 단절되어 있었으므로 오스트리아 및 독일 학자들이 행했던 비슷한 노력에 대해 알았을 수가 없겠지만 말이다(Hayek, 1938a: 35).

이런 식으로 하이에크는 소련에서 나온 저작의 저자들을 아무것도 모르는 순진한 고립적인 개인들로 다루면서 자신의 논리를 입증해주는 증인들로 이용했다.[37] LSE의 신고전파 사회주의자들에 대응하기 위해 그는 사회주의란 항상 시장경제의 반대인 중앙계획이며 반드시 실패하게 되어 있다고 주장했다. 그리고 자신의 주장을 뒷받침하기 위해서 여러 소련 체제의 증인들을 고립된 사례들이라 주장하면서 사용했고 또 다양한 역사적 시대에 쓰인 광범위한 반사회주의 저작들을 총동원했다.

그런데 바로 그 당시에 폴란드의 경제학자이자 사회주의자인 오스카르 랑게가 런던을 방문하여 시장사회주의를 다룬 그의 유명한 신고전파 모델을 발표한다(Lange, 1936, 1937). 랑게는 곧 미국으로 이주하여 시카고 대학에서 작업을 시작했고 여기에서 계속하여 신고전파 경제학을 가르친다. 제2차 세계대전이 끝나자 그는 이오시프 스탈린의 요청으로 폴란드로 돌아가 교편을 잡았고 정부의 자문 역할도 했다(Kowalik, 1965).

랑게에 따르면, 사회주의는 생산수단의 사적 소유를 제거하여 자유경쟁에 대한 장애물을 없애기 때문에 현존하는 독점 자본주의보다 우월하다(Lange, 1937: 132).[38] 랑게는 수십 년에 걸쳐 이루어져온 사회주의국가에 대한 신고전파식 이론화 작업, 시장사회주의에 대한 새로운 생각들, 신고전파 경제학에서의 여러 혁신 등을 하나로 합쳐서 시장사회주의의 이론적 모델을 만들어냈으며 이는 곧 표준적인 모델이 되었다. 이 모델에서 랑게는 신고전파의 전통 특히 바로네가 정식화해놓은 전제들을 그대로 따랐다. 이러한 형태의 사회주의는 생산수단의 국가 소유를 기초로 하고 있었다.[39] 개인들은 각자 자신의 직업과 소비재를 자유롭게 선택하며, 이것들은 "진짜 시장"에서 매매된다(Lange, 1936: 60). 랑게가 국가의 중앙 통제를 거부했던 이유는 "이러한 체제는 비민주적 성격을 갖는 데다 사회주의 운동의 여러 이상과 양립할 수 없기" 때문이었다(ibid., 70). 피고용자들은 소득을 얻고 또 추가로 "사회적 배당금" 즉 "사회가 소유하는 자본 및 천연자원에서 나온 소득의 개인 몫"을 얻게 되어 있다(ibid., 61). 생산재 즉 자본에 대해서는 시장이 존재하지 않는다. 대신 랑게의 생각에 따르면 마치 경쟁적 시장에서 가격과 이자율이 조정되듯이 중앙계획 이사회가 여러 시행착오를 거치면서 가격과 이자율을 결정하게 된다. 중앙계획 이사회는 마치 발라의 일반균형이론에 나오는 경매자처럼 행동하여 최초에 임의로 가격을 결정하고, 이후 초과공급이나 초과수요가 나타날 때마다 이에 대응하여 가격을 수정해나가는 것이다. 기업들은 이윤을 극대화하는 것이 아니라 바로네가 논의했던 두 개의 규칙을 따른다. 즉 (평균)생산비용을 최소화해야 하며 가격을 (한계)생산비용과 일치시켜야만 한다는 것이다. 랑게의 시장사회주의 모델은 이후 몇십 년간 사회주의자 및 신고전파 경제학자들의 여러 논의에서 하나의 준거점으로 남게 된다.

1930년대 동안에는, 많은 신고전파 경제학자가 사회주의야말로 신고전파 경제학자들이 그려내는 완전경쟁시장을 실현하기 위해 필요한 제도들을 제공한다는 결론에 도달한다. 영국의 사회주의자이자 경제학자인 디킨슨H. D. Dickinson은 이렇게 말했다. "뵘바베르크, 비저, 마셜, 카셀 등이 묘사한 바 있는 저 아름다운 경제적 균형의 시스템은 현존하는 사회를 묘사한 것이 아니라 장래에 올 사회주의적 경제를 예견하는 비전이다(Dickinson, 1939: 205)." 훗날 노벨 경제학상을 수상하게 되는 미국의 신고전파 경제학자인 케네스 애로는 그의 글 「조심스러운 사회주의 옹호론」에서 1940년대 초 자신이 컬럼비아 대학에 있을 당시를 이렇게 회상하고 있다. "사회주의는 이상적인 시장을 얻어내기 위한 방식이다. 이것이 당시 많은 이가 믿고 있던 원리였다(Arrow, 1978: 476)."[40] 당시 오스트리아, 영국, 독일, 미국에 있었던 사회주의 경제학자들은 사회주의적인 여러 제도야말로 경제 현실을 신고전파 모델에 가깝게 만들 수 있다는 견해에 동의했다.

폴 바란, 모리스 돕, 폴 스위지 등의 마르크스주의 경제학자들 또한 사회주의에 대한 저작을 남겼지만, 그 방식은 대단히 달랐다. 사실 마르크스주의 경제학자들은 마르크스주의란 본질적으로 자본주의의 경제학이며, 신고전파 경제학은 사회주의의 경제학이라고 이해하고 있었다(Leontief, 1938; Sweezy, 1935). 오스카르 랑게와 같은 다른 신고전파 경제학자들도 자신들을 마르크스주의자라고 불렀지만, 마르크스주의와 신고전파 경제학 사이에 반드시 무슨 모순 따위를 느끼지는 않았다. 랑게는 신고전파 경제학이 "소련 경제 시스템이 오늘날 어떻게 관리되고 있는지에 대해 마르크스주의 경제학보다 더 많은 것을 가르쳐준다"고 했다(Lange, 1935: 191).[41] 동료 학생이었던 로널드 코스에 따르면, 한때 LSE 학생이었던 아바 러너는 신고전파 경제학에 대해 배우게 되자 그 즉시 멕시코시티로 여행을 떠났다고 한다. 거기에 망명해 있었던 레온 트로츠키Leon Trotsky에게 이 새로운 신고전파 경제학에 근거한 시장사회주의로 소련을 도울 수 있다고 설득하려 했다는 것이다(Coase, 1988: 8).

19세기 이후로 신고전파 경제학자들은 경쟁적 시장이 최적의 결과를 가져온다고 가정했지만, 곧 이들은 중앙계획가 또한 똑같은 결과를 가져올 수 있다는 것을 증명했다. 신고전파 경제학자들은 자신들의 전문적 지식을 발전시키기 위해 사회주의국가라는 개념을 하나의 방법론적 도구로 사용하기 시작했다. 그런데 오스트리아, 독일, 소련 등에서 새로운 사회주의적 정부들이 들어서게 되자 일부 신고전파 경제학자들은 자신들의 방법론적 도구들을 아예 사회주의를 위한 청사진으로 다시 생각하게끔 된 것이다. 이에 대한 대응으로 오스트리아학파의 지도자였던 루트비히 폰 미제스는 사회주의국가는 합리적 계산을 수행할 수 없으며 따라서 신고전파 경제학도 사회주의국가에는 적용되지 않는다는 주장을 내놓아 신고전파의 사유에 근본적인 전환을 가져왔다. 미제스는 그 대신 사적 소유와 자본주의를 옹호했다. 그 당시의 사회민주주의 경제학자들은 시장사회주의라는 새로운 신고전파 모델을 발전시키고 있었고, 이 모델에는 노동자들의 민주주의와 경쟁적 시장 등이 담겨 있었다. 이러한 생각들은 1930년대가 되자 영국 그리고 미국으로 이동한다. 30년대에 걸쳐서 미제스, 하이에크, 여타 보수적 오스트리아학파 경제학자들은 신고전파 경제학을 거부하기 시작한다. 최소한 부분적으로나마 그 이유는 신고전파 경제학이 시장과 사회주의를 지지한다는 것 때문이었고, 이후 이들은 철학적 논의로 방향을 바꾼다.[42] 그와 동시에 다양한 형태의 사회주의—이론적인 또한 현실적인—가 경제학자들에게 그들의 여러 이론과 방법을 발전시킬 수 있는 수단을 제공하며, 신고전파 경제학은 사회주의자들에게 사회주의의 여러 모델을 제공한다. 하지만 소련의 현실 사회주의에 살고 있던 경제학자들도 이러한 대화에 참여하게 될지는 아직 미지수였다.

소련에서의 신고전파 경제학

—

차르 체제의 러시아에도 또 소련 체제에서도, 신고전파 경제학자들은
있었다.[43] 니콜라이 부하린Nikolai Bukharin과 같은 소련 공산당 지도자
들 또한 사회주의를 둘러싼 여러 논쟁에서 신고전파 경제학이 차지하
는 중요성을 인정했다. 부하린은 자신의 저서 『유한계급의 경제 이론』
의 러시아판 서문에서 망명 중 신고전파 경제학을 공부하며 보냈던 몇
년간을 이렇게 회상한다.

> 나는 시베리아에서 탈출에 성공한 뒤 비엔나로 갔다. 거기에서 나
> 는 뵘바베르크 교수의 강의(1851~1914)에 출석했다. 비엔나 대학의
> 도서관에서 나는 오스트리아학파 이론가들의 문헌을 섭렵했다. 하
> 지만 오스트리아 정부에 의해 어느 요새에 갇히는 바람에 나는 비
> 엔나에서의 이 작업을 완성시킬 수가 없었다. (…) 오스트리아에서
> 추방당한 후 나는 스위스에 종종 들렀다. 이곳 로잔 대학 도서관
> 에서 나는 옛날의 경제학자들뿐만 아니라 로잔학파(발라)*를 공
> 부할 기회를 얻었고, 한계효용이론을 그 뿌리까지 쫓아갔다. 로잔
> 에서 나는 또한 영-미 경제학자를 총망라하여 철저하게 연구했다.
> (…) 미국에 도착한 후에는 뉴욕 공공도서관에서 미국의 경제학 문
> 헌들을 더욱 철저하게 연구할 수 있었다.

---

* 스위스 로잔대학에 있던 레옹 발라와 그 후임이었던 빌프레도 파레토 등으로 시작된 신고전
학파의 한 흐름. 일반균형이론을 주축으로 하고 수학적 기법을 분석 도구로 삼아 추상적 모
델을 만들어나갔다. 파레토 이후 이탈리아의 학계로 영향력을 옮겨간다.

부하린이 이토록 신고전파 경제학을 세밀하게 연구했던 것은 이 것이 사회주의에서 가장 중요한 모델과 도구들의 일부를 제공해주기 때문이었지만, 그는 또한 신고전파 경제학에 대해 '체계적 비판'을 계획 했다. 특히 그는 오스트리아식의 한계효용학파를 "부르주아적"이며 "마 르크스주의의 가장 강력한 반대자"라고 보아 거부했다(ibid.).

　　소련이 생겨난 처음 몇 년 동안은 공산당 지도자들이 소련에서는 경제학이 전혀 설 자리가 없다고 주장했다. 경제학자들의 연구 대상인 상품 교환 관계가 사회주의에서 사멸할 것이기 때문이라는 것이었다. 부하린 자신은 프레오브라젠스키와 더불어, 현물 직접 교환이 곧 상 품 교환 관계를 대체할 것이며 은행들은 단순한 부기 방식을 사용하는 "중앙 계산 사무소central counting houses"에 불과하게 될 것이라고 주장했다 (Bukharin and Preobrazhensky 〔1919〕 1966: 333). 따라서 "가치 법칙"—시 장에 근거한 가격 책정과 교환—은 더 이상 경제를 규제하지 않게 된 다는 것이다. 어떤 의미에서 보면 이러한 일국 경제는 단일의 공장처 럼 기능할 것이었다(Sutela, 1991: 10).[44] 이러한 시스템에서는 경제학자 들의 지식이라는 것을 더 이상 현실에 적용할 수 없으리라는 것이 부 하린 등의 주장이었으며, 이는 또한 미제스가 내놓았던 주장과 비슷한 것이기도 했다(Smolinski, 1971: 138). 경제학자들은 사라지고 엔지니어 들이 이 경제계획이라는 분야를 장악하리라는 것이다(Ellman, 1973).

　　만약 신고전파 경제학을 부르주아들의 이데올로기라고 본다면, 이것이 소련에서 맡을 역할이 없다는 주장 또한 당연하게 들릴 것이다. 폴록이 언급한 바 있듯, 소련에서는 "경제학자들이 본질적으로 경제에 대한 분석을 정치적 결정에 대한 맹목적 찬양에 종속시켜왔다"는 것이 사실이기도 하다(Pollock, 2006: 171). 소련의 경제계획은 일관된 체계가 있다기보다는 문제가 생길 때마다 임시변통으로 때우는 시스템으로서, 소수의 관리가 무수히 많은 결정을 내리려 몸부림치는 시스템이다. 소련의 중앙계획 시스템이 효율적이지 못하기에 시장에 기초한 대안 시스템이 반드시 필요하며, 따라서 신고전파 경제학으로 소련 경제를 크게 개선시킬 수 있다는 점에 대해서는 랑게나 하이에크나 이견이 없었다. 하이에크 등이 생각했던 것처럼(Hayek 〔1935〕 1938a: 35), 1920년대의 보리스 브루츠쿠스가 그러했듯이 소련의 경제학자들은 "외부 세계와 모든 소통이 단절"되어 있었기에, 서방의 경제학자들이 이미 발견했던 것과 똑같은 결론을 완전히 독자적으로 깨달아나가야만 했다.

하지만 초기의 소련 경제학자들은 하이에크의 생각과 달리 고립, 단절되어 있지 않았다. 1921년 소련 정부는 신경제정책NEP: New Economic Policy을 실행에 옮겼던바, 이는 국가가 운영하는 경제와 시장 및 민간 기업을 결합시키고자 했다(Bandera, 1963). NEP가 가져온 시장과 경제계획 결합의 실험들은 큰 흥분을 불러일으켰고 여기에 높은 수준의 수학 작업들이 더해지면서 소련에서도 혁신적인 수리경제학이 나타나게 되었다. 고립은커녕, "20년대 소련의 경제학자들은 혁명 이전의 러시아 경제학 및 통계학, 유럽 마르크스주의, 또 자신들이 면밀하게 관찰한 미국의 경험적 연구 등을 결합하여 좋은 결실을 내고 있었으며", 이는 사회주의경제학에 있어서도 많은 혁신과 새로운 지식을 내오고 있었다(Sutela, 1991: 28). 수많은 경제학자가 소련이라는 새로운 경제적 환경 속에서 기존의 경제학 개념 도구들이 불충분하다는 것을 알게 되었고, 마르크스주의 이론과 서방의 방법을 수정하여 새로운 개념 도구들을 만들어낸 이도 많았다(Katsenelinboigen, 1980: 11).[45] 기존의 일반 균형 모델은 정태 모형이었기에 사회주의로의 이행이라는 혁명적 변화의 동학에는 적합하지 않았다. 경제학자들과 정치 지도자들은 이 점을 놓고 격렬한 이념적 논쟁을 벌였으며, 그 결과 이 동적 혹은 동태적 경제 균형에 대한 새로운 공식적 해석이 나오기도 했다(Chossudowsky, 1939). 소련에서 만들어진 개념은 신고전파 주류의 균형 개념과는 근본적으로 다르지만, 또한 신고전파 주류 내에서의 새로운 이론 발전을 반영하고 있는 것이기도 했다. 몇 명의 경제학자들은 신고전파의 방법을 소련 경제에 적용하고자 했고, 여기에는 코니우스(가격과 소비 수요에 대해 연구), 스타니슬라프 스트루밀린(혁명 직후 최초로 경제계획에 신고전파 접근법을 적용) 등도 포함되어 있었다.[46] 바실리 넴치노프, 레오니트 칸토로비치, 빅토르 노보질로프 등은 넓은 영역에서 획기적인 수리경제 모델들을 발전시켰다.

1920년대 말 이오시프 스탈린이 권력을 잡으면서 이러한 경제학 토론은 중단되고 말았다. 소비에트 관료들은 공공연하게 수리경제학이야말로 "부르주아 경제학에서도 가장 반동적인 분야"라고 공격했다.[47] 수많은 저명한 수리경제학자들 및 비수리경제학자들이 체포, 투옥, 추방, 심지어 처형되었다(Ellman, 1973; Jasny, 1972; Katsenelinboigen, 1980; Sutela, 1991: 29). 소련 체제는 이제 출판물, 사상, 사람들의 흐름 전체를 통제하려 들었다. 그레고리 그로스먼에 의하면, 그 결과 "1930년대와 40년대에 걸쳐 '사회주의경제학'을 놓고 대논쟁이 벌어졌지만 거기에는 한 가지 목소리가 분명하게 빠져 있었다. 바로 소련 경제학자들의 목소리였다(Grossman, 1963: 211)." 물론 실상을 보면 소련에서 경제학이 사라진 것은 아니었다. 하지만 1930년대를 거치면서 연구와 수행의 방식은 근본적으로 바뀌었다.

소련의 당 지도자들은 경제의 규제를 위해 시장이나 경제학자들을 활용하는 대신 국가와 당의 여러 기관 및 제도들을 감시, 관찰하고 훈육하는 자들인 '통제관들controllers'의 역할을 크게 확장시켰다(Boim et al, 1966; Lampert, 1985; Rees, 1987). 차르 시대의 통제관들은 그 감사 대상이 여러 정부 기관이었다. 그런데 소련으로 들어오면서 경제가 국유화되자 통제관들의 일은 전체 경제를 감시, 관찰하는 것으로 확장되었다. 이 통제관들은 스탈린과 긴밀하게 연결되어 있었거니와, 무엇보다도 스탈린이 1920년대에 걸쳐 국가 통제기구의 수장을 맡았기 때문이었다. 스탈린은 통제관들에게 새로운 임무를 도입했다. 그에 따라 통제관들은 관료주의와 "공직자들의 협소한 지역 이기주의"를 근절하고 노동 기율을 개선하며, 새로운 사회주의적 노동 윤리를 창조해야 했다(Káldor, 1949: 471).[48] 관료주의와 "지역 이기주의" 즉 지역적 이익에 집착하는 것이 당과 정부의 여러 정책을 통일적·효율적으로 실행되는 길을 가로막는다는 것이었다. 통제관들이 보기에 여러 경제문제는 노동 기율이 부족해서 생기며, 생산 자재를 알뜰하게 사용하고자 하는 주의가 부족해서, 자기 합리화의 태도 때문에, 혹은 불법 활동들, 사보타주, 부패, 자원의 저평가 등에서 생기는 것이었다. 따라서 통제관들은 국가의 여러 기관을 조사하여 문제가 발견되면 책임자들을 처벌하고 피고용인들에게 그 문제에 대해 '교육'했다. 통제관들은 정책 입안자들과 그들이 정책을 통해 달성하고자 하는 목표 사이에 비교적 직접적인 연결 고리를 형성했다. 통제관들에게 있어서 경제와 정치는 분리된 것이 아니었고, 이들은 모든 국가기관을 감시했다.

　이러한 '활동적' 작업과는 대조적으로 정치경제학자들의 작업은, 소련을 연구한 한 학자에 따르면 "김빠진 종교적 교리문답으로서 그 내용은 빈약하고 아첨으로 가득 찬 것이었다(Judy, 1971: 223)". 경제학적 작업을 둘러싼 소련의 위계 제도를 보면, 먼저 당 지도자들이 정책과 전반적인 국가 경제계획을 결정했다.[49] 다른 직종들 특히 엔지니어들은 이 계획들의 세부 사항을 구체화시켜나갔다. 그리고 통제관들은 그 계획이 제대로 수행되는지를 감시했다. 대다수의 경제학자에게는 의사 결정을 하는 것이 아니라 당의 의사 결정에 이론적인 지지 논리를 제공하는 정치경제학자들로서의 작업이 주어졌다. 마르크스-레닌주의 경제학은 자본주의의 정치경제학, 사회주의 정치경제학, 그밖에 계획, 농업, 회계, 무역 등의 다양한 적용 분야 등으로 구성되어 있었다. 이 적용 분야들에서는 해당 영역의 기술적 측면들을 가르치려고 노력했지만, 대부분의 경우 기술적 숙련을 익히는 것은 현장에 나가 직접 일을 하면서였다. 전반적으로 이러한 적용 분야들에서는 당-국가의 여러 기관에서 사용하는 특정한 기법들에 대해 마르크스-레닌주의적인 정당화 논리를 제공하고 있었다. 이 두 영역의 정치경제학 그리고 소련 공산당사와 마르크스-레닌주의 철학 과목 등은 공산당의 "세계관 교육과정"의 일부를 이루고 있었고, 당 지도자들은 이 범주의 과목들을 공식적인 사회주의의 세계관을 얻기 위해 필수적인 것으로 보았다. 이들은 당이나 국가에서 일하는 이들이 이 적절한 관점 혹은 세계관을 갖추게 된다면 당의 정책들로부터 일상적으로 부닥치는 여러 문제에 대한 올바른 결정들을 도출할 수 있을 것이라고 희망했다. 이 교

육과정은 당-국가기관들 내에 있는 지도자들 및 피고용인들에게 필수적인 이념적 훈련으로 여겨졌다.[50]

자본주의 정치경제학에는 자본주의의 여러 단계에 대한 그리고 자본주의 경제사상에 대한 마르크스-레닌주의의 비판이 들어 있었다. 이 분야는 주로 마르크스와 엥겔스의 저작들에 기초하여 자본주의란 본질적으로 착취적이고 독점과 공황으로 치달을 수밖에 없으며 이윤 지향적이기 때문에 경제계획에서의 경제적 법칙들을 의식적으로 활용하기가 불가능한 것으로 그려낸다. 이 분야에서의 교육은 마르크스주의 정치경제학 방법에 대한 연구로 시작하여 잉여가치, 평균 이윤, 자본주의의 전반적 위기 등과 같은 자본주의의 다양한 측면을 제시한다.

사회주의 정치경제학은 본질적으로 소련의 경험에 기초하여 사회주의의 청사진을 제시하며, 공산주의로 가기 위한 다음 단계들에 대한 스탈린의 생각 그리고 마르크스, 엥겔스, 레닌, 스탈린 등으로부터의 인용문들로 구성된다. 학교에서는 자본주의에 대한 연구보다는 이 분야에 더 많은 수업 시간을 할애했다. 정치경제학자들은 사회주의 청사진을 설명하고 당의 여러 정책이 이 청사진에 어떻게 들어맞는가를 묘사했다. 이들은 또한 사회주의경제학을 자본주의 경제학과 구별하고자 했으며, 이로써 사회주의 교리의 순수성을 유지하고자 했다. 정치경제학자들은 사회주의에서의 임금, 노동 구조, 상품들, 회계, 무역, 은행들을 자본주의에서의 그것들과 반대되도록 정의했다. 이들은 형식만 비슷할 뿐 내용에 있어서는 전혀 다르다는 것이었다.[51]

소련의 경제학자들은 이상적인 사회주의경제나 현존하는 자본주의경제에 대해서는 많은 논의를 내놓았지만, 1930년대 중반까지도 현존하는 소련 경제에 대해서는 알고 있는 바가 거의 없었고 그나마 조금 알려진 사신들에 대해서도 공연히 잘못 입을 놀렸다가 무슨 일이 닥칠까가 두려워 논의를 중단해버렸다.[52] 러시아 경제학자 스트루밀린은 이렇게 말했다고 전해진다. "낮은 가격을 주장했다가 감옥에 들어가느니 아예 높은 가격을 지지하는 편이 낫다(Katsenelinboigen, 1980: 140-141)." 경제학자들 및 여타 사회주의 정치경제학을 가르치는 교사들도 교과서가 없었다. 소련이 1936년 헌법에서 사회주의국가임을 천명하면서 소련 공산당이 이 주제를 다룬 교과서의 저술을 위임했지만, 수백 명의 경제학자와 대다수의 공산당 지도자 사이에 토론만 무려 17년이 걸렸다(Pollock, 2006). 사람들은 사회주의경제학에 관해 실수를 범하는 것, 아니 아예 스스로 무슨 주장을 내놓는 것부터를 두려워했으며, 이는 곧 정작 소련에 현존하는 사회주의에 대해서는 사람들이 알고 있는 바가 많지 않았다는 것을 뜻했다.[53] 물론 소련 경제는 마르크스와 엥겔스의 19세기 저작들은 물론 1917년 혁명과 계획 시스템의 창출 이래로도 크게 변화해왔다. 그런데 경제학자들은 이러한 변화들을 따라잡기는커녕 무슨 수를 써서든 완전히 외면해버리는 쪽을 선택했으며, 이 문제들에 대한 대답의 책임은 항상 소련 지도자들에게 돌렸다. 이러한 논의의 지적인 결과물은 소련에서 '가치 법칙'은 여전히 작동하지만, 자본주의 나라들과는 다른 방식으로 작동한다는 것이었다 (ibid., 173). 하지만 공포와 혼동에 찌든 경제학자들은 경제학의 나아갈 바에 대해서는 스탈린 자신이 나서서 이끌어주기를 기대하며 계속 그에게 의존했다. 교과서는 스탈린이 죽고 18개월 뒤인 1954년이 되어서야 출간되었다(ibid., 211).

러시아 경제학자들은 사회주의 계산논쟁 기간에 국제적으로는 조용했지만, 국내에서는 신고전파 수리경제학과 직접 관련된 문제들을 놓고 작업하고 있었다(Katsenelinboigen, 1980: 28; Schumpeter [1954] 1966).[54] 스탈린은 1929년 권력을 잡자 소련의 여러 학문 분과를 서방의 해당 분과 학문과 떼어 고립시키고자 했다.[55] 소련의 당-국가는 러시아의 과학자들이 소련 밖의 과학자들과 소통하거나 소련 밖으로 여행하는 것을 제한했다. 이러한 고립 상태는 제2차 세계대전이 끝난 시점과 스탈린이 죽는 시점 사이에서 그 절정에 달한다. 이 고립의 결과로 냉전의 두 진영을 가르는 경계선을 넘어 소통할 수 있었던 과학자들은 거의 없었으며, 결국 과학자들은 다른 쪽에서 어떤 연구를 하고 있는지에 대해 독백을 늘어놓는 수밖에 없었다.

한 예가 있다. 사회주의 계산논쟁과 거의 동시인 1939년, 레오니트 칸토로비치라는 러시아인이 서유럽의 논쟁가들은 전혀 알지 못한 상태에서 신고전파의 방법을 중앙계획경제에서의 최적 가격을 계산해내는 데에 쓸 수 있다는 것을 보여주었다(Gardner, 1990: 644). 칸토로비치는 이미 수학에서 이룬 작업을 통해 세계적인 명성을 얻은 바 있었다.[56] 1939년 그는 훨씬 나중에 그에게 노벨 경제학상을 안겨주게 될 한 저작을 발표한다.[57] 그는 여기에서 바로네나 다른 어떤 경제학자도 언급하지 않은 채 신고전파 경제학자들과 마찬가지로 순수한 경쟁 시스템과 중앙계획 시스템을 동일한 것으로 놓았다. 그는 합판 공장에서 최적의 기계 조합을 선택하는 경우를 사용하여 발라의 연립방정식의 수학적 해를 찾아 균형가격 혹은 그림자 가격을 계산해내는 방법을 발견했던 것이다(Gardner, 1990: 644). 이러한 수학적 발견을 통하여 칸토로비치는 신고전파 경제학에 있어 중대한 기여를 해내지만, 그의 저작은 훨씬 나중이 되어서야 비로소 소련 밖으로 알려지게 된다.

칸토로비치는 스탈린이 다스리는 국가 안에서 자신의 생각을 발전시켰고, 소련 군부 안에서 특별한 지지와 보호를 얻어냈다. 신고전파 경제학자들이 순수 경쟁 모델과 중앙계획 사회주의 모델을 동일한 것으로 본다는 점을 생각하면 군부가 신고전파 경제학을 지지했던 것도 놀라운 일이 아니다. 군대는 시장과는 결단코 거리가 먼 집단이며, 경제계획과 병참학에서의 정밀도를 제공하기 위한 수단으로서 신고전파 경제학을 지지했을 뿐이다(Katsenelinboigen, 1978~1979). 학자들은 칸토로비치의 저작이 1950년대 말이 될 때까지 무시되었다고 주장했지만, 사실을 보면 칸토로비치는 여러 경로를 통해 자신의 연구 결과를 발표했다.[58] 또한 그는 1949년에 스탈린상을 수상했다. 그와 동시에 그의 저작은 부르주아적이라며 공개적인 공격을 받았다(Ellman, 1973; Josephson, 1997: 221; Katsenelinboigen, 1978~1979). 그의 방법을 통해 기관차 공장에서 찌꺼기를 줄일 수 있게 되었지만, 레닌그라드 지역 공산당은 그에게 공모의 혐의를 씌워서—그 찌꺼기를 필요로 하는 다른 산업이 있었는데 칸토로비치가 그만 그 찌꺼기를 줄여버리고 말았던 것이다—총본부로 소환했다. 하지만 칸토로비치는 또한 당시의 주력 영역이었던 원자력에너지 분야에서도 일하고 있었기 때문에 기소되지는 않았다(Katsenelinboigen, 1978~1979: 134).

이렇게 국가의 이해관계, 군부의 요구, 정치적 실책을 저지르는 데 대한 두려움 등이 합쳐지다 보니 결국 신고전파 경제학 가운데에서도 그 핵심의 일부분인 중앙계획 사회주의국가에만 초점을 두는 한편 경제계획을 개선시킬 수 있는 여타 제도들에 대해서는 일체 함구해버리는 협소한 신고전파 경제학이 장려되었다. 칸토로비치의 한 제자에 따르면 그는 이러한 여타 제도에 대해 "많이 또 열심히 생각"했지만, 자신의 생각을 글에 담아 출간하지는 않았다(Sutela, 1991: 31). 이렇게 공포 그리고 다른 여러 압력 때문에 신고전파 경제학을 실천하는 경제학자는 소수에 불과했고, 게다가 협소한 의미에서의 신고전파 경제학만이 연구되었다.

1940년대에 들어오면 소련에서 작은 변화의 조짐들이 나타나며, 이는 미국 경제학자들 사이에 커다란 관심을 불러일으켰다. 1944년 『뉴욕타임스』는 "소련에서의 경제학 교육"이라는[59] 제목의 한 러시아 신문 기사를 논한 일련의 기사를 게재했다. 마르크스주의 경제학자 폴 바란은 "이 소동은 정말로 특이한 것"이라 말했다(Baran, 1944: 862). 겉보기에는 별로 중요하지도 않은 글을 두고 왜 이런 흥분이 일어났던 것일까? 미국에 살고 있는 트로츠키주의 반체제 인사이자 오랫동안 반 스탈린주의자였던 라야 두나옙스카야_Raya Dunayevskaya는 이 기사를 영어로 번역했고 이를 소련 경제학에 있어서 근본적인 변화가 벌어지는 조짐이라고 해석했다. 이 기사는 소련의 사회주의 정치경제학이 변했으며 사회주의에서 경제 법칙들이 어떻게 기능하는지를 설명하고 있었다. 『아메리칸 이코노믹 리뷰』는 이 소련 기사 전문과 함께 수많은 경제학자의 논평 그리고 두나옙스카야 자신의 재반론을 게재했다.

미국의 신고전파 논평가들은 『아메리칸 이코노믹 리뷰』에서 그들의 상대자 소련이 신고전파에 기초한 사회주의의 오랜 전통으로 되돌아오고 있다고 이해했다. 독일의 최초의 시장사회주의자들 중 하나이자 당시 미국에서 영주권을 얻어 살고 있던 카를 란다우어는 "이 성명서의 저자들은 마르크스주의 진영을 떠나 제번스, 발라, 멩거로 이르는 길을 향하고 있다"고 말했다(Landauer, 1944: 342). 오스카르 랑게 또한 이 소련 기사가 불러일으킨 "상당수의 논평"에 주목하지만, 이 기사는 마르크스주의 경제학의 근본적 변화의 조짐이 아니라 마르크스주의 경제학으로의 회귀이자 경제 법칙의 존재에 대한 인정이며, 랑게 자신과 같은 "서방의 사회주의경제학 연구자들이 갖고 있는 관점과 수렴한다"는 것을 보여준다고 주장했다(ibid., 127-128, 131). 하지만 소련 경제학자들이 여전히 노동가치론을 움켜쥐고 있기 때문에 이러한 수렴은 아직 완전한 것은 아니라고 그는 보았다. 그는 자신이 보기에 노동가치론은 열등한 도구이며, 이에 대한 유일하게 가능한 대답은 "한계분석의 방법과 기법들을 소련 경제학에 통합"하는 것이라고 주장한다(ibid., 133). 란다우어도 동의한다.

> 러시아에서 가르치는 가치 이론에 수정이 가해지면 서방 경제학자들과 러시아 경제학자들 사이에 결실 있는 논의가 촉진될 수 있다. 물론 서방 경제학자들 중에서도 명시적으로 효용가치론을 채택하지 않은 이들이 많이 있기는 하지만, 그래도 이렇게 되면 양쪽의 경제학자들이 거의 동일한 언어로 이야기하게 될 것이기 때문이다. 더욱 중요한 사실은, 노동가치론을 버리게 되면 (물론 용어와 개념 자체는 계속 쓰이겠지만) 소련 경제계획에서의 가격 분석 또한 심각한 장애에서 해방될 것이며 따라서 소련의 계획경제에 유리한 점들을 증대시켜줄 가능성이 높다(Landauer, 1944: 344).[60]

이 미국 경제학자들은 자기들이 보기에 사회주의에 이상적으로 적합한 도구인 신고전파 경제학을 소련 경제학자들도 조만간 채택할 것이라고 예견했지만, 스탈린이 살아 있는 동안에는 이들과 소련의 신고전파 경제학자들 사이에 그 어떤 결실 있는 논의도 실현될 수가 없었다.

1948년을 기점으로 소련은 자신들의 시스템을 동유럽에 확산시키려고 든다. 사회주의의 정치경제학은 소련 모델의 중요한 일부를 이루고 있었다. 이는 소련의 경험에 근거한 사회주의 청사진을 제시할 뿐만 아니라 공산주의에 필요한 다음 조치들이 무엇인지에 대한 스탈린의 생각 그리고 마르크스, 엥겔스, 레닌, 스탈린에게서 가져온 여러 인용구로 이루어져 있었기 때문이다. 하지만 막상 현실에 존재하는 사회주의에 대한 마르크스주의적인 연구는 소련의 국익, 군사적 필요, 또 공포 등에 의해 저지되고 있었다. 소련 국가의 비밀 세계 내에서 신고전파 경제학을 발전시킨 소수의 경제학자들이 분명히 있기는 했지만 이들은 기존의 위계적 제도들을 그저 주어진 것으로서 받아들였다. 사회주의의 정치경제학과 사회주의의 신고전파 경제학은 이렇게 여전히 유동적인 상태였다. 그러다가 1953년 스탈린이 죽고 나자 신고전파 경제학자들은 소련에서 수리적 신고전파 경제학의 부흥을 이루었고, 볼셰비키 혁명 직후에 있었던 초국가적인 대화를 다시 시작했다.

소련에서의 신고전파 경제학 연구

—

소련은 일국 규모에서 사회주의적인 실험이 벌어진 첫 번째 나라였으며 따라서 전 세계적으로 엄청난 관심의 대상이었다. 하지만 신고전파 경제학에서 소련이 어떤 역할을 하게 될지는 분명하지 않았다. 케인스 자신도 그의 글 「러시아에 대한 짧은 소견」에서 "러시아 공산주의는 우리의 경제적 문제들에 있어서 지적으로 흥미를 가질 만한 혹은 과학적 가치가 있는 그 어떤 기여도 이룬 바가 없다"고 말했다(〔1925〕 1963: 297).[61] 그 이유는 부분적으로 특히 1930년대와 1940년대에 걸쳐 소련의 경제계획 시스템이 어떻게 작동하는지에 대해 거의 알려진 바가 없었기 때문이다(Chossudowsky, 1939: 138). 하지만 미국 정보기관인 전략사무국OSS: Office of Strategic Services과 랜드 연구소RAND의 연구원이자 곧 컬럼비아 대학 경제학과 교수가 되는 아브람 베르그송은 소련의 국가 사회주의를 수리적 신고전파 경제학, 후생경제학, 비교경제체제론 등의 언어로 다시 해석해냈다. 그 결과 미국의 신고전파 경제학자들은 소련에 대한 지식을 자신들의 이론 및 방법에 직접적인 중요성을 갖는 것으로 여기게 되었다.

　베르그송은 1930년대 신고전파 경제학 내에서 벌어진 수학화의 부흥과 발라, 파레토, 바로네의 일반균형이론에서 큰 역할을 한 인물이었다. 1935~1936년의 학기 중 하버드의 대학원생이었던 베르그송은 '가격이론과 가격 분석'이라는 과목을 들었고, 이를 통해 새로운 수리적 신고전파 경제학과 사회주의경제학에 대해 알게 되었다.[62] 이 과목에서 베르그송을 가르친 교수는 바실리 레온티예프Wassily Leontief로,

소련에서 성장하여 대학교육까지 거기에서 마친 인물이었다.[63] 이 과목을 들은 후 베르그송은 곧바로 주요 경제학 학술지들에 한계효용 측정을 다룬 대단히 중요한 신고전파 경제학 논문을 출간하며(Bergson, 1936), 신고전파 후생경제학에 대해서도 역시 대단히 중요한 논문을 출간한다(Bergson, 1938). 베르그송은 발라, 파레토, 바로네 및 보다 최근의 경제학자들로부터 신고전파의 가정들과 수학 방정식들을 취하여 이를 기초로 삼아 자신의 '사회적 후생함수'를 만들어낸다. 이는 사회적 계획가가 어떻게 파레토 최적 균형점에서 사회적 후생을 극대화할 수 있는가를 추상적으로 묘사한 것이었다. 사회적 후생을 극대화하기 위한 변화 과정에서 손해를 보는 이들은 모두 국민경제에서의 배당금 일부를 일괄이전지출로 분배함으로써 보상할 수 있다는 것이었다. 경제학자들은 사회적 후생함수와 파레토 최적을 사용함으로써 일종의 사회적 계획가와 같이 행동할 수 있으며, 이를 통해 정책 심지어 경제체제에 있어서도 여러 다른 선택지를 평가할 수 있게 된다는 것이었다.

베르그송은 자신이 신고전파 이론경제학 작업을 하다가 "상당히 급작스럽게" 소련 경제 연구로 전환했다고 회고하면서 이론경제학의 입장에서 보면 자신이 하던 작업이 "정규과목 이외"의 것이었다고 말한다(Bergson, 1992: 61-62). 이러한 이론적 문제들을 연구하는 가운데 베르그송은 소련 연구와 러시아어 공부를 시작했고, 1937년 여름에는 소련에서 연구를 수행했다(ibid., 62). 하지만 그 전의 작업과 단절한 것은 아니었고, 사회주의 즉 소련과 신고전파 경제학을 서로 연결된 문제로 보았다. 베르그송 자신의 회고에 따르면, "모든 것이 뒤죽박죽이 되어버린 당시의 세계에서는, 사회주의적 경제계획이 적용된 나라에서 그것이 여러 수준에서 어떻게 작동하는가라는 질문이 상당히 중요한 것으로 보였다(ibid., 62)". 여기에 더하여, 소련 경제에 대해서는 "진지한 학문적 작업이 실로 놀랄 만큼 적었다"고 썼다(ibid.). 베르그송은 소련 체제에 대한 연구 그리고 신고전파 경제학이라는 학문 모두에 끌렸던 것이다.

1937년의 소련은 정치적 환경이 너무 억압적이었기에 베르그송은 연구를 하거나 말이 통할 수도 있을 동료 학자들과 대화를 하기가 대단히 어렵다는 것을 알게 되었다. 정부 부서를 방문해보려고 몇 번 노력하다가 그는 결국 혼자서 레닌 도서관에 가 책을 주문하게 되었다. 그리고 중공업 위원회Komissariat of Heavy Industry에서 한 관료와 인터뷰를 한 후에는 그 위원회의 도서관 사용도 허가받았다. 이 도서관에서 그는 소련에서의 노동자 소득 불평등에 대한 많은 책을 발견했다. 연구여행을 마친 후 그는 소련의 임금 분포를 박사논문 주제로 삼기로 결정했다.

출간된 그의 박사논문을 보면(Bergson 〔1944〕 1946), 그는 소련의 임금 또한 랑게, 러너, 디킨슨, 또 그 자신이 정리해놓은 신고전파 경제학의 일반적 전제들을 따르고 있다고 주장하고 있다.

이 절에서 서술하고 있는 사회주의 임금의 원리들은 O. 랑게가 처음 내놓고 (…) 디킨슨이 지지했던 (…) 것과 똑같은 것들이다. 이들의 주장은 특히 모든 자원의 최적 활용을 어떻게 달성할 것인가라는 일반적 문제와 관련해서 『계간경제Quarterly Journal of Economics』〔February, 1938(15)〕에 게재된 나의 논문 「후생경제학의 (…) 재정립

Reformulation of (…) Welfare Economics」에 더욱 정확하게 언명되어 있다._64

베르그송은 소련의 임금에 대한 자신의 모델을 구성하기 위해 랑게의 시장사회주의 모델로부터 여러 전제를 빌어왔다. 첫째, 베르그송은 노동자들이 직업 선택의 자유를 가지고 있다고 전제한다. 둘째, 베르그송은 소련에나 미국에나 비슷한 임금 불평등이 존재한다는 점을 인정하면서 두 체제 모두에서 수요, 공급이 작동하고 있음을 시사한다. 소련의 임금 데이터가 보여주는 주목할 만한 점은, 소련에서의 임금 분포가 평등하지 않으며 사실상 미국의 임금 분포와 대단히 비슷하다는 것이다. 베르그송은 자신이 신고전파 경제학을 소련에 적용할 수 있다는 것을 깨닫는다. 사회주의는 신고전파 경제학에서 추상적 사회주의국가라는 모습으로 항상 핵심의 자리를 차지하고 있었지만, 현실에 존재하는 사회주의를 신고전파 경제학에 통합한 것은 베르그송이 처음이다. 베르그송은 소련이 공산주의나 평등주의 사회가 **아니라** 사회주의―"첫째, 공동체 전체의 산업 자원 대부분이 정부에 의해 소유되고 관리된다. 둘째, 이 부문에서는 경제계획 시스템이 방향을 결정하고 또 통합을 이룬다. 마지막으로, 임금 체제는 임금 차별을 내포하고 있다"―이기 때문에 이것이 가능하다고 생각했다(Bergson, 〔1944〕 1946: 6-7). 그는 사회주의경제가 설령 공산주의로 이행하는 중이라고 해도 여전히 자본주의의 여러 원리에 따라 기능하고 있을 가능성이 높다고 보았으며, 이는 또 소련의 공식적인 입장이기도 했다(Chossudowsky, 1939)._65 셋째, 베르그송은 노동의 가격이 한계비용과 일치하는 경향이 있다고 전제한다. 마지막으로, 베르그송은 신고전파 모델을 따라서 배당금 혹은 정액세를 통해서 소득을 재분배하여 사회 내의 모든 개인들 각각의 효용을 극대화할 수 있을 것이라고 생각한다. 베르그송은 상당히 기묘한 방식을 통해서 소련과 랑게의 시장사회주의 모델을 동일한 것으로 놓는다. 베르그송과 그의 영향을 받은 이들에게 있어서는 소련, 랑게의 시장사회주의 모델, 순수한 경쟁적 시장 세 가지 모두가 신고전파 경제학의 핵심 요소로서 서로 동일한 것이 된다.

베르그송도 당연히 소련 고유의 특수 사항들에 관심을 갖지만, 그와 다른 이들이 소련을 연구하기로 했던 으뜸가는 이유는 소련이 신고전파 경제학이 보편적으로 적용 가능하다는 것을 더욱 분명하게 입증하기 때문이었다(Millar, 2005: 294). 소련의 국가사회주의에 대해 알게 되면 이는 신고전파 경제 이론을 발전시키는 데에도 도움이 된다는 것이다. 베르그송처럼 소련 및 사회주의에 대해 연구한 경제학자들은 이 새로운 신고전파 경제학에서 두각을 나타나게 된다. 아바 러너가 사회주의경제학에 대한 그의 유명한 저서에서 말한 바 있듯이(Lerner, 1934b: 1944), 러너 또한 1급 경제학 학술지에 수요 및 국제 무역 비용의 탄력성에 대한 신고전파적인 연구를 출간한 바 있는 학자다(Lerner, 1933, 1934a). 오스카르 랑게 또한 마찬가지로 시장사회주의에 대한 글을 저술하는 가운데 효용함수에 대해(Lange, 1934) 또 좀더 일반적으로는 후생경제학에 대해서(Lange, 1942) 1급 경제학 학술지에 논문을 발표한 적이 있다. 이 경제학자들은 사회주의경제학에 대한 논문을 주요 경제학 학술지에 발표했지만 또 일반 균형이론의 배경이 되는 수학에 중요한 발전을 이룬 논문을 같은 학술지에 발표했던 것이다.

1948년경이 되면 사회주의경제학은 신고전파 경제학의 핵심적인 하부 분야로 간주된다. 이 해 미국 경제학 학회AEA: American Economic Association가 출간한 『최근 경제학 개관』에는 존 케네스 갤브레이스John Kenneth Galbraith, 바실리 레온티예프, 폴 새뮤얼슨 등 지도적 경제학자들이 이 경제학 분야에서 최근에 이루어진 발전을 "자격을 갖춘 일반인, 초급 대학원생, 공무원" 등이 이해할 수 있도록 해설한 글들을 싣고 있다(Ellis, 1948: v). 이 책에는 13개의 개괄 논문이 실려 있는데, 편집자들은 사회주의경제학 또한 그중 하나로 자리 잡을 만큼 잘 정의된 분야라고 생각했던 것이다(Bergson, 1948).

베르그송은 신고전파 경제학에서 소련이 중심적 위치를 차지한다는 자신의 논지를 설득력 있게 전개했다. 이로써 베르그송은 신고전파 경제학의 핵심과 모순되면서도 또 서로를 강화시켜주기도 하는 여러 다른 형태의 사회주의에 소련의 국가사회주의를 추가한 것이다. 수리적인 신고전파 경제학, 사회주의, 시장, 소련 사이의 상호 관계는 몇 가지 중요한 결과를 가져왔다. 베르그송은 소련을 랑게의 신고전파 모델을 통해 바라보았기 때문에 신고전파 경제학자들은 이제 신고전파 모델들과 소련이라는 현실 사례의 사이를 아무런 비약이나 장애 없이 연속선으로 여길 수 있게 되었다. 그 둘이 마치 상호 전환이 가능한 것처럼 말이다. 다음 장에서 논의하겠거니와, 소련과 여타 사회주의국가의 경제학자들 또한 자기 나라의 경제를 개혁하기 위해서 신고전파 경제학을 사용한다. 더욱이 경제학자들은 이후 동유럽 사회주의 블록에서 나타나는 경제위기 속에서 사회주의에 대해서뿐만 아니라 신고전파 경제학 자체에 대해서도 의문을 품게 된다. 이는 뒤에 나오는 여러 장에서 제시할 것이다.

전후의 신고전파 경제학
—

1950년대가 되면 소련은 위계적이고 권위주의적인 사회로서의 모습을 완성한다. 미국에서도 정부 엘리트와 재계의 엘리트들이 위계적 제도들을 지지하며, 특히 대규모 기업들과 군사-산업국가가 그 중요한 지지의 대상이었다. 2장에서 이 주제를 좀더 자세히 다룰 것이며, 여기에서는 미국의 신고전파 경제학자들 내부에서 벌어진 핵심적인 싸움에 대해 간단히 말해두고자 한다.

CIA의 전신인 정보기관 OSS에는 소련 경제를 다루는 부서가 있었고 여기에서 경제학자들은 소련의 경제성장을 계산했다. 제2차 세계대전 기간에 베르그송이 이 부서를 장악한다. 전쟁이 끝나자 그는 컬럼비아 대학의 교수가 되면서 RAND의 자문이 되며, 여기에서 그는 소련의 경제성장을 측량할 척도를 고안해낼 그룹을 조직한다(Hardt, 2004: 38). 그의 '사회주의경제학' 개관에서 베르그송은 이렇게 말한다. "말할 것도 없이 사회주의는 작동할 수 있는 체제이며, 여기엔 아무런 논쟁의 여지가 없다. 이 점에 있어서 랑게는 분명히 옳다. (…) 소련의 계획경제가 30년 동안이나 작동하고 있는 것을 보면 알 수 있다(Bergson, 1948: 447)." 베르그송에 의하면, 이제 논쟁은 사회주의와 자본주의 중 어느 쪽이 더 효율적인가로 전환되었다. "우리가 보는 바로는, 이것이야말로 유일하게 해결되지 않은 쟁점이다(ibid.)." 소련, 사회주의, 신고전파 경제학은 서로 하나로 묶여 있는 것들이었다.

신고전파 경제학자들은 시장과 경제계획이 형식상 동일하다는 것을 이해했고, 이는 중요한 방법론적 도구들을 제공했다. 이들은 또 좀

혼란스러운 방식으로이기는 하지만 사회주의와 자본주의 사이의 차이점과 유사점에도 관심을 두었다. 이렇게 두 요소가 신고전파 경제학 핵심에서는 동일한 것이라는 점으로부터 비교경제체제론이라는 분야가 출현했다. 베르그송은 비교경제체제론의 아버지로 알려지게 된다(Gregory and Goldman, 2005: 239). 그는 미국의 정상급 경제학자들을 훈련시켰고—여기에는 제프리 색스도 포함된다—또 전 세계의 여러 경제학자를 훈련시켰다(Goldman et al., 2005; Millar, 1980). 비교경제체제론은 여러 다른 경제체제에 어떤 제도들이 포함되어 있는지를 탐구할 뿐만 아니라 그 체제들을 평가하며, 이를 통해 신고전파 경제학을 더욱 포괄적인 형태로 만들어내는 역할을 한다.

미국의 군부 그리고 좀더 일반적으로 말해서 미국의 국가는 모종의 협소한 형태의 신고전파 경제학—가장 좋은 예로 애로-드브뢰Arrow-Debreu 모델—을 장려했다. 이 형태의 신고전파 경제학은 정치적 개입이나 여타 다른 제도가 모두 사라진 시장을 제시하지만, 또한 미국 사회에 존재하는 기존의 위계적 제도들은 당연히 주어진 것으로서 가정하는 종류의 신고전파 경제학이다. 1952년 12월, 케네스 애로와 제라르 드브뢰는 계량경제학협회Econometric Society의 한 회합에서 유명한 논문을 발표하며, 이는 훗날 「경쟁적 경제에서의 균형의 존재」라는 제목으로 출간된다(Arrow and Debreu, 1954: 265). 애로와 드브뢰는 경쟁적 경제에서 일반 균형이 존재한다는 것을 수학적으로 증명한 것이다. 경제학자들은 오늘날까지도 이 수학적 증명 그리고 이들이 경쟁적인 균형에 필수적이라고 내놓은 조건들이 경제학의 기초를 닦는 데 기여했다고 여긴다. 이것이 애로-드브뢰 모델이라고 알려지게 되는 것이다.

칸토로비치나 베르그송과 마찬가지로, 애로와 드브뢰 또한 분명히 시장의 영역 밖인 군부의 영역 내에서 자신들의 경쟁적 모델을 발전시켰다. 애로와 드브뢰에게 몇 번에 걸친 수주를 통하여 연구 자금을 댄 것이 해군 연구청Office of Naval Research이었다. 두 사람은 또한 RAND에서도 일한 바 있었다. 이 장에서 보았듯이 경제학자들은 경쟁 모델과 중앙계획 모델이 형식상 동일하다고 여겼다. 따라서 자유시장에 대한 지식은 동시에 중앙계획에 대한 지식이 되며, 그 반대도 마찬가지였다. 여기에 더하여 사회주의에 대한 지식은 또 시장에 대한 신고전파 경제학적 지식의 기초를 제공해주었다. 미국에서도 또 사회주의 동유럽에서도 군부는 신고전파 경제학을 장려했다. 하지만 이들이 장려한 신고전파 경제학은 경제학자들이 경쟁적 시장과 중앙계획이 작동하기 위해서는 반드시 필요하다고 생각했던 여러 제도―종종 사회주의적인 제도들이었다―이 빠져 있는 신고전파 경제학이었다. 서구에서도 또 동유럽에서도, 좀더 권위주의적인 성격을 띤 정치 엘리트와 군부 엘리트들은 협소한 형태의 신고전파 경제학이 자신들의 권력을 지지해준다는 사실을 알게 되었던 것이다.

애로는 드브뢰와 함께 자신들의 대단히 협소한 신고전파 모델을 발전시킴과 동시에, 그 작업만큼 유명한 저서 『사회의 선택과 개인의 여러 가치』를 출간한다(Arrow, 1951). 베르그송은 개인들의 선호에 서열을 매길 수 있고 또 이를 다른 이들의 서열화된 선호와 어떤 방식으로든 합쳐서 사회적 차원에서의 선호 서열 즉 사회적 후생함수를 만들어낼 수 있다고 가정했다. 이러한 선호는 특정한 상품들에 대한 것일 수도 있고, 자유에 대한 것일 수도 있고, 또 특정한 경제체제에 대한 것일 수도 있다. 그런데 베르그송 등은 사회적 후생함수를 계산할 수 있다고는 했어도 그 선호를 어떻게 인식하고 서열을 매길 수 있는가에 대해서는 명시적으로 말한 바가 없었다. 애로는 바로 이 문제를 검토했다. 애로에 따르면 자본주의적 민주주의에서는 사회가 선택을 내리는 데에 오직 선거 혹은 시장이라는 두 가지 메커니즘만이 있을 뿐이다. 이 점에서 그는 사회적 계획가의 독재에는 반대한다는 주장을 하고 있다. 하지만 그는 시장에는 합의에 이르는 메커니즘이 없기 때문에(ibid., 59) 시장 메커니즘으로는 합리적인 사회적 선택을 만들어낼 수가 없으며, 또 자신이 설정해놓은 조건 아래에서는 투표로도 합리적인 사회적 선택을 만들 수 없다는 것을 발견한다. 애로의 "불가능성 정리impossibility theorem"는 이렇게 새로운 후생경제학은 사회적 선택의 기초로서 부족하다는 점을 지적하고 있다(ibid., 37). 어떤 이들은 애로가 그래서 독재를 지지하는 혹은 민주적 투표를 반대하는 논리를 내놓았다고 주장하기도 하지만, 우리는 다르게 이해한다. 애로는 적절한 제도의 디자인 즉 투표와 시장이 최적으로 그리고 민주적으로 기능할 수 있게 만들어줄 특정한 제도들이 필요하다고 주장한 것이다. 그리하여 그는 당시 신고전파 경제학이 위계적 제도들로만 시각을 협소하게 좁히고 있었던 데 대응하여 시장과 투표, 여러 제도를 제대로 기능하도록 만들도록 요구했던 것이다. 이는 신고전파 경제학을 협소하게 만들려 했던 당시의 여러 압력에 맞서 민주적이고 탈집중화된 신고전파 경제학을 구상한 것이라고 할 수 있다.

결론

—

나는 경제사상사에서 보통 중심적인 위치를 차지하는 "사회주의 계산 논쟁"과 케인스주의 정책이 모두 경제계획 대 시장이라는 부당한 이분법을 내세우고 있으며 이로 인해 신고전파 경제학에서 사회주의의 개념이 차지하는 역할을 볼 수 없게 만들기 때문에 이 둘을 논의에서 제거했다. 앞에서 보았듯이, 신고전파 경제학은 1870년대의 시작부터 순수한 경쟁적 시장이 최적의 결과를 내놓는다고 전제하고 있었다. 그러다가 1890년대가 되면 신고전파 경제학자들은 순수한 자유시장과 중앙계획이 수학적으로 동일하다는 것을 깨닫게 된다. 그 결과 시장과 사회주의국가는 둘 다 신고전파의 이론화 작업에서 중심 자리에 앉게 되었다. 따라서 이 장 첫머리에서 언급한 바 있듯이 AEA의 회장이었던 테일러가 "경제 이론을 가르치는 대부분의 사람이 그렇겠지만, 나도 어떤 문제에 부닥칠 때마다 이를 사회주의국가의 관점에서 연구하는 것이 전혀 시간 낭비가 아니라는 것을 알게 되었다"고(Taylor, 1929: 1) 말한 것은 곧 사회주의국가의 개념을 사용하여 신고전파 경제학을 발전시키는 관행을 일컫는 것이었다. 소련과 같은 구체적 경우와 탈중앙화된 시장사회주의의 추상적 모델 등과 같이 이와 연결된 사회주의의 주제들도 이 신고전파 경제학의 이론적 핵심과 연결되었다. 신고전파 경제학자들은 특정한 제도들—위계적이든가 탈중앙적 혹은 민주적이든가—중 어떤 것들이 필요한가에 대해서는 신고전파 경제학자들끼리 의견이 달랐다. 이렇게 "사회주의 계산논쟁"과 케인스주의를 중심으로 삼는 시각에서 벗어난다면, 신고전파 경제학에서 사회주의가 차지하는 역할이 눈에 들어오게 되는 것이다.

소련 내부 소집단의 경제학자들 또한 신고전파의 방법을 발전시켰고 미국 및 다른 지역의 신고전파 경제학자들과 동일한 언어를 사용하고 있었다. 이 동유럽과 서방의 경제학자들은 수학과 신고전파적 가정들에 기초하여 새로운 경제학을 발전시켰던바, 이는 부분적으로는 어느 쪽이든 국가의 필요가 비슷했고 따라서 국가로부터 상당한 지원이 있었던 것에 기인하는 현상이었다. 하지만 스탈린 치하에서는 군부 안에서만 발전이 이루어졌고, 2장에서 보겠지만 매카시즘이 지배하던 시대에는 사회주의 동유럽에서나 자본주의 서방에서나 경제학자들은 자신들이 발전시킨 새로운 신고전파 경제학의 정치적 함의 때문에 비판을 당하고 또 직업과 경력의 위협을 겪어야 했다. 이러한 위협 때문에 결국 이들은 신고전파 경제학을 이해하는 방식을 협소하게 만들고 경쟁적 시장과 중앙계획을 실현하는 데 필요한 제도들은 어떤 것이 있는가라는 논의는 회피했다. 하지만 일단 기회가 주어지게 되면 경제학자들은 이렇게 국가 엘리트들이 요구했던 신고전파 경제학의 협소화에 한사코 도전하고자 했으며, 이후 신고전파식 사회주의라는 새로운 비전을 바라보게 된다. 1953년 이오시프 스탈린이 죽고 매카시즘 또한 종식되어 냉전의 '해빙'이 이루어면서, 이러한 기회가 주어지게 된다.

2장

1950년대 경제학자들의
새로운 초국가적 대화

1장에서 우리는 자본주의 서방과 사회주의 동유럽의 경제학자들 모두가 경쟁적 시장과 중앙계획을 함께 자신들 사유의 기초로 삼아 독자적으로 신고전파 수리경제학을 발전시켰다는 놀라운 사실을 살펴보았다. 시장에 대한 새로운 발견은 곧 사회주의에 대한 새로운 발견이 되었으며, 그 반대도 마찬가지였다. 이렇게 동유럽과 서방의 경제학자들이 직업적인 관심을 공유했음에도 불구하고 1950년대 초 이전에는 이들이 직접적으로 소통하는 것이 불가능했고 결과적으로 이들은 서로를 경제학이라는 공통의 전문 분야에 종사하는 일원이라 여기지 않았다.[1] 스탈린이 1929년 권력을 잡게 되자 소련의 당-국가는 과학자들이 소련 밖의 동료들과 소통하는 것은 물론 과학자들이 소련 밖으로 여행하는 것도 엄격하게 제한했다. 나중에는 미국 또한 미국인이 소련에 가는 것은 물론 소련에 대한 정보까지도 제한하게 된다. 이러한 고립의 결과, 당시 출현하고 있던 공산주의 블록의 경제학은 기실 미국의 경제학과 여러 면에서 닮아 있었지만 완전히 별개의 전문 분야로서 발전하게 된다. 철의 장막 양쪽의 경제학자들은 모두 비슷한 도구들을 사용했고 또 그들이 부닥치게 되는 전문적, 정치적 장벽들 또한 비슷했다.

하지만 1953년 이후 경제학자들의 연구 생활에 극적인 변화가 찾아온다. 1953년 3월 소련의 지도자 이오시프 스탈린이 사망했고, 1954년에는 조지프 매카시가 상원에서 견책을 당했으며, 미국과 소련의 외교 관계 또한 변화한다. 그러자 경제학자들은 어렵게나마 직접적인 동-서 대화를 시작할 수 있었다. 이제 이들은 몇 주에서 때로는 몇 년에 이르도록 철의 장막을 넘나들며 학문적 교류, 방문, 연구, 공부, 강의 등에 참여할 수 있었다. 또한 서로 서신교환은 물론 서적과 학술지들을 교환하기도 했다. 또 국제 경제학 학술회의장에서 서로 만나는 일은 더 많았다. 이리하여 이들은 스탈린주의와 매카시즘 이전에 존재했던 초국가적인 신고전파 경제학 논의를 재개했던 것이다. 그 결과 소련과 동유럽은 이제 전문가들의 상호작용으로부터 단절된 고립 지역의 상태를 벗어나게 되었다.

이 장에서 나는 미국의 소련학 연구 집단의 일부로서 미국 경제학자들의 경험을 검토할 것이며, 동유럽 경제학자들의 경험에 대한 논의는 다음 장으로 미루고자 한다. 소련학sovietology이란 소련과 사회주의 동유럽에 대한 학제적 연구로서, 제2차 세계대전과 그 직후 기간에 급팽창했지만 소련과 사회주의 체제가 종식된 이후로는 사라진 것으로 보였다.[2] 소련학자들 중에는 경제학자, 정치학자, 사회학자, 역사가, 문학 및 언어 전문가들이 포함되었다. 이 학자들은 냉전의 적수를 이해하려는 목적에서 미국 자본주의와 소련의 국가사회주의 사이에서 모종의 간극적 공간으로 들어갔던 것이다. 사람들은 보통 간극적 공간을 새로운 현상과 새로운 지식에 대한 가능성으로 꽉 찬 흥미로운 곳으로 여기지만, 또 그만큼 위험하면서 사회를 오염시킬 수 있는 곳으로도 여기게 마련이다.[3] 소련학 학자들 또한 대단히 불확실하고 상대적으로 위험한 세상에서 작업을 펼쳐나갔다. 1953년 이전에도 소련학 학자들은 미국의 국가, 군부, 정보기관 등과의 긴밀한 연관 속에서 자신들의 과학적 신뢰성을 확립해야만 했기에 그러한 관계는 그들 연구의 신뢰성의 모습을 결정지었을 뿐만 아니라 위협이 되기도 했다. 1953년 이후의 국제정치에서 벌어진 변화 그리고 국제적인 과학의 재조직 덕분으로 세계 공통의 경제학계가 형성될 가능성이 만들어졌으며 또한 소련학 학자들은 철의 장막 너머에 있는 자신들의 파트너들을 학문적 동료로 여기지 않을 수 없게 되었다. 이러한 변동으로 인하여 새로운 과학적 접근법들과 새로운 경제 지식도 생겨났지만, 과학적 신뢰성에 대한 새로운 주장들, 직업상의 분쟁들, 무엇이 우선해야 하는가에 대한 여러 논쟁, 심지어 간첩 사건들까지 생겨났다. 이 장은 이러한 변동이 어떻게 시작되었는지를 탐구한다.

따로따로 이루어진 대화
—

미국의 경제학자들 또한 전시와 냉전기의 국가로부터 사상 유례가 없을 정도의 자원과 여러 기회를 얻게 되었고, 이는 1장에서 논의했던 소련의 경제학자들과 비슷한 상황이었다. 미국 국가 또한 경제계획 및 군사계획에 있어서 신고전파 경제학의 방법을 사용했기 때문이다(Bernstein, 1995: 2001; Mirowski, 2002). 1930년대를 거치는 동안 전 세계 여러 나라가 경제성장을 자기정당성의 기초로 삼게 되었다. 이 나라들은 처음에는 경제적 목표를, 나중의 제2차 세계대전 기간에는 군사적 목표를 달성하기 위해서 경제학자라는 직종이 조직되고 또 불어나도록 장려했다.[4] 마이클 번스타인은 이렇게 말하고 있다.

> 아무런 제약 없는 경쟁적 시장이 어떤 혜택들을 가져오는지를 체계적으로 그려내는 것으로 명성이 높은 학문이 그 독특한 현실적 작동 가능성을 처음으로 증명한 것이 완전히 규제되고 통제되는 전면전의 전시 경제에서였다는 점. 이는 역사의 큰 아이러니의 하나다(Bernstein, 2001: 89).[5]

국가 관료기관들이 갈수록 더 폭넓은 영역에서 정책을 입안하고 실행하고 평가하는 데에 경제학자들을 고용하게 된 것은 전 세계적 현상이었다(Coats, 1981; Fourcade, 2009).

비시장 영역에 있는 군부가 특히 신고전파 경제학 연구를 지지한 주체였다. 군부에서는 신고전파 경제학이 병참학적 계획에 쓸모가 있다는 것을 감지했다. 신고전파 경제학자들은 순수 시장 모델과 중앙계획 사회주의 모델을 자유롭게 오고 갔던바, 중앙계획으로 조직되는 군부야말로 신고전파 경제학에 밀접한 연관을 가진 곳이었다. RAND

와 같은 군부의 연구기관들은 신고전파 경제학자들을 고용했고, 여기에는 케네스 애로와 티알링 코프만스 등 장래에 노벨상을 받게 되는 이들도 다수 있었다. 또한 군부는 신고전파의 수학적 도구들을 발전시키기 위한 학술회의도 금전적으로 지원했다.[6] 이러한 학술회의들을 통하여 이 분야의 고전인 『생산과 분배의 활동 분석』(Koopmans, 1951)과 같은 책이 태어났다. 이렇게 군부 그리고 더욱 폭넓은 국가 전체의 지원을 통하여 미국의 신고전파 경제학자들은 자신들의 고도로 수학적이고 형식화된 유형의 경제학을 발전시킬 수 있었고 또 미국 경제학계의 주류 자리를 차지할 수 있었다. 가뜩이나 매카시 시대의 미국에서는 사회주의자처럼 보일까 봐 두려워하는 분위기가 있었던 데에 이러한 군부의 자금 지원과 요구까지 겹치면서 아주 협소한 종류의 신고전파 경제학만이 장려되었고, 신고전파 경제학에 기초한 시장경제 혹은 계획경제에 어떠한 제도들이 필요한지에 대한 논의는 이루어질 수가 없었다.

일부 신고전파 경제학자들은 미국의 정보기관에서 소련을 연구하는 다른 학과의 학자들과 결합했다. 제2차 세계대전 전에는 미국에나 서유럽에나 러시아 및 소련을 연구하는 학자가 소수에 불과했지만 전쟁을 거치면서 CIA의 전신인 OSS에는 소련학이라는 분야가 출현하게 되었다(Byrnes, 1976: 10-20). OSS에서는 제2차 세계대전 동안 다양한 학과를 출신 배경으로 하는 전문가들에 의해 소련에 대한 연구가 수행되었다. 여기에는 아브람 베르그송 그리고 소련의 국민소득을 계산했던 바실리 레온티예프와 같은 중요한 신고전파 경제학자들이 포함되어 있었다. 전쟁이 끝나고 나자 여러 재단이 나서서 1946년에는 컬럼비아 대학의 러시아 연구소Russian Institute가, 1948년에는 하버드 대학의 러시아 연구센터Russian Research Center가 만들어지는 등 이러한 학제적 지역 연구를 답습하고자 했다. 특히 러시아 연구센터는 CIA와 긴밀한 비공식적 연관을 가지고 있었으니, 그 교수진 및 연구진이 수행했던 연구는 CIA, 군 정보기관, 기타 정부기관들이 지원하는 프로젝트들이었다(Engerman, 2009: 47-48).[7]

스탈린 통치 기간에는 냉전의 경계선 양쪽의 경제학자들이 서로 대화를 나눌 수 있는 기회가 거의 없었다. 한 예로 러시아 연구소를 조직했던 이들은 그 교수진들이 1920년대와 1930년대에 했던 대로 학생들에게 소련의 학자들을 방문하여 거기에서 연구 조사 작업을 진행하게 될 것이라고 항상 생각했었다(Byrnes, 1976: 23).[8] 하지만 1947년 러시아 연구소의 교수인 어니스트 시먼스Ernest Simmons는 소련 대사관이 조직한 소련 방문을 다녀왔지만 교환학생 프로그램을 마련하는 데 실패했을 뿐만 아니라 소련의 언론(『이즈베스티야』)과 미국의 『뉴욕 월드 텔레그램』 양쪽 모두로부터 공격을 받게 되었다.[9] 미국의 경제학자들은 소련의 경제학자들과 아무 접촉도 없는 상태에서 소련에 대한 지식을 생산해야만 했다.

그런데 소련과 미국 양쪽 모두 이렇게 폐쇄적인 성격을 가지고 있었던 결과, 소련학 학자들은 연구 방법 면에서 대단히 혁신적일 수밖에 없었다. "소련 전문가들 대부분은 제2차 세계대전 후에는 소련을 방문할 수가 없었기에, 자신들을 천문학자에 비유하며 자기들의 연구 대상을 지구에 묶여 사는 인간들로서는 그 어떤 실제적 목적으로든 접근할 수가 없는 모종의 먼 항성 따위에 비유할 때가 많았다(Resher,

1955: 3)." 전쟁 기간에 OSS에서는 현지 조사가 불가능한 적국을 연구하는 데에 인류학적 접근법을 사용하여 '원격 연구'를 하는 방법을 썼었거니와 이들도 그러한 방법을 채택했다(ibid., 14-15).[10] 요제프 베를리너Joseph Berliner 등의 사회과학자들은 소련 시민이었으나 당시에는 독일에 살고 있던 이들과의 인터뷰를 활용했다. 모스크바의 미국 대사관에서 일하는 직원들 또한 경제학자들에게 데이터를 제공했고 특히 상점과 시장에서 직접 얻은 가격 목록을 가져다주었다.[11] 러시아 연구소와 러시아 연구센터에서는 교수로 일하거나 아니면 뉴욕 등으로 여행을 하며 지나가는 망명객들과 추방자들이 간혹 이야기를 나누고 또 새로운 정보를 내놓기도 했지만, 이곳의 교수들 및 다른 많은 이는 여기서 오는 정보가 문제가 많다는 것을 발견하기도 했다.[12] 또 다른 이들은 소련의 문화를 이해할 실마리를 찾기 위해 신문, 민속 문학, 속담, 현대 소설, 비망록, 영화 등을 뒤지기도 했다(Reshetar, 1955: 15).

CIA와 여타 정보기관들 또한 소련에서 나온 출판물 및 다른 정보를 학자들에게 제공했다. 기밀문서 열람 허가증을 갖고 있거나 정보기관에 연줄을 가진 이들은 정보뿐 아니라 심지어 번역된 논문들도 얻을 수 있었고, 이를 통해 그들의 직종에서 유리한 위치를 차지하기도 했다. 예를 들어 1949년 RAND의 연구자 메릴 플러드Merrill Flood는 RAND에서 강연을 행했다. 질의응답 시간에 "러시아의 기술문헌을 연구하는 것이 임무의 일부였던 수학자"인 맥스 시프먼Max Shiffman은 플러드의 연구 결과가 자신이 최근에 읽었던 소련 경제학자 레오니트 칸토로비치의 1942년 논문 초록을 떠올리게 한다고 언급했다.[13] 플러드는 나중에 코프만스에게 그 1942년 논문에 대해 말해주었다. 또 다른 수리경제학자인 윌리엄 쿠퍼w. w. Cooper는 RAND의 누군가에게 보낸 편지에서 다음과 같이 썼다. "나는 몇 년 전에 노보질로프의 논문을 CIA 번역본으로 접했습니다. 그 논문은 칸토로비치의 방법을 러시아 경제에 적용하기 위한 여러 제안을 다루고 있었죠. 또 나는 칸토로비치의 명성에 대해서도 좀 아는 바가 있습니다."[14] 이러한 번역본들은 공표되지 않는 것이 보통이므로, 기밀문서 열람 허가증이나 정보기관 연줄이 없는 연구자들은 이를 접할 수 없었다. 과학적 주제들 중에서 미국의 국익과 관련된다고 여겨지는 것들은 전문 학술지에 출판될 수가 없었는데, 그 범위는 대단히 넓어서 수리경제학도 포함하고 있었다. 출간된 저작들이라고 해도 기밀문서 열람 허가증을 가진 소수의 독자를 위해서만 인쇄되었다.[15] 널리 많은 독자에게 다가가는 것보다는 비밀 유지가 더 중요한 문제였던 것이다. 이렇게 군부 및 정보기관과 엮이면서 미국 경제학자들과 소련 경제학자들 사이의 의사소통은 무너졌다. 그런데 또 동시에 이러한 정보기관 사이의 연관은 분명 모종의 '동-서 대화'를 만들어낸 측면도 있었다. 비록 경제학자들은 서로 직접 이야기할 수 없었으며 이 '대화'에 참여할 수 있었던 것은 소수의 특정 인물뿐이었지만 말이다.[16]

소련학자들은 CIA 및 다른 정부기관들과 이렇게 연줄을 가지고 있었음에도 불구하고 여전히 매카시적 공격을 경험하고 있었다. 1945년에서 1950년대 중반에 이르도록 미국의 사회과학 전반에 걸쳐 학자들은 이른바 "어려운 시절Difficult Years"을 겪고 있었다(Lazarsfeld and Thielens, 1958. 또한 Caute, 1978; Haney, 2008; Schrecker, 1986). 1945년 이후 보수주의자들은 수많은 학계 인사를 공산주의자라거나 공산주의의 동조자라며 공격했고 이는 1950년 상원의원 조지프 매카시가 저명한 미국 대학에서 공산주의의 위협을 찾아냈다고 공공연히 주장하면서 더욱 강화되었다(Lazarsfeld and Thielens, 1958: 166-167). 파울 라차르슈펠트와 바그너 틸렌스는 미국 학계에서 무려 2000명이 넘는 사회과학자와 인터뷰를 수행했는데, 이들 중 거의 절반에 가까운 이가 자기들 학과의 교수가 "지난 몇 년간 반미국적 활동 혹은 전복적 활동에 몰두했다"는 혐의를 받은 바 있다고 답변하는 것을 발견했다.[17] 게다가 이들 중 3분의 1은 그 전 해에 FBI요원의 방문을 세 번 이상 받았다고 대답했다. 라차르슈펠트와 틸렌스는 "이 기간에는 거의 모든 종류의 행동과 태도가 공산주의자로 불리는 빌미가 될 수 있었다"는 사실을 알게 된다(Lazarsfeld and Thielens, 1958: 57).[18]

소련학자들은 소련으로부터 자료를 얻기가 갈수록 힘들어지는 것을 경험했다. 라차르슈펠트와 틸렌스의 조사에 나타난 응답을 보면 학자들은 연구나 교육의 목적으로도 공산주의 자료 혹은 공산주의적이라고 여겨지는 자료들에 대해 접근할 수가 없다고 불평했다. 이들은 이렇게 보고한다.

〔획득이 어려운 자료들의〕 목록 맨 앞을 차지하는 것은 물론 러시아와 공산주의를 다룬 책들과 팸플릿으로서, 아예 얻을 수가 없는 것도 있지만 또 너무 위험해서 활용해서는 안 된다고 여겨지는 것들도 있었다. 하지만 이 목록에 『프라우다Pravda』와 『이즈베스티야Izvestia』 또 『데일리워커Daily Worker』*와 같은 공공연히 공산주의적인 인쇄물만 있었던 것은 결코 아니며, "좌파적"이거나 "리버럴"한

수많은 서적과 간행물도 이 목록에 언급되어 있었다(Lazarsfeld and Thielens, 1958: 219-220).

러시아 연구센터의 연구진은 뉴욕 시의 공산주의 책방에서 책을 구하려면 먼저 "FBI의 양해"를 얻어야 한다고 느끼고 있었다(O'Connell, 1990: 131).[19]

FBI는 특히 소련 전문가들에게 주의를 기울이고 있었다. 오코넬이 보여준 바 있듯이, FBI는 하버드 대학의 러시아 연구센터를 면밀히 감시하고 있었다(O'Connell, 1990: 133-138). FBI는 거의 즉각 이 센터가 "공산주의자들 혹은 공산당 동조자들에게 거의 완전히 접수"되었다고 천명하면서, FBI의 대공 간첩 부서에서 이 센터의 개개인들에 대한 수사를 시작할 것을 권고했다.[20] 그런데 또 그와 동시에 미국의 군부, CIA, 국무성 등은 이 센터에 연구비를 지급하면서 연구 작업을 계속하도록 했으며, 이로 인해 러시아 연구센터는 특정한 주제들만을 연구하게 되었다. 다른 주제나 국가적 관점을 벗어난 것들은 무시되었고, 국가가 장려하는 특정 주제들에 대한 비판으로부터 센터를 보호했다(ibid.). 이렇게 소련학자들은 FBI의 감시와 CIA의 강제적인 연구 장려라는 이중의 압력 속에서 자신들의 분야를 발전시키게 되었다.

매카시에게 고무된 보수주의자들은 비록 소련에서 스탈린주의자

---

* 『프라우다』는 러시아의 대표적 일간신문으로 1912년 혁명세력의 기관지로 창간된 이래 1991년 소련 붕괴 이전까지 공산당의 기관지였다. 『이즈베스티야』 역시 혁명기관지로 창간된 일간신문으로 구소련 공산당의 기관지였던 『프라우다』의 기사를 많이 옮겨 실었다. 『데일리워커』는 미국공산당이 뉴욕에서 발행한 일간신문이다.

들이 소련 경제학자들에게 그랬던 것만큼 미국 경제학자들에게 치명적인 위협이 되지는 않았지만, 이들의 정치적 괴롭힘은 분명히 미국 경제학자들의 직업적 삶에 변화를 초래했다. 보수주의 정치 지도자들은 경제학자들에게 케인스주의자들이니 뉴딜 리버럴이니 공산주의 앞잡이니 하는 비판을 퍼부었다(Solberg and Tomilson, 1997). 정치적 압력 때문에 학계의 일부 경제학자들은 아예 일자리를 잃거나 일자리 찾기에 실패했다(Fourcade, 2009: 88-90).[21] 보수주의자들은 소련이나 사회주의경제학을 연구하는 이들을 집중적으로 감시했다. 소련과 사회주의 경제학이 신고전파 경제학에서 중심적이었다는 점에 비추어볼 때 이러한 공격은 신고전파 경제학자들 전체에 더욱 폭넓게 영향을 미쳤다. 한 경제학자는 이렇게 회상한다.

> 나는 소련 경제학에 관한 강의를 하나 했다. 내가 강의실에서 밝힌 견해는 대학 전체를 이리저리 떠돌았으며, 여러 교수와 대학 행정가들의 입을 거쳐 내 귀에 다시 들어올 때에는 상당히 다른 이야기로 변해 있곤 했다. 대학 행정본부 인사들이 내 수업을 참관했다. 참으로 기가 막힐 일이었다. 그후로는 이들도 좋은 과목이라고 했다. 나는 가르치는 동안 아무런 잘못도 하지 않았고 또 실제로 비판을 당한 적도 결코 없다. 하지만 내 강의에는 분명히 잘못된 점이 있었는데, 바로 공산주의에 대한 저주를 충분히 퍼붓지 않았다는 것이었다. 총장은 내게 지금은 그 과목을 가르치기에 좋은 시점이 아님을 암시했다. 수강신청 목록에 이 과목이 끼어 있으면 보기에 좋지가 않다는 것이었다. 결국 이 과목은 폐강되었다

(Lazarsfeld and Thielen, 1958: 252).[22]

이러한 공격들로 인하여 수많은 사회과학자가 문제가 될 만한 과목은 아예 가르치지 않았고, 소련에 대한 주제들은 읽어야 할 글 목록에서 빼버렸다. 강의를 할 때에도 소련의 여러 현상에 대해 좀더 많은 중상을 늘어놓도록 했고, 교재를 보수적 당국자들도 받아들일 만하다고 여기는 교과서들로 바꾸기까지 했다(Lazarsfeld and Thielens, 1958).

이러한 공격의 여러 결과는 신고전파 경제학의 개척자들 중 하나인 폴 새뮤얼슨의 경우에서 특히 분명하게 나타난다. 새뮤얼슨에 따르면, 그가 그의 유명한 신고전파 경제학 교과서인 『경제학』을 쓰기 시작한 1947년 또 다른 경제학 교과서인 로리 타시스Lorie Tarshis의 『경제학의 요소들』이 출간되었다(Samuelson, 1997). 1948년경 "당시 극우에 있다고 여겨지던" 인물들은 타시스에게 "케인스주의자-마르크스주의자"라며 정치적 비판과 지독한 인신공격을 퍼부어댔고 그가 낸 교과서를 "거의 죽여버렸다(Samuelson, 1997: 158)". 새뮤얼슨의 유명한 신고전파 교과서 『경제학』이 출간되자 그 또한 공격을 받게 되었다. 보수주의 비평가인 윌리엄 버클리는 1951년 나온 그의 책 『예일 대학에서의 신과 인간』에서 예일대 경제학과를 공격하면서, 그곳 교수들은 "철저한 집산주의자들"이며 최소한 그중 한 명은 "공공연한 사회주의자"라고 주장했다(Buckley, 1951: 46, 87). 새뮤얼슨은 이 시대를 이렇게 회상한다.

시골 백화점 소유주 한 사람이 온 나라를 돌아다니며 로터리 클럽에 모인 이들에게 나의 학설이 얼마나 위험한지에 대해 강연을 했다. 윌리엄 버클리가 최초로 성공을 거둔 책 『예일 대학에서의 신과 인간』의 첫 번째 장은 예일 대학의 채플 목사에게 일단 비판의 포화를 집중하고 있으며, 두 번째 장에 가면 나 또한 내 몫의 욕을 먹고 있다. 되돌아보면 그 이야기들은 너무 우스워서 나 개인에게는 아무런 트라우마나 고통도 주지 못했다. 하지만 만약 이 나라의 무수한 대학에서 가르치는 교수들에게 대학운영 이사회가 위험한 교과서를 사용하는 게 아닌지 감시하고 있는 상황에서라면 이는 전혀 웃을 일이 아니다. (…) 만에 하나라도 잘못되면 어쩌겠는가. 단기적으로는 으름장이라는 것이 효력을 발휘하는 것도 얼마든지 가능한 일이다(Samuelson, 1972: 21-22).

새뮤얼슨은 계속해서 그러한 으름장이 "나 자신이 내놓은 여러 정식화에도 분명히 효력을 미쳤던" 방식을 묘사한다(ibid., 22). 1947년 새뮤얼슨의 『경제 분석의 기초』가 나왔다. 이 책은 학부생들의 교과서로 그가 1948년에 출간한 『경제학』과는 달리 경제학과 대학원생들이나 교수들을 대상으로 집필한 고도의 수학적 기법이 구사된 엄밀한 교과서였다. 그의 『경제 분석의 기초』는 1937년 처음으로 쓰였으며 (Samuelson, 1947: vii) 이 글에서 그는 신고전파 경제학에서 사회주의가 중심적 중요성을 갖는다는 점을 계속적으로, 또 공공연하게 인정하고 있다(예를 들어 8장을 보라). 하지만 이 책의 색인에는 '사회주의'라는 항목 자체가 없다. 학부생용 교과서인 『경제학』에는 색인에 '사회주의' 항목이 하나 있기는 하지만, 새뮤얼슨은 신고전파 경제학과 사회주의 사이의 명시적인 연관관계를 끊어놓고 있다. 그는 여기서 사회주의를 "대안적 경제 시스템들"이라는 마지막의 에필로그로 몰아내버렸다.

소련학 학자들이 정치적으로 보수적이었다고 가정하는 많은 연구와 달리, 엥거먼은 이들의 정치적 성향이 광범위했다는 사실을 보여준다(Engerman, 2009).[23] 그리고 정치적 성향과 관계없이 모든 신고전파 경제학자들은 매카시적 공격에 대한 대응으로서 또 군부 및 정보기관의 요구에 맞추어 자신들의 작업을 더욱 더 추상적이고 수학적인 것으로 만들었다. 케네스 애로와 폴 새뮤얼슨같이 수학에서 시작했다가 자신들의 뛰어난 수학적 능력을 적용할 수 있는 멋진 영역으로서 경제학을 선택하여 전환한 젊은 학자들은 전후 기간에 떠오르는 별이 되었다. 앞 장에서 논했듯이, 케네스 애로와 제라르 드브뢰는 1952년 오늘날 애로-드브뢰 모델이라는 이름으로 유명해진 일반 균형에 대한 자신들의 수학적 모델을 제시했다. 이들은 이러한 고도의 수학적 모델을 군부 안에서 또 RAND에서 발전시켰다. 또 애로-드브뢰 모델을 발전시키는 동시에 애로는 마찬가지로 유명한 저서 『사회적 선택과 개인의 가치』(Arrow, 1951)를 출간했는데, 이 책에서 그는 대단히 추상적이고 알기 힘든 언어로 권위주의적 경제계획을 거부하는 한편 투표와 시장이 최적으로 또 민주적으로 기능하도록 해줄 여러 제도를 옹호했다. 경쟁적 시장과 중앙계획을 위해서는 잠재적으로 노동자의 생산 통제 혹은 경제적 민주주의 등과 같은 제도들이 필수적일 수 있지만, 당시는 이런 제도를 논할 수 있는 시기가 아니었다. 서방에서나 동유럽에서나 좀더 권위주의적인 정치 및 군부 엘리트들은 기존의 위계적 제도들을 당연한 것으로 전제하여 그들의 권력을 지탱해주는 협소한 형태의 신고전파 경제학만을 지지했던 것이다.[24]

경제학자들은 여전히 여러 사회주의 모델을 통하여 신고전파 경제학을 발전시키고 있었지만, 그 발전의 방향은 대단히 협소했다. 1955년 경제학자 스미스는 다음과 같은 점을 인정하고 있다. 주류경제학이 사회주의국가에 대한 연구에서 발전했다고 해도 경제학이 사회주의적 성격을 갖는지는 완전히 별개의 문제라는 것이다.

> 약 25년 전 나는 거의 모든 젊은 경제학자가 사회주의국가에서 생산요소들 및 생산물의 가격을 결정하는 시스템의 문제를 몰래 연구하고 있을 것이라고 의심했다. 사회주의 경제체제를 설명하기 위해 발명된 분석적 도구들이 나중에는 그 사회주의 체제라는 몸통에서 어거지로 뚝뚝 떼어내져서 뛰어난 솜씨로 다시 꿰매어 맞추어진 것이다(Smith, 1955: 418).

아이러니하게도 신고전파 경제학자들은 이제 군부, 국가, 기업들과 같이 고도로 집중된 제도들에 대한 연구를 마찬가지로 소련 경제에도 적용할 수 있다고 가정하게 되었다. 다시 스미스에 따르면(Smith 1955), 경제학자들은 신고전파 모델이 작동하는 데 필수적인 제도들에 대한 명시적 논의를 하지 않음으로써 사회주의적인 노동자 통제나 경제적 민주주의가 모두 결여된 권위주의적 체제를 그려냈던 것이다. 대신 이 경제학자들이 그려낸 사회는 "산출을 극대화하기 위하여 노동자들은 그들의 한계생산물의 가치를 임금으로 지불받으며 여기에 노동공급곡선이 임금 상승에 따라 뒤로 휠 여지가 주어지는*" 사회였다(ibid., 418). 노동자들이 어째서 신고전파 모델들을 따라 행동한다는 것이며, 또 어째서 그들이 그러기를 원한다고 하는가? 스미스는 다음과 같은 불평을 토한다. "이러한 사회에서는 보통사람들이 자기가 경제적으로 자유롭다는 의식을 갖거나 '자기 노동의 생산물 전체'를 향유한다는 의식을 갖게 될 수가 없다. 즉 그들이 사회주의의 이상을 완전히 실현하게 될 수가 없는 것이다(ibid., 419)." 군부와 정보기관의 압력에 직면한 신고전파 경제학자들은 순순히 말 잘 듣는 노동자를 당연한 것인 양 가정하고, 시장 혹은 중앙계획이 이상적으로 기능하기 위해 무엇이 필요한가에 대해 공공연히 논의하는 일은 삼가게 되었다.

매카시즘 시대에는 소련학 자체에 공격이 쏟아졌고 이는 이 분야의 방법론 형성에 큰 영향을 끼치게 된다. 국가 관료들은 소련학 학자들이 소련에 대해 반대 입장을 분명히 할 것을 요구했다(Gleason, 1995; Meyer, 1993). 알렉산더 모틸에 따르면, "비록 대부분의 학자는 중립적인 외양을 둘러쓰는 편을 일반적으로 선호하지만, 소련학 학자들에게는 이것이 허용되지 않았다. 그들이 연구하는 대상의 짐승과 같은 성질 때문이었다(Motyl, 1993: 81)." 그들은 "적"을 연구하는 이들이었기 때문에 많은 의심을 불러일으켰다. 때문에 소련학 학자들은 신뢰성과 믿음을 유지하기 위해 많은 노력을 기울여야 했다. 소련학 학자들은 전

---

*노동시장에서 거래량을 x축으로 가격 즉 임금을 y축으로 놓았을 때, 노동 또한 다른 상품과 마찬가지로 그 공급곡선은 왼쪽 아래에서 오른쪽 위로 올라가는 형태를 띤다. 즉 임금이 오르면 노동자들은 자기들의 노동을 더 많이 시장에 공급하여 더 많은 임금을 벌어들이려고 한다는 것이다. 하지만 이렇게 임금 수준과 노동공급량이 일정 시간 계속 늘고 나면 노동자들은 돈을 버는 것보다는 여가시간을 확보하고자 하는 행태를 보이기 시작하며, 이는 임금 수준이 더 올라갈수록 크게 나타난다. 그리하여 노동공급곡선이 그때부터 '뒤로 휘는' 즉 임금 수준이 올라갈수록 공급량이 줄어드는 모습이 나타난다. 이를 노동의 '후굴공급곡선 backward-slopping supply curve'이라고 한다.

체주의 이론을 탄탄한 도덕적 기초로서 의지했다.[25] 이들은 나치 독일이나 소련이나 똑같이 사악한 존재라고 주장함으로써 여러 도덕적 주장을 넘어설 수 있었다(Gleason, 1995). 때문에 소련을 비판하는 것은 쉬웠지만 소련의 긍정적인 측면들을 논의한다거나 더욱이 미국을 비판한다는 것은 어려운 일이었다(Meyer, 1993: 169). 이념적인 공격을 회피하기 위해 많은 소련학 학자는 또한 이론을 회피하고 경험주의에 의존했다. 이렇게 하면 학자들이 자기 입으로 주장하지 않고도 여러 사실을 보여줌으로써 그 사실들만으로 무슨 이야기인지를 자명하게 알 수 있다는 주장이었다(Motyl, 1993: 83).[26]

　　냉전의 양 진영에서 경제학자들은 각각 분리된 채 대화에 참여했다. 이와 동시에 이들은 신고전파 경제학 연구를 계속 진행했고, 그중 일부는 옛날의 동료들, 망명객들, 대사관을 통해 얻은 경제 데이터, 정보기관을 통해 얻은 신문과 논문 등 다양한 경로를 통하여 상대 쪽에서 벌어지는 작업들에 대해 학습했다. 더욱이 경제학자들이 사용하는 언어는 최소한 잠재적으로나마 모두 함께 공유가 가능한 것이었기에 공통의 주제들을 놓고 작업을 이룰 수 있었다. 더욱이 이들은 정치적인 공격을 경험하면서 신고전파 경제학을 사용하는 방법을 바꾸었고 또 외국에서 자신들의 우군을 찾고자 하는 공통의 동기를 갖게 되었다. 이러한 우군이 있다면 자신들 전문 분야에서의 주장을 강화하는 것도 가능해지며 또 정치적인 의도에서 자신들에게 쏟아지는 파괴적인, 심지어 죽음에까지 이를 수 있는 치명적인 공격으로부터 스스로를 보호할 수도 있기 때문이었다.

새로운 초국가적 경제학 토론

—

몇 년간 동유럽 블록을 방문할 수 없었던 미국의 학자들과 학생들은 1954년 봄 드디어 동유럽권에 갈 수 있게 되었다. 1954년 8월에는 컬럼비아 대학의 러시아 연구소에 있는 네 명의 대학원생이 모스크바, 레닌그라드, 중앙아시아를 1개월간 여행했다.[27] 그중 한 학생은 자신의 동창회보 소식란에 다음과 같은 보고를 올렸다.

> 지난 10년간 한 사람을 제외하고는 어떤 미국인도 가보지 못했던 도시들을 직접 보았다. 우리는 가이드, 통역사, 미행원 아무도 붙지 않은 상태로 마음껏 돌아다니면서 모든 계급의 러시아인 수백 명을 만나 트로츠키에서 베리야*에 이르는 가장 민감한 주제들을 가지고 대화를 나누었다. 우리는 간 데마다 사진과 영상을 촬영했고, 그중 절반 이상을 러시아 밖으로 가지고 나올 수 있었다. 우리는 16번이나 체포되었지만, 누구도 영원히 사라지는 일은 없었다 (Randall, 1955: 2).[28]

소련학의 창설자들은 마침내 자신들의 계획을 완성할 수 있게 되었다. 미국과 소련 사이의 직접적인 상호작용이 가능해지면 학생 교육만이 아니라 전 세계의 학문 조직 또한 변화하게 될 터였다. 사회주의

---

* 라브렌티 베리야Lavrentiy Beria는 스탈린의 심복으로 활동했던 소련의 정치가다. 1953년 스탈린 사후 실권을 잡았다가 같은 해 겨울 정적이었던 흐루쇼프, 몰로토프 등에게 체포·처형되었다.

와 자본주의의 두 사회적 세계가 맞닥뜨리게 되면서 소련학 또한 변화하지 않을 수 없었다.

1953년 이오시프 스탈린이 사망하자 소련의 정책이 변했다. 소련 시민들뿐만 아니라 공산당 지도자들 및 수많은 열성적 공산당원들 또한 스탈린 시대에 대한 비판적 의식을 기르게 되었고, 본래의 사회주의 및 공산주의 교리로 돌아갈 것을 요구하고 나섰다.[29] 가장 유명한 이는 바로 소련의 새로운 지도자 니키타 흐루쇼프Nikita Khrushchev로서, 그는 1956년 공식적으로 스탈린을 비판했고 소련의 과거와 미래에 대한 재평가의 문을 열어놓았다. 미국에서도 이와 마찬가지로 민권운동 등 새로운 사회운동들이 나타나 현존 권력 체제에 대한 비판적 태도를 발전시켰으며 미국적 가치로서 공표된 자유, 평등, 민주주의를 실현할 것을 요구했다. 좀더 폭넓게 보자면, 이러한 새로운 상호작용들 덕분에 소련의 국가사회주의와 미국의 시장자본주의라는 냉전식 이분법 사이에는 모종의 간극적 공간이 생겨났으며 그 공간은 그 냉전식 이분법을 넘어서게 되었다. 소련과 미국의 정치 및 사회에 대해 모두 비판적인 담론을 위한 간극적 공간들이 열린 것이다.

이 새로운 동-서 대화에 참여하는 경제학자들은 이러한 간극적 공간에 기여했다. 새로운 기구와 기관들이 생겨났으며 여기에는 통상적인 냉전식 이분법으로는 분류할 수 없는 정치적 입장을 가진 이들—옛날의 공산주의자, 소련에 반대하는 사회주의자, 자유지상주의자, 동유럽의 개혁가, 동유럽의 망명객 등—이 현존하는 사회주의의 성격에 대해서 또 미래에 나타날 가능성이 있는 여러 형태의 사회주의에 대해 토론을 나누게 된다. 1960년대와 1970년대로 접어드는 냉전의 세계에서 이들은 냉전 적국에 위험스런 접근을 할 수 있었고 이로써 여러 새로운 형태의 지식이 생산되었다. 하지만 이러한 간극성은 보통사람들에게는 카리스마와 위험 의식을 모두 불러일으키게 되어 있다 보니, 미국과 소련 양쪽에서 수많은 개인과 조직들이 이로 인해 간첩이라는 혐의를 뒤집어쓰는 일들도 벌어졌다.

소련이 외국 공산주의자들을 소련으로 불러들여 "세뇌"하는 데 성공을 거둔 것이 미국으로 하여금 여러 국제 교환학생 프로그램을 확대하도록 재촉한 원인임을 시사하는 연구도 나왔다(Barghoorn, 1960; Raymond, 1972: 120). 소련은 다른 나라의 공산당 정치 엘리트들을 위해 그들의 코민테른 학교에 여러 학문적 교환 프로그램들을 도입했다. 1953년 초 이오시프 스탈린이 사망하자 소련의 지도부는 미국인들의 표현으로 "문화 공세", 즉 "소련의 영향력을 확산시키고 스탈린 시대의 폭력, 광기, 비밀, 야만이 빚어낸 과도한 짓들로 인해 손상당한 소련의 국제적 위상을 원상복구하기 위해 고안된 캠페인"을 즉시 시작했다(Barghoorn, 1960: 18).[30] 또한 소련이 미국을 포함한 서방 국가들과의 관계를 확립하고 또 새로운 교환 프로그램들을 지원했던 부분적인 이유는 새로운 과학 및 기술 지식을 얻고자 함이었다(ibid.; Richmond, 1987: 5; Richmond, 2003: 10).[31] 1955년경이 되면 소련 정부가 나서서 정규 대학들과 특수학교들에서 외국 학생들을 위한 제대로 된 교육 훈련 프로그램을 시작한다(Barghoorn, 1964).[32] 1954년 소련 정부가 네 명의 러시아 연구소 학생을 맞이했던 것 또한 미국과 여타 비사회주의 국가에 대한 문호 개방의 일환이었던 것이다.

1956년 중반 미국의 국가안전보장회의National Security Council는 소련과 동유럽에 대한 새로운 정책인 NSC5607을 시행했는데, 그 내용은 학술 교류를 지원한다는 것이었다(Richmond, 1987: 133-139). 학술 교류를 통해 미 국무성이 얻고자 했던 것은 이 여러 나라를 서방의 영향에 노출시키고 또 소련 및 각국 공산당의 권력 독점을 잠식하려 드는 개개인들이나 그러한 경향을 지원함으로써 사회주의의 기초를 잠식하는 것이었다. 이 정책 문서는 미국의 해당 정책이 민족주의를 자극하고, "모스크바에 용감하게 맞서는 정책"을 장려하고, 또 "더 많은 소비재에 대한 욕망"을 부추김으로써 "국제 공산주의를 약화시키기 위해 고안"되었음을 단언하고 있다(ibid., 136-137). 미 국무성은 이 정책 시행을 위해 적극적인 노력을 펼쳤다.

> 우리의 대외정책은 무력 사용에 관한 한 필연적으로 **수세적**일 수밖에 없다. 하지만 소련 내에서는 더 많은 개인의 자유, 행복, 안전에 대한 욕망을 부추기고 또 그 위성국들 내에서는 더 많은 독립에 대한 욕망을 부추긴다는 점에서는 **공세적**일 수 있다. 즉, 동-서 교류란 미국의 적극적인 대외정책의 시행이다(ibid., 136).

소련 및 동유럽과의 교육적 교류는 따라서 사회주의를 잠식하기 위해 시작된 미국 대외정책의 중요한 한 부분이었던 셈이다.

동유럽 블록에서는 이 교류에 있어서 기술과학 분야에 특혜를 주었던 데 반해 미 국방성은 사회과학과 인문학에 방점을 두었다.[33] 미국 정부의 주된 목표는 소련을 서방의 영향력에 개방하여 그 대외 및 국내 정책을 변화시키도록 하는 것이었다(Richmond, 1987: 6). 미국 정부 공직자들이 보기에 서방의 영향력을 전파시키는 최상의 방법은 동유럽 학자들을 불러다가 미국식 사회과학과 인문학을 가르치는 것이었다. 이들은 또한 사회과학과 인문학에서 미국 학자들이야말로 첩보 및 정보를 수집하는 데 가장 뛰어난 능력을 가지고 있다고 생각했다. 이들은 동유럽 지역의 언어와 문화를 상당 부분 이해할 수 있기 때문이었다. 더욱이 자연과학자들과 물리학자들은 동유럽과 교류해봐야 학문적으로 얻을 게 많지 않다고 생각했기 때문에 동유럽으로 가고 싶어하지 않았다.

그때까지는 외국 대학에 유학하거나 방문교수로 가고 싶어하는 학생이나 교수들이 있으면 그 대학과 그냥 직접 소통했을 뿐 자국 정부를 거치는 일은 없었다. 하지만 냉전이 시작된 후에는 미국과 소련의 시민들이 서로 접촉하기 위해서는 정부 간 공식적인 동의와 새로운 제도들이 반드시 필요하게끔 되었다.[34] 이 나라들은 학술 교류를 외교의 수단으로 쓰기 시작했다. "교환 프로그램들이 전대미문의 중요성을 띠고 휘광을 입게 된 것은 이들이 한 국민국가의 외교정책에 있어서 그 시행을 원활하게 한다는 것이 인식(혹은 최소한 신봉)되기 시작했기 때문이다(Merritt, 1972: 65)." 교류는 이제 국민국가 수준에서 새로운 차원의 중요성을 갖게 된다.

1953년 이전에는 미국 정부에도 또 대학에도 그러한 교류 프로그램을 조직하거나 초국가적 대화를 가능케 하는 기관 혹은 제도가 아무것도 없었다. 하지만 이런 상황은 곧 변하게 된다. 1956년에는 미국 대학의 교수들이 함께 모여 교류 지원금을 위한 대학 간 위원회IUCTG: Inter-University Committee for Travel Grants를 형성하여 소련을 여행하고자 하는 교수 및 학생들에게 행정 및 자금지원을 제공했다. IUCTG는 미국 학자들 및 학생들을 보내는 데 1개월짜리 여행 비자를 이용했다. 미국과 소련은 1958년 주요한 문화협정을 체결한다. 레이시-자루빈 협정Lacy-Zarubin Agreement이라고 불리는 이것은 정규적인 학술 교류뿐만 아니라 일련의 '권리들'을 명문화하고 있다. 1958년에서 1988년 사이에 약 5000명의 미국인과 비슷한 숫자의 소련 대학원생, 학자, 교사가 IUCTG 그리고 그 후신인 국제 연구 및 교류위원회IREX를 통해서 상대 국가를 방문했다(Richmond, 2003: 24).

미국과 동유럽 사이의 교류는 미국-소련의 교류보다 훨씬 수월했지만, 그래도 이러한 새로운 상호작용을 매개하기 위한 여러 기관 및 제도가 필요했다. 1951년 유고슬라비아 정부는 미국에 공식적인 학술 교류 협정을 요청했고, 1955년에 두 나라 사이의 교류가 시작된다. 1956년 폴란드 정부는 포드 재단에 접근하여 미국의 여러 대학과 결연을 요청한다(Byrnes, 1976). 포드 재단과 록펠러 재단은 1957년 폴란드에서 교환 프로그램을 시작했으며 그 다음 해에 유고슬라비아에서도 프로그램을 시작했다(Richmond, 1987: 114-116). 헝가리도 1963년 미국과의 교류를 시작한다. 포드 재단은 교육적 목표의 교류에 관해 미 국무성의 입장을 그대로 받아들였다. "이들[동유럽 국가들]이 서방과 접촉을 늘리도록 도움으로써 동유럽 지역에 서방의 민주주의적 영향력이 침투하도록 만드는 것은 중요해 보인다."[35]

미국 정부와 포드 재단이 동유럽과의 교류에서 특히 우선권을 부여한 것은 경제학자들로, 그중에서도 특히 수리경제학자들이었다. 이 기관들은 동유럽 지역 전반의 경제개혁에 대한 접근법에 일정한 영향을 미치기를 원했다.

> 미 국무성 안팎의 전문가들은 동유럽에서의 변화 과정이 가속화
> 하고 있으며, 동유럽에 이 재단의 프로그램을 확장하기에 좋은 시
> 기라고 믿고 있다.[36]

포드 재단 사람들은 "우리 재단의 교류 프로그램에 있어서 경제
학자들이야말로 중요하게 전략적 방점을 찍어야 할 집단"이라고 천명
한다.[37] 헝가리의 경우 포드 재단은 신경제메커니즘NEM: New Economic
Mechanism 개혁과 헝가리 경제학계에 가장 큰 영향을 끼칠 수 있는 경제
학자들을 선별했다. (1) 중요한 연구소 등을 운영하여 보다 젊은 학자
층에 영향력을 갖고 있는 경제학자들 (2) 경제학 내 자기 전공 분야에
서 저명한 혹은 저명한 학자가 될 가능성이 있는 경제학자들 (3) 금융
경제학 혹은 국제경제학 등 포드 재단이 중요하다고 생각하는 분야에
서 연구하는 경제학자들. 한 면접관은 특정한 헝가리 경제학자 개인을
콕 집어서 그가 경제 경영 분야에서 영향력을 가질 것이므로 "1급의"
MBA 프로그램에 들여보내야 한다고 주장하기도 했다.[38] 재단 관계자
들은 젊은 지식인들에게 초점을 두었지만, 더 나이 많은 기성의 학자
들도 데려왔다. "이들이 이 젊은이들의 영향력을 가로막을 수도 또 증
진시킬 수도 있기" 때문이라는 것이었다.[39] 미 국무성과 포드 재단 관
계자들은 교육 교류를 통하여 경제개혁에 영향을 미치고자 했던 것이
다.[40]

포드 재단과 일했던 이들은 수리경제학이야말로 더 폭넓은 경제

및 정치 토론으로 이어지도록 이끄는 입구와 같은 과학이라고 보았다. 부다페스트의 미국 대사관은 포드 재단에 사회과학자들과 인문학자들은 헝가리를 "자유화"하기 위한 중요한 힘이며 이는 기술관료들이 이런 역할을 하고 있는 불가리아의 상황과는 대조적이라 말했다.[41] 포드 재단에 종종 정보를 제공했던 한 미국 경제학자는 수리경제학이야말로 "동유럽과 서방의 두 이념 사이에 다리를 놓아주는 중요한 분야"라고 언급했다.[42] 포드 재단과 헝가리 사이의 교류를 시작하게 만들었던 다른 한 경제학자는 이런 말을 남겼다.

> 이 노트들을 귀하에게 보내려고 생각했던 것은, '동방세계'의 경제학자들을 '서방세계'를 연구하도록 끌어올 수 있는 모종의 단위를 만들 '시험적인 시도 혹은 가능성'에 대한 귀하의 견해가 어떤지 알기 위해서입니다. '방법'을 받아들이게 되면 결국에는 더 폭넓은 경제학 개념들을 받아들이게 될 수도 있으니까요.[43]

이 학자는 훗날 경제학자들이 좀더 일반적으로 자신들의 경제에 대한 생각을 정치 영역으로 확장할 수 있다는 견해를 표명한다.

> 내가 잘 훈련된 경제학자들이 많이 더 많이 있어야 한다고 강조하는 이유는 간단하다. 그렇게 되면 경제계획과 경제 시스템에 있어서 개인들의 선호를 더욱 고려하는 쪽으로 변화가 이루어질 잠재적 가능성이 있기 때문이다.(시장과 가격에 있어서 개인들의 선호를 고려하는 일이 종국적으로는 정치적 선택에 있어서도 개인의 선호에 마찬가

지의 주의를 기울이는 쪽으로 나아가기를 희망하는 것이다.)._44

특히 헝가리에서는 경제학자들이 미국의 정치적 가치들을 동유럽으로 수입하는 특수한 역할을 하는 것으로 간주되었다.

동쪽과 서쪽의 경제학자들 사이에 있었던 또 다른 연결의 형태는 서적과 학술지의 교류였다. 공적인 차원에서도 사적인 차원에서도 서적의 교환은 이루어졌다. 공적으로 보면, 소련과 미국은 비록 제2차 세계대전 기간에는 중지되었지만 이미 1920년대 이래로 서적과 학술지 교환 협정을 맺은 바 있었다(Richmond, 2003: 143-146)._45 사적인 차원에서는 하버드와 컬럼비아를 포함한 여러 대학에서 소련의 대학 도서관들과 수천 권의 서적을 교환했다(Byrnes, 1975: 226). 러시아의 경제학자이자 정치가였던 예고르 가이다르Yegor Gaidar는 모스크바 국립대학의 도서관이 "독학을 가능케 하는 엄청난 기회를 열어주었다. 리카도, 밀, 뵘바베르크, 제번스, 마셜, 피구, 케인스, 슘페터, 갤브레이스, 프리드먼, 그밖에 무수히 많은 이에 대해 독학으로 공부할 수 있었다"고 말했다._46

경제학자들은 또 개인적으로도 철의 장막을 넘어서 상대 쪽 경제학자들과 서적을 교환했다. 예를 들어 코프만스의 경우 자신의 저작물 일부를 1956년 레오니트 칸토로비치에게 보냈으며 또 그의 저작을 답례로 받기도 했다._47 CIA는 미국 학자들로부터 서적 주문을 받고 또 소련과 동유럽에 있는 학자들에게 반송 시에 필요한 미국인들의 주소를 붙여서 보내주기도 했다. 러시아 경제학자로서 미국으로 이민 와 하버드 대학교에서 교편을 잡고 있었던 바실리 레온티예프는 1962

년 자신의 비서에게 "CIA의 길버트 씨(?)에게 전화해서 소련 경제학자들과 통계학자들에게 책을 좀 보낼 100달러 정도를 줄 수 있는지 여쭤어달라"며 "저쪽 경제학자들과 통계학자들이 내게 요청을 보내왔고 그 중 응해야 하는 것들이 많을 것 같다"[48]고 말했다. 1963년, 새로 설립된 국제자문위원회International Advisory Council—이는 비정부조직이라는 간판을 달고 있었다—도 이러한 서비스를 제공했고, 뿐만 아니라 동유럽 블록을 여행하는 미국 학자들이 책을 요청할 경우 이 또한 보내주고 있었다.[49] 레온티예프는 이 위원회에 대해 알게 되자 즉시 여기로부터 책을 주문하면서 이렇게 말했다. "저는 저명한 소련 학자들로부터 직접적 또 암묵적으로 책을 보내달라는 요청을 끊임없이 받고 있습니다. 그러니 여러분께 더 많은 학자와 저서의 제목을 알려드릴 수 있을 것입니다."[50]

경제학자들 및 다른 학자들은 학술적 교류 이외에 국제 학술회의에서 서로 만나는 경우도 있었다. 이 학술회의들은 서유럽 학자들이나 미국인들로 시작되는 게 보통이었지만, 1950년대 말이 되면 러시아와 동유럽 학자들도 이 회의들에 참석하기 시작한다. 서유럽과 미국의 수많은 지식인들은 서로, 그리고 소비에트 블록의 지식인들과 접촉을 갖고자 했다. 토론과 우의를 통해 전쟁 동안의 분열을 극복하고 또 다른 세계대전을 막을 수 있을 것이라는 희망에서였다.[51] 이들은 또한 더 폭넓은 동-서 간의 토론에 지적인 관심을 가지고 있었다. 많은 지식인이 산업화된 나라들에 공통적으로 나타나는 문제들이 있게 마련이라는 점을 감지하고 있었고, 이에 이 개인들은 철의 장막 건너편에서는 이 문제들을 어떻게 해결하고 있는지를 알고 싶어했다. 이 학술회의에서 이루어진 대화들은 이후 동쪽과 서쪽이 한 지점으로 수렴하게 될 가능성에 대해 새로운 아이디어들을 낳게 된다. 마지막으로, 동쪽과 서쪽 모두에서 이러한 생각을 가진 경제학자들은 공통적으로 신고전 파 경제학을 익혀 사용하고 있었으며, 그 덕분에 이들의 대화는 더욱 깊어질 수 있었다.

바실리 레온티예프가 조직했던 동–서 회합은 가장 성공적인 것들에 속했다. 그는 1950년 네덜란드에서 열린 "투입-산출 기법에 대한 제1차 국제회의International Conference on Input-Output Techniques"의 주최 과정을 주도했다. 1961년 회의에서는 동유럽 블록을 포함하여 41개 나라에서 240명의 학자들이 참여했다(Barna, 1963: 2). 그리고 1970년에는 소련의 노보시비르스크에서 회의가 열렸으며, 참가자 수가 수천 명에 달했다. 레온티예프는 퍼그워시 회의Pugwash conferences *와 여러 군비 감축 대화에도 오랫동안 참여했던 이로서, 국제적인 대화가 전쟁을 피할 수 있는 수단이라는 강한 신념을 가지고 특히 동–서 간 대화를 지지했다.[52] 이 대화는 투입-산출이라는 방법에 대한 것이었으며 그 과정에서 사회주의 동유럽과 자본주의 서방에서 그전까지 개발되어온 공통의 신고전파 경제학이 이 대화의 언어를 제공해주었다.[53] 1961년 회의에서 소련 경제학자 넴치노프는 이렇게 말한다.

소련의 경우 1923~1924년의 국민계정에 이미 생산과 소비의 산업

---

*1955년 물리학자 알베르트 아인슈타인과 철학자 버트런드 러셀은 냉전의 대립과 핵전쟁의 위협을 막기 위한 전 세계적인 과학자 및 지식인들의 연합체의 필요를 제창했고, 이에 호응한 이들과 함께 러셀 등은 캐나다의 노바스코샤 주에 있는 퍼그워시에서 "과학과 세계 문제에 대한 퍼그워시 회의Pugwash Conference on Science and World Affairs"를 개최한다. 이 회의는 이후에도 정기적으로 열리고 있으며, 1995년에는 노벨평화상을 수상했다.

연관표가 통합되어 있었다. 레온티예프의 투입-산출 분석은 1919년, 1929년, 1939년 미국의 센서스 데이터에다 비슷한 방법을 적용한 것이라고 볼 수 있다. 1925년에 그는 이미 소련 최초의 국민 대차대조표에 대한 자세한 검토 논문을 출판한 바 있다(Barna, 1963: 177).

넴치노프는 레온티예프 및 여타 소련 밖 경제학자들이 이러한 아이디어들을 더욱 심화, 발전시켰다는 사실 그리고 소련이 이 아이디어들로 되돌아온 것은 최근에야 벌어진 일이라는 사실 등을 인정했다.[54] 레온티예프의 동료인 티보르 바르나는 이 학술회의 참가자들이 "경제학자들과 통계학자들의 국제적 우애를 대표하는 이들로서, 정치적인 분리에 개의치 않고 공통의 언어로 이야기하고 또 서로에게서 배우려고 노력한다"고 보았다(Barna, 1963: 2).[55] 각국은 전쟁 동안 자신들의 경제가 얼마나 파괴되었는가를 따져보아야 했고 또 여러 다른 각 정책의 효과가 어떨지를 추산해보아야 했으므로 그를 위한 수단을 찾고 있었다. 이 때문에 전후 기간에는 전 세계적으로 투입-산출 모델화 작업의 확산을 위한 조건들이 창출되었다. 각국 정부는 투입-산출표를 통해 자신들의 경제를 개관하고 또 이런저런 다양한 정책들이 도움이 될지 해가 될지를 시험해볼 수 있었다. 따라서 레온티예프가 조직했던 이러한 국제 학술회의는 모종의 초국가적 신고전파 경제학 토론으로 되돌아갈 수 있는 중요한 장을 제공했던 것이다.

제2차 세계대전이 끝난 후 유네스코는 다양한 국제 사회과학협회들을 창립했고 그중에는 국제경제학협회IEA: International Economic Association

도 있었다. IEA의 첫 번째 국제회의는 1956년 로마에서 개최되었다. 그리고 이미 1958년에 터키에서 개최된 회의부터 러시아와 동유럽 학자들도 참가했다(Kaser and Robinson, 1992). 1964년, IEA는 동유럽 블록인 불가리아에서 회의를 조직했고, 이는 최초의 동-서 학술회의 중 하나였다. 이 학술회의에는 수많은 학자들이 참가했고 던롭John T. Dunlop, 커Clark Kerr, 베르그송 그리고 IEA에 소속된 다른 이들 등 많은 미국 경제학자가 참가하여 소련의 전문가들과 만나 소련 정부가 산업 생산을 조직하는 방법에 대해 배웠다. 소비에트의 학자들이 여러 회합에 참여하기로 동의했던 이유는 경제계획에 대한 관심에 있었으므로, 미국인들은 IBM처럼 내부적으로 경제계획 방법을 사용했던 대기업들로부터 전문가들 그리고 투입-산출 분석의 전문가들을 초빙했다. 이러한 학술회의의 결과 서로의 나라들을 방문하여 연구를 하게 되었으며 (1960년대 초 던롭, 커, 갤런슨 등은 가족을 이끌고 유고슬라비아, 체코슬로바키아, 헝가리, 폴란드 등을 방문했다), 동유럽 학자들과 서유럽 학자들이 필자로 함께 참여한 저서들을 편집했다(Dunlop and Diatchenko, 1964; Dunlop and Fedorenko, 1969).[56]

이렇게 학자들은 정부 및 여러 다양한 비정부기구의 도움을 얻어서 초국가적 토론을 시작할 수 있는 제도적 구조를 세워나갔다. 미국인들은 소련 시민들과 교류하면서 놀라운 경험을 하게 되었다. 예를 들어 1966년과 1967년 프레데리크 바륵호른과 엘렌 미츠키에비치는 근자에 소련을 방문했던 학자들 등을 대상으로 개괄적 조사를 행했다(Barghoorn and Mickiewicz, 1972). 이들은 이 조사에서 다음과 같은 사실을 발견했다. "[179명 중] 116명의 참가자가 거의 황당할 정도로 다양한 방식을 통하여 소련 사람들도 똑같은 인간이라고 보고했다(ibid., 152)."[57] 이들은 또한 다음에 주목했다. "한 저명한 생물학자는 이런 글을 남겼다. '어느 경우라 할 것 없이 지적인 공동체의식과 공감은 곧 애정으로 바뀌었다. 그 이유는 아마도 러시아인들 특유의 훌륭한 여러 인간적 매력일 수도 있겠지만, 지금까지 냉전이라는 전체적 조건 속에서 서로를 이방인으로 대하던 그들이 사실은 같은 공동체의 일원이었다는 사실이 한순간에 드러난 데서 온 충격이 분명히 한 요인이다(ibid., 154).'" 냉전의 세계에서 그러한 "공동체의 존재가 드러남"을 통해서 단순한 인간적 공동체뿐만 아니라 공통의 전문가 공동체의 가능성까지 열리게 되었다.

그 전에는 냉전이 갈라놓은 양쪽 세계의 경제학자들 각자가 철의 장막 건너편에 있는 동료들은 근본적으로 상이한 형태의 경제학을 사용하고 있을 것이라고 가정했다. 소련의 경제학자들은 마르크스-레닌주의 정치경제학에 대한 여러 이데올로기적 논쟁으로 씨름을 벌이는 반면 미국 경제학자들은 여러 자유시장 모델을 만들어내고 옹호한다는 생각이 퍼져 있었다. 그런데 이들이 직접 만나게 되자 사실은 서로가 비슷한 전문적 도구와 방법을 공유하고 있다는 사실을 알게 되었다. 소련 경제학자인 칸토로비치와 미국 경제학자인 코프만스는 훗날 1975년에 공동으로 노벨 경제학상을 수상하게 되는 바, 이는 이러한 변화를 보여주는 한 예다.[58]

코프만스는 일찍부터 칸토로비치의 작업에 대한 간략한 언급을 접한 바 있었지만, 칸토로비치와 비로소 교신을 하게 된 것은 1956년이 되고 나서다. 두 사람 모두 선형계획linear programming에 기여했는데,

이는 이윤 극대화 혹은 비용 극소화와 같이 최적의 결과치를 결정하는 수학적 기법이다. 경제학자들은 군부나 좀더 넓게는 국가 내, 뿐만 아니라 여러 기업과 같이 위계적이고 계획된 환경 내에서의 경제계획을 위한 선형계획 또한 개발했다. 1956년 코프만스는 칸토로비치에게 직접 서한을 보내는 대담한 행동을 한다.

> 최근 저는 1942년 소련 과학 아카데미의 보고집Comptes Rendus에 출간된 귀하의 논문 「질량의 전이에 관하여」를 한 부 얻어 볼 기회가 있었습니다. 미국에서는 1941년 이후로 교통이론의 발전이 이루어져 오늘날에도 계속되고 있는데, 저는 귀하의 논문이 이러한 발전과 부분적으로 궤를 같이하며 또 더 크게는 많은 문제를 미리 내다보고 있었다는 점을 금세 알 수 있었습니다.[59]

코프만스는 칸토로비치에게 선형계획에서 가장 중요한 저작들 목록과 논문 몇 편과 관련 학술지의 제목들을 함께 보냈다. 그는 또한 칸토로비치의 논문들의 복사본을 요청하고 관련 서지사항을 물어보았으며, 그의 연구의 이론적 반전이나 실제적 활용 등에 대해 더 자세히 알려달라고 부탁했다. 그는 편지의 말미에 다음과 같은 희망을 피력했다. "이 편지가 우리 사이의 정보 교환으로 이어질 수 있기를 바랍니다."[60] 놀랍게도 칸토로비치는 곧 자신의 저작 목록을 첨부한 답장을 보낸다. 그런 뒤 그는 자신의 1939년 저작인 『생산을 계획하고 조직하는 수학적 방법』을 따로 한 꾸러미 보낸다. 코프만스는 러시아 말로 쓰인 이 저작을 영어로 번역시켜 읽고 난 뒤 이렇게 썼다. "이 논문의 내용은 한

마디로 놀라울 따름이다."-61

칸토로비치와 코프만스의 교신은 모종의 변화를 알리는 신호였다. 소련과 미국의 경제학자들은 자신들의 최신 연구 방법이 동일하다는 것을 알게 되면서 서로를 동료로 간주할 수 있다는 사실을 깨닫기 시작했다. 그리하여 전문적 경제학자들의 세계는 그 외연이 엄청나게 확장되었다. 이러한 변화는 경제학에서뿐 아니라 과학 전반에서 벌어졌다. 또한 이러한 확장으로 새로운 규범 및 관행들이 나타나게 되었다. 한 예로 소련과 미국의 경제학자들은 그 이전에는 서로의 작업에 대해 무시하는 논평들을 써내곤 했다. 서로에게서 무슨 대응 따위가 있을 리 없다고 생각했기 때문이다. 이제 경제학자들은 서로의 견해에 대해 대답할 수 있게 되었다. 이는 곧 새로운 동료 집단에서 과학성을 무엇보다도 앞세워야 한다는 것을 뜻했다.

"칸토로비치 찻잔 안에서 작은 태풍이 불고 있다." 코프만스는 1960년 그의 친구이자 동료 경제학자인 허버트 스카프Herbert Scarf에게 이렇게 썼다.-62 코프만스와 칸토로비치 사이의 새로운 연결 고리는 결국 과학적으로 누가 먼저인지에 대한 논쟁을 낳았다. 선형계획을 먼저 발견한 것은 누구인가? 일반적으로 과학자들은 독창성을 발휘하기 위해 분투하는 존재들이니 이러한 논쟁이 놀라울 것은 없지만, 이밖에도 이 논쟁이 밝혀주는 또 다른 사실이 있다. 1950년대 냉전 '해빙'의 여러 측면 그리고 자본주의와 사회주의의 여러 유사점이 그것이다.

이 선형계획을 누가 먼저 발견했는가의 논쟁에서 초점은 칸토로비치가 실제로 발견한 것이 무엇이었는가와 과연 그것이 코프만스 그리고 또 한 명의 선형계획 개척자인 조지 댄치그George B. Dantzig가 발견한 것과 동일한 것인가의 여부였다.[63] 칸토로비치와 코프만스 두 사람 모두 구체적인 실용적 문제들로부터 자신들의 생각을 발전시켰으며, 이는 그들이 작업했던 맥락의 특수성을 반영하는 것이었다. 칸토로비치의 경우에는 소련의 계획경제에서 합판 산업의 목재 사용을 극대화해야 한다는 구체적인 경우로부터 자신의 생각을 일반화시켜나갔다. 코프만스는 제2차 세계대전 기간에 군대와 물자를 여러 다른 군사작전의 전장 사이에서 이동시키는 데에 연합국 함선들의 사용을 어떻게 최적화할 것인가에 대한 전시의 연구로부터 자신의 방법을 발전시켜나갔다. 칸토로비치와 코프만스가 이야기하고 있는 개념들과 수학적 방법들은 과연 동일한 것들인가? 이 논쟁은 아주 뜨거워졌다. 여기에 참여한 한 경제학자는 이 논쟁을 두고 "패싸움"이라고까지 불렀다.[64] 어느 시점에서는 칸토로비치가 그의 작업을 비판하는 논문을 놓고 한 미국의 학술지 편집자에게 서신을 보내 이렇게 말하기도 했다. "제가 과학적 활동을 펼쳐온 지난 30년간 저는 이렇게 절제 없이 쓰인 수학 논문을 결코 만나본 적이 없습니다."[65]

이 논쟁이 이토록 양쪽의 심한 다툼의 성격을 띠게 된 것은 전문가적 행태의 성격이 변화하던 상황을 반영한다.[66] 소련과 미국의 과학자들이 철의 장막 너머에 있는 상대편을 서로 동료로 대우하지 않을 수 없었던 것은 부분적으로 그 상대편이 이제 대화의 상대가 될 수 있었기 때문이다. 에이브러햄 찬스Abraham Charnes는 『경영과학』에 게재된 칸토로비치의 논문에 붙인 그의 서문에서 칸토로비치가 "러시아 수학자들 가운데에서도 가장 저명한 이중 하나"라고 말하고 있지만, 그를 경제학자로 보지는 않았다. 찬스는 『경영과학』의 독자들이 그 논문을 읽어야 할 몇 가지 이유를 제시하고 있다. 하지만 그는 또 이렇게 경고한다. "구체적인 문제에 대한 해를 실제로 얻어내기 위해 효과적인 방법의 문제는 이 논문에서 해결되어 있지 않다. 그러한 방법의 발전이라는 범주에서는 지금으로서는 우리가 러시아인들보다 앞서 있다고 보인다(I)." 그러자 칸토로비치는 사실상 그 풀이 방법이 이미 그 논문에 나와 있다고 코프만스에게 직접 불만을 털어놓는다. 그리고 코프만스가 『경영과학』의 편집자에게 칸토로비치의 불평을 전했을 때 편집자 또한 칸토로비치에게 동의한다. "이걸 제가 제대로 챙겼어야 하는데, 그만 찬스의 글을 맥락을 놓치고 읽는 바람에 그게 그대로 학술지에 실리고 말았군요."[67] 이 편집자가 맥락을 놓치고 읽게 된 이유는, 이전에는 러시아 과학자들에 대해 아무리 부정적이고 경쟁적인 논평을 쓰더라도 모두 다 받아들여졌기 때문이다. 러시아와 미국의 경제학자들이 서로의 출판물에 대해 직접 대응할 가능성이 열린 이상, 경제학자들은 이제부터 논평과 처신을 함에 있어서 학계 동료로서 한 번 더 생각해보아야 하게 된 것이다.

이러한 새로운 동-서 상호작용과 함께, 경제학자들은 또한 그들의 출간 관행을 바꾸었다. 경제학자들은 자신들의 저작 다수가 서로에게 공표되지 않기 때문에 어떤 발견을 누가 먼저 했는지를 찾아내기가 쉽지 않다는 것을 알게 되었다. 이전에는 냉전의 양측에서 과학자들이 자신들의 학술지 및 출간물들에 제한을 두고 있었다. 수리경제학을 포함한 넓은 범위의 과학 주제들이 국가 안보에 관련되어 있다고 여겨졌고 따라서 공표될 수 없게 된 것이었다. 더욱이 미국에서나 소련에서나 수리경제학자들 대부분은 직접적으로건 아니면 연구비 지원을 통해서건 군부와 함께 일하고 있었다. 출간이 된 저작이라 해도 기밀 취급 인가를 갖고 있는 소수의 독자만이 그 출판본을 받아 볼 수 있는 경우가 많았다. 예를 들어 코프만스는 1943년에 작업이 끝난 그의 선형계획 관련 논문을 해군의 보안 제한 때문에 1947년까지 출간할 수 없었고, 이때에도 출간물은 그저 그의 연구 결과만을 요약하고 있을 뿐 아무런 방정식도 담고 있지 않았다. 이런저런 제약 때문에 이렇게 군부 및 군부의 정보기관 내에서 벌어지는 최신의 전문적 논의로부터 그 밖에 있는 수많은 경제학자가 배제될 수밖에 없었다. 그런데 새로운 동-서 교류가 시작되자 과학자들은 자신의 저작을 기밀문서에서 해제하고자 애를 썼고 또 그것을 전문 학술지에 게재했다. 그 결과 그들의 작업은 점점 더 널리 알려질 수 있게 되었다.

　누구의 발견이 먼저였는지를 결정하기 어렵게 만드는 또 하나의 문제는, 많은 경제학자의 저작이 번역되지 않았다는 점이었다. 냉전 초기 특히 소련학이라는 새로운 영역에서 러시아어를 번역할 수 있는 경제학자에 대한 수요는 많았으나 공급은 제한되어 있었다. 수많은 학자가 해당 분야의 전문지식이 거의 없는 번역자들 아니면 번역 주문이 잔뜩 밀려 있는 번역자들에게 의존하고 있었다. 이러한 어려움에 더하여, 번역자의 이름이 명시되어 있지 않아 그 신뢰성이 더욱 불분명했다. 예를 들어 해군 연구개발국Office of Naval Research을 위해 칸토로비치의 저작 논총을 번역했던 말로W. H. Marlow는 그 전에 칸토로비치가 자기 동료 한 사람과 함께 썼던 논문 한 부를 받은 바 있었다. 그는 해당 논문이 유럽의 어떤 개인으로부터 얻어진 것으로서 그 사람은 논문 번역자에 대한 정보를 알지 못한다고 전해 들었다.[68] 소련과 미국의 경제학자들 사이에 대화가 시작되자 말로는 곧 그 논문을 번역한 이가 어떤 미국 학계의 경제학자라는 것을 알게 되었다. 말로는 번역자가 믿을 수 있는 학계의 동료이니 이 논문을 자신이 다시 번역할 필요는 없을 것임을 알고 안도했다고 한다.

이러한 언어적인 문제 말고도, 미국 쪽 경제학자들이 두 나라의 상이한 경제체제를 넘나들며 번역을 해야 했기에 여러 번역물이 많은 문제를 안고 있었다. 칸토로비치와 코프만스 사이의 교신이 허용되고 또 공통의 경제학계를 형성할 수 있는 잠재적 가능성이 생겨난 것이 냉전이라는 맥락에 여러 변화가 있었기 때문이라는 점을 감안한다면, 스탈린 시대의 러시아에서 쓰인 칸토로비치의 텍스트를 매카시 시대 그리고 매카시 이후 시대의 미국에 맞는 맥락으로 번역한다고 할 때에는 좀더 역사적인 해석과 평가가 필요했다. 과연 소련에서 사용되었던 개념들이 미국의 개념들과 동일한 것이었을까? 어떤 글의 번역 작업과 그 과정에서 벌어졌을 수 있는 모종의 혁신을 그렇게 정확하게 구별할 수 있는 것일까? 더욱이 소련에 대한 미국의 지식은 여전히 유동적인 상태였다. 소련 체제 자체가 변화하고 있었기 때문이다. 게다가 미국 또한 바뀌고 있기는 마찬가지였다. 그렇다면 이 상황에서 정확한 번역이라는 것이 과연 가능했을까? 훌륭한 번역이라면 관련된 양쪽의 문화 모두에 변화를 가져올 수가 있다. 번역이란 그 전까지 멀리 떨어져 있었던 사람들을 한데 묶어 그들이 가지고 있던 관점을 바꾸게 하는 작업이기 때문이다(Ives, 2006). 냉전이라는 상황에서는 번역 자체가 위험을 초래하는 요인일 수도 있었다.

경제학자들은 또한 자신들의 냉전 적국의 지식재산권을 최소한으로나마 인정하지 않을 수 없었다. 그 전에는 미국 경제학자들이 칸토로비치든 다른 소련 학자든 그들의 저작을 출판하는 데 있어 출간 여부나 방식에 대해 허락과 의사를 물을 필요가 전혀 없었고, 물어볼 수도 없었다. 하지만 코프만스는 칸토로비치의 논문 출간을 놓고 자세한 서신교환을 하면서 무수히 많은 지점에서 번역과 편집의 문제들을 논의했다. 코프만스는 또한 자신의 동료인 앨버트 터커A. W. Tucker가 해럴드 쿤Harold Kuhn과 함께 편집했던 책이 그들이 알지 못하는 가운데 러시아어로 번역 출간된 것에 대해 터커의 심정을 물어보기도 했다. 터커의 대답은 이러했다.

> 해럴드와 나는 우리 모르게 번역 출간이 이루어졌다는 것에 대 특별히 불쾌하게 여기지는 않는다네. 이건 뭐 상당히 표준적인 일 아니겠나. 프린스턴 대학 출판부의 베일리 씨는 그들이 그렇게 빨리 번역본 몇 권을 우리에게 보내준 것에 대해 놀라고 있다네. 나는 그에게 그건 자네 덕분이라고 설명했지.[69]

그 이전 기간에는 냉전 양측 모두가 지식재산권 문제에 대해 전혀 신경 쓰지 않고 서로의 저작물을 출간했었지만, 미국과 러시아 과학자들 사이의 대화가 자라나면서 이러한 관행은 빠르게 바뀌게 된다.[70]

소련학 학자들의 경우, 그 전에 미국 정보기관 및 여타 정부기관들과 긴밀하게 작업했던 것이 이제는 직업상의 부채가 되어버렸다는 것을 알게 된다. 동유럽 블록을 여행하게 되면서 이들은 이제 미국 정부에서 독립적인 학자들로서 스스로를 나타내야 했기 때문이다. 이 나라들로부터 입국 비자를 얻고 접촉 상대를 확보하고 동료들을 방문하기 위해서는 그러한 학자로서의 독립성—특히 미국 정보기관으로부터—이 필수 사항이 되었다. 1967년, 한 정치학자는 이렇게 썼다.

> 특히 이러한 불안감을 심하게 느낀 것은 미국 정부 부처와 군부로부터 연구 자금을 지원받았던 사회과학자들이었다. 외국인들은 대개 미국 국방성이나 군부 혹은 CIA가 지원하는 연구는 반드시 그 연구 대상국에 최소한 잠재적으로 적대적인 목적을 갖고 있는 것이라고 가정한다. 아메리칸 대학, 미시간 주립대학, MIT 등도 포함하는 아주 유명한 경우들 때문에 민간 학자들과 정부 공직자들 사이의 구별 그리고 민간 연구기금과 공공기금 사이의 구별이 모두 모호해졌다. (…) 이러한 상황에서는 학자들, 대학들, 연구 재단들이 모두 CIA나 여타 정부기관에 복무한다는 의심을 받는 것도 놀라운 일이 아니다(Knorr, 1967: 466).

소련학 학자들은 동유럽 각국과 소련 정부가 공산주의 몰락 이전에나 이후에나 자신들에 대해 극도로 의심을 품고 있으며 여러 방식으로 계속 귀찮게 괴롭히려 든다는 사실을 알게 되었다. 그 결과 미국의 소련학 학자들은 미국과 소련 양쪽에서 스파이로 인지되지 않도록 일정한 선을 유지하고자 했다.[71]

이 기간에 미국 또한 변했다. 존슨에 따르면, 피그 만 위기 그리고 베트남에 대한 개입 수준 증가가 시작된 1961년부터 시작하여 미국의 대학들은 정부의 대외정책에 대해 점차 비판적이 되어갔다(Johnson, 1989). 1960년대가 되면 소련학이 정부와 긴밀한 관계를 갖는 데 대한 비판의 포문이 열린다. 예를 들어 1973년 소련학 학자 중 한 명인 달린 Alexander Dallin은 이렇게 말한다.

> 정부의 후원으로 모인 정보에는 일정한 전제들이 깔려 있다. 특히 이 전제들과 관련해서는 모종의 공생 관계가 생겨나는 때가 종종 있다. 이 관계는 최악의 경우 기생적 관계가 되며 좋아봐야 악순환 고리를 만드는 것이 고작이다. 즉 정부가 후원한 연구가 민간 학자들의 저작의 모습을 결정하는 데 일조하며 그렇게 되면 이번에는 또 그 민간 학자의 저작이 정부기관들의 생각과 편견을 강화하는 데에 복무하는 그런 악순환 고리가 생기는 것이다(O'Connell, 1990: 4-5).

소련학 학자들도 자신들이 정보기관의 작업과 직접적인 관계가 없을 때라야만 비로소 과학적 작업이 가능하다는 사실을 이해하기 시작했다. 소련학 학자들은 미국의 공적 담론장에도, 소련의 동료들에게도, 또 소련 정부에도 자신들이 미국 정부에 과도하게 몸 바치는 존재가 아니며 독립적인 학자들이라는 사실을 '입증'해야만 했다. 미국 학계는 점차 미국의 스파이 활동과 관련된 인물들에 대해 더 비판적이 되어갔으며 특히 카멜롯 프로젝트Project Camelot *에 대한 분노가 터져나오고 또 베트남전 반대 운동이 거세지면서 이러한 추세는 더 강해졌다.[72] 특히 인류학 분야에서는 카멜롯 프로젝트와 피닉스Phoenix **에 대한 폭로로 인해 인류학 학과 내의 윤리 원칙이 최초로 마련되기도 했다(Pels, 1999). 국제적 과학 작업과 첩보 활동이 모두 확장되면서 학자들의 직업적 삶에도 불확실성이 생겨난 것이다.

동-서 간의 교류는 여전히 대단히 많은 어려움을 안고 있었다. 여기에 참여하는 이들은 계속해서 여러 외교상의 어려움을 해결해야 했고 또 직업적으로도 여러 오해에 시달려야 했다. 예를 들어 IUCTG 프로그램의 조직자였으며 상당히 광적이며 '도덕주의적'인 인물로 알려져 있었던 로버트 번스Robert Byrnes 같은 경우에는 학자들이 스파이로 간주되지 않도록 미국 정부가 이러한 교류에서 아무런 역할도 맡지 않을 것을 요구하기도 했다. 그는 또한 대학원생들에게 엄격한 도덕적 원칙을 준수할 것을 요구했다. 만약 소련에 나가 살고 있는 미국의 교환학생이 너무 심하게 술을 마신다든가 러시아인들과 성적인 관계를 맺는다든가 할 경우 그들은 즉각 귀국 조치되었다. 번스와 여타 인물들은 교환학생들이 비도덕적으로 행동할 경우 이것이 꼬투리가 되어 소련 정부에게 협박을 받아 스파이로 이용당할 수 있다고 믿었던 것이다.[73]

동유럽 각국과 소련 당국은 몇몇 소련학 학자들을 스파이 혐의

---

*카멜롯 프로젝트Project Camelot: 1964년 미국 육군이 발주한 사회과학 연구프로젝트로서, 여러 민족 집단 사이의 갈등의 원인, 사회적 붕괴의 가능성 예측과 그 해결책 등을 찾기 위하여 수많은 사회과학자를 동원한 학제 간 프로젝트였다. 하지만 이러한 연구 결과가 바로 미국 군부의 전략 수립에 이용될 것이라는 가능성이 처음부터 제기되고 이것이 연구자의 윤리 문제와 상충해, 많은 논쟁 끝에 1965년 공식적으로 취소되었다. 하지만 이와 똑같은 연구 프로젝트가 연구자들도 알지 못하는 사이 암암리에 대규모로 진행되고 있다는 염려와 소문은 바로 사라지지 않았다.

**피닉스 프로그램Phoenix Program: 미국 CIA의 주도로 미국 정부 및 군부와 남베트남 정부가 합작으로 진행한 일종의 정보 수집 작전으로서, 남베트남에 침투해 있는 공산주의자들의 활동을 알아내기 위해 여러 민간인을 접촉·납치하여 고문까지 동원했던 것으로 악명이 높다. 여기에 많은 인류학자들이 동원되었던 것으로 알려져 있다.

로 기소하기도 했고 또 어떤 경우 체포하기까지 했다. 1963년 『뉴욕 타임스』의 보도에 따르면, 위스콘신 대학의 쇼Joseph T. Shaw 교수는 미국 정보기관을 위해 일할 러시아인을 채용하고자 했으며 또 "비밀스런 목적에서" 사진을 여러 장 찍었다는 이유로 기소되었고, 아마 체포까지 되었을 수도 있다. 같은 해에 소련의 비밀경찰은 예일 대학 정치학 교수인 바룩호른을 모스크바에서 간첩으로 체포하여 16일간 구금했다.[74] 1966년 예일 대학의 경제학자이자 동유럽 전문가인 몬티아스 John Michael Montias는 헝가리에서 간첩 혐의로 추방당했다. 헝가리 정부는 1989년까지 그가 다시 헝가리에 입국하지 못하도록 했다. 그의 헝가리 쪽 동료였던 야노시 코르너이는 이렇게 회상한다. "몬티아스의 헝가리 모험은 결국 '소련학'을 향한 그의 열성에 찬물을 끼얹고 말았고, 그는 17세기 네덜란드 미술이라는 더 안전한 주제로 전환해버렸다 (Kornai, 2006: 172-176)."

동유럽과 서방의 경제학자들은 이와 비슷한 여러 어려움을 해결하기 위해서 서로를 국제적 동맹자로서 지지하기 시작했다. 이러한 연줄이 생겨나면서 경제학자들은 데이터, 관련 서적 및 논문들, 여행과 연구 자금 지원을 위한 추천서 등을 서로 제공하게 된다. 러시아 경제학자들이 이 새로운 동-서 간의 기관 및 제도들에 참여하는 것은 상당히 어려운 일이었는데, 미국과 서유럽의 경제학자들은 이를 적극 지원했다. 예를 들어 서방 측 학술회의 조직자들은 동유럽의 학자들을 국제회의에 초대하는 것은 상대적으로 쉽지만 소련의 학자들을 초빙하는 것은 대단히 어렵다는 것을 알게 되었다. 1965년 로마에서 열렸던 세계 계량경제학협회 회의World Congress of the Econometrics Society의 조직자였던 헨드릭 하우트하커르Hendrik S. Houthakker는 다음과 같이 썼다.

내가 보는 바로는, 러시아 사람들의 참여를 끌어내야 한다는 쪽을 지지하는 주된 논리는 그것이 이번 회의의 국제적 성격과 일치하는 데다 또 러시아에서 우리 협회에 더욱 적극적으로 참여하도록 만드는 중요한 기회가 될 수 있다는 것이다. 반면 이를 반대하는 논리는 세 가지가 있다. 첫째, 다른 어떤 나라도 이러한 특별 대접을 필요로 하지 않는데 왜 이들의 참여를 위해 그렇게 해야 하느냐는 것이다. 둘째, 러시아에서 누가 온다고 해봐야 중요한 학자들이 오는 게 아니라 무슨 공산당 떨거지들이나 나타나서 선전 선동이나 풀어놓고 갈 수가 있다는 것이다. 셋째, 중요한 학자들의 참여를 약속받는다고 쳐도 마지막 순간에 발언자들이 나타나지 않아 프로그램을 망치게 될 가능성이 있다. 특히 마지막 두 가지 사태에 대해서는 풍부한 전례도 있다. (⋯) 아마도 이와 같은 요약에서 이미 내가 러시아 쪽 참가자들을 끌어오기 위해 큰 힘을 기울이는 데 상당히 회의적이라는 것이 분명히 드러날 것이다.[75]

계량경제학협회의 사례는 소련 경제학자들을 초빙하는 데서 보편적으로 부닥쳤던 문제들을 반영하고 있다.

1965년의 계량경제학협회 세계학술대회보다 1년 전에 이 회의의 조직자들은 공식적으로 소련 경제학자들을 초빙하기로 결정했고, 미국 경제학자 로버트 솔로Robert Solow가 소련 과학아카데미에 이와 같은 의사를 알렸다. 코프만스는 특히 자신의 동료인 (그리고 장래에 노벨상을 함께 수상하게 되는) 칸토로비치를 초빙하는 데에 관심을 두었지만, "칸토로비치를 초빙하려면 솔로가 모스크바에 있는 과학아카데미에 고위급으로 접촉해야만 했다."[76] 또 당시 레온티예프도 별도로 소련의 고위급 경제학자 한 사람에게 서한을 보냈지만, 답장을 받지 못했다.[77] 학술회의가 열리기까지 약 6개월 정도 남은 1965년 3월이 되어도 러시아에서는 대답이 없었다. "솔로는 러시아로부터 아무런 답장을 받지 못했다. (…) 코프만스는 금방이라도 폴란드와 러시아로 출발하여 이 문제들에 대해 더 알아보려 하고 있었다."[78]

마침내 5월 중순 레온티예프는 러시아 측으로부터 학술회의 초대에 응하겠다는 말을 들었다. "이는 내가 4주 전 베니스에서 소련 과학아카데미의 부의장인 밀리온셰치코프와 오랫동안 대화하고 난 뒤 내가 손으로 쓴 각서를 그가 모스크바로 가져간 결과임이 분명하다."[79] 하우트하커르는 레온티예프에게 보낸 편지에서 말한다. "당신이 과학외교에서 거둔 이 성공을 축하드립니다."[80]

이런 여러 어려움에도 불구하고, 이러한 대화를 통해 이론적, 방법론적 변화들이 촉발되었다. 더욱이 소련의 권력 최상층에서 벌어지고 있었던 스탈린주의 비판과 이러한 동-서 대화가 맞물리자, 소련을 변하지 않는 만사만물 통제 시스템으로 그려내는 전체주의 모델과 같은 종래의 관점들은 의문에 처하게 되었다. 5장에서 논의하겠으나, 1960년이 되면 미국 등지의 소련학 학자들은 이미 자신들의 분야에서 모종의 혁명을 시작하여 소련학을 지배하고 있었던 전체주의 연구틀을 거부하고 새로운 여러 접근법을 부르짖기 시작한다. 더욱이 이 새로운 동-서 간 기관 및 제도들로부터 경제학자들은 전 세계에 걸친 모든 사회가 비슷한 문제들을 겪고 있으며 따라서 그 해법에 대한 탐색 과정에서 모두 한 점으로 수렴할 지도 모른다는 것을 깨닫게 된다. 엥거먼에 따르면, 1960년대에는 "경제학 분야에서는 일국의 상황에 국한된 지식보다는 기술적 전문성을 더 높게 평가하게 되었고, 이에 따라 지역 전문가들이나 비교경제학자들 집단 전체가 경제학계에서 입지가 줄어들게 된다(Engerman, 2009: 127)". 이와 동시에 특유의 기술적 전문성을 가진 신고전파 경제학자들은 새로운 사회주의 모델들이 흥미로운 주제일 뿐만 아니라 자신들의 작업에 중요한 의미가 있다는 사실을 점점 더 발견하게 된다. 이는 우리가 다음의 여러 장에서 논의할 문제다.

결론

—

1950년대 초 소련, 동유럽 각국, 미국 정부는 경제학자들이 모종의 초국가적 학술 공동체를 형성하는 일을 시작할 수 있도록 허용하는 새로운 제도들을 세운다. 경제학자들은 연구자 교환, 국제 학술회의, 서적 및 논문 등을 통해 서로와 접촉하게 된다. 이러한 경제학자 및 여타 학자들 간의 초국가적 토론과 냉전의 국제적 지형 변동이 맞물리면서 새로운 기회들 그리고 새로운 어려움이 동시에 생겨났다. 새로운 제도와 대화 기회를 통해 소련의 국가사회주의와 미국의 자유시장자본주의 모두에 비판적인 간극적 공간이 확장되었다. 전 세계를 아울러 경제학자들의 전문가 공동체가 확장되면서 많은 경제학자가 철의 장막 건너편에 있는 경제학자들을 자신의 동료로 대우하기 시작했다. 이들은 또한 이 상호 교류를 통하여 혁신적인 접근법과 새로운 형태의 지식을 창출했으니, 이는 다음 두 장에 걸쳐 유고슬라비아식 노동자 자주관리 사회주의 그리고 헝가리식 시장사회주의를 논하면서 입증할 것이다. 또한 이러한 상호 교류는 쉬운 일이 아니었다. 그래도 남-북 관계에서뿐만 아니라 이렇게 동-서 관계에서도 경제학자들 간에 대화가 지속되면서 모두가 공유하는 '경제' 그리고 경제학 학문의 개념이 서서히 출현하게 되었다. 이 대화에 가장 일찍부터 참여했고 또 가장 개방되어 있었던 나라는 아마도 유고슬라비아였다고 할 수 있을 것이다.

3장

신고전파 경제학과
유고슬라비아 사회주의

제2차 세계대전이 끝난 후, 티토Josip Broz Tito 장군이 이끄는 유고슬라비아 공산당은 유고슬라비아 국가를 장악하고 여러 기업을 국유화한 데 이어 시장을 중앙 경제계획으로 대체하면서 소비에트식 사회주의 체제 건설을 시작했다.[1] "유고슬라비아 사람들은 스탈린의 '가장 좋은 동지'가 되는 작업에 열심을 냈다(Ramet, 2006: 176)."[2] 다른 동유럽 지역과 마찬가지로 공산당은 신고전파 경제학이 프롤레타리아트의 마르크스주의 정치경제학과 반대되는 것으로서 "부르주아적"이라고 공표했고, 기존의 경제학과 교수들을 쫓아내고 그들 자리에 마르크스주의로 훈련된 경제학자들로 구성된 새로운 간부진을 만들어냈다. 유고슬라비아는 동유럽 블록의 탄탄한 일원이었으며, 사회주의로 향하는 소비에트적 경로를 분명하게 따르고 있었다. 하지만 그후 불과 몇 년 만에 유고슬라비아인들은 소비에트 모델을 거부하고 새로운 사회주의 실험을 시작하여 전 세계적으로 열성적인 추종자들을 얻게 된다.

1948년 소련 지도부는 유고슬라비아를 코민포름에서 축출하는 극적인 행동을 취한다. 코민포름은 동유럽 및 서유럽 각국의 공산당을 묶어 소련이 지배하는 조직으로서, 이 조직은 유고슬라비아가 사회주의를 향한 새로운 경로로 가도록 만들었다.[3] 유고슬라비아인들은 소련에 대해 많은 불만—소련이 유고슬라비아 공산당에 침투했던 것을 포함하여—을 가지고 있었지만, 양쪽의 긴장이 생겨난 주된 원인은 티토가 소련의 위성국이 아닌 정치적 자율성을 누리는 동맹국의 위치를 추구했다는 사실에 있었다(Ramet, 2006: 176). 유고슬라비아 지도부는 코민포름에서 축출되었다는 것에 충격을 받았지만 소련이 곧 자신들을 다시 받아들여주리라는 희망을 가지고 있었다. 하지만 곧 자신들이 영구적으로 축출되었다는 것을 깨닫게 된다. 동유럽 블록 국가들로부터의 군사적 공세가 강화된 데다 그 결과로 동유럽 블록 전체에 대해 무역 봉쇄가 이루어졌던 것이다. 이에 대한 대응으로서 유고슬라비아는 소련 체제를 거부하고 새로운 종류의 사회주의를 발전시켰다. 이 새로운 형태의 사회주의는 국가와 경제의 탈중앙화, 노동자에 기초한 경제적 민주주의, 생산수단의 국가 소유로부터의 이탈, 시장 역할의 확장 등을 결합한 것이었다. 유고슬라비아와 티토 자신은 국제무대에서 크게 각광을 받는 자리에 서게 되었다.

유고슬라비아의 이 새로운 사회주의 체제는 그 나라의 경제학자들에게 새로운 사회주의경제학을 발전시킬 수 있는 기회를 제공했다. 이 장에서는 먼저 이 새로운 종류의 사회주의를 서술하고 다음으로는 그 나라 안 경제학자들의 저작을 살펴보겠다. 사실 유고슬라비아 경제학자들 중에도 계속해서 마르크스-레닌주의 정치경제학을 사용한 이들이 많이 있으며 또 이론적이지 않은 경제학을 추구한 이들도 있다. 하지만 이 새로운 사회주의 체제에서 여러 집단의 유고슬라비아 경제학자들은 새로운 비非소비에트 사회주의를 건설하는 데 도움이 될 만한 도구로서 신고전파 경제학—겉보기에는 영락없이 서방의 자본주의적인 것으로 보이는—을 동원하기 시작했다. 이 유고슬라비아 경제학자들은 연구여행, 서적 교류, 국제 학술회의 등을 통하여 앞 장에서 논의한, 당시 막 출현하고 있던 초국가적인 신고전파 경제학의 대화에 재빨리 참여했다. 유고슬라비아 경제학자들과 대화하면서 미국의 경제학자들은 유고슬라비아 체제를 재해석하여 이를 신고전파 경제학의 핵심 자리에 놓게 된다. 그리고 또한 비동맹 운동, 세계은행, 기타 초국가적 네트워크들을 통하여 유고슬라비아 모델 자체가 또 하나의 지구적인 발전 모델이 되었다.[4] 수십 년간 유고슬라비아는 세계에서 가장 높은 경제성장률을 자랑한 나라의 하나였다. 1980년, 경제가 위기에 처하고 유고슬라비아 모델이라는 것이 그것이 고안된 나라에서조차도 충분히 실현되지 못했음이 분명해졌다. 하지만 이때에도 여전히 유고슬라비아 모델의 추상적 버전은 신고전파 경제학과 사회주의 사상에서 중심적 자리를 차지하고 있었다.

유고슬라비아 사회주의
—

유고슬라비아인들은 코민포름에서 축출당한 직후에 이미 자신들이 아주 절박한 상황에 처해 있음을 알게 되었다. 소련과 미국을 모두 적으로 만들었으니 유고슬라비아는 무역 상대국도 거의 없었고 기근까지 다가오고 있었다.[5] 거기에다 냉전 체제의 두 초강대국 모두가 군사적으로 유고슬라비아에 위협을 가하고 있었다. 이에 대한 대응으로서 유고슬라비아의 당-국가 지도부 티토, 에드바르트 카르델Edvard Kardelj, 밀로반 질라스Milovan Djilas 그리고 주요한 경제정책 입안자 보리스 키드리치Boris Kidrič는 소련을 비판하기 시작했고 새로운 유고슬라비아식 모델을 발전시켰다(Campbell, 1967; Comisso, 1979; Hoffman and Neal, 1962; Milenkovitch, 1971; Obradovićand Dunn, 1978; Prout, 1985).[6] 1949년이 되자 카르델은 자본주의에서 공산주의로의 '이행'이라는 생각 자체를 재고했다(Milenkovitch, 1971: 65). 소련 지도부는 신생 사회주의국가들로 하여금 소련식의 중앙계획, 생산수단의 국가 소유, 강력한 위계적 관계 등을 포함한 모델을 따르도록 강제했지만, 카르델은 그러한 국가사회주의는 이행의 첫 번째 단계일 뿐이며 유고슬라비아는 마르크스주의 이론에서 오래도록 예언했던 국가의 사멸을 통해 사회주의의 다음 단계로 넘어가기 시작했다고 주장했다(ibid.).[7] 유고슬라비아 지도부는 소련의 국가사회주의와 미국의 국가자본주의 모두가 절망적으로 관료적·독점적이라고 이해하고 있었다. 이들은 유고슬라비아의 나아갈 길은 국가의 사멸을 진전시킴으로써 공산주의에 더욱 가까워지는 것이라고 생각하고 있었다.[8]

유고슬라비아 모델은 국가와 경제의 탈중앙화, 노동자에 기초한 경제민주주의 창출, 생산수단의 국가 소유에서 '사회적' 소유로의 이행, 경제에서의 시장 역할의 확장 등을 추구했다(Milenkovitch, 1971;

Rusinow, 1977). 유고슬라비아를 오랫동안 관찰했던 한 연구자는 이 체제를 "자유방임 사회주의"라고 불렀다(Rusinow, 1977: 231).[9]

유고슬라비아 지도부는 국가의 여러 임무를 산하의 공화국들 그리고 기업 수준으로 내려 보냄으로써 국가의 탈집중화와 해체를 꾀했다(Montias, 1959: 295). 첫째, 개별 공화국들은 중앙정부로부터 전력, 광산, 농업, 임업, 경공업, 공공근로 등의 감독 등과 같은 많은 행정 임무를 넘겨받았다(Ramet, 2006: 190). 둘째, 기업에 대한 국가의 개입 대신에 노동자 평의회가 공장들의 통제권을 쥐고 작업장 내에서의 경제 민주주의를 실현하도록 되어 있었으니, 이것이 노동자 자주관리worker self-management라고 불린 것이다. 밀로반 질라스의 회상은 다음과 같다.

어느 날(1950년 봄이었을 것이다) 내게는 우리 유고슬라비아 공산주의자들이 이제는 마르크스가 말하는 생산자들의 자유로운 연합의 창출에 착수할 수 있는 지점에 왔다는 생각이 떠올랐다. 공장은 그들[해당 공장의 노동자들]의 손에 남겨둘 것이며, 유일한 단서 조항은 그들이 세금을 내야 한다는 것뿐이다. (…) [그들이 그 계획을 티토에게 제시했을 때] 우리 주장의 가장 중요한 부분은 이것이 바로 민주주의의 시작이 될 것이라는 점이었다. 사회주의는 그때까지도 민주주의를 성취하지 못하고 있었다. 게다가 또 전 세계와 국제 노동자운동은 이 계획이 스탈린주의로부터의 근본적인 이탈이라는 것을 명쾌하게 이해할 수 있었다. 티토는 자신의 생각에 완전히 휩싸인 듯 분주하게 왔다 갔다 했다. 그러다 갑자기 그는 걸음을 멈추고 소리쳤다. "공장들이 노동자들의 것이 된다, 이는

지금까지 한 번도 성취된 적이 없는 일이 아닌가!(Djilas, 1969: 219-222).[10]

1949년 말 15명 이상의 직원을 거느린 모든 기업을 경영하기 위한 노동자 평의회가 도입되는 실험이 이루어졌고, 1950년대 중반에는 공식적으로 실행되었다(Ward, 1956a).[11] 지도자들은 노동자 자주관리를 통해 '사회주의적 민주주의'를 꾀했으며, 그를 통해 국가를 불필요한 것으로 만들고자 했다(Kidrič, [1950] 1979: 84).[12]

유고슬라비아의 당-국가 지도자들은 또한 생산수단의 국가 소유를 '보편적 인민 소유'로 전환함으로써 국가를 사멸시키고자 했다(Kidrič, [1950] 1979: 84). 이들은 자본주의를 생산수단의 사적 소유, 사회주의를 생산수단의 사회적 소유라고 정의했다(ibid., 80). 가장 낮은 차원의 사회적 소유는 소련에서 볼 수 있는 국가 소유이며, 이는 종국에는 "순수 유형의 국가자본주의적 특성(중간계급의 소유 없이 모종의 자본가와 같은 성격을 띤 전능한 권력의 기생적 관료제가 존재하는)"을 띠게 되어 있다는 것이다(ibid., 84). 키드리치에 의하면, 노동자 자주관리를 실현하여 이것이 이제 개별 기업들을 통제하게 된 만큼 국가 소유는 보편적인 인민 소유로 전환되었다고 볼 수 있다. 시간이 지나면서 유고슬라비아 사람들은 이러한 종류의 소유를 '사회적 소유' 즉 개인의 사적 소유도 또 국가 소유도 아닌 것으로서 호명했다.

당-국가의 지도자들은 탈중앙화, 노동자 자주관리, 사회적 소유에 더하여 시장 또한 유고슬라비아 모델에서 본질적인 것이라고 생각했다. 마르크스주의자들과 소련 지도자들은 관습적으로 시장과 계획을 서로 배타적인 경제적 방법으로 즉 '이것이냐 저것이냐'의 관점에서 보았다(Milenkovitch, 1971: 7). 하지만 1921년 도입된 소련의 신경제계획NEP이 진행되는 동안에는 거물 볼세비키 지도자들도 시장과 가격을 사회주의와 공산주의로 이행하는 데 있어 필수적인 부분으로서 지지했었다. 그러다가 1920년대 말 소련의 지도자가 된 이오시프 스탈린이 NEP를 끝내면서 시장 대 계획이라는 이분법을 다시 내세웠다. 유고슬라비아의 지도부는 레온 트로츠키와 같은 초기 소비에트 사상가들의 생각을 진지하게 받아들였다. 트로츠키는 중앙계획에 기반한 전시 공산주의를 비판했고, "이행기에는 오직 국가의 계획, 시장, 소비에트 민주주의라는 세 요소의 상호작용을 통해서 경제가 올바르게 통제될 수 있다"고 주장한 바 있다.[13] 키드리치와 다른 이들은 시장을 이행기의 일시적인 특징으로서 또 사회주의의 도구로서 이해했다.[14] 키드리치에 따르면, 이러한 이행기 동안에는 중앙계획은 전체 경제의 규모에 대한 계획으로 축소될 것이며, 개별 기업들은 그 규모 안에서 "수요와 공급의 법칙"에 기초하여 운영되도록 허용된다(Kidrič, [1950] 1979: 89). 따라서, 카르델이 1954년에 상상했듯이 기업들은 "시장에서 다른 기업들과의 자유경쟁을 통하여" "재화의 질과 양, 생산 비용 절감, 마케팅의 질 등에 있어서 최상의 결과들을" 달성하는 것을 자기 이익으로 삼게 된다(Ward, 1958: 569). 이리하여 탈중앙화의 또 다른 형태인 시장이 경제에서의 국가 개입을 대체하게 된다는 것이다. 1950년에 이미 유고슬라비아 정부는 수많은 고정가격을 시장가격으로 전환했다(Montias, 1959). 시간이 지나면서 기업을 더욱 자율적으로 만들어주는 새로운 법률들도 나타났다. 1960년대가 되면 유고슬라비아 사람은 중앙계획을 폐지하고 상업적 은행업을 도입하여 기업 위주의 투자를 허용했으며 세계시장에 경제를 개방했다. 그 결과 유고슬라비아 사람들은 하나의 혁신적 형태의 사회주의를 창출하게 되었다. 호프먼과 닐은 유고슬라비아 시스템을 이렇게 묘사했다.

> 유고슬라비아의 경제 시스템은 독특하고도 복잡하다. 이는 사회주의 체제로서, 산업과 상업에서는 더러 소규모 서비스업 상점과 약간의 식료품 소매상이 있지만 이를 빼면 사적 소유가 존재하지 않는다. 그런데 국가 소유 또한 존재하지 않는다. (…) 유고슬라비아 경제는 계획경제이지만 동시에 또 탈중앙화된 경제이기도 하며, 경제 기업들은 국가에 의해 관리되지 않는다. 정부 여러 부처와 위원회가 복잡하게 얽혀서 단독으로 혹은 여러 집단으로 산업을 운영하는 형태는 여기에서 이미 폐지되었다. 기업들은 그곳에서 일하는 노동자들의 경영 아래 운영되고 있으며, 법적으로 독립적일 뿐만 아니라 경쟁적이며 비교적 자유로운 시장에서 기능한다. (…) 이들 모두에게 적용되는 보편적인 요건 하나는 이윤을 내도록 운영해야 한다는 것이며, 이는 자본주의 아래의 영리기업과 동일하다 (Hoffman and Neal, 1962: 239).

물론 유고슬라비아 체제의 현실은 그 계획 혹은 겉모습과는 상당히 다를 때가 많았고 이는 여러 학자가 보여준 바 있다(예를 들어 Mencinger, 2002; Obradovi and Dunn, 1978; Zukin, 1975 참조). 그래도 유고슬라비아 사람들이 노동자 자주관리와 시장사회주의에 있어서 최초로 전국적 차원의 실험을 시행했던 것은 분명하다.

　유고슬라비아 지도부는 자신들이 소비에트 블록으로부터 영구적으로 축출된 것이 분명하다고 보았고, 따라서 새로운 국제적 동맹국들을 찾으려 했으며 또 그들의 사회주의 실험을 국제화시켜갔다. 유고슬라비아 지도자들은 냉전의 세계에서 생존하기 위해 비교적 새로운 정부 간 조직들과 즉각 공조 관계를 개시했으며 특히 국제연합UN이 중요했다.[15] 그중에서도 유명한 것은 유고슬라비아가 이집트, 인도, 인도네시아, 기타 나라들과 힘을 합쳐 세운 비동맹운동이었다.[16] 1950년대에 걸쳐 수많은 나라가 냉전 중인 초강대국들의 변덕에 희생물이 되고 있음을 스스로 깨닫고 있었다. 이 나라들은 미국과 소련 어느 한쪽에 줄서는 것을 피하고자 했기에 냉전 시기 초강대국들에 대한 의존 상태에서 벗어나기 위해 함께 모였다. 이들은 또한 상이한 정치-경제 시스템들이 평화롭게 공존할 것을 주장했고 또 반식민주의 운동을 적극적으로 지지했다(Willets, 1978: 18-19). 비동맹 국가들은 원조 요청에서 한걸음 나아가, 세계무역의 구조 자체를 다시 만들 것과 개발도상국에게 혜택을 줄 수 있는 공통의 금융기관들—유고슬라비아도 여기에 참여했다—을 창출하기 위해 노력했다.[17] 좀더 일반적으로 보자면, 이들은 제3세계 발전 경로에 놓인 장애물들을 제거하고 또 제3세계 국가들끼리의 협력을 장려하고자 했던 것이다.

　티토는 비동맹운동의 상징이 되었을 뿐만 아니라 그 운동이 단지 독자적인 대외정책뿐 아니라 서방 자본주의와 소련식 사회주의 모두에 대한 전 지구적인 대안을 창출할 잠재력이 있음을 상징하는 존재가 되었다. "『보르바Borba』*의 국제문제 편집자의 기사에 따르면 티토가

1959년 카이로에 도착했을 때 수십만 명이 운집하여 '티-토, 티-토'를 외치면서 그에게 마치 본국의 대중집회에 있는 것 같은 느낌을 안겨주었다고 한다(Hoffman and Neal, 1962: 473).* 실제로 제1회 비동맹회의는 1961년 베오그라드에서 열렸다.[18] 여러 국제 포럼에서 유고슬라비아인들은 유고슬라비아식 사회주의와 소비에트식 사회주의가 다르다고 강조했다(Rubinstein, 1970: 41).[19] 유고슬라비아인들은 그들의 경제체제가 또한 다른 개발도상국들에 도움이 될 잠재성을 가진 모델이라고 보았다.[20] 1953년 유고슬라비아는 전 세계에 자국 자문단을 파견했다. 여러 나라 정부는 이들 전문가를 자국으로 초빙하거나 또는 자국의 전문가 및 연구자들을 유고슬라비아로 보내 훈련시킬 수 있었다. 다음은 1954년에서 1967년 말 사이의 기록이다.

> 32개 개발도상국 정부에서 활용할 수 있는 약 2500명의 전문가가 준비되어 있었다. 75개 개발도상국에서 온 약 2400명의 시민이 유고슬라비아 정부가 지급하는 장학금으로 그곳에서 학업을 마쳤고, 약 900명의 학생이 특수 훈련을 받고 대학원 과정들을 이수했다. 자비로 혹은 자국 정부가 비용을 부담하여 유고슬라비아의 대학을 다닌 학생 수는 2000명에 달했다(Borgavac, 1968: 26).

여기에 더하여 유고슬라비아의 기업들은 수천 명의 전문가를 해

---

*1922년부터 간행된 세르비아 신문으로 과거 유고슬라비아 공산주의자 동맹의 기관지 성격을 띠었다.

외에 파견했다(Rubinstein, 1970: 214). 제3세계 전반에 걸쳐서 유고슬라비아의 기술 및 금융 지원으로 티토나 유고슬라비아의 이름을 따서 세워진 공장과 광산을 쉽게 찾아볼 수 있다. 유고슬라비아 정부는 또한 반식민주의운동에 대해 군사적 지원을 했다. 예를 들어 1959년 상아해안 해방 국민위원회National Committee for the Liberation of Ivory Coast 는 학생들의 생활비, 군사훈련을 위한 장학금, 약 200개의 소화기, 과학적 지원, 운동의 상징물 디자인 등 그 외 다양한 형태의 지원을 요청했다.[21] 유고슬라비아는 경제발전 및 반식민주의운동에서 전 세계적인 역할을 하고자 했고, 냉전 중인 초강대국들의 횡포로부터 상호 보호를 제공해줄 동맹국들을 찾으려 했던 것이다.[22]

　유고슬라비아는 또 다른 많은 비동맹 국가와 마찬가지로 미국과 소련 역시 전략적으로 활용했다. 소련이 유고슬라비아를 바르샤바조약에서 축출한 직후 미국 정부 지도자들은 유고슬라비아를 냉전 구도에서 미국 쪽으로 끌어들이기로 결정했다.[23] 또 소련의 공격과 다가오는 기근에 직면한 유고슬라비아 지도자들도 미국과 유럽에 도움을 청했다.[24] 1949년 미국 정부는 미국 재화의 대對 유고슬라비아 수출 금지를 철폐했고 유고슬라비아에 대한 첫 번째 대부—2천만 달러—를 공표했다.[25] 1949년에서 1955년 사이에 미국은 유고슬라비아에 12억 달러의 군사적·경제적 원조를 제공했다(Campbell, 1967: 28). 1955~1960년 사이에 미국의 지원은 모두 6억3210만 달러에 달했으며, 여기에는 잉여 농산물(PL 480*), 신용 대부, 기술 지원 프로그램 등이 포함되어 있었다(Campbell, 1967: 44-46; 또한 Lampe, Prickett, and Adamović, 1990 참조).[26] 1953년에는 소련 또한 유고슬라비아와의 관계 정상화를 먼저 시도하는데, 이를 통해 유고슬라비아가 미국에 대한 의존으로부터 자유로워질 여지가 생겨났다(Hoffman and Neal, 1962: 421-426). 티토는 유고슬라비아를 "동과 서를 잇는 교량"이라고 부르기 시작했지만, 소련-유고슬라비아 관계는 1958년에 곧 다시 끊어져버린다.[27]

미국의 대외정책은 일반적으로 동유럽 나라들로 하여금 소련으로부터의 독립 심지어 도전으로 나아가도록 장려하는 게 보통이었다. 미국 정부는 소련을 잠식하는 방법의 하나로서 동유럽과의 문화적, 경제적, 군사적 관계를 증진했다.[28] 학자들의 학술 교류는 이를 위한 한 방편일 뿐이었다. 미국은 단순히 유고슬라비아인을 자국의 이익에 맞게 세뇌시키기 위해 자본주의 옹호 사상을 수출한 것이 아니었다. 버클리 대학의 경제학자 벤저민 워드가 말한 바 있듯이, "어떤 의미에서 미국은 사회주의경제학에서의 이러한 실험에 필요한 자금까지 제공한 셈이었다(Ward, 1956a; 340)."

유고슬라비아의 경제학
—

1948년 유고슬라비아가 코민포름으로부터 축출당하기 전까지는 유고

---

*Public Law 480(PL 480): 1954년 미국의 아이젠하워 정부는 당시 기근에 시달리면서도 현금이 없어 농산물을 수입하지 못하는 국가들을 돕기 위해 달러가 아니라 자국 화폐로 미국의 농산물을 구매하는 것을 허락하는 이 법을 통과시킨다. 이후 이는 미국의 잉여 농산물을 이용한 식량 원조계획의 대명사가 되지만, 호혜적인 것이라기보다는 우회적인 방식으로 미국의 안보 전략의 한 도구가 되는 동시에 수혜국의 농업을 의도적, 조직적으로 파탄시킨 무기였다는 비판을 받았다.

슬라비아의 경제학자들 또한 소비에트식 경제학을 이용했다. 유고슬라비아의 지도부 또한 소련의 관행을 쫓아서 '부르주아적'인 신고전파 경제학—수리경제학도 포함하는—을 거부했으며, 그것을 사용하는 경제학자들을 숙청하고 특히 대학 교수들을 쫓아내버렸다(Šoškić, 1959: 608). 유고슬라비아 공산당은 이들을 대체하기 위해서 사회주의와 자본주의에 대한 마르크스-레닌주의 정치경제학 그리고 몇 가지 적용 분야에서 새로운 간부진을 훈련시켰다. 이 간부들은 공식적인 정부 정책들을 지지하고 발전시키기 위해서 무엇보다도 마르크스-레닌주의 교과서들을 탐독했다(Mencinger, 2002). 물론 유고슬라비아에서도 막후에서는 수학적 기술을 가진 일부 신고전파 경제학자들이 특히 군부와 고위 계획 부서에서 일했을 가능성이 높으며 이는 소련의 경우와 마찬가지다. 하지만 동유럽 블록 전반에 걸쳐 그러했던 것과 마찬가지로 유고슬라비아에서도 중앙계획가의 대다수는 공학자로서 훈련되었으며, 전국적 경제계획을 경제적 문제가 아니라 공학 기술 혹은 행정의 문제라고 생각했다.

그런데 유고슬라비아가 소련의 국가사회주의를 공식적으로 비판하기 시작하면서 유고슬라비아의 경제학계에도 여러 새로운 가능성이 나타나게 된다. 유고슬라비아가 제시한 형태의 시장사회주의는 경제학자들에게 오스카르 랑게의 저작 그리고 더욱 폭넓은 신고전파 경제학 전체가 유고슬라비아에 적용될 수 있다는 가능성을 시사했다. 폴란드 출신으로서 다년간 시카고 대학에서 작업했던 신고전파 경제학자 오스카르 랑게는 당시 다시 폴란드에서 연구를 계속하고 있었다. 그가 만든 신고전파 시장사회주의 모델은 가장 유명하다. 1장에서 논했듯이 랑게의 모델에서는 사람들이 스스로의 직업과 소비 품목을 스스로 선택하며, 이것들의 가격 혹은 임금은 경쟁적 시장에서 결정되도록 되어 있었다. 생산 활동 혹은 자본에 대해서는 시장이 존재하지 않으며, 대신 중앙계획 이사회가 최초의 가격(혹은 이자율)을 임의로 정한다. 랑게에 따르면, 그후에는 경쟁적 시장이 스스로를 교정하면서 과도한 공급 혹은 수요에 대응하여 가격(혹은 이자율)이 변동하게 된다. 기업들은 이윤 극대화가 아니라 다음 두 가지 규칙을 따른다. 첫째, (평균)생산비용을 최소화할 것. 둘째, 가격과 (한계)생산비용을 일치시킬 것. 이 모델은 국가가 자본 및 천연자원을 포함한 생산수단을 소유한다는 점에서도 사회주의이지만, 또한 피고용자들이 자기들 소득에 덧붙여서 자본과 천연자원에서 발생하는 몫의 일부를 사회적 배당금으로(이는 자본주의에서는 주주들에게 돌아가는 몫이다) 수취한다는 점에서도 사회주의이다. 유고슬라비아의 실험은 이러한 랑게의 경쟁적 시장 모델에다가 또 하나의 사회주의적 구성물을 덧붙이고 있으니, 그것은 노동자 자주관리였다. 랑게의 모델 그리고 좀더 일반적으로 신고전파 경제학은 국가 및 대규모 독점기업들이 사라지고 그 대신 노동자들이 통제하고 사회적으로 소유되는 기업들이 모종의 자유시장에서 서로 경쟁하는 "자유방임 사회주의"를 위한 도구들을 제공하는 것으로 보였다(Rusinow, 1977: 231).[29]

심지어 최근인 2002년에도 오스트리아학파의 경제학자 프리치트코David L. Prychitko는 "경제학자들은 유고슬라비아를 오스카르 랑게가 고안했던 시장사회주의의 이론적 모델을 가장 현실에 가깝게 적용한 것으로 간주하는 경향이 있다"고 말한 바 있다(37). 많은 학자가 이러한 관점에 동의했지만, 이들은 또 유고슬라비아의 지도부가 사회주의에 대해 초국가적으로 벌어졌던 신고전파 경제학자들의 토론을 알지는 못했던 것 같다고 말하고 있다(Maksimović. 1965: 349; Milenkovitch, 1971: 101; Rusinow 1977: 62; Ward 1958).[30] 이러한 설명에 따르면, 카르델과 같은 유고슬라비아 지도자들은 상당히 천진난만하게, 유고슬라비아 경제학자 알렉산데르 바이트의 표현으로 "마르크스보다는 [오스트리아학파] 신고전파 경제학자인 뵘바베르크에 더 가까운 생각(Bajt, 1988: 185)"을 가지고 있었다.

유고슬라비아 지도자들은 1940년대에 신고전파 경제학을 공부했을 가능성이 높다. 하지만 유고슬라비아식 반反소비에트 사회주의와 신고전파 경제학 사이의 유사성은 이미 다른 요인들에 의해서도 나타나도록 되어 있었다. 1장에서 보았듯이, 신고전파 경제학은 사회주의에 관한 대화로부터 출현한 것이었다. 노동가치론과 같은 마르크스주의 경제사상에 대해 신고전파는 여러 비판을 내놓았고 게다가 시장을 적극적으로 포용했기 때문에 수많은 마르크스주의적 사회주의자와 훗날의 소련 경제학자들은 신고전파 경제학을 전면적으로 거부한 바 있었다. 그런데 새로운 유고슬라비아가 소비에트 모델을 거부하게 되면서 이를 현실에서 대체할 수 있는 사회주의적인 대안들을 유고슬라비아 모델이 반영하게 된 것이다. 소련의 정치경제학 교과서는 계속해서 부르주아 경제학이라는 이름 아래 신고전파 경제학의 내용을 소개하고 있었고 이에 따라 그 아이디어들 일부는 계속해서 소련 경제학자들에게 전달되었다. 또 소련 경제학자들 일부는 경제계획이 작동하도록 만들기 위해 막후에서 신고전파 경제학을 사용하고 있었다. 신고전파 경제학자들은 1920년대 이래 마르크스주의 정치경제학의 일정한 여러 측면을 비판했고, 사회주의를 운영할 수학적 방법을 제공했으며, 시장 사회주의의 몇 가지 대안들을 제시하고 있었다. 신고전파 경제학과 사회주의는 서로와의 관계 속에서 발전했으며 신고전파 경제학 그리고 소비에트 모델에 비판적인 여러 다른 형태의 사회주의 사이에 많은 유사점이 존재하는 것은 이것으로 설명된다.

카르델과 키드리치 같은 공산당 엘리트들은 신고전파 경제학자들과 동맹을 맺었다. 신고전파 경제학자들이 자신들의 새로운 유고슬라비아 사회주의의 비전과 잘 맞았기 때문이었다. 반국가주의적 탈집중화와 자유시장, 노동자 자주관리 등은 신고전파 경제학과 잘 맞아떨어졌다. 이러한 엘리트들은 경제학자들에게 경제학 분야를 완전히 탈바꿈할 만한 자원을 제공한 셈이다.

유고슬라비아의 경제학자들은 곧 자신들의 일부 동료들이 서구 부르주아 경제학에 대해 크고도 "무비판적인" 관심을 갖고 있다는 것을 깨닫게 되었다(Skupština, 1955: 1027; Šoškić, 1959: 613; Uvalić, 1952: 24). 하지만 이들은 신고전파 경제학, 특히 수량적 방법과 가격이론이 유고슬라비아식 사회주의를 창조하는 데에 큰 관계가 있다는 것을 알게 되었다(Šoškić, 1959). 이렇게 하여 1950년대 초 유고슬라비아 경제학자들은 바르샤바 조약에 가입해 있는 다른 공산권 국가의 경제학자들과 마찬가지로 신고전파 경제학자들 사이의 초국가적 대화로 되돌아오게 되었다.

유고슬라비아 경제학자들이 신고전파 경제학을 배운 원천은 주로 학술 저작, 학술지, 서평 등을 통해서였으며, 학자 교류와 국제 학술회의 등의 기회는 이보다 적었다.[31] 이들의 자체적 경제학 학술지도 신고전파 문헌의 서평을 게재했다. 예를 들어 1952년 유고슬라비아 학술지 『에코노미스트』는 프랑스 '부르주아' 경제학자인 에밀 제임스Émile James 의 『이론경제학사』(1950)에 대한 서평을 싣고 있는데, 유고슬라비아의 서평자는 이 책이 "우리 나라와 관계가 있는 질문들"을 다루고 있다고 평했다(Šoškić, 1952: 89). 유고슬라비아의 경제 학술지는 또한 유고슬라비아 여러 도서관에서 보유하고 있는 서방 저작들의 목록을 정규적으로 게재했는데, 여기에는 신고전파 경제학 저작들도 있었다. 예를 들어 1951년 학술지 『에코노미스트』에 게재된 긴 저서 목록에는 유고슬라비아의 여러 도서관이 하이에크의 사상을 설명한 논문들 그리고 신고전파 경제학을 사회주의에 적용한 것으로 유명한 더빈의 논문(Durbin, 1936)을 수록한 그의 책 『경제계획의 여러 문제들』을 보유하고 있다고 되어 있다. 유고슬라비아 도서관들에는 또한 더빈과 여타 사회주의자들에 대한 신고전파 비판가인 라이어널 로빈스의 저작도 가지고 있었다. 경제학자들은 서적 교류를 통해 새 책을 얻기 원했고 특히 미국에서 들어오는 책들을 보고 싶어했다.[32]

이 새로운 체제를 위한 전문가들을 양성하기 위해 유고슬라비아 정부는 1952년 학자들과 연구자들을 서방 국가들—특히 영국, 프랑스, 이탈리아, 스위스, 미국—로 보내어 특별 훈련을 받게 한다. 유고슬라비아 정부는 또한 소련과 동유럽 국가들에도 계속해서 전문가를 보내 훈련을 받게 했다. 모든 경제학자가 서방에서의 훈련이 도움이 된다는 데 동의한 것은 아니었지만, 이 집단 중 한 명에 따르면 그중 일정 수의 경제학자들은 서방의 현대 경제사상을 집중적으로 연구할 필요가 있다는 생각에 동의했고, 특히 객관적 과학자들의 성취를 다룬 부분과 수량적 방법을 다룬 부분을 연구해야 한다고 생각했다. 이들은 그것이 아직 걸음마 단계인 유고슬라비아의 경제사상을 더욱 발전시키기 위한 필수 조건이라고 보았다(Maksimović, 1965: 359; 또한 Milenkovitch, 1971; Šoškić, 1959; Sirotković, 1959 참조).

이 경제학자들은 자신들이 서방 신고전파 경제학의 일정한 요소들 특히 수량적 방법론들과 가격이론을 사회주의경제학의 목적에 사용할 수 있다고 생각했다. 경제학자들을 외국으로 보내는 것은 그리하여 유고슬라비아 정책의 오랜 전통이 된다. 외국에서 공부했던 최초의 경제학자들 중 일부는 다음과 같다.

믈라덴 코라치Mladen Korać,[33] 1953~1954, 케임브리지 대학교.

야코브 시로트코비치Jakov Sirotković, 1954~1955, 런던 정치경제 대학교.

이반 막시모비치Ivan Maksimović,[34] 1954, 토리노.

이반 막시모비치, 1955, 파리.

이반 막시모비치, 1958, 런던 정치경제대학교.

브라니슬라브 쇼슈키치Branislav Šoškić,[35] 1955~1957, 케임브리지 대학교.

브란코 호르바트Branko Horvat, 1955~1958, 맨체스터 대학교.

블라디미르 스티페티치Vladimir Stipetić, 1957~1958, 옥스퍼드 대학교.

비도사브 트리치코비치Vidosav Tričković, 미상, 케임브리지 대학교.

베오그라드 대학 경제학과는 교수 전원에게 연구비를 지급하여 외국 기관들로 보냈다. 모두 최소한 1개월 이상 그리고 어떤 이들은 1년이나 2년간 체류하기도 했다. 이들은 여기에서 수업을 듣고, 언어 기술을 향상시키고, 경제학 교육을 참관하고, 도서관들을 방문했다. 베오그라드 경제학 연구소는 그 연구자들과 젊은 조교들의 "전문화"를 위해 이들을 외국으로 보냈다(Institut Ekonomskih Nauka, 1969).[36] 자그레브의 경제학 연구소 소장이었던 랑그Rikard Lang 또한 자기 연구소의 대부분의 재능 있는 학생을 서방, 특히 미국 대학의 대학원에 공부시키러 보냈다.[37] 또 동시에 유고슬라비아의 관대한 국경 정책은 학생들과 교수들이 차로 파리, 런던, 비엔나 등 어디로든 갈 수 있도록 허락했다.[38]

유고슬라비아의 경제학자들은 또한 미국으로 연구 여행을 떠났다.[39] 미국과 유고슬라비아 사이의 최초의 학자 교류는 1955년에 이루어졌다. 포드 재단은 1958~1959년도에 유고슬라비아와 정규적인 학자 교류를 개시했다(Richmond, 1987: 115-116). 미국과 유고슬라비아의 경제학자들은 이미 시장사회주의에 대한 신고전파 분석에 공통의 관심을 공유하고 있었다. 유고슬라비아 경제학자들은 미국의 아무 대학에나 간 것이 아니라 사회주의에 대한 신고전파 경제학을 전공하면서 동유럽에 대한 지식을 가지고 있는 전문가들이 있는 대학을 신중하게 탐색했다. 동유럽 학자들이 많이 방문했던 대학은 하버드대, 컬럼비아대, MIT, 버클리 주립대, 스탠퍼드대 등이었다.[40] 훗날 코넬 대학이 1960

년대 후반 노동자 자주관리 연구의 중심이 되자 이곳으로도 많이 갔으며, 플로리다 주립대학은 아예 유고슬라비아-미국 연구에 한 건물을 통째로 할당하기도 한다.

유고슬라비아의 경제학자들은 국제 학술회의에서 새로운 동료들을 만나 그들 분야에서 일어난 최근의 발전에 대해 배웠다. 학술지와 신문들 또한 이러한 학술회의의 발제문들을 보도했다. 예를 들어 『에코노미스트』는 1956년 로마에서 개최된 국제 경제학협회의 학술회의—여기에 유고슬라비아의 참가자들도 있었다—에 대한 보고서를 싣고 있다(Stojanović, 1956). 이 보고서의 저자는 가장 유명한 경제학자들의 발표를 길게 논의하고 있는데, 이들을 지칭할 때 그들의 성姓만을 사용한 것은 독자들이 이미 이들을 잘 알고 있는 상태였음을 시사한다.[41] 이러한 학술회의들을 통하여 경제학자들은 어떤 대학을 방문할지 또 어떤 외국 학자들을 연사로서 유고슬라비아의 대학에 초빙할지를 알 수 있었다.[42]

최초로 외국에서 공부했던 유고슬라비아 경제학자의 한 사람이 이반 막시모비치다. 그는 1949년 학부를 졸업하고서 바로 베오그라드 대학에서 교편을 잡았다. 나중에 그는 1954년 토리노, 1955년 파리, 1958년 런던 정치경제대학 등에서 공부하게 된다.[43] 그는 파리를 방문하던 중 신고전파 시장사회주의 모델의 개척자인 오스카르 랑게를 만나서 "그와 함께 사회주의 계획경제에서의 시장에 따라오는 여러 이론적 문제들을 논의했다(Maksimović, 1965: 347)". 그는 유고슬라비아로 돌아간 뒤 아주 빠르게 랑게의 사상에 대한 논문을 출간하며(1955년), 1956년과 1958년에는 사회주의의 신고전파 경제학이라는 분야 전체를 설명하는 다른 저작들도 발표한다. 그 다음으로 1957년에는 랑게를 초빙하여 베오그라드 대학에서 강의하도록 한다. 그는 이렇게 회상한다. "1957년 말 랑게 교수가 처음으로 유고슬라비아를 방문했을 때 그는 이미 대부분의 유고슬라비아 전문가들에게 잘 알려진 인물이었다 (Maksimović, 1965: 347)."

막시모비치는 유고슬라비아에서 처음으로 책 한 권 전체가 '부르주아—즉 주로 신고전파—경제학을 다룬 저서를 출간했다. 그의 박사논문이자 훗날 『부르주아 경제과학에서의 사회주의 이론』이라는 제목으로 출간되는 저서에서(Maksimović, 1958) 그는 신고전파에 기초하여 사회주의를 다룬 서방 문헌 그리고 더 폭넓은 서방 신고전파 경제학 일반에 대해 자신이 광범위한 지식을 가지고 있음을 입증했다. 그는 여기서 수백 권의 서방 경제학자 저작을 논의하고 있다.[44] 그는 오스트리아학파의 여러 이론을 과학적 관심이 아닌 주로 역사적 관심의 대상으로 간주하는데, 이는 최소한 그가 보기에는 오스트리아학파가 사회주의 계산논쟁에서 패배했기 때문이다. 신고전파 경제학이 사회주의의 규범적 모델이 될 잠재적 가능성을 가지고 있다는 것이 그의 믿음이었다. 왜냐면 이 '부르주아' 경제학은 사실상 반드시 자본주의에 대한 경제학이라고는 할 수 없기 때문이다.

오스트리아학파 그리고 로잔학파의 성원들은 현실과 동떨어진 경제적 주체 즉 호모 이코노미쿠스라는 존재의 경제적 행태로부터 일반적 경제 법칙을 연역해내는 방법을 사용했다. 따라서 이들이 그렇게 해서 획득된 '법칙들'에 특별히 자본주의적인 것이 없다는 결론에 도달했음은 거의 당연한 일이라고 할 수 있다. 주관적 가치 이론, 가격 및 교환 메커니즘에 대한 이론('주관적' 및 '객관적' 균형 조건들)으로 정식화된 여러 법칙은 자본주의경제의 사회적, 제도적 틀과는 거의 혹은 전혀 연관성이 없었다(ibid., 17).

막시모비치에 따르면 부르주아 경제학은 사회적 후생의 최대 수준을 달성하게 할 최적의 생산 조합과 최적의 가격을 결정하기 위한 도구들을 제공할 뿐이며, 따라서 사회주의 경제정책에 있어서 규범적 원리들을 제공하게 된다. 막상 이렇게 하는 것에 대해서는 일정한 유보의 목소리를 내기는 했지만, 그는 현존하는 사회주의 내에서 신고전파 경제학을 사용할 것을 주장했다.[45]

최초로 외국에서 공부한 또 한 사람인 브란코 호르바트는 훗날 세계적으로 가장 유명한 유고슬라비아 경제학자의 한 사람이 된다. 대략 1955년경, 그와 유고슬라비아연방 경제계획국에서 함께 근무하던 두 명의 동료는 박사 공부를 하러 영국으로 떠난다.[46] 돌아오자마자 호르바트는 연방 경제계획국 수석 방법연구가가 된다(Uvalićand Franičević, 2000). 그는 또한 저서 『계획경제의 경제 이론』의 집필에 착수하였고 이 책은 1961년에 세르보크로아트어로 그리고 1964년에는 영어로 출간되었다. 호르바트에 따르면 이 새로운 유고슬라비아 체제는 새로운 이론적, 분석적 도구들을 필요로 했다(Horvat, 1961: vii). 비록 자신을 계속해서 마르크스주의자라고 부르고는 있지만(ibid., viii) 호르바트는 이러한 새 도구들을 구축하기 위해 신고전파 경제학을 사용하고 있다. 그는 신고전파 경제학 문헌에 대한 광범위한 지식을 입증해 보이고 있으며 가격, 이자, 투자, 계획에 대한 서방 경제학의 최근 여러 이론뿐만 아니라 특히 사회주의에 대한 신고전파 경제학의 여러 논의에 대한 자신의 지식을 잘 드러내 보여주었다. 호르바트는 노동가치론과 같은 마르크스주의의 여러 범주는 오직 자본주의에만 적용될 뿐 사회주의 이론에서는 아무런 위치를 갖지 못한다고 말한다.

> 이 개념적 도구 전체는 본질적으로 상이한 상황을 다루기 위해 개발된 것이기 때문에 적용이 불가능하다. 만약 사회주의경제에 가치 이론이 있다면 이는 다른 이론이어야만 한다. 마르크스적 범주들을 자본주의 정치경제학의 맥락 바깥에서 사용하려는 시도는 마르크스 이론을 완전히 오해하고 있다는 것을 보여줄 뿐이다. (…) 자본주의 체제에 대한 마르크스적 가치론이 과연 충분한가는 여기에서 우리의 관심사가 아니다. 앞에서 보았듯 그러한 가치론은 사회주의경제를 위해 마련된 것이 아니며 따라서 적용이 가능하지도 않다(Horvat, 1964: 14).

호르바트와 그의 동료들은 마르크스주의가 무엇보다도 자본주의에 대한 비판일 뿐 사회주의의 청사진이 아니라고 인식하고 있었다. 그들에게 있어서 사회주의의 개선에 필요한 도구를 제공해주는 것은 신고전파 경제학이었다.

호르바트의 저서가 영어로 출간되었다는 것은 그것이 신고전파 경제학의 저작물로서 좀더 보편적인 중요성을 갖는다는 사실을 반영한다. 호르바트의 저서는 유고슬라비아 안팎의 상황에 모두 잠재적인 적실성을 가지고 있었다. 그는 자신의 저서에서 사회주의국가를 사회적 후생을 극대화시켜주는 존재로 보는 빌프레도 파레토의 정의 그리고 사회적 계획가라는 일반적인 신고전파 전통을 따르면서, 생산과 경제적 후생을 극대화해줄 "효율적인 경제체제를 설계"하는 방법을 찾고 있다(Horvat, 1961, 1964: 1-2). 이렇게 그는 신고전파 경제학을 사회주의 건설의 한 "규범적" 도구로 사용했던 것이다(Horvat, 1961: 1). 더욱 중요한 사실은, 호르바트가 유고슬라비아 사회주의를 경험하면서 신고전파 경제학자들 사이의 초국가적 대화에 기여할 수 있는 새로운 아이디어들을 얻고 있다는 점이다. 사실상 유고슬라비아는 그 "'자유시장' 및 노동자 자주관리"라는 체제를 소련 체제와 비교해볼 수 있는 "거의 실험실과 같은 조건들"을 제공하고 있었다(Horvat, 1964: 118). 호르바트는 소련과 '국가주의etatism'에 대한 유고슬라비아의 비판의 연장선에서 소련 모델을 거부했던바, 이 또한 신고전파 경제학의 틀과 아주 잘 맞아 떨어졌다. 호르바트에 따르면 서방 경제학자들도 소련 경제학자들도 여러 제도의 중요성을 인식하지 못하고 그저 자신들의 기존 제도를 그냥 주어진 것으로 받아들이고 있었다(Horvat, 1961: 2). 따라서 그는 오로지 시장이냐 계획이냐를 따지는 협소한 종류의 신고전파 경제학 이해를 비판하고 대신 중앙계획과 순수한 경쟁 체제 양쪽 모두를 실현하는 데에 필수적인 제도들을 폭넓게 이해할 것을 주창했다. 그는 경제정책 설계와 관련하여 당시 나오고 있던 새로운 저작들과 나란히(Marschak, 1959; Tinbergen, 1956, 1961) 여러 제도 자체의 최적의 선택을 제안한다. 특히 호르바트는 노동자 평의회를 지지했으며 그 위원회가 나이트와 슘페터가 논했던 의미에서(Knight and Schumpeter, 1961:

150) "혁신 기업가$_{entrepreneurs}$"로서의 역할을 실현할 수 있도록 해주는 여러 제도를 지지했다.[47] 호르바트와 여타 유고슬라비아 경제학자들은 신고전파 경제학의 초국가적 대화에 참여하여 유고슬라비아 실험에서 생겨난 새로운 지식을 내놓았던 셈이다.

이렇게 신고전파 논의에 기여할 수 있는 새로운 가능성들이 열리자 일부 유고슬라비아 경제학자들은 옛날의 소련 스타일 마르크스-레닌주의 정치경제학을 재빨리 버리고 새로운 경제학 분야들로 전환한다. 유고슬라비아의 경제학자들 중에서도 소련과 마찬가지로 소수이지만 점차 많은 수의 이들이 '부르주아 경제학'으로부터 수량적 방법을 받아들이기 시작하며, 특히 계량경제학, 투입-산출 모델, 선형계획 등이 인기가 있었다. 이러한 새로운 체제에서는 경제계획가들이 자유시장에 대한 자신들의 개입에 한계를 두어야 하며, 그저 국민경제 전체의 비율을 정하는 선에 머물러야만 한다(Kidrič, 〔1950〕 1979). 또 경제계획은 행정적 수단을 사용하는 것이 아니라 기업들 및 개개인들이 생산을 극대화하도록 동기 부여를 하기 위해 경제적 메커니즘을 동원했다. 이로써 계획자들도 단순한 공학적 관점을 넘어서서 경제를 생산 극대화와 비용 극소화와 같은 극대화, 극소화 문제로 보는 경제적 관점으로 나아가야만 했다. 대부분의 경제계획을 탈집중화하여 기업 수준으로 내려보내게 되면서 개혁의 설계자들도 기업 경영자들과 노동자 평의회 성원들을 새롭게 훈련시킬 필요성을 인식하게 되었다. 기업의 경제학은 새롭게 성장하는 분야가 되었다. 새로운 교과서들도 나왔고(Babić, 1961; Radičević, 〔1955〕 1957) 또 새로운 강좌도 개설되어 이윤, 혁신 기업가정신, 경영, 마케팅, 외국 시장 등을 탐구했다. 유고슬라비아 경제학자들은 또 비동맹 운동의 한 부분으로서 즉각 발전경제학으로 관심을 돌렸다(Lang, 1955). 이 새로운 유고슬라비아 체제는 경제학의 활용을 크게 확장했던 것이다.

유고슬라비아 정책 입안가들과 경제학자들은 유고슬라비아 경제 시스템에 대한 서적이 부족하다는 사실에 오랫동안 불만을 토로해왔다(Horvat, 1968: 14-15; Uvalić, 1952: 21). 유고슬라비아 경제학자들은 자신들의 경제 시스템을 연구하기 시작했고, 자주관리를 "신봉하게" 되었으며 또 오로지 자신들의 체제에만 초점을 두게 되었다(Gligorov, 1998: 333-334). 이렇게 자기들 나라에 강렬하게 초점을 맞추다 보니 의도치 않게 비교경제체제론 분야로 나아가게 되었다. 이 분야는 선진 자본주의 국가, 사회주의 중앙계획 국가, 개발도상국 등 모든 나라를 분류할 뿐만 아니라 또 각 경제체제를 묘사하여 그 장단점을 평가하는 시스템을 잘 확립해놓고 있었다. 경제학자들은 파레토의 후생경제학 그리고 그것을 더 세련화시킨 아브람 베르그송의 이론 등에 근거하여 어느 경제체제가 더 나은지를 결정할 수 있는 신고전파식 척도를 고안하려 노력하고 있었다. 유고슬라비아 경제학자들은 이러한 범주들을 수동적으로 받아들이지 않았고 자신들은 유고슬라비아식 모델이라는 자체적인 경제 유형을 발전시켰다고 주장했다(Račić, 1955). 이들은 유고슬라비아 지도부의 지지를 업고 이러한 유고슬라비아식 모델을 별개의 경제체제로서 그려냈고 이 체제가 어떤 경제적, 정치적, 사회적 편익을 가져올 수 있는가를 평가했던바, 이는 당시 전 세계적으로 유행했던 비교경제학과 잘 맞아 떨어지는 연구였다.

유고슬라비아의 신고전파 경제학자들은 경제학 연구를 위한 독자적인 센터를 두려 했으며, 여기에서 자신들이 통제하는 환경에서 경제학의 전문적 연구를 증진하고 유고슬라비아 체제에 대한 기초적인 연구 조사를 수행할 수 있기를 원했다. 이미 호르바트와 그 동료들이 외국에서 돌아왔을 때 이들은 즉각적으로 베오그라드에 새로운 경제 연구기관을 세우자고 제안했다. 하지만 이들은 고위 관료들의 저항에 부딪혀야 했으며, 이 때문에 독자적인 연구소의 형성은 몇 년 늦어지게 되었다(*Institut*, 1969: 1-9). 1958년 이들은 경제계획 부서 내에 연구 및 방법론 부서를 두었는데 이것이 훗날 경제과학연구소IEN: Institute for Economic Sciences가 된다. 경제학자들의 활동 분야가 확장되자 IEN의 주요 연구 영역은 유고슬라비아 체제론, 수량적 경제계획론, 경제 발전론 등으로 넓어졌다. 호르바트는 연구 세미나를 조직하여 전 세계에서 여러 경제학자를 초빙했다(*Institut Ekonomskih Nauka*, 1969: 87). 이들은 또 IEN을 이끌어갈 훌륭한 간부진을 마련하기 위해 전국에서 "가장 뛰어난 학생들"을 연구 조교로 선발했고, 그중 가장 뛰어난 이들을 외국으로 보내 전문적인 대학원교육을 받게 했다. 1969년 IEN에 있었던 30명의 과학 노동자 및 조교 중 22명은 유학을 경험한 이들이었다. IEN은 또한 학생들을 훈련시키기 위한 대학원 프로그램, 컴퓨터 센터, 도서고 등을 발전시켰다. IEN은 새로운 유고슬라비아 체제를 위한 새로운 경제학 방법론 센터가 되었던 것이다.

유고슬라비아 경제학자들은 또한 이 새로운 체제를 위한 경제학 교육 개혁 작업에 착수했다. 경제학자들은 자신들의 과학이 후진적이어서 새로운 유고슬라비아 경제체제의 요구를 충족하지 못한다고 불평했다(Horvat, 1968; Šoškić, 1959; Uvalić, 1952). 이들은 "실력 없는" 교수진을 비판했고 교사의 부족, 가장 뛰어난 학생들을 대학 교직으로 끌어오기 위한 물질적 요인의 부족 등을 비판했으며, 그러한 교수진이 어디에 가서 배워 올 곳도 없다는 사실을 비판했다(Černe, [1960] 1966; Karli, 1955; Šoškić, 1959; Uvalić, 1952). 교수진은 "교조적" 정치경제학 교과서들을 사용해야 했으며, 그밖의 교과서나 중요한 저작들은 전혀 얻지 못하고 있는 실정이었다(Uvalić, 1952: 271). 이 경제학자들은 또한 마르크스주의는 자본주의와 노동계급의 투쟁에서 나온 것이며 따라서 서방의 여러 문제와 관계되어 있다고 주장했다. 따라서 이들의 관점에서 보자면 새로운 유고슬라비아의 경제 시스템은 새로운 종류의 경제학 교육을 필요로 한다는 것이었다. 1951~1952학년도에 유고슬라비아의 여러 대학은 이미 경제학 교육에 있어서 일정한 변화를 마련했다. 자그레브 대학에서는 계량경제학, 경영과학OR, operations research, 수리통계학 등의 과목과 시장을 다루는 과목이 도입되었다. 학부생들은 3학년이 되면 거시경제학과 미시경제학 중 하나를 선택해야 했다(*Ekonomski Fakultet Zagreb*, 2005).[48]

1960년대가 되면 유고슬라비아의 대학들은 신고전파 미시경제학을 경제학 교육과정의 표준적 과정으로 포함시키는 데에 성공한다(Mencinger, 2002). 장차 노벨 경제학상을 받게 되는 미국 경제학자 폴 새뮤얼슨의 유명한 『경제학』 교과서도 번역되어 류블랴나 대학의 경제학과에서 사용되었다(ibid.). 신고전파 경제학으로 훈련받은 경제학들도 곧 자체적으로 교과서를 출간한다. 예를 들어 프란체 체르네의 1966년 저작 『시장과 가격』은 기본적으로 서방식의 경제원론 교과서였다(Milenkovitch, 1971: 231).[49] 체르네는 그의 책을 다음과 같은 말로 시작한다. "이제 경제학 학문으로서의 시장과 가격에 대한 분석이 좀더 집중적으로 전개되기 시작한다(Černe, 1966: 5)." 미국의 경제원론 교과서와 마찬가지로 『시장과 가격』 또한 여러 그래프 그리고 수요 및 공급 곡선, 탄력성, 무차별 곡선, 기회비용에 대한 설명을 담고 있다. 이 교과서는 카를 마르크스뿐만 아니라 폴 새뮤얼슨, 앨빈 힉스Alvin Hicks, 앨프리드 마셜Alfred Marshall, 슐츠H. Schultz 등의 주요 저작들을 언급한다.

체르네는 국가권력을 비판하고 일종의 자유방임 사회주의를 추구하는 유고슬라비아 경제학의 독특한 관점을 이어간다. 그는 또 그의 교과서 말미에 사회주의에 대한 서방의 신고전파 문헌에 관해 논의하고 있다(1966: 235-237). 그는 서방의 신고전파 경제학자들이 독점적 구조를 가진 자본주의가 시장 경쟁에 장애가 되며 따라서 극대의 사회적 후생을 공급할 수 없다고 여긴다는 것에 주목한다. 하지만 그는 동시에 이 경제학자들이 사회주의국가가 그러한 완전경쟁을 실현할 수 있다고 가정한다는 점을 비판한다. 체르네에 따르면, 이러한 경제학자들의 사회주의 모델은 자본주의와 마찬가지로 단지 불완전경쟁 혹은 독점적 경쟁만을 낳게 된다. 그 다음으로 체르네는 대안을 내놓는다. "이러한 경제학자들의 이론적 도구가 사회주의에 적합하지 않은 것이든가 아니면 아마도 그들의 이론적 기초에서는 사회주의 경제체제가 성립할 수 없든가일 것이다(ibid., 26)." 그는 가격이 사회주의국가가 아니라 시장의 기초 위에서 자유롭게 형성될 수 있도록 해야 한다고 주장한다. 사회적 소유와 노동자의 관리라는 조건 틀 내라는 전제하에서(ibid., 5) "완전경쟁의 자본주의 시스템"과 완전경쟁에 대한 경제학자들의 이론의 경우와 마찬가지라는 것이다(ibid., 236-237).[50] 체르네는 호르바트와 다른 유고슬라비아 경제학자들의 저작을 따라서, 모종의 사회주의 체제 내에서 독립적인 기업들이 완전히 경쟁적인 시장에서 상호작용하는 모델을 주장하고 있다.

경제학자들 중에는 신고전파 경제학을 사용하지 않는 이들 심지어 전혀 아는 것이 없는 이들도 있었음은 분명하다. 어떤 경제학자들은 계속해서 소련식의 마르크스주의 정치경제학을 사용했다. 많은 경제학자가 주요한 국제 경제학 학술지를 읽는 데 어려움을 겪었고, 신고전파 경제학 방법을 사용하지 않은 채 그저 자기들 체제를 경험적으로 검토하는 데만 초점을 두기도 했다. 일부 경제학자들과 정치 지도자들은 신고전파 경제학자들의 사상과 실천을 문제 삼아 계속 공격을 퍼부었다(Horvat, 1968). 그럼에도 불구하고 유고슬라비아의 여러 경제학자 집단은 신고전파 경제학에서 사회주의적 가능성을 빠르게 찾아냈다. 이들은 신고전파 텍스트들을 읽기 시작했고, 외국으로 나가 공부하면서 그곳의 신고전파 학자들을 만났고, 국가사회주의를 거부할 뿐만 아니라 오스카르 랑게의 시장사회주의 모델을 확장하여 경쟁적 시장, 더 나아가 노동자 자주관리까지 포함하는 모델을 만들어냈다.

1960년대 초, 좀더 리버럴한 유고슬라비아 지도자들이 당-국가의 통제권을 얻어 각종 시장개혁을 시행했다. 이러한 개혁에서 중앙계획가들은 주변으로 밀려났으며, 결국 반대 진영에 서게 된다(Gligorov, 1998: 338).[51] 정부는 탈중앙집중과 시장 지향적 개혁을 더욱 밀고 나갔다. 1963년에서 1965년 사이에 유고슬라비아 정부는 "시장사회주의"를 실현하기 시작했다(Mencinger, 2004; Uvalić, 1992: 6). "1960년대 중반 경제개혁 조치들이 입법화됨에 따라 이들은 노동자들이 관리하는 독립적 기업들이 시장의 여러 힘에 대응하여 경영되는 모종의 시장사회주의라는 전례 없는 모델을 실현했다(Lampe, Prickett, and Adamović, 1990: 82)." 이 순수 경쟁 모델은 기업들이 국가로부터 자율적이며 시장을 신호로 삼아 반응하면서 작동한다고 가정했다. 1954년 이전에는 기업이 자신들의 자원에 대해 거의 아무런 통제력도 갖고 있지 않았다(Dubey, 1975: 33). 유고슬라비아의 경제학자들은 기업의 자율성을 지지했으며, 여기에서 노동자 평의회가 기업가로 행동할 것을 지지했다. 1964년이 되면 유고슬라비아 정부는 국가 투자기금을 폐지하고 자금 배분에 있어서 은행의 역할을 증대시킨다(ibid., 34). 지방 정부들도 자체적인 은행을 만들 수 있게 허용되며, 이 은행들이 기업의 중요한 자본 원천이 된다(ibid., 35). 이와 관련된 방식으로 중앙계획 자체도 철폐되어 더 나아간 신고전파 모델의 한 버전을 실현하게 된다. 유고슬라비아 국가가 결정하는 고정가격의 숫자도 줄어들어, 순수 경쟁 모델에서는 시장이 가격을 결정하며 따라서 균형가격은 최적의 생산 수준을 반영한다는 신고전파의 신념을 그대로 따르고 있었다. 신고전파 경제학자들은 그들이 경제학 훈련 과정에서 배운 일련의 개혁을 지지했다.

신고전파 경제학으로 훈련받은 이들은 이러한 개혁들을 직접 수행하면서 혹은 그것들의 모습을 형성하는 데 도움이 될 학문적 저작들을 제공함으로써 영향력을 얻게 된다.[52] 유고슬라비아 경제학자들은 이 모델이 최상으로 작동하려면 어떻게 해야 하는지를 정책 입안자들과 대중에게 설명하는 데 도움을 주었다. 이들은 신고전파 경제학을 하나의 규범적 이론으로 사용하여 유고슬라비아가 좀더 경쟁적인 기업이라는 신고전파 모델에 가깝게 기능하도록 만들 이 개혁을 지지했으며, 경제학자들이 흔히 그렇게 하듯 이들도 정책 입안가들이 세상을 자기들 이론에 더 맞게 바꾸도록 영향력을 행사했다.[53] 다음에 논의하 겠지만, 학자들은 개혁을 통해 유고슬라비아 경제가 신고전파식 시장 사회주의 모델에 더욱 가깝게 되었으며 노동자 자주관리 기업들이 시 장에서 경쟁하는 자유방임 사회주의의 방향으로 나아간다는 것을 깨 닫게 되었다. 신고전파 경제학자들의 견해로 볼 때, 유고슬라비아와 랑 게의 시장사회주의 모델과 신고전파 경제학은 서로 떼려야 뗄 수가 없 는 관계였다. 이들은 사실상 서로 교체가 가능한 요소들이었다. 유고 슬라비아 모델은 곧 전 지구적인 모델이 된다.

유고슬라비아 모델

—

유고슬라비아인들은 신고전파 경제학이 자신들의 새로운 사회주의 체 제에 어떤 적실성을 갖는지를 즉각 감지하고 학자들과 학생들을 외국 으로 보내 훈련시켰지만, 막상 유고슬라비아 바깥의 신고전파 경제학 자들은 유고슬라비아 경제가 자신들의 경제학 연구와 관계가 있다고 생각하기까지 시간이 걸렸다. 1장에서 논의했던 아브람 베르그송의 경 우 소련이 주류 신고전파 경제학에서 중심적 중요성을 가진다고 재해 석했지만, 유고슬라비아 경제에 대해서는 아직 그렇게 보지 않았다. 하 지만 곧 전 세계의 경제학자들은 유고슬라비아 경제가 주류 신고전파 경제학에 있어서 핵심 요소임을 감지한다.

유고슬라비아 바깥의 경제학자들은 유고슬라비아 경제를 자신들의 신고전파 틀을 통해 보는 법을 배우게 되었으며, 그리하여 이를 주류 신고전파 경제학과 관련이 있는 것으로 생각하기 시작했다. 1950년대에 미국 버클리대 경제학과 대학원생이었던 벤저민 워드는 포드 재단 지원으로 유고슬라비아를 여행하면서 바로 그 일을 해냈다. 워드는 버클리대에서 소련 모델 전문가 중 하나인 그레고리 그로스먼에게 경제학을 배우는 동시에 러시아어를 배우고 있었다. 그는 소련식 사회주의에 대해 비판적이 되어갔으며, 훗날 자신이 좌익 공동체주의적 해법이라고 부른 것을 추구하게 되었다.[54] 그는 우연히 동유럽 문제를 다룬 퀘이커 회지에서 유고슬라비아의 노동자 자주관리에 대해 읽게 되었다. 그는 이미 러시아어를 알고 있었기에 세르보크로아트어를 빨리 배울 수 있었고, 유고슬라비아로 가기로 결정한다. 그는 유고슬라비아 경제에 대한 선구적 저작을 발표했고, 그 결과 버클리대 조교수로 임용되었다.

워드는 곧 유고슬라비아가 1장에서 논의한 바 있는 이탈리아 경제학자 엔리코 바로네와 폴란드 경제학자 오스카르 랑게가 그려냈던 시장사회주의라는 신고전파 경제모델을 실현한 것 같다는 점에 주목했다. 그는 박사논문에서 소련식, 유고슬라비아식, 개혁된 유고슬라비아식, 자본주의식 기업이라는 네 가지 유형을 평가했다. 신고전파 경제학에서는 기업에 대한 지식이 바로 전체 경제에 대한 지식을 제공하며 그 반대도 마찬가지이기 때문이다. 워드는 소련 기업 및 소련 경제보다 생산력이 떨어진다는 이유로 자본주의 기업 및 경제를 거부했지만, 그는 소련 스타일의 경제와 기업 또한 거부했다. "소련 유형의 기업 조직은 유고슬라비아에서 시도되었다가 결함이 발견되어 폐기되었기" 때문이다(ibid., 47). 워드는 유고슬라비아 경제가 1940년대 말 소련 스타일로 시작하여 1950년대에 유고슬라비아식 노동자 자주관리 모델로 갔다가 1954년 법에 의해 그가 부른 말로 "개혁 유고슬라비아" 모델로 변해가는 과정을 광범위하게 서술했다. 본래의 유고슬라비아 모델이 만들어냈던 체제와 기업은 여전히 마르크스주의적 요소들을 가지고 있었다. 하지만 새로운 개혁 유고슬라비아 모델은 워드에게 아주 큰 흥분을 불러일으켰다. 그 모델이 "이자, 경제적 지대 등등과 같은 비마르크스주의적 경제 범주들을 포함하는 한편 그와 동시에 바로네, 랑게 등등의 시장사회주의 모델에서 시사하는 사회주의의 특징들을 그대로 보존하고 있기 때문"이었다(ibid., 307). 워드는 심지어 그의 박사논문 제목을 "마르크스에서 바로네로"라고 했다. 유고슬라비아가 마르크스주의에 기초한 사회주의 경제체제로부터(마르크스에서) 신고전파 경제학에 기초한 사회주의 체제로(바로네로) 이동하는 것으로 이해했기 때문이었다. 워드가 보기에 이 개혁 유고슬라비아 모델은 신고전파 경제학에 있어서도 중요성을 갖는 것이었지만, 그는 자신의 저작이 유고슬라비아인들에게 중요성을 갖는다는 것을 스스로 감지하지 못했다. 그는 이 네 유형의 기업들을 비교한 뒤에 이러한 비교는 "유고슬라비아 자체에 대해서보다는 시장사회주의 논쟁에 대한 논의에 대해서 더욱 적실성을 갖는다"고 말했던 것이다(ibid., 325).

워드가 케인스주의 혹은 국가 관리 자본주의를 시장사회주의와 명확히 구별했다는 것은 극히 중요한 일이다(Ward, 1956a). 신고전파 경제학에서 이해한 시장사회주의는 케인스주의가 **아니었다**. 워드에 따르면, 1954년 개혁은 신고전파 형태의 사회주의인 개혁 유고슬라비아 모델을 시행하려던 것이었으나 개혁으로 인해 안정성을 흐트러뜨리는 결과들이 나오자 정치 지도부가 이를 막기 위해 거의 즉각적으로 '행정적 조치들'을 취하여 경제에 직접 개입했다. 그 결과로 유고슬라비아 정부는 개혁 유고슬라비아 모델을 실현시킨 것이 아니라 워드가 보기에 그보다 열등한 "시장 생디칼리슴" 모델을 유지하는 데 그쳤다. 워드가 보기에 이 시장 생디칼리슴은 불행하게도 케인스주의의 한 형태에 불과한 것이었다. 이러한 국가 개입이 있기 직전에 한 유고슬라비아 정책 학술지는 유명한 케인스주의자인 앨빈 한센Alvin H. Hansen의 『화폐 이론과 재정정책』에 관한 서평을 게재했다. 워드에 따르면,

> 이 서평자가 그의 저서를 요약하는 입장은, 한센과 같은 케인스주의자들이 국가의 개입을 수단으로 자본주의를 구출하려고 시도하고 있다는 것이었다. (…) 이를 유고슬라비아 지도부가 자신들의 시장 생디칼리슴을 구출하기 위해 취했던 조치들과 비유하는 것은 참으로 의미심장하다. 이러한 비유를 사용한다면, 유고슬라비아에서 1954년 초 이래의 기간은 케인스주의적 사회주의의 시대라고 말하고 싶어진다(Ward, 1956a: 266).

워드가 보기에 시장 생디칼리슴 모델은 케인스주의의 한 형태였다. 따라서 신고전파 경제학자들의 사고방식에서 보면 케인스주의 혼합경제는 유고슬라비아가 1954년에 창출하려고 했지만 실패했던 신고전파 시장사회주의와는 **근본적으로 다른** 것이었다. 전 세계의 신고전파 경제학자들은 신고전파식 시장사회주의를 케인스주의적 혼합경제

로 본 것이 아니라 사회주의적 여러 제도를 갖춘 완전경쟁시장이라고 보았던 것이다.

워드는 그로부터 2년 후 『아메리칸 이코노믹 리뷰』에 「일리리아의 기업」이라는 논문을 발표한다. 베르그송 등 소련을 연구하는 다른 신고전파 경제학자들과 마찬가지로, 워드 또한 구체적인 유고슬라비아 체제에 대한 논문을 쓰는 동시에 또 「후생경제학이란 무엇인가?」(Ward, 1956b)와 같은 주류경제학의 관심사를 다룬 논문을 함께 집필했다. 그는 신고전파 경제학의 전통을 따라서 경쟁적 시장 모델과 시장사회주의 모델을 동일한 것으로 놓았다. 워드는 '경쟁적 자본주의(혹은 시장사회주의) 모델'을 '일리리아 모델'이라고 불렀다. 이때 일리리아란 발칸 지역의 역사적 명칭이다. 워드는 실현되지 못한 개혁 유고슬라비아 모델을 기초로 일리리아 모델을 구축했다. "일리리아는 사실상 유고슬라비아 이외의 동유럽 나라들과 서방 나라들의 경제체제에 대해서뿐만 아니라 현존하는 유고슬라비아 체제에 대해서도 대안이 되는 모델이다(Ward 1958: 567)."[55] 이 일리리아 모델에서는 생산수단은 국유화되어 있으며 노동자 평의회는 가격과 생산량 등을 "자신들 스스로의 물적 이해"에 따라 결정함으로써 그들의 기업을 경영하고, 노동자-경영자들은 자신들의 개인적 소득을 극대화하기 위해 일하며, 모든 기업의 직원들은 이윤을 동등하게 나누며, 모든 각각의 기업은 국가의 개입이 없는 "순수하게 경쟁적인 시장"에서 영업을 해나간다(1958: 566-571). 워드가 보기에 어떤 의미에서는 신고전파적인 일리리아 모델은 유고슬라비아 사회주의가 변화해갈 가능한 모습을 암시하는 것이었다.

워드는 이러한 일리리아 모델에 공감하고 있었지만 그 내부에서 근본적인 결함을 발견했고, 이로 인해 오랜 논쟁이 시작되었다. 워드는 자신의 이론적 분석으로부터 일리리아 모델의 기업은 자본주의 기업들만큼 성과가 좋을 수 있으며 심지어 이를 능가할 수도 있다는 것을 발견했다(1958: 577). 하지만 그는 이 기업의 노동자-경영자들이 자신들의 소득을 극대화하려 들 것이라고 가정했다. 그 결과 이 일리리아 기업은 불합리하고, 부정적이며, 못된 동기를 가지게 될 것이다. 일정한 상품들에 대해서 수요의 증가와 그로 인한 가격 증가가 일어날 경우, 노동자들이 소득을 극대화하려고 든다면 이들은 직원을 늘리고 생산량을 늘리는 쪽으로 행동하지 않을 것이다. 워드의 주장에 따르면 새 직원을 채용해 생산을 증대하는 대신 노동자들은 수요와 가격의 증가를 이용해 자기들 각자의 개인적 소득을 극대화하려 하리라는 것이다. 따라서 일리리아 기업에서는 가격이 올라감에 따라 뒤로 꺾이는 후굴 공급곡선을 나타낼 것이며, 수요와 공급 사이에는 불균형의 경향이 나타나고 이로써 기업으로서나 체제로서나 열등하게 될 것이다. 시간이 지나면서 유고슬라비아 출신 경제학자들을 포함한 여러 사람이 워드의 후굴공급곡선 이론과 노동자 자주관리가 경쟁적인 자본주의 모델보다 열등하다는 그의 주장을 비판했다.

러시아 출신으로 MIT의 경제학 교수인 옙세이 도마는 1966년에 발표한 글에서 워드의 『아메리칸 이코노믹 리뷰』 논문의 혁신을 인정했지만, 그 논문을 읽은 경제학자는 소수에 불과했으며 그 이유는 아마도 그 논문이 유고슬라비아만을 다루었기 때문일 것이라 말했다(Domar, 1966: 735). 그런데 1960년대에 들어서면서 협동조합과 좀더 일반적인 여러 사회주의적 제도들과 같은 대안적인 경제 제도들에 대한 관심이 광범위하게 일어났다. 그 결과 워드의 저작은 다시 한 번 인기를 끌게 되었다. 도마 또한 워드를 따르면서 신고전파 경제학을 이번에는 소련 협동조합의 경우에 적용하고 있다(Domar, 1966).[56] 그 결과 신고전파 모델 안에서 소련의 협동조합은 다른 여러 형태의 사회주의와 동일한 것이 되었다.

이보다 더 중요한 일이 있었다. 체코의 망명객이자 코넬 대학 경제학 교수였던 야로슬라프 바네크Jaroslav Vaněk는 유고슬라비아의 경우를 주류 신고전파 경제학에서 중심 자리에 놓았다. 바네크는 신고전파 무역 모델을 만들어서 유명해진 이였다. 국제노동사무국ILO, International Labour Office에서 일했던 그의 형제 얀Jan은 그에게 유고슬라비아의 노동자 자주관리를 소개해주었다. 한 설명—아마도 믿을 수 없는 이야기일 것이다—에 따르면, 폴 새뮤얼슨이 노동자 자주관리 사회주의는 신고전파적인 맥락이 없기 때문에 경제학의 일부가 아니라고 선언했으며 이 때문에 바네크가 유고슬라비아 체제를 다룬 그의 신고전파 모델을 만든 것이라 한다. 바네크는 『아메리칸 이코노믹 리뷰』에 게재한 한 논문에서 워드와 도마의 일리리아 기업과 소련식 협동조합이라는 "순수 모델"에서 가정하는 "완전경쟁이 순조롭게 작동하는 신고전파의 세계"에 기초하여, "유고슬라비아 유형의 노동자 경영 경제" 즉 "대부분 동유럽의 개혁가가 진정으로 품은 열망을 대표하는 유형의 경제" 전체의 효율성을 평가한다(1969: 1006). 많은 경제학자가 워드의 후굴공급곡선을 "노동자 경영이 논리적으로 성립불가능하다는 것을 보여주는 증거"라고 받아들였지만, 바네크가 보기에 이는 옳지 않다는 것이다(ibid.).

바네크에 따르면 베르그송 또한 소련식 기업이 시장자본주의 모델보다 효율성이 떨어질 수밖에 없다는 것을 이미 증명한 바 있다 (1969: 1014). 바네크는 오히려 노동자 경영 경제는 새 기업을 창업할 수도 또 실패한 기업을 폐쇄할 수도 있는 여러 집단이 있기 때문에(자유로운 진입과 자유로운 퇴출) 최적의 결과를 낼 수 있을 뿐만 아니라 자본주의보다 더욱 경쟁적인 시장구조를 만들 수 있다고 보았다.[57] 바네크는 노동자 경영 경제가 소련 모델과 자본주의 모델보다 우월하다는 것을 발견한다.

> 지금 내놓는 설명뿐 아니라 지난 10년간의 집중적인 연구에 근거하여 볼 때 나는 일련의 지독하게 편향된 결론들을 피할 수가 없다. 이로 인해 이 문제를 연구한 우리 경제학계 대다수의 견해와 모순을 빚을 뿐만 아니라 또 수많은 이들을 불쾌하게 만들리라는 것을 알지만, 나는 그러한 결론을 회피할 수가 없다. (⋯) 요컨대, 엄격히 경제적인 기준에서 판단해볼 때 내가 보기에는 노동자 경영 체제가 현존하는 그 어떤 다른 경제체제보다 더 우월하다(ibid., 1013-1014).

사실상 바네크에게 있어서 노동자 경영 경제는 국가 자본주의와 국가사회주의 모두가 수렴할 수 있는 하나의 이상을 제공하는 것이었다(ibid., 1014).

이러한 여러 모델을 거친 결과 신고전파 경제학자들은 여러 다양한 사회주의 형태가 흥미로울 뿐만 아니라 자신들의 연구에 중요한 의미가 있다는 것을 알게 된다. 신고전파 경제학자들은 다양한 유형의 추상적 사회주의 모델과 현존하는 사회주의적 형태들 사이를 쉽사리 오 갈 뿐만 아니라 기업과 경제체제 형태에 있어서도 다양한 사회주의를 자유롭게 이동했다. 1984년 밀렌코비치는 이 상황을 이렇게 비판한다.

> 이러한 상태에서는 바깥에서 볼 때 자본주의 기업과 랑게식 사회 주의 기업, 노동자 경영 기업을 구별할 수가 없다. 단기적으로는 기 업들의 행태에서 날카롭게 차이점들이 나타나지만, 일반 균형에서 는 이 세 가지 기업이 하나로 뭉쳐진다. 경쟁의 일반 균형에서는 이 세 가지 기업 및 그에 기반하여 세워진 경제체제들이 똑같이 효율 적이다(Milenkovitch, 1984: 83).

하지만, 이러한 기업들과 경제체제들 사이의 상호 교체 가능성은 유고슬라비아에 대한 그리고 이러한 새로운 추상적 사회주의 모델들에 대한 경제학자들의 관심을 크게 증대시켰다. 이러한 저작들은 신고전 파 경제학자들을 모든 수준에서 자극하게 된다.

> 워드의 '일리리아' 기업 모델(1958) 그리고 이에 대한 바네크의 일 반화(1970)에서 비롯되어 오늘날까지 축적된 문헌은 단일한 경제 학 이슈 관련으로서는 아마도 가장 양이 많을 것이다. 이 문헌들 은 자주관리 기업의 극대화 값이라는 것이 경제적으로 어떤 함의 를 가지고 있는가에 대한 것이다(Nuti, 1996: 189).

이 문헌 대부분이 워드의 후굴공급곡선과 그에 따른 여러 전제를 평가하려 한다. 하지만 신고전파 경제학자들은 일리리아 모델의 여러 장점을 보았다. 폴 새뮤얼슨 또한 그의 유명한 『경제학』에서 유고슬라비아 모델을 짧게 설명하고 있다.

> 이 체제는 지금까지 작동해왔으며, 이 체제의 경제성장은 그 전 스탈린주의 시대의 성장을 능가한다. 비록 내부자들이 노동자들 스스로가 행사하는 권력의 양에 대해 냉소를 표출하기도 하며 이것이 일리가 없는 것도 아니기는 하지만, 이러한 생디칼리슴적 구조의 체제는 관료 권력을 견제하는 것으로 여겨지고 있다(Samuelson, 1973: 875-876).

훗날 노벨 경제학상을 수상하는 미드를 포함하여 여러 신고전파 경제학자가 유고슬라비아 경제 및 그와 연관된 여러 형태를 모델로 만드는 작업으로 전환했다(Meade, 1972, 1974).

호르바트는 워드의(그리고 도마의) 저작에 대해 유고슬라비아 쪽 최초의 응답을 내놓았다(1967). 호르바트는 신고전파 모델의 관습들을 따라서 '유고슬라비아 기업'의 행태를 묘사하는 모델을 만들어내고 이를 '자본주의 기업'의 행태와 비교했다. 그는 양쪽 모두가 개별 기업 외적으로 형성되는 가격과 자유롭게 경쟁이 벌어지는 시장에서 영업한다고 가정했지만, 자본주의 기업은 이윤을 극대화하는 반면 유고슬라비아 기업은 노동자 1인당 소득을 극대화한다고 보았다. 호르바트는 워드가 노동자 자주관리 기업의 열등함을 시사하면서 그의 후굴공급곡선과 그의 모델의 기초로 삼은 것은 1950년대 초의 유고슬라비아

경제였다고 주장했다. 그리고 실상을 보면 그 이후 유고슬라비아 경제
는 변모했다는 것이었다. 여러 경제개혁을 통하여 유고슬라비아 기업
은 순수한 자본주의 기업과 더 가까워졌다는 것이다.[58] 오스카르 랑
게 등과 같은 다른 신고전파 경제학자들의 관점을 따라서(Lange, 1936,
1937), 호르바트는 자본주의 기업이 현실적으로 순수 경쟁 기업의 모델
과는 그 행태가 다르다고 주장한다. 유고슬라비아 기업에서 노동자 집
합체는 기업가의 역할을 맡게 되며, 여기에 다른 제도들이 결합되면서
자본주의보다 더욱 경쟁적인 시장을 가져올 더 좋은 환경을 제공한다
는 것이다. 그는 신고전파 모델의 여러 비현실적 가정들을 피하기 위해
서 현존하는 유고슬라비아 체제를 더욱 경험적으로 연구할 것을 주장
했다.[59] 호르바트에 따르면, 그러한 연구를 통해 유고슬라비아 경제가
자유경쟁 시장이 작동하는 데에 올바른 제도적 시스템을 제공하고 있
음을, 즉 유고슬라비아 경제가 경쟁적 시장의 여러 혜택을 최적으로 거
두고 있음을 입증할 수 있을 것이며 또 신고전파 경제학이 더 잘 묘사
하고 있는 것은 현존하는 자본주의경제가 아니라 유고슬라비아 경제
임을 입증할 수 있다는 것이었다.[60] 요약하자면, 호르바트는 자본주의
기업과 유고슬라비아 기업의 형식적인 유사성을 확립했고, 신고전파
경제 이론을 통하여 유고슬라비아 기업이 합리적으로 행동할 뿐만 아
니라 잠재적으로 그 자본주의쪽 상대를 능가한다는 것을 보여주었으
며, 이를 입증하기 위한 경험적 연구를 주창했다.

　　워드-도마-바네크 신고전파 모델에 대한 유고슬라비아의 대응은
신고전파 경제학자들 사이의 초국가적 토론에서 일부를 이루게 된다.
유고슬라비아 경제학자들은 유고슬라비아 기업이 극대화하는 것이 무

엇인지─노동자 1인당 소득인가 이윤인가 아니면 다른 무엇인가─를 계속해서 다시 생각했으며, 후굴공급곡선이라는 워드의 발견을 지지하는 것으로 보이는 신고전파 모델의 여타 가정들도 계속해서 다시 생각했다. 이들은 또한 그 가정들을 대체할 만한 다른 가정들을 지지하기 위해 경험적 연구를 수행해야 한다는 호르바트의 주장에 호응했다 (Dubravčić, 1970; Horvat, 1979; Prašikar et al., 1994; Švaković, 1977).[61] 유고슬라비아 모델, 일리리아 모델, 노동자 경영 모델 혹은 노동자 참여 모델 등은 순수 경쟁 시장, 중앙계획 사회주의, 소련 경제의 경험적 예 등과 함께 신고전파 경제학의 핵심을 이루게 되었다. 이와 동시에 유고슬라비아 모델을 서술하기 위해 사용된 신고전파 경제학은 사실상 유고슬라비아 경제를 다시 만들어내는 자원으로 쓰이게 된다.

지구적 모델로서의 유고슬라비아

─

1970년대가 되면 유고슬라비아는 비동맹 운동에서 세계은행에 이르도록 전혀 다른 기관들에서 하나의 지구적 발전 모델의 자리를 얻게 된다. 비동맹 운동에서 티토와 유고슬라비아가 행사했던 지도력으로 인해 노동자 자주관리 사회주의는 대안으로서 큰 정당성을 얻게 되었다. 저자가 인터뷰해보았던 옛 유고슬라비아 출신의 경제학자들은 그들이 외국에서 노동자 자주관리 사회주의를 적극적으로 옹호했다는 생각을 단호하게 거부했다. 이 경제학자들에 따르면, 노동자 자주관리를 외국에 홍보했던 것은 그들 경제학자가 아니라 정치 지도자들이었다. 오히려 경제학자들은 전 세계의 외국 경제학자들이 이미 유고슬라비아 사례에 흥미를 갖고 있음을 발견했다고 한다.

추상적인 일리리아 모델과 구체적인 유고슬라비아 모델은 정부 간 기관들, 각종 경제학 학회와 학술회의, 특정 대학들, 간행물들 특히 학술지들의 네트워크를 통해 전 세계를 떠돌아다녔다. 유고슬라비아 정부는 이미 UN, IMF, 관세무역 일반협정GATT, 여러 UN 기관들과 같은 무수한 정부 간 기구에 참여하고 있었다. 세계은행과 IMF 같은 국제 금융기관들이 얼마나 많은 나라에서 정책 형성에 영향을 미쳤는지는 여러 학자가 밝힌 바 있다(Babb, 2001; Broad, 1988; Henisz, Zelner, and Guillén, 2005; Margold, 1967; Woodward, 2005). 주류 신고전파 훈련을 받은 경제학자들은 이러한 기관들을 오랫동안 지배했다. 이러한 기관들의 모든 성원이 그러하듯이, 유고슬라비아 정부 또한 대표자들뿐만 아니라 경제학 및 여타 전문가들을 그 정규 요원으로 파견했다.[62] 유고슬라비아 경제학자들도 이러한 기관들에서 일할 만한 신고전파 경제학의 훈련을 받았다. 이들은 또한 신고전파 경제학에 직접 연관되는 다양한 사회주의를 경험하기도 했다.

유고슬라비아는 세계은행의 창립국 중 하나였다. 또 회원국으로서 유고슬라비아의 사회주의 정부는 수십 년간 세계은행에 분담금을 지불하고, 대출을 받고, 또 투표권을 행사했다.[63] 유고슬라비아 정부는 또한 시민들 중에서 미국의 워싱턴 수도에 있는 세계은행 본부에 은행 총재, 교체집행 이사, 정규 스태프 등을 배출했다.[64] 대부분의 유고슬라비아 경제학자는 세계은행에 취직하기 위해서 필요한 신고전파 경제학 관련 이력도 가지고 있었지만 또 노동자 자주관리 사회주의에 대한 강력한 관심과 신념을 가지고 있었다. 세계은행은 또한 비교경제학의 관점에서 작동하는 면이 있었고, 유고슬라비아가 독특한 경제 유형으로서 그들의 작업에 중요한 의미가 있다는 것을 알게 되었다.[65] 이들은 또한 국내에서의 작업 경험을 통하여 시장 이행과 기업 재조직에 대해서도 특별한 전문성을 지니고 있었다. 따라서 이들은 세계은행에서도 빠르게 승진할 수가 있었다.

한 예로 아브라모비치Dragoslav Avramović는 1953년 세계은행의 일원으로 합류했고 발전경제학 부서 부장이자 남미 및 카리브 제도를 위한 수석 경제학자가 되었다. 유고슬라비아 내에서 노동자 자주관리 체제가 출현하고 있던 1958년에 그는 베오그라드 대학 경제학과에서 박사학위를 받는다. 1970년대에 그는 비동맹운동을 위한 작업을 시작하며, 이 작업으로 인해 세계은행에서 나와 브란트 위원회Brandt Commission*에서 일하게 된다. 1989년 이후에는 유고슬라비아로 돌아가 밀로셰비치Milošević 정부의 안정화 프로그램을 시행했고 유고슬라비아 중앙은행의 총재가 되었지만, 정부에서 밀려난 뒤 밀로셰비치에 반대하는 지도적 정치 인사가 되었다(Lewis, 2001). 신고전파 경제학 훈련을 받은 다른 유고슬라비아 경제학자들 또한 나중에 세계은행에서 일하게 된다.

유고슬라비아 모델은 학계의 신고전파 경제학에만 중요성을 가진 것이 아니라 신고전파 경제학에 기초한 발전 정책에도 의미가 있는 것

---

*1977년 세계은행 산하에 조직한 국제 개발 문제에 관한 위원회를 일상적으로 이르는 말. 지구 남반구와 북반구의 경제문제를 해결할 방안을 마련하기 위해 구성하였다. 전 서독 수상 브란트가 위원장이었으며, 본부는 스위스 제네바에 있다.

으로 여겨졌다. 유고슬라비아 지도자들은 1948년 코민포름과 단절한 이후 즉시 유고슬라비아가 개발도상국이라 자처하면서 다른 개발도상 국들과 연결을 맺어나갔다(Rubinstein, 1970: 82). 발전경제학은 여전히 19세기 형태를 벗어나지 못하고 농업사회에서 산업사회로의 전환에 초점을 두고 있었던 반면, 신고전파 경제학은 균형 상태에 있거나 그에 가까운, 완전히 발전한 산업경제를 연구했다(Pieterse, 2001: 39). 1장에서 논의했듯이, 소련 경제학자들은 빠르게 변화하는 자신들의 사회를 위해 신고전파 경제학을 재해석하는 작업에 몰두했다. 소련 및 여타 동유럽 경제학자들은 자본주의에서 사회주의로, 그 다음에는 공산주의로의 이행과 관련된 여러 문제에 우선성을 두었다. 발전경제학자들은 유고슬라비아가 '이행'을 시작했다는 것을 이해했다. 오늘날의 관점에서 보자면, 이러한 이행을 시장자본주의로의 이행이라고 가정할 수도 있겠다. 하지만 다음의 여러 장에서 더 논의하겠거니와 이 이행은 신고전파의 여러 전제를 깔고 구성된 워드의 개혁 유고슬라비아 모델에 가까운 완전한 시장사회주의로의 이행이었다. 유고슬라비아는 이미 시장 이행을 경험했기에, 유고슬라비아 경제학자들은 그러한 이행 과정에 있는 다른 나라들의 자문으로서 특출한 자격을 갖추고 있었다.

세계은행은 공식적으로 유고슬라비아 체제를 하나의 성공으로 보고 있었다. 1972년 세계은행에서 파견한 경제학자들이 유고슬라비아를 방문했고, 1975년에는 이를 보고서로 발표했다(Dubey, 1975). 이 보고서는 유고슬라비아가 체제의 민주화를 겪는 동시에 여러 제도적 변화와 결합된 급속한 성장을 이루었으며, "하나의 성공이라고 판단되어야 한다(ibid.: 32. 또 다음 참조. ibid., 3, 20)"고 천명하고 있다. 이 보고서의 한 논평자는 이렇게 결론을 내린다. "유고슬라비아에 대한 이론적, 실천적 관심은 줄어들 기미가 없다. (…) 이 시대는 유고슬라비아의 경험이 제공하는 것과 같은 대안적 발전의 미래에 강한 관심을 가졌던 시대라고 할 만하다(Dunn, 1978: 633)." 그리고 다음과 같이 평가한다.

> 유고슬라비아의 노동자 경영을 전문적으로 관찰한 이라면 자주관리 기업에 대한 이러한 전반적 평가에 대해 거의 모두 동의할 것이다. 또 이 보고서의 여러 보고 사항에 더욱 더 동의할 것이다 (p.48). 노동자 경영 기업의 작동에 본질적으로 내재한다고 생각되었던 경제문제들—불충분한 수준의 투자, 과도한 개인 소득 지불, 자본집약적 생산기술을 원하는 편향, 자본의 이동성 부족에서 기인하는 자원 배분의 비효율성 등—은 아예 존재하지 않거나 적절한 보완적 입법이나 정책 도구들을 통해 해결이 가능하다는 것이 그것이다(Dunn, 1978: 631-632).

세계은행 관리들은 유고슬라비아 모델이 성공적이었다고 생각한 것이다.

유고슬라비아 정부 또한 새로운 발전 기구들을 창출하기 위해 일했다. 그중에서도, 1974년 유고슬라비아 정부는 류블랴나에 개발도상국의 공기업을 위한 국제센터ICPE: International Center for Public Enterprise in Developing Countries를 설립했고 여기에 많은 나라가 곧 합류했다.[66] 비동맹 운동의 여러 회합에서 ICPE는 비동맹 운동의 유일한 기구로서 소개되었다.[67] 그 유고슬라비아 창립자들에 따르면 UN 사무총장이 그러한 센터를 유고슬라비아에 두는 데 관심을 가진 이유는 "그러한 기관이라면 유고슬라비아 기업에서의 노동자 자주관리의 경험을 연구하는 센터가 되는 게 아주 자연스럽기" 때문이었다.[68] ICPE는 컨설팅, 훈련, 연구, 정보 및 문서화 등의 서비스를 제공했다.[69] 1974년에 열린 그 첫 번째 세미나에서 참가자들은 다음을 결정했다.

1. 경제계획은 개발도상국들의 앞으로의 발전을 위해 긴요한 명령으로 다루어져야 한다.
2. 공공부문과 사회부문의 기업들은 개발도상국의 경제 발전에 있어서 원동력으로 간주된다.
3. 비동맹 개발도상국들 경제의 강화 과정에서 사회적 및 공공 소유의 재산을 경영할 때에 노동자들 스스로가 경영에 참여하는 것은 필수적이면서도 정상적인 관행이 된다.[70]

ICPE 내에서 프라슈니카르Janez Prašnikar와 바흐치치Aleš Vahčič와 같은 유고슬라비아 경제학자들이 이러한 전제들과 유고슬라비아의 경험에 근거하여 여러 나라에 자문을 행했다. 비동맹 운동이라는 맥락 안에서 ICPE는 이미 그 전에 신고전파 경제학자들의 논의 속에서 모습을 갖추었던 노동자 자주관리 사회주의 모델을 발전시키고 또 수출했던 것이다. ICPE는 국영기업, 개발도상국들 사이의 지구적 차원의 금융 협력, 산업 구조조정, 대규모 독점기업의 분해, 중소기업 형성, 기업가정신 등을 증진시키는 경영 훈련 또한 지원했다.

비록 대부분의 유고슬라비아 경제학자들은 노동자 자주관리를 해외에 장려하는 활동을 하지 않았다고 주장하지만, 브란코 호르바트와 야로슬라프 바네크 두 사람은 개인적으로 유고슬라비아 모델이 국경을 넘어 확산되는 데 크게 기여했다. 앞서 언급한 세계은행 리포트의 논평자는 또한 이 보고서가 호르바트와 여타 유고슬라비아 경제학자들 그리고 바네크가 내놓은 여러 결론과 제안들을 반영하고 있음에 주목했다(Dunn, 1978: 630-632). 호르바트는 전 세계에 걸쳐 여러 정부에 자문 역할을 했고, 수많은 경제학자를 유고슬라비아에 데려와 노동자 자주관리 체제를 연구하게 했다(Uvalić and Franičvić, 2000). 유고슬라비아 지도부와 경제학자들은 일련의 국제기구들과 주요한 국제 학술회의들을 통하여 유고슬라비아 모델을 전 세계에 알렸다.[71] 여러 학술회의에서 자극된 대규모의 관심은 마침내 노동자 자주관리의 경제학을 위한 국제협회IAESM: International Association for the Economics of Self-Management의 형성으로 이어졌으며, 호르바트가 이끄는 학술지『경제 분석』은 주로 영어로 출간되는 국제 학술지『경제 분석과 노동자 경영』으로 전환되었다.[72] 호르바트는 노동자 자주관리 모델을 국제적으로 확산시키고자 한 것이다.

야로슬라프 바네크 또한 유고슬라비아 모델을 장려하는 데 많은 기여를 했다. 그는 수많은 논문과 저서를 출간하여 자신의 추상적인 노동자 경영 모델들을 널리 알렸고 또 현실의 유고슬라비아에 대해서도 깊은 이해를 가지고 있었다. 그가 있었던 코넬 대학 경제학과 대학원에는 노동자 경영 시스템과 참여의 경제학을 다루는 전문 과정이 있었고, 1970년 바네크는 이를 보완하기 위해 코넬 대학에서 노동자 참여 및 경영 시스템에 대한 프로그램PPLMS: Program on Participation and Labor-

Managed Systems이라는 이름의 교육 프로그램을 만든다. PPLMS는 연구를 지원하고, 학술회의와 워크숍을 조직하고, 협력 모델에 대한 국제적인 문서화 및 문서화 교류 시스템을 유지했으며 이밖에도 유고슬라비아와 기타 협력 모델을 연구하도록 전 세계에서 연구자들을 불러들였다. 티토와 다른 유고슬라비아 정치 지도자들은 해외에서 노동자 자주관리 사회주의를 홍보했고, 여기서 특히 비동맹운동이 중요한 경로였다. 바네크나 호르바트와 같은 개인들 그리고 세계은행과 ICPE 같은 기구들이 이를 전 지구적 발전 모델로 만들어 세부적인 것들을 만들어나가는 데 도움을 주었고, 이렇게 해서 이 모델은 스스로 생명을 가진 발전 모델이 되어간다.

결론

—

유고슬라비아는 노동자 자주관리, 탈 중앙집중화, 시장, 생산수단의 사회적 소유 등에 기초한 혁신적인 사회주의 실험을 이루었다. 유고슬라비아라는 작은 나라가 소련 국가사회주의와 서방의 자본주의 모두로부터 독립한다는 실험은 불가능까지는 아니어도 무수한 어려움을 품을 수밖에 없었다. 유고슬라비아는 이에 대한 대응으로 국제적인 여러 동맹세력과 기구에 의지했다. 유고슬라비아 경제학자들은 다른 주류 신고전파 경제학자들과 대화를 통해 유고슬라비아 모델을 발전시켰다. 신고전파 경제학은 유고슬라비아 경제를 묘사하는 도구이기도 했지만, 이는 또한 유고슬라비아와 다른 나라들에 사회주의를 도입하고 또 개혁하기 위한 청사진의 역할도 했다. 어떤 의미에서 유고슬라비아의 경제학자들은 정책 입안가들에 영향력을 미침으로써 전 세계를 자신들의 이론에 맞추어 변화시킨 셈이다. 유고슬라비아 실험은 비동맹 운동과 초국가적 신고전파 경제학을 통하여 모종의 지구적 사회주의 모델이 되어갔다. 그러나 6장에서 보겠지만 이 모델은 곧 유고슬라비아 국내에서 공격을 받는 상황에 처하게 된다.

4장

구야시 공산주의와
헝가리의 신고전파 경제학

제2차 세계대전이 끝난 뒤 헝가리 공산당 또한 유고슬라비아 공산당과 마찬가지로 정치를 독점하게 되었고, 이를 통해 당 지도자들은 소련처럼 중앙계획, 생산수단의 국가 소유, 위계적 질서의 사업체들을 갖춘 소련의 국가사회주의 모델의 복제를 시도할 수가 있었다.[1] 당 지도자들은 또한 소련 모델을 경제학 분야에도 강제했다. 소련 모델에서 경제학자들의 가장 중요한 역할은 마르크스, 엥겔스, 레닌, 스탈린의 저작들을 뒤져서 정치 지도자들의 경제정책들을 이론적, 이념적으로 지원하는 논리를 제공하는 것이었다. 공산당은 경험적 연구를 지지하지 않으며, 신고전파 경제학은 자본주의를 지지하는 이데올로기이므로 '부르주아적'이라고 선언했다. 그런데 1953년 소련 지도자 이오시프 스탈린이 죽고 나자 동유럽 블록 안의 나라들은 이미 유고슬라비아가 축출당한 후 했던 것처럼 여러 대안적 사회주의를 실험할 수 있게 되었다. 이러한 새로운 환경이 찾아오자 헝가리 당-국가는 새로운 형태의 시장사회주의를 실행에 옮겼다. 이는 경제학자들이 고안한 것으로서, 국제적으로 "구야시 공산주의"라는 이름을 얻게 된다.

1953년 이후의 헝가리에서는 여러 집단의 경제학자들—이들은 시장개혁을 지지했으므로 '개혁경제학자들'이라 알려져 있다—이 당내 여러 분파와의 정치적 동맹을 통하여 직업적, 정치적 자원을 얻게 된다. 학자들은 일반적으로 개혁경제학을 "해보면서 배운다learning by doing" 는 원칙에 기초하여 그때그때 임시변통으로 때우는 대증요법쯤으로 생각하여(Kovács, 1990: 224), 제2차 세계대전 이전에 헝가리 내에서 내려오던 신고전파 전통이나 비非신고전파 전통 모두에서 유리되어 이데올로기나 이론적인 관심 따위와는 거리가 먼 "실용주의"로 이해해왔다(Szamuely and Csaba, 1998: 158, 182). 하지만 이러한 정치적 동맹을 통해서 이들은 새로운 경제학계를 발전시켜나갈 수 있었고, 이는 1950년대의 신고전파 경제학자들 사이에 있었던 초국가적 대화에 다시 합류하게 되는 예상 밖의 결과를 가져왔다. 개혁경제학자들은 신고전파 경제학을 시장사회주의를 위한 분석적 도구이자 규범적 모델로 사용하게 된다.

헝가리에서 시행된 1968년의 신경제메커니즘NEM의 여러 개혁은 혁신적 형태의 시장사회주의를 실현했다. 신고전파 경제학자들의 안목으로 볼 때 시장사회주의란 사회주의 조금과 자본주의 조금, 하는 식으로 다른 체제를 섞어놓은 혼합물 같은 것이 아니었다. 유고슬라비아와는 다른 방식이기는 했지만, 헝가리의 개혁경제학자들 또한 경쟁적 시장에서 경쟁하는 사회주의적 제도들을 요구함으로써 신고전파식 시장사회주의를 더욱 발전시켰다. 이 개혁경제학자들 또한 다른 신고전파 경제학자들과 마찬가지로 그 내부에서 견해가 갈라진 가장 근본적인 질문은, 시장이냐 계획이냐가 아니라 위계적 제도들을 옹호하는가 아니면 그러한 경쟁적 시장과 중앙계획이 작동하는 데 필요한 탈중앙화된 민주적 제도들을 옹호하는가였다. 하지만 한편으로 헝가리의 당-국가 엘리트들은 이러한 여러 제도에 대한 논의를 회피하고, 사실상 현존하는 위계적 제도들을 그대로 유지하는 명백하게 협소한 형태의 신고전파 경제학만을 장려했다. NEM이라는 헝가리의 시장사회주의 실험은 전 세계적으로 특히 경제학자들 사이에서 큰 흥분을 불러일으켰고, 헝가리는 전 지구적으로 시장사회주의의 혁신국으로 인정받게 되었다. 하지만 헝가리 경제학자들은 금세 NEM의 여러 한계에 실망하게 되고, 시장사회주의의 여러 모델을 발전시키기 위해 더욱 연구에 매진하게 된다.

헝가리의 개혁경제학: 새로운 제도들
—

하지만 이렇게 시장사회주의와 신고전파 경제학으로 전환하는 일이 금방 벌어진 것은 아니었다. 제2차 세계대전 직후 마차시 라코시Mátyás Rákosi가 이끌던 헝가리 공산당은 소련의 국가사회주의 모델을 시행하려고 했다.[2] 당-국가 지도부의 눈으로 볼 때 소련 스타일의 계획경제에는 새로운 전문가들과 새로운 지식이 필요했다. 당의 제2인자이자 최고의 경제정책 입안자였던 에르뇌 게뢰Ernő Gerő에 따르면 계획경제에는 과학적인 훈련이 되어 있고 현실적 문제들을 인지하는, "인민들로부터" 나온 경제학자들이 필요했다(1948: 652). 그는 부르주아 경제학자들은 자본주의를 보호하고 찬양하다가 "파산"했으며 따라서 계획경제에 도움이 될 수 있는 것은 사회주의 경제학자들뿐이라고 여겼다(ibid., 655; rudas, 1948: 658). 당 지도자들은 새로운 세대의 사회주의 경제학자들을 창출하기 위하여 기존의 전문기관들을 폐쇄하고 소련 모델에 적합한 새로운 마르크스-레닌주의적 기관들을 설립해야 한다는 것이었다. 1947년과 1950년 사이에 당은 경제학자들을 훈련시키는 주요한 대학 학과(the Közgazdaságtudományi Kar, 부다페스트 기술대학에 있는 경제학과), 유일의 독립적 경제연구기관(헝가리 경제연구소), 경제학자들의 주요한 전문 학술지(Közgazdasági Szemle, 즉 『이코노믹 리뷰』), 그밖에 광범위한 다른 경제 학술지 그리고 헝가리 경제학 연합회까지 모두 폐쇄해버린다(Bockman, 2000: 98-105). 이들은 또한 헝가리 과학 아카데미에서 경제학자들을 숙청하여 쫓아내버렸다(Péteri, 1991: 287). 그 다음으로 당 지도자들은 마르크스-레닌주의 원리에 기초하여 경제 대학—훗날 카를마르크스 경제대학이라고 불리게 된다—을 설립했고, 『헝가리-소련 경제학 리뷰』라는 학술지를 창간한다.[3] 경제학 교육의 초점은 마르크스, 엥겔스, 레닌, 스탈린의 저작들에 기초한 사회주의 및 자본주의에 대한 이론적 정치경제학으로 바뀌었다.

유고슬라비아와 달리 헝가리는 바르샤바 조약의 가입국이었다. 따라서 소련은 계속해서 헝가리에 직접 영향력을 행사했다. 그러다가 1953년 스탈린의 죽음으로 일종의 정치적 공백이 생겨났으며, 여러 정치적 분파가 동유럽 블록 전체에 걸쳐서 권력 투쟁에 나서게 된다. 헝가리의 경우 라코시, 게뢰 그리고 라코시 체제에서 주변화되고 공격받았던 공산주의자 임레 너지Imre Nagy 등이 권력 투쟁을 벌인다. 1953년, 너지는 수상 자리에 오른다. 그가 권력을 잡고 있는 동안 옛날의 그리고 새롭게 마련된 경제학 전문기관으로부터 여러 집단의 경제학자들이 그와 동맹을 맺었다. 이 학자들은 공개적으로 스탈린주의적 중앙경제계획을 비판하기 시작했고, 사회주의 체제 내에서의 시장개혁을 요구하여 '개혁경제학자들'이라는 이름을 얻게 된다. 너지는 이들의 전문성과 지원을 얻는 대가로 이들이 헝가리의 주류가 될 수 있도록 직업적·전문적 자원을 제공해주었다.

너지는 그 자신이 농업경제학자였기 때문에 경제학자들과 동맹을 맺기에 특히 좋은 위치에 있었다. 그는 소련 농업 연구기관의 경제학 연구자였으며, 이 때문에 연구 경험이 거의 없는 대부분의 다른 경제학자들보다 경제학자로서 더 큰 명성을 얻게 되었다(Rainer, 1996; Szabó, OHA, 1991). 또 그는 1948년 이후 헝가리의 경제 대학 교수였으며 과학 아카데미의 종신 경제학 위원회—최상의 경제학 전문가들이 경제학과 경제정책들을 논의하는 곳—의 일원이었으므로 경제학계에 대해서도 몸소 잘 알고 있었다. 또 농업부에서 일하는 가운데 그는 적용경제학자들의 관심사가 무엇인지에 대해서도 경험으로 알게 되었다. 너지는 경제학 공동체의 강력한 일원이었으며, 경제학적인 사고방식과 관행에 익숙했을 뿐만 아니라 경제학자들이 직면한 문제들에 대해서도 잘 알고 있는 인물이었다. 너지는 자신의 새로운 체제에서 경제학자들에게 중심적 역할을 약속했으며, 경제학은 아주 중요한 학문이므로 "과학의 전면"에 나서야 한다고 주장했다(Nagy, 1954: 24).[4]

1953년 이전 기간에 고생을 해야 했던 경제학자들도 너지의 전문가 집단에 합류했다.[5] 사실상 너지 자신도 스탈린주의 시기 동안 고충을 겪은 바 있다. 1949년 당 지도자들은 너지의 "우편향적 관점"을 문제 삼아 그에게 1년간 국내 유배를 선고한 적이 있었다(Rainer, 1996). 경제학자들을 포함한 다른 고위급 공산주의자들도 비슷한 혐의와 처벌을 받았었다.[6] 또 다른 경제학자 페렌츠 도나트Ferenc Donáth는 허위고발로 1951년 투옥되었다가 너지가 일으킨 여러 변화의 결과로 1954년 석방되었다(Péteri, 1993: 163).[7] 임레 버이더Imre Vajda도 1951년에서 1954년까지 허위고발로 감옥에 있다가 나와서 너지의 집단에 합류한다(Vas, 1990: 49). 라코시는 개인적으로 경제 대학의 주요한 정치경제학 강사였던 터마시 너지Tamás Nagy로 하여금 정치적으로 의심을 받던 그의 아내와 강제로 이혼하도록 만든바 있었다(T. Nagy, OHA, 1986: 104).[8] 터마시 너지는 자신이 임레 너지에게 합류한 것은 너무나 "당연했다"고 말했다(ibid., 118). 중앙통계청의 죄르지 페테르는 통계청에서 일하는 이들에게 쏟아졌던 당의 공격을 계속해서 막아냈다. 페테르 에르되시Péter Erdős는 '시온주의 음모'에 참여했다는 혐의 때문에 공산당원 지위와 일자리를 잃었다(Péteri, 1996: 367). 너지는 이들과 여타 환멸을 느낀 엘리트 경제학자들을 동원하여 자신의 경제적 정치적 개혁 프로그램들을 수립한다. 그는 또한 자신이 1948년에서 1952년 사이에 교편을 잡았던 경제 대학과 농업 대학에 있었던 자신의 학생들과 동료들을 자문단의 핵심으로 배치한다(Rainer, 1996: 449-551).

임레 너지는 전문적인 경제학의 표준에 변화를 가져오고자 했다. 1954년 그는 "과학적 비판, 광범위한 이론적 질문들, 여러 견해의 자유로운 논쟁"의 중요성을 선언했다(1954: 22). 이는 헝가리 경제학계에 중대한 변화를 가져온 사건이었다. 예를 들어 1950년에는 어떤 아주 영향력 있는 경제학자가 한 경제학 강사의 강의를 금지한 적이 있었다. 그의 말에 따르면 "이 강사는 사회주의의 본질을 이해하지도 느끼지도 못하고 있다"는 것이었다.[9] 1954년이 되면 이와 대조적인 일이 벌어진다. 과학 아카데미의 경제학 위원회 회합에서 한 참가자가 새로운 통계학 교과서가 너무 이데올로기적이라고 비판한 것이다.

> 이 책 전체의 문체와 어조가 사이비 과학의 헛소리다. (…) 예를 들어 저자는 이렇게 말한다. "사회주의적 통계학은 근로 민중에 대해 이야기하며 근로 민중에게 이야기한다" (…) 이는 1945~1946년의 선전, 선동에나 나올 법한 이야기지, 1953년의 대학 교과서에 나올 이야기가 아니다.[10]

경제학 위원회는 이 저자에게 마르크스주의 고전 저작들에 나타난 통계에 대한 절들을 지우고 또 "쓸데없는 예와 인용문들"을 없애라고 명령했고, 대신 헝가리 특유의 경제문제들을 대표하는 통계에 관한 더 많은 논의를 추가하라고 명령했다. 이는 너지 시대 동안 있었던 경제학계 내의 표준과 관행에서의 폭넓은 변화들 중 불과 한 예일 뿐이다.

너지는 또한 경제학자는 독립적 연구자로서 이러한 과학적 정신을 구현해야 한다는 옛날의 역할을 재창조했고, 이 역할을 자신이 거느린 전문가 군단에 부과했다. 이러한 경제학자의 역할은 라코시가 이끌던 공산당이 당시 헝가리의 유일한 독립적 경제학 연구기관이었던 헝가리 경제연구소HIER: Hungarian Institute for Economic Research를 '반동적'이라는 낙인을 찍어 폐쇄하면서 사라졌던 것이었다.[11] 새로이 설립된 경제과학연구소ESI 는 1954년에 문을 열었으며 다시 경제학자들에게 현실의 여러 기관의 문제 및 관심사로부터 떨어져서 연구를 수행할 수 있는 독자적인 영역을 제공했다.[12] ESI의 설립 문서를 보면 그 가장 중요한 임무는 "사회주의 건설 과정에서 생겨나는 여러 과학적 문제를 연구"하는 것이라고 한다.[13] 너지의 말대로 하면, ESI가 생겨난 목적은 마르크스-레닌주의의 전략적 혹은 이론적 텍스트에 초점을 두기보다는 "현실" 분석을 통해서 경제과학의 "후진성"을 제거하는 것이었다 (Nagy, 1954: 22). ESI 경제학자들은 현실의 문제들과 '구체적 사건들'을 연구함으로써, 마르크스주의 고전 저작들의 텍스트 분석을 통해 미래의 사회주의 및 공산주의 청사진을 마련했던 정치경제학 이론가들의 전통적 저작들과 날카롭게 단절했다. 이들은 '객관적 요인들'과 '구체적인 현실적 질문들'을 연구하여 경제계획과 경제정책의 '과학적 기초'를 제공하고자 했다(ibid., 21-22). ESI의 경제학자들은 애초부터 이러한 새로운 경험적 연구 방법을 사용하도록 명령을 받은 이들이었다.

이들은 또 스탈린 시대에 대부분의 경제학자가 접근할 수 없었던 광범위한 자료들에 접근할 수 있었다. ESI 도서관은 『비즈니스 위크』 『경제 노트』『신용 및 비즈니스 상황 월간 리뷰』『폴리티컬 어페어스』 『현행 비즈니스 개관』『미국 뉴스와 세계 리포트』『월스트리트 저널』 등을 정기구독했다.[14] 도서관에는 또한 HIER에서 일하는 이들의 저작들도 있었다. 나아가 ESI는 부설로 경제학 문서 센터를 두고 있었다. 이 센터는 본래 HIER 내부의 부서로 기능하면서 헝가리 내부는 물론 외국의 경제학 문헌과 데이터의 번역을 제공했었다. 이렇게 ESI의 경제학자들은 넓은 범위의 자료들에 접근할 수가 있었다.

ESI는 너지의 개혁 프로그램의 작업장으로서 즉각 기능하기 시작했다(Rainer, 1996: 452).[15] ESI는 출발부터 개혁경제학자들의 산물이었던 것이다. ESI 설립 계획을 세운 것도 너지의 동맹자였던 칼만 서보Kálmán Szabó였다.[16] ESI가 최초로 고용한 이들 또한 개혁경제학자들이었다.[17] 임레 너지의 대학원생들 또한 ESI에서 일하고 있었다.[18] 당의 공식 신문이었던 『서버드 네프Szabad Nép』의 경제 칼럼니스트이자 너지를 지지하는 언론인 집단의 일원이었던 야노시 코르너이도 1955년 ESI에 합류했다(Kornai, 2006: 71).

이와 동시에 ESI는 개혁경제학자들이 경제학계에 통제력을 행사할 수 있는 제도적 기초를 제공했다. ESI의 창립자들은 이 연구소가 경제학계의 조직 중심이 될 것으로 구상했다.[19] ESI에 있는 경제학자들은 여러 전문가적 기능을 수행했고 이로 인해 경제학계에 큰 영향력을 가지고 있었다. 한 예로 ESI는 과학 아카데미의 과학 정책 과제들 중 다수를 스스로 떠맡고 있었다. 그중에는 ESI 연구자들이 제기한 이론적 문제들에 관한 논쟁, ESI의 과학적 연구 계획 관련 토론, 실생활과의 관계 강화, 출간되는 ESI 저작물의 이론적 수준과 정치적 수준에 대한 평가 작업 등이 있었다.[20] 이들은 또한 경제학계에 나오는 박사논문을 평가하고 대학원생들을 대상으로 시험을 치는 일까지 맡았다.[21] 1957년 이전까지 대학원생들의 박사논문 심사 위원회는 ESI 성원들이 지배했다(Péteri, 1996: 378).[22] 이에 더하여, 이들은 ESI 외부의 전문가들과 함께 위원회를 조직하여 구체적인 경제문제들을 연구할 수도 있었다. ESI는 개혁경제학자들이 경제학계 전반에 영향을 끼칠 수 있는 제도적 중심을 제공했던 셈이다.

너지 체제는 경제연구소 설립을 지지하고 경제학계에 새로운 표준을 장려했을 뿐만 아니라, 『헝가리-소련 경제학 리뷰』를 폐간하고 전쟁 이전의 『경제학 리뷰』를 복간했다.[23] 『헝가리-소련 경제학 리뷰』는 당시 유일한 경제학 학술지로서 주로 소련의 논문들과 정부 정책을 홍보하는 논문을 게재했고 따라서 헝가리 개혁경제학자들의 포럼이 될 수가 없었다. 개혁경제학자들이 여기에 논문을 발표할 기회가 전혀 없었다고까지는 할 수 없지만, 지극히 제한되어 있었던 것이다.[24] 『경제학 리뷰』를 복간함에 따라서 이들은 이제 자신들의 생각과 연구를 가지고 경제학계 전체와 소통할 수 있게 되었다. 여기에서 소련의 논문들은 게재되는 일이 거의 없었고 개혁경제학자들의 논문을 가장 중요하게 내세웠다. 편집위원회 또한 너지의 지지자들과 그의 정부 관료들이 지배하고 있었다.[25] 이 학술지는 금세 헝가리 경제학자들 사이에서 아주 큰 인기를 얻게 되었다.[26] 『경제학 리뷰』는 개혁경제학자들에게 경제학 논문을 발표할 수 있는 유일한 장이었으며 그들에게 소통할 수단을 제공해주었다.[27]

『경제학 리뷰』는 너지의 새로운 경제적 실천 비전을 홍보했다. 그 제1권에서 편집위원회는 게재될 논문들이 더 이상 "스콜라주의적" 방법을 써서는 안 되며 경험적 연구 방법에 기초해야 한다고 선언했다 ("Közgazdaságtudomány", 1954). 너지가 지적인 논쟁을 요구했던 것과 궤를 같이하여, 편집위원회 또한 공통의 주제들을 토론하는 논문들을 함께 싣는 방법으로 여러 권을 편집했다. 편집위원회는 이 학술지가 단순히 경제학계에 기여하는 수준을 넘어 구체적 정책 과제들을 해결하도록 경제학자들을 조직하고 또 경제정책에 "과학적 기초"를 제공하는 수단이라 여겼다(ibid.). 『경제학 리뷰』는 개혁경제학자들에게 그들의 정책 아이디어뿐만 아니라 경험적 연구와 논쟁을 홍보할 수단을 제공했던 것이다.

너지 체제는 또한 여러 대학에도 주요한 개혁 조치를 시행했다. 개혁경제학자들은 마르크스-레닌주의와 이론적 정치경제학 때문에 채용할 만한 학생들이 훈련되지 못하고 있다고 보았고, 이러한 이론들의 지배를 끝내기 위해서는 경제학 대학을 재조직하는 것이 반드시 필요하다고 생각했다.[28]

너지는 경제학 교육을 개혁하고 경험적 연구와 논쟁을 지원했을 뿐만 아니라, ESI와 같은 새로운 기관들을 만들고 독립적 연구자의 새로운 역할을 강조하였으며, 『경제학 리뷰』를 창간하여 경제과학을 전문적 과학으로 만들었다. 경제학이 이렇게 전문 과학이 되면서 그 내부의 권력 구조 또한 변화하게 되었다. 이러한 기관들이 개혁경제학자들의 생각과 실천을 발전시키고 소통할 수 있는 수단이 됨으로써 경제학을 독점하고 있던 다른 집단들을 밀어낼 수 있었기 때문이다. 개혁경제학자들, 특히 ESI의 연구자들은 이러한 정치적, 직업적 지원을 받는 대가로 너지의 경제 프로그램들을 개발했고 그의 세계관을 적극 홍보했다. 개혁경제학자들은 이러한 기관들에 대한 통제력을 유지하면서 이를 자신들의 관점, 사상, 실천과 융합시켰다. 그 결과 개혁경제학자들과 그들의 여러 기관은 너지가 권력에서 밀려난 후에도 오랫동안 계속적으로 커다란 영향력을 행사했다.

헝가리의 개혁경제학: 새로운 사상

—

임레 너지의 지원 덕분에 경제학자들은 자신들의 직업적 생활에서도 큰 전환을 맞게 되었지만 또한 근본적으로 헝가리 경제학의 내용 자체에도 혁명적 변화를 가져오게 된다. 1954년, "우리 지도부의 주된 방법론적 실책은 과도한 중앙집권화와 관료주의에 있다"고 중앙통계청의 수장인 죄르지 페테르는 선언했다([1954] 1986: 74). 페테르가 "우리 지도부"라는 말을 쓰기는 했지만 사실 이로써 그는 스탈린주의 체제에 대한 공적인 비판을 선도하고, 시장개혁에 대한 공적인 토론을 시작했다. 그의 논문은 새로운 경제학 어휘들을 동원하여 개혁을 요구함으로써 큰 흥분과 관심을 불러일으켰다. 페테르는 '이윤'을 위해 작동하는 '독립적' 기업들과 또 자기들이 어디에서 어떤 재화를 구매할지 여부를 '자유롭게 결정하는' 소비자들 사이의 '건강한 경쟁'을 요구했으며, 또 여러 재화의 가격이 '수요와 공급'을 충분히 고려해야 한다고 주장했다(ibid., 75, 81, 83, 84, 86). 자본주의에서는 시장이라는 방법이 '맹목적으로' 기능하므로 '파괴적'이지만, 사회주의에서는 "이 방법이 사회의 선을 향하여 작동하도록 전환될 수 있다"는 것이다(ibid., 91).[29] 이와는 대조적으로 옛날의 스탈린주의 경제학에서는 경제가 정치 영역과 하나로 융합되어 밀고자, 거짓말쟁이, 비밀경찰, 국유화 기업, 정치가, 계획가, 마지막으로 보호와 훈육을 필요로 하는 노동자들로 꽉 찬 공간으로 간주되었다. 이 논문을 통하여 페테르는 경제에 대한 새로운 사고방식을 도입했고, 헝가리 개혁경제학의 활기찬 이력이 여기에서 시작되었다.

개혁경제학자들은 즉시 자신들이 '경제적 메커니즘'이라고 불렀던 것에 대한 글들을 발표했다. 이 장 말미에서 논의하겠지만 이는 당시의 미국 경제학자들 또한 발전시키고 있던 개념이다. 1954년경을 시작으로 **경제적 메커니즘**이라는 단어는 1950년대와 1960년대를 통틀어 헝가리 경제학에서 가장 중요한 개념이 된다.[30] 개혁경제학자들은 경제를 하나의 메커니즘으로 그려냄으로써 이것을 마치 자동차의 엔진처럼 수리할 수도 있고 부품을 바꿀 수도 있고 아예 통째로 갈아버릴 수도 있는 것인 양 제시했다. 공산당의 공식 신문 칼럼니스트 출신으로서 곧 헝가리의 가장 유명한 개혁경제학자가 되는 코르너이는 이 경제적 메커니즘이라는 것에 대해 많은 글을 썼다(Kornai [1957] 1959). 코르너이에 의하면 이 경제적 메커니즘이란 "경제를 관리하는 데 **사용**되는 방법(즉 경제계획, 화폐, 신용, 임금, 가격의 시스템)을 지칭하는 것이며, 또 경제적 활동을 조직하는 **여러 형태**를 지칭하는 것"이다(ibid., 1). 또 이 메커니즘은 여러 다른, 더 소규모의 '메커니즘들' '방법들' '지렛대들'로 이루어지는 것이 보통이다. 코르너이는 자신의 모델에서 네 개의 "간접적인 경제적" 지렛대와 네 개의 "직접적인 행정적" 지렛대를 설명한다. 네 개의 경제적 지렛대는 투자, 통화 시스템, 가격 시스템, 임금 기금을 통제한다. 이것들을 간접적이라고 보는 이유는, 국가 당국이 기업들에게 정확히 무엇을 하라고 말하는 대신 개별 기업들이 금융적 이득을 추구하는 과정에서 국가 당국이 원하는 바대로 하게 만들도록 그 환경을 조종하려 하는 것이기 때문이다. 네 개의 직접적인 행정적 지렛대는 중앙계획으로 생산의 방향을 지도하는 것, 물자 배분 시스템, 대외 무역의 국가 규제, 경영 인력의 중앙 배분 시스템 등이다. 이 네 개의 지렛대를 사용하여 국가 당국은 무엇을 생산할 것인지, 어떤 재료를 사용할 것인지, 어떤 재화를 수출할 것인지, 누가 경영자가 될 것인지 등을 기업에 직접 명령한다. 코르너이에 따르면 국가 당국은 이전까지 직접적인 행정적 지렛대들만을 주로 사용했으며, 간접적인 경제 지렛대들은 사용하지 않고 놓아두거나 오직 중앙의 여러 훈령을 지지하는 데에만 사용했다. 이는 곧 경제 메커니즘이 조화롭게 혹은 효율적으로 작동하지 않았음을 뜻한다. 코르너이는 따라서 중앙 당국이 경제적 지렛대 즉 "실질적인 경제적 힘"의 사용을 늘려야 하며, 행정적 지렛대의 사용은 줄여야 한다고 주장했다. 중앙 당국은 간접적인 경제적 수단들을 씀으로써 노동자와 경영자가 이윤을 늘리는 데 있어 그들 개인의 금전적 이해관계를 갖도록 만들어야 하며, 이를 통해 여러 계획을 달성할 수 있다는 것이 그의 주장이었다.

개혁경제학자들은 간접적인 경제적 지렛대들 즉 훗날의 용어로 하자면 '시장 메커니즘'을 지배적으로 사용하는 경제적 메커니즘을 옹호하는 주장을 펼쳤다. 기존의 메커니즘은 직접적 지렛대들을 주로 사용했으며 또 계획 당국과 기업들 사이의 수직적 관계에 주로 의존했지만, 코르너이는 이와는 대조적으로 간접적인 경제적 지렛대들과 수평적 관계들을 가진 모종의 메커니즘을 창출하기 위한 종합적 개혁이 필요하다고 주장했다. 이러한 '시장 메커니즘'은 계획경제체제 내에서 작동할 것이며, 당 지도자들 및 계획가들을 경제적 행위자들과 연결시켜 주게 될 것이라는 것이었다. 1957년 초 한 회합에서 터마시 너지는 경제개혁 계획 하나에 동의했다. 이 계획은 "장래의 사회주의 경제모델이 될 한 모델을 개괄한 것으로서, 여기에서 행정 조치는 아주 적은 역할

만을 맡으며 경제의 방향을 지휘하는 계획은 시장 메커니즘에 기초하여 행위자들에게 영향을 주기 위해 마련된 도구들에 결정적으로 의존하게 될 것이다(Szamuely, 1986: 202-203)." 개혁경제학자들에게 있어서 이상적인 메커니즘은 시장 메커니즘이며, 여기에서 행정적 지렛대들은 가능한 최소한의 역할에 머물게 된다.

개혁경제학자들은 경제를 정치로부터 분리된 영역의 이미지로 제시했다. 여기서 정치 행위자들 및 정치 제도들은 오직 간접적인 수단을 통해서만 독립적이며 경쟁적인 기업들의 세계에 작용하게 된다. 올바른 경제적 지렛대들을 사용하기만 한다면, 경제 행위자들은 합리적으로 행동할 것이며 국가 당국 또한 전혀 개입할 필요가 없을 것이다. 이윤, 가격, 합리적 행위자들을 매개로 하여 한 기업의 이익과 국민경제의 이익은 하나로 통합될 것이다. 경제메커니즘의 개혁을 담당한 한 위원회에서 경제학자 이슈트반 버르거István Varga는 계획경제를 일종의 눈속임 마술에 빗대어 이야기한다.

> 어떤 마술사가 다른 이에게 카드 한 묶음을 주고 아무 카드나 한 장 뽑으라고 하지만, 그 카드는 반드시 다이아몬드 잭이다. 그렇다면 묻겠다. 이것이 계획경제인가 아닌가? 그 사람이 어떤 카드를 뽑든 그 카드는 반드시 그 마술사가 뽑기를 원하는 카드다. 그렇다면 이는 계획경제라고 보아야 한다(Szamuely, 1986: 205).[31]

이에 다른 한 경제학자가 경제 계획가를 그 마술사에 비유하려면 그가 항상 그런 속임수를 달성할 수단이 있어야 하는 게 아니냐고 묻는다. 버르거는 이렇게 대답한다. "기업들은 자신들이 원하는 대로 해야 한다. 하지만 그들이 정말로 자기들 이익에 입각하여 상황을 본다면 그들은 반드시 내가 원하는 대로 행동할 것이다. 이것이 계획경제다 (ibid., 206)." 경제학자들은 자기 조정 시스템을 약속했으며, 정치가들과 여타 비경제 행위자들은 이 시스템을 통해서 항상 간접적으로만 상호작용을 맺어야 한다는 것이다.[32]

헝가리 경제학자들은 또한 신고전파 수리경제학을 사용하기 시작했다. 그리고 소수이지만 경제학자들 중 일부는 '부르주아 경제학'으로부터 수량적 방법들을 가져오기 시작한다. 특히 계량경제학, 투입-산출 모델, 나중에는 선형계획까지 들여왔다. 유고슬라비아에서와 마찬가지로 이 경제학자들은 최근의 신고전파 경제학 저작을 『경제학 리뷰』에 게재되는 서평과 외국 서적 목록 그리고 ESI의 간행물들을 통해 접했다. 이미 1953년에 언드라시 브로지András Bródy는 한 정부 부처 내에서 투입-산출 표를 작성한 바 있었다(Bekker, 1999: 849). 바로 몇 년 후, 어우구스티노비치는 국가계획청에서 경제 전체를 놓고 투입-산출 모델을 조직하기 시작했다(Augusztinovics, 1995). 많은 경제학자가 그러한 '부르주아적' 방법에 대해 정치적인 의심을 보냈지만, 이 젊은 경제학자들은 이러한 방법들과 친숙한 옛날 경제학자들 및 수학자들로부터 여러 가지를 배울 수 있었다.

이 새로운 사회주의적 헝가리는 과거와의 단절을 내세우고 있었지만, 제2차 세계대전 이전에 일했던 경제학자들과 이 새로운 사회주의 경제에서 일하는 이들 사이에는 여전히 무수한 인간적, 지적 유대 관계가 있었다.[33] 많은 당-국가 지도자가 신고전파 경제학에 대해 알

고 있었다. 중앙통계청의 수장이었던 페테르는 사회주의에 대한 신고
전파의 관점을 잘 알고 있었다. 그는 경제학자가 아니었지만 독서량
이 많았고 경제학도 어느 정도 독학으로 알았다(Gelegonya, 1996: 125-
126).[34] 두 차례 세계대전 사이 및 제2차 세계대전 기간의 공산주의
활동으로 인하여 감옥에 있었을 때에 그는 퍼르커시 헬레르Farkas Heller
가 쓴 제2차 세계대전 이전 시기 가장 중요한 경제학 교과서를 읽은 바
있었다(ibid., 126). 헬레르는 헝가리에서 오스트리아학파식 한계주의경
제학을 지지했던 가장 중요한 이들 중 하나였으며, 또 부다페스트 대
학 경제학과의 교수이기도 했다(ibid.). 다른 공산당 지도자들도 1948
년 이전에 이곳 경제학과에서 공부하여 신고전파 경제학은 물론 경제
학 전반에 대해 더욱 많은 지식을 가지고 있었다. 게뢰 이전에 최정상
의 경제 전문가 자리에 있었던 야노시 시터János Szita는 1946년 이 대
학 경제학과에서 박사학위를 받았다. 칼만 서보, 이슈트반 헤테니István
Hetényi, 이슈트반 포거러시István Fogaras, 줄러 헤베시Gyula Hevesi, 에디트 버
르거Edit Varga, 임레 너지 등 또한 당시 이곳에서 공부한 이들이었다. 숙
련된 경제계획가이자 이곳에서 조교로 일했던 머르기트 시클로시Margit
Siklós 그리고 1946년 이 학과에서 박사학위를 받았던 버르거 등은 모
두 경제학계의 인사 문제에서 결정권을 쥐고 있었다(Szabó, OHA, 1991:
163). 버르거는 또한 공산당의 경제정책 부서의 지도자 중 하나였다.
이 학과에서 헬레르를 따랐던 비非마르크스주의자 헤테니 그리고 후자
르는 모두 이 학과에서 공부했으며 그 다음에는 당-국가의 고위 정책
결정자로 일했다(Hetényi, OHA, 1987: 39; Huszár, OHA, 1990).[35] 헝가
리 지도부의 경제 쪽 인사들은 신고전파 경제학에 익숙했지만, 1953년

이후의 기간에 지도부는 신고전파 경제학에 대해서보다도 시장, 수요 및 공급, 이윤 등 여타 주제들에 대해 훨씬 더 공개적으로 이야기했다.

유고슬라비아 경제학의 경우와 마찬가지로, 헝가리의 개혁경제학과 신고전파 경제학 사이의 여러 유사점은 사실 다양한 요인이 중첩된 것이었다. 19세기에 걸쳐 그리고 20세기에 들어와서도 신고전파 경제학은 사회주의와의 대화 속에서 그 사상을 발전시켜왔다. 신고전파 경제학은 시장을 신뢰하는 데다 노동가치론 등과 같은 마르크스주의 경제학의 여러 아이디어에 많은 비판을 내놓았기 때문에 소련과 동유럽을 비롯한 여러 국가의 사회주의자들은 이를 거부했었다. 그런데 이러한 거부에도 불구하고 신고전파 경제학자들은 계속해서 사회주의와의 대화를 시도하면서 자신들의 생각을 발전시켰고, 소련 및 유고슬라비아와 같은 구체적 모델은 물론 사회주의적 계획과 시장사회주의 같은 여러 추상적 모델까지 그들의 이론 체계 안에 통합시켜왔다. 헝가리의 개혁경제학자들은 소련 모델을 거부했고, 이로 인해 다른 종류의 사회주의 사상을 사용할 수 있게 되었는데 그중에는 신고전파 경제학도 있었다. 소련 모델에 비판적이었던 사회주의자들이 신고전파 경제학에 관심을 가지게 되는 것은 이런 점에서 이치에 닿는 이야기다.

1950년대에는 헝가리의 경제학과 학생들 또한 신고전파 사상에 익숙해지게 된다. 1954년 새로이 카를마르크스 경제대학으로 이름 지어진 대학에서 신고전파 경제학을 공부할 학생을 모집했으며, 특히 언털 마차시Antal Mátyás가 가르치는 경제사상사 과목에서 그러했다. 마차시는 헬레르가 그의 『경제학사』를 저술했던 1948년 이전의 경제학과에서 공부했다(Heller, 1943). 마차시는 마르크스주의, 서방 '부르주아'

경제학, 옛날의 헝가리 경제학 등 경제 이론의 역사에 대한 연구를 수행한 후, 1953년에 대학에서 이 주제로 강의를 시작했다. 1954년, 카를마르크스 경제대학은 『현대 부르주아 경제학사』라는 제목으로 과목 강의노트를 출간했다. 1955년 헝가리의 대학 교육과정에는, 대단히 비판적인 방식이기는 했지만, 주요한 서방의 현대 경제학파에 대한 소개가 도입되었다(Csaba, 2002: 84).

실제로 마차시는 그의 저서 『마르크스주의 확립 이후의 부르주아 경제학의 주된 경향들』의 1960년판에서 헝가리 경제학자들도 1940년대 후반 이후 참가했던 서방의 경제학 문헌들에 대해 설명했다. 이 책에는 독일 경제학파, 1870년대의 신고전학파 창시자들, 오스트리아학파, 일반균형이론과 독점이론의 심화 발전, 케인스주의에 대한 장들이 포함되어 있고, 오스트리아학파 경제학자 오이겐 폰 뵘바베르크, 신고전파 창시자의 하나인 레옹 발라, 신고전파 경제학의 개척자인 앨프리드 마셜 등 특정 학자들에 대한 장도 포함되어 있었다. 마차시는 케인스주의를 논하면서 새뮤얼슨의 유명한 교과서 『경제학』(1955), 앨빈 한센의 『케인스 입문』(1953), 로런스 클라인Lawrence Klein의 『케인스 혁명』(1947), 케인스의 『고용, 이자, 화폐에 대한 일반이론』(1936)* 등을 포함한 비교적 최신 문헌들을 언급한다. 마차시는 부르주아 경제학은 자본주의에 대한 변호론으로서 자본과 노동자들의 본질적 갈등을 은폐하며 모든 이들이 생산성에 관심이 있는 것인 양 잘못 설명하고 있다는

---

* 국내에는 『고용, 이자 및 화폐의 일반이론』(비봉출판사, 2007), 『고용, 이자, 화폐의 일반이론』(필맥, 2010) 등으로 출간되었다.

비판적인 관점을 내걸고(1960: 70), 그 아래에다 이러한 자세한 내용 서술을 묻어놓고 있다. 그는 유고슬라비아 경제학자들과는 달리 신고전파 경제학이 사회주의를 위한 도구가 될 수도 있다는 듯 시사하지 않는다. 하지만 그는 시장의 균형을 통해 사회적 후생의 극대화와 자원 사용의 최적화가 이루어진다는 생각을 풀어내며(ibid., 8), 이것이 서방의 신고전파 경제학자들이 시장사회주의를 이해하는 기초가 된다는 점을 분명히 설파하고 있다. 당연히 이해할 수 있는 일이지만, 1950년대에 마차시에게서 현대 서방 경제학과 마르크스주의 정치경제학을 모두 배우고 함께 연구했던 발전경제학자 센테시는 헝가리의 경제학과 대학원생들이 서방 그리고 개발도상국의 경제학자들과 직업적인 소통을 할 수 있고 또 서방의 경제학 이론과 방법을 이해할 수 있다면 "이들은 모두 언틸 마차시에게 감사해야 한다"고 말한다(Szentes, 1996: 11). 마차시는 장차 초국가적으로 이루어질 신고전파 경제학 논의에 기초를 제공한 것이다.

수학적 지향성을 가진 젊은 경제학자들은 또한 1948년 이전에 훈련을 받은 수리경제학자들로부터 배울 수 있었다. 예를 들어 1950년에서 1959년 사이 테이시Ede Theiss 는 외트뵈시로란드 대학의 법정대 교수이자 그 통계학과 학과장의 자리를 지켰다. 1931년 테이시는 발라 및 파레토의 문헌과 또 당시의 최근 계량경제학 문헌을 사용한 가격 형성, 생산, 소득 분배의 수학적 이론을 다룬 경제학 논문으로 박사학위를 받았다. 또한 록펠러 장학금으로 1931년에서 1933년까지 미국을 방문했고 시카고 대학에서도 공부했으며(Köves, 1994), 1959년까지 교수로서 계속 연구했다. 1965년 테이시는 중앙통계청의 여러 경제학자와 함께 전체 헝가리 경제의 계량경제학 모델을 발전시켰다(Halabuk, Kenessey, and Theiss, 1965). 이러한 옛날 학자들은 젊은 경제학자들 및 사회주의 실험에 일정한 자원의 역할을 했다.

헝가리 개혁경제학자들은 단지 신고전파 경제학자들의 생각을 앵무새처럼 되풀이한 것이 아니다. 이들은 시장사회주의에 대한 신고전파의 토론에 기여를 하기도 했다. 일부 경제학자들은 신고전파 경제학과 마르크스주의를 결합하고자 했다.[36] 다른 이들은 즉각 새로운 종류의 시장사회주의 계획에 착수했다. 오스카르 랑게의 유명한 1936~1937년 모델에 따르면, 시장사회주의에는 소비재 시장이 있으며 중앙의 계획가가 최초의 생산자 가격을 정하고 그 뒤에는 초과수요나 초과공급이 나타나는지를 봐서 그 가격을 조정하는 역할을 맡게 되어 있다. 헝가리의 개혁경제학자들은 랑게의 모델을 넘어서서 자율적인 기업들이 경쟁에 따라 가격을 정하고 여러 사회주의 제도가 이 기업이 정한 가격을 중심으로 기능하는 시장을 실현하고자 했다.[37] 그렇게 되면 중앙계획으로 결정한 가격은 독점산업 등과 같은 특별한 경우를 빼고는 더 이상 필요치 않다는 것이다. 1954년 죄르지 페테르는 '이윤'을 위해 작동하는 '독립적' 기업, 재화의 구입 여부와 구입 장소를 '자유롭게 결정'할 수 있는 소비자들, '수요와 공급'을 고려한 가격 사이에 '건전한 경쟁'이 필요하다고 주장했다(75, 81, 83, 84, 86). 헝가리의 개혁경제학자들은 랑게의 시장사회주의 모델을 넘어서서 순수한 경쟁적 시장을 갖춘 새로운 형태의 시장사회주의를 제시했던 것이다.

임레 너지가 권력을 잡게 되면서 헝가리에는 근본적으로 새로운 종류의 경제학자라는 직종이 나타날 가능성이 열렸다. 1953년 이후의 기간에는 개혁경제학자들이 넓은 범위의 경제학 전문 기관들을 장악하여 이를 통해 자신들의 생각을 확산시킬 수 있었다. 이들의 생각은 신고전파 경제학을 닮아 있었다. 둘 모두 소련 모델과 공식적인 마르크스-레닌주의 정치경제학을 비판하는 대안적인 사회주의에 대한 이해를 공유하고 있었기 때문이다. 대학생들은 곧 신고전파 경제학에 익숙해지게 되었다. 더욱이 소수의 경제학자들은 사회주의를 위한 도구로서 수리적인 신고전파 방법으로 재빨리 전환하게 되었고, 새로운 신고전파의 이론과 모델들을 만들기 시작한다. 1950년대의 이러한 발전 덕분에 헝가리 개혁경제학자들은 1956년 이후 일어난 신고전파의 초국가적 대화에 참여할 기초를 갖게 된다.

1956년
—

1956년 초 소련의 지도자 니키타 흐루쇼프는 당 지도부 안에서 행한 비밀 연설에서 스탈린을 비판했다. 이는 다른 이들 또한 스탈린주의적인 국가사회주의 체제를 비판할 수 있게끔 허용하는 것으로 보였다. 동유럽의 지식인들은 소련 국가사회주의 체제를 공공연하게 비판하고 개혁을 요구했다. 그리고 3월이 되면 처음에는 당의 청년그룹의 감시 하에 조직되었던 헝가리의 젊은 지식인들이 곧 페토피 서클 Petőfi Circle •

---

*1950년대 헝가리에서 소련의 힘을 업고 성립한 스탈린주의 체제에 저항하던 반체제 지식인들의 모임. 집단 이름은 1848년 헝가리 독립전쟁에서 순국한 시인의 이름에서 따왔다. 이들의 활발한 지적 운동이 1956년에 기존 체제를 무너뜨린 헝가리 민중혁명의 기초가 되었다.

의 비호 아래 하나의 토론 집단을 형성하게 된다(Litván, 1996: 39). 5월과 6월 페토피 서클은 수천 명의 청중이 운집한 가운데 유명한 공개 토론회를 열게 된다. 리트반이 지적한 대로, "이 사건들의 놀라운 점은 단지 다루어진 주제만이 아니라 발표의 질 그리고 그 뒤에 이어진 토론 또한 그때까지는 상상도 할 수 없을 만큼 공개적이고 허심탄회한 것이었다는 데 있다(ibid., 40)." 임레 너지와 가까웠던 경제학자들은 3월에 경제학에 관한 두 개의 논쟁을 이끌었다(Hegedüs and Rainer, 1989). 이 논쟁 동안 참가자들은 스탈린을 비판했고, 정책과 경제계획에 경제학자들이 좀더 깊이 참여해야 하며 경제학 자체도 다시 조직해야 한다고 주장했다. 페토피 서클은 유고슬라비아의 사회주의 실험에 대해 큰 관심과 지지를 보였다. 많은 참가자가 유고슬라비아 사회주의에 대해 더 많은 정보를 요구했고, 특히 그 자주관리 시스템이 큰 관심을 끌었다(ibid., 41, 42, 58). 이 당시 개혁 공산주의자들은 노동자 평의회를 주장했다. 이들은 경영자들을 통제하고 당-국가의 중앙에서 내려오는 지령들을 대체하며, 기업들로 하여금 시장 환경에서 독자적으로 기능하도록 허용할 것이라고 말했다(예를 들어 Balázsy [1956] 1986; Kornai [1957] 1986: 143). 개혁경제학자들은 사회주의, 경제민주주의, 시장을 하나로 묶어냈다.

헝가리의 민중은 점차 헝가리를 점령한 소련군과 당 지도부에 맞서서 임레 너지를 지지하며 항의와 반대 행동에 참여하기 시작한다. 1956년 10월 23일 수천 명의 헝가리인이 거리로 나왔고, 이것으로 헝가리 혁명이 시작되었다.[38] 임레 너지는 다시 권력을 잡았으며, 헝가리를 중립국으로 선언하고 비공산주의 정당들의 활동을 허용한다. 하지

만 11월 초 소련은 무력으로 헝가리를 접수하고 너지를 체포한다. 그는 결국 처형당했다.[39]

소련 당국은 너지를 체포한 후 야노시 카다르János Kádár를 권좌에 올려놓는다. 이때 인구의 2퍼센트에 해당하는 20만 명 이상이 오스트리아 국경을 넘어 탈출했다(Cox, 2006: xi). 카다르 정권은 곧 혁명 활동에 참여했던 이들에게 보복을 감행한다. 1957년 여름에서 1958년 가을에 이르기까지 당 관리들과 지도적인 경제 전문가들은 다른 지식인들 중에서도 특히 경제학자들이 혁명에 참여한 것을 정죄하려 든다.[40] 경제학자들은 이 기간을 "공포 정치"라고 불렀다(T. Nagy, OHA, 1986: 172). 헝가리의 한 강경론자는 "경제과학이야말로 헝가리 수정주의가 저지른 여러 주요한 후퇴의 하나"였으며, 작가들과 신문 기자들 외에 임레 너지에게 가장 중요한 영향을 끼친 것은 경제학자들이었다고 선언했다.[41] 경제학자들은 경제문제들에 대한 비판을 조장하는 데다 이러한 문제들의 원인이 개별적인 경제정책이 아니라 사회주의 '체제' 자체에 있다는 것을 '증명'했던 이들이었기에 큰 위협이 된다는 것이었다.[42] 이 비판자는 그리하여 시장 메커니즘의 도입은 결국 '자본주의의 복구'로 이어지게 된다고 결론을 내린다.[43] 개혁경제학자들에 대한 또 다른 반대자 한 사람은 이렇게 말한다. "그 새 메커니즘이라는 것은 경제적 만병통치약이 아니며, 도리어 수정주의의 가장 해악스런 형태의 하나다."[44] 『경제학 리뷰』 또한 그 혁명을 재가했던 수정주의자들의 저작을 게재했다는 명목으로 비판을 받는다(Bieber, Fábián, and Gulyás, 1957).[45] 결국 혁명이 진압되면서 개혁경제학자들을 '수정주의자들'이자 1956년 10월의 사건들을 야기한 선동꾼들이라고 광범위하게 낙인

찍는 일이 벌어졌다.

당 지도부는 특히 ESI를 표적으로 삼았다. 1957년 말, 공산당은 ESI 안에 교정위원회를 세워 그 성원들의 활동을 수사했다. 이 위원회는 모든 경제학자 각각에게 두 가지를 물었다. 1) 헝가리에 대한 소련의 개입에 동의하는가? 2) 임레 너지 등등이 반역자임에 동의하는가? 야노시 코르너이와 언드라시 너지는 이 질문들에 "예"라고 대답하기를 거부했기에 기관에서 쫓겨났다.[46] ESI 소장인 이슈트반 프리시István Friss는 교정위원회가 이렇게 성원들을 쫓아내는 것에 반대했고, ESI의 설립 원칙이 변하지 않음을 분명히 했다(T. Nagy, OHA, 1986: 177). 즉 경제학자들은 '경제적 현실'을 계속해서 연구하며, 마르크스-레닌주의의 이론적 텍스트들에 대한 초점으로 회귀하는 일은 없으리라는 것이었다. 그의 이러한 지원에도 불구하고 ESI의 경제학자들은 그들의 작업에 대한 직접적인 정치적 개입을 겪어야만 했다.

혁명이 끝나자 당-국가는 헝가리 사회를 탈정치화시키기 위해 사람들을 소비주의에 몰두하도록 만들기로 결정했다. 당 지도부는 정치는 공산당에 맡겨두라고 하면서 정치 개혁, 정치적 활동, 독립적인 노동자 평의회, 다당제, 생산수단의 사적 소유, 소련과의 단절 등 특정 주제들에 대한 토론을 금지했고, 카다르의 선언에 나오듯이, 국민들에 대한 당-국가의 정책을 '우리 편인 자와 반대편인 자'로 나누는 방향으로 변화시켰다. 당 지도부는 정치 대신 생활수준의 상승을 정당성의 기초로 내놓았고, 그러면 국민들이 정치적 요구들을 제쳐놓고 소비자로서 각자의 개인적 목표들을 위해 일할 것이라고 여겼다(Róna-Tas, 1997: 84-86; Tökés, 1996: 22; Toma and Völgyes, 1977).[47] 헝가리 정부는 본래 마치 보드게임 모노폴리와 같이 "계획을 완수하라!"는 룰을 내놓았었지만, 1960년대 초가 되면 이러한 방향 전환을 반영하여 게임의 룰 또한 "지혜롭게 경영하라!"로 바뀌게 된다. 이 새 게임에서는 참가자들이 자기들 돈을 잘 관리하여 아파트도 사고, 차도 사고, 여러 가전제품도 살 수 있었다.[48] 이로써 사람들의 정치적 열망은 사라지고 그 자리에 대량 소비와 화폐의 축적이라는 경제적 목적이 들어설 것이라는 계산이었다.

생활수준을 지속적으로 향상시키기 위해서 당은 경제학자들 특히 수량적 기술을 가진 경제학자들에게 경제개혁을 도우라고 요구했다. 헝가리 경제학자들은 '정치'를 피하는 대가로 초국가적인 신고전파 경제학 논의에 합류할 기회 그리고 장래의 경제개혁에 일정한 영향력을 행사할 기회를 약속받는다. 1956년 수많은 경제학자는 이미 정치적으로 보일 소지가 있는 모든 활동에서 물러서는 쪽을 선택했다. 요제프 보그나르József Bognár, 임레 버이더, 예뇌 빌체크Jenő Wilcsek 등 일부 지도적인 경제정책 입안가들은 카를마르크스 경제대학에서 일하기로 결정한다. 그곳에서는 아무런 정치적 역할을 하지 않아도 되었기 때문이다(Wilcsek, OHA, 1983: 57).[49] 수리경제학은 기술적인 언어로 되어 있기에 넓은 범위의 정치 성향을 가진 이들이 모두 자신의 성향을 은폐하는 것이 가능했고, 따라서 많은 경제학자가 수리경제학으로 전향했다.[50] 한 집단의 경제학자들은 수리경제학을 탈출 수단으로 삼아 정치경제학의 주제들을 포기하기까지 했다(T. Nagy, OHA, 1986: 181). 수리경제학은 검열관 및 정치가들이 이해를 하지 못하는 만큼 경제학자들로서는 '더 큰 운신의 폭'을 누릴 수 있었기에, 정치경제학보다는 수리경제학 쪽으로 가기로 한 것이다.[51] 이들은 여러 수학 공식과 난해한 수학 언어 속에 자신들의 생각을 은폐할 수가 있었다.

1956년 이후 수리경제학에 대한 관심은 단순한 탈출 수단 이상이 되었다. 이는 또한 한 헝가리 경제학자가 '신경제학'이라고 부른 것을 낳게 된다(Wilcsek, OHA, 1983: 61). 헝가리 경제학자들은 1950년대 말과 1960년대 초를 수리경제학의 "황금시대"라고 간주했다(Samuely, 1986: 32). 소련, 유고슬라비아, 다른 동유럽 나라들에서도 비슷하게 수리경제학으로의 전환을 이 시절에 경험하게 된다. 투입-산출 분석과 계량경제학을 연구하는 이는 1950년대 중반에는 거의 없었지만, 헝가리 경제학자들도 갈수록 더 많은 숫자가 여기에 합류했고 계량경제학, 투입-산출 분석, 선형계획 등의 신고전파 방법을 사회주의를 위한 도구로서 채택하게 되었다. 헝가리에서의 투입-산출 분석의 역사를 연구한 경제학자 로베르트 호르바트는 저서에서 1956년 이후에 설립된 이 새로운 투입-산출 연구센터를 묘사한다.

전국적 규모의 연구가 즉각 시작되었고, 발라의 정태균형 분석에 기초하여 이론적으로 고안되었고 또 레온티예프 등등이 완성시킨 이 방법을 적용할 가능성에 대한 연구가 이루어졌다. 그(레온티예프)가 1920년대 초엽 소련의 초기 경제계획 방법에서 도출해낸 투입-산출 통계의 기본적 개념들은 헝가리 경제학자들도 금방 이해할 수 있었고, 이들은 오스카르 랑게 교수가 투입-산출 통계와 투입-산출 분석을 사회주의의 경제계획 도구로서 정교하게 다듬기 위해 내놓았던 여러 초기 구상도 금세 이해했다(Horváth, 1963:

213).

앞서 말했듯 중앙통계청은 헝가리 경제의 계량경제학 모델들을 발전시키기 시작했다. 코르너이의 회상에 따르면, 선형계획으로 전환하는 대신 "나는 1956년 이후의 지극히 억압적인 시기에 정치적으로 민감성이 덜한 주제로 옮겨가기로 했다. 그것은 수학적 계획, 좀더 정확하게 말하면 선형계획을 경제계획에 적용하는 것이었으니, 이를 통해 나는 신고전파의 사유에 아주 가깝게 가게 되었다(Blanchard, 1999: 5)." 1963년 코르너이는 국가계획청에서 "150명에서 200명의 요원으로 이루어진 작은 군대"를 지휘하여 자신들의 신고전파 모델을 전국적 경제계획에 적용했다(Kornai, 2006: 151).

경제학자들은 나아가 경제학이라는 직종을 몇 가지 방식에서 완전히 바꾸어놓았다. 1961년 카를마르크스 경제대학은 수학 훈련을 포함하고 컴퓨터 과학, 효율성, 수량화 등에 대한 전문 연구를 도입하도록 개혁되었다(Kemenes, 1981: 586).[52] 더욱 중요한 일은, 일부 경제학자들이 국제 학술회의에 참가하여 학술 교류를 시작했다는 것이다. 그전에도 헝가리 경제학자들은 다른 동구권 국가들을 방문했었다. 그런데 1950년대 말이 되면 몇몇 경제학자들은 서유럽과 미국에서 강의를 하도록 초청을 받는다. 예를 들어 야노시 코르너이는 1958년 런던 정치경제대학에서 강연과 세미나를 수행하도록 초청을 받는다(2006: 159). 그는 당시에는 런던에 갈 수가 없었지만, 코르너이와 그의 동료 언드라시 너지는 1963년의 국제경제학협회 학술회의에 참여하는 데 성공한다(ibid., 159-160). 1964~1965학년도에는 언드라시 브로지와 죄르지 페테르를 포함한 다섯 명의 경제학자가 포드 재단을 통하여 미국을 방문한다(Bockman and Eyal, 2002: 347). 이때 브로지는 하버드대에 있던 투입-산출 분석의 창시자 바실리 레온티에프와 긴밀히 작업하게 된다. 참으로 역설적이게도, 1956년 혁명의 진압이 오히려 헝가리 경제학자들로 하여금 초국가적인 신고전파 경제학 논의의 장으로 되돌아오도록 만든 것이다.

한 가지 중요한 점은, 이러한 수학적 방법은 기존의 권력 구조를 바꾸지 않고도 여러 문제를 해결할 수 있었다는 것이다(Szamuely and Csaba, 1998: 174). 신고전파 경제학자들은 고도로 중앙집중화된 사회주의 시스템이 순수하게 경쟁적인 시장 체제와 동일한 최적의 결과를 얻을 수 있는 방식을 오랫동안 이론화해왔다. 헝가리에서는 카다르 정권이 정치, 제도적 변혁, 특히 노동자 평의회 등의 논의를 금지했으므로 경제학자들은 신고전파 경제학을 아주 협소한 의미로 사용했다. 소련은 유고슬라비아 모델이 소련 모델보다 더 매력적으로 보일 것을 두려워하여 동유럽 나라들의 정권으로 하여금 '티토주의'*와 조금이라도 닮은 것은 모조리 배격하라고 압력을 넣은 바 있었다(Litván, 1996: 45). 개혁경제학자들은 그래서 신고전파 경제학자들이 시장 혹은 경제계획이 최적의 결과를 달성하게 하려면 반드시 필요하다고 오랫동안 생각했던 광범위한 여러 제도들의 문제는 일단 제쳐두고 이렇게 고도로 기술적인 방법을 익히는 데 초점을 두었다. 개혁경제학자들은 수학적 방법을 실험하면서 큰 흥분을 경험했지만, 결국은 그 체제의 여러 한계로

---

*스탈린과 단절한 후 티토가 주도한 유고슬라비아의 독자적 사회주의 체제를 이르는 말.

인하여 좌절을 겪고 말았다.

신고전파 경제학자들 사이의 초국가적 대화
—

헝가리의 경제학자들이 '시장 메커니즘'을 놓고 작업하던 시점에 미국의 경제학자들도 같은 작업을 하고 있었다.[53] 1949년 폴 새뮤얼슨은 랜드 연구소RAND를 위해 두 개의 보고서를 쓴다(Samuelson [1949] 1966). 이 두 보고서는 나중에 함께 「시장 메커니즘과 극대화」라는 제목을 얻게 된다. 기본적으로 이 보고서들은 선형계획에서의 새로운 발전들을 설명하고 있으며, 이를 새뮤얼슨은 "콜스 위원회의 코프만스의 미출간 비망록"과 조지 댄치그를 읽어 알게 되었다고 말한다(ibid., 425).[54] 균형가격(혹은 '그림자' 가격이라고 불렸다)을 계산하는 방법을 기술한 뒤 새뮤얼슨은 기업들로 하여금 이러한 가격을 쓰도록 강제하는 데에 어떻게 중앙 당국을 활용할 수 있을지를 논의했다. 하지만 새뮤얼슨은 또한 "중앙집권화된 정보 수집이나 경제계획이 없어도 상당히 자동적으로 최상의 가격과 수량 모두를 동시에 결정할 수 있는 시장 메커니즘을 세울 수가 있다"고 주장했다(ibid., 436). 이러한 자동적 시스템을 통하여, 수요가 공급을 초과할 때에는 가격이 오르며 공급이 수요를 초과할 때에는 가격이 내려가, 기업들은 가격을 주어진 것으로 받아들인 상태에서 그들 각자의 결정을 내릴 수 있게 된다는 것이다. 이렇게 시장 메커니즘을 모종의 가격 메커니즘으로 이해하는 탈중앙집권화된 형태의 경제계획은 오스카르 랑게의 시장사회주의와 동일한 것이다(ibid., 469). 미국과 헝가리의 신고전파 경제학자들은 시장 메커니즘을 최적화한다는 생각을 공유하고 있었으며, 이로 인해 이들은 사회주의에 대한 신고전파 경제학의 대화를 발전시킬 수가 있었다.

헝가리의 개혁경제학자들은 또한 신고전파 경제학의 사회적 계획가처럼 행동했다. 파레토가 이미 1890년대에 처음으로 논한 바에 따르면 사회주의국가 혹은 사회적 계획가는 사회적 후생을 극대화해줄 균형가격 혹은 그림자 가격을 달성하기 위하여 현실의 경쟁적 시장경제를 묘사하는 여러 신고전파의 방정식들에 대한 해를 내놓을 수가 있다. 오스카르 랑게는 사회적 계획가가 시장 그리고 시행착오의 가격 책정을 사용하며 사회적 후생을 극대화할 수 있음을 시사했다(Lange, 1936, 1937). 1956년, 네덜란드 경제학자 얀 틴베르헌Jan Tinbergen은 파레토의 생각들을 한 발 더 밀고나가, 사회적 계획가는 사회적 후생을 경쟁적 시장과 동일하도록 극대화할 수 있을 뿐 아니라 전체 사회가 더욱더 효율적인 균형 상태로 뛰어 오르도록 도울 수 있고 그를 통해 소득, 심지어 재산마저도 더욱 정의로운 결과를 얻을 수 있도록 재배치할 수 있음을 보여주었다. 따라서 사회적 계획가는 파레토의 사회주의국가처럼 행동함으로써 사회적 후생을 개선하든가 아니면 사회주의적 제도들을 갖춘 새로운 사회를 창출하든가 어느 쪽 방법이든 써서 사회주의를 실현할 수 있다는 것이었다. 또 이와는 달리 사회적 계획가는 자본주의 체제처럼 전혀 다른 새로운 체제로 비약할 수도 있는데, 이는 6장에서 논의할 것이다.

1960년대에는 협소한 형태의 신고전파 경제학을 비판하는 문헌이 폭발적으로 터져 나왔다. 이 문헌들은 시장 및 사회주의적 국가가 파레토 최적을 달성하고 극대의 사회적 후생을 제공할 수 있도록 해줄 여러 제도를 요구했다. 오스카르 랑게는 이러한 협소한 형태의 예를 들면서 기업 경영자들이 시장사회주의의 여러 규칙을 준수하는 데에 따르는 여러 난점이라든가 또 대중이 어떻게 자신들의 선호를 중앙계획 위원회에 알릴 수 있는가 하는 난점들을 전혀 논의하지 않았다. 애로-드브뢰 모델 또한 고도로 추상적인 것이라 신고전파 경제학의 핵심인 경쟁적 시장과 사회주의적 국가에만 협소하게 초점을 두고 있었다. 1940년대 말과 1950년대 초에는 1장에서 논의했듯이 케네스 애로와 제라르 드브뢰와 같은 경제학자들은 물론 소련의 경제학자들 또한 군부의 세계 내에서 자신들의 과학을 발전시켰다. 이 군부의 세계는 경제학자들에게 제도 따위는 무시할 것을 조장했다. 탈중앙집권과 나아가 민주적인 여러 제도까지 고려에 넣은 경제학자들이 분명히 있었지만, 이들은 이를 최소한의 그리고 고도로 추상적인 방식으로 고찰했다(예를 들어 Arrow, 1951). 경쟁적 시장이나 중앙계획에 필요한 제도들이 무엇인지에 대한 논의가 오랫동안 중지되자, 이 경제학자들은 위계적일 때가 많은 기성 제도들을 더 이상 당연한 것으로 받아들이지 않게 되었다.

이 경제학자들이 보기에는 경쟁적 시장이나 사회주의적 국가나 사회적 후생을 극대화하고 파레토 최적을 달성하는 데 성공하려면 여러 제도를 반드시 필요로 했다(Tinbergen 〔1956〕 1967: 32). 프랜시스 바토르는 '시장 실패'를 다룬 그의 결정적인 논문에서(Bator, 1958) 경쟁적 시장이나 랑게식 시장사회주의국가가 무수한 외부성과 정보 비대칭성을 무시한 가격 체계를 창출하여 파레토 최적을 산출하지 못하게 되는 경우가 여럿 있음을 입증했다. 서방과 동유럽의 신고전파 경제학자들은 경쟁적 시장이 작동하기 위해서는 여러 제도가 필요하며, 특히 인센티브와 정보 비대칭성의 문제들을 해결하기 위해서 그렇다는 것을 깨닫게 되었다. 주인-대리인 관계를 다룬 문헌들이 이 기간에 풍성하게 발전했다. 이 문헌에서는 기업 소유자나 사회적 계획가들과 같은 주인들이 경영자들에게 임무를 맡길 때에 이 대리자들에게 효과적인 인센티브와 충분한 정보를 줄 필요가 있다는 문제를 다루고 있다. 나아가 마르샤크Jacob Marschak와 다른 경제학자들은 한 걸음 더 나아가 경제학자들은 중앙집중화된 쪽과 탈중앙집중화된 쪽 중 어느 쪽의 해법이 더 효과적으로 작동할지에 대해 알 길이 없음을 시사하고 있다. 그 대신 경영자, 경제학자, 심지어 사회적 계획가마저도 여러 경제 메커니즘(혹은 제도들)을 비교하여 최적의 것을 찾아내야 한다는 것이다. 이러한 최적의 메커니즘 혹은 제도에서는 사회적 후생을 극대화하고 순수 경쟁 체제의 여러 효율성을 유지할 만한 인센티브들이 생겨나게 된다는 것으로, 여기에서 우리는 사회주의국가에 대한 파레토의 관점이 지속되고 있음을 볼 수 있다. 1950년대 말에는 경제학자들이 메커니즘 디자인이라는 분야를 만들어냈다. 이는 헝가리의 개혁경제학자들과 괄목할 만큼 비슷한 것이었다.[55] 사회적 계획가는 이제 필수적인 여러 제도를 평가하고 실행해야 하는 의무를 가진 자가 되었다. 미국의 신고전파 경제학자들은 헝가리의 개혁경제학자들과 놀랄 만한 유사점을 가진 추상적 사회주의 모델을 검토함으로써 자신들의 학문을 계속해서 발전시켰던 것이다.

이 경제학자들은 중앙집중과 탈중앙집중이라는 이분법뿐만 아니라 사회주의와 자본주의라는 이분법 자체에도 의문을 품게 되었다. 이들은 심지어 국민경제와 기업을 분리하는 이분법에도 의문을 가졌다. 양쪽 모두 중앙계획의 요소를 가질 수 있기 때문이었다. 1960년대 초 신고전파 경제학자들은 여러 경제체제가 사실상 수렴하기 시작한 것이 아니냐고 묻기 시작했다(Tinbergen, 1961). 이들은 모든 조직(기업이든 국민경제든, 사회주의든 자본주의든)을 잠재적으로 최적의 방식으로 조직된 것으로 여겼으며 따라서 구조적으로 비슷하다고 보았다(Marschak, 1959: 399). 마르샤크와 다른 이들은 이제 한 체제를 바라봄에 있어서 생산수단의 소유 문제나 이념 등이 아니라 여러 조직 내에서 정보의 흐름과 의사 결정이 어떻게 이루어지는가에 초점을 두기 시작한다. 그 결과 미국의 신고전파 경제학은 자본주의 경제와 사회주의 경제 모두에게 유용한 도구들을 제공하게 되었다.

1950년대와 1960년대에는 냉전의 경계선들을 넘어서서 신고전파 경제학의 방법과 개념들이 초국가적으로 수렴되는 상황이 벌어졌다. 따라서 미국과 헝가리의 경제학자들이 결코 쉽지 않은 일임에도 불구하고 서로의 저작을 읽는 데 관심을 갖게 된 것도 충분히 있을 수 있는 일이었다.[56] 유고슬라비아 경제학자들은 외국에 나가서 신고전파 경제학자들과 직접 토론을 벌일 수 있었다. 헝가리에서는 제약이 훨씬 더 컸다. 하지만 1956년 헝가리 혁명으로 인해 생겨난 많은 망명객이 헝가리의 사회주의 실험과 개혁경제학에 대한 지식을 서방세계로 가져오기도 했다.

예를 들어 벨러 벌러셔 같은 이가 있다. 그는 1946년 부다페스트에서 경제학을 공부하기 시작했고 1951년에 박사학위를 받았다

(Balassa, 1989). 그는 처음에는 큰 건설 트러스트에서 계획가로 일했으며 그 다음에는 국내에서 강제 이송을 겪는다.[57] 1953년 새로 너지 정부가 수립되자 벌러셔는 큰 건설 트러스트의 조직가가 되었고 경제학 관련 책을 두 권 저술한다. 헝가리 혁명 기간에 그는 정부의 건설부를 장악한 한 집단의 성원이 되었고 카를마르크스 경제대학에서 경제학을 가르칠 계획이었다. 하지만 혁명이 실패로 끝난 후 오스트리아로 탈출했고 록펠러 재단의 지원으로 1957년 예일 대학에 도착하여 동료 헝가리인인 빌리엄 펠네르William Fellner와 연구하게 되었다(Balassa, 1989: 17-18).[58] 벌러셔는 그가 받은 헝가리에서의 교육으로는 미국 대학원 수업을 따라가기 힘들었다고 주장하고 있지만, 그가 헝가리에서 수업 과정을 수료한 뒤 불과 2년 만에(Balassa, 1989: 17-18) 박사논문 「헝가리의 경제계획의 경험」(Balassa, 1959)을 출간했다는 점을 볼 때 이러한 불평은 신빙성이 떨어진다. 그는 예일대, 버클리대, 컬럼비아대 등에서 경제학을 계속 가르쳤다. 1967년 이후에는 존스홉킨스 대학에서 가르치면서 세계은행의 컨설턴트로도 일했다. 벌러셔는 자신이 "정부 지휘dirigiste"와 보호주의 철학으로 무장한 인사들로 꽉 찬 세계은행 내에서 "자유주의적 경제철학"을 가진 유일한 인물이었다고 말했다(ibid., 19). 하지만 그의 접근은 사회주의 체제 내에서 경쟁적 시장을 지지하는 헝가리식 주장을 반영한 것이었다. 1968년, 벌러셔는 헝가리의 카를마르크스 경제대학에서 공개 강연을 하도록 공식 초청받는다. 이 강연은 "공산당 신문에도 광고가 나갔으며 많은 청중이 찾아왔다(ibid., 21)." 이후 그는 최소한 1년에 한 번은 헝가리로 돌아가 강연을 하고 학술회의에 참가했다.

이렇게 서방의 신고전파 경제학자들과 자유롭게 의사소통을 할 수 있었던 벌러셔의 능력은 헝가리 경제학자들 사이에서 흔한 것이 아니었지만, 그렇다고 아주 특이한 것도 아니었다. 경제학자 야노시 코르너이와 터마시 립타크Tamás Lipták는 1956년 혁명 이후에도 헝가리에 남아 있었고 자신들의 논문 초고를 세계에서 가장 저명한 경제학 학술지에 속하는 『에코노메트리카』에 보내기도 했다. 이 학술지는 예일 대학에 기초를 둔 계량경제학 학회에서 운영하는 것으로, 코르너이의 회상에 따르면 "단어 하나 쉼표 하나 바꾸지 않고 즉각 채택했다"고 한다 (Kornai, 2006: 139). 『에코노메트리카』의 편집자였던 프랑스의 신고전파 경제학자 에드몽 말랭보Edmond Malinvaud는 1962년 코르너이의 논문을 게재했고, 1963년에는 영국 케임브리지에서 열렸던 국제경제학협회의 학술회의에 초빙했다(ibid., 159). 이 학술회의에서 코르너이는 후르비치Leonid Hurwicz, 코프만스 등의 세계적 명성의 신고전파 경제학자들을 만났다. 코르너이는 이 회의를 회상하며 다음과 같이 적었다.

헝가리에서 수행되었던 계획 모델 작업은 서방의 동료들로부터 큰 관심을 끌었다. 이는 단순히 랑게-말랭보 모델을 코르너이-립타크 모델과 이론적으로 비교하는 문제가 아니었다. 경제계획 실행가들은 프랑스, 네덜란드, 인도의 국가 계획 기관들이 장려했던 데이터 수집과 모델 적용뿐만 아니라 계산 모델의 구조까지도 헝가리에서 국가계획청의 도움으로 이루어졌던 바와 비교했다. 우리의 작업은 외국에서도 명성을 얻고 있었고 중요한 지적 성취로 여겨지고 있었다(ibid., 154).[59]

코르너이와 립타크의 모델은 순수한 중앙계획 사회주의경제의 분석을 제공했으며, 이는 랑게와 말랭보의 탈중앙집중화된 시장사회주의 모델에 대한 주류의 이론적 논쟁에도 직접적인 연관이 있었을 뿐만 아니라 마르샤크처럼(Marschak, 1959) 상이한 경제메커니즘들을 평가하는 데에 흥미를 가진 이들에게도 관심의 대상이었다. 『에코노메트리카』는 1965년 코르너이와 립타크가 저술한 또 다른 논문을 "수정 없이 즉각" 받아들인다(Kornai, 2006: 144). 헝가리의 개혁 공산주의자들은 사회주의에 대한 신고전파 경제학자들의 초국가적 대화로 되돌아온 것이다.

더구나 헝가리 경제학자들은 동유럽 블록 다른 나라의 경제학자들과 신고전파 경제학을 토론했다. 폴란드 경제학자 브루스Włodzimierz Brus는 헝가리 개혁경제학자들에 가장 중요한 영향을 끼친 이의 하나였다(Szamuely, 1986: 266, 307). 1961년 브루스의 저서 『사회주의 경제가 기능함에 있어서의 일반적 문제들』이 출간되었다.[60] 이 저작은 1920년대 이후의 소련 경제사상, 1930년대 신고전파 경제학의 사회주의에 대한 논의, 유고슬라비아 체제에 대해 "폴란드어 및 여타 언어로 쓰인 풍부한 자료(Brus, 1972: 138)", 헝가리 개혁 경제사상(ibid., 70, 73, 82), 계획경제 안에 '시장 메커니즘'을 건설하는 여러 방법 등에 대한 설명을 담고 있었던바, 헝가리 경제학자들은 이 저서에 대해 곧 알게 되었다.[61] 브루스는 이렇게 천명한다. "사회주의 경제가 기능하는 데에 따르는 많은 문제 중에서 오늘날까지 다루지 않았던 문제들에 대해 관심을 가지게 된 지금 우리에게는 그 어느 때보다도 서방에서 나온 경제계획에 대한 문헌을 연구하는 것이 필요하다(ibid., 41)." 이 동유럽 경제학자들은 신고전파 경제학적 훈련을 공유하고 있었으며, 이는 그들에게 개혁에 대한 동유럽 차원에서의 논의를 가능케 할 공통 언어뿐만 아니라 사회주의를 위한 분석적 도구 및 규범적 도구를 모두 제공해주는 것이었다.

게다가 일부 헝가리 경제학자들은 외국에서 컨설턴트로 일하기도 했으며 이는 신고전파 경제학의 훈련을 필요로 하는 일이었다. 한 예로 헝가리에서 가장 중요한 수리경제학자의 한 사람이자 투입-산출 분석을 최초로 행했던 언드라시 브로지는 1969년에서 1972년 사이에 잠비아의 루사카 대학 경제학과를 이끌었고 그 다음으로 1974년에서 1977년 사이에는 같은 대학의 경영 및 경제학과를 이끌며 나중에는 인도, 프랑스, 오스트레일리아, 일본 등으로 자리를 옮기며 가르쳤다 (Bekker, 1999). 터마시 센테시는 부다페스트에 있는 카를마르크스 경제대학에서 훈련을 받았고 또 가르쳤다. 1967년에서 1971년 사이에는 탄자니아에 있는 다르에스살람 대학 경제학과를 이끌었다. 그 다음에는 UN의 다양한 전문가 그룹에서 일했다(Corvinus, 2009). 앞에서 말했듯이, 센테시는 자신이 마르크스 경제학뿐만 아니라 서방 경제학 이론과 방법을 이해함으로써 개발도상국의 여러 동료와 소통할 수 있었던 데 대해 카를마르크스 경제대학에서 그의 교수였던 "언틸 마차시에게 감사"를 전한 바 있다(Szentes, 1996: 11). 일반적으로 헝가리의 개혁 경제학자들은 외국에서 일할 수 있을 정도의 신고전파 경제학의 훈련이 되어 있었다.

미국 정부 또한 헝가리 경제학자들이 이러한 초국가적인 신고전파 사회주의 토론으로 돌아오도록 촉진했다. 1964년, 헝가리 경제학자들은 미국 내에서 연구 및 조사를 수행할 수 있도록 포드 재단의 자금을 지원받았다. 2장에서 논했듯이, 미국 정부와 포드 재단은 헝가리 내의 경제학자들 특히 수리경제학자들의 교류에 우선권을 부여했으며 이를 통해 경제개혁에 대한 헝가리의 접근법에 영향을 미치고자 했다. 학자들은 보통 이러한 교류를 통해 미국 경제학이 수출되어 이것이 사회주의를 잠식하면서 자본주의 및 미국의 경제력을 지지하는 결과를 낳았다고 생각해왔다. 하지만 우리가 이 장 그리고 3장에서 보았듯이, 신고전파 경제학은 여러 다양한 사회주의에 대한 토론 안에서 발전되어 나온 것이다. 사회주의를 약화시키겠다던 미국 정부는 역설적이게도 냉전 초기에 끊어져버렸던 시장사회주의의 토론을 다시 연결시키는 데 도움을 준 꼴이 되었다.

포드 재단은 그 수혜자들에게 연구를 수행할 돈, 자원, 시간을 제공했을 뿐만 아니라 이들이 미국의 경제학계와 긴밀한 관계를 갖도록 엮어주었고, 이를 자신들의 최종 보고서에 문서화하도록 했다.[62] 수혜자들은 보통 10개월간의 방문 기간에 미국의 하나 혹은 두 개의 최고 수준 대학과 연계를 맺어 미국 대학 시스템에 대한 직접적인 경험을 갖게 되었다. 이들은 이렇게 연계된 대학들 내에서 연구에 열중하면서 미국 전역의 명망 높은 무수한 대학을 방문했다. 헝가리 경제학자들은 미국 대학을 아무렇게나 선택하지 않았다. 이들은 신고전파의 사회주의경제학 전문가로서 동유럽 사회주의에 대한 지식이 있는 학자들이 있는 대학들을 선택했다. 이들은 또한 다른 동유럽 나라의 경제학자들이 그 대학에 와 있는지도 꼭 알아보았다. 헝가리 경제학자들이 특히 많이 선택한 대학은 하버드, 예일, 컬럼비아, 버클리, 스탠퍼드 등이었

다.[63]

　헝가리 경제학자들은 외국 대학에서 여러 활동에 참여했다. 해외의 대학 도서관은 이들에게는 큰 흥분의 대상이었다.[64] 모든 경제학자가 서적, 정기간행물, 신문, 데이터 등 헝가리에서는 접근할 수 없는 자료들을 가지고 돌아왔다. 그중 한 명인 브로지는 이렇게 말했다. "애초에 나는 실제의 계산을 행할 의도가 전혀 없었다. 다시 말해, 나는 내가 만든 수리적 성장 모델이 이론적 논의를 넘어서서 충분한 통계 데이터를 통해 실제로 계산될 수 있을 것이라고는 감히 꿈도 꾸어본 적이 없었다는 것이다."[65] 이들은 세미나에 참여했고, 강연을 행했고, 다른 교수들과 함께 작업했다. 컴퓨터 프로그래밍과 투입-산출 모델 작업 등 새로운 기술들도 배워나갔다.[66] 헝가리의 경제학자들은 교류를 통하여 미국 경제학 교육에 깊이 빠져들게 되었다.

　헝가리 경제학자들은 미국에 있는 동안 또 미국의 경제학계 일반에 좀더 널리 소개되었다. 포드 재단의 지원을 받은 학자들은 재단에 제출하는 최종 보고서에서 체류 기간에 자신들의 영어 능력이 향상되었고 경제학계와의 국제적인 상호 관계를 강화했다고 언급했다. 이들은 미국 경제학협회, 미국 통계학협회, 계량경제학협회 등의 학회에 참석했다. 이들은 또 경제학계 내의 인물들과 광범위하게 접촉했으며 지원 프로그램이 끝난 뒤에도 자신들이 선택한 학술지는 어느 것이든 2년간 정기구독권을 얻었다.[67] 이 참가자들은 프로그램에 참여하기 전에는 미국의 경제학자들에게 얼마나 다양한 기관과 기회가 주어져 있는지에 대해 잘 모르는 경우가 허다했다.[68] 하지만 이들이 미국을 떠날 때에는 미국의 중요한 경제학 전문가들과 전문 기관 그리고 가장 유명한 경제학과와 인연을 맺고 있었다.

헝가리의 경제학자들은 미국 정부와 포드 재단을 이용해 미국의 신고전파 경제학자들과 다시 연계를 맺고 신고전파 경제학의 사회주의 논의에 다시 참여할 수 있었다. 동유럽과 서유럽의 경제학자들은 모두 정책과 메커니즘 디자인에 초점을 두고 있었고, 경제체제와 기업들에 중요성을 갖는 제도들이 무엇인지를 연구했다. 이들이 메커니즘 디자인에 초점을 두게 된 것은 다양한 사회주의 토론의 결과였다. 헝가리 경제학자들은 망명 경제학자들과 그들의 경제학 저작들 그리고 학술적 방문 등을 통하여 시장사회주의 및 신고전파 경제학에 대한 자신들의 새로운 생각을 미국에 가져왔다. 신고전파 경제학 훈련을 받은 이들은 미국뿐 아니라 동유럽 및 개발도상국의 경제학자들과도 이러한 관계들을 만들어나갈 수가 있었다.

사회주의의 청사진으로서의 신고전파 경제학
—

헝가리의 당-국가는 1968년 1월 1일 신경제메커니즘NEM을 도입했다. 이 NEM은 헝가리의 사회주의 실천을 근본적으로 바꾸어놓았다. NEM 하에서는 국가가 생산수단의 공공소유를 갖지만, 소련식 중앙 계획에서 본질적인 부분이었던 기업에 대한 의무적 생산 목표가 폐지되었다.[69] NEM은 국가의 계획을 오직 국민경제의 주된 목표들을 정하는 것과 또 경제 발전의 주요한 여러 사항들의 비례에 대한 것으로만 제한했다(Swain, 1992: 99-100). 경제계획가들은 강제적인 행정 수단

대신 간접적인 금융적 혹은 경제적 수단들을 사용하여 기업들로 하여금 자신들이 짜놓은 계획을 실행하도록 만들 수 있었다. 랑게의 시장사회주의 모델 그리고 신고전파 경제학 교과서와 마찬가지로 기업들은 정부가 방향을 지휘하는 큰 투자들 이외에는 자율적으로 움직이도록 되어 있었고 이윤 극대화를 추구하도록 상정되었던바, 이윤 극대화가 기업을 움직이는 인센티브로 대두되었던 것이다.[70] 일부 가격은 국가 통제에서 풀려나 시장에서의 변동이 허용되었던 반면, 다른 가격들은 국가가 고정시켜놓는다. 6장에서 논의하겠지만 그러나 헝가리에서 국가는 사실상 경제에 계속해서 직접 개입한다.

헝가리 바깥의 학자들은 NEM이 신고전파 경제학과 직접 관련이 있는 것으로 보았다. 이것이 랑게의 추상적 신고전파 시장사회주의를 실현한 것임이 분명했기 때문이었다. 조지 페이월은 대다수의 동유럽 개혁운동은 랑게의 모델을 따르지 않았으나 "헝가리는 중요한 예외로서, 여기에서는 **기본적인 개혁의 구성물**이 제2차 세계대전 이전에 랑게가 내놓았던 모델과 가깝게 닮아 있다"고 말한다(Feiwel, 1972: 604). 미국에서 나온 비교경제학 교과서에서는 NEM 이후의 헝가리가 시장사회주의의 한 연구 사례가 되었고, 별개의 한 장을 할애할 만큼 중요하게 다뤄지고 있었다(예를 들어 Bornstein, 1974; Neuberger and Duffy, 1976).[71]

헝가리의 개혁경제학자들이 가지고 있었던 개혁의 비전은 오스카르 랑게의 추상적 시장사회주의 모델과 분명히 다른 것이었다(Feiwel, 1972: 604). 그리고 그러한 여러 차이점은 다시 신고전파 경제학의 발전에 더 많은 기여를 하게 된다. 랑게의 모델과 비교하여 헝가리의 개혁은 가격을 결정하는 데 시장을 더 광범위하게 사용하고 있다. 헝가리 모델은 또 폐쇄되고 고립된 국민경제를 상정하는 것이 아니라 국내 시장과 세계시장 사이의 여러 장벽을 제거하고 있었다. 벨러 벌러셔는 경쟁적 시장을 갖춘 헝가리 모델이 랑게의 모델보다 더 좋다고 주장했다. 개혁경제학자들이 인정했던 대로, 모든 기업이 가격 수용자로서 가격을 있는 그대로 받아들인다면 중앙계획가들보다는 기업이 결정을 내리는 쪽이 최상의 결과—파레토 최적—를 낳기 때문이다. 하지만 벌러셔가 계속해서 주장하는 것은, 여러 작은 규모의 사회주의국가에는 독점체들이 많이 있으며 이로 인해 기업들이 가격 수용자가 아닌 가격 책정자가 되어버려 결국 최적에 미치지 못하는 결과를 낳게 되어 있다는 점이다. 헝가리의 개혁은 헝가리 경제를 세계시장에 개방함으로써 기업들이 세계시장의 가격 수용자가 되도록 만든다는 것이다. 헝가리 개혁경제학자들은 이러한 개혁을 통하여 신고전파 경제학자들 사이에 벌어졌던 초국가적 대화에 기여하게 된다.[72]

헝가리 개혁경제학자들은 자기들 나라에서의 시장사회주의 개혁에 있어서 신고전파 경제학을 일종의 청사진으로 사용했으며, 이를 통해 헝가리 경제를 자기들 이론에 맞도록 재조직하는 데 도움을 주었다.[73] 앞에서 논의했듯이, 개혁경제학자들은 경제메커니즘의 개념을 발전시켰고 또 있을 수 있는 여러 메커니즘의 다양한 형태를 발전시켰다. 이들은 신고전파 경제학으로 전환했고, 이 경제학은 또 이들의 시장 메커니즘에 대한 생각을 보완해주었다. 두 가지 모두 소련 모델 그리고 공식적인 마르크스-레닌주의 정치경제학에 비판적인 대안적 사회주의에 대한 공통의 이해를 반영한 것이었기 때문이다. 특히 1956년 이후 헝가리 경제학자들은 19세기 이후 사회주의와 시장에 대한 여러 개념을 중심으로 진화해온 초국가적인 신고전파 경제학 논의에 참여하게 된다. 개혁경제학자들의 작업을 보면 개혁에 대한 전반적 비전에 대해 그들 사이에 모종의 공감대가 존재했음이 분명히 드러나며, 현실의 개혁 또한 마치 단선적인 경로를 죽 밟아온 것처럼 보일 정도다. 이들이 공유했던 공감대는 교과서적인 신고전파 경제학으로부터 나온 것으로서, 이 신고전파 경제학은 또 모종의 사회주의 모델에 기초하여 발전된 것임과 동시에 또 몇 가지 서로 다른 미래의 사회주의국가 형태의 모델을 제시하는 것이기도 했다. 이렇게 신고전파 경제모델들은 여러 개혁 조치 계획들을 제공해주었다. 한 예로, 헝가리의 경우에 대해 코르너이는 이렇게 주장한다.

> 물론 각종 GE〔일반 균형〕 이론들은 **현실** 경제에 대한 적확한 묘사라거나 설명이라고 받아들일 수 있는 것은 아니다. 하지만 이는 **새로운** 세계에 대한 모종의 계획으로서 받아들여져야 한다. 한 나라의 지도자들이 자기들 체제 자체의 기능적 메커니즘을 개발할 수 있는 위치에 있다고 한다면(이는 헝가리 개혁의 초안을 잡는 과정에서 실제로 벌어졌던 일이다), 그 체제는 마땅히 GE 학파의 여러 모델에 따라 형태가 만들어져야 한다(Kornai 〔1971〕 1991: 343).

신고전파 경제학은 사회주의 건설에 대한 몇몇 계획을 제공했다. 헝가리 개혁경제학자들과 다른 곳의 사회주의 경제학자들은 신고전파 경제학을 염두에 두고서 개혁의 모습을 그려나갔다. 헝가리 개혁경제학자들은 경제개혁을 입안하는 여러 공식적 위원회 앞에 진정한 개혁에 대한 자신들의 비전을 직접적으로 혹은 간접적으로 제출했다.

NEM은 또한 새로운 경제 행위자들을 가진 새로운 경제를 실현했을 뿐 아니라 그 안에서 경제학자들이 부여받는 역할도 새로웠다 (Bockman, 2000). 케메네시가 주목했듯이, "개혁이 도입된 1968년에는 경제학자들의 새로운 역할이 제도화되었다. 수량적인 용어를 사용하여 경제적 법칙들과 상호 의존관계들을 연구하는 경제학적 사고방식이 입지점을 얻게 된 것이다(Kemenes, 1981: 583)." 1953년 이전의 라코시 체제에서는 경제학자들과 이론적 정치경제학자들을 편애하고 경제학자들을 주변으로 밀어냈었지만, 이제 경제학자들은 NEM 개혁에서 중심적 역할을 수행할 뿐 아니라 무수히 많은 혜택을 얻어낸다. 가장 중요한 일은, 이 새로운 체제에서 주요한 전문가가 된 것이 바로 개혁경제학자들이었다는 점이었다.[74]

비록 이들은 NEM을 통해 혜택을 보기는 했지만, 그 협소한 성격을 금세 인식했고 탈중앙집중화를 가져올 여러 제도를 실현할 수 있는 더 많은 개혁을 요구하게 된다. 마르톤 터르도시는 NEM이 협동조합 그리고 소규모의 민간 경제활동들을 가로막는 장벽들을 제거하고, 기업 간 거래에 대한 여러 제약을 종식시키고, 가격과 기업 활동을 국가 개입으로부터 해방시키며, 노동자들이 기업 운영에 영향을 줄 수 있는 민주적 권리들을 확장하는 등의 역할을 요청받는다고 주장했다 (Tardos, 1982: 297). 1970년대가 되면 오히려 반대로 사회주의 경제를 다시 중앙집권화하고 또 노동자 대신 공산당의 권력을 강화하는 데 신고전파 경제학이 사용된다. 이때는 랑게의 시장사회주의 사상 그리고 경제적 합리성을 사회 전반에 확산시키고자 하는 시장사회주의의 전반적 관심 또한 반드시 노동자의 이익과 일치하는 것이 아니라고 주장되기 시작한다.[75] NEM에 대한 헝가리인들의 서술에서 프리시는 이렇게 주장한다. "우리의 새로운 체제에서 주요한 특징들 중 하나는 우리의 사회주의적 민주주의를 확장하고 강화하는 것이다(Friss, 1969: 38)." 하지만 막상 NEM은 당의 권력과 독점기업의 실권을 쥐고 있는 경영자들의 권력을 강화시켰다. 그 결과 NEM은 신고전파 경제학에 기반을 둔 시장사회주의를 구현하기는 했지만 그 방식은 오히려 위계를 강화시키는 것이었지, 노동자의 착취에 종식을 고하고 경제적 민주주의를 달성한다는 사회주의의 정치적 목적을 달성하는 것은 아니었다.

결론

—

소련의 국가사회주의에 대한 비판과 시장사회주의를 창출하려는 시도는 경제학계를 재창조하려는 소수의 헝가리 경제학자들에게 새로운 기회를 가져다주었다. 이 개혁경제학자들은 학계 전체에 자신들의 생각을 확산시킬 수 있는 새로운 전문기관들과 정치적 자원을 획득했다. 개혁경제학자들이 터져 나오는 문제들에 임기응변으로 대응하면서 서로 고립적으로 작업했다는 주장이 가끔 나오지만, 실제로는 이와 달리 미국, 서방, 동유럽 다른 나라의 신고전파 경제학 조류와 잘 들어맞는 새로운 개념들을 발전시켰으며 신고전파 훈련을 받은 경제학자들 사이의 초국가적 대화에도 참여했다. 특히 당시 미국의 신고전파 경제학계에서는 주인-대리인 이론, 정책 디자인, 메커니즘 등의 문제들이 중요해지고 있었던바, 개혁경제학자들은 자국 내에서의 경험에 기반하여 이 초국가적 대화에 많은 기여를 했다. 1968년 개혁경제학자들은 신경제메커니즘 개혁의 모습을 잡아나갔으며, 이는 국제적으로 인정되는 형태의 시장사회주의를 창출했다. 하지만 경제학자들은 이 개혁의 협소함에 좌절함과 동시에 더 많은 개혁을 추진하려 할 때에 정치적인 반동이 벌어지는 것을 보면서도 좌절해야 했다. 결국 이들은 이러한 좌절 속에서 사회주의와 자본주의 모두에 존재하는 위계적 제도들 그리고 신고전파 경제학에 대한 지구적인 비판에 참여하게 된다. 이것이 6장에서 우리가 논의할 내용이다. 하지만 그 전에 5장에서 소련 사회주의와 서방 자본주의 모두에 대해 비판적이었던 경제학자들 및 여타 사회과학자들을 한데 모아 여러 다른 형태의 사회주의에 대한 초국가적 토론의 장을 제공했었던 한 간극적 기관에 대해 검토해보도록 하겠다.

5장

**국제적 좌파와 국제적 우파
그리고 이탈리아에서의 사회주의 연구**

앞서 3장에 걸쳐 경제학자들과 그들이 엮어냈던 초국가적 논의의 출현에 관해 살펴보았다. 이 장은 이러한 사회주의에 대한 초국가적 논의가 벌어졌던 제도적 장소 하나에 초점을 두도록 한다. 이는 초국가적 제도들 및 이탈리아의 우익 기관들이 자금을 댔던 이탈리아의 싱크탱크다.[1] 지금까지 학자들은 보통 우익 학자들 및 활동가들의 초국가적 네트워크가 이 세계를 신자유주의로 개종시켰다고 가정해왔다. 이탈리아 밀라노에 있는 경제 및 사회문제 연구센터CESES*는 어떤 면에서 보더라도 바로 이렇게 초국가적 우익 활동가들이 통제하는 우익 싱크탱크다.[2] 하지만 CESES와 같은 간극적 기관들을 막상 채웠던 것은 좌파 쪽 학자들이었으며, 이들은 이를 통해 다양한 사회주의에 대한 새

---

*'차이시스'라고 발음한다.

로운 지식을 창출했다.

 CESES를 만들고 자금을 댄 것은 이탈리아 민간 산업을 대표하는 가장 중요한 협회인 콘핀두스트리아Confindustria였으며, 그 목적은 이탈리아 공산당의 영향력을 차단하는 것뿐만이 아니었다. 이탈리아에는 타자기 제조업자이자 출판인인 아드리아노 올리베티Adriano Olivetti와 잔자코모 펠트리넬리Giangiacomo Feltrinelli 등 경제계획과 여러 실험적 형태의 사회주의를 지지했던 수많은 자본가가 있었으니, 이들의 영향력을 차단하는 것도 목적의 하나였다. CESES는 1964년에서 1988년까지 기능하면서 경영자 계급의 성원들에게 사회주의의 실패와 동유럽에서 시장을 개혁해야 할 필요를 보여줌으로써 공산주의를 거부하고 자본주의를 지지하는 새 경영자 계급을 창출하고자 했다. 자유무역과 국가의 제한을 지지하는 초국가 네트워크인 몽 펠르랭 협회MPS: Mont Pelerin Society의 성원들이 CESES의 여러 활동을 조직하고 참여했다. 밀턴 프리드먼은 자신의 회상록에서 CESES를 자신이 중심이 된 더 넓은 자유시장 지지 초국가 네트워크의 일부였다고 말하고 있다(Friedman and Friedman, 1998). 프리드먼은 CESES가 "동유럽의 몽 펠르랭 협회"이며 "자유시장 사상을 증진"시키기 위해 창설된 것이라고 언급한다(ibid., 338-339). 밀턴 프리드먼과 워런 너터Warren Nutter 그리고 배리 골드워터Barry Goldwater의 대통령 선거전과 함께 떠오른 다른 미국 신우익 인사들은 CESES의 여러 활동에 적극적으로 참여하는 이들이었다. 미국 우익 재단들 또한 CESES에 자금을 지원했다.[3] CESES에서는 하이에크, 프리드먼, 기타 몽 펠르랭 협회 성원들의 저작물들을 이탈리아어로 번역하여 출간했다. 워런 너터는 1968년에 이런 글을 남겼다.

내가 아는 여러 활동 가운데 미엘리Renato Mieli(CESES의 수장)를 통해 조직되는 여러 학술회의 및 접촉선들만큼 비교적 소액의 돈을 투자하여 잠재적으로 크게 수지를 맞출 수 있는 것은 거의 없다. 여러 면에서 서방의 희망은 동유럽에 있다. 서방세계가 집산주의에 푹 빠져드는 것을 막을 수 있는 최선의 희망은 동유럽에서 공산주의에 맞서 반란이 일어나는 것이다. 어느 한 가지 행동이 역사의 흐름을 바꾸어놓을 것이라 기대하는 것은 물론 낭만적인 사고이지만, 한 방울씩 똑똑 떨어지는 물방울도 제대로 집중되기만 한다면 돌을 깎아내는 법이다.-4

우익 활동가들이 통제하는 초국가적인 신자유주의 네트워크는 자본주의를 수호하고 확산시키는 투쟁에 있어 CESES를 필수적인 요소라고 여겼다.

하지만 CESES의 사례는 신자유주의 사상이 서방 혹은 미국의 헤게모니에서 생겨난 것이 아니라 미국 자본주의와 소련의 국가사회주의를 넘어선 간극적 공간들로부터 생겨난 것임을 드러낸다.-5 우리의 연구는 초국가적 우익 그리고 미국의 우익 활동가들의 행동과 계획에 초점을 두는 통상적인 연구와 달리 이탈리아인들이 자신들의 역사적 정치적 맥락 속에서 벌였던 행동과 의도에 초점을 두고자 한다. 앞의 여러 장에서 보였듯이, 동유럽 경제학자들은 결코 미국의 지식을 수동적으로 받아들인 이들이 아니었다. 이들 중 여러 집단이 이미 1950년대에 신고전파 경제학과 시장을 사회주의 건설 도구로서 연구했다. 사실 동유럽 경제학자들은 좀더 폭넓게 다른 동유럽 나라, 서유럽, 미국의 경제학자들과 사회주의에 대한 대화를 어렵게 이어갔다. 하지만 이와 동시에 여러 학자는 초국가적 우익 네트워크와 미국 경제학자들이 이탈리아 및 동유럽 쪽 인사들보다 훨씬 더 많은 권력을 휘둘렀고 또 더 많은 자원을 가지고 있었기에 각 국가 내의 정치적 맥락들을 근본적으로 바꾸어놓을 수 있었음을 지적하고 있다. 그렇다면 이렇게 모순된 두 가지 경향을 어떻게 이해해야 할 것인가?

1950년대 초에서 중반에 이르는 기간에 새로운 사회적 운동과 사회적 행위자들이 나타났으며 미국에서는 매카시즘에 대해, 소련에서는 스탈린주의에 대해 반작용이 생겨났다. 여러 집단이 서방 자본주의와 소련의 국가사회주의를 모두 비판하고 CESES와 같은 새로운 기관들을 만들어 두 체제를 대체할 수 있는 대안적 형태들을 토론하면서 이 냉전의 양대 축 내부와 사이와 그 너머에 간극적 공간을 확장했다. 이 공간들은 "제3의 길"과 같은 동질적인 공간들이 아니었다. 이 공간들을 이루는 이질적인 개인 및 집단들은 냉전 체제의 경계선 사이에서 활동하면서 소련식 국가사회주의를 이해하고 이에 저항하는 혹은 이를 대체할, 그래서 자신들이 연관을 맺고 또 기초로 삼을 수 있는 사회주의 형태들을 예견하고자 하는 이들이었다. CESES를 조직했던 한 사람이 말한 것처럼, 이 공간들은 "경계 없는 은하계galaxy without borders"와 같은 공간을 형성했다. 마오쩌둥주의자들, 트로츠키주의자들, 시장사회주의자들, 자유지상주의적 사회주의자들 그밖에도 여러 다른 형태의 좌파들이 이 간극적 공간을 지배했다. 이들은 그렇게 할 수 있는 기술, 연줄, 동기를 모두 갖추고 있었다. 따라서 대부분의 설명에서는 신자유주의라는 것이 이미 그 전부터 존재하던 서방의 이데올로기로서 이것이 나머지 영역으로 확산된 것이라고 가정하지만, 사실상 신자유주의는 간극적 공간으로부터 발전해온 것이었으며 이 공간의 참여자들은 새로운 형태의 사회과학적, 역사적, 철학적 지식을 창출하려던 이들이었다.[6] 타자에 대한 지식(소련 사회주의든 서방의 자본주의든)은 직접적으로 얻을 수 없으며, 간극적 공간에서 전개되고 발전되어야만 한다.[7] 간극적 공간에서 작업을 하게 되면서 동유럽과 서방의 좌파 쪽 인사들은 현실 사회주의도 이해하게 되었고 또 사회주의가 취할 수 있는 다른 가능성에 대해서도 이해하게 된다. 초국가적 우익은 이 '경계 없는 은하계'가 동질적이며 자본주의적이었다고 재해석하려고 하지만, 이런 아전인수 격의 재해석은 오직 안정된 헤게모니적 장소에 서서 조망할 때에만 가능하다. 그러나 이러한 장소는 정치적, 경제적, 사회적, 문화적으로 유동적이었던 1960년대와 1970년대의 맥락에서는 아직 존재하지 않았다. CESES의 사례는 전 세계, 특히 동유럽에서 온 저항적 좌파가 가지고 있었던 생각과 실험들이 신자유주의의 핵심을 차지한다는 것을 보여준다.

CESES
—

CESES는 1964년 이탈리아 밀라노에서 설립되었으며, 시작할 당시의 예산은 2006년 달러 가치로 120만 달러에 해당했다.[8] 콘핀두스트리아의 이탈리아 산업가들로 이루어진 강력한 집단 하나가 CESES 자금의 대부분을 제공했다. 이들이 CESES를 만들기로 결정한 것은 "이탈리아에서 정치 생활에 가장 헌신적이고 활동적인 지식인들 사이에 (…) 극좌파가 독점적 권력을 확립해놓았고 이에 맞서는 창의적인 노력이 없는 한심한 상태를 극복하기 위해서"였다.[9] 콘핀두스트리아 지도부의 논리에 따르면, 공산주의와 좌파를 잠식하는 가장 효과적인 방법은 사람들에게 소련 사회주의의 목적이 무엇인지를 가르쳐주고 또 소련 사회주의가 그러한 목적을 달성하는 데 어떻게 실패했는지를 보여주는 것이었다. CESES는 앞으로 "우리 나라의 문화환경과 기업환경에서, 미래의 프로젝트로서의 유토피아가 아니라 이미 다양한 나라에서 오랜 시간 실험을 거친 현실로서의 사회주의에 대해 최대한 정확한 지식을 소개할 것"이었다.[10] 이 보수적인 산업가들은 이탈리아 사람들 특히 엘리트들이 마르크스-레닌주의에 대해 배우고 또 동유럽 블록의 현실 사회주의의 현실에 대해 알아야만 이탈리아 국내의 자유 민주주의와 시장경제를 지지하도록 설득하는 일이 가능해질 것이라 믿었다.[11] 이러한 목적을 달성하기 위해서 CESES는 세 가지 주요 활동 영역을 두었다. 소련학 과정과 학술회의, 소련학 간행물들, 반공 청년 지도자 훈련 등이 그것이다.[12]

간극적 공간들, 간극적 사람들

—

콘핀두스트리아의 지역 성원들은 거의 즉각적으로 CESES에 드는 비용에 난색을 표하고 나섰고, 콘핀두스트리아의 지지자들은 CESES를 비판했다. 지역의 콘핀두스트리아 분회에서는 매년 기부를 통해

CESES의 예산을 지불하게 되어 있었다. 이 분회들에서는 또한 자기들 지역 출신의 젊은 학생들을 CESES 활동의 참가자로 추천했다. CESES 사람들이 자금 지원을 요청하고자 콘핀두스트리아의 지역 지도자들을 만났을 때, 이 지도자들은 CESES의 목표는 지지하지만 그 조직을 위해 기부금을 내고 싶지는 않다고 말했다. 이들은 대신 그 자금으로 지역 선거에서 특정 후보들을 지원하거나 다른 지역적인 정치 활동을 벌이기를 원했다. 처음 1년 반 동안 결국 CESES의 예산은 약 25퍼센트에 해당하는 4천만 리라의 삭감을 겪어야만 했다.[13]

콘핀두스트리아의 성원들은 예산만 깎은 것이 아니라 CESES가 정말 반공주의의 입장이 맞는지에 대해서도 의문을 갖기 시작했다. 콘핀두스트리아의 고위 간부는 CESES에서 운영하는 국제 경제학 학술 회의에 참가했다가 이 회의가 "CESES가 주장하는 바대로 반공주의의 제도적 임무를 충실히 고수"하는 게 아님을 알게 되었다.[14] 콘핀두스트리아는 CESES의 자금 지원을 계속하기는 했지만 이러한 비판은 점차 쌓여만 갔다. 청년 훈련 과정에 참여했던 누군가는 이 과정에 "좌파 지향성의 요소들"이 보이며 교사들도 좌파인 경우가 꽤 있다고 보고했다.[15] 이러한 비판으로 인해 CESES의 지도부는 CESES라는 아이디어가 어떤 것인지를 콘핀두스트리아의 지역분회에 다시 한 번 애써 설득해야 했다.[16] 콘핀두스트리아의 한 지역 지도자는 CESES 조직자들에게 CESES의 전체 분위기가 좌파로 돌아서버렸다고 비판자들이 자신에게 일러주었다고 말하기도 했다.[17] 비록 CESES는 1988년까지 계속해서 기능하지만, 1976년에 콘핀두스트리아는 마침내 CESES에 대한 자금 지원을 완전히 중지하고 만다. CESES에서는 도대체 무슨 일이 벌어지고 있었던 것일까?

CESES는 1950년대 매카시 재판과 이오시프 스탈린의 죽음 이후에 서방 자본주의와 소련 사회주의의 내부, 사이, 그 너머에 열린 간극적 공간에서 창출되었다. 소련 지도자 니키타 흐루쇼프는 그의 유명한 1956년의 스탈린 비판에서 소련의 과거를 재평가하고 사회주의로 가는 다른 경로들을 제시할 수 있도록 길을 열어놓았다. 중요한 것은, 그 이전의 체제에 '스탈린주의'라는 부정적인 딱지를 붙인 덕에 소련 체제 전체에 대한 최초의 사회주의적 비판들이 나올 수 있었고(Strada, 1988: 28), 또 여타 다른 형태의 사회주의에 대한 사유를 촉진했다는 것이다. 슬로베니아 출신의 철학자 슬라보예 지젝은 이 현상에 대해 다음과 같이 논평한 바 있다.

> 공산주의 체제는 그 적극적인 내용에 있어서는 참으로 우울한 실패작이었고 공포정치와 빈곤만을 낳았다. 하지만 이는 또 동시에 일정한 공간 즉 유토피아에 대한 기대의 공간을 열어놓았으니, 이는 다른 것 이전에 우리로 하여금 현실 사회주의의 실패 자체를 측량해볼 수 있게 만들어주었다(2001: 131).

지젝의 주장은 공산주의가 "자본주의의 논리를 벗어나려는 시도" 속에서 그 스스로를 개방하고 또 그 열린 공간을 계속 유지한다는 것이다(1999: 9). 이와 마찬가지로, 현존하는 공산주의 체제들에 대한 민주적 사회주의의 비판은 마르크스-레닌주의에 대한 급진적이고도 민주적인 독해로부터 출현한 것이다(Falk, 2003: 25, 61). 하지만 이러한 비판은 본래 반스탈린주의라는 부정적인 성격을 가지고 있었으며, 이는 곧 이러한 간극적 공간이 여러 다양한 적극적인 대안과 전통을 안에 담을 수 있음을 의미하는 것이었다. 미국에서는 시민운동, 자본주의의 소외와 대중사회에 대한 비판, 평화운동의 출현 등이 일어나면서 자유주의, 민주주의, 자본주의 내에서도 비판적이고 이질적인 간극적 공간이 열리게 되었다.

이렇게 유동적인 맥락 속에서 간극적 개인들과 공간들이 나타날 여지가 생겨났다. CESES는 통상적인 냉전의 이분법으로 분류할 수 없는 정치적 입장을 가진 사람들—여기에는 옛날의 공산주의자들, 반소련 사회주의자, 자유지상주의자, 아나키스트, 동유럽 개혁가, 동유럽 망명객들이 들어간다—을 한데 모아 현실 사회주의의 성격에 대해서 또 미래의 가능한 여러 사회주의의 성격에 대해서 토론을 벌였다. 냉전 시기 CESES에 있었던 이들은 1960년대와 1970년대의 세계에서 냉전의 두 적대국 모두에 대해 카리스마적이고 위험스런 접근을 할 수 있었다.

간극적 공간이 이탈리아에서 나타났던 이유는 다름 아닌 이탈리아에 강력한 공산당이 있었기 때문이다. 흐루쇼프의 폭로 그리고 그 다음에 있었던 1956년 헝가리에 대한 소련의 개입으로 인해 수많은 이가 이탈리아 공산당PCI을 떠났다.[18] 이탈리아 정치의 양대 축은 공산당 그리고 우익인 기독교민주당DC이었는데, 공산당을 거부한 공산주의자들이 당시 여당이었던 기독교민주당으로 전향한 것은 아니었다. 레나토 미엘리, 비토리오 데 비아시Vittorio De Biasi, 카를로 리파 디 메아나Carlo Ripa di Meana 등 CESES의 주요 설립자들 자신도 PCI 출신이었다. 이탈리아 공산당에 있을 당시 미엘리는 당 지도자였던 팔미로 톨리아티Palmiro Togliatti와 직접 함께 일했으며, 당 신문인 『통일L'Unita』의 밀라노판 편집 책임자가 되었다(Mieli, 1996). 리파 데 메아나는 공산주의를 표방하는 국제학생연합의 주요 간행물―프라하에서 출간되었다―인 『세계 학생 뉴스』의 편집장이었다. 미엘리와 리파 디 메아나는 헝가리 봉기를 소련이 진압한 것에 대한 대응으로 1957년 공산당을 떠난다(Ripa di Meana, 2000). 그후 미엘리는 에디슨 회사와 콘핀두스트리아가 함께 자금을 댄 한 연구센터에 참여하여 비토리오 데 비아시와 함께 일하게 된다. 데 비아시는 저 유명한 마르크스주의자 안토니오 그람시의 가까운 동료였으며 이제는 에디슨 회사의 "노골적인 반공주의자" 지도자로서 힘을 가지고 있었다(Mieli, 1996: 124-125). 하지만 이탈리아 공산당 출신들은 다른 이들의 신뢰를 얻지 못했다. 이들의 정치적 지향성이 분명하지 않았기 때문이었다.[19] 한 예로 이 세 인물은 비록 PCI와 소련 공산당을 가혹하게 비판했지만, 미엘리는 또 1964년에 자신이 "이탈리아 노동운동의 전투적 활동가들" 중 하나라고 선언했으며 최소한 1988년이 될 때까지 여러 사회주의 학술회의에서 발언하기도 했었다.[20] 미엘리는 자신은 흐루쇼프의 스탈린에 대한 폭로에 영감을 받았을 뿐 '반공주의자'가 아니라고 여러 번에 걸쳐 천명했다. "내가 반파시스트가 되었던 것과 똑같은 이유에서 나는 감정상 반공주의자가 될 수는 없었다(Mieli, 1996: 99)."[21] 미엘리는 CESES의 소장이 되었고 또 그 추진력의 원천이 되었다. CESES의 창립자들은 명확한 반공주의와 반좌파의 정체성을 보이지는 않았던 것이다. 물론 이들은 PCI에 반대했지만 이는 많은 좌파가 가지고 있던 입장이었다.

이러한 전직 공산당원들이 만들어낸 공간은 이탈리아 내부에 이미 존재하던, 소수의 반소련 사회주의 문화와 연계를 맺게 된다. 이탈리아는 파시즘과 냉전 때문에 가로막힌 상이한 여러 형태의 민주적 사회주의를 창출하려는 오랜 노력의 역사를 가지고 있었다.[22] CESES의 입장에서는 자유주의적 사회주의자였던 안드레아 카피Andrea Caffi가 특히 중요했다.[23] 카피의 주요 전기 작가였던 지노 비앙코가 CESES의 역사 분과를 이끌었고, 다른 부문도 그 수장은 사회주의자들이었다. 조르조 갈리Giorgio Galli는 사회학 분과의 수장이었고, 리파 디 메아나가 문화 부문을 이끌었다.[24] 카피는 국가, 기업, 중앙집권화, 합리화, 과학적 계획, 민족주의, 정당 등을 모두 거부하는 아나키즘, 즉 모종의 프루동식 사회주의를 추종하는 이로서, 이는 CESES의 전반적 분위기를 반영하고 있었다(Bianco, 1977). 한 젊은 CESES 참가자가 긍정적으로 묘사했듯이, 카피가 지지했던 것은 "관료적 메커니즘 그리고 산업에서 대기업을 장악한 과두적 권력에 대한 사회적 통제를 증대시키기 위한 직접적인 사회주의적 행동"이었다(Monti-Bragadin, 1971: 62). 카피는 소집단들의 네트워크로 구성된 풀뿌리 단체나 지하의 반문화 집단들이 장기적으로 전복적인 잠재적 가능성을 가지고 있다고 주장했다. 이런 집단의 개인들은 우애, 평등, 상호성, 관용, 개방된 대화 등의 코즈모폴리턴 사회성의 계몽주의적 미덕들을 가르치며 또 실천에 옮기는 이들이었다(Sumner, 1996: 150). CESES는 이러한 카피의 자유주의적 사회주의를 실천에 옮기기 위한 시도였다고 볼 수 있다.[25]

이 간극적 공간의 다른 이들은 스스로를 좌파가 아니라 "리버럴들"이라고 규정했다. 연구 분과의 수장인 레나토 파베토Renato Pavetto는 이 집단을 반영하고 있었다. 또 경제 분과의 수장이었던 조반니 살비니Giovanni Salvini는 콘핀두스트리아가 자금을 대는 신문『일솔레 벤티콰트로 오레Il Sole 24 Ore』출신이었다. 미엘리는 공산당을 떠난 후 그 어떤 정당에도 가입한 적은 없지만, 결국은 스스로를 자유주의자로 규정하고 몽 펠르랭 협회에 가입했다. 일부 참여자들은 CESES의 목적을 이탈리아에서의 '리버럴 문화' 형성이라고 보았다.[26] 또 동시에 소수의 참여자들은 자신들이 남의 의견은 전혀 들으려 하지 않는 극단주의자들과는 달리 서로에 대해 귀를 기울인다는 이유 하나만으로 자신들을 '리버럴'이라고 규정했다.[27] 하지만 일반적으로 유럽의 리버럴들은 경제적, 정치적 자유주의를 지지했다.

이처럼 그 성원들의 정치적 관점에 큰 차이가 있었던 만큼 이렇게 출현하고 있던 공간도 간극적인 성격을 띠고는 있었지만, 이 성원들이 공유하던 공통의 특징도 분명히 있었다. 이 개인들은 PCI, 소련, 파시즘에 강력하게 반대했으며, 아나키스트일 때도 있었고 또 가톨릭교회의 정치적, 문화적 권력에 반대했다.[28] 이들은 기성 정당들을 거부할 때가 많았으므로, 이탈리아 사회 안에서 정치가보다는 대학, 싱크탱크, 저널, 그밖의 영역에서 문화적 작업을 하는 경우가 더 많았다.[29] 따라서 이들은 이탈리아 문화에서 큰 영향력을 가지고 있었다(Bobbio [1997] 1999: 83; Teodori, 1998: xxvii). 이들은 이탈리아 문화를 근본적으로 바꾸어 파시즘의 과거를 넘어서는 동시에 전체주의의 미래를 피해 새로운 사회를 창조하고자 했다.[30] 이들은 새로운 사회에 경험적 연구가 반드시 필요하다고 생각했다. 왜냐면 칼 포퍼의 저작『열린사회와 그 적들』(Popper [1945] 1950)*의 영향을 반영하여, 이들도 여러 이데올로기와 전체주의의 거짓말들을 밝히는 데는 대화 그리고 가설의 경험적 검증이 최고라고 믿었기 때문이었다.[31] PCI와 "이탈리아 문화"는 마르크스 그리고 이탈리아 지식인 베네데토 크로체Benedetto Croce의 저작에서 발견되는 역사주의를 신봉할 뿐만 아니라 현대 사회과학을 거부하기 때문에, 이탈리아 작가 이탈로 칼비노Italo Calvino가 단언했듯이 "이 세계를 이해할 수 있는 수단은 거의 제공하지 못한다"는 것이 이들의 비판이었다(Sasson, 1996: 262). 마지막으로, 이 간극적 공간을 점유한 이들은 또한 동-서의 수렴에 관심을 가지고 있었고, 소련 블록 안에 있는 동유럽인들과 접촉을 맺고자 노력했다. 이들과 토론하고 우의를 쌓아가는 과정에서 세계대전은 점점 어렵게 될 것이며 유럽을 재통일할 수 있는 터전도 마련될 것이라는 희망에서였다.[32] CESES는 이러한 성격들을 공유하고 있었던 이탈리아의 여러 기관 중 하나였던 것이다.

동유럽인들은 국내에서나 또 국외에서나 새로운 지식과 정치를 CESES와 여타 초국가적으로 연결된 간극적 공간으로 가지고 왔다. 동유럽의 저항가들 중 일부는 공개적으로 각국 공산당을 비난했지만 좀더 "개혁적 사고를 가진" 동유럽인들은 지젝이 관찰했듯(Žižek, 1999) 이렇게 노골적으로 비난을 하지는 않았으며, 이는 CESES에 있었던 이들처럼 동서 화해와 수렴의 꿈에 영감을 받은 동-서 대화를 일구어나가는 이들에게 더 유용할 수 있었다. 망명 저항가들은 정치적으로 깊게 분열되어 있었으며, "러시아에서나 전 세계 어디에서나 계몽주의 시

---

* 국내 번역본은 『열린사회와 그 적들』 1권 개정판(민음사, 2006) 2권(민음사, 1989).

대 이래로 성취된 모든 근대적이고 진보적인 것들에 대해 격렬하고도 맹목적인 증오를 드러낸 실로 무시무시했던 목소리들"부터 소련과 여타 지역에서의 민주적 사회주의를 지지했던 이들까지 실로 다양했다 (Deutscher, 1977). CESES에서 중심적 역할을 했던 이들은 격렬한 반공주의자들이라기보다는 좀더 '개혁적 사고를 가진' 동유럽의 망명객들이었다. CESES의 여러 활동에 참가했던 이러한 망명객들 중에는 알렉 노베Alec Nove(알렉산드르 노바콥스키), 바츨라프 벨로흐라트스키Václav Bělohradský, 안제이 브제스키Andrzej Brzeski, 얼폰시 즐러리얼드린겐Alfons Clary-Aldringen, 이르지 펠리칸Jiří Pelikán, 에우게네 잘레스키Eugène Zaleski 등이 있었다. 망명객들은 동유럽에 대한 직접적 정보를 가져왔으며, 이 지역에서 벌어지는 사건들에 대해 대단한 열정을 가지고 있었다.

미국인들 또한 이 초국가적으로 연결된 간극적 공간의 일부였다. 많은 미국 학자—동유럽 망명자들일 때도 많았다—가 서방과 동유럽의 학자들을 한데 모으는 국제 학술회의에 참여했다. 이 학자들 중에는 미국의 신우익도 있었는데, 이들은 이 이탈리아의 간극적 공간(그리고 전 세계에 걸친 비슷한 공간들)을 반공, 반국가, 자유시장 지지의 동맹 세력들로 보았다. 이들이 이러한 공간이 갖는 이질적인 성격을 꼭 이해한 것은 아니었다. CESES의 창립자들은 돈이 필요했으므로 이들과 영어로 이야기했으며, 그 속에서 CESES를 안정적인 우익 정체성과 동맹 세력들을 거느린 장소로 그려내는 것을 이익으로 삼았다. 미국의 신우익은 미국적 정치 지형에서 온 이들로서, 미국의 좌파 세력을 국가지향적 프로그램을 가진 이들이라고 규정하고 있었기 때문에 간극적 공간을 자신들의 동맹 세력으로 해석했다. 이들은 이탈리아의 정치 지형이 단 두 개의 정당이 지배하는 미국보다 훨씬 더 파편화되어 있고 더 이질적이었음을 충분히 의식하지 못했다.[33]

1960년대와 1970년대에 걸쳐서 이 간극적 공간은 확장되었다. 이 공간에 있는 개개인들은 중도파도 아니었고, 또 뉴욕 지식인들의 경우처럼 신보수주의로 거세게 휩쓸려가던 것도 아니었다.[34] 이들은 이질적이지만 일정한 본질적 특징들을 공유했던 네트워크, '경계 없는 은하계'를 형성했다.[35] CESES는 여러 이질적인 집단을 사회주의와 자본주의를 이해할 뿐만 아니라 그 대안이 될 여러 민주적 사회주의 형태를 고찰하는 것을 목표로 하는 대화로서 함께 묶어냈던 많은 기관 중 하나였다. 이와 같은 은하계의 출현을 가능케 했던 냉전의 유동적인 맥락은 포스트포디즘, 새로운 사회적 행위자들, 신사회운동, 동유럽의 개혁 등이 나타나면서 계속해서 변화해간다. 이러한 공간의 성격은 오직 1989년 이후에야 나타나는 모종의 안정적인 정치적 위치로부터 보았을 때에만 동질적인 것으로 감지될 수 있다.

소련학과 간극성

—

콘핀두스트리아 지도부는 CESES에 자금을 지원하여 이탈리아 공산당에 맞서도록 했고, "공산주의란 무엇인가"라는 질문으로 세상과 맞섰다.[36] 그렇게 하기 위해서 CESES는 미국의 소련학을 이탈리아로 수입했다. 미국과 서유럽에서 소련학은 소련과 사회주의 동유럽을 연구하는 학문이었으며 이는 2장에서 논의한 바 있다. 냉전이 막 시작되고 매카시 대의 정치가 판을 치던 무렵에 생겨난 미국의 소련학은 전체주의 이론으로 무장하고 있었으며, 소련만을 비판했을 뿐 미국의 체제는 비판하지 않았고 소련 체제를 근본적으로(즉 문화적, 경제적, 사회적, 정치적으로) 서방 국가들과는 다르다고 보았다. 그들은 소련에 대해 서방이 도덕적으로 우월하다고 주장했으며, 거의 조건반사적으로 반공주의의 입장을 취하고 있었다(Gleason, 1995; Meyer, 1993). 콘핀두스트리아와 CESES 지도부가 보기에는 미국의 소련학이야말로 소련 사회주의, 이탈리아 공산당 그리고 좀더 일반적인 좌파 전체에 대해 완벽한 해독제를 제공하는 듯했다. 하지만 이 지도부의 포부는 곧 좌절된다.

CESES의 창립자들은 동유럽의 경제학, 정치학, 사회학, 역사를 검토하는 소련학 센터를 창설했다. CESES는 소련 블록에 대한 지식을 전 세계적으로 확산시키기 위해 연례 국제 경제학 학술회의를 조직하는 작업에 착수했다. 1964년에서 1984년까지 이탈리아의 다양한 도시에서 매년 이틀 혹은 사흘간의 학술회의가 열렸고, 이는 이탈리아 주류언론에 보도되었다. 이 학술회의에서 국제적으로 인정되는 전문가들이 소련과 동유럽 나라들의 경제를 논했다. 그 첫 번째 해가 지나간 뒤에는 동유럽의 경제학자들 또한 이 학술회의에 참여하기 시작했다. 경제학 학술회의와 경제학 연구 분과만이 아니었다. CESES는 동유럽의 사회학, 역사, 법률 시스템 등에 대해서도 학술회의를 열었고 또 연구 분과를 갖추고 있었다. 이러한 학술회의들과 여러 분과의 작업은 소련 사회주의의 현실과 이탈리아 공산당에 대한 최신의 지식을 개발하고 널리 알리려는 의도에서 기획된 것이었으며, 또한 대학에 갓 들어오거나 막 졸업한 학생들(학부생laureandi과 졸업생laureati)과 신참 교수들(조교들)을 소련학 연구와 교육에 관심을 갖도록 하려는 의도도 있었다. 이러한 연구를 더욱 심화시키기 위해서 CESES는 공산주의 운동에 대한 문서고를 만들고 또 커다란 도서관을 지어 처음 6개월 동안 전 세계의 여러 저널과 1500권의 책을 획득했다. CESES 편집자들은 최상급 미국 소련학 학술지인 『공산주의의 제문제』와 『소련연구』로부터 논문들을 번역하고 이를 이탈리아인들이 쓴 논문들과 함께 자신들의 소련학 저널인 『동유럽L'Est』에 게재했다. CESES는 또한 소련 및 동유럽 언론으로부터 여러 기사를 얻어 이를 번역한 소식지인 『동유럽 나라들에 대한 문서Docuentazione sui Paesi dell'Est』를 출간했다.[37] CESES는 창설 불과 1년 만에 완전히 기능을 갖춘 소련학 연구센터가 된 것이다.[38]

하지만 CESES가 주관하는 국제 경제학 학술회의는 우익 후원자들의 마음속에 의구심을 불러일으켰다. 이들이 보기에 이 학술회의는 공산주의에 동정적이었던 것이다. 예를 들어 앞에서도 말했듯이 한 고위급 콘핀두스트리아 인사는 제3차 국제 경제학 학술회의가 "CESES가 주장하는 반공산주의라는 제도적 임무를 충분히 고수하지" 않는다는 것을 알게 된다.[39] CESES가 공산주의에 동정적으로 보였던 이유가 몇 가지 있었다.

옛날의 CESES 참가자들은 인터뷰에서 CESES가 그 학술회의와 간행물들을 "고상한 프로파간다" 혹은 "영리한 프로파간다"로 이용했다는 데 동의했지만, 그것이 지향하는 대의가 무엇인지는 명확히 밝히지 않았다.[40] 이 참가자들에게 있어서 CESES는 노골적인 반공주의가 아니라 차라리 '실용주의적'이며 '객관적'이었던 것이다.[41] 미엘리는 동유럽에서 사회주의가 어떻게 기능하는지를 보여주고 동유럽 경제학자들을 동유럽식 경제계획에 내재한 여러 문제점의 증인으로 내세우면서 소련식 사회주의의 실패에 대해 지적으로 세련된 증거를 내놓고자 했다. 하지만 이러한 증거는 아직 학문적으로만 존재할 뿐 이데올로기가 될 만큼 한 묶음으로 간단하게 포장될 수 있는 형태는 아니었다. 소비에트 블록에서 스탈린주의 이후의 기간에 벌어진 변화들로 볼 때 동유럽과 소련에 어떤 일이 벌어질지도 예견하기 힘들었다. 스탈린주의가 다시 들어올 것인가? 아니면 1953년 동독이나 1956년 헝가리에서처럼 이 지역에 반스탈린주의 혁명이 벌어질 것인가? 경제개혁을 통해 소련 사회주의는 근본적으로 변화할 것인가? 이러한 결과 소련학 학자들은 계속 움직이는 표적을 놓고 활을 쏘는 셈이 되어 더 이상 공산주의에 대해 단순한 주장을 늘어놓을 수가 없게 되었다. 한 일간지 기자는 CESES 학술회의 중 하나에 대해 이렇게 이야기했다. "이러한 대화들로부터 결론을 끌어내기는 어렵다. (…) 전문가들 사이에 의견이 크게 갈리고 있으며, 이들은 이제는 단순한 혹은 '선정적인' 가설들을 버려야 할 때라고 말하고 있다."[42]

　1960년이 되면 미국과 여타 지역의 소련학 학자들이 자기들 분야에서 모종의 혁명을 시작한다. 그때까지 소련학을 지배해왔던 전체주의의 이론 틀을 비난하면서 비교경제학과 비교정치학을 요구하고 나선 것이다.[43] 소련학 학자들은 본래의 전체주의 이론 틀과 그 구조기능주의적 전제들을 취한 결과 소련을 변화하지 않는 시스템인 것처럼 그려내게 되었다는 문제점을 안고 있었다. 이들의 관점에서 보자면 스탈린주의의 기능적 하부 시스템들은 변화할 이유가 없다는 것이었다. 하지만 흐루쇼프의 스탈린 공격 이후 소련학 학자들은 이러한 정태적인 전체주의 모델의 단점들을 인정하고 동유럽 블록에서의 변화를 이해하기 위한 새로운 이론적 도구들을 찾아 헤맸다. 이 새 도구들은 주류사회과학의 것으로서, 동유럽과 서방세계에 비슷한 제도와 과정들이 존재한다고 가정하는 데서 출발했다. 여기에 더하여, 동유럽 블록 자체가 더 이상 동질적인 것으로서 묘사될 수가 없었다. 헝가리, 폴란드, 유고슬라비아 등을 예로 보면, 당-국가 지도부가 시장경제개혁을 실행하고 있으며, 여러 반체제 인사들의 공동체를 용인했으며, 여러 정치운동과 혁명이 일어나기도 했다. 소련학 내부에서도 동유럽 연구에 종사하는 이들은 이러한 사태 전개를 흥미롭게 추적하는 이들로서, 소련을 연구하는 이들보다는 덜 보수적이라고 간주되었다. 전체주의 이론틀과 구조기능주의로부터 이렇게 주류사회과학의 개념들로 전환하여 동유럽에 초점을 두는 데서 1960년대의 새로운 종류의 소련학이 생겨났던 것이다.

CESES는 소련학의 여러 분야를 다루고 있었지만, 사회주의경제에 연구 초점을 둔 기관으로서는 이탈리아 안에서 유일했다.[44] 1950년대와 1960년대에 소련 및 동유럽 연구는 이탈리아의 여러 대학에서는 사실상 불가능했다. 소련학은 이탈리아 내에서 계속 논쟁에 휘말려온 역사를 가지고 있다. 대학 교수들과 여타 인사들은 이것이 미국에서 수입된 사회과학이라는 점에도 의구심을 가지고 있었으며 또 좀더 일반적으로 보자면 소련학에 큰 영향을 준 경험주의라는 것 자체에 의심을 품고 있었다.[45] 소련학의 정치학을 포함하는 비교 정치학도 1960년대에 대학에 들어오기는 했지만 많은 저항을 겪어야만 했다(Morlino, 1991). 소련학의 경제학 분야로 보자면, 대학 교수진은 학생들이 마르크스주의 경제학을 배우는 것을 싫어했으며 소련 경제학을 가르치는 이는 아무도 없었다.[46] 소련학의 경제학을 다룬 최초의 비교경제학 과정은 1970년대가 되어서야 개설된다.[47] 더욱이 이탈리아는 1980년대 이전에는 어느 분야에서이건 공식적인 대학원 훈련 과정이 존재하지 않았다(Cotta, 1996: 340). 이탈리아의 사회과학자들은 학부를 졸업하고 나면 곧바로 대학에서 가르치기 시작했다. 소련학에서도 대학의 훈련 과정이 없었기 때문에 CESES는 그때까지 존재하지 않았던 훈련 및 교육 자원들을 제공했고, 여기에는 국제 학술대회, 그 대회에서 나온 발제문 출간, 동유럽 언론의 번역, 소련학 저널 출간 등이 포함되었다.

CESES는 동유럽에서 그리고 동시에 사회과학에서 벌어지고 있던 폭넓은 변화에 기초하여 새로운 소련학을 창조하려던 많은 기관—그중에는 하버드 대학의 러시아 연구센터와 컬럼비아 대학의 러시아 연구소도 있었다—중 하나라고 볼 수 있다. 스탈린이 죽은 1953년 이전까지는 자본주의 블록과 사회주의 블록 사이의 상호교류가 극히 드물었고 따라서 그 사이의 정보 흐름도 거의 없었다. 1953년 이후에는 학자들의 교류와 여러 다른 형태의 여행이 허용되었지만, 그래도 동유럽에서 벌어지고 있었던 일들에 대해 공식적인 자료를 넘어서서 정보를 얻기는 여전히 어려웠다.[48] 이 지역을 다룬 기존의 책과 논문들로는 잠재적인 교사 혹은 연구자들에게 도움이 될 만큼 충분한 정보를 주지 못했다. CESES의 한 참가자가 말했듯이, 동유럽을 놓고 우익과 좌익이 각각 다른 평가를 내리고 있었지만 이 또한 도움이 되지는 않았다. 우익은 단지 논쟁을 위해 일관적으로 부정적인 태도를 취했고 좌익은 천진난만하게 변호하는 입장만을 취했기 때문이다. 수백 권의 책과 논문을 읽는 것보다 CESES 학술회의에 온 동유럽인들과 한 번 이야기하거나 그 회의의 발제문을 한 번 읽는 것이 더 나을 지경이었다.[49] 동유럽인들과의 비공식적 대화에서는 그들도 좀더 자유롭게 이야기할 수 있는 듯했는데, 특히 이탈리아와 미국의 학자들이 이 기회를 아주 귀중히 여겼다. 미국 학자들은 특히 CESES의 학술회의에서 큰 혜택을 보았다. 미국의 비자 제한으로 인하여 동유럽 학자들 혹은 동유럽 공산당 당원들과의 접촉이 이탈리아 학자들보다 제한되어 있었기 때문이다.[50] CESES 참가자들은 값을 매길 수 없을 만큼 희소한 정보를 제공했고 냉전 기간에 이 정보를 양방향으로 번역해주었다. CESES 학술회의에 참여했던 한 프랑스 참가자는 이렇게 회상한다. "우리는 경계인들로서, 이들이 내놓은 기여를 서방 경제학자들이 이해할 수 있는 공식으로 번역하는 일을 기꺼이 맡았다(Lavigne, 1997: 481)." 이 새로운 소련학의 방법을 채택한 학자들—그 개인들의 정치적 성향과 무관하게—은 CESES와 같은 간극적 공간에서 만나는 이질적인 네트워크를 필요로 했다.

이탈리아인들은 이탈리아와 동유럽이 비슷하다고 생각했으므로, 동유럽에서 발견된 해법들은 이탈리아에도 적용 가능하다고 믿었다. 다른 곳에서도 그랬지만 이탈리아에서 소련학에 대한 관심은 아주 높았다. 동유럽 나라들과 마찬가지로 이탈리아에도 강력한 공산당이 있었다. 동유럽에도 이탈리아와 산업 발전 수준이 비슷한 지역들이 있었고, 닥쳐 있는 경제적 문제들도 비슷했다. 따라서 동유럽의 경제개혁은 이탈리아인들에게도 교훈을 줄 수 있었던 것이다. CESES 학술회의에 대한 한 보고서는 이렇게 말한다. "이탈리아의 독자들은 깊이 성찰해볼 문제들을 발견할 것이며 우리에게도 닥쳐 있는 여러 문제를 다시 한 번 생각하는 자극이 될 것임에 분명하다."[51] 1964년의 CESES 학술 회의에서 재무장관 피에라치니Giovanni Pieraccini는 경제계획을 지지하는 연설하기도 했다. 콘핀두스트리아의 고위 간부의 보고서에 따르면, 재무장관은 다음과 같이 말했다.

> 이탈리아 정부는 지금 거대한 작업에 매진하고 있다. 이 작업이 이루어지면 이탈리아 경제는 경제계획에 따라 다스려질 것이라고 한다. 그는 외국의 경험들을 검토하는 주제의 연구를 공감하며 바라보고 있다. 우리의 경제계획이 사람들이 경제적 선택에 능동적으로 참여하도록 민주적 개방성을 가지고 있어야 하기 때문이라는 것이다.[52]

다양한 사회주의 정당과 연계된 이탈리아인들 또한 국유화와 경제계획의 거대한 지원자들이었다(Sasson, 1996: 268). 물론 재무장관이 천명했듯이 많은 이가 민주적 사회주의에 관심을 가지고 있었다. 따라서 소련학은 이탈리아인들에게 계속해서 중요한 관심사였다.

비록 CESES의 여러 활동을 통해 광범위한 정치적 지향성을 가진 여러 사람이 한데 모이기는 했지만, 그 활동들에서 가장 성공을 거둔 이들은 좌파로 분류될 수 있는 이들이었다. 냉전의 분리선을 가장 쉽게 넘나들며 현실 사회주의에 대해 직접적 지식을 가진 광범위한 개인들과 대화할 수 있는 이들은 바로 좌파 쪽 인사들이었기 때문이다.

CESES의 주요 조직가들 및 직원 다수는 소련과 사회주의 동유럽에서 상당한 시간을 보내면서 현실 사회주의가 어떻게 작동하는지도 보았고 또 스탈린주의 체제에 비판적인 동유럽인들을 만나기도 했다. 미엘리는 이탈리아 공산당에서 일하던 동안에도 동유럽에 자주 드나들었다. 리파 디 메아나는 프라하에서 활동하던 당시 많은 반체제 인사들과 만났고 또 그들과 만나고 싶어서 프라하를 방문한 이탈리아인들을 만났다. CESES에서 러시아어 통역과 저널 편집을 맡았던 다리오 스타파Dario Staffa는 모스크바의 문화센터(Casa di Cultura)에서 일하면서 러시아 반체제 인사들의 문헌을 익혔다.[53] 좌파 쪽 사람들은 또한 사회주의의 이론과 실천을 공부한 이들이므로 이 지식이 연구에 큰 도움이 되었다. CESES 활동에 참여했던 한 사람이 회상하듯, 시장사회주의에 관심이 있었던 이들은 사회주의 교리에 대해서도 배웠다.

> 〔왜냐하면〕 이 교리는 일종의 암호와 같은 것이었기 때문이다. 일단 이 암호를 해독하고 나면 책과 논문을 이해하기 훨씬 쉬워지며 또 행간을 읽기도 쉬워진다. 우리는 모두 이러한 작업에 익숙해 있었다. 또한 이 나라들을 방문하여 동료 경제학자들을 만나고자 하는 서방 경제학자들이 실제로 이 나라들을 방문했을 때 이런 교리의 암호를 알고 있다면 정보 원천과 기관들에 접근하기가 훨씬 더 쉬워진다(Lavigne, 1997: 480-481).

이 '암호'를 알고 좌파적 감수성을 가진다는 것은 동유럽인들과의 접촉을 가능케 했다.[54] '암호'를 아는 것 이외에도, 동유럽에 살았던 적이 있는 좌파 쪽 사람들은 언어능력을 가지고 있었기에 다양한 동유럽인과 소통할 수 있었다. 이 언어능력은 또한 CESES의 작업에 필수 불가결한 것이었다. CESES는 체코, 중국, 유고슬라비아, 폴란드, 헝가리, 소련 매체로부터 기사들을 골라 2주에 한 번씩 소개하는 『동유럽 나라들에 대한 문서』라는 저널을 출간하고 있었던바, 이 기사들을 모으기 위해 직원들은 매일매일 동유럽 매체를 읽었다.[55]

　좌파 쪽 사람들은 또 동유럽 문제에 가장 큰 관심을 가진 이들일 때가 많았다. 예를 들어 리파 디 메아나의 경우 미엘리와 함께 CESES를 세워 소련학 연구를 수행하기로 합의한 이유가 있었다. "나는 이 과제가 실로 매혹적이라고 생각했다. (…) 나는 내 꿈속에 나오는 사회 안으로 들어가볼 수 있는 기회를 가지게 된 것이다(Ripa di Meana, 2000: 119)." CESES 학술회의 참여자들은 그곳의 이탈리아 학생들이 보통 좌파 쪽으로서 사회주의국가에 동정적인 이들이었다고 보고하고 있다.[56] CESES에 무수히 참여했던 한 경제학자는 미국인들이 "따분하다"고 했다. 이들은 오직 동유럽인으로부터 사실을 모으려고만 한다는 것이었다.[57] CESES 학술회의에 참가한 좌파 쪽 사람들은 스스로를 동유럽인들과 함께 민주적 사회주의 혹은 시장사회주의라고 할 만한 공동의 프로젝트에서 일하는 이들로 보았다. CESES의 한 참여자는 이렇게 회상한다. "'실현 가능한 사회주의'를 신봉하는 우리들—〔경제학에서의〕 소수파—에게는 '시장사회주의'를 중심으로 한 모든 것(그 비판들을 포함하여)이 중요했다(Lavigne, 1997: 480)." 이러한 동유럽과 새로운 여러 형태의 사회주의에 대한 관심이 좌파 쪽 사람들을 동유럽 쪽 사람들과의 대화로 내모는 추동력이었다.

경제학자들로서 보자면, 시장사회주의에 대한 매혹은 일반적으로 두 개의 넓은 영역에 걸쳐져 있었다. 경제계획에서의 혁신이 그 하나요 노동자 자주관리를 포함한 시장에서의 혁신이 또 다른 하나였다. 이 두 영역은 사회주의에 대한 대단히 상이한 심지어 종종 상충되기까지 하는 이해 방식을 대표하는 것이었다. 2장에서 논의했듯이 19세기 이래로 신고전파 경제학자들은 순수하게 경쟁적인 시장경제와 중앙계획 사회주의 경제가 수학적으로는 동일한 것임을 이해하고 있었다. 이러한 동일 관계를 전제로 하여 동유럽과 서방의 신고전파 경제학자들은 계량경제학, 선형계획, 신고전파 경제학에 기초한 가격 형성의 여러 이론을 발전시킨 바 있었다. 1950년대 후반이 되면 소련인과 동유럽인이 계량경제학, 선형 프로그램, 여러 가격이론을 사용하여 자신들 나라의 경제를 연구하기 시작하며, 또 그러한 방법들을 사용한 경제계획을 실험했다.[58] 서유럽과 미국의 경제학자들은 이러한 여러 실험 그리고 그 와중에 경험된 여러 난점 등에 큰 흥미를 느꼈다.

서유럽과 미국의 경제학자들은 또한 동유럽에서의 시장 실험에도 흥미를 가지고 있었다. 2장에서 논의했듯이 중앙계획과 소련은 신고전파 경제학에서 중심적 위치를 점하는 것으로 여겨졌기 때문에 동유럽과 서방의 신고전파 경제학자들은 또한 탈중앙집권화된 시장사회주의 모델들 그리고 새로운 동유럽 시장사회주의 실험들을 포함한 다양한 사회주의의 형태를 신고전파 경제학의 중심적 문제로 통합했다. CESES는 동유럽이 주요한 경제개혁들을 실행에 옮기던 바로 그 순간에 출범했다. 예를 들어 1968년 헝가리는 경제계획 시스템 안에서 시장 메커니즘을 창출했다. CESES의 여러 학술회의에서 동유럽 경제학자들이 이러한 개혁들과 거기에 들어 있는 어려움들에 대해 발표를 하도록 초빙되었다. 이렇게 다양한 경제계획과 경영 구조 속에서 시장이 어떻게 기능하는가는 그 전에 한 번도 실험된 적이 없는 것들로서, 시장을 위해서 어떠한 제도들이 필요한가에 대해 새로운 지식을 제공했다. 참여자들에게 더욱 흥미진진했던 것은 유고슬라비아와 동독에서의 노동자 자주관리 실험에 대한 토론이었다. 밀턴 프리드먼 자신도 노동자 소유와 자주관리 시스템에 대해 관심을 가지고 있었으며, 그래서 1967년과 1973년에 유고슬라비아의 여러 공장을 방문하기도 했다(Friedman and Friedman, 1998: 423-424).[59] 동유럽에서나 서방에서나 국가의 억압을 벗어나기 위해 비국가 제도들에 대한 관심이 높았다. 동유럽에서의 시장사회주의 실험들은 경제계획, 시장, 노동자 자주관리, 또 신고전파 경제학에 대해서도 새로운 지식을 제공하는 것이었기에 서방의 경제학자들도 큰 관심을 가졌다.

그런데 CESES의 자금 후원자들에게 CESES는 또한 공산주의에 동조하는 듯 보였다. 이 새로운 소련학을 통해서 새로운 종류의 학자 간 상호작용이 나타났기 때문이었다. 콘핀두스트리아 성원들과 CESES를 조직한 이들은 동유럽 참가자들이 공산주의 실패에 대한 '증인'이 되어줄 것을 기대했었다. 이들의 개혁 요구—시장개혁 요구일 때가 많았다—가 곧 "자본주의 및 시장경제의 가치 입증"이 될 것이라고 보았기 때문이다.[60] 이때 동유럽인들은 서방 경제학은 이해하지 못한 채 그저 공산주의 세계의 여러 사실을 보고하기만 하는 천진난만한 목격자들이라고 가정되었다(Bockman and Eyal, 2002). 하지만 콘핀두스트리아 지도부의 눈에는 동유럽인들이나 다른 참가자들이나 도저히 자본주의 지지자들이라고는 보이지 않았다. 한 보고서에 따르면 오스트리아, 벨기에, 불가리아, 체코슬로바키아, 서독, 영국, 유고슬라비아, 폴란드, 루마니아 등에서 온 회의 발표자들은 모두 다른 이들에게 자유주의 경제학과 마르크스 경제학 사이에 어떤 '제3의 길'이 존재할 것임을 확신시키는 데에만 골몰하고 있었다고 한다.[61] 이러한 생각에 대한 서방인들의 대응 또한 이 고위급 콘핀두스트리아 간부들을 당혹스럽게 만들었다. "회합에 나타난 서방 학자들은 모두 진심어린 믿음으로 속속들이 무장하고 있는 것처럼 보였거니와, 이는 실로 당혹스러운 일이다." 이 간부가 보기에는 이 동유럽에서 온 "마르크스주의자들"에게 "친절과 숙식을 베푸는 일을 거부하는 것이" 논리적일 것이었다.[62] 사실상 "이 회합에서 그 누구도 소위 마르크스주의 이론이라는 것의 핵심 명제들이 사실인지를 입증할 것을 제안할 생각은 하지 않았다."[63] 하지만, CESES 지도부는 새로운 종류의 동-서 상호교류를 추구하고 있었다. CESES 참가자들은 자동적으로 모든 마르크스주의 사상을 비난해야한다는 요구에 대하여 데 비아시는 이렇게 응수했다.

> 우리가 만약 이 역사 이래 가장 비극적인 독재 체제의 기초에 대해 깊게 연구하여 제대로 된 지식을 내온다는 문제와 당당하게 맞서 이를 풀어내지 않은 채 '도구주의적' 교육에만 치중한다면 이는 우리의 의무를 배반하고 우리의 임무를 저버리는 일이 될 것이다.[64]

한 신문 기자는 CESES의 행사에 관한 기사에서 그 소련학이 "이념적인 패싸움, 정치적 딜레탕티슴, 병적인 불신 등을 과거의 것으로 만들어버리고 새롭고도 현대적인 관심과 태도로 공산주의 및 그 실현이라는 문제에 인본적으로 접근함으로써 인류의 미래에 대한 실로 정중한 제안이 되었다"고 쓰고 있다.[65] 소련학은 이제 새로운 형태의 동-서 학자 간 교류에 근간한 지식 생산의 장을 제공하게 된 것이다.

하지만 이러한 소련학 논의는 결코 쉬운 것이 아니었다. 참가자들은 계속 변화하는 냉전의 지형 안에서 자신들이 사용할 수 있는 지식을 얻기 위해 노력해야 했다. 이들은 '행간을 읽어야만' 했고, 비공식적으로 이야기하는 방법들을 찾아야 했다. 일종의 공통언어를 구축하고, 서로의 기분을 상하지 않게 하려 노력하며, 특정한 우익 망명객들로부터 나오는 '진정 무서운 목소리들'과 상대해야 했고, 학문적이라기보다는 정치적 이유에서 참가하는 발표자들을 참아내야 했고, 비자 제한 때문에 일정 수의 발표자들은 오지 못한다는 것을 인정해야 했으며, 동유럽에서 나오는 주로 우울한 소식과 지식들을 제대로 이해하기 위해 애써야 했다. 이러한 논의는 새로운 소련학을 발달시켰으며, 이는 간극적 공간에서 일하는 좌파라 할 이가 가진 기술, 경험, 지식, 특정 관심들에 의존하는 것이었다. 소련학의 지식 생산을 위해서는 냉전의 경계선을 넘나드는 유대와 신뢰가 필요했다는 점은 곧 CESES 참가자들이 정치적으로 애매하며 또 잠재적으로 위험한 자들로서 취급을 받았다는 것을 뜻한다.[66] 확실하고 안전한 소련학을 이념적으로 사용하여 공산주의에 등을 돌리도록 사람들을 개종시키겠다는 우익 헤게모니 프로젝트는 냉전의 성격 변화, 소련학에서의 혁명, 초국가적으로 연결된 간극적 공간의 이질적인 성격 등에 잠식당했다.[67] 잠재적으로 해방적 성격을 띤 소련학 지식은 CESES의 청년 훈련 프로그램들에서 분명하게 드러난다.

청년 훈련 세미나

—

미엘리와 다른 CESES 창립자들이 소련학 연구에 우선성을 둔 것은 우선 학문적으로 강력한 반공주의의 논지를 펼치기 위해 소비에트 블록에 대한 더 많은 지식을 필요로 했기 때문이며, 또 이들이 개인적으로도 더 많은 것을 알고 싶어했기 때문이었다.[68] 또 동시에 콘핀두스트리아 지도자들은 반공주의와 자유민주주의에 세뇌된 새로운 경영 엘리트들을 원했다. 이들은 미엘리가 이 새로운 경영자 엘리트들을 훈련하는 것보다는 소련학 연구에 초점을 둔다고 비판했다(Pistolese, 1996: 6). 이들은 CESES에 청년 훈련 세미나를 그 주된 활동으로 삼도록 압력을 넣었고, 일시적이나마 성공을 거두었다.[69] 하지만 소련학 자체의 성격이 변하고 있었던 데다 그 정치적, 경제적, 사회적, 문화적 맥락도 변동하고 있었기에, 이러한 세뇌 작업이 성공적으로 되는 데는 좌파 쪽 사람들의 참여 여부가 결정적인 문제가 되었고 결국 콘핀두스트리아가 의도했던 것과는 다른 결과를 낳게 된다.

주요한 청년 훈련 프로그램은 두 가지가 있었다. 하나는 오직 이탈리아인들만을 위한 것이고 다른 하나는 이탈리아인과 미국인 모두를 위한 것이었다. 이탈리아 청년 훈련 프로그램은 1966년에 시작되어 1976년까지 계속되었다. 이 프로그램은 2년 주기로 돌아갔다. 첫해에는 50명 정도의 청년들(학부생들이나 대학 학과에서 연구하는 졸업생들이 선호되었다)이 첫 번째 소개 과정 수업을 들었으며 이는 2주간 지속되었다. 첫 번째 과정이 끝나고 나면 25명에서 45명의 참가자가 훈련을 계속하도록 선별되어 2주짜리 과정을 네 개 듣게 되며 이는 나중에 집단 연구 프로젝트로 이어진다. 이 과정에서 개인 연구 프로젝트를 진행할 학생들이 선별되어 장학금을 받게 된다. 매년 새로운 집단의 학생들이 이 프로그램을 시작한다.[70] 또 다른 청년 훈련 프로그램은 이탈리아 학생들과 미국 학생들을 모아 매년 2주 동안 특히 소련학에 대해 배우도록 하는 것이었다. 이 이탈리아-미국 학생들의 만남을 조직한 것은 미국 버지니아 대학의 소련학 학자이자 미국 신우익 지도자인 워런 누터로서, 자금의 일부는 우익 재단들로부터 지원받았다. 이 모임은 1967년에서 1977년까지 매년 이루어졌다(Mieli, 1996). 두 훈련 프로그램 모두 특정 주제에 따라 강연자들을 초청했으며, 이 프로그램의 효과를 전국에 확산시키고자 이탈리아의 모든 지역에서 학생들을 선발했다.

그런데 국제 경제학 학술대회가 그랬듯, 이 청년 훈련 세미나 또한 콘핀두스트리아가 처음에 의도했던 대로 기능하지 않았다. 여기에 참여한 콘핀두스트리아 성원들은 어리둥절하여 화까지 내게 되었다. 이 과정에 참여했다가가 "지독하게 실망한" 한 사람은 다음과 같이 보고했다. 1) 과정들이 너무 짧아서 어떤 주제든 충분히 다룰 수가 없다. 2) 학생들이 이 과정에 준비가 잘 되어 있지 않다. 3) 과정의 내용 자체에 "좌파 지향적인 요소들"이 있다. 4) 교사들은 간혹 준비가 잘 되어 있지 않을 때가 있으며 또 좌익 인물일 때가 많다.[71] 콘핀두스트리아 내에서는 CESES를 "좌파의 훈련을 장려하는" 곳으로 보는 "끈질긴 목소리들"이 있었다.[72] 다른 성원들은 비토리오 데 비아시가 CESES의 지도자들 중 하나로서 이 과정이 실제로 작동하는 상황을 제대로 알지 못할 수 있다고 경고했다. 그가 방문했을 때에는 이 과정들이 전혀 다른 성격을 가지고 있었다는 것이었다.[73]

이탈리아-미국 학생들의 회합을 주재했던 교사들은 주로 CESES의 국제 경제학 학술회의들에서 온 이들이었던 반면, 이탈리아 학생들만 받는 프로그램은 주로 이탈리아인들이 가르쳤다. 이탈리아 교사들에 대한 여러 비판이 쏟아지자 데 비아시는 소련학 혹은 마르크스-레닌주의에 대해 깊은 지식을 가진 교사들을 얻기란 항상 어렵다고 응수했다. 또한 그는 "초빙된 교사들 중에는 '좌파'에 속하는 이들도 있음은 분명하다"고 인정한다. 하지만 동시에 이들은 또 모두 예외 없이 공산주의에 동조하지 않는 이들이라는 것이었다.[74] 교사들 중에는 조르조 갈리도 있었고 또 다음과 같은 인물들이 있었다. 우선 루초 콜레티 Lucio Colletti. 그는 저널 『좌파La Sinistra』의 편집장이었는데 이는 의회 밖 좌파들의 자금으로 출간되는 저널로서 화염병 만드는 요령을 게재하여 주목을 받았었다(Galli, 2000: 108). 다음으로 레오 발리아니Leo Valiani는 1939년 히틀러-스탈린 불가침조약 당시 이탈리아 공산당을 떠났지만 계속 좌파에 남아 있었다.[75] 그 다음은 구스타프 베터Gustav Wetter. 그는 예수회 신부로서 소련학 학자이자 소련 철학의 가장 뛰어난 학자였으며, 유고슬라비아의 코르출라 여름학교에 참여한 이이기도 하다(Comey, 1967; Ramet, 1985: 306; van der Zweerde, 2003). 그 다음은 우고 피네티Ugo Finetti. 그는 이탈리아 공산당 내의 저항자들에 대해 글을 쓴 이로서 이탈리아 정당 체제를 비판하고 롬바르디 지역에서 이탈리아 사회당의 고위급 간부가 되었다.[76] 줄리오 세니가Giulio Seniga. 그는 이탈리아 공산당의 전직 고위 간부로서 탈당한 후에도 좌파 진영에 남아 있었다.[77] 파올로 스프리아노Paolo Spriano. 그는 이탈리아 공산당의 간부이자 당의 역사가였다(Galli, 2000: 164).[78] 또한 좀더 보수적인 간극적 공간 출신의 교사들로서는 브루노 레오니Bruno Leoni, 아우구스토 델 노체Augusto Del Noce 그리고 이탈리아의 저명한 정치학자인 조반니 사르토리Giovanni Sartori와 니콜라 마테우치Nicola Matteucci 등이 있었다. CESES는 다른 간극적 공간들에서 온 이들뿐만 아니라 반공주의 좌파들에 대해 기술, 경험, 지식을 가진 이들을 교사로 선택했다. 이들은 새로운 소련학을 창출하는 데서뿐만 아니라 이탈리아 내의 좌파 정치에 대한 지식을 창출하는 데에도 반드시 필요한 이들이었다.

이탈리아 학생들을 위한 과정에서 주요한 주제는 소련학, 정치학, 과학철학 등이었다. 아마도 역설적인 일이겠지만, CESES는 청년들을 자본주의로 세뇌시키는 방법으로서 '마르크스주의: 이론과 실천'이라는 입문 과목을 선택했다.

첫째 주 월요일
1) 엥겔스를 만나기 전까지 청년 마르크스의 사유에 있어서 역사적 유물론의 시작
2) 소련에서의 마르크스주의 철학의 진화: 레닌과 스탈린의 기여.
첫째 주 화요일
1) 현행 소련 철학에 대한 체계적 분석: 유물론
2) 마르크스주의 변증법.

첫째 주 수요일

　1) 역사에 대한 유물론적 철학

　2) 소련에서 정치권력과 종교적 전통 사이의 관계.

첫째 주 목요일

　1) 어제와 오늘의 소련 사회

　2) 소련에서의 소수민족들.

첫째 주 금요일

　1) 소련에서의 민법 원리

　2) 소련의 경제계획.

첫째 주 토요일

　마오쩌둥의 정치사상.

둘째 주 월요일

　1) 쿠바

　2) 소련 매체.

둘째 주 화요일

　1) 유고슬라비아

　2) 제3인터내셔널.

둘째 주 수요일

　1) 아랍 중동

　2) 이탈리아 공산당 역사(1921~1945).

둘째 주 목요일

　1) 이탈리아 공산당의 이념

　2) 이탈리아의 사회 경제적 진화에 직면한 이탈리아 공산당(19

46~1967).

둘째 주 금요일

　공산주의국가들의 국제 관계에 있어서의 위기.

둘째 주 토요일

　이탈리아 공산당의 노동조합 정책.[79]

　　CESES는 학생들로 하여금 마르크스주의와 현실 사회주의에 대해서 이탈리아 공산주의자들과 성공적으로 논쟁을 벌일 수 있을 만큼 충분한 지식을 가지도록 한다는 의도를 가지고 있었다. 동시에 학생들은 또 마르크스주의와 사회주의 사상, 마르크스 원전, 이탈리아 공산당에 반대하는 좌파들이 내놓은 레닌주의와 스탈린주의의 여러 비판 등에 대한 광범위한 지식에 노출될 수밖에 없다.

　　마르크스주의뿐 아니라 학생들은 또한 이탈리아 정치에 대한 2주짜리 과정을 들었고 이탈리아 정당들에 대한 연구 조사를 행했다.[80] 이 연구 조사 계획은 조르조 갈리가 당시 행하고 있던 연구 프로젝트에서 나온 것이었다. 콘핀두스트리아 고위급 간부들의 관점에서 보면, 갈리는 아직도 "결정적으로 반마르크스주의의 입장"을 취하지 않은 이였다.[81] 갈리는 이탈리아의 사회주의 저널들에 기고했을 뿐만 아니라 이탈리아 좌파들과도 광범위한 접촉을 하고 있어서 이탈리아 공산당은 물론 이탈리아 내 여러 사회주의 정당들에 나타나는 여러 경향에 대해 괄목할 만한 접근성을 가지고 있었다.[82] 이탈리아 공산당에 반대했던 많은 다른 이와 마찬가지로 그 또한 미국의 사회과학을 수입했던 일 물리노Il Mulino 출판사와 카타네오 연구소 등과 같은 집단들과 함께 일했다. 미국의 정치학은 정치 시스템, 정당, 선거 등에 초점을 두는 만큼 혁명적이라기보다는 개혁적이라고 볼 수 있다(Morlino, 1991). 이와 동시에 CESES 프로그램들에 참여하던 청년들은 "크로체, 에이나우디, 모스카, 코폴라, 코라디니, 코리도니, 로코, 젠틸레, 살베미니, 고베티, 토니올로, 스투르초, 투라티, 그람시 등"에 대해 연구를 수행했다.[83] 1969년 학생들의 개인 연구 프로젝트들 중에는 "레닌과 그람시에서의 정치적 의무의 이론" "이탈리아 공산당의 사회적 변형을 설명하는 여러 가설 연구" "이탈리아에서의 마르크스-레닌주의 좌파 연구" "이탈리아 내의 가톨릭 반체제 집단들" "마르크스-레닌주의와 새로운 권력" "마르크스주의와 쿠바" "이탈리아 모델에 대한 정치학적 연구" 등이 있었다.[84] 이탈리아의 정치적 맥락은 변동하고 있었고 그 안에서 사회운동과 의회 밖의 집단들이 강력한 새로운 행위자들로 등장하고 있었다. 이러한 연구 주제들과 독서 목록은 이러한 맥락에서 나온 것으로서, 정치학 교육이 의도하는 개량주의에 도전하고자 했다. 여기에 더하여 이탈리아의 공공 및 엘리트 여론은 여러 정당에 대해 오래도록 비판적이었으며 정치 시스템 자체를 타락한 것으로 보고 있었다(Lupo, 2004). CESES의 교사들은 종종 학생들에게 여러 정당과 정치 시스템 자체에 대해서 이탈리아 공산당에 반대하는 좌파적 해석을 가르치곤 했다.

과학철학은 CESES에서 인기 있는 주제가 되었다. 이것이야말로 CESES의 간극적 공간에 맞먹도록 이데올로기에서 자유로운 코즈모폴리턴의 공론장을 확립하는 한 방법을 제시하는 것으로 보였기 때문이다. 당시에는 많은 중요한 과학철학 텍스트가 출간되고 있었다. 토머스 쿤의 『과학혁명의 구조』는 1962년, 칼 헴펠Carl G. Hempel의 『자연 과학의 철학』은 1966년, 칼 포퍼의 『과학적 발견의 논리』는 1959년에 영어로 출간되었다.* 한 집단의 학생들은 자신들의 저널인 『반조류 Controcorrente』를 펴내기 시작했다(CESES가 자금을 댔다). 이 저널은 1969년에서 1976년까지 운영되었는데, 여기에서 학생들은 아나키즘, 사회주의, 자유주의, 그밖의 관련된 주제들을 논의했거니와, 그중 하나가 과학철학이었다. 『반조류』의 학생들에게 있어서 '시급한' 문제들은 조작화operationalization, 모델, 정의 체계definitional schemes, 분석적·분류적 개념들, 유형학 등이었다(Zucchini, 1970). 이러한 대상들에 매료되었다고 한다면 이상하게 보일 수 있지만, 사회과학 방법은 당시 이탈리아에서 두각을 나타내는 분야였기 때문에 흥미진진한 주제였으며, 경험적 방법을 통해 정치를 논하는 것은 정치 토론의 한 방법이라는 것이 나의 주장이다. 미엘리 등은 CESES가 이탈리아 공산당이나 가톨릭교회가 행하는 식의 개종을 목표로 하는 장소가 아닌 여러 가설의 경험적 검증, 대화, 설득의 장이 되라고 만든 것이었다. 『반조류』의 학생들은 다른 대학의 학생들에게 이데올로기가 아니라 자신들이 CESES에서 배웠던 비판적 합리성, 사회과학 방법, 포퍼식의 논의 등을 사용하자고 설득하려 했다. 하지만 이들은 "열성과 열망은 엄청났지만 그 결과는 만족스럽지 않았다. 우리가 제안한 모델에 도달하려면 아직도 멀었다. 아마 우리가 너무 낙관적이었나 보다"고 생각하기도 했다(Scano and

---

* 국내 번역본은 쿤의 『과학혁명의 구조』(까치글방, 2014)와 포퍼의 『과학적 발견의 논리』(고려원, 1994)가 출간되었다.

Zucchini, 1969). CESES라는 포퍼식 프로젝트는 실현하기가 아주 어려웠던 것으로 보이며, 이러한 난점들을 다루려 했던 『반조류』 학생들의 노력도 이 저널이 1976년 출간을 멈추면서 결국 실패하고 말았다.

설득이나 개종은 실패할 수도 있지만, 누군가는 남을 설득하려 하다가 도리어 자신이 설득당하는 일도 벌어질 수 있다. 산업가들은 CESES와 자신들의 적—소련과 마르크스-레닌주의—을 제대로 아는 것이 중요하다는 점에서는 합의했지만, 이들은 또한 이런 지식이 위험할 수 있으며 오히려 공산주의에 동조하는 이들을 낳게 될 수도 있다고 느끼고 있었다. 한 산업가는 비토리오 데 비아시에게 이렇게 말했다. "공산주의 사상은 수십 년간 전 세계 수백만 청년들(그리고 비청년들)의 진심을 사로잡고 영향을 주는 데 성공했소. (…) 나는 바로 이것 때문에 CESES 과정들이 위험하다고 확신하는 것입니다."[85] 이 논평은 CESES에서 개발된 소련학과 더 폭넓은 사회과학적 지식을 학생과 교사들이 얼마나 다양한 방식으로 사용할 수 있었는지를 암시한다. 게다가 이 과정들의 역사적 맥락에 따라 그 의도한 선전의 성격 또한 바뀌어갔다. CESES 과정들은 1967년 토리노 대학에서 벌어진 최초의 학생 점거 기간에 시작되었다. 1968년의 학생운동과 1970년대의 혼란이 교실에도 밀어닥쳤다. 학생들은 워크숍과 학술회의를 통하여 마르크스주의 경제학 이론, 유고슬라비아 등에서 시도된 자본주의에 대한 경제적 대안 체제들, 동유럽의 반체제운동, 마오쩌둥과 다른 많은 이의 사상, 국가에 대한 여러 비판, 자율적인 여러 조직 형태에 대한 요구, 동유럽 사회주의 체제들에서 실패한 이상들, 옛날의 이탈리아 아나키즘 전통 등등을 익혔다. CESES에서는 연구자들과 학생들이 동유럽 블록에 대해 연구하여 이탈리아 공산당을 비난하도록 되어 있었지만, 실제로는 동유럽의 반체제운동이 이들에게 이탈리아 반체제운동의 모델을 제시하고 있었던 것이다.

미엘리 및 다른 이들은 독립적이며 코즈모폴리턴한 공론장을 믿고 있었고 여기에서 대화 그리고 여러 가설의 경험적 검증을 통해서 여러 이념과 전체주의에 대한 수많은 거짓말이 폭로될 것이라고 여겼다. 그 결과로 이들은 가지가지의 정치적 신념을 가진 청년들을 불러들였다. 일단 다양한 현실이 제대로 드러난다면 공개적 논쟁을 통해 자연스럽게 소련 사회주의와 이탈리아 공산당에 대한 비판으로 이어질 것이라는 희망에서였다. 그런데 콘핀두스트리아의 지역 지도자들이 CESES 과정들 내부의 '좌익분자들'에 대한 여러 비판에 대해 알게 되자 이들은 오로지 탄탄한 반공주의 성향을 가진 이들만이 참여하도록 해야 하며 이 과정들에 '침투'한 좌익분자들은 '제거'되어야 한다고 결정했다.[86] 데 비아시는 학생들을 선별한 것이 콘핀두스트리아 성원들이므로 '좌익분자들'에 대한 비난도 그들에게 돌아가야 한다고 응수했다.[87] 이어서 그는 마르크스-레닌주의를 이해하지 못한 이들에게 그저 청년들이 좌파로 '보이는' 것뿐이라고 주장했다. 사실상 데 비아시가 보기에 이 과정에 참여하는 이들은 각별히 똑똑한 것도 아니었고 그냥 마르크스-레닌주의를 이해하고자 노력하는 사람들을 좌파라고 오인하고 있는 것에 불과했다.[88] CESES 지도부는 청년 훈련 세미나의 학생 선별 문제를 놓고 계속해서 콘핀두스트리아 성원들과 논쟁을 벌였다. 이 세미나에 참여한 학생들은 분명히 자신들의 정치적 연계를 바꾸어나가기는 했지만, 그 방향은 실로 다양했다. 예를 들어 CESES

세미나에 있었던 한 학생인 실바노 알레시오Silvano Alessio는 좌익으로 돌아서서 이탈리아 사회당PSI에 가입했으며, 또 다른 학생인 비토리오 모카가타Vittorio Moccagatta는 훗날 베를루스코니의 오른팔이 되었다. 마우리치오 바우다냐Maurizio Vaudagna는 토리노 대학 학생 점거투쟁의 지도자가 되었고 나중에는 미국사를 가르치는 대학 교수가 되었다. CESES에 잠깐 있었던 페데리코 아반치니Federico Avanzini는 여러 대학 점거투쟁에서 중심적 참가자의 하나가 되었다.[89]

CESES 청년 훈련 세미나의 의도는 반공주의와 자유민주주의의 관점으로 무장한 새로운 경영자 엘리트를 창출하는 것이었다. 하지만 CESES 활동에 참가했던 여러 간극적 행위자들은 CESES에서 여러 다른 프로젝트를 실현하고자 했다. 조르조 갈리가 특히 청년 훈련 과정들과 관련하여 회상하듯이, CESES는 "헤겔이 역사의 주된 창조자들 중 하나로 놓았던 저 이질적인 목표들의 한 예인 듯 보였다(Galli, 2000: 104)". 그 결과 세미나들은 의도치 않은 결과를 가져왔다. 교사들은 좌파일 때가 종종 있었고, 이들은 학생들에게 소련, 동유럽, 마르크스-레닌주의, 소련학, 정치학, 과학철학 등 다양한 생각을 가르쳤다. 이러한 세뇌 과정을 더욱 복잡하게 만든 것은 학생들 스스로가 1968년과 1970년대의 학생운동과 정치적 격변에 몸을 던졌다는 사실이었다. 게다가 동유럽은 물론이고 이탈리아의 정치, 경제, 사회 또한 이 기간에 근본적으로 변화했기에 이러한 주제들에 대한 연구 또한 무슨 이념이나 선전 따위로 간단하게 포장할 수 있는 것이 못 되었다. CESES의 교사들, 연구자들, 학생들은 자신들이 연구 대상으로 삼았던 그 여러 가지 변화에 스스로 참여하기도 했던 것이다. CESES가 제공했던 교육은 이질적인 것이었으며, 이로 인해 학생들은 상이한 정치적, 직업적 경로로 뿔뿔이 흩어져나갔다.

결론

—

이념적으로 안전한 소련학을 동원하여 좌파를 무찌르고 우익의 신봉자들을 길러내고자 했던 우익 헤게모니 프로젝트는 냉전 지형의 변동, 현실 사회주의의 변화, 소련학 혁명, 초국가적으로 연결된 간극적 공간의 이질적 성격 등으로 인해 잠식당했다. 사실상 1970년대에 이르면 콘핀두스트리아와 미국의 우익 재단들은 이 "동유럽의 몽 펠르랭 협회"에 대한 자금 지원을 끊게 되며, 이로 인해 청년 프로그램,『반조류』『동유럽』『동유럽 나라들에 대한 문서』『동유럽 소식』『자유문화』시리즈 등이 모두 종말을 맞았다.[90] 미엘리는 이제 CESES를 자신이 좋아하는 연구 영역인 소련학과 이탈리아 공산당으로 재정립할 수 있게 되었지만, 계속해서 자금 지원을 찾아 헤매야만 했고 이를 이탈리아 은행 및 여타 조직들로부터의 소액 자금으로 충당했다.[91] 국제적 경제학 학술회의는 1984년까지 지속되었고, 전 세계 유명한 소련학 학자들과 동유럽 경제학자들을 한데 모았다. CESES는 1988년 문을 닫을 때까지 이탈리아 공산당에 대한 서적과 논문들을 계속해서 출간했다. CESES는 학생과 학자들을 소련학에 노출시켰지만, 우리는 이러한 프로그램들이 오래 가지도 못했고 또 그 결과도 예측할 수 없는 것이었음을 알 수 있다. CESES는 헤게모니 프로젝트로서는 실패한 것이라 할 수 있다.

이와 동시에, CESES의 여러 실제 활동은 우익 활동가들이 자신들의 헤게모니 프로젝트들의 방향을 재정립하고 실현하는 데에 필요했던 새로운 지식을 생산해냈다. 밀턴 프리드먼이 CESES를 "동유럽의 몽 펠르랭 협회"라고 불렀던 것은 특별한 일이 아니었다(Freidman, 1998). 자국 내의 이념전쟁 속에서 간극적 공간을 형성하고 전유하려 했던 우익 활동가들이 무수히 그렇게 말한 바 있었다. 이들이 거둔 성공은 미래에 대한 예측이나 프로파간다의 측면이 아니라 대안적인 여러 형태의 민주적 사회주의라는 간극적인 논의들을 자기들 목적에 맞게 전유했던 능력에 있었다. 1980년대 말이 되면 우익 활동가들은 자신들이 항상 옳았다고 주장할 수 있게 된다. 이들은 밀턴 프리드먼, 몽 펠르랭 협회, 우익 싱크탱크, 우익 재단들, 몇몇 대학 경제학과 등을 중심으로 조직된 지구적인 신자유주의 헤게모니 프로젝트가 성공을 거두었다고 선언했다(Friedman and Friedman, 1998; Hartwell, 1995; Yergin and Stanislaw, 1998). 여기에 더하여 CESES가 실질적으로 그 여러 활동을 축소하고 결국 문을 닫음으로써 우익 활동가들은 CESES를 자신들 입맛에 맞도록 그려낼 수 있게 되었다. 1990년대 초 이념적으로 좀더 안정된 시대가 오자 우익들은 CESES와 같은 간극적 공간들을 서방의 신자유주의적 자본주의냐 끝장나버린 소련 사회주의냐라는 이분법에 억지로 끼워 맞추고 그 틀 안에 넣어버림으로써 자기들 멋대로 써먹을 수 있게 되었다.[92] 그 결과, 간극적 공간으로부터 나온 지식이 서방 자본주의 헤게모니의 핵심은 유지하면서도 서방 자본주의를 바꾸어버리는 일이 벌어졌다. 우익의 헤게모니 프로젝트는 이제 신자유주의 프로

젝트로 바뀌었다. CESES는 사실상 스스로의 실패를 통하여 그 새 프로젝트를 실현한 것이었다.[93]

하지만 CESES의 여러 실질적 활동은 또한 좌익 활동가들이 스스로 새로운 방향을 정립하여 그들이 꿈꾸는 민주적 사회주의 프로젝트들을 실현하고자 했던 데 필요한 새로운 지식을 생산하기도 했다.[94] 우리는 사회주의 경제학자들이 국가에 반대하고 시장을 지지하는 언어를 사용했다고 해서 이것을 신보수주의로 혹은 '제3의 길'식 타협으로 빨려 들어가버렸던 것으로 오해해서는 안 된다.[95] 국가에 반대하고 시장을 지지하는 사상은 사회주의자들 사이에서 오래된 전통이었다. 산업 생산과 국가의 성격에 여러 변화가 일어났으며 그로 인해 새로운 사회적 행위자들과 신사회운동이 나타나고 있었으니, 사회주의에 대한 지식과 실천에도 변화가 요청되었던 것이다. 동유럽 및 전 세계 다른 부분들에서는 당시 세계적으로 일어나고 있었던 국가에 대한 여러 비판과 노동자 권력에 대한 요구와 발맞추어 중대한 혁신들이 이루어지고 있었으며, 특히 유고슬라비아의 노동자 자주관리 사회주의와 헝가리의 개혁경제학이 그 예였다. 사회주의의 지식과 실천에 있어서의 혁신은 CESES와 같은 간극적 공간들을 통해 가능했던바, 여기에서 동유럽과 서방에서 온 학자들이 소련식 국가사회주의를 비판했고, 방금 말한 혁신들을 연구했으며, 미래에 다가올 여러 형태의 사회주의에 대해 토론을 벌였다. 냉전으로 인해 타자들―서방 자본주의 혹은 소련식 국가사회주의 혹은 개혁 동유럽 사회주의―과의 직접적 상호 교류는 방해를 받았으며 이는 곧 그 타자들에 대한 자세한 지식을 직접 얻는 것은 불가능하며 그것이 간극적 공간들에서 저절로 생겨나기를 기다릴 수밖에 없음을 의미했다. 동유럽에 대한 좌파의 관심은 '사회주의 이후의 이행기' 동안에도 CESES 모델에 기초하여 새로이 생겨난 여러 기관에서 계속되었다.[96] 경제학자들을 포함한 많은 사회주의자에게 있어 1989년은 마침내 탈중앙집중화된 시장사회주의와 폭넓은 형태의 신고전파 경제학을 현실에 이룰 수 있는 시점으로 보였다. 이를 다음 장에서 살펴보도록 하자.

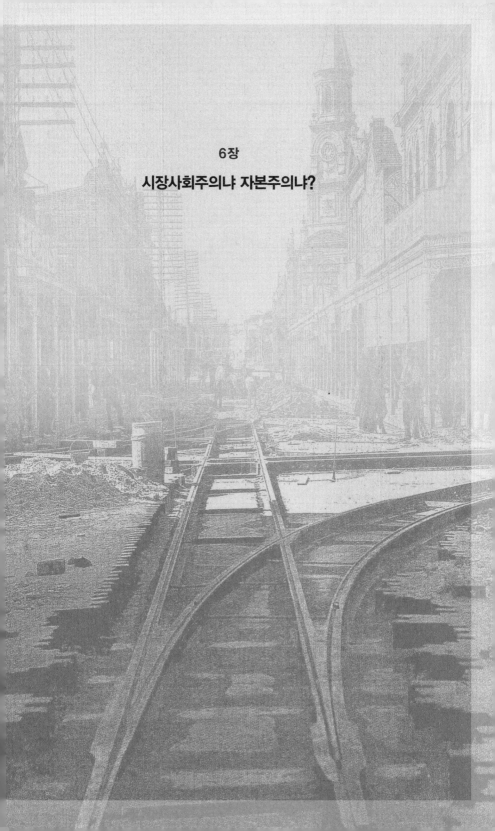

6장

시장사회주의냐 자본주의냐?

신고전파 경제학에 대한 초국가적 비판
그리고 1989년의 이행
—

1989년, 전 세계는 온 마음을 열고 자본주의 및 자유시장을 끌어안는 것으로 보였다. 레이건 대통령이나 대처 수상을 방불케 할 정도로 전 세계가 자유시장에 온 몸과 마음을 바치는 모습을 보고 당시의 관찰자들 다수가 크게 놀라기도 했다. 나는 전 세계를 돌며 연구를 하는 과정에서 대부분의 신고전파 경제학자가 시장사회주의가 이제야 가능해질 수 있겠구나 하는 믿음을 가지고 1989년을 맞아들였던 것을 알게 되었다. 나오미 클라인 또한 마찬가지로 동유럽인들이 1989년을 가능성의 시기로 받아들였음을 강조하고 있다. "1989년, 역사는 활기찬 모습으로 돌아섰고 진정한 개방성과 가능성의 시대로 들어섰다(Klein,

2007: 184)." 랄프 다렌도르프도 당시 이렇게 말했다. "현실 사회주의를 떨쳐버린 나라들은 그 대신으로 자본주의와 같은 다른 체제를 수용한 것이 아니라, 자유로 나아가는 수백 가지 다른 방식, 그중에서도 지금 시점에 취할 수 있는 여러 가지 방식을 품고 있는 개방된 사회를 선택한 것이다(Dahrendorf〔1990〕2005: 116-117)." 동유럽 경제학자들은 계속해서 진정한 시장이 필요함을 주장했다. 이들은 시장을 신봉했으며, 이 점에는 의문의 여지가 없다. 우리가 진정으로 황당하게 느끼는 것은, 시장과 자본주의는 필연적 연관이 있는 반면 시장과 사회주의 사이에는 필연적인 단절이 있다는 생각이 오늘날 널리 받아들여지고 있다는 점이다. 1980년대 전 세계의 수많은 신고전파 경제학자들의 생각은 전혀 달랐다. 그들이 볼 때에는 동유럽에 나타난 그 어떤 것보다 더욱 사회주의적인 사회주의를 건설하기 위해서 시장은 반드시 필요한 본질적인 요소였다.

　　이 장에서 우리는 1970년에서 1989년 사이를 살펴볼 것이다. 이 기간의 초입에서 전 세계의 신고전파 경제학자들은 자신들 분야에 큰 위기가 닥쳤음을 감지했고 스스로 자기비판을 시작한다. 신고전파 경제학자들이 전 세계적으로 새로운 형태의 정치적, 사회적 영향력을 획득한 지 얼마 안 된 시점이었다는 점에서 이는 참으로 놀랄 만한 일이다. 학자들은 보통 케인스주의자들과 통화주의자들 사이의 싸움에 초점을 두었고 이를 종종 국가 지지자들과 시장 지지자들 사이의 싸움으로 이해했다. 하지만 신고전파 경제학자들은 순수한 경쟁적 시장이 최적의 결과를 낳을 것이라고 가정했다.[1] 이들은 또한 중앙계획가가 시장과 똑같이 최적의 결과를 낼 수 있다고 가정했다.[2] 신고전파 경제학자들은 이러한 이상적인 모델들을 현실에 구현하는 데 반드시 필요한 제도가 무엇인가에 대해서는 의견이 서로 달랐다. 많은 이가 탈중앙집권화, 민주주의적인 사회주의 제도들을 요구했던 반면 다른 이들은 자본주의에서나 국가사회주의에서나 똑같이 위계적이고 권위적인 제도들을 요구했다. 자본주의 서방과 사회주의 동유럽의 보수적 정치 엘리트들은 신고전파 경제학에 대한 대단히 협소한 관념을 공유했고, 자기들 스스로의 엘리트로서의 권력을 지탱하는 데에 도움이 되는 기성의 위계적 제도들을 그대로 받아들였다. 이러한 협조 관계를 지지하지 않는 경제학자들은 그들 스스로 신고전파 경제학이 현실에서 뜻하는 바가 무엇인지에 의문을 품기 시작했고, 탈중앙집권화를 위한 여러 개혁을 옹호하는 데 종종 성공하기도 했다. 세계은행 또한 신고전파 경제학에 입각한 기관으로서 이러한 관점과 싸움으로부터 걸러져 나온 훌륭한 모범들을 받아들였다.

소련 국가사회주의를 그토록 오랫동안 비판해왔던 많은 신고전파 경제학자에게 있어 1989년은 바로 그런 식의 국가사회주의의 종말을 뜻했다. 마침내 시장사회주의가 가능해진 듯 보였다. 한 예로 세계은행의 경제학자이자 옛날 베오그라드에서 브란코 호르바트의 학생이자 동료였던 브란코 밀라노비치Branko Milanović는 1990년경 한 책방에서 제프리 색스와 우연히 마주쳤던 일을 회상한다. 색스는 밀라노비치가 새로 출간한 책을 들고 있었으며 밀라노비치에게 사인을 부탁했다. 밀라노비치는 이렇게 말한다.

나는 잠시 생각한 후 책 앞장에 이렇게 썼다. "사회주의를 구원하려고 노력하는 제프 색스에게." 제프는 좀 충격을 받은 것 같았고, 이렇게 말했다. "나는 사회주의를 구원하기는 원하지 않아요. 나는 그걸 땅속에 묻어버리고 싶습니다." 나는 당시에는 놀랐지만 나중에 깨달았다. 당시에 진행되고 있던 상황의 흐름에 내가 뒤처져 있었던 것이다. 나는 폴란드에서의 초기 개혁을 사회주의에 시장 요소들을 도입하려는 한 방법이라고 보았고, 이는 케인스경제학이 자본주의에 일정한 국가 통제의 요소를 도입했던 것과 마찬가지라고 생각했다. 그런데 이러한 비유를 더 밀고 나간 나머지 나는 1980년대의 사회주의 위기를 개혁된 지속 가능한 사회주의의 창출로 가는 길목에 있는 것으로 여겼던 것이다. 하지만 제프는 (올바르게도) 그것을 사회주의의 종말, 자본주의로의 이행의 시작이라고 보았던 것이다.[3]

1989년 당시 자본주의가 아닌 시장사회주의의 실현을 꿈꾸었던 신고전파 경제학자는 결코 밀라노비치 혼자가 아니었다.

신고전파 경제학에 대한 초국가적 신고전파의 비판
—

신고전파 경제학자들은 정책 영역에서 상당히 성공적이라고 느끼고 있었으며, 거기에는 그럴 만한 이유가 있었다. 유고슬라비아와 헝가리의 경제학자들은 1960년대의 주요한 개혁들을 실현하는 것을 도왔으며, 이 개혁들을 통해서 커다란 국제적 관심의 대상이 되었던 두 가지 형태의 신고전파식 시장사회주의가 만들어지기 시작했다. 이 개혁들은 정부 및 경제 내에서 경제학자들의 입지를 확장시켜주었을 뿐만 아니라 신고전파 경제학자들이 경제학 교육을 자신들의 연구와 잘 맞도록 개혁할 수 있게 해주었다. 유고슬라비아와 헝가리의 경제학자들 중 갈수록 더 많은 숫자가 당시 막 출현하고 있던 초국가적 신고전파 경제학 대화에 참여했다. 미국에서도 신고전파 경제학자들은 학계 내에서 자신들이 성공을 거두고 있음을 느꼈다. 조지 스티글러는 1964년 미국 경제학협회 회장으로 취임하는 연설에서 이렇게 선언했다. "저는 경제학이 마침내 그 황금시대의 문턱에 도달했다고, 아니 이미 한 발을 문 안에 집어넣은 상태에 도달했다고 확신합니다(Stigler, 1965: 17)." 미국의 경제학자들은 재계에서나 정부에서나 자신들에 대한 수요와 자신들에 주어지는 봉급이 모두 올라가는 경험을 했다(Heller, 1975: 8).[4] 전 세계적으로 신고전파 경제학자들은 정부와 사회에 대해 폭넓은 영향력을 얻었다(Babb, 2001; Coats, 1981, 1986; Dezalay and Garth, 2002; Fourcade, 2009; Markoff and Montecinos, 1993). 하지만 1970년대가 되면 전 세계의 신고전파 경제학자들은 그들 자신의 경제학과 그 전제들에 의문을 던지기 시작한다.

오스트리아학파와 마르크스주의 경제학자들은 수십 년에 걸쳐 신고전파 경제학을 비판해오고 있었다.[5] 그때까지 신고전파 경제학자들은 이러한 비판들 다수를 그냥 묵살해버렸다.[6] 그러나 이제 이들 스스로가 자신들의 학파가 위기에 처해 있음을 감지했고 훗날 "자기 등을 채찍으로 때리는 정신 증세의 만연an epidemic of self-flagellation"● 이라고 불리게 되는 상황이 시작되었다(Coats, 1977). 1970년대에는 동유럽에서의 시장개혁 포기뿐만 아니라 권위주의와 기술관료주의에 반대하는 전 세계적인 운동이 벌어졌고, 이러한 맥락 속에서 수많은 신고전파 경제학자가 동유럽과 서방의 보수적인 정치 엘리트들이 현재의 위계적 권력 상태를 유지시켜주는 협소한 종류의 신고전파 경제학을 멋대로 가져다 쓴다고 비판했었다. 사회주의 동유럽에서는 새로이 발전한 컴퓨터 기술에 힘입어 일부 정치 지도자들과 경제학자들이 드디어 신고전파식의 중앙계획이 실현 가능하게 되었다고 믿었으며 시장사회주의 시장을 컴퓨터와 중앙계획가로 대체하는 것을 꿈꾸었다(Gerovitch, 2002). 신고전파식 중앙계획은 엘리트들에게 경제에 대한 그리고 대규모 독점(혹은 준독점)기업들에 대한 자신들의 위계적 통제를 유지할 가능성을 열어주는 것이었다. 오스카르 랑게는 자신의 논문 「컴퓨터와 시장」에서 스스로 이 점에 동의한다.

> 내가 옛날에 썼던 논문을 오늘날 다시 쓰게 된다면 일이 훨씬 더 간단해질 것이다. 하이에크와 로빈스의 비판에 대한 내 대답은 이렇다. 뭐가 문제란 말인가? 연립방정식을 그저 컴퓨터에 입력하기만 하면 1초도 되지 않아 해가 주어질 터인데 말이다. 저 귀찮고 성가신 모색tâtonnements(탐색, 혹은 시행착오)이라는 것을 통해 해를 찾아가야 하는 시장의 과정은 이제 완전히 케케묵은 것으로 보인다. 사실상 시장은 전자제품이 나오기 이전에나 쓰이던 계산 도구

---

*14세기 유럽 흑사병이 창궐했을 당시 신에게 죄 사함을 빌며 자기 등을 채찍으로 때리면서 여러 도시를 순방하는 고행자들의 대열을 비유한 것이다.

라고 간주할 수 있다(Lange, 1967: 158).

　이렇게 신고전파 경제학에 기초한 중앙계획 사회주의라는 생각은 신고전파 경제학 자체만큼이나 오래된 것이지만, 이 특별한 버전의 사회주의경제학은 동유럽의 국가사회주의에 존재하던 위계적 제도들을 하나도 안 건드리고 그대로 둔다는 특징을 갖는다.

　미국도 군부에서는 이와 비슷하게 협소한 버전의 신고전파 경제학을 사용했으며, 여기에 더하여 신우익은 또 다른 협소한 버전을 제시하기도 했다. 이들의 버전에 따르면, 시장은 국가가 경제에서 후퇴하는 순간 저절로 생겨나게 되어 있다. 물론 사실을 보자면 신우익은 특정한 제도들을 옹호하고 있다. 특히 사적 소유나 위계적 구조의 법인기업 등을 효율적 시장 그리고 좀더 폭넓게는 효율적인 경제 전체를 위해 반드시 필요한 것이라고 주장한다. 미국과 동유럽의 보수적 지도자들은 모두 대규모 독점기업들을 지지했고, 더 폭넓은 민주적, 사회주의적 제도개혁에 반대 주장을 펴면서 중앙집권화된 정치적 권위를 강화하고 자기들의 체제를 지지하도록 개인들에게는 소비주의를 장려했다. 신고전파 경제학에 대한 여러 비판이 행해졌던 것에는 권위주의, 민주주의, 권력 문제를 둘러싸고 전 세계적으로 벌어졌던 싸움의 맥락뿐만 아니라 이렇게 신고전파 경제학 자체 내에서 벌어졌던 학문적이고 정치적인 싸움의 맥락도 있었다. 이제 헝가리, 유고슬라비아, 미국에서 나왔던 이러한 비판들을 검토해보도록 하자.

헝가리에서의 신고전파 경제학 비판

—

4장에서 논했듯이, 1968년 헝가리 정부는 주요 경제개혁을 실행에 옮겼으며 이는 전 세계 경제학자들을 매료시켰다. 이 신경제메커니즘NEM 개혁은 오스카르 랑게의 신고전파식 시장사회주의에서 영감을 받은 특정 유형의 시장사회주의를 구현했지만, 개혁가들은 또한 이 모델을 넘어서서 좀더 민주적인 사회주의의 틀 안에서 진정으로 경쟁적인 시장을 갖게 되기를 희망했다. 신고전파 경제학 훈련을 받은 경제학자들은 NEM으로부터 무수히 다양한 방식으로 혜택을 보았다(Bockman, 2000, ch.5). 예를 들어 당-국가 지도부는 수리 기법에 기초한 신고전파 계획 방법을 지지했고 정부 부처 내에 이러한 방법을 실현시킬 수 있는 장기적 계획 부서들을 만들었다. 이와 동시에 NEM은 당-국가권력의 여러 제도를 유지하는 아주 협소한 신고전파 개혁의 성격을 유지했다. NEM은 기업 영역에서의 직접적인 국가 개입을 종식시켰고 국가는 오로지 금융적 수단을 통해 간접적으로만 개입하도록 허락하게 되어 있었다. 하지만 NEM은 경제학자들이 간접적인 국가 개입에 필요하다고 생각한 여러 제도적 변화를 포함하고 있지 않았다. 경제학자들은 헝가리가 "시장도 아니며 계획도 아님(Bauer, 1983)"을 알고 있었고 더 많은 개혁을 요구했지만, 국가는 이를 여러 해 동안 거부했다. 이 기간에 NEM은 위계적인 당-국가권력을 유지하는 협소한 신고전파 개혁의 성격을 계속 유지했으며 더욱이 여기에는 이제 국가가 거느린 산업 및 농업 기업들의 대단히 강력한 경영자들까지 포함되었다(Eyal, Szelényi, and Townsley, 2000; Lampland, 1995).

NEM에 좌절한 헝가리 개혁경제학자들은 스스로 그들 자신의 개념 도구와 전제들을 비판하게 되었다. 그중 가장 유명한 것은 야노시 코르너이의 경우다. 그는 심지어 신고전파 경제계획 모델들을 놓고 작업을 계속하는 가운데에도 자신의 저서 『반균형론』에서 신고전파 경제학에 대한 공격을 시작했다(Kornai [1971] 1991). 코르너이는 이 책을 쓰는 과정에서 그 내용을 놓고 부다페스트에 있는 ESI의 동료들과 토론을 했을 뿐만 아니라 미국을 방문하여 케네스 애로와 티알링 코프만스 등 가장 유명한 신고전파 경제학자들 일부와 자신의 비판에 대해 토론하기도 했다(ibid., xvi-xvii). 마침 당시는 신고전파 경제학 내부에서의 싸움 즉 "자기 등을 채찍으로 때리는 정신 증세가 만연"하던 시기로서, 1968년과 1970년의 방문 과정에서 그는 미국에 정착하게 된다.

코르너이 자신의 설명에 따르면 그는 NEM에 대해 연구하면서 신고전파 경제학이 개혁 작업에 충분치 못하다는 것을 알게 되었다.[7] 그는 특히 애로와 드브뢰의 고도로 추상적인 모델로 대표되는 일반균형이론을 비판했다. 코르너이는 이러한 모델들이 전혀 현실을 반영하는 것이 아니라 대단히 제한적인 인위적 세계에서만 유효하며 "지극히 협소한" 범위의 질문들만을 다루고 있다는 것을 알게 된다(ibid., 28-30). 그가 보기에, 오로지 시장개혁에 초점을 두었던 초기의 "천진한" 헝가리 개혁가들이나, 모든 형태의 국가 개입에 반대 주장을 폈던 "서방의 신자유주의자들"이나, "순수한" 중앙계획을 지지하던 이들이나 모두 자신들의 관점을 입증하기 위해서 "본질적으로 **동일한** 비현실적 가정들"을 사용했던 것은 마찬가지였다(ibid., 334).[8] 서방의 신자유주의자들과 동유럽의 천진한 경제학자들이 내놓은 여러 제안은 말할 것도 없고 추상적인 애로-드브뢰 모델 또한 실제의 경제가 어떻게 기능하며 그러한 기능에 필요한 제도들이 어떠한 것인지는 전혀 기술하고 있지 않다는 것이다. 이러한 추상적 모델은 또한 시장개혁을 실행하고자 할 때 경제학자들이 겪어야 했던 엄청난 난점들을 예견하지도 못했고 또 해결하는 데 도움이 되지도 못했다고 한다. 따라서 코르너이는 이렇게 선언한다. "시장이냐 계획이냐'라는 질문은 잘못된 질문이다(ibid., 334)." 그는 현존하는 여러 경제체제를 서술하기 위한 새로운 언어와 개념적 도구를 창출하고자 했다.

실현되지 못한 개혁에 좌절을 느낀 경제학자는 코르너이만이 아니었다. 동유럽 블록 전반에 걸쳐 경제학자들은 위기, 개혁, 개혁에 반대하는 정치적 반동의 순환적 역사를 겪어야 했다(Bockman and Eyal, 2002: 238-239; Campbell, 1991: 213; Seleny, 1993: 101). 헝가리 경제학자들은 NEM이 중앙계획 국가사회주의 체제를 탈중앙집권화된 시장사회주의로 전환시켜줄 것을 기대했다. 에르제베트 설러이에 따르면, 많은 헝가리 지식인이 시장 메커니즘을 "권력 구조의 경직된 위계를 느슨하게 해줄" 수단으로 여겼으며 "따라서 개인의 자유와 기회를 확장할 뿐만 아니라 장기적으로는 권력 집합체에 대한 사회의 통제를 가능케 해줄" 수단이라고 생각했다(Szalai, 2005: 17; 또한 Antal, 1999: 90). 하지만 NEM 뒤에는 흔히 보는 정치적 반동이 뒤따라왔고, 이는 정치 및 경제체제의 위계적 구조를 그대로 유지했다. 개혁경제학자들은 신자유주의에 기초한 시장과 신고전파에 기초한 경제계획이 그 자체로는 체제를 변혁시킬 수 없으며 오히려 권력 구조를 바꾸어줄 새로운 제도들을 필요로 한다는 것을 이해하고 있었다.[9] 부분적인 여러 개혁으로는 충분치 않았다. 신고전파 경제학자들은 좌절감을 느끼면서 정치 엘리트들을 총체적인 경제개혁에 대한 으뜸가는 장애물로 여기게 되었다.[10]

1970년대에 걸쳐 개혁경제학자들은 시장, 사회주의, 기업 자율성 등에 여전히 신뢰를 가지고 있었다. 이들은 시장이 효율적으로 작동하게 만드는 과업을 몇 가지 특정한 제도들에 의지하고 있었다. 첫째, 이들은 여러 독점체를 넘어서서 경쟁적 시장을 창출하고자 했다. 여러 경제학자가 기업의 국가 의존을 종식시키고 진정한 자기조정 시장을 창출하기 위해서는 무수한 경제 단위의 경쟁을 장려하고 급진적으로 재조직해야 한다고 주장했다(Antal, 1982; Bauer, 1984; Máriás et al., 1981). 또 NEM은 강한 발전을 지향하고 있으므로 이것이 성공하기 위해서는 소기업들이 필요하다고 주장하는 이도 있었다(Révész, 1979: 47, 60). 또 다른 이는 한 걸음 나아가 세계경제의 새로운 시대가 도래했으며 이러한 지구적 변화에 재빨리 적응할 수 있는 소기업들이 필요하다고 주장하기도 했다(Varga, 1978: 229).

둘째, 개혁경제학자들은 기업가정신을 장려하고자 했다. 사회주의적 개념으로서의 기업가정신이라는 것이 온 헝가리 사회를 급작스럽게 덮치게 된 데에는 많은 논쟁을 일으킨 카리스마적 경제학자 티보르 리슈커Tibor Liska("예언자이며 무모할 만큼 용감한 자" 또 "기적의 치유자"로도 알려져 있다)의 공이 크다(Bársony, 1982: 422). 유고슬라비아인들이 노동자 평의회를 기업가로 보았던 것과 반대로 헝가리의 관료들과 경제학자들은 경영자들을 기업가로 보았다(Tardos, 1982). 하지만 리슈커는 사회주의에는 생산수단을 절대 소유하지 않는 개인 기업가들이 있어야만 한다고 주장했다. 리슈커에 따르면 사회주의는 사적 소유를 종식시키고 또 상품 관계를 더욱 발전시켰으므로 모든 이가 해방되어 맘껏 기업가정신을 발휘할 수 있는 곳이며 따라서 기업가정신의 실현을 충분히 가능케 하는 곳이었다(Bársony, 1982: 426-427). 리슈커가 말하는 사회주의적 기업 체제에서는 모든 시민 한 사람 한 사람이 사회로부터 무언가를 상속받게 되며, 그 시민은 이를 사용하여 시장에서 값을 매길 수도 있고, 사업체에 대여할 수도 있으며, 새로이 창업을 할 수도 있다. 여러 사업체와 사회의 상속물은 그 소유자가 죽으면 사회로 환원되며 상속자에게 넘어가지 않는다. 생산수단의 대여(소유가 아닌)를 위한 시장이 생길 것이며, 개인들이 부를 축적할 것이며(상속되지는 않는), 세계시장에 대해서도 개방되어 있을 것이며, 가격은 시장에서 자유롭게 결정될 것이다(Bársony, 1982; Swain, 1992: 110-111).[11] 1978년 리슈커는 카를 마르크스 대학의 기업가정신 연구 집단을 이끌게 되며(Szabó, 1989), 여기에서 그는 막 출현하고 있던 제2 경제에 대해 연구하는 이들을 자기 주변에 모은다. 그는 이러한 실행가들과 함께 생각을 발전시키면서 매주 대단히 인기 높은 대중적 토론을 열었다. 1981년부터 그는 일련의 기업 실험들을 통하여 자신의 생각을 검증해본다.[12] 다양한 가능한 형태의 기업가정신은 사회주의 체제 내에서의 경쟁적 시장을 위해 필수적인 제도가 되었다.

셋째, 개혁경제학자들은 사회주의적 재산의 개념을 다시 끄집어내어 통제와 소유를 별개로 고찰한다. 헝가리에서는 유고슬라비아와 달리 사회주의가 항상 생산수단의 국가 소유에 기초하는 것이었으며, 동시에 국가 중앙계획에 기초하는 것이었다. 기업 자율성을 장려하기 위해 헝가리 경제학자들은 다양한 소유 장치들을 두어 사회적 소유권을 유지하면서도 국가와의 연계는 끊어버릴 것을 주장했다. 예를 들어 기업 소유권을 노동자 집합체에게 준다든가 노동자 자주관리 기업의 소유권을 스스로의 주식을 발행할 수 있는 비국가 지주회사들에게 주자는 것이다(Swain, 1992: 135).[13] 이 경제학자들은 기업을 국가에서 독립시켜 소유권에서 국가의 행정적 측면을 제거한 뒤, 소유권이 아닌 행정적 통제권을 다른 단위들에 주는 방안을 추구했다(Voszka, 1991: 58). 경제학자들은 이러한 대안적 소유권 형태들을 1970년대와 1980년대에 의제로 내밀었다.

1982년, 헝가리 정부는 노동자들에게 노동 합자회사를 만들 권리를 부여했다. 이는 어떤 공장의 노동자들이 그 공장이 쉬고 있는 동안 공장 장비를 사용하여 재화 및 서비스를 생산하는 반+자율적인 하청 단위였다(Stark, 1989).[14] 가장 중요한 일이 1985년 일어났다. 헝가리 정부가 전체 국영기업의 4분의 3에 해당하는 기업들에 기업 평의회를 설립한 것이다(Voszka, 1992).[15] 기업 평의회 법은 여러 기업의 평의회에 사장 임명권을 부여할 뿐만 아니라 합병, 기업 분할, 합작 투자, 국가 자산을 가진 회사들의 상장 등 기업의 운명을 좌우하는 결정 권한까지 부여했다. 이 개혁을 통하여 "실제 소유권은 기업의 자기 통제 쪽으로 이동했으며 각종 소유권의 대부분(국영기업의 설립과 폐쇄는 예외)은 공식적으로 국가기관의 손에서 제거되었다(Révész 〔1988〕 1989, 69)". 이러한 개혁은 소유권을 국가로부터 기업으로 탈중앙화하여 생산수단을 노동자 집단에 부여하는 것으로서, 사유화 혹은 민영화가 아니라는 점이 중요하다. 경제학자들은 공장 민주주의가 발전하면서 기업의 독립과 집단적인 물질적 이익을 지지할 수 있을 것이라고 생각했다. 개혁경제학자의 여러 집단은 노동자 평의회와 여타 여러 형태의 노동자 민주주의를 오래도록 지지해왔다.

헝가리의 당-국가는 개혁에 있어서 도리어 권력의 중앙집권을 강화하는 협소한 접근을 취했다. 헝가리의 개혁경제학자들은 이를 비판했을 뿐 아니라 여기에서 좌절을 느꼈다. 그들은 당시 진행되던 신고전파 경제학에 대한 초국가적인 자기비판을 그러한 자신들의 비판과 좌절의 일부로 받아들였다. 이 비판적인 개혁경제학자들은 정치적 훼방이 없이도 시장이 효과적으로 운영되도록 해주는 탈중앙집권화된 민주적 제도들에 관심을 둔 것이지 자본주의를 도입하려고 했던 것은 아니었다. 사실상 헝가리의 당-국가는 경제학자들이 경쟁적 시장에 필수적이라고 여겼던 이러한 제도들—다양한 크기의 새로운 기업들, 독립적 기업들, 노동자 평의회, 기업가, 새로운 여러 형태의 사회적 소유—을 현실에 구현하기 시작했다. 유고슬라비아 신고전파 경제학자들도 똑같은 것을 추구했지만, 종국에는 성공하지 못했다.

유고슬라비아에서의 신고전파 경제학 비판
—

1965년 유고슬라비아는 주요한 시장개혁들을 실행에 옮긴다. 유고슬라비아의 가장 유명한 경제학자인 브란코 호르바트에 따르면, 이는 사회주의 유고슬라비아 경제와 그 기업들을 자본주의 경제나 기업들보다 신고전파 모델과 합리적 행위에 더 가깝게 만들어주는 것이었다

(Horvat, 1967). 이 개혁들은 외국에서도 많은 흥분을 불러일으켰다.

하지만 신고전파 경제학자들은 곧 정치적 환경이 급격하게 변화하고 있다는 것을 알게 되었다. 여러 대학의 신좌파와 자그레브에 기초를 둔 '프락시스Praxis' 집단*이 경제개혁과 시장 등의 흐름을 자본주의적이라고 간주하여 공격을 퍼부은 것이다(Lampe, 1996: 295).[16] 1968년 유고슬라비아의 여러 대학에서는 학생들의 동맹파업이 확산되었고, 이들은 소비주의와 시장이 아닌 노동자 자주관리와 유고슬라비아식 사회주의적 목표들을 요구했다. 하필 여기에 겹쳐 유고슬라비아에 반대하는 민족주의가 점차 증가하며, 이는 특히 1968년 이후 크로아티아의 봄**에서 눈에 띄게 드러났다. 유고슬라비아 지도부는 자유주의, 민족주의, 기술관료주의 등에 대해 반대 입장을 취하기로 결의했다(Ramet, 2006: 260).[17] 1972년 말 티토와 지도부는 개별 공화국들의 공산당으로부터 자유주의와 민족주의의 지도자들을 쫓아냈다(Lampe, 1996: 304).[18] 유고슬라비아 정부는 시장개혁을 멀리하고 새로운 종류의 사회주의로 전환한다. 시장사회주의를 지지했던 유고슬라비아 신고전파 경제학자들은 1960년대의 시장개혁 기간에 반대 입장으로 몰렸던 민족주의자들 및 중앙계획가들과 나란히 그 반대 입장에 서게 된

---

* 유고슬라비아 내에서 진정한 마르크스주의의 회복을 내걸고 마르크스-레닌주의와 티토주의를 모두 비판했던 철학자 및 지식인 집단. 가요 페트로비치Gajo Petrović를 중심으로 한 이 집단은 1964년에서 1974년까지 『프락시스Praxis(실천)』라는 저널을 발행하면서 마르크스 초기 저작에 근거하여 변증법과 인본주의를 토대로 한 진정한 마르크스주의의 재구성을 주창했다. 1975년 이 잡지는 유고슬라비아 정부에 의해 폐간되었다.
** 크로아티아의 봄Croatian Spring: 유고슬라비아 연방 내 크로아티아 지역에서 1970년대 초 일어난 정치, 경제개혁운동으로서 크로아티아에 더 많은 자율권을 줄 것을 요구했다. 유고슬라비아 연방정부에 의해 1971년 무력 진압되었다.

다.[19]

유고슬라비아 정부는 기술관료주의를 종식시킬 뿐만 아니라 모종의 '계약 경제' 그리고 '계약 사회주의'를 창조함으로써 노동자 자주관리를 더욱 발전시키고자 했다. 3장에서 논했듯이, 유고슬라비아의 사회주의는 탈중앙집권화, 노동자 자주관리, 생산수단의 사회적 소유, 시장의 활용 등에 기초하고 있었다. 경제학자들은 탈중앙집권화를 경제적 및 정치적 권위를 기업에 이전하여 기업 자율성을 허용하는 것으로 이해하고 있었다(Milenkovitch, 1977: 56). 하지만 유고슬라비아 지도부는 이러한 생각을 변형시켰다. 한편으로 탈중앙집권화는 연방 정부의 권력을 개별 공화국들에게 분산시켜서 공화국 형태의 국가를 보유하는 것이 되었다(Ramet 2006: 327). 다른 한편, 1974년 헌법은 새로운 좀더 참여적이고 계약적인 형태의 경제계획을 도입했다. 1976년, 기업들은 기업 내에 존재하는 노동자 연합 기초 조직들BOALs: basic organizations of associated labor이라는 더 작은 단위로 분해되었다.[20] 이 BOALs는 비교적 작고 또 서로서로는 물론 각각의 모기업으로부터 독립적인 것으로 여겨졌다. BOALs는 스스로의 계획을 만들어내고, 이 계획들은 다시 더 큰 전국 단위의 사회적 계획으로 통합되어 경제계획을 좀더 참여적인 것으로 만든다. 이 시스템은 또한 이들이 계약을 통해 서로서로 또 당-국가와 관계를 맺고 있다는 점에서 계약적인 성격을 가지고 있었다.[21] 1970년대가 되면 유고슬라비아 정부가 새로운 종류의 탈중앙집권화를 발전시키지만, 사실상 이는 경제학자들의 모델 및 관점과는 배치되는 것이었다.

유고슬라비아 신고전파 경제학자들의 압도적 다수는 노동자 자주관리를 지지했지만, 이와 동시에 이들은 또 방금 말한 개혁들을 대단히 반대했다(Gligorov, 1998: 349‑350). 이들은 이러한 개혁들이 1965년 개혁과 시장을 폐기하고서 그 대신 다양한 정치적 권위의 개입을 매개로 하여 형성되는 여러 계약 관계로 바꾸려 하는 것이라고 이해했다(Drutter, 1990; Vojnić, 1989).[22] 브란코 호르바트는 1972년에 행했던 기탄없는 인터뷰에서 이렇게 주장했다. "비록 자주관리라는 용어를 쓰고는 있지만, 무슨 일이 벌어져야 할지를 국가가 명령하는 것이 현실입니다." 이는 즉 호르바트가 보기에는 시장경제의 청산이며, 이는 또 "스탈린주의로의 회귀"라는 것이었다("Razgovor", 1972: 1752‑1753). 그 결과 경제학자들은 더 이상 유고슬라비아 모델이 자유로운 경쟁적 시장을 가지고 있다거나 곧 가지게 될 것이라고 가정할 수가 없었다.[23] 일생동안 사회주의의 신념을 지켜온 호르바트는 시장으로의 회귀 그리고 자주관리의 급진적인 확장을 요구했으며, 거기에는 정치적 영역으로의 확장까지 포함되어 있었다. 또한 그 결과 호르바트와 그의 동료들은 사상을 이유로 처벌을 받게 된다. 호르바트는 훗날 이렇게 회상한다. "1972년 이후 다시 억압적 조치들이 도입되었다. 나는 당시 대중에게 이 나라가 재난으로 치닫고 있다고 경고했다. 이에 검사가 대응을 했으며 나는 다른 이들과 함께 대학에서 가르칠 가능성을 잃게 되었다(Horvat, 1989: 5)." 호르바트는 심지어 유고슬라비아 모델을 전 세계에 알리려는 노력을 계속했음에도 불구하고 "유고슬라비아의 적"이라고 공공연하게 불렸다고 회상한다(ibid., 31). 류블랴나에 있던 그의 학생 한 사람은 나에게 이 "끔찍했던 시대"에 학생들은 더 이상 외국에서 공부할 수도 없었으며 시장에 대해 이야기했다가는 "반체제 인사"로 찍혔다고 말한 적이 있다. 헝가리의 개혁경제학자들과 달리 유고슬라비아의 신고전파 경제학자들은 훨씬 더 오랫동안 기다려야만 했다. 1980년대 중반이 되어서야 비로소 이들은 그들이 사회주의의 경쟁적 시장에 필수적이라고 여겼던 여러 제도를 구현하기 시작했다.

유고슬라비아의 신고전파 경제학자들은 또한 당시의 전 세계적인 신고전파의 자기비판에 동참하여 신고전파 경제학 자체를 비판하기 시작했다. 하지만 헝가리의 개혁경제학자들과 달리 유고슬라비아인들은, 미국식 신고전파 경제학자들인 벤저민 워드와 야로슬라프 바네크가 『아메리칸 이코노믹 리뷰』에 발표했던 신고전파의 '일리리아' 노동자 자주관리 모델에 특히 비판의 초점을 맞추었다. 유고슬라비아 경제학자들은 이 추상적인 '일리리아' 모델의 여러 가정을 비판하고 특히 노동자들이 수요와 가격의 증가에 직면하게 되면 새로운 직원을 채용하여 공급을 늘리는 대신 자기들 개인의 소득을 극대화하려 할 것이라 가정하는 워드의 후굴공급곡선을 비판했다. 이러한 후굴공급곡선 개념은 노동자 자주관리 사회주의가 실제 작동에서 왜곡된 비합리적 방식으로 나타날 것이라는 주장으로 보였다. 호르바트는 벤저민 워드가 신고전파 경제학 교육을 제대로 받았으며 또 "진보적"이라는 점을 인정했지만, 워드가 이것이 실제로 유고슬라비아에서 벌어졌던 바인지를 검토하지도 않고 노동자들이 그들의 임금만을 극대화할 것이라 가정했다고 보았다(Horvat, 1979: 168). 호르바트가 보기에 워드의 논문을 부활시킨 것은 노동자들의 자주관리에 반대하는 이들이었다.

사회주의운동과 노동조합운동이 노동자 자주관리를 향해 나아가게 되자 이것이 열등한 체제임을 보여줄 필요가 생겼기에 이 논문은 재발견된 것이다. '일리리아'라는 용어는 사라지고 대신 "노동자들이 관리하는"이라는 말이 붙었으며 게다가 노동자가 관리하는 경제는 자원 배분의 효율성이 열등할 것이라는 이미 준비된 증명의 논리가 따라붙는다. 이 증명은 그 다음에는 비교경제체제론을 다루는 표준적인 과목에 포함되었던 것이다(ibid.).[24]

초국가적 우익 네트워크는 유고슬라비아 체제에 대한 여러 비판을 이용하여 시장, 사적 소유, 위계적 체제의 경영이 필연적임을 주장하기 시작했다.

류보 시르츠와 아이리크 푸루보튼Eirik Furubotn, 그밖의 다른 경제학자들이 유고슬라비아 사례와 신고전파 경제학을 이용하여 자주관리가 절대 작동할 수 없다는 것을 입증하려고 했다.[25] 1950년대에 유고슬라비아에서 탈출한 시르츠는 중앙계획과 자주관리 모두에 대해 비판적인 저작들을 저술했다. 그는 노동자 자주관리를 지지했던 경제학자들과 달리, 1970년대 후반에 산적하게 된 경제적 문제들은 "집단적으로 자기들 기업의 결정을 내리도록 기대된 노동자들과 그들의 기업 사이에 명확한 연계"가 존재하지 않았던 데서 기인하는 것이라고 주장했다(Sirc, 1979: 242). 계속되는 그의 주장은 다음과 같다.

따라서 자본을 경영하고 생산을 조직하는 데 가장 성공적인 사람들에 맞서서 계급투쟁을 벌이는 것은 파괴적일 수밖에 없다. 왜냐면 이들이야말로 누구보다도 번영에 기여한 이들이며, 오늘날의 생산성 수준을 가능케 한 것도 이들이며, 이들이 없으면 번영도 있을 수 없기 때문이다(ibid., 244).

그는 자신의 논리를 펴나가면서 유고슬라비아인들을 비판하는 저작들을 활용한다.

이러한 편견에 찬 비난이 완고하게 지속되고 있으므로, 나는 결국 공산주의자들 자신의 저술을 계속 언급함으로써 내 관점을 지지하는 버릇을 가지게 되었다. 일반적으로 이들의 세세한 여러 비판은 유효한 것들이다. 비록 이들은 공산주의 체제를 위대한 성공이자 성취라고 찬양해야만 하는 신세이며 이러한 비판들도 그러한 체제의 결과물인지라 큰 도움이 되지는 않지만 말이다(ibid., xv).

경제학자들이 요구한 것은 사적 소유가 아니라 노동자 자주관리와 사회적 소유를 가진 진정한 사회주의였지만, 그는 이들의 여러 논쟁과 비판에서 이러한 맥락을 제거해버렸다. 그는 유고슬라비아가 서방에 있는 이들에게 진정한 교훈을 제공한다고 보았다.

서방의 입장에서 보자면, 유고슬라비아는 법적으로 자본과 연결되어 있는 이들에 의존하지 않는 사람들이 기업을 경영할 경우 무슨일이 벌어지는가를 보여주는 예라고 할 수 있다. 이 점에서 볼 때이는 만약 유고슬라비아에서 시도되었고 결국 부족한 것으로 드러난 여러 생각들이 그럼에도 불구하고 서방에서 통용되게 될 경우,

서방세계가 어디로 가게 될 것인지 또한 보여주고 있다(ibid.: xvii).

우익 네트워크의 경제학자들은 유고슬라비아의 사례를 위계 제도와 사적 소유의 필요성에 대한 증거로 사용했다.

유고슬라비아 경제학자들이 신고전파 모델의 여러 가정을 다시 생각하는 가운데, 유고슬라비아의 노동자 자주관리 사회주의가 합리적으로 작동할 뿐만 아니라 사실상 자본주의보다 낫다는 것을 보여주는 과업은 아예 하나의 산업이 되어버렸다(Dubravčić, 1970; Horvat, 1979). 이들의 외국 동료들 또한 이 작업에 참여했다(Drèze, 1989; Marschak, 1968; Meade, 1989; Wachtel, 1973).[26] 유고슬라비아 경제학자들은 또한 노동자 자주관리 기업들의 현실을 경험적으로 연구하여 그 발견 사항들을 신고전파 경제학과 연결시키는 작업에 몰두했다(Petrović, 1988; Prašnikar, 1980; Prašnikar et al. 1994; see also Wachtel, 1973). 경제학자들은 신고전파 경제학의 개념 도구상자를 더 불리기 위해 다양한 이단적 경제학파를 뒤지고 다녔다. 한 예로 브랑코 호르바트를 따르는 젊은 유고슬라비아 경제학자들은 신고전파 경제학을 확장하여 진정한 노동자 자주관리 시장사회주의를 실현하는 데 장애물이 되는 것들을 분석하고 극복할 수 있도록 만드는 방법을 찾아 헤매었다. 이 집단은 신리카도학파 경제학 특히 피에로 스라파Piero Sraffa의 저작에 큰 관심을 가졌다.[27] 이들은 또한 미국 신좌파의 급진파 정치경제학도 흡수했고(Franičević, 1983), 그보다는 적은 정도이지만 오스트리아학파 또한 흡수했다.[28] 알렉산데르 바이트는 여러 해 동안 신고전파의 일리리아 모델을 비판한 후에 마침내 이렇게 말한다. "일리리아 기업 모델은 완전히 무의미하다. 이 모델을 따르게 되면 현실에 존재하지도 않는 문제들을 찾아다니다가 길을 잃고 만다(Bajt, 1988: 53)."

헝가리에서와 마찬가지로, 많은 유고슬라비아 경제학자 또한 경쟁적 시장이(바이트의 말에 따르면 "유일하게 받아들일 수 있는 사회주의 경제모델은 자유경쟁 모델이다".) 일정한 사회주의적 제도들을 필요로 한다는 것을 이해했다.[29] 이 제도들 중 하나는 기업가정신이었다. 바이트는 이렇게 말한다. "노동자 기업의 주요한 문제는 워드가 문제를 찾아 헤맨 곳에서는 전혀 찾을 수 없다. 그 문제는 바로 기업가정신의 문제다(ibid., 53)." 테아 페트린은 기업가정신이 근본적으로 중요한 제도로 떠오른 곳이 유고슬라비아만이 아니었다고 말한다. "80년대는 기업가정신의 시대로 기억될 것이다. 우리는 동유럽에서나 서방에서나 기업가운동의 출현을 목도하고 있다(Petrin, 1991: 7)." 유고슬라비아에서 관료와 경제학자들은 오랫동안 노동자 집합체들을 사회주의적 기업가정신을 실천하는 기업가들이라고 보았다(Dubravčić, 1970; Horvat, 1961, 1967). 하지만 유고슬라비아 경제학자들과 다른 사회과학자들은 유고슬라비아에서 실제의 노동자 참여가 없다는 점을 비판하고 있었다(예를 들어 "Razgovor", 1972; Županov, 1969). 1970년대 이래로 카르델과 같은 유고슬라비아 지도자들과 여러 경제학자는 사회적 소유는 노동자 통제가 아닌 경영자 통제로 이어지게 된다고 지적하면서 사적 소유도 국가 소유도 아닌 다양한 형태의 소유를 추구했다(Uvalić, 1989: 114). 1970년대가 되면 유고슬라비아 정부는 개인들로 하여금 자신들의 자본과 노동을 다른 개인들과 합쳐서 자주관리에 기초한 노동자 연합 계약 조직들COALs: contractual organizations of associated labor이라는 새로운 조직을 형성하고 스스로의 사업체를 창업하도록 허용했다(Uvalić, 1989). 1980 년대에 호르바트와 긴밀하게 연결된 경제학자들은 다양한 노동자가 주식을 소유하고 기업가정신을 훈련받을 수 있도록 하는 프로그램들을 위해 작업했다. 이들은 이것이야말로 사회주의 속의 경쟁적 시장과 자율적 기업을 위해 필수적이라고 보았다.

예를 들어 1986년경 경제학자 페트린과 프라슈니카르, 바흐치치 등은 유고슬라비아 기업들의 구조조정을 위해 AGEA라는 컨설팅 회사를 차렸으며 이 회사는 그 후 YUGEA Yugoslav General Entrepreneurial Agency 라고 이름을 바꾼다.[30] 이들은 사회주의 내에서의 시장경쟁은 이러한 독점체들의 구조조정, 중소기업의 창출, '기업가정신' 등을 필요로 한다고 주장했다(Petrin and Vahčič, 1988). 이 경제학자들은 수십 년간 국가 소유를 비판했던 이들이며 여타의 비국가 사회적 형태들을 발전시키고자 했었다. 신고전파 경제학 이론은, 경쟁적 시장에서는 기업들의 시장 진입과 퇴장이 자유로우며 또 독점체—가격 결정자들—가 형성되는 일 없이 많은 수의 기업이 경쟁하므로 기업들이 가격 수용자가 된다고 가정했다. 이러한 기업들을 창출하기 위해 이 경제학자들은 유고슬라비아 전역을 돌아다니며 노동자들이 노동자 기금으로 분사 spin-off 하여 회사를 차리도록 도왔으니, 이는 '우리 사주 ESOP: Employee Stock Ownership Programs'와 상당히 비슷했다. 1989년 중반 이들을 방문했던 데이비드 엘러먼에 따르면, YUGEA는 단지 노동자들의 기업 매수를 위한 터전을 마련한 것뿐 아니라 기업 인큐베이팅 사업체들과 혁신 기업가 클럽을 만들어서 "사회주의적 기업가정신"의 문화, "즉 민주적인 노동자 소유의 여러 형태를 지향하는 기업가정신"의 문화를 창출하려고

했다(Ellerman, 1990b: 215). 이제 노동자들은 생산수단을 소유할 뿐 아니라 민주적으로 통제하게 되리라는 것이었다. 자본주의 체제에서는 자본이 노동을 고용하지만, 자주관리 체제에 있는 노동자들은 자본을 고용할 수 있다는 것이다(Wachtel, 1973: 59). 어떤 의미에서 이 경제학자들은 이 새로운 소유 형태들을, 1950년대 티토의 말대로, "지금까지 한 번도 성취된 적 없었던 것, 즉 노동자들이 소유하는 공장"을 용인하는 것으로 이해했던 듯하다.[31] 당시 유고슬라비아의 맥락에서 그 나라 경제학자들은 노동자 자주관리, 노동자 소유, 시장 경쟁, 기업가정신 등을 사회주의에 모두 서로서로 반드시 있어야 할 것으로 이해했던 것이다.

유고슬라비아의 신고전파 경제학자들도 정치적 지배 엘리트들이 구현하고 있는 그리고 자신들의 신고전파 경제학에도 구현되어 있는 권위주의와 기술관료주의에 대한 초국가적인 비판에 동참했다. 많은 신고전파 경제학자들은 진정으로 경쟁적인 시장을 위해서는 민주적 사회주의의 여러 제도가 반드시 필요하다고 생각했지만, 전 세계의 정치 엘리트들은 이러한 제도들이 자신들에게 위협이 된다고 보아 이에 맞서서 자신들의 엘리트 권력을 지지하기 위해 아주 협소한 버전의 신고전파 경제학을 동원하고 있었던 것이다.

미국에서의 신고전파 경제학 비판
—

학자들은 미국 경제학자들 사이에 1970년대에 벌어진 논쟁을 통화주의자들 대 케인스주의자들, 시장 옹호자들 대 국가 개입주의자들의 싸움으로 서술해왔다. 실제로 밀턴 프리드먼의 1970년 저작 『통화이론에서의 반혁명』과 해리 존슨Harry G. Johnson의 1971년 논문 「케인스 혁명과 통화주의 반혁명」에서 보이듯, 보수적 통화주의 경제학자들 자신도 그 논쟁들을 이러한 방식으로 제시해왔다. 하지만 이 책이 지금까지 보여주었듯이, 통화주의자들과 케인스주의자들이 정책에서는 의견이 달랐을지 모르지만 모두 신고전파 경제학을 하는 이들임은 똑같았다. 미국 경제학협회 의장인 월터 헬러가 강조했듯이(아마도 너무 낙관적이기는 한 것 같다), 공적인 토론에서는 여러 갈등을 일으키기는 하지만, 주류경제학자들 사이에는 모종의 합의가 존재한다.

> 심지어 의견 불일치가 무성한 경우—가장 눈에 띄는 불일치는 아마도 케인스주의자들과 통화주의자들 사이일 것이다—에조차도 우리를 한데 묶어주는 분석적 경험적 유대가 우리를 갈라놓는 힘들보다 훨씬 더 강력하다는 것을 사람들은 잘 알지 못할 것이다. 우리의 여러 논쟁은 경제 이론과 탐구의 방법이 어떤 성격을 갖는가에 대한 우리의 기본적 합의를 맥락으로 이루어지는 것이다(Heller, 1975: 4).[32]

앞에서 말했듯이, 폴 새뮤얼슨은 경제학자들이 "어떤 상황에서도 분명히 합의"를 이루며, 이는 곧 "내가 그(밀턴 프리드먼)의 정책적 결론에 180도로 반대하는 경우라고 해도 그가 내놓은 경험적 관찰과 거기에서 그가 추론하는 여러 가능성을 진단하는 데에서는 동의하는 일이 가능함"을 의미한다(Samuelson, 1983: 5-6). 프리드먼이 자본주의 경제학을 행하고 폴 새뮤얼슨이 사회주의 혹은 케인스주의 경제학을 행하는 것이 아니라는 말이다. 사실상 통화주의자들과 케인스주의자들은 신고전파 경제학 방법을 공유하며, 앞에서 보았듯이 이 방법은 경쟁적 시장과 중앙계획 모두를 포함하고 있다. 따라서 이들 사이에 벌어지는 여러 비판과 논쟁의 원인은 시장이냐 국가냐 따위에 있는 것이 결코 아니다.[33]

1964년 배리 골드워터 대통령 선거 캠페인과 1969년 리처드 닉슨 선거의 과정에서 대중들은 경제학의 성격에 혼란을 느끼게 된다. 보수적 지도자들이 신고전파 경제학을 비판하는 오스트리아학파와 그것을 포용하는 시카고학파 모두를 활용했기 때문이었다. 하이에크와 같은 오스트리아학파 경제학자들과 프리드먼과 같은 시카고학파 경제학자들은, 매켄지의 표현에 따르면, "개인 자유의 수호자들이며, 정부의 비판자들이며, 시장경제학의 개발자들이며, 합리적 담론의 신봉자들"이지만 "두 학파의 성원들은 (사석에서) 빈번하게 서로 머리가 나쁘다며 심지어 이론에 집착하는 것이 병적이라며 무시했다(Mckenzie, 1980: 1)." [34] 오스트리아학파와 시카고학파는 방법에 있어서 근본적으로 견해가 달랐으며, 따라서 이론, 개념, 모델, 발견 등 넓은 범위에 걸쳐 차이점들을 가지고 있었다.

신고전파 경제학에 대한 미국에서의 여러 비판은 동유럽에서 나온 비판들과 닮아 있었다. 부분적인 이유는 미국의 신고전파 경제학자 집단들이 보수적 정치 엘리트들이 신고전파 경제학을 협소하게 만들고 자기들 마음대로 써먹는다는 비슷한 문제에 봉착했기 때문이었다.[35]

따라서 이 비판들은 자기비판이었다기보다는 경제학계 내에서 지속적으로 벌어지던 분열을 반영한 것이었다. 프리드먼과 여타 보수적 지지자들은 공공연하게 신고전파 경제학이야말로 위계적 제도들을 필요로 하는 현실의 반영물이라고 옹호했다. 1960년대에 걸쳐서 시카고 신고전파 경제학은 보수 세력들에게 오래도록 꼭 맞게 되는 협소한 버전의 신고전파 경제학을 더욱 더 발전시킨다. 다른 신고전파 경제학자들은 이러한 접근에 반대했다.

밀턴 프리드먼의 교과서 『가격이론』은(Friedman, 1962b) 이러한 협소한 형태의 신고전파 경제학을 대표하는 것으로서 사실상 정치적, 경제적 권력이 집중되어 있다고 가정하고 있다. 이 교과서는 다른 교과서들과 동일한 신고전파 개념 도구들을 사용하지만 아주 독특한 관점을 가지고 있으며, 이를 미로스키가 아주 잘 묘사한 바 있다.

> 이 입장을 희화화시킬 위험이 있기는 하지만, 그 첫 번째 계명은 시장이 방해받지 않고 작동하면 후생이 극대화된다는 의미에서, 시장은 항상 "제대로 작동한다"는 것이다. 그 두 번째 계명은 정부는 항상 해법의 일부가 아니라 문제의 일부다(Mirowski, 2002: 203-204).

프리드먼 등은 신고전파 경제학을 개개인들이 완전히 합리적이며 시장들이 완전히 경쟁적이라고 가정하는 아주 편리한 허구로 사용하고 있다. 실제로는 전혀 그렇지 않다는 것을 누구나 알고 있는데도 말이다(MacKenzie, 1980: 7). 예를 들어 프리드먼은 그의 교과서에서 이렇게 쓰고 있다.

이러한 묘사는 소비자들의 소망을 생산활동으로 전환시키는 데에 효율적인 경쟁이 존재한다는 것을 암묵적으로 가정하고 있다. 사람들은 가격 체제의 교란을 통해서가 아니라 오로지 자신들의 자원을 활용함으로써만 자기들 소득에 영향을 줄 수 있다고 가정하고 있다. (…) 시장이 하는 일은 무엇보다도 자원 1단위당의 수확을 결정하는 것이며, 시장이 자원 소유의 불평등을 악화시킬 것이라고 믿을 이유는 없다. 게다가 똑같은 정도의 불평등이라면 자원 소유 이동의 기회가 존재하는 시장경제에서보다 신분이나 전통으로 대개 통치되는 경제에서 훨씬 더 심각한 문제가 된다. 역사적으로 보자면, 경제적 신분의 근본적 불평등성은 옛날이나 지금이나 자유시장에 의지하는 경제보다는 그렇지 않은 경제에서 더 심했던 것이 거의 분명하다(Friedman, 1962b: 11).

하지만 실상을 보면, 이렇게 시장이 알아서 스스로 작동한다는 협소해 보이는 관점 아래에는 사적 소유권을 법으로 강제하는 강력한 국가라는 전제가 깔려 있을 뿐만 아니라, 초기의 시카고학파 전통과는 달리(Simons, 1934) 경쟁을 잠식하는 대기업들 사이와 그 내부의 중앙 집중화된 권력의 문제는 완전히 무시되고 있다. 그 결과 동유럽에서 중앙계획을 옹호했던 신고전파 경제학자들처럼 시카고학파 또한 기존의 위계적 제도들을 당연한 것으로 가정하는 협소한 버전의 신고전파 경제학을 옹호하게 되었다.

보수적 엘리트들을 지지하지 않는 신고전파 경제학자들은 이러한 가정들을 거부했다. 계량경제학 협회의 회장이었던 프랭크 한은 그의 1968년 회장 취임 연설을 자신의 분야를 비판하는 데 바쳤다. "균형경제학은 (…) 기존의 경제적 제도들을 정당화하는 변론으로 쉽게 바뀔 수 있으며 또 실제로 빈번하게 그런 식으로 바뀌고 있습니다(Hahn, 1970: 1)." 벤저민 워드가 보기에 신고전파 경제학은 그 시야를 크게 협소하게 줄여버렸으며, "특정 이데올로기에 기초를 둠으로써 그 결과 현실에서는 고찰할 수 있는 문제의 범위가 크게 제약당하게 되었다 (Ward, 1972: 239-240)". 그는 계속해서 말한다. "지금 받아들여지고 있는 연구의 절차는 기껏해야 현존 권력 상태 내에서 벌어지는 주변적 변화들을 고찰하는 데에만 적용 가능할 뿐"이며, 근본적 변화들에는 적용이 불가능하다는 것이다(ibid., 240). 이 신고전파 경제학자들은 동유럽의 동료들과 마찬가지로, 이렇게 비현실적인 모델들로는 경제학자들이 현실의 경제문제들을 푸는 데에 도움이 되지 않으며 따라서 경제학을 정책 논의에서 완전히 무관한 것으로 만들어버린다고 주장했다 (Leontief, 1971; Morgenstern, 1972; Phelps Brown, 1972; Worswick, 1972). 프랭크 한은 이렇게 말한다. "이론과 사실 사이의 간격이 너무나 크며, 어떤 의미에서는 갈수록 더 커지고 있다(Hahn, 1972: 206)." 신고전파 경제학자들은 경험적 연구를 요구했으며, 특히 자신들 분야의 연구에 깔려 있는 전제들을 검증하기 위해서 그렇게 했다. 또한 이들은 여러 기관이 함께 학제적 연구를 수행할 필요를 인정하고 있었다(Leontief, 1971; Phelps Brown, 1972). 이들은 자신들의 학계가 비현실적 가정들과 수학에 대한 무비판적인 맹신을 가지고 추상적 모델에만 집착한다고 비판했다(Leontief, 1971: 1; Morgenstern, 1972). 경제학자들은 균형이라는 것이 존재한다는 가정 자체에도(Rothschild and Stiglitz, 1976), 완전한 정보라는 가정에도(Akerlof, 1970; Arrow, 1963; Rothschild and Stiglitz, 1976; Spence, 1973), 또 특히 리스크와 불확실성의 순간에 행위자들이 합리적으로 행동한다는 가정에도(Sandmo, 1971) 의문을 표했고, 여러 제도와 인센티브 등이 중요하다고 주장했다(Mirrlees, 1971). 이 경제학자들은 자신들의 고도로 추상적이고 협소한 모델들을 거부했고, 이 모델들을 확장하여 당대의 시급한 문제들을 다루고자 애썼다.

미국 경제학자들은 또한 동유럽의 동료들이 탐구했던 제도들과 비슷한 것들을 탐구했다. 이들은 기업이라는 블랙박스를 열어젖히고 1960년대 말 경제학의 정체와 1970년대 경제위기에 대한 대응으로 기업가정신이라는 주제로 되돌아왔다.[36] 경영학 쪽 학자들은 그 전부터 오랫동안 기업가정신에 관심을 두고 있었지만, 경제학자들도 이 영역에 관심을 보이기 시작한 것이다. 경제학자들은 또 노동자 참여와 노동자들의 생산수단 소유가 경쟁적 시장에 근본적인 중요성을 갖는다고 주장했다. 동유럽과 서방의 경제학자들 모두가 국가 소유 그리고 이와 관련하여 독립적이라고 여겨지는 기업들에 국가가 개입하는 것을 비판했고, 다양한 사회적 소유권이라는 대안적 형태들을 놓고 논쟁을 벌였다. 미국에서는 "현재 이윤 공유, 우리 사주, 노동자 참여 등등을 놓고 관심이 급증하고 있다(Blinder, 1990: 3)." 1970년대에 통과된 새로운 법률들로 우리 사주(직원들에게 수당을 현금이 아닌 주식으로 지급하는 것)가 가능해졌고, 이는 수천 개의 직원 소유 회사를 낳았다(Ellerman, 1990). 이렇듯 소유는 다양한 형태를 띨 수 있으며, 좀더 사회적인 형태들도 있을 수 있다.

전 세계의 신고전파 경제학자들은 동일한 방법과 언어를 공유함은 물론 자신들의 지식이 그때까지 어떻게 사용되어왔는지에 대해서도 비판을 공유하고 있었다. 보수적인 정치 엘리트들은 현재 권력 배분 상태의 위계적 제도들을 유지하고 엘리트들로 하여금 권력을 유지하게 해주는 협소한 버전의 신고전파 경제학을 지지했다. 그와 대조적으로 1970년대에는 동유럽과 서방의 대부분의 경제학자가 시장경제는 (사회주의적이든 자본주의적이든) 자율적인 기업, 경쟁, 노동자 참여, 경제민주주의, 정치민주주의, 기업가정신 등의 다양한 제도를 필요로 한다는 데 동의했다. 이들은 또한 정부의 지나친 지출, 정치적 경제적 독점체들, 인플레이션, 국가사회주의 등에 반대했다. 이러한 제도들은 사회주의 세계와 개발도상국 세계에서의 실험을 통해 출현한 것들로서 사회주의를 위한 최상의 것들이라고 여겨졌다.[37] 하지만 경제학자들은 사회주의의 다른 '교훈들'에 대해서는 의견이 일치하지 않았다. 소유권의 여러 형태, 사유화, 국가의 적절한 역할, 신고전파 경제학 자체의 성격 등에 대해서는 상당한 논쟁 지점들이 남아 있었다.

사회적 계획가와 개혁
—

신고전파 경제학을 둘러싼 이러한 싸움과 또 소위 케인스주의의 쇠퇴라는 것에도 불구하고, 모든 주류 신고전파 경제학자—시카고 대학에서 하버드와 MIT를 거쳐 동유럽에 이르기까지—는 여러 형태의 사회주의를 거시경제모델 작업을 위해 사용했다. 한 예로 프리드먼은 소득세와 소비세가 각각 가져올 충격을 비교하면서 다음과 같이 말했다.

> 우리가 여기에서 다루고 있는 공동체가 수많은 똑같은 개인들—기호도 선호도 똑같으며 각 개인들이 가지고 있는 자원의 종류와 양도 똑같다는 의미—로 이루어져 있다고 가정해보자. 이 공동체에서는 모든 개인이 똑같은 소득을 얻고 똑같은 재화 묶음을 소비할 것이므로, 우리는 어느 한 개인의 입장이 바로 전체 공동체의 입장을 대표한다고 볼 수 있다(Friedman, 1962b: 61).

경제학자들의 머릿속에서는, 한 공동체의 모든 성원을 똑같이 볼 수 있으며 따라서 한 개인을 다른 개인으로 대체할 수 있다고 생각한다. 이를 "대표적 행위자" 혹은 "사회적 계획가"라고 부르며, 이를 경제학자들은 모든 거시경제모델 작업의 기초로 사용한다. 1977년 이 **사회적 계획가**라는 용어가 전문 경제학 문헌에 명시적으로 나타났다(Carlton, 1978; Grossman, 1977; Khalatbari, 1977; Mayshar, 1977; Mussa, 1977). 이러한 모델들이 1980년대 말 거시경제학 교과서들에 등장하게 되며(Bryant and Portes, 1987), 오늘날에도 계속해서 가르쳐지고 있다. 좀더 좌파 지향적인 시장 실패학파는 말할 것도 없고(Dasgupta and Stiglitz 1980a, b), 시카고학파(예를 들어 Becker, Murphy, and Grossman, 2006)[38]와 합리적 기대학파(Hansen and Sargent [1994] 1996; Kydland and Prescott, 1982; Lucas, 1972; Lucas and Prescott, 1971)도 그들의 모델들의 기초를 가설적으로 존재하는 사회적 계획가라는 개념에 두고 있

다.[39]

    흥미로운 점은, 이 사회적 계획가를 상정하는 방법이 공공연하게 출현한 것은, 동유럽의 신고전파 경제학자들이 소련식 중앙계획 모델을 계속해서 비판하고 국가가 없는 공산주의로 향할 수도 있을 경쟁적인 시장사회주의 모델을 실행하고자 했던 때였다는 것이다. 많은 신고전파 경제학자가 또한 이러한 시장사회주의 모델들을 큰 흥미를 가지고 지켜보고 있었으며, 또 한편으로 중앙계획은 여전히 신고전파 모델의 중심에 남아 있었다. 이러한 **사회적 계획가** 용어가 사용되기 시작한 것은 좀더 보수적인 경제학자들이 거시경제적인 국가 정책들에 공격을 퍼붓기 시작했을 때였다. 루커스가 거시경제정책들이란 효과를 낼 수 없으며 시장만이 효과를 가져올 수 있다고 주장했던 것은 유명하다. 이와는 다른 방향에서 스티글리츠 등은 시장 실패가 모든 곳에 속속들이 침투해 있기 때문에 시장은 반드시 국가의 개입을 필요로 한다고 주장했다. 이 두 집단 모두 동일한 사회주의 모델을 자기들의 근본적인 방법으로 사용했다.[40]

    신고전파 경제학자들은 계속해서 자신들의 방법이 자본주의와 사회주의경제 양쪽 모두에 적실성을 가진다고 생각했다. 신고전파 경제학자는 사회적 계획가로서 경제체제 개선을 꾀할 수 있으며, 그 결과로 파레토 최적의 균형에 도달하고 사회적 후생을 극대화할 수 있다고 믿었다. 가장 유명한 비교경제학 교과서 저자 중 한 사람인 모리스 본스타인은 이렇게 설명했다. "여러 경제체제를 비교하는 궁극적인 목적은 어느 한 체제의 실적을 개선하기 위한 방법들을 (그 사회적 선호 함수에 비추어) 찾아내는 데 있다(Bornstein, 1989: 11)." 경제학자들은 오랫동안 소련 사회주의 체제를 비판하며(Grossman, 1963) 이 체제를 개선할 수 있는 방법들을 제안해왔다. 이들은 다양한 시장사회주의 실험에서 관심과 흥분을 느꼈으며, 특히 유고슬라비아와 헝가리의 실험을 보면서 이 경제체제들을 사회주의 체제로서 개선할 수 있는 방법들을 생각하게 되었다.

이 경제학자들은 단순한 정책 변화와 파레토 최적의 균형으로 움직여간다는 의미의 개혁을 구별했다.[41] 파레토 이후 신고전파 경제학자들은 필수적인 제도들만 주어진다면 경쟁적 시장과 사회주의국가는 추상적인 차원에서 똑같이 효율적이며 따라서 양쪽 모두에 안정적인 파레토 최적 균형이 존재한다고 생각했다. 1956년 경제학자 얀 틴베르헌은 파레토의 사상을 한 걸음 더 밀고 나가서 사회적 계획가가 경쟁적 시장과 동일하게 사회적 후생을 극대화할 수 있을 뿐만 아니라 전체 사회를 더 효율적인 균형으로 비약시킬 수 있으며 그 다음에는 정의로운 결과를 얻기 위해 소유권을 재정비하는 것까지도 가능함을 보여주었다. 경제학자들은 또한 다른 파레토 최적 균형점이 여럿 가능하다고 주장했다. 노동자 자주관리 시장사회주의 체제 혹은 가능한 개혁이나 체제의 종류는 '무한'하다는 것이었다. 경제학자 로즈필드는 말했다.

> 이렇게 효율성의 관점에서 보면 사회주의 모델이란 단 하나가 아니라 무한히 많은 모델이 있으며, 그 각각은 자신의 독특한 사회적 후생함수를 특징으로 가질 뿐만 아니라 각각이 독특한 목적의 집합을 가지고 있어서 그것의 실현을 위해 필요한 제도적 장치들이

결정하는 독특한 행태적 특징들을 보여주게 되어 있다. 사회주의 경제학을 연구하는 이들의 고유한 임무는 여러 대안적인 사회주의의 목적들을 여러 다른 일반 균형의 틀로 명시적으로 분류하여 그 여러 대안적 사회 경제체제들이 서로 비교하여 어떤 장점들을 가지고 있는지를 이론적으로나 실천적으로나 객관적으로 결정하는 것이다(Rosefielde, 1973: 242).

1932년, 오스트리아학파의 유명한 영국 쪽 추종자인 라이어널 로빈스도 비슷한 주장을 폈다. "경제적 분석이 없이는 여러 대안적인 사회 **체제들** 사이에 합리적 선택을 하는 것이 가능하지 않다([1932] 1945: 155)." 사회적 계획가는 이러한 여러 가능한 체제를 평가하여 이것들이 파레토 최적인가 그리고 어떠한 종류의 혜택을 가져올 수 있는가를 찾아낸다. 개혁은 이 체제를 개선할 수도 있고, 또 비록 반드시 자본주의 체제는 아니라고 해도, 새로운 체제로 가게 만들 수도 있다.

신고전파 경제학자들은 현실의 소련 체제―추상적인 중앙계획 모델 말고―를 안정적이지만 비효율적이라고 보았고 따라서 모종의 개혁이 필요하다고 생각했다. 이러한 체제가 안정적인 이유는, 그 체제에는 일관성을 갖춘 제도들의 집합이 존재하기 때문에 비록 그 제도들이 내놓는 결과는 비효율적이라고 해도 한데 모아놓으면 잘 작동하기 때문이라는 것이다. 신고전파 경제학자들은 수학적으로 한 체제 안에 안정된 균형이 하나 이상 있을 수 있다는 것을 인정했다(Bryant, 1983; Diamond, 1982). 1989년, 계량경제학회 전 회장이었던 마이클 브루노는 다음과 같은 설명을 내놓았다. "경제개혁의 개념은 다음과 같이 묘사할 수 있다. 즉 파레토 비효율적이지만 준안정 상태의 균형(즉 '함정')으로부터 더 우월한 새로운 파레토 균형 상태이면서도 안정된(혹은 안정되도록 고안된) 상태로 계획된 이동을 행하는 것"이라고 말이다(Bruno, 1989: 275). 소련의 중앙계획 모델은 이러한 함정들 중 하나라고 이해할 수 있었다. 이 당시의 경제학자들은 일관되고도 종합적인 제도적 변화의 집합을 갖춘 더 나은 균형으로의 비약을 주장하면서, 그 이전에 쓰이던 "대추동$_{big push}$"이라는 개념을 다시 살려냈다(Murphy, Shleifer, and Vishny, 1989).[42] 전 세계적으로 경제학자들은 일련의 거시경제정책들을 실행하는 데 있어 여러 정치적 장해물에 부닥치게 된다. 라틴아메리카에서의 구조조정과 동유럽에서의 노동자 자주관리 개혁 등이 그 예다. 학자들은 개혁에 따라오는 정치적 난점들을 잘 알고 있었으며, 새로운 균형으로 추동, 비약, 충격, 이행 등을 성공하기 위해 어떠한 정치적 조건들이 필요한지를 이해하기 위해 개혁 전략 자체를 연구하기 시작한다(Marschak, 1973; Milanović, 1989; Portes, 1972).

이와 동시에 시장개혁 혹은 이행이 반드시 자본주의로의 이행을 의미하는 게 아니라는 점을 기억해야 한다. 사실상 신고전파 비교경제학자들은 경제체제들의 성격 자체에 의문을 표한 바 있다. 본스타인에 따르면

여러 경제체제에 대한 연구의 추세는, 경제체제들의 성격과 작동에 있어서 결정적인 요소로서 소유의 중요성을 강조하지 않고 오히려 그 중요성을 깎아내리는 것이다. 자원 배분과 소득 분배의 패턴이 더욱 중요하다는 것이 그 근거다. 따라서 오늘날에는 '자본주

6장
시장사회주의냐
자본주의냐?

333

의'와 '사회주의'라는 것이 경제체제를 분류하는 데에 유용하지 않으며 그러한 구별 자체는 이념적이거나 정치적 중요성을 가진 것이라는 주장이 일반적이다(Bornstein, 1989: 9).[43]

같은 교과서에서 뉴버거는 이렇게 천명한다. "각종 소유권이라는 것은 그 자체로는 거의 지칭하는 바가 없다. 이는 소유물에 대한 완벽한 통제로부터 사실상 아무 통제권도 없는 상태까지 그 어떤 것이든 의미할 수가 있기 때문이다(1989: 19)." 신고전파 경제학자들은 자신들의 도구로 어떤 경제체제든 개선시킬 수 있다고 오래도록 믿어왔다.[44] 더욱이 사회주의자들은 사회주의가 생산수단의 국가 소유 및 중앙계획을 훨씬 넘어서는 무언가라고 이해했다. 예를 들어 로즈필드는 오스카르 랑게의 시장사회주의보다도 더욱 사회주의적인 모델을 요구했다. 그는 "단도직입적으로 말해서 랑게의 시장사회주의 모델은 자본가들이 없는 자본주의일 뿐(Rosefielde, 1973: 239)"이라고 말한다. 사회주의를 단순히 국가 소유와 중앙계획으로 규정하는 것은 곧 사회주의에도 임노동 그리고 좀더 일반적으로 말해서 노동 착취가 포함될 수 있다는 것을 뜻하며, 이는 사회주의의 가치와 목적 자체와 모순을 일으키는 듯 보였던 것이다. 1980년대에 경제학자들은 경제체제들을 개선하고, 그것들을 비교하고, 그중 어떤 것이 파레토 최적인지를 평가하여, 사회가 결정하는 바의 선호를 실현하고자 노력했다.

세계은행 내의 신고전파 경제학

세계은행은 신고전파 경제학과 시장사회주의에서 생겨난 새로운 발전들을 회피할 수가 없었다. 세계은행의 경제학적 전문성은 오래도록 신고전파 경제학을 그 기초로 했으며, 좀더 구체적으로는 비교경제체제론에 근거하고 있었다.[45] 우리는 비교경제학자들이 소련 사회주의 체제를 비판했다는 것을 알고 있다. 세계은행의 경제학자들 또한 이들을 따라서 다양한 경제체제를 개선하고자 했고 시장사회주의 실험들에 대해서도 잘 알고 있었다. 이 실험들은 비교경제학 문헌에서 두각을 나타낸 주제였고 또 신고전파 경제학에 기초하고 있었기 때문이었다. 사회주의는 중요하게 여겨지는 신고전파 모델들의 기초를 형성하고 있었다. 따라서 신고전파 경제학자들은 개인의 정치적 입장과 무관하게 모든 이론적, 추상적 형태의 사회주의에 대해 자신들의 학문에 적실성을 갖는 것으로서 흥미를 갖고 있었다.

신고전파 경제학적 훈련이 되어 있다면 정치적 입장이 다양한 사람도 모두 세계은행에서 일할 수 있었다. 세계은행에 들어와 급속하게 승진했던 한 미국 경제학자는 이렇게 말한다. "나는 자주관리 경제에 대한 신고전파 이론과 자유지상주의 및 마르크스주의의 사회주의 이행론을 통합하고자 한다(Knight, 1975: 10-11)." 이러한 생각과 신념이 세계은행에서 신고전파 경제학이 사용되었던 것과 모순을 일으키지는 않았다. 세계은행 경제학자들이 내게 말해주었던 것처럼, 세계은행은 우파들은 물론 "많은 좌파"를 고용했다. 좌파 쪽 인물들은 니카라과나 에티오피아 등 그들이 흥미를 갖는 나라들로 보내졌고, 우파 쪽 인물들은 또 다른 나라로 보내졌다. 우리는 신고전파 경제학자들이 자신들의 학문적 방법으로 다양한 경제체제에 도움이 될 수 있다고 믿었던 것을 기억해야 한다. 주류 비교경제학 교과서들은 소유권은 더 이상 이 분야에서 적실성을 가진 문제가 아니라고 주장했다. 신고전파 경제학 내에서 더욱 중요한 구별은 탈중앙집권화와 민주적 제도들을 옹호하는 이들과 위계적이며 권위주의적인 제도들을 지지하는 이들 사이의 구별이었다. 세계은행 경제학자들의 경우 경쟁적 시장이 반드시 사적 소유와 자본주의를 필요로 한다는 생각을 모두가 받아들인 것은 아니었다.

1987년, 세계은행은 『사회주의 나라들과 경제개혁에 대한 세계은행의 분석적 접근』이라는 보고서를 출간한다(Schrenk, 1987). 저자인 마르틴 슈렌크는 유고슬라비아에 대한 1979년의 세계은행 보고서를 썼던 인물로서(Schrenk, Ardalan, and El Tatawy, 1979), 세계은행의 분석적 관점이 비교경제체제론의 관점이라고 제시하면서 특히 모리스 본스타인의 저작을 언급하고 있다(ibid., 1-2).[46] 슈렌크에 따르면 "(세계은행과 사회주의 회원국들 사이의) 생산적 대화가 벌어지는 분명한 회합 지점은 정책 영역이다. (⋯) 체제 변화의 문제는 (⋯) 그 가장 으뜸가는 선택들을 회원국 스스로가 행할 때에만 생산적 대화로 이어진다(ibid., 4)". 슈렌크가 말하는 체제 변화란 사회주의에서 자본주의로의 이동이 아니라 사회주의의 여러 단계 사이 이동을 말하는 것으로 보인다. 헝가리 경제학자 코르너이의 저작을 언급하면서 그는 여러 사회주의 경제를 첫 번째 단계인 "영웅적-열성적" 체제에서 두 번째 단계인 "관료-위계적 명령 경제" 그리고 세 번째 단계인 "시장사회주의"로 가는 연속선에

배치하고 있다(ibid., 5-6). 슈렌크에 따르면 세계은행은 "2단계에서 3단계로의 이행"에 초점을 두어야 한다.

> [이 이행은] 분석적으로 대단히 어려운 과제를 향한 도전인 동시에 또 세계은행에게는 독특한 기회이기도 하다. 이는 세계은행이 항상 스스로의 주요한 기여라고 여겨온 탈중앙집중 환경에서 효율적인 하부 체제들의 디자인, 제도 구축, 정책 개발 등의 기회다(ibid., 10).

슈렌크에 따르면 동유럽이 시장개혁으로 전환했다는 것은 곧 2단계인 관료-위계적 명령 경제가 더 이상 현실적 선택지가 아니며 세계은행은 따라서 3단계인 시장사회주의로의 이동을 도와야 함을 뜻한다.

따라서 이 당시 세계은행은 시장사회주의의 구축과 개선을 돕는 일을 계획했었다. 경제학 문헌에 따르면, 2단계는 상당히 안정적이어서 어떤 시장개혁이든 이 단계로의 후퇴를 야기할 수가 있다고 한다. 따라서 경제학자들은 완전히 3단계로 넘어가기 위해서는 종합적인 개혁 조치들의 집합이 필요하다고 보았다. 그리하여 3단계로 가면 이는 다른 시장경제와 마찬가지로 안정적으로 기능하는 위치에 도달하는 것으로 이들은 보았다. "3단계로 가면 순수한 비사회주의 시장경제에서와 비슷하다고 여겨지는 제도들 및 정책들을 사용하는 것이 적절한 경우가 많을 것이다(ibid., 10)." 이 보고서에 따르면, 중요한 개혁 영역에는 다음과 같은 것이 들어간다. 1) 소유 형태를 국가 혹은 사회적 소유에서 "사회주의와 양립 가능한" 여타 소유 형태들 즉 "소기업의 사적 소유, 다양한 협동조합이나 집합체적 소유의 소기업 등을 거쳐 혼합된 소유 및 통제까지" 그 범위를 확장하는 것. 2) 연간 경제계획의 폐지 3) 국유 기업들을 시장 지향적으로 만드는 것(ibid., 16).

이 보고서에서 신고전파 경제학이 맡은 역할은 상당한 문제가 된다. 슈렌크는 신고전파 패러다임이 자본주의 시장경제의 모델들과 "교과서적인 중앙계획경제"의 모델은 제공하지만 여러 사회주의경제의 모델은 제공하지 못한다고 주장한다(ibid., 4). 그는 사회주의경제에 대해 제대로 알려져 있는 것이 없으며(사회주의의 '보편적 모델'은 존재하지 않는다) 이를 완전경쟁과 비교하는 것도 도움이 되지 않는다고 천명한다(ibid., 4). 따라서 2단계에서 3단계로 넘어가는 사회주의경제는 신고전파 모델로는 포착할 수 없는 특수한 성격과 문제들을 가지게 된다. 그는 이러한 수사학적 전술을 이용하여 사회주의를 신고전파 경제학의 본원적 모델로서의 역할로부터 끊어내는 동시에 신고전파 경제학이 현실 사회주의에서 수행했던 역할로부터 끊어내고 있다. 하지만 3단계의 시장사회주의는 순수한 비사회주의 시장경제와 비슷하므로, 시장사회주의를 성공적으로 창출한 나라들은 신고전파 경제학을 사용하여 자신들의 경제를 평가하고 또 개선할 수 있다는 것이다.

슈렌크는 동유럽 경제학자들 특히 코르너이의 저작에 의존하여, 동유럽 사회주의가 신고전파 경제학과 특히 세계은행에 계속 적실성을 갖는다는 것을 증명한다.[47] 슈렌크의 보고서는 신고전파 경제학에 대해 코르너이가 1970년의 저작에서 행했던 비판을 반영하고 있다. 즉 "신고전파에서 기원한 무비판적으로 수정된 모델"은 제도들 그리고 좀 더 일반적으로 체제 전체가 어떻게 다른 결과들과 인간 행태를 낳는지를 설명하지 못한다는 것이다(ibid., 4). 그의 보고서는 또한 동유럽에서 나온 최상의 예들—생산 목표와 배급을 정하는 연간 경제계획을 중단하는 것, 시장 지향적인 효율적 기업들을 창출하는 것, 다양한 소유 유형을 확립하는 것 등(ibid., 16)—을 들면서 동유럽인들이 도움이 될 만한 경험을 하고 있는 것으로 그려내고 있다. "좀더 이른 단계에서 비슷한 과정을 거친 다른 사회주의 경제의 긍정적, 부정적 경험들은 적절한 접근법을 고안하는 데에 더 큰 도움이 될 수 있다(ibid., 15)."

　　동유럽 경제학자들은 사실 신고전파 훈련을 받았고 초국가적인 신고전파 경제학 대화에 참여하고 있었다. 유고슬라비아는 세계은행의 창립 때부터 그 회원국이었다. 루마니아는 1972년에 가입했고, 헝가리는 1982년, 폴란드는 1986년, 다른 동유럽 나라들은 1989년 이후에 가입했다(Hardt and Kaufman, 1995: 192-193). 세계은행은 유고슬라비아의 노동자 자주관리 사회주의를 경제발전 면에서 '성공'이었다고 오랫동안 간주해왔다(Dubey, 1975: 52). 동유럽 경제학자들은 실제로 시장 이행을 (사회주의 체제 내에서) 경험했으며 거기에 어떠한 정치적 난제들이 도사리고 있는지를 잘 알고 있었다. 이렇게 이들은 갈수록 세계은행 내에서 경제학자이자 컨설턴트로 참여하고 있었다.

　　슈렌크의 보고서는 경제체제들을 개선한다고 하는 세계은행의 비교경제학적 임무의 틀을 넘지는 못했다. 세계은행 경제학자들은 자신들 경제학의 핵심에 있는 다양한 사회주의와 시장에 대한 신고전파 경제학의 관심을 계속 유지했다. 이들은 시장을 반드시 자본주의와 결부시키지 않았으며, 시장은 사회주의에나 자본주의에나 모두 필요하다고 여겼다. 이렇게 신고전파 경제학은 여러 경제체제를 가리지 않고 개선하는 데에 초점을 두는 성격을 가지고 있다. 이 장 첫머리에 인용한

1990년의 브란코 밀라노비치의 일화와 그가 썼던 "사회주의를 구원하려고 애쓰는 제프 색스에게"라는 헌사는 이것으로 설명할 수 있다. 경제학자들이 사회주의를 구원할 수 있다고 생각한 것은 결코 밀라노비치 한 사람만이 아니었다.

시장사회주의를 실현하기
—

1985년, 미하일 고르바초프가 소련 공산당의 총서기가 되었다. 1987년에는 사회주의를 쇄신하는 방법으로서 페레스트로이카(재구조화) 그리고 글라스노스트(개방)를 실현하기 위해 고안된 여러 개혁 조치를 실행에 옮겼다. 고르바초프에 따르면, 페레스트로이카는 전체주의 체제를 종식시키고 민주적 개혁과 자유, 다원주의적 경제(사유화, 자유 기업, 주식 소유를 포함한 여러 형태의 소유권) 그리고 자유시장경제 등을 도입한다는 것을 뜻했다(Gorbachev, 1996). 지금 돌이켜보면 이는 꼭 자본주의처럼 들리지만, 당시에는 이것이 동유럽에서나 서방에서나 경제학자들 사이에 가장 진보된 사회주의 이해를 반영하는 것이었다. 다른 말로 하자면, 이런 것들은 초국가적으로 사회주의경제학에서의 최상의 예라고 여겨졌던 것들이다. 여러 동유럽 사회주의자가 보기에는 드디어 소련도 다른 동유럽 나라들을 따라잡기 시작한 것이었다. 소련 자신이 개혁을 하게 되면서 동유럽 전체에서도 개혁에 대한 여러 장애물이 제거되었다. 전 세계에 걸쳐 경제학자들은 시장사회주의가 마침내 가능하게 되었다고 생각했다.

야노시 코르너이는 이렇게 말했다. "우리는 동유럽에서 시장사회주의 사상이 아주 이상하게 다시 살아나는 사태를 목도하고 있다 (Kornai, 1990b: 141)."[48] 1980년대 말 동유럽 경제학자들은 여전히 자본주의로의 이행을 고려하는 것이 아니라 사회주의의 개혁이라는 관점에서 생각하고 있었던 것이다(Voszka, 1991: 80).[49] 시장사회주의는 1980년대 말 개혁의 모델이었다. 코르너이에 따르면, "헝가리와 다른 많은 사회주의 나라에서 '시장사회주의'의 원리는 개혁 과정의 지도 사상이 되었다(Kornai, 1990b: 50)." 동유럽 경제학자들은 오래도록 개혁이란 앞으로도 또 뒤로도 갈 수 있는 과정이라고 여겼다. 즉 개혁에 "여러 단계" 혹은 "여러 물결"이 있기는 하지만(Szamuely, 1982, 1984), 그래도 본질적으로는 선형적 과정 즉 단일의 경로라고 여겼던 것이다. 1970년대에 당-국가 분파들은 시장개혁을 중지시켰었다. 경제학자들이 보기에는 1980년대가 되자 이제 시장개혁의 경로로 되돌아온 것이었다. 이 경제학자들은 종종 1988년과 1989년의 개혁 제안들을 1950년대와 1968년과 같은 그 이전의 개혁 제안들의 연속선 위에 있는 것으로 제시했다.[50] 개혁에 대해 자꾸 나타나는 정치적 장애물들을 겪으면서 경제학자들은 급진적인 경제개혁에 관심을 갖게 되었고, 이는 1980년대 말이라는 맥락 속에서는 '진짜의' 경쟁적 시장과 사회주의적 제도들 특히 사회적으로 소유된 비국가기업들과 노동자 자주관리를 뜻하는 것이었다.[51] 경쟁적 시장들과 사회주의적 제도들을 한데 묶는 순수한 형태의 시장사회주의는 최소한 1930년대 이래 신고전파 경제학에서 오랜 전통을 가지고 있었으며, 1980년대 말 동유럽 등지에서는 대단한 흥분을 불러일으켰다.[52] 이 이행은 급진적인 경제개혁의 가능성을 제시했으며 또한 마침내 시장사회주의 실현이 가능함을 시사하는 것이었다.

　　동유럽 경제학자들은 수십 년간 진행되어온 자신들의 중앙계획 사회주의에 대한 비판을 계속 이어갔다.[53] 예를 들어 헝가리 경제학자 터마시 너지는 현행의 헝가리 체제가 신스탈린주의적 체제이며 지금 위기에 빠져 있다고 주장했다(Nagy, 1989). 1980년대 말 동안 동유럽 경제학자들은 자신들의 경제가 여전히 중앙계획 모델로 작동하고 있다고 보았고 그 모델이 모종의 파레토 균형점을 대표한다고 여겼기 때문에 계속해서 중앙계획 모델을 논의했다. 체코슬로바키아 경제학자인 바츨라프 클라우스는 고도로 중앙집권화된 체코슬로바키아 경제가 "대단히 안정적인 균형에 도달했다. (⋯) 이는 사실상 모종의 파레토 최적 지점이다"라고 말하기도 했다(Klaus [1989] 1990: 45).[54] 하지만 이 고전적인 사회주의 체제는 생산성과 성장 면에서 자본주의보다 뒤처지며 앞으로 그 격차는 점점 더 심해질 것이기에 경제정책 입안가들로서는 시장개혁을 실행하지 않을 수 없다는 것이었다(ibid.). 경제학자들 사이에는 중앙계획경제에 경제위기가 임박했다는 논의가 널리 퍼지고 있었다. 헝가리 사람인 미하이 러키는 만약 경제개혁이 최소한에 그친다면 "전통적인 소련식 사회주의가 계속 존속할 것이며 시장은 시간이 지난다고 해도 경제를 통합하는 힘이 되지 못할 것이다. 만약 이 체제가 완전히 변혁을 겪는다면 시장경제가 발전하게 될 것이다"라고 경고했다(Laki, 1989: 251). 따라서 아무래도 파레토 비효율의 함정으로밖에 볼 수 없는 소련식 국가사회주의로부터 영구적으로 빠져나와 새로운 파레토 최적 지점으로 이동하기 위해서는 '대추동'에 해당하는 급진적이고도 종합적인 개혁이 필요하다는 것이었다.

1980년대 말 전 세계 정치가들은 심지어 좌파 쪽에서도 시장을 포용하고 있었다.

> 1990년대에는 모든 정치적 스펙트럼에 걸쳐 시장 친화적인 정치
> 가 발흥하고 있었고 이는 틀림없는 현상이었다. (…) 서유럽에서(그
> 리고 다른 지역에서도) 어김없이 신자유주의적이라고 이해되었던 정
> 책들을 가장 효과적으로 옹호한 이들은 종종 좌파와 중도 좌파에
> 동정적이거나 심지어 이를 대표하는 정치적 지적 엘리트들이었다
> (Mudge, 2008: 723).

하지만 이는 동유럽 경제학자들 사이에서는 전혀 새로운 현상
이 아니었다. 1989년 이들은 '진정한 시장경제'와 사회주의를 요구했
다. 폴란드 경제학자 레셰크 발체로비치는 시장경제를 강하게 주장
했고, 이것이야말로 진정한 시장사회주의가 취할 형태라고 주장했다
(Balcerowicz, 1989). 그는 나중에 이렇게 설명했다. "'시장사회주의'라는
용어는 오직 자유로운 가격 책정을 포함하는 진정한 시장을 묘사하는
모델에 대해서만 사용되어야 한다는 게 내 생각이다(Balcerowicz, 1992:
11 n13)." 헝가리 경제학자 벨러 치코슈너지는 **사회주의적 시장**이라는
용어를 사용했지만 역시 시장경제를 요구했다. "사회주의적 시장경제
는 현대의 시장경제와 기본적으로 다를 바가 없다(Csikós-Nagy, 1989:
218)." 동유럽 전반에 걸쳐 경제학자들은 시장이 자본주의이건 사회주
의이건 모든 경제체제에 반드시 있어야 하는 것이라고 보았다. 특히 저
논쟁적인 자본시장과 노동시장을 포함해서 말이다.[55] 이 관점에 따르

면, 동유럽 나라들이 경제위기와 붕괴를 피해갈 수 있는 유일한 수단은 시장이었다. 1988년 말, 헝가리 당-국가의 최상층 경제정책 입안가였던 미클로시 네메트Miklós Németh는 이렇게 선언했다. "사회적 파국 혹은 길고 느린 고통스런 죽음을 피할 수 있는 유일한 길은 시장경제다 (McDonald, 1993: 219)." 바츨라프 클라우스의 저 악명 높은 "아무런 형용사도 붙이지 않은 시장"이라는 요구는 이렇게 사회주의에 대한 신고전파 전통과 들어맞는 것이었다. 이 경제학자들은 꼭 시장과 자본주의가 동일한 것이라고 보지 않았던 것이다.

동유럽 경제학자들은 개혁의 경로를 선형적인 것으로 보는 관점을 가지고 있었기에, 이들은 1970년대에 개혁으로부터 후퇴하는 움직임이 있었지만 심각한 경제위기가 나타나면서 다시 각국의 공산주의 체제가 전진하는 개혁의 경로로 되돌아온 것으로 이해하고 있었다. 사회주의 체제 동안에는 동유럽 개혁경제학자들뿐 아니라 앞서 언급한 1987년의 세계은행 문서 또한 '시장으로의 이행'을 시장사회주의로 가는 운동이라고 이해했다.

1. 중앙계획 국가사회주의 → 시장사회주의

1980년대 말이 되면, 시장사회주의라는 새로운 균형으로의 '대추동'은 오로지 급진적 개혁으로만 가능한 듯 보이게 되었다. 그 급진적 개혁의 목표는 자본주의가 아니라 중앙계획 사회주의 체제와 근본적으로 다른 모종의 체제였다. 그런데 이러한 시장으로의 이행은 몇 가지 구성 요소의 복합물이었다.

마지못해 개혁을 했다가 다시 정치적 반동으로 후퇴하는 식으로 몇십 년이 지나가는 것을 경험한 이 경제학자들은, 종합적인 여러 개혁을 빠른 속도로 실행에 옮길 필요가 있다고 믿고 있었다. 이들은 당-국가의 관료제가 항상 시장개혁에 맞서 싸우게 되어 있으므로 부분적인 시장개혁은 고전적 국가사회주의 모델로의 회귀를 야기할 뿐이라고 믿었다(Kornai, 1992; see also Nuti, 1988). 클라우스는 이렇게 주장했다. "현실 세계에서는 절대로 중간 어디에서 멈추는 일이 불가능하게 되어 있다. 왜냐면 현실에서는 덜 엄격하고 덜 까다로우면서도 더 강력한 변경점이 항상 지배하게 되어 있기 때문이다. (…) 그렇기 때문에 우리는 어떤 경우에도 한 체제를 다른 체제로 교체하는 문제를 단순한 것 혹은 이미 준비된 해답이 있는 것으로 여길 수가 없다(Klaus, 1990: 47)." 만약 중앙계획 모델이 하나의 파레토 균형점이며 개혁을 시작한 경제가 다른 파레토 균형점에 도달하지 못할 경우에는 그 경제가 자연스럽게 중앙계획 모델로 되돌아오는 경향을 갖게 될 것이다. 따라서 시장으로의 이행은 다음 둘 중 하나의 과정을 밟게 될 것이다.

1. 중앙계획 국가사회주의 → 시장사회주의
2. 중앙계획 국가사회주의 → 시장사회주의 → 중앙계획 국가사회주의

이 경제학자들에게 있어서 진짜 시장경제란 단순히 자본주의를 흉내 낸 것이 아니었다. 오스카르 랑게의 추상적인 시장사회주의 모델은 자본주의를 흉내 낸 것으로 여겨지게 되었다.[56] 이 모델은 독점

체들과 위계적 관계들을 회피하는 데 필수적인 제도들을 포함하고 있지 않은 협소한 형태의 신고전파 경제학에 기초하고 있으며, 진정한 경쟁과 또 거기에 필요한 제도들을 통해 노동자들이 권력을 갖고 진정한 사회주의가 창출되도록 해주지 못한다는 것이다. 일부 학자들은 도대체 랑게의 모델을 사회주의적인 것으로 보는 정확한 이유가 무어냐고 물었다. 발체로비치는 수많은 시장사회주의 개혁 패키지들이 단지 '모사품 자본주의', 즉 자본가만 없을 뿐 주식회사와 주식시장 등과 같은 자본주의적 제도들을 갖춘 경제체제를 창출할 뿐이라고 보았다(Balcerowicz, 1992: 13-14). 그는 이러한 모사품 형태들이 궁극적으로는 자본주의로 진화해나갈 것이라고 주장했다. 따라서 이러한 형태의 시장사회주의는 안정적인 파레토 최적 균형점이 아니라 불안정한 이행과정의 한 점에 불과하다는 것이다. 우리는 이제 세 개의 가능한 이행 시나리오를 얻게 된다.

1. 중앙계획 국가사회주의 → 시장사회주의
2. 중앙계획 국가사회주의 → 시장사회주의 → 중앙계획 국가사회주의
3. 중앙계획 국가사회주의 → (모사품) 시장사회주의 → 시장자본주의

어떤 이들은 시장사회주의가 이러한 이행의 궁극적 목표라고 보았던 반면, 다른 이들은 이것이 자본주의로 가는 길 위의 한 휴식 지점을 제공할 뿐이라고 보았다.[57] 미국 경제학자 로즈필드는 심지어 데

이비드 립턴과 제프리 색스가 소련 정부에 "소련 정부의 여러 목적과 선진 서방의 여러 목적에 맞는 모종의 허용 가능한 형태의 시장사회주의"를 창출하도록 조언했다고까지 이해하고 있다(Rosefielde, 1992: 8). 모사품 자본주의는 여러 다른 방향으로 뻗어나갈 수가 있다.

경제학자들은 랑게의 "자본가 없는 자본주의"와 다른 형태의 모사품 자본주의 너머에 또 다른 파레토 최적의 사회주의 형태가 존재한다고 가정했다. 발체로비치는 아주 간략하게나마 시장사회주의에서 자본주의로 미끄러져 내려가는 것은 피할 길이 없지만 어쩌면 "노동자 자주관리 경제모델"을 통해 가능할 수도 있을 것이라고 말한다(Balcerowicz, 1992: 14 n20). 유고슬라비아의 노동자 자주관리 모델에 기초한 이 일리리아식 기업은 시장으로의 이행에 있어 여전히 잠재적으로 바람직한 종착점이라고 여겨졌던 것이다. 1960년대와 1970년대에 걸쳐서 전 세계 경제학자들은 유고슬라비아 사회주의 모델에 크게 열광했는데, 특히 유고슬라비아가 세계에서 가장 높은 성장률을 보인 나라의 하나였기 때문이다.[58] 하지만 1980년대에는 유고슬라비아가 부채 위기, 인플레이션, 폭력적 민족주의, 국가의 완만한 붕괴, 전반적 경제위기 등으로 접어들고 있었다(Lampe, 1996; Lydall, 1989; Woodward, 1995). 1984년 알렉 노베는 한 인터뷰에서 이렇게 말했다. "내 생각에는 진지한 유고슬라비아 경제학자라면 누구든 지금 벌어지고 있는 일이 엉망까지는 아니더라도 부드럽게 말해서 상당히 불행하다고 즉시 인정할 것입니다(Stephanson, 1984: 105)." 하지만 유고슬라비아에서의 위기에도 불구하고 노동자 자주관리는 여전히 동유럽 블록의 많은 이들에게 있어 하나의 모델이었고, 제대로 된 경제개혁 조치들만 있다면 궁극적으로는 실현이 가능한 모델이라고 여겨졌다.[59] 코르너이는 이 체제에 대한 민중들의 지지가 강력하다는 것을 인정했다(Kornai, 1992: 473). 헝가리 경제학자 쇼시는 이렇게 말한다. "정치적, 경제적인 각종 불확실성과 급진적 변화들로 가득한 현재, 어찌되었든 우리 사회에 이미 확고하게 받아들여진 자주관리의 관행은 현재 상태의 소중한 요소로서 보존될 수 있을 것이다(Soós, [1989] 1990: 471)." 노동자 자주관리 사회주의는 여전히 이행기에서의 한 선택지로 남아 있는 상태였다.[60]

일리리아 모델은 유고슬라비아 사례를 추상화한 것으로서, 사회적 계획가가 한 경제를 비약시킬 때에 그 목표 지점으로 삼을 수 있는 가능한 선택지로서 존재하고 있었다. 발체로비치에 따르면 사회주의에서 시장경제는 생산수단의 사적 소유가 아니라 모종의 사회주의적 소유 형태를 가지게 되어 있었다. 일리리아 사회주의 노동자들의 소유, 티보르 리슈커와 보리스 브루츠쿠스Boris Brutzkus가 논의한 사회적 자본의 임대, 혹은 마르톤 터르도시가 논의한 바 있는 사적 자본가 없는 자본주의적 제도들과 같은 것이었다(Balcerowicz, 1989: 185-186). 발체로비치가 보기에 이런 것들은 "순수 모델들"로서, 경제계획과 시장을 뒤섞은 혼종 모델이 아니었다(ibid., 186).[61] 경제학자들은 케인스주의와 같은 혼종 모델들이나 부분적 개혁으로는 자유방임의 일리리아 모델과 같은 순수한 파레토 최적 모델에 이르지 못한다고 주장했다. 따라서 클라우스가 말했다는 제3의 길이 제3세계로 가는 가장 확실한 길이라는 주장은 곧 다양한 순수 모델을 거부한 것이 아니라 혼합 체제를 거부한 것일 가능성이 크다. 최소한 발체로비치가 보기에는 일리리아 모델이 붕괴하여 자본주의로 가는 일은 없을 것이므로 이는 계속해

서 하나의 선택지였다. 따라서 우리는 또 다른 시장 이행 모델을 갖게
된다.

1. 중앙계획 국가사회주의 → 시장사회주의
2. 중앙계획 국가사회주의 → 시장사회주의 → 중앙계획 국가사회
   주의
3. 중앙계획 국가사회주의 → (모사품) 시장사회주의 → 시장자본
   주의
4. 중앙계획 국가사회주의 → (모사품) 시장사회주의 → 일리리아
   모델_62

시장 이행은 몇 개의 가능한 최종 목적지를 가지고 있으며, 그중
에는 유고슬라비아의 노동자 자주관리에 기초한 일리리아 모델도 있었
던 것이다.

1980년대에 걸쳐 동유럽인들은 사회주의의 '여러 교훈'을 실행에
옮긴 듯했다. 이들은 국유 기업들을 노동자들에게 넘겨주면서 기업 자
율성, 노동자 통제, 기업가정신, 국가 사멸 등을 실현하고자 하는 희망
을 품고 있었다. 1980년대 말이 되면 노동자 자주관리는 헝가리, 폴란
드, 유고슬라비아 등의 전역에 존재하게 된다(Milanović, 1992). 폴란드
에서는 "더욱이 종업원 평의회가 1988년과 1989년에 걸쳐 다시 활성
화된다. (…) [연대] 노조와 공산주의 체제 사이에 1989년에 있었던 원
탁 협상은 노동자 자주관리의 여러 권리를 다시 확인했다(Orenstein,
2001: 27)". 파친스카는 이렇게 다시 확인된 권리들이 "노동자들 사이에

서 기업은 직원들의 것이라는 견해를 공고하게 만들었다. 따라서 노동자들은 사유화라고 하면 이것이 곧 형식적 소유권이 자신들에게 직접 이전되거나 최소한 자신들이 기업 재구조화의 설계와 실행에 발언권을 가진다는 것을 뜻한다고 가정했다"고 말한다(Paczyńska, 2009: 135). 1987~1988년, 소련의 여러 개혁은 노동자 집합체들에 더 많은 권리를 부여하고, 협동조합을 장려하고, 노동자 집합체들에 자산을 임대하는 등의 조치를 취했다(Logue, Plekhanov, and Simmons, 1995). 1991년 8월 소련에서는 11만1000개 이상의 협동조합이 운영되고 있었다(Nelson and Kuzes, 1994: 29). 1991년의 사유화 법은 사유화 과정에서 종업원 소유에 핵심적인 역할을 부여하는 것이었다고 한다(Logue et. al., 1995: 5). 경제학자들은 또한 동유럽 전반에 걸쳐서 국가기업의 임대 그리고 비국가 단위들로의 소유권 이전을 요구했다. 그들은 이러한 개혁이 시장 경쟁, 기업 자율성, 사회주의를 위한 필수적 조건을 창출할 것이라 보았던 것이다.

일부는 일리리아 모델이야말로 형태가 정해져 있지 않은 적극적 목표라고 생각했다. 유고슬라비아 경제학자인 밀리차 우발리치는 '사회주의'란 유고슬라비아의 노동자 자주관리 모델에 대립되는 소련 국가 사회주의 모델이라고 재해석했다(Uvalić, 1992). 그녀는 다음과 같은 견해를 천명한다.

유고슬라비아 경제가 전통적인 중앙계획경제로부터 물려받은 사회주의적인 특징들 때문에 유고슬라비아의 모든 경제개혁의 궁극적 목표인 자주관리 시장경제의 도입은 심각하게 침식당했고, 이

350

에 따라 사회주의 경제에 전형적으로 나타나는 경제적 비효율성, 부족한 인센티브, 기업가정신의 결여 등 여러 문제가 재생산되었다 (ibid., 65).

우발리치와 다른 이들이 보기에 진정한 유고슬라비아식 노동자 자주관리를 위해서는 국가사회주의의 근절이 요구되었다. 많은 경제 학자들 눈에 1990년대의 여러 문제는 노동자 자주관리가 작동불능임을 입증하는 것이 아니었다.[63] 일부 유고슬라비아 경제학자들은 또한 동유럽과 서방이 기업가정신, 경제적·정치적 민주주의, 국가 지배로부터의 해방 등에 기초한 새로운 단일의 체제로 수렴해가고 있다고 이해하고 있었다(Kalogjera, 1990: 42; Milanović, 1989). 발체로비치는 이렇게 묻는다. "여러 사회주의 체제로부터 이러한 모델들로 넘어가는 것이 가능할까? 이런 모델들이 지속될 수 있을까 아니면 또 다른 체제로 변형되어갈까(Balcerowicz, 1989)?" 노동자 자주관리 사회주의는 한 선택지로 남아 있었지만, 이것이 과연 어디로 향하게 될지는 불분명했다.

그 전의 여러 개혁이 반복해서 정치적 반동들에 맞닥뜨리는 것을 본 경제학자들은 오로지 급진적인 민주화만이 진정한 시장개혁과 사회주의로의 길을 열 수 있을 것이라고 주장했다. 이러한 모델로 나아가기 위해 반드시 필요한 '대추동'은 경제적·정치적 민주주의의 팽창을 요구하며 따라서 그 새로운 체제에 개인적으로 이해관계를 갖는 새로운 사회적 행위자들을 창출하는 것이었다. 헝가리 공산당의 최고 경제 자문 출신인 터마시 너지는 이렇게 말했다. "경제적 재구조화 자체가 바로 경제에 대한 당 및 국가기구의 지배를 제거할 것을 필연적으로 요청한다. 이 목적에 도달할 수 있는 방법은 정치적 권력을 다원적인 것으로 만들고(즉 다당제) 이를 통해 정치권력을 사회적 통제 아래에 두는 것이다(Nagy, 1989: 264)." 브란코 호르바트에 따르면 사회주의는 공평한 사회, 경제적으로든 정치적으로든 권력의 집중이 없는 사회를 비전으로 제시한다(Horvat, 1989: 233). 폴란드 경제학자 얀 무이젤은 자주관리와 민주주의를 "가능한 한 빠르게" 심화시켜서 "임계량"을 형성해야만 종합적이며 광범위한 체제 변화로부터 후퇴하는 사태 그리고 그러한 변화의 속도를 늦추는 사태를 막는 '보장'을 만들어낼 수 있다고 주장했다(Mujżel, 1988: 86). 그는 국가의 저항을 막고 또 노동자 자주관리 체제의 새로운 지지자들을 창출하기 위해서는 총체적인 개혁이 반드시 필요하다고 보았다. 만약 그러한 개혁이 실패하게 된다면 노동자들보다 경영자들 및 전문가들에게 특권을 부여하는 기술관료적 시장개혁이라는 결과가 되고 말리라는 것이다.

1988년의 브란코 미쿨리치Branko Mikulić정부 그리고 1989년 안테 마르코비치Ante Marković체제에서는 더욱 더, 유고슬라비아 경제학자들은 1960년대 이후 자신들이 희망해왔던 여러 개혁을 최종적으로 실현하기 위해 정부의 여러 위원회에 적극적으로 참여했다. 유고슬라비아 경제학자들은 그전 몇십 년간 해왔듯이 계속해서 국가사회주의 모델을 비난했고, 시장을 뿌리 뽑으려 했던 1974년의 개혁을 비판했다(Popov, 1989). 예를 들어 드라고미르 보이니치Dragomir Vojnić는 시장 다원주의, 소유의 다원주의, 정치의 다원주의에 기반한 "새로운 사회주의"를 요구했다. 헝가리 개혁경제학자들의 제안인 "방향 전환과 개혁" 또한 마찬가지로 시장, 소유의 다원주의, 민주화를 요구했다(Márkus, 1996). 1988

년 11월 헝가리 중앙위원회는 혼합된 소유 형태들을 갖춘 '시장경제'를 세우는 것이 필요하다는 결정을 내렸지만, 경제개혁에 대한 논의가 짧은 것으로 보아 중앙위원회는 정치적 개혁에 대해서 훨씬 더 많은 관심을 가졌던 듯하다(Magyar Szocialista, 1994: 489). 정치적 민주주의와 새로운 국제적 행위자들로 인해 정치적 맥락이 근본적으로 바뀌게 되었고, 시장사회주의의 가능성은 제거되었으며, 그 전까지는 어떤 주요한 개혁 계획에서도 등장한 적이 없었던 자본주의로의 이행의 길이 닦이게 되었다.

결론

—

1921년의 소련 신경제정책 이후 소련 그리고 그 다음엔 동유럽이 시장개혁으로의 '여러 이행', 시장개혁, 다양한 시장 실험을 겪어왔다. 1989년의 여러 변화는 이러한 옛날의 개혁과 마찬가지로 사회주의 자체에 대한 거부가 아니었다. 동유럽 경제학자들은 개혁에 대한 정치적 저항을 몇십 년간 겪으면서 사회주의경제와 사회주의 정치체 내에서의 진정한 시장과 민주주의를 추구했던 것이다. 기업 자율성, 노동자 평의회가 갖게 된 새로운 권리들과 새로운 기업가정신 관련 법률들, 공산당 일당독재 종식 등으로의 전환 같은 것을 볼 때 동유럽 여러 나라에서 벌어진 이행은 신고전파 경제학 내에서의 시장사회주의 전통의 지속이자 실현이라고 볼 수 있는 것이었다. 1994년까지도 이 이행 과정에 깊게 관여했던 두 명의 경제학자는 경제학에서의 시장사회주의 토론이 계속 지배적 중요성을 가지고 있다고 말했다.

> 현대 경제학에서 가장 지속적으로 나오는 제안들 중 하나가 시장
> 사회주의다. (…) 합리적인 사람이라면, 동유럽에서의 최근 사건들
> 을 보면서 이제 이 제안이 영원히 묻힐 것이며 또 그래 마땅하다고
> 예상할 수도 있다. 하지만 오히려 이러한 사건들은 시장사회주의자
> 들에게는 희망을 주었던 것으로 보인다(Shleifer and Vishny, 1994:
> 165).

　신고전파 훈련을 받은 경제학자들은 소련식 중앙계획을 거부했
고, 시장 이행의 최종 목적지를 설정함에 있어서 가능한 여러 형태를
상정했다.

　1989년은 사회주의 시스템 안에서 시장경제, 경제적 민주주의, 정
치적 민주주의를 실현하는 때였다. 하지만 그해 11월, 상황은 급변하게
된다. 이제 어떻게 해서 이행의 목표가 시장사회주의의 실현으로부터
사회주의 분쇄 및 자본주의 창출로 전환되었는지를 살펴볼 때가 되었
다. 1989년에 벌어졌던 일을 다른 이야기로 엮어내는 것 그리고 1989
년 이후 신고전파 경제학과 사회주의의 복잡한 연관 관계가 다음 장의
주제다.

7장

1989년 이후

초국가적 사회주의는 어떻게 해서
신자유주의가 되었는가, 그리고 또 계속 존속했는가

—

1989년이라는 해는 많은 동유럽인이 오랫동안 추구했던 민주적이며 탈중앙집권화된 사회주의가 실현될 가능성이 열린 해였다. 하지만 1989년 이후의 기간에 전 세계적으로 정치적 지형과 선택지가 근본적으로 바뀌어버리고 말았다. 마이클 부라보이Michael Burawoy와 캐서린 버더리Katherine Verdery가 주장하듯이, 당-국가의 몰락은 '거시구조들macrostructures'을 무너뜨렸고 새로운 규칙들과 한계 내에서 '미세세계들microworlds'과 지역적인 임기응변의 변화를 위한 공간을 열어냈다. 일부는 반체제 문화와 시민사회의 승리를 축하했지만(Garton Ash, 1990), 다른 이들은 켄 조윗Ken Jowitt의 1992년 저서 『새로운 세계적 무질서』

의 제목처럼 묵시록적인 예언들을 내놓기도 했다. 학자들은 곧 엘리트들이 사회주의를 선택지로 여기지 않는다는 것을 알게 되었다(Devine, 1993: 243; Estrin, 1991: 194; Keren, 1993; Nuti, 1992; Porket, 1993; Swain, 1992). 페카 수텔라가 말했듯이 "그 어느 때보다도 광범위하게 사회주의의 비현실성이 자명한 것으로 받아들여졌고, 1989년 가을의 민중혁명 이후에는 더욱 그렇게 되었다(Sutela, 1992: 67)". 시장사회주의 대신 신자유주의가 목표가 되었다. 신자유주의는 네 가지 일반적 아이디어를 옹호한다.

1. 경쟁적 시장들
2. 더 작고 권위적인 국가들
3. 위계적인 기업, 경영진, 소유자들
4. 자본주의

이 장에서는 신자유주의자들이 어떻게 신고전파 경제학을 사용하여 이 네 가지 정치적, 경제적 의제를 지지했는가를 살펴보고자 한다.

이 책은 신자유주의가 신고전파 경제학과 동의어가 아니라는 것을 입증하고자 했다. 학자들은 이 두 개념을 서로 동일한 것으로 섞어서 쓰는 오류를 범했다. '신자유주의'의 딱지가 붙은 경제학자들—레셰크 발체로비치, 밀턴 프리드먼, 바츨라프 클라우스, 제프리 색스—이나 또 동유럽의 사회주의자들—브워지미에시 브루스, 브란코 호르바트, 오스카르 랑게, 오타 시크Ota Šik—이나 신고전파 경제학을 사용하기는 마찬가지다. 이들은 경제정책들에 대해서는 의견이 다르겠지만, 전문적인 경제학 방법론과 모델은 공유하고 있다. 19세기 이래로 신고전파 경제학자들은 자신들의 학문이 모든 경제체제에 보편적으로 적용 가능하다고 생각했다. 이들은 또한 자신들의 이론과 방법을 사회주의, 자본주의, 시장에 대한 사유를 통해 발전시켰다. 1950년대 이후로 사회주의 동유럽에 있는 경제학자들은 신고전파 경제학을 시장사회주의를 건설하기 위한 분석적, 규범적 도구로 사용했다. 서방 경제학자들은 1950년대 말 이래로 이들을 학문적 동료로 여겨 함께 작업했으며, 이로써 초국가적으로 그들의 아이디어와 방법을 발전시켰다. 순수한 경쟁시장 체제가 이렇게 그들 학문의 중심에 있었던 만큼, 사회주의 동유럽에서나 자본주의 서방에서나 신고전파 경제학자들은 신자유주의적인 언어를 쉽게 이야기할 수 있었다. 이들은 시장, 수요와 공급, 가격, 기업가정신, 경쟁, 이윤 등의 언어로 이야기했다. 비록 이것이 반드시 이들이 자본주의를 창출하기 원했다는 것을 의미하는 것은 아니지만 말이다. 신자유주의는 신고전파 경제학자들이 다수를 차지했기 때문에 승리를 거둔 것이 아니다. 오히려 그럼에도 불구하고 승리를 거둔 것이었다.

이 장은 먼저 두 명의 세계적으로 유명한 신고전파 경제학자 제프리 색스와 조지프 스티글리츠의 생각들을 비교하는 것에서 시작한다. 이러한 비교는 전 세계적으로 그러한 경제학자들 사이에서 비단 1990년대 초뿐만 아니라 신고전파 경제학 전 역사에 걸쳐서 벌어졌던 논쟁을 조명하는 데 도움이 된다. 이들은 시장에 대해 모든 족쇄를 풀어줄 것이냐 아니면 경제에 국가가 개입해야 하느냐를 놓고 싸움을 벌인 것이 아니었고, 시장을 단단히 박아 넣을 것이냐 뽑아낼 것이냐를 놓고 싸운 것도 아니었다. 이들의 차이점은 시장이 필요로 하는 제도들이 권위적인 것이냐 민주적인 것이냐에 있었다. 앞 장에서 논의했듯이 1989년 이 논쟁은 시장사회주의의 민주적 제도들이라는 이름으로 종결된 것으로 보였지만, 동유럽의 정치적 지평이 새로운 행위자들에게 열리면서 이러한 해결은 다시 의문에 처하게 되었다. 이 장에서는 따라서 신고전파 경제학이 처음에 사회주의를 지지하는 데에 쓰였던 것과 달리 이제는 신자유주의를 지자하는 데 쓰이게 된 여러 방식을 살펴보고 또 이때 신자유주의적 방식으로 신고전파 경제학을 활용하는 데 이해관계를 가졌던 행위자들이 누구였는지를 탐구해본다. 이러한 이행은 인류학자 버더리의 말을 빌면 "근본적으로 사회적인 생각들이 다시 의미를 부여받게 되는 문화적 엔지니어링의 프로젝트"였다(Verdery, 1999: 54). 이러한 이행은 또한 깊은 경제적 위기를 가져왔고, 생활수준의 엄청난 하락, 광범위한 타락, 정치가들의 끝없는 기회주의를 가져왔다. 헝가리 경제학자 이반 머요르가 말했듯이 "동유럽의 여러 나라 국민들이 오랫동안 기다려온 꿈들이 실현되는 것 같던 시작이 악몽으로 변하고 말았다(Major, 1993: 1)." 이 장에서 나는 이러한 사상과 실천의 혁명이 1989년 이후 어떻게 벌어졌는지를 설명할 것이며, 또 동시에 신고전파 경제학 안에 박혀 있는 여러 형태의 사회주의가 계속해서 신자유주의 안에 잠재되어 있음을 드러낼 것이다.

제프리 색스 대 조지 조지프 스티글리츠

—

1990년 1월 1일, 폴란드는 동유럽 블록에서 최초로 충격요법을 실행에 옮겼고 1991년에는 체코슬로바키아와 불가리아가, 1992년에는 에스토니아가, 1993년에는 라트비아가 그 뒤를 따랐다(Marangos, 2007: 42-43). 미국 경제학자인 데이비드 립턴과 제프리 색스는 〔연대〕 노조가 이끄는 폴란드의 새로운 정부 자문이 되었고, 모든 동유럽 나라의 정부를 위해 개혁 프로그램을 짜냈다. 립턴과 색스에 의하면 다음과 같은 정책들이 조속히 또 동시에 실행되어야만 한다는 것이었다(Lipton and Sachs, 1990a).

1. 안정화. 이는 균형 예산, 보조금 중지, 이자율 인상, 교환가치 절하, 통화의 태환 보장, 조세를 통한 임금 상승 제한 등을 뜻하는 것이다.

2. 자유화. 이는 가격의 탈규제, 자유 국제무역에의 개방, 민간부문에 대한 제약들의 제거 등을 수반한다.

3. 사유화. 앞의 두 정책과 대조적으로, 사유화는 좀더 긴 과정으로서 국유 기업들을 매각하거나 주어버림으로써 민간부문을 창출한다.

립턴과 색스는 필연적으로 나타날 '포퓰리즘' 혹은 여타 정치적 저항을 피하기 위해서는 이러한 정책들을 재빨리 실행에 옮겨야 한다고 조언했다(ibid., 87). 이들은 또한 기업의 구조조정과 사회 안정망 등

과 같은 다른 필수적인 조치들도 논의했지만, 이런 것들은 앞의 세 항목보다 강조점이 훨씬 덜했다.[1]

제프리 색스, 데이비드 립턴, 올리비에 블랑샤르Olivier Blanchard, 리처드 레이어드Richard Layard, 밀턴 프리드먼, 안데르스 오슬룬드Anders Åslund, 안드레이 슐라이퍼Andrei Shleifer 등은 협소한 신고전파 경제학의 관점을 공공연하게 설파하면서 국가가 후퇴하면 시장이 출현할 것이며 또 스스로가 기능하는 데에 필요한 여러 제도를 스스로 창조할 것이라고 주장했다. 색스는 나중에 이렇게 말한다. "중앙계획 관료들이 자리를 비우면 그 즉시 시장이 솟아난다(Sachs, 1993: xiii)." 마찬가지로 오슬룬드와 그의 공저자들도 이렇게 말했다. "여러 증거를 볼 때 개혁이 일찍 급진적으로 이루어지면 제도적 발전이 자극을 받는다(1996: 249)." 하지만 이렇게 국가와 시장을 마치 따로따로 존재하는 것처럼 말하는 언어는, 이러한 경제학자들이 다른 한편으로 주장하는바 시장이 번성하기 위해서는 특정한 국가와 기업 제도들이 필요하다는 아주 명쾌한 주장을 애매모호하게 만들고 있다.

립턴과 색스는 이 집단의 가장 유명한 논문 중 하나인 「동유럽에서의 시장경제의 창출: 폴란드 사례」를 집필했다(Lipton and Sachs, 1990a). 이 논문은 동유럽과 그 교훈에 대한 중요한 재해석을 대표하는 것이었다. 그들은 동유럽이 '위기'에 있으며 그 '스탈린주의의 유산'으로 인한 "불필요한 지체"를 겪고 있다고 이해했다(ibid., 76, 80-86). 비록 이들은 이 지역 여러 나라 경제가 서로 다르다는 것을 몇 차례 인정했지만, 종국에 가면 사회주의경제는 모두 기본적으로 똑같을 것으로 그려내고 있다. 스탈린주의, 중앙계획, 국가 소유, 상대가격의 왜곡, 중공업, 큰 기업들, 중소기업의 '사실상의 부재', 만성적인 수요 과잉, 자급자족적 생산 등으로 정의할 수 있다는 것이다(ibid., 80-86). 예를 들어 립턴과 색스는 헝가리와 폴란드에 민간부문이 있다는 것을 언급하지만, "이 경우에조차도" 이들은 "민간 기업들이 행정 장벽, 징벌적인 세법, 투입물 부족, 외환 및 신용 구하기의 어려움, 거의 전적으로 국가부문으로 맞추어진 자원 배분 등으로 심한 제약을 받고 있다"고 강하게 주장한다(ibid., 82). 이 논문에서 저자들은 계속 반복하여 동유럽 나라들 사이에 존재하는 중요한 다양성을 인정하고 그 다음에는 무시해 버리는 행태를 반복하고 있으며 모든 사회주의 경제란 본질적으로 스탈린주의적이며 중앙계획으로 정의될 수 있다는 관점을 강화한다. 동유럽에서 지난 몇십 년간 시장, 소유, 가격, 기업가정신, 광범위한 대외무역과 마케팅 등의 실험이 벌어졌음에도 불구하고, 립턴과 색스는 이러한 동유럽의 사회주의적 경험 전체를 말소하고 있는 것이다. "수십만까지는 아니어도 수만 명의 관료가 일생 동안 사회의 경제생활을 관료적으로 계획하는 것으로 자신들의 직업 생활을 보낸 바 있으며, 이들은 또 국영기업에 있는 당이 임명한 경영자들과 긴밀한 연계를 맺고 있다(ibid., 88)." 이들처럼 동유럽 여러 나라의 경제를 본질적으로 스탈린주의적인 것으로 그려내게 되면 당연히 그 유일의 해법은 이러한 비도덕적 유산을 분쇄하고 완전히 새로운 체제를 창출하는 것뿐이라는 결론이 암시되게 된다.[2]

    립턴과 색스가 제시하는 '이행 전략'은 '스탈린주의'의 중앙계획 국가사회주의경제로부터 시장경제로 이동하는 전략 즉 한때 파레토 효율적이었던 균형점에서 새로운 파레토 균형점으로의 비약을 위한 전략으로서, 어떤 나라에든 모조리 적용될 수 있는 프로그램이었다. 사실상 립턴과 색스는 동유럽 경제학자들이 내놓은 비판의 다수를 취하지만, 그 목적은 각별히 신자유주의적 의제들을 내세우기 위한 것이었다. 그런데 사실 이러한 신자유주의 의제들은 동유럽 사람들이 비판해 마지않던 중앙집권형 국가가 지지했던 것이다. 립턴과 색스는 헝가리 경제학자 야노시 코르너이의 저작에서 영감을 얻어 동유럽을 여러 '정상적인' 시장적 관계 혹은 효율적 기업들을 결여하고 있는 것으로 그려내고 있다(ibid., 80). 이들은 많은 동유럽 경제학자의 주장을 반복하면서 사회주의의 여러 교훈을 통하여 지금 필요한 것은 여러 자그마한 변화들을 조금씩 추진하는 것이 아니라 "총체적이고 종합적인" 개혁을 신속하게 진행하는 것임이 분명해졌다고 주장했다(ibid., 99). 가장 중요한 것으로서, 립턴과 색스는 동유럽 나라들의 기존 경제에서 계속 보유해야 할 가치가 있는 것은 전혀 보려 하지 않는다. 이들은 폴란드 정부가 "그 이전 경제체제의 잔여물들을 깨끗이 밀어버리고 시장경제를 위한 법적, 제도적 기초를 구축하기 위한 일련의 법적 행정적 조치들을 선도적으로" 도입했다는 사실에 크게 고무된 듯 보인다(ibid., 111). 립턴과 색스가 보기에는 그러한 이른바 충격요법이야말로 최상책이라는 것이다.

이행의 전략은 그것이 구사했던 자유주의적인 수사학과 정반대로 강력한 권위주의적 국가에 의존하는 것이었다. 이는 결국 그 권력을 더욱 강화시켰으며, 참으로 역설적이게도 스탈린주의 국가와 비슷한 국가를 출현시키고 말았다.[3] 립턴과 색스도 물론 "사회의 엄청난 정치적, 경제적 권력이 새롭게 집중되는 중심지들이 본의 아니게 생겨날 가능성에 대해" 조심해야 한다고 경고하고 있다(ibid., 130). 하지만 동유럽 경제학자들이 소련식 국가사회주의를 비판하고 탈중앙집권화를 요구했던 것과는 정반대로 이들은 포퓰리즘적 저항을 묵살하고 충격요법을 실행하는 일은 오로지 강력한 정부를 통해서만 가능하다고 천명한다.[4] 이들이 보기에 으뜸가는 장애물은 노동자들이다. 이 당시는 동유럽 각국 정부가 실제로 대부분의 공장을 노동자들에게 넘겨준 상태였다.[5] 립턴과 색스는 "노동자들은 물론 **자기들이** 기업을 소유하고 있으니 왜 이걸 가지고 난리들이냐고 이상히 여길 수 있다"고 인정하지만, 험악한 어조로 다음과 같이 선언한다. "사유화는 중앙정부가 기업들을 소유하여 사유화 작업에 들어갈 배타적인 권력을 갖는 것이 첫걸음이 되어야 한다(1990a: 128)."[6] 폴란드, 헝가리, 유고슬라비아 등에서는 이미 그 전에 법적으로는 아니어도 현실적으로 노동자들에게 돌아간 것들의 소유권을 국가가 다시 중앙집중화하는 일이 벌어졌다.[7] 즉 립턴과 색스는 사적인 주식회사 소유권의 이름으로, 사실상 노동자의 소유가 된 것을 국가가 다시 전유하고 국유화할 것을 요구한 것이다.

이들의 전략은 다른 여러 면에서도 스탈린주의 전략과 닮은꼴이었다. 립턴과 색스 그리고 동유럽에서 이들에 호응한 다른 이들은 과거를 거부하고 극단적인 변화를 요구했던 점에서 스탈린주의와 공통점이 있었다(Raman and West, 2009). 더욱 중요한 것은 이들이 "러시아에 준準시장적 제도들을 강제하기 위해 권위주의적인 방법"을 사용했다는 것이다(Reddaway, 2001). 시장은 이미 이 나라의 법률이 되어 있었지만, 노동자들이 자기들 노동력을 시장에 팔고자 할 경우만은 예외였다. 립턴과 색스는 "일부 폴란드 경제학자들이 지지했던" 완전한 임금 자유화를 기각했다(1990a: 115). 그러면 인플레이션이 생겨날 수 있다는 것이 이유였다. 따라서 국가는 임금을 그 시장가치 수준보다 아래가 되도록 유지해야 한다는 것이었으니, 이 또한 스탈린주의 사회주의에서 벌어졌던 일이었다. 립턴과 색스는 또한 경제 전체를 근본적으로 새롭게 방향 정립해야 한다는 것을 인정한다. "경제의 변혁은 엄청난 규모의 자원 재배분을 필요로 할 것이며, 그 과정에서 여러 자원을 자유롭게 해방시키고 그 자원들이 다른 곳에서 흡수되기까지 다양한 시간 지체가 벌어질 것이다(ibid., 124)." 립턴과 색스는 신속한 사유화를 요구했기에, 그 주체는 종업원도 경영자도 아닌 국가 당국, 외국의 대기업, 여타 투자가들이었다.[8] 이 기업체들을 손에 넣은 것은 이 새로운(또한 오래된) 정치 엘리트와 그 경제 전문가들의 가족들 및 친구들이었고(Wedel, 2001), 이는 결국 주식회사 소유, 과두제, 정부와 재계의 긴밀한 유착, 심한 수준의 부패 등을 결과로 가져왔다. 미국의 경제 엘리트와 경제학자들은 동유럽의 엘리트 및 경제학자들과 마찬가지로 협소한 신고전파 경제학 즉 현존하는 권력 상태와 과거의 위계적 제도들을 형태만 새롭게 바꾸었을 뿐 사실상 그대로 받아들이면서 시장이 효율적인 제도들을 창출해줄 것이라고 선언하는 그런 종류의 신고전파 경제학을 직업적으로 신봉하고 또 사용했던 것이다.

예전에 세계은행의 수석경제학자였으며 또 노벨 경제학상을 수상한 스티글리츠는 충격요법과 워싱턴 컨센서스에 대한 가장 중요한 비판자 중 하나다. 좌파 쪽에 있는 이들도 '시장 근본주의'와 지구화에 대한 그의 여러 비판을 포용해왔다.[9] 하지만 스티글리츠의 저작을 읽은 독자들 중 다수가 경제학자들을 자유시장 옹호자에서 국가 옹호자로의 연속선 위의 한 점으로 분류하는 관점 때문에 그의 메시지를 잘못 이해하곤 했다. 스티글리츠의 독자들은 그를 시장 혹은 자본주의 진영에 반대하여 국가 개입을 옹호하는 진영의 입장을 가진 이라고 이해해 왔다. 하지만 스티글리츠는 사유화를 지지했던 이들과 마찬가지로 경쟁적 시장을 신봉하는 신고전파 경제학을 따르고 사용하는 이다.[10]

립턴과 색스처럼 스티글리츠 또한 동유럽 경제학자들의 관점을 전유했지만, 그 방식은 전혀 달랐다. 스티글리츠 자신은 신고전파 경제학과 사회주의에 대한 동-서 대화에 참여했으며, 시장으로의 이행을 사회주의 체제 기간에 이미 시작된 하나의 과정으로 보는 이였다. 1990년대에 그가 행한 일련의 강연을 묶은 책 『사회주의는 어디로 가는가?』의 서문에서 그는 자신이 대학원생 시절 "바르샤바에 있는 중앙 통계학교로 원정을 가서 랑게와 칼레츠키 및 그들의 제자들과 이야기" 했던 날들을 회상한다(1994: xi). 오스카르 랑게와 다른 폴란드 경제학자들 및 경제계획가들은 스티글리츠 및 대부분의 미국 주류경제학자들과 공통적으로 신고전파 경제학의 언어를 사용하고 있었다. 동유럽을 비도덕적이고 실패한 스탈린주의 유산으로 규정했던 립턴과 색스의 해석과는 달리 스티글리츠는 동유럽의 경험이 신고전파 경제학에 큰 중요성을 갖는다는 점을 이해하고 있었다.

우리는 이러한 (사회주의의) 실험들로부터 많은 것을 배웠지만, 이 실험들은 제대로 통제된 실험이라 볼 수는 없는 것들이었기에 우리가 배운 바는 여전히 일정한 논쟁의 대상으로 남아 있다. 정부의 소유가 만병통치약이 아닌 것은 분명하지만, 이를 더욱 실험해볼 여지는 분명히 남아 있다(ibid., 277).

또한 스티글리츠는 립턴 및 색스와 달리 1990년의 여러 변화를 사회주의 체제 내에서 벌어졌던 과거의 변화들 및 사회주의 논쟁들과 연결된 것으로 받아들이고 있다. 스티글리츠는 '이행'이 1989년에 시작된 것이 아니라 이미 1980년대 초에 시작된 것이라며 관심을 보인다.

> 이행의 문제들에 대한 나의 관심이 불쑥 솟아난 것은 1981년 미국의 국립과학아카데미와 중국의 사회과학아카데미의 후원으로 위스콘신의 윙스프레즈에서 개최한 한 모임 (…) 그리고 이에 답하는 다음 해 여름의 중국 방문에서였다. 그때 이후로 나는 헝가리, 체코슬로바키아, 루마니아, 러시아, 중국 등을 여러 번 방문하는 행운을 누렸지만 이렇게 몇 번 흘끗 본 것을 가지고 이 나라들이 직면하고 있는 수많은 문제에 대해 전문가라고 자칭할 수는 없다. 나는 이 책의 이론적 안목이 그들에게 일정한 가치가 있기를 희망하며 또 그럴 것이라고 믿는다(ibid., xi).

스티글리츠는 사회주의 세계가 오래도록 사회주의 체제 내에서 시장으로의 이행을 논의해왔다는 것을 잘 알고 있었으며, 1990년대에 계속되고 있는 논쟁이 바로 그 연속선에 있다고 생각했다.

스티글리츠도 동유럽에서의 사회주의 실험이 실패로 끝났다는 점에서는 립턴 및 색스와 의견이 같다(ibid., 2). 하지만 스티글리츠는 또한 놀라운 주장 하나를 펼친다. "시장사회주의의 실패는 시장사회주의라는 이상을 논박할 증거가 되는 것과 똑같이 표준적인 신고전파 모델을 논박할 증거도 된다(ibid.)." 사회주의의 실패가 주류 신고전파 경제학의 실패를 뜻한다니? 이 책에서 지금까지 풀어낸 이야기를 알고 있지 못한 독자들이라면 놀라지 않을 수 없을 것이다. 하지만 그의 결론은 아주 논리적이다. 스티글리츠에 따르면, 시장사회주의의 실패는 곧 일정 종류의 신고전파 경제학을 반증한다.[11]

스티글리츠는 먼저 동유럽 각국의 정부들이 시장사회주의를 창출하려는 노력에 있어서, 1950년대부터 고도로 추상적인 저 유명한 애로-드브뢰 모델로 규정되는 '표준적 신고전파 모델'을 사용했다는 점을 경멸적으로 논한다. 애로-드브뢰 모델이나 오스카르 랑게의 신고전파 시장사회주의 모델이나, 가격이 제공하는 완전한 정보에 근거하여 경제 단위들이 행동을 결정하는 완전경쟁시장을 가정하고 있다. 스티글리츠와 다른 경제학자들은 수십 년에 걸쳐 이러한 추상적 모델들을 넘어서서 나아가기 위한 선구적 작업을 수행해왔으며 시장에 대한 좀더 현실적인 '새 패러다임'을 창출했다(ibid., 5). 스티글리츠는 사회주의의 종말과 표준적 신고전파 모델의 종말을 선언한 후 이렇게 말한다. "사회주의 각국의 경제는 시장사회주의라는 이상을 정말로 진지하게 취한 적이 한 번도 없었다(ibid., 197)." 사실 "표준적인 신고전파 모델이 시장경제에 대한 제대로 된 서술을 제공했더라면, 시장사회주의는 훨씬 더 성공할 확률이 높았을 것이다(ibid., 137)." 현실에서의 시장들이 불완전하게 기능한다는 것을 신고전파 경제학자들이 더 잘 이해했더라면 더 나은 형태의 사회주의를 창출하는 데 도움이 되었으리라는 것이다.

스티글리츠는 또한 밀턴 프리드먼과 제프리 색스 등과 같은 신고전파 경제학자들에 대해서도 그가 나중에 부른 말로 "시장 근본주의"의 문제를 들어 비판을 가한다(Stiglitz 〔2002〕 2003: 36). 비록 이들이 목표로 했던 것은 사회주의가 아닌 자본주의였지만, 이들 또한 시장사회주의를 만들었던 동유럽 각국 정부들과 마찬가지로 추상적이고 비현실적인 시장 모델을 자본주의의 모델로 의지했다고 그는 말한다. 그 결과 이러한 신고전파 경제학자들은 자본주의로의 이행을 비교적 직선적인 것처럼, 즉 그저 국유 기업들을 사유화하고 시장을 자유화하기만 하면 되는 것처럼 그려냈다는 것이다.

릭턴과 색스가 사유화를 옹호했던 것에 반하여 스티글리츠는 경쟁을 가능케 해줄 여러 제도의 확립을 주장했다. 즉 "순수한 가격 경쟁이 아니라 그야말로 옛날식의 경쟁, 소비자들과 생산자들의 수요에 대해 가장 높은 품질과 가장 낮은 가격으로 공급하도록 만드는 기업들 사이의 경쟁"이 벌어지도록 만드는 제도들인 것이다(1994: 255). 스티글리츠는 사유화가 특히 동유럽의 조건에서는 이러한 경쟁을 만들어줄 것이라고 믿지 않았고, 이는 그저 독점체들이 계속 유지되게 만들 가능성이 높다고 생각했다(ibid.). 경쟁을 위해서는 국가가 능동적으로 나서서 독점체들을 해체하고, 기업 및 산업을 구조조정하고, 소기업을 장려하고, 신규 기업 창업을 증진시키는 정책을 펼쳐야 한다고 그는 생각했다(ibid., 260-261). 이에 더하여 그는 경쟁력을 개선하기 위한 개혁들을 통해 사회주의 기간에 발전했던 새로운 형태의 사업체들도 존속할 수 있게 될 것이라고 보았다. 릭턴과 색스의 충격요법에서와 달리 스티글리츠는 이것들이 기능을 멈추어버린 옛 체제의 일부이며 따라서 뿌리 뽑아야 한다고 파악하지 않았다.

스티글리츠에 따르면, "시장사회주의가 실패한 모습을 보면서 많은 이가 시장과 국유 기업이라는 두 극단 사이에 제3의 길은 없다는 결론을 내리게 되었다(ibid., 253)". 하지만 그가 보기에 동유럽의 지도자들은 시장이냐 국가냐라는 이분법을 선택지로 보지 말고 대신 시장에 도움이 될 협동조합과 지역공동체 조직 등과 같은 중간 매개 제도들을 가진 체제를 창출했어야 옳았다(ibid., 253). 그는 나아가 노동자들이 '소외'와 싸우기 위하여 기업 경영에도 참여하도록 할 것을 요구했다(ibid., 271).

> 정부 소유가 만병통치약이 아님은 분명하지만, 더 많은 실험을 해볼 여지는 여전히 남아 있다. 예를 들어 우리는 더 많은 노동자 참여와 노동자 소유를 포함하는 경제조직의 형태들을 연구할 필요가 있다(ibid., 277).-12

스티글리츠는 이렇게 시장이 경제민주주의, 국가로부터 독자적으로 기능하는 기업들, 기업가정신, 중소기업을 장려하는 법률들, 대부분 가격의 탈규제화, 다양한 소유 형태(비국가 사회적 소유, 지역공동체 소유, 협동조합 소유, 사적 소유), 정치적 민주주의 등을 필요로 한다는 것을 이해했던 1980년대 말경의 동유럽과 서방의 신고전파 경제학자들의 전통 안에서 작업했던 이였다. 그는 그의 책을 이러한 결론으로 맺고 있다.

> 옛 사회주의의 여러 경제가 이제 긴 여정을 끝낸 지금, 이 나라 사

람들이 단지 이 책에서 내가 제기한 경제문제들의 협소한 묶음만이 아니라 사회주의 전통을 정초한 이들 다수의 동기가 되었던 더 넓은 묶음의 여러 사회적 이상을 마음속에 간직할 것이라는 희망을 가져보자. 아마도 이들 중 일부는 다른 이가 잘 가지 않았던 길로 가게 될 것이며 이는 아마도 그들을 위해서뿐만 아니라 우리 모두를 위해서도 큰 의미가 있는 결과를 가져다 줄 것이다(ibid., 279).

이렇게 스티글리츠는 동유럽의 유산이 특별히 신고전파 경제학에서 그리고 좀더 일반적으로는 전 세계에서 계속적 중요성을 가진다고 생각했다.

1991년 초 제프리 색스는 슬로베니아 정부의 자문 역할을 시작하는데, 이로 인해 유고슬라비아의 신고전파 경제학자들과 충돌을 빚게 되었다.[13] 슬로베니아 그리고 옛 유고슬라비아의 다른 곳에서는 사회주의의 과거를 깡그리 지워버리라는 색스의 요구를 수동적으로 받아들이지 않았다. 한 예로, 펜실베이니아 대학에서 박사학위를 받은 슬로베니아 경제학자 요제 멘친게르는 다음과 같이 말한다.

여느 사회주의국가들과는 달리 옛날의 사회주의 유고슬라비아는 개방된 나라였다. 많은 경제학자가 외국에서 공부했고 서방의 주류경제학에 대한 탄탄한 이해를 습득했다. 그렇기 때문에 외국에서 무슨 자문이 날아온다고 해서 그 앞에서 쉽사리 공손히 섬기는 자세를 취하지는 않는다. 대부분의 경제학자는 1980년대의 경제개혁에 관한 상당히 자유로운 논쟁에 참여했었고, 따라서 이들은 사회주의의 해체에 그렇게 놀라지도 않았다(Mencinger, 2004: 76).

많은 유고슬라비아 경제학자가 미국의 자문들과 마찬가지로 신고 전파 전문지식을 가지고 있었으며 시장으로의 이행 과정에서 실제로 작업해본 경험도 있었다. 바이트, 보이니치, 키로 글리고로프Kiro Gligorov 등 유고슬라비아 신고전파 경제학자들은 이미 1960년대부터 시장개혁 에 대한 작업을 해왔으며 1980년대 말 안테 마르코비치가 이끄는 유고 슬라비아 연방정부의 신개혁플랜도 만들었던 이들이었다. 멘친게르에 따르면 대부분의 경제학자는 유고슬라비아의 사회주의적 유산을 스탈 린주의의 유산이라 보지 않았으며, 또 폐기해야 할 무엇이라고 보지도 않았다. 이들은 그 유산을 시장경제의 기초라고 보았다.

옛 사회주의 유고슬라비아 연방국가가 존속했던 기간에 수십 년 에 걸친 긴 개혁들이 있었고, 이로 인해 시장으로의 이행 성공에 꼭 필요한 다수의 요소가 최소한 부분적으로나마 이미 1989년 이 전에 충족되어 있었다. 기업들은 자율적이었으며, 기초적 시장 제 도들도 존재했고, 거시경제 거버넌스 체제는 많은 표준적 경제정책 도구들을 이용하는 것을 가능하게 할 정도였다(ibid., 72-73).[14]

이러한 관점에 따르면 시장으로의 이행은 지난 몇십 년에 걸쳐서 지속적으로 이어져온 일이며 이는 곧 옛날 체제를 분쇄할 것이 아니라 이를 시장으로의 이행에 기초로 삼아야 함을 뜻한다. 마르코비치는 색스의 정책들에 반대하여 1989년 11월 사임했다(Meier, 1999: 109). 그 다음해에는 멘친게르와 다른 이들이 사임했다. 유고슬라비아 경제학 자들은 색스가 내미는 것과 같이 해당국의 특성을 모두 무시하고 모 든 나라에 일률적으로 적용되는 프로그램을 도저히 받아들일 수가 없 었던 것이다.

국가사회주의를 오랫동안 거부해온 유고슬라비아 및 여타 동유럽 경제학자들은 립턴과 색스와 같은 서방의 전문가들이 시장의 이름을 앞세워서 동유럽 나라 특히 유고슬라비아와 헝가리 국민들이 1950년 대 이후 그토록 거부해왔던 소련 체제 비슷한 것을 옹호한다고 보았다. 헝가리 정부와 폴란드 정부는 수십 년 전 소련 정부가 했던 것처럼 이 미 사회적 성격을 가진 소유를 다시 국유화하고 중앙집중화했다. "헝 가리와 폴란드는 일부 자산을 준(準)노동자 소유로 만들었고 또 여러 경 영권을 노동자 평의회에 이전했지만, 불과 몇 년 되지 않아서 다시 자 산을 중앙집중화하려고 하는 명백히 모순적인 입장으로 몰리게 되었 다(Milanović, 1992: 53)." 특히 유고슬라비아 경제학자들은 이미 수십 년 동안이나 소련식 모델에 반대하여 탈중앙집중화된 노동자의 권력 을 향한 작업에 매진해왔던지라 이렇게 생산수단을 다시 국유화하라 는 요구를 듣자 더욱 분노가 치밀 수밖에 없었다.[15] 베이트먼이 인식한 바 있듯이, 색스와 다른 이들의 '시장 근본주의' 접근은 곧 "기존의 제 도들을 시장경제 구축의 기초로 삼고 또 특히 지역 수준에서 막 생겨 나고 있던 자생적인 개혁의 진전을 지원하자는 잠재적인 가능성은 한 마디로 전혀 진지하게 고려되지 않은 것이다(Bateman, 2000: 1960)". 폴 란드에서와 마찬가지로, 색스는 슬로베니아에서도 신구 엘리트 집단과 나란히 서서 과거를 분쇄하고 새로운 형태의 (국가)자본주의를 창출하고자 했던 것이다.

슬로베니아에서 색스는 주식의 자유로운 분배를 통한 대중적 사유화를 옹호했고, 이는 파레토에서 도출된 후생경제학 제2 공리를 실현하는 듯했다. 파레토의 사상에 따르면, 대중적 사유화는 소유를 전 사회에 재분배하므로 지극히 공정한 것이다. 이론적으로 보자면, 시작부터 부를 재분배하게 되면 그 다음에는 경쟁적 시장이 나타나서 공정하고도 최적인 결과를 산출하게 되어 있다. 다만 옛 유고슬라비아 출신의 세계은행 경제학자인 젤코 보게티치는 이러한 관점을 비판하면서 이를 다음과 같이 설명한다. "주식(혹은 그 증명서)을 시민들에게 무료로 분배하는 경우에 한해 사유화를 통한 파레토 개선이 달성될 수 있다. 주식이 시장에서 거래되면 그 이전보다 못살게 되는 사람은 아무도 없으며 자기 주식을 괜찮은 가격에 팔 수 있는 이는 더 잘살게 될 것이다(Bogetić, 1992: 90)." 하지만 이러한 관점은 정치적 자본과 문화적 자본, "다른 것들보다 더 실질적"일 수 있는 "사후적$_{ex\ post}$ 불평등"(ibid.), 정보의 비대칭성, 국가사회주의 제도들의 지속 등과 같은 다른 형태의 권력을 고려하지 않는다는 것이다.

일부 동유럽 경제학자들은 분명히 대중적 사유화를 지지하기도 했지만, 이는 색스가 지지했던 국가 통제를 피하기 위해 의식적으로 디자인된 여러 방식을 통한 대중적 사유화였다. 일부 헝가리 신고전파 경제학자들은 종업원들과 종종 경영자들까지 포함하여 '자생적인 사유화'를 할 것을 옹호했다. 이것이 직접적인 국가의 개입과 사회적 소유를 국가가 다시 또 통제하게 되는 상황을 피할 수 있는 방법이라고 생각했기 때문이다(Milanović, 1992: 66; see also Róna-Tas, 1997: 175). 한 예로 헝가리의 개혁경제학자 머요르는 서방 전문가들이 소련에서 행했던 이행 정책들을 똑같이 동유럽 블록 전체에 걸쳐 강제하려고 한다며 비판했다(1993: 153). 그는 이렇게 묻는다. 어째서 국가와 중앙계획가들이 사유화 과정을 통제해야 하는가? 그가 보기에는 사유화 과정을 통제하는 것은 정부기관이 아닌, 최소한이나마 민주적으로 책임을 지는 의회 같은 민주적 기관이어야 했다(ibid., 135). 스티글리츠와 마찬가지로 그 또한 사유화 과정이 실제로는 기업을 경쟁적으로 만들기 위해 반드시 필요한 구조조정을 회피해버렸다고 주장했다(ibid., 127).

경제학자이자 장차 슬로베니아의 경제 장관이 되는 테아 페트린과 슬로베니아 경제학자 알레시 바흐치치는 1980년대에 걸쳐 사회주의 체제 내에서 중소기업을 장려하는 정책들과 시장, 기업가정신 등을 옹호했다. 1989년 이후 이들은 스티글리츠의 동료이자 훗날 스티글리츠와 같이 세계은행에서 일하게 되는 엘러먼과 함께 대중적 사유화를 반대하는 작업에 적극적으로 나선다. 1992년 발표한 논문에서 이들은 주식을 모든 이에게 주어버린 것이 소유권을 과도하게 분산시켜 실질적 소유자를 창출하지 못했다고 비판한다(Ellerman, Vahčič, and Petrin, 1992). 이들은 그 대신 실질적 소유자들을 빠르게 창출할 수 있는 종업원 소유제와 여러 형태의 자생적인 사유화를 포함하는 탈중앙집중화된 모델을 요구한다. 색스의 대중적 사유화 프로그램은 노동자들에게 해로운 편향을 갖고 있는 것으로 이들은 보았다. "설득력 있는 논리가 없는 한, 서방식의 종업원 소유에 대한 반대는 모습만 살짝 바꾸었을 뿐 사실상 노동자들은 사적 소유권을 가지기에는 '부적합한 종류의 인간들'이라는 식의 계급적 편견에 불과한 것으로 판명될 수 있다(ibid., 139)." 색스와 다른 이들의 대중적 사유화 플랜에 대한 헝가리와 유고슬라비아 경제학자들의 비판이다.

신고전파 경제학과 신자유주의
—

색스와 스티글리츠 사이의 의견 불일치는 이 개인들의 문제도 또 미국 경제학자들 사이에서만 나타나는 문제도 아니었다. 질 이올은 이와 비슷한 논쟁 구도가 체코슬로바키아 경제학자들 사이에서도 나타난 바 있었음을 발견했다(Eyal, 2003). 벨라 그레스코비츠는 이러한 논쟁 구도가 심지어 18세기와 19세기에 과거의 유산들을 개혁에 대한 장애물로 보는 이들과 개혁을 위한 긍정적인 자산으로 보는 이들 사이에도 존재했음을 발견했다(Greskovits, 2002).[16] 하지만 나는 색스와 스티글리츠의 불일치가 신고전파 경제학 자체 내에 존재하는 좀더 근본적이고 역사적인 분열을 나타내는 것임을 시사하고자 한다. 즉 효과적인 시장(혹은 중앙계획)은 권위주의적인 제도들을 필요로 한다고 주장하는 이들과 효과적인 시장(혹은 중앙계획)이 급진적 형태의 민주주의를 필요로 한다고 주장하는 이들 사이의 분열이 그것이다.

국제적 엘리트들 및 각국 내부의 엘리트들은 이러한 신고전파 경제학의 역사적 분열을 이용하여 더욱 권위주의적인 신고전파 경제학자들이 신자유주의를 지지하도록 동원했다. 이는 신고전파 경제학 자체의 성격에서 기인한 일이기도 하다. 우선 신고전파 경제학자들은 항상 자신들의 방법 및 이론이 모든 경제체제에 보편적으로 적용가능하다고 믿었다.[17] 이러한 이론적 이유에 더해 사회주의 내부에서의 여러 시장 이행을 실제로 경험하게 되면서 신고전파 경제학자들은 자신들이 모든 체제를 개선할 수 있으며 시장 이행을 거쳐 다양한 경제체제로 이행하는 이들을 도울 수 있다고 느끼게 되었다.

신고전파 경제학자들은 정치적 신조와 상관없이, 사회 정책의 선택지들을 평가하고 또 정책 권유와 심지어 체제 변화에 이르기까지 사회적 계획가 모델을 사용한다. 색스와 수많은 다른 경제 자문들 스스로가 시장경제를 창출하는 중앙계획가처럼 행동했다. 최소한 부분적으로는 이러한 사회적 계획가 모델이 이들로 하여금 자신들의 역할을 이런 방식으로 생각하게끔 조건지어버린 것이다. 이러한 모종의 선의의 독재자로서의 사회적 계획가들은 사회적 후생을 극대화할 뿐만 아니라 누구든 다른 이의 조건을 악화시키지 않고는 자신의 후생을 증가시킬 수 없는 파레토 최적에 이르는 길을 찾고자 했다. 1장에서 논의했던 바와 같이, 빌프레도 파레토는 이러한 모델을 '사회주의적 국가' 모델로서 발전시켰다(Pareto, 1896, 1897a). 경제를 묘사하거나 다양한 조세 정책을 평가하는 데, 심지어 상이한 사회적 체제들을 비교하여 그 중 하나를 '합리적으로' 선택하는 데에도 이러한 도구들을 사용할 수 있다고 신고전파 경제학자들은 믿었다(Robbins 〔1932〕 1945: 155). 1950년대 이후 신고전파 경제학자들은 계획가 혹은 사회의 선호에 기초한 여러 다른 새로운 파레토 최적점으로 비약하는 것이 가능함을 보여주었다(Tinbergen, 1956). 파레토에 따르면, 경쟁적 시장은 만약 어떤 변화로 인해 혜택을 본 사람이 정액세를 통한 소득이전lump-sum transfers (조세나 보조금 등)을 통해서 혜택을 보지 못한 사람에게 잠재적으로 보상을 줄 수 있다면 파레토 최적을 낳을 수 있으며 심지어 개인들 사이에 소득 및 주식마저도 평등하게 분배할 수 있다고 한다. 신고전파 경제학자들은 정치적 신념과 무관하게 이러한 모델을 사용하고 개선했으며, 이 모델에 깔려 있는 비현실적인 전제들을 바로잡고자 했다.[18] 시장으로의 이행은 경제학자들로 하여금 사회적 계획가로서 자신들의 역할을 실현시킬 완벽한 기회를 제공하는 것이었다.

하지만 1989년 이후에는 사회적 계획가의 역할이 이상하게 느껴졌을 뿐만 아니라, 중앙계획으로부터 벌어지는 이행과는 어울리지 않는 것으로 느껴지게 되었다. 경제학자 아뤼에 르 힐먼은 다음과 같이 말한다.

> 주류경제모델들에서 사용되는 용어는 또한 이러한 이행에 적용하기에는 상당히 부적절하다. 이 모델들은 민주적 시장경제에 기초한 사적 소유제를 묘사하는 것을 목적으로 삼고 있지만, 그럼에도 불구하고 선의의 독재자들, 사회적 계획가들, 여러 외생적인 사회적 가중치를 분배의 기초로 삼기, '대표적' 소비자들을 인구 전체의 다양한 '필요욕구'를 묘사하는 것으로 해석하기 등에 대한 언급으로 가득 차 있다. 또 이러한 모델에서는 정액세를 통한 소득 이전을 상정하고 있거니와 이는 또한 각자 능력에 따라 생산하고 필요에 따라 소비한다는 공산주의의 이상이 실현 가능하다는 것을 가정하고 있는 것으로 보인다(Hillman, 1994: 194).

동유럽 사람들이 중앙계획 국가사회주의를 거부했듯이, 신고전파 경제학자들은 경쟁적 시장이라는 이름으로 계속해서 19세기 사회주의 모델에서 발전된 **사회적 계획가와 정액세를 통한 소득 이전** 등과 같은 용어를 사용했다. 사회적 계획가라는 아이디어에 대한 비판은 사실상 전무했다.[19] 2000년, 시카고대 경제학자 게리 베커는 "정치적 입장과 무관하게 모든 경제학자의 많은 논의에서 그 배후에 전능한 사회적 계획가가 도사리고 있음"을 주목했고 "사회적 계획가라는 접근은 귀신이야기 같은 우화에 불과하며 각종 규제, 조세, 보조금 중 어떤 것을 시행할 것인가를 이해하는 데는 아무런 적실성도 없다"고 주장했다(Becker, 2000: 1149, 1150). 하지만 이러한 자체적 비판에도 불구하고 베커는 2003년에는 이렇게 주장했다. "계획가 모델의 이러한 약점들을 볼 때 이 계획가 모델을 특수한 경우로 포함하지만 또한 다양한 이해집단의 정치권력상의 차이점들을 포괄하는 분석이 중요하다(Becker and Mulligan, 2003: 296)." 즉 베커는 계획가 모델을 거부하지 않았으며, 사실 계속해서 이 모델을 사용한다.[20] 자유시장 옹호자들조차도 스스로를 계속해서 사회적 계획가라고 상상했으니 이는 참으로 이상한 일이기도 하고 또 많은 것을 말해주기도 한다.

　　신고전파 경제학을 위계적인 것—이를테면 중앙계획가—으로 이해하던 동유럽 경제학자들은 거의 아무런 노력도 들이지 않고 경제계획에서 신자유주의 개혁으로 넘어갈 수가 있었다. 글리고로프에 따르면, 비시장 중앙계획을 지지했던 자들은 "좀더 쉽게 자유화 과정에 적응해갈 수 있었다". 왜냐면 "그들은 그저 이윤과 임금을 규범적으로 즉 행정적으로 결정하는 것을 적절한 시장 메커니즘들로 대체하기만 하면

되었기" 때문이었다(Gligorov, 1998: 341). 노동자 자주관리와 여타 제도들을 확장해야 한다는 신념을 가졌던 이들은 이와는 대조적으로 "자신들이 지지하던 모든 것을 포기해야만"했다(ibid.). 마찬가지로, 멘친게르는 색스의 정책을 "경제에 대한 전형적인 중앙계획가의 접근법"이라고 불렀다(Mencinger, 1992: 12). 실제로 신고전파의 사회적 계획가 접근법은 경제민주주의나 혹은 좀더 참여적 형태의 정치민주주의를 위한 어떤 노력도 하지 않음으로써 시장으로의 이행이 마치 쉬운 것처럼 보이게 만들었다.

신고전파 경제학자들은 또한 이행 과정에서 동시에 여러 가지 해석이 가능한 애매한 개념들을 사용했다.[21] 시장 이행은 사회적 사상 및 개념의 의미를 바꾸어놓았고 이로 인해 1989년 이후의 상황은 근본적으로 바뀌게 되지만, 또 동시에 동유럽에서 수십 년의 연력을 지닌 개혁의 수사학은 그대로 유지되었다. 따라서 여러 경제적 개념은 사회주의적으로도 신자유주의적으로도 그밖의 다양한 방식으로도 해석되었으며 이로 인해 무슨 토론이 어떤 식으로 이루어지고 있는지를 제대로 분별하기가 아주 어려워졌다. 이 기간에는 '이행'이라는 생각 자체가 완전히 새로운 의미들을 가지게 된다. 사회주의자들은 수십 년간 '이행'을 옹호해왔다. 자본주의에서 사회주의로의 이행이든 국가사회주의에서 노동자 자주관리 사회주의로의 이행이든 아니면 국가사회주의에서 사회주의 체제 내 시장경제로의 이행이든 말이다. 그런데 세계은행이 1980년대 말에 이 말을 이해했던 방식은 바로 마지막 의미로서였다.[22] 사회주의자들은 이 **이행**이라는 용어를 오래도록 사용해왔지만, 정치 지도자들은 이제 이 '이행'이라는 말을 모든 종류의 사회주

380

의로부터 멀어지면서 명시적으로든 암묵적으로든 자본주의라는 뜻으로 이해되는 모종의 시장경제를 향해 나아가는 것으로서 다시 해석했다. 1989년 직후의 기간에는 많은 동유럽 관료가 **자본주의**라는 용어를 사용하지 않았다. 자본주의의 이행이라는 말은 너무 급진적이라고 여겼기 때문이다(Brus, 1992: 7; Sutela, 1992, 85).[23] 심지어 립턴과 색스마저도 폴란드 개혁을 다룬 그들의 유명한 1990년 논문에서 폴란드에 필요한 개혁을 설명하는 데 **자본주의**라는 용어는 쓰지 않았다.[24] 이들은 폴란드 정부가 "큰 민간부문을 가진 시장경제" 창출을 추구한다고 선언했다(ibid., 75). 세계은행의 한 출판물에서는 "'시장경제'라는 말이 무슨 뜻인지는 분명치 않을 때가 종종 있다"고 말한다(Hillman and Milanović, 1992: 1). 우리는 이 새로운 정치적 공간에서 "시장경제"라는 말이 옛날의 여러 해석을 그대로 담고 있으면서 또 동시에 자본주의와 연관되어가고 있음을 이해할 수 있다.

이렇게 경제적 개념들이 여러 가지의 이해 방식을 동시에 가지게 된 것은 또한 시장으로의 이행을 이전에 있던 여러 시장개혁의 연속인 것처럼 보이게 만들기도 했다. 여러 관찰자는 경제개혁으로부터 경제체제의 변형으로의 이동이 놀랄 정도로 부드럽게 이루어졌다는 점에 주목했다(Szamuely and Csaa, 1998: 196). 물론 그 뒤에 따라올 경제 및 금융위기에 준비되어 있던 이들은 거의 없었지만 말이다. 사회주의 기간에 동유럽의 경제학자들 특히 헝가리와 유고슬라비아의 경제학자들은 수십 년간 여러 시장개혁을 위해 작업을 했고 시장사회주의로의 이행을 시도했다. 1970년대와 1980년대 동안 경제학자들은 또한 시장 리서치, 경영, 회계 등의 분야에도 숙련되었다(Bockman, 2000: ch.

5).-[25] 이들은 국제적인 정책 자문과 그 기초가 되는 신고전파 경제학에도 익숙했다. 그레스코비츠는 이 점을 인정하고 있다. "공산주의가 붕괴했을 때쯤에는 헝가리와 폴란드의 전문가들은 국제적 자문들로부터 배울 수 있는 것들을 이미 알고 있었을 뿐만 아니라 더욱 중요한 것은, 그 대부분을 이미 실행해본 상태였다(1998: 61; 또한 Bockman and Eyal, 2002)." 사실 헝가리와 유고슬라비아의 경제학자들은 이미 사회주의 기간에 자신들이 축적한 여러 차례의 시장 이행 경험을 바탕으로 다른 나라들의 시장 이행에 조언을 해주기도 했다. 인류학자 알렉세이 유르차크가 옛 소련에서 발견한 바와 같이, 사람들은 "그 체제의 붕괴가 시작되기 전까지는 그런 사태를 상상도 하지 못하지만, 일단 상황이 벌어지면 그다지 놀라워하는 것 같지 않다"는 사실을 깨달았다. 사실상 이들은 "그에 대해 준비된 상태"였다(Yurchak, 2006: 1). 사회주의 기간에 많은 이가 새롭게 나타나는 상황들에 대처하기 위해서 사회주의 이데올로기를 계속 창조적으로 재해석해왔으며 그리하여 소비에트 체제의 본질 자체가 바뀌면서 사람들이 모두 새로운 사회를 준비하고 있는 와중에서도 그 체제는 마치 영원불변인 것처럼 보일 수 있었던 것이다. 유르차크의 저서 제목은 "모든 것은 영원하다, 더 이상 존재하지 않을 때까지는"이라 말하고 있다. 이와 마찬가지로 동유럽 신고전파 경제학자들 또한 비록 사회주의 체제 내에서이기는 했지만 여러 번의 시장 이행을 반복해서 조직한 바가 있었고 또 1950년대 이래로 직간접적으로 초국가적인 신고전파 경제학 토론에 참여했었기 때문에 이미 이러한 이행에 준비된 상태였다.-[26] 이 이행에서 경제 개념들은 여러 가지로 해석되는 애매한 것들이 되어버렸고, 결국 혁명이 일어나는지 진화

가 나타나는 것인지 아니면 아예 아무런 변화도 없는 것인지조차도 알수 없게 되었다.

19세기 이래로 신고전파 경제학자들은 경쟁적 시장과 중앙계획 사회주의국가를 수리적으로 동일한 것으로 보았고 이는 협소한 신고전파 경제학의 핵심을 이루었지만, 또 다른 한편으로 이들은 두 경우 모두에 꼭 필요한 제도들이 무엇인지를 항상 토론하거나 아니면 가정했다. 이러한 핵심 덕분에 모든 신고전파 경제학자는 시장의 언어와 중앙계획의 언어를 구사할 수 있게 되었다. 경제학자들이나 정치 엘리트들은 1950년대의 스탈린주의와 매카시즘 시대에 그랬던 것처럼 정치적 이유들 때문에 이러한 제도들을 논의하지 않고 대신 그러한 핵심 요소들에만 초점을 두는 경우가 있었다. 이러한 협소한 혹은 사회적 맥락에서 뽑혀 나온 신고전파 경제학은 신고전파의 주장들에 훌륭하게 복무하는 것이었고 신자유주의는 그리하여 사회적 맥락에서 뽑혀 나온 자유주의의 모습을 띠게 되었다.

게다가 신고전파 경제학자들은 이러한 핵심을 공유하고 있었기 때문에, 그들 개개인들 중에는 사실 신자유주의의 본질적 구성 요소들을 거부하는 이들이 많았음에도 불구하고 전체적으로는 신자유주의를 지지하는 하나의 합의를 형성할 수 있었던 것으로 보인다. 경제학자 본인들 스스로가 자기들 학문 내의 중대한 차이점들을 항상 인식할 수 있었던 것은 아니다. 립턴과 색스(Lipton and Sachs, 1990a) 그리고 다른 신고전파 경제학자들은 사적 소유와 대기업 자본주의를 지지하는 전 세계적인 모종의 합의를 대표했다. 존 윌리엄슨은 오늘날 유명해진 그의 워싱턴 컨센서스 개념을 제시했다(Williamson, 1990). 뮤렐에 따르면 로런스 서머스와 같은 경제학자들은 이행을 위한 조언에 있어서는 경제학자들 사이에 "놀랄 정도의 만장일치"를 느끼고 있지만, 이렇게 서로 의견이 같다고 여겨지는 경제학자들이 스스로 의식하지 못할 뿐 사실은 근본적인 차이점들과 모순들을 안고 있었다(Murrell, 1995: 164, 173). 경제학자들이 의견 일치를 볼 수 있는 부분적인 이유는 이들이 모두 시장과 경제계획에 대해 이야기할 수 있다는 점에 있는 듯했다.

전 세계적인 학계 내 역동성 또한 이러한 추세를 강화했다. 미국 경제학자들은 자신들이 참여했던 신고전파 경제학의 토론이 초국가적 성격을 띠고 있었다는 것을 모르고 있다가 그들의 동료들이 미국적 사상을 전 세계에 확산시켰으며 외국의 경제학자들은 이를 수동적으로 수입했다고 가정했던 것이다(Bockman and Eyal, 2002). 서방에서 온 자문단과 이들의 상대역을 맡은 동유럽인들은 동유럽이 쓰레기장이 되었다고 보았다(Gille, 2007).[27] 그리고 유고슬라비아에서 벌어진 여러 전쟁은 관찰자들에게는 동유럽이 쓰레기장이라는 것을 확인해주는 사건이었다. 이 전쟁들로 인하여 또한 옛날의 비동맹 세계의 지도국이 몇 개의 작고 협소한 지역적 국가들로 파편화되고 말았다. 사회주의 동유럽은 서방으로부터 고립되었다. 서방세계 또한 마치 사회주의와 그 어떤 상호작용도 없었던 고립된 세계였던 것처럼 보이게 되었다. 립턴과 색스는 따라서 무너진 옛날 체제의 잔재들을 제거하는 것이 반드시 필요하며, 그렇게 그것들을 치워 백지 상태의 동유럽을 노출시켜서 그 위에 서유럽식 자본주의 체제를 만들어나가야 한다고 주장한 것이다. 동유럽인들은 이리하여 아이러니하게도, 자기들 스스로가 창출한 지식을 수동적으로 받아들인 이들인 양 보이게 된 것이다(Bockman and Eyal, 2002).

외부의 관찰자들 또한 새로운 여러 사회주의적 형태와 신자유주의 정책들을 구별하지 못할 때가 종종 있었다. 신자유주의의 비판자들이나 옹호자들이나 시장을 자본주의적인 것으로 가정해왔다. 신고전파 경제학자들은 시장이 자본주의적일 수도 사회주의적일 수도 있으며 사실 경쟁적 시장을 위한 최상의 조건들은 사회주의가 제공할 수도 있다고 생각해왔음에도 말이다. 또한 비판자들과 옹호자들 모두가 소련식 국가사회주의가 유일한 형태의 사회주의라고 가정할 때가 종종 있었다. 동유럽 경제학자들이 1989년 이후 자유시장으로 집단개종을 한 듯 보였던 것 역시 결국 신자유주의의 승리라는 관점을 더욱 강화시켰다. 이 책의 서론에 나오는 표 1.1에서 우리는 소련 사회주의가 유고슬라비아 사회주의와 어떻게 다른지를 볼 수 있지만, 국가를 불신하고 시장을 받아들인다는 점 등 몇몇 측면에서는 신자유주의를 닮아 있다는 것도 알 수 있다. 하지만 시장을 지지하고 국가를 반대하는 입장이라는 점만 빼면, 유고슬라비아 사회주의와 신자유주의는 대단히 상이한 제도들을 가지고 있다. 동유럽의 경제 논쟁들을 시장이냐 계획이냐는 틀로 바라본다면, 신자유주의와 새로운 여러 형태의 사회주의를 동일한 것으로 보아넘기기는 아주 쉬운 일이다. 하지만 이들은 근본적으로 다르다.

이 책 전체에서 보았듯이, 신고전파 경제학자들은 여러 형태의 다양한 사회주의를 그들 작업에 중요한 의미가 있는 것으로 보았지만, 이는 1989년 이후에는 문제가 되었다. 신고전파 경제학자들은 시간이 지나면서 추상적인 중앙계획, 추상적인 탈중앙집권적 경제계획, 소련의 현실 사회주의, 탈중앙집권화된 시장사회주의 모델들, 일리리아 모델, 헝가리와 유고슬라비아에서 있었던 신고전파 사회주의의 실제 실험, '사회적 계획가' 모델 등 다양한 여러 사회주의를 자신들 이론의 중심 위치로 흡수했다. 이 여러 사회주의는 서로를 강화시키기도 종종 모순을 일으키기도 했으며 또한 서로 교체 가능한 것으로 여겨질 때가 많았다. 3장에서 논했듯이, 밀렌코비치는 경제학에서의 혼란을 비판했다.

> 이러한 상태에서는 바깥에서 볼 때 자본주의 기업, 랑게식 사회주의 기업, 노동자 경영 기업을 서로 구별할 수가 없다. 단기적으로는 기업 행태상의 날카로운 차이인 것이 일반 균형에서는 다 뭉그러져서 정체성이 수렴될 수밖에 없다. 경쟁에 기초한 일반 균형에서는 이 세 기업은 물론이고 그에 기초한 각각의 경제 또한 똑같이 효율적이다(Milenkovitch, 1984: 83).

세 경제체제 모두 파레토 최적이며, 사회적 계획가는 셋 중 한 사회가 다른 사회로 비약하도록 도울 수가 있다.

앞장에서 보았듯 일반적으로 신고전파 경제학자들은 시장 이행의 가능한 몇 가지 시나리오를 가지고 있었다.

1. 중앙계획 국가사회주의 → 시장사회주의
2. 중앙계획 국가사회주의 → 시장사회주의 → 중앙계획 국가사회

주의

3.중앙계획 국가사회주의 → (모사품) 시장사회주의 → 시장자본
　주의

4.중앙계획 국가사회주의 → (모사품) 시장사회주의 → 일리리아
　모델[28]

　신고전파 경제학자들은 이런 것들을 케인스주의와 같은 혼합경제
가 아닌 순수 모델들로 여겼다. 혼합경제나 '제3의 길'식 선택지는 파
레토 최적이 아닌 체제들로 이르게 되어 있다는 것이다. 1989년경, 신
고전파 경제학자들은 몇 가지 가능한 파레토 최적 체제들의 가능성을
보고 있었다.

　하지만 1989년 이후의 동유럽 경제위기 때문에 이러한 파레토 최
적의 목적지들은 의문에 처했다. 유고슬라비아는 외채 위기, 그 다음
에는 전쟁에 빠져들고 말았고 일리리아 모델의 정당성은 사라졌다. 경
제학자들은 최종 목적으로서의 여러 시장사회주의가 과연 파레토 최
적이며 안정적인 것인가에 의문을 표했다. 1989년, 발체로비치는 이렇
게 물었다. "우리가 상상한 체제들을 도입하는 게 설령 가능하다손 치
자. 과연 그것이 지속될 수 있을까? 다른 방식으로 물어보자. 그 체제
들에는 혹시 스스로를 다시 다른 체제로 변형시키는 모종의 경향성이
내장되어 있는 게 아닐까?([1989] 1995: 32)" 노동자 자주관리 형태의 시
장사회주의는 본질적으로 시도된 적이 없었기 때문에 과연 그것이 작
동할지 아니면 성격이 알려지지 않은 또 다른 파레토 균형으로 이동하
게 될지는 분명하지 않았다. 그런데 마리오 누티가 설명했듯이, 경제위

기가 벌어지면서 이 최종 목적지들 중 이미 알려져 있는 것이 바람직하다고 여겨지게 되었다.

> 과거와 현재의 사회주의적 지도자들(여기에는 미하일 고르바초프도 포함되며 사실 특별히 중요한 예다) 쪽에서 우둔하게 질질 끄는 모습을 보여주다 보니, 동유럽 나라들이 목표로 삼아야 할 모델은 자본주의의 한 버전 외의 다른 것이 될 수가 없었다. 배가 가라앉을 때에는 이 뗏목 저 뗏목 골라가며 무엇이 잘 뜨는지를 실험해볼 겨를이 없는 것이다(Nuti, 1992: 20).

이러한 이행을 겪으면서 시장사회주의는, 결코 작동할 수가 없었을 불안정한 체제로 이해되게 된다(Kornai, 1990a; Sachs, 1993: 33-34).

신자유주의로의 전환은 어떻게 벌어지게 되었는가?
—

내가 지금까지 보인 것은 신자유주의의 원인이 신고전파 경제학에 있지 않다는 점이다. 경제학자 개개인은 신자유주의를 지지하기 위해서 신고전파 경제학의 특별한 버전 즉 권위주의적 성격을 숨기고 있는 협소한 버전을 사용해왔다. 신자유주의에 대해 앞에서 언급한 나의 정의는 1990년대에 동유럽 안팎에서 벌어졌던 논쟁에 대한 나의 이해를 반영한 것으로서, 이에 따르자면 신자유주의란 경쟁적 시장, 더 작고 권위주의적인 국가, 위계적인 기업, 경영진, 소유자들 그리고 자본주의를 지지하는 한 묶음의 사상과 그와 연결된 정책들이다. 신고전파 경제학의 세계에서는 시장이란 자본주의를 도울 수도 또 사회주의를 도울 수도 있는 것이었다. 게다가 시장은 사적 소유와 동일시되지 않았으며 오히려 다양한 소유 구조를 가질 수 있는 것이었다. 하비에 따르면, 시장의 이름으로 국가의 종식을 요구하는 신자유주의 프로젝트는 **유토피아**의 성격을 가지고 있지만 이는 1970년대 초 경제위기와 사회주의의 대안 및 프로그램이 정치적으로 성공을 거둘 가능성 등에 맞서서 "자본 축적의 조건을 다시 확립하고 경제 엘리트의 권력을 회복"하는 목적으로 국가를 변혁하고 동원한다는 **정치적인** 프로젝트로서의 현실을 은폐하는 기능을 한다(Harvey, 2005: 15, 19). 이렇게 신자유주의는 더 작더라도 강력한 국가를 옹호했다. 하지만 신자유주의의 가장 분명한 성격은 경영자 및 소유자의 위계적 통제 그리고 동시에 노동자들에 대한 공격에 있었다. 신자유주의로의 전환은 노동자 소유의 재국유화, 임금 동결, 노동자 대량 해고, 자주관리의 근절, 민주주의의 협소화 등과 동시에 벌어진 일이었다.[29] 이 이행 기간에 전 지구적 규모에서 벌어진 계급투쟁이 신자유주의의 모습을 결정지었다.

하지만 여러 사람이 주장했듯이(Eyal, Szelenyi, and Townsley, 1998; Szalai 2005), 동유럽 나라들에는 자본주의를 만들 자본가들이 없었다. 동유럽의 공산당 기술관료들—경제학자들 및 경영자들—은 이념을 앞세운 옛날의 관료들에 반대하여 권력을 잡았지만 이는 소유주로서가 아니라 전문가 그리고 경영자로서였다(Eyal et al. 1998). 사회주의 시기에 경제학자들과 기업 경영자들은 오래도록 시장개혁을 실행하기를 원했고, 이로 인해 경제에 대한 직접 통제를 넘어서 신자유주의를 길잡이 삼아 나아갈 수 있었다. 하지만 또 당 지도자들과 관료들은 수십 년에 걸쳐서 이 기술관료들의 노력을 좌절시킨 바 있다. 그리하여 이제 기술관료들은 민주주의를 외치는 반대세력들과 동맹을 맺어 1989년 과 1990년의 원탁 협상에 임했고, 공산당의 정치적 독점을 종식시키는 데 성공할 수 있었다.

이러한 옛날의 기술관료 엘리트들과 새로운 국내 정치 엘리트들이 1989년 혁명을 이끌었고, 사회주의 이후의 세계를 신자유주의적인 모습으로 만들어가는 데 결정적인 역할을 수행했다(Appel, 2004; Soltan, 2000).[30] 최소한 헝가리의 원탁 대화가 이루어지는 동안 공산당의 정치적 독점 반대와 다당제 선거의 쟁점을 놓고서는 여러 반대 세력이 통일될 수 있었지만, 경제문제에 있어서는 이 반대 세력과 공산당이 아무런 합의도 찾을 수 없었다(Bozóki, 2002: xxiii; Petö, 2002: 121; Ripp, 2002: 4). 공산당의 정치적 독점을 성공적으로 종식시키고, 다당제를 도입하고, 베를린 장벽이 무너지고, 정치적 기회의 구조가 근본적으로 바뀌었건만, 경제정책의 목표는 여전히 불투명했던 것이다.[31] 옛날의 정치 엘리트들과 새로운 정치 엘리트들이 모두 이렇게 변화된 정치적 지형을 이용하여 새로운 동맹 세력들과 지지자들을 찾아다녔고, 그 과정에서 자신들은 사회주의를 거부하며 시장과 민주주의를 끌어안는다고 선언했지만 그 형태에 대한 규정은 지극히 모호한 상태였다.

이러한 전투가 벌어지는 동안 국제금융기관들이 또 동맹 세력으로 뛰어들었다. 1980년대에 전 세계를 휩쓴 외채 위기의 와중에서 국제금융기관들은 새로운 형태의 영향력을 얻게 되었고, 구조조정의 여러 조건을 강제하여 파멸적인 결과를 낳기도 했다(Greskovits, 1998;

Stiglitz [2002] 2003; Woodward, 1995).[32] 동유럽과 라틴아메리카에서는 주류에서 주변화되어버린 정치 엘리트들이 국제적 사회주의 지지자들이 아닌 이 국제 자본주의 지지자들을 만족시켜 다시 세계적인 권력 부상을 이루기 위해 신자유주의 사상을 채택했다(Babb, 2001; Dezalay and Garth, 2002; Markoff and Montecinos, 1993). 이러한 정치 지도자들은 신자유주의 정책들을 지지하기 위하여 국제적인 자본주의 네트워크의 비슷한 생각의 경제학자들과 힘을 합치면서 자국 내의 여러 이해당사자들과는 절연해버렸고, 사회에서 뽑혀져 나온 협소한 형태의 신고전파 경제학을 동원했다(Blyth, 2002: Harvey, 2005).[33] 정치 엘리트들과 경제학자들은 이렇게 국제적인 자본주의적 행위자들과 동맹을 맺었고 또 그들에게 의존했다(Szalai, 2005: 50).

이렇게 동맹 방향을 재정립한 정치 및 경제 엘리트들은 곧 이행기 초기에 노동자들과 맺었던 협정을 배신했다. 예를 들어 폴란드와 헝가리에서의 원탁 협상에서는 국가가 노동자들에게 기업에 대한 통제권을 그 전에 준 바 있었다. 정치학자 아그니에슈카 파친스카에 따르면 폴란드에서는 "노동자 평의회와 노동조합이 기업에 대해 가지고 있는 통제력 덕분에 노동자들 사이에 기업은 종업원의 것이라는 견해가 더욱 공고해졌다(2009: 135)." 사유화란 이렇게 사적이든 집합적이든 노동자의 소유를 뜻하는 것이었다. 하지만 이러한 새로운 정치적 환경에서는 순식간에 노동자들이 문젯거리로, 즉 효율성에 대한 장애물로 보이게 된다. 폴란드의 전직 사유화 담당 차관이었던 이는 파친스카에게 이렇게 말했다. "사유화는 국가를 기업으로부터 끌어냈다기보다는 노동자 자주관리를 기업으로부터 끌어냈습니다(Paczyńska, 2009: 6)." 또한 앞에서도 논했듯이 유고슬라비아에서는 노동자들이 곧 "사적 소유를 갖기에는 '잘못된 종류의 사람들'"로 여겨지게 된다(Ellerman, Vahčič, and Petrin, 1992: 139). 정치 엘리트들은 그 대신 외국 투자가들, 국내 은행들, 그밖의 다른 기관들이 소유자가 되도록 상황을 만들어갔다.

동유럽에는 자본주의를 창출할 자본가들이 없었으며 또 노동자들은 생산수단의 소유자들로서는 부적절하다고 여겨졌기 때문에, 기술관료들과 정치 엘리트들은 이 새로운 신자유주의 체제에 이해관계를 갖는 새로운 행위자들을 창출하고자 했다(Greskovitz, 1998: 50). 이들은 경쟁을 옹호하는 대신 다시 중앙집중화를 행함으로써 사유화를 증진시키려 했다. 이로 인해 기업 경영자들과 이사진을 자기들 손으로 한 사람 한 사람 고를 수 있었고, 국유 재산을 넘겨줌에 있어서 정치적 재량을 행사할 수 있었고, 그리하여 이 체제가 절대로 어떤 형태로든 사회주의로 되돌아가지 않게 만들겠다는 새로운 동맹 세력들을 창출했다(Róna-Tas, 1997: 192). 헝가리의 경우 "소유를 다시 중앙으로 집중시킨 것은 지배 동맹에게는 정치적 가신 집단을 형성할 수 있는 기회였다. 이 동맹 정당들의 역사가 짧다는 점을 볼 때, 스스로의 단단한 사회적 기반을 구축할 기회로서 사유화를 이용하고자 하는 유혹은 뿌리칠 수 없는 것이었다(ibid., 192)". 1980년대 말의 급진적 민주주의와 시장사회주의에 대한 요구와는 반대로, 정치 엘리트들은 위계적 제도들을 사용하여 자기 스스로의 권력을 강화하고 확장해갔던 것이다.

신자유주의 확산에 있어서 초국적 우익 세력이 했던 역할은 구체적 문서 근거로 잘 정리되어 있다. 많은 관찰자가 이 신우익이 효과적인 네트워크 구축을 통하여 신자유주의의 메시지를 널리 선전했음을 명확히 보여주었다. 이러한 설명에 따르면 초국가적 네트워크를 발전시키고 신자유주의 사상을 확산시키기 위해 일부 활동가들과 일부 경제학자들이 함께 작업했다. 이때 가장 중요하게 경제학자 밀턴 프리드먼과 프리드리히 하이에크가 몽 펠르랭 협회를 만들고 또 이것을 여러 우익 싱크탱크, 스카이프 가문과 같은 재단들, 시카고 대학과 다른 곳의 경제학과 등과 연계시킴으로써 우익 네트워크를 구축하는 데 도움을 주었다고 한다(Bourdieu and Wacquant, 1999; Cockett, 1995; Diamond, 1995; Hartwell, 1995; Harvey, 2005; Kelly, 1997; Klein, 2007; Mirowski and Plehwe, 2009; Smith, 1993; Valdés, 1995; Yergin and Stanislaw, 1998). 이 경제학자들은 또한 네트워크의 확장을 위해 자신들의 학문적 명성, 경제사상에 대한 재해석, 조직 기술 등을 기꺼이 제공했다. 이들은 다양한 종류의 책, 팸플릿, 논문을 발표했고 이는 이러한 네트워크 안에서 갈수록 더 많은 숫자의 기관을 거쳐 유통되었다. 싱크탱크, 여러 네트워크, 지식인들이 함께 힘을 합쳐 특정한 초국가적 자본주의 이해관계를 지원하고, 신자유주의적 자본주의에 대한 대안을 찾아보려는 일체의 시도를 방해하는 헤게모니적 무리들을 창출했다(Gill, 1990; Plehwe, Walpen, and Neunhoffer, 2005).

초국가적 우익은 서로 모순되는 여러 다양한 담론을 이리저리 꿰어맞춘 이데올로기를 오랫동안 적극 선전해왔다(Hall, 1988; Mirowski, 2009).[34] 우익 네트워크에 들어와 있는 경제학자들을 보면 대단히 상이한 심지어 종종 모순되기까지 한 정통 경제학자들이 공존하고 있었다. 신고전파 경제학자 프리드먼과 신고전파 경제학의 비판자 하이에크는 서로 완전히 다른 전통 위에서 연구하는 이들이었음에도 불구하고 우익 이데올로기 안에서 의견일치를 보았다. 하이에크의 진화론적 사상에 영감을 얻은 오스트리아학파 경제학자들은 충격요법의 가장 강력한 지지자가 되었고(Aligica and Evans, 2009: 78; Prychitko, 2002), 그리하여 함께 충격요법을 지지했던 제프리 색스 및 그의 신고전파 동료들과 동맹이 되었다. 오스트리아학파는 자생적 질서와 자생적 진화라는 이름 아래에 여러 기관을 촘촘한 네트워크로 엮어놓았지만, 이 네트워크가 주요한 사회 변화를 위해 작동하는 방식은 자생성과는 거리가 멀었다. 훗날 우익들은 색스와 IMF의 충격요법을 비판했고 색스의 "위로부터의 계획이라는 접근법"을 비판했다(Easterly, 2008). 하지만 이러한 정책들을 지지했던 것은 오스트리아학파의 경제학자들도 마찬가지였다. 이렇게 여러 모순된 관점을 가진 여러 다른 경제학자들을 엮어놓은 덕에 우익은 신고전파 경제학을 자유시장자본주의의 옹호 논리로 내놓을 수도 있었고 또 다른 이들의 신고전파 경제학을 본질적으로 사회주의적이라고 비판할 수도 있었다. 그 결과 우익은 서로 다른 경제학자들을 기회에 따라 편리하게 써먹음으로써 신자유주의를 지지하는 거의 어떤 종류의 주장도 내놓을 수가 있게 되었다. 이 네트워크 안의 여러 싱크탱크와 재단들은 넓은 범위의 여러 전통으로부터 신자유주의적 아이디어들을 가져와서 하나의 행동 노선으로서 다시 포장했고, 이 패키지를 전 세계적으로 장려할 수 있는 자원 또한 갖추고 있었다(Campbell, 1998).

우익 신고전파 경제학자들과 오스트리아학파 경제학자들은 동유럽 경제학자들이 제대로 된 경제학 훈련이 전혀 되어 있지 않으며 백지와 같은 천진난만한 상태에서 자본주의를 받아들인 것처럼 보이게 만들었다. 이 책에서 우리가 보았듯이 동유럽인들이 최소한 1950년대 이후로 초국가적 신고전파 경제학 논의에 참여해왔음에도 불구하고 말이다. 예를 들어 알리지카와 에번스 같은 이들은 마르크스주의는 이미 1989년 이전에 동유럽에서는 아무런 대안도 남기지 않고 완전히 붕괴해 있었으며 결국 경제학에서는 하나의 백지 상태tabula rasa가 생겨나게 되었다고 주장한다. "서방의 과학 및 학문 공동체와의 접촉은 1990년대가 되어서야 진정으로 다시 열리게 된다(Aligica and Evans, 2009: 50)." 신자유주의로서의 신고전파 경제학이 그리하여 이 공백을 메우게 되었다는 것이다. "1989년 이후 서방의 인식 공동체들이 신고전파 및 신자유주의 사상을 그토록 놀랄 만큼 효율적으로 전파시켰던 통로는 바로 마르크스주의자들의 네트워크였다. 이러한 기현상은 마르크스주의의 지적 부패와 공허로 주로 설명할 수 있다(ibid., 96-97)." 우익쪽 인사들은 옛날의 사회주의 동유럽을 스탈린주의적인 중앙계획과 마르크스-레닌주의 정치경제학으로 규정하는 이미지를 더욱 강화시키고 여기에 대해 서방은 시장, 사적 소유, 신고전파 경제학으로 규정되는 것으로서 그와 대조시켰다.

엘리트들은 이러한 이분법을 강화하면서 경제학자들과 다른 이들이 함께 모여 소련식 국가사회주의와 미국식 신자유주의적 자본주의 모두에 대한 대안을 발전시켰던 간극적 공간들을 뿌리 뽑고자 했다. 한 예로 헝가리 경제학자 페테르 마르쿠시는 헝가리의 정책 논쟁들이 국가 소유냐 사적 소유냐에만 제한되어 있었다고 주장하면서 다양한 사회적 소유 형태들은 무시해버리고 있다(Márkus, 1996). 시장의 이름으로 권위주의를 신봉하는 신고전파 경제학자들 또한 독재와 무질서 중에 하나를 선택하는 수밖에 없다는 식으로 말했다. 이러한 생각과 동일선상에서 슐라이퍼와 그의 공저자들은 독재와 부패가 반드시 필요하고 또 효율적일 때도 있으며, 특히 페루에서 저항을 일으키는 좌파들과 싸울 때가 그러하다고까지 주장했다.

> 페루의 여러 기관의 관점에서 보자면 이러한 흥정은 무질서를 제거하고 독재권력을 증강시키는 움직임을 반영하는 것이다. 이러한 움직임이 매력적인 것은 아니지만, 페루가 직면해 있는 양자택일의 상황도 어쩔 수가 없기는 마찬가지다. 종국에 가면 후지모리가 자신의 독재를 공고히 하려 하면서 민주적 과정이 작동하여 그는 나라 밖으로 쫓겨나게 되었다. 그러자 충분히 예상할 수 있는 일이지만 무질서도 함께 증가했다(Schleifer et al., 2003: 614).

독재는 질서와 효율성을 가능케 할 뿐만 아니라 자유도 가능케 해준다고 이들은 주장한다. 하이에크는 한 인터뷰에서 "독재는 그 스스로에 제한을 가할 수가 있다. (…) 그리고 스스로 제한을 두기만 한다면 독재정권의 정책들 쪽이 아무런 제한도 두지 않는 민주적 의회보다 더 자유주의적일 수 있다"고 말한 바 있다(Mirowski, 2009: 446). 이 인터뷰 뒷부분에서 그는 계속해서 이렇게 말한다. "저는 잠시나마 자유가 없이 살아가는 것보다는 잠시나마(다시 말하지만 잠시입니다) 민주주의를 희생시키는 쪽을 선호합니다(ibid.)." 캐플란은 그의 저서 『합리적 투표의 신화』*에서 개인들은 자신들의 합리적 이익이 자유무역과 자유시장에 있다는 것을 이해하지 못한다는 이유로 민주주의에 반대 주장을 펼친다(Kaplan, 2007). 그는 시장 행위자들이 자기들 이익을 가장 잘 알기에 경제적으로 정확한 정책들을 지지하게 되어 있다고 한편으로는 주장하면서, 또 다른 한 편으로는 이러한 결과를 가져오기 위해서는 신고전파의 사회적 계획가가 꼭 필요하며 최소한 모종의 전문적인 경제학자 분파에게 권력을 이양할 필요가 있다고 주장한다. 세계가 취할 수 있는 선택지를 독재냐 무질서냐로 놓게 되면, 각국 선거를 훨씬 넘어서서 1989년이 상징하는 참여와 급진적 형태의 민주주의를 위한 전 세계적인 운동은 완전히 말소되고 만다.[35] 이러한 이분법을 사용함으로써 엘리트들은 넓은 범위의 다양한 대안 형태를 모두 짓밟아버렸다(Kumar, 1992; Yurchak, 2006).

초국가적 신우익이 신자유주의를 확산시키는 데 도움을 주려고 전략적인 작업을 펼쳤던 이유는 그들이 이 사상을 창조했기 때문이 아니라 이들이 성공적으로 다른 이들의 사상을 마음대로 왜곡하고 또 써먹을 수 있었기 때문이었다(Bockman and Eyal, 2002). 우익 활동가들은 자본주의 대 사회주의라는 냉전의 이분법 바깥에서 벌어졌던 여러 사회운동과 토론들을 마음대로 이용하여 새로운 형태의 지식을 얻고 발전시켰다. 5장의 주제였던 CESES 말고도 이런 종류의 기관은 여럿 있었고 모두 함께 '경계 없는 은하계'를 형성했다. 이 여러 기관은 동유럽과 서방, 중심국과 주변국들 사이의 수렴 현상에 관심을 갖는 개인들을 모아 사회주의, 인권, 사회적 정의, 그밖의 여러 주제에 대해 토론하게 했다.[36] 이러한 토론 속에서 참가자들은 소련식 국가사회주의를 비

---

* 국내 번역본은 『합리적 투표자에 대한 미신』, 김행범 외 옮김, 북코리아, 2008.

판하고 반드시 소련 형태가 아니라면 사회주의가 어떤 모습을 취할 수 있는지를 토론했다. 우익 활동가들은 이들과 이들의 여러 비판을 자기들 국가 내 논쟁에 동원했다. 이들은 간극적 공간에서 벌어졌던 토론을 그들 뜻대로 다시 해석했고 이 은하계들을 중앙계획 사회주의냐 자유시장 자본주의냐 그리고 국가 소유냐 사적 소유냐라는 명쾌한 이분법에다 억지로 밀어 넣었다.[37] 이들은 사회주의가 실패했다고 확언했으며, 프리드먼과 하이에크가 항상 옳았다고 주장했으며, 자본주의, 시장, 사적 소유를 대체할 대안은 존재하지 않는다고 주장했다. 냉전 기간에 생겨난 limnal 공간들을 채웠던 창조적 투쟁들을 마음대로 이용한 것은 우익 활동가들이라는 반동적 세력이었다.[38]

신자유주의의 승리는 단지 우익 활동가들과 정치가들만의 작품이 아니었다. 데이비드 하비는 신자유주의가 무엇보다도 자본주의적 국가권력을 회복하려는 정치적 프로젝트였으며 이는 따라서 신우익만의 프로젝트일 이유가 없다고 주장했다(Harvey, 2005). 스테파니 머지는 이렇게 말한다.

신자유주의와 정치적 우익을 하나로 합치는 경향이 존재하지만, 이는 문제가 있다. (⋯) 1990년대에 나타난 시장 친화적 정치는 비록 중요한 여러 다른 변형태가 있기는 하지만, 틀림없는 하나의 현상이 되었다(Mudge, 2008: 723).

하지만 시장 친화적 정치는 사회주의자들이나 신자유주의자들이나 똑같이 쉽게 펼칠 수 있는 것이었다. 더욱 중요한 점은, 신자유주의자들은 위계적 제도들, 위계적 경영자, 위계적 소유자를 지지했던 반면 사회주의자들은 최소한 원리상으로나마 종업원들 혹은 노동자들을 지지했었다는 것이다. 따라서 신자유주의 확산에 있어서 좌파가 맡았던 역할을 고려할 때에는 신자유주의 좌파(그리고 아마도 민주적 지도부 위원회) 쪽과 권력의 이분법 밖에서 대안을 찾고자 했던 좌파 쪽을 구별해야만 한다.

여러 연구자들은 1990년대의 신자유주의적 이행과 그로 인한 경제위기가 포퓰리즘적인 반항이나 대중적 저항을 불러일으키지 않았다는 것에 주목했다. 제프리 색스, 안드레이 슐라이퍼 등과 같은 학자들이 여러 번 경고했음에도 불구하고 말이다(Greskovits, 1998; Szalai, 2005). 사람들은 어째서 이러한 체제 변화에 반대하여 반란을 일으키지 않았을까? 시민들이 그 이전 체제의 여러 문제에 대해 심한 불만을 가지고 있었음은 분명하지만, 여론조사 등을 통해서 볼 때 그렇다고 이들이 반드시 자본주의를 선호했던 것도 아니었다.[39]

노동자들이 일찍이 조직되어 국가와의 협상에서 상당한 힘을 가지고 있었던 폴란드와는 대조적으로(Paczyńska, 2009), 동유럽의 노동자들은 일반적으로 자신들이 1980년대에 얻어냈던 것들을 지켜낼 만한 제도적 자원을 갖고 있지 못했다. 많은 학자는 유고슬라비아 사회주의가 노동자 자주관리를 충분히 실현한 적이 결코 없었다는 것을 지적했고(Comisso, 1981; Obradović and Dunn, 1978; Zukin, 1975), 사회주의 체제는 민주적 참여를 저지하고 오히려 그 시민들의 원자화를 장려한 적도 종종 있었다(Stark, 1992; Szalai, 2005). 하지만 1988년과 1989년에 노동자들은 자신들이 일하고 있는 사업장에 대해 새로운 통제력을 얻게 되었다. 당시에 사회주의에 나타났던 새로운 모범적 형태는 노동자 자주관리였고 또 생산수단의 노동자 소유조차 가능했었기에 잠재적으로 사회주의(생산수단의 국가 소유)에서 공산주의(국가가 사멸)로 나아갈 가능성도 분명히 존재했다. 하지만 노동자들의 이익을 보호할 수 있는 제도적 자원들 즉 민주적인 노동자 자주관리, 비국가의 사회적 소유 관련 법률, 협동조합 은행 등이 발전하고 강화될 시간이 없었다. 또한 얀 무이젤이 옹호했던 것과 같은 자주관리와 민주화를 "가능한 한 빠르게" 진전시킬 '대추동'은 없었고(Mujżel, 1988), 대신 노동자들은 무이젤이 예언했던 바의 또 다른 '대추동' 즉 새로운 정치 엘리트들, 경영자들, 특정 집단의 신고전파 경제학자들의 이익에 맞는 기술관료적 충격요법이 벌어지도록 허용하는 수밖에 없었다. 제2경제 그리고 그 다음에는 새로운 정당들이 긴장을 배출하는 안전밸브의 역할을 했다(Greskovits, 1998; Szalai, 2005). 사회적 운동 역시, 스스로를 보호해줄 제도들이 없는 상태에서 노동자들이 끝내 사회적 소유를 고수할 수 있는 경우는 거의 없었고 이들은 비교적 간단히 사회적 소유에 대한 자신들의 통제력을 놓아버리고 말았다(Szalai, 2005). 정치 및 경제 엘리트들은 노동자 통제 및 노동자 소유로부터 이탈하는 것을 지지해줄 새로운 동맹자들을 창출하고자 했다. 노동자들은 자신들을 보호해줄 그리고 급진적인 정치적 경제적 민주주의를 발전시킬 충분한 제도들을 갖지 못한 상태였으므로 이 엘리트들은 노동자들의 소유를 그냥 가져가 버렸다(Klein, 2007; Nelson and Kuzes, 1994). 관련 제도들이 없는 상태에서 초국적 기업과 국제 금융기관들의 도움을 얻은 옛날의 그리고 새로운 동유럽 엘리트들은 이러한 상황을 마음껏 이용할 수 있었고 신자유주의를 실행에 옮기게 된 것이다.

결론
—

1989년 동안 그리고 그 이후의 기간에, 정치적 지형이 변동하게 되면서 동유럽 엘리트들은 신자유주의를 창출할 새로운 동맹자들을 얻게 된다. 국제적인 자본주의 행위자들에 의존하면서 그들과 동맹을 맺은 정치, 경제 엘리트들은 협소한 버전의 신고전파 경제학을 사용했고 이는 사실상 신자유주의를 지지할 위계적 여러 제도를 가정하는 것이었다. 이 새로운 엘리트들은 임박한 정치적, 경제적 혼란을 바라보면서 선택지는 오로지 기술관료적 변화냐 아니면 이러한 혼란으로의 침몰이냐밖에 없다고 주장했다. 그리고 나서 이들은 시장사회주의의 여러 선택지를 거부했고, 겉으로는 협소해 보이지만 사실은 권위주의적인 방식의 신고전파 경제학 이해를 내세워서 신자유주의를 지지했으며, 경영자, 잠재적 소유자, 기술관료적 전문가 등을 포함한 다른 사회적 행위자들의 이름을 내세워 노동자들을 옹호하는 사회주의의 원칙을 배신했다. 이러한 방식으로 이 엘리트들은 민주적 시장사회주의라는 이행 목표를 자본주의로의 이행으로 변형시켜버렸다.

결론

신자유주의는 전 세계에 확산되었지만 여전히 오해되고 있다. 경제학자들은 신자유주의를 지지하고 이를 향해 심지어 개종하고 있는 것으로 보이며, 이 이데올로기는 시장의 영역을 확장하고 강력한 국가, 기업 소유자 및 경영자, 자본주의를 지지하려 한다. 하지만 주류 신고전파 경제학자들 대다수는 신자유주의를 옹호하지 않았다는 것이 나의 주장이다. 많은 관찰자가 경제학자들을 시장지지 혹은 국가지지로 양분할 수 있다는 그릇된 가정을 취했다. 이러한 양분법은 시장 대 중앙계획, 통화주의 대 케인스주의, 신자유주의 대 사회주의, 신고전파 경제학 대 마르크스주의 등 다른 양분법을 자아냈다. 그 결과 신자유주의가 신고전파 경제학과 동일한 것으로 뒤섞여버리는 그릇된 일이 벌어졌으며 여러 대안을 논의했던 '은하계'는 완전히 잊혀버렸다. 나는 그러한 은하계가 형성되었던 간극적 공간의 역사를 재발견하고자 했다.

이러한 역사를 재생하는 수단으로서 나는 먼저 경제학의 역사에서 보통 중심을 차지하는 케인스주의와 사회주의 계산논쟁을 재배치하고, 이를 통해 신고전파 경제학자들이 개인적인 정치적 신조와 무관하게 여러 다른 형태의 사회주의를 분석적 모델로 또 규범적 모델로 사용했던 다양한 방식을 드러냈다. 19세기에 신고전파 경제학자들은 일정한 가정들에 근거한 순수 경쟁 시장이 최적의 결과를 내놓는다는 결론에 도달했으며, 이러한 시장이 어떻게 그러한 최적의 상태에서 작동하는지를 서술하기 위해 여러 방정식의 집합을 구축했다. 이들은 또한 가설적인 사회주의국가가 이러한 방정식들을 이용하여 경제를 계획으로 운영할 수 있으며 또 시장과 마찬가지의 최적의 결과를 얻을 수 있다는 결론에 곧 도달했다. 이러한 사회주의국가 모델은 이 세계를 시장 모델 자체보다도 더욱 단순화시킨 것으로서, 경제학자들로 하여금 여러 경제정책과 그 각각이 제공하는 편익을 서로 비교할 수 있도록 해주는 것이었다. 그 결과, 순수 경쟁 시장 모델과 사회주의국가 모델은 양자 모두 신고전파 경제학의 핵심 자리를 차지하게 되었다. 이러한 핵심은 신고전파 경제학자들로 하여금 자신들의 작업에 넓은 범위, 다양한 형태의 사회주의 즉 추상적인 사회주의국가, 현실 소련의 중앙계획, 추상적인 탈중앙집권화 경제계획, 헝가리식 탈중앙집권화 시장 사회주의 실험, 유고슬라비아의 노동자 자주관리 사회주의 체제에 기초한 추상적인 일리리아 모델, 현실의 유고슬라비아 체제 등등이 자신들의 전문적 작업에 직접적인 적실성을 갖는다는 것을 알게 되었다. 일부 경제학자들은 자신들이 이러한 추상적 모델을 새로운 사회주의 사회의 길잡이로 사용할 수 있다는 것도 깨닫게 되었다.

1917년 볼셰비키혁명으로부터 생겨난 사회주의 사회를 제대로 연구하지 않은 이들은 동유럽 나라들의 경제에는 오로지 소련 스타일의 국가사회주의만 있었으며 이곳의 경제학자들이 오로지 마르크스주의 정치경제학만 사용했다고 가정할 때가 종종 있다. 하지만 이곳에서는 수는 적지만 영향력이 대단히 큰 경제학자들이 이미 마르크스주의 정치경제학은 무엇보다도 자본주의 경제를 묘사하는 것이기 때문에 사회주의 경제를 창출하고 개선하는 최선의 도구는 사실상 신고전파 경제학이라고 주장한 바 있었다. 동유럽과 서방의 경제학자들은 신고전파 모델들을 놓고서 처음에는 따로따로 연구 작업을 행했지만 냉전 초기에는 각각 비슷한 정치적 압력을 겪게 된다. 신고전파 경제학자들은 양쪽 모두에서 군산복합체라는 폐쇄된 세계 안에서 작업해야 했으므로 자신들 학문을 협소하게 할 수밖에 없었고, 순수 경쟁 시장이건 사회주의국가이건 그 기능을 개선할 수 있는 제도들이 어떤 것인지는 논의할 수 없었으며, 그저 기존의 위계적 제도들이 지속된다고 가정할 수밖에 없었다. 이오시프 스탈린이 죽고 매카시즘이 종말을 고한 후, 이러한 경제학자들은 서로 소통하고 또 함께 작업에 임하면서 여러 형태의 사회주의, 여러 형태의 자본주의, 여러 형태의 시장에 대해 초국가적 대화의 장을 형성하게 된다.

　　1920년대와 1930년대부터 시작하여 사회주의 경제학자들은 권위주의적인 모델들을 거부했고, 신고전파 경제학에 기초한 다양한 민주적 시장사회주의로 전환한다. 이들은 급진적 형태의 경제민주주의와 시장을 결합시켰으니, 이들의 주장에 따르면 이것들은 당연히 독점이 생겨날 수밖에 없는 자본주의에서보다는 사회주의에서 훨씬 더 제대로 작동하게 되어 있다는 것이었다. 1950년대 초, 유고슬라비아 경제학자들은 신고전파 경제학을 사용하여 새로운 종류의 사회주의를 구축해 국외의 동료들을 매료시켰다. 비록 충분히 실현된 적은 결코 없는 모델이지만, 노동자 자주관리로 운영되는 기업은 경쟁적 시장에서 서로와 경쟁하게 되어 있으며 이를 통해 모종의 자유방임 사회주의를 창출한다는 것이었다. 헝가리 경제학자들은 또 다른 모델의 탈중앙집권화된 시장사회주의를 발전시켰고, 사회주의에 대한 자신들의 신고전파 모델뿐만 아니라 자기들 스스로의 경제 실험에 대한 지식을 신고전파 경제학자들끼리의 초국가적 논의에 공유함으로써 기여했다. 소련식 국가사회주의와 서방 자본주의 모두에 비판적인 개개인들의 이질적인 네트워크를 한데 묶은 제도들과 초국가적인 간극적 공간들에서 신고전파 경제학과 사회주의에 대한 새로운 지식이 출현하게 되었다. 이 전 세계의 다양한 개인은 비슷한 경제문제들에 부닥쳤으며, 여러 체제가 이런 문제들을 해결하는 방향으로 수렴하는 것을 꿈꾸면서 사회주의냐 자본주의냐 혹은 시장이냐 계획이냐라는 제한적이고도 별 도움이 되지 않는 이분법들을 넘어서 나아갔다.

1970년대가 되자 사회주의 동유럽과 자본주의 서방 모두에서 보수적인 정치 지도자들이 다시 한 번 협소한 버전의 신고전파 경제학을 지지한다. 이는 사회적 맥락에서 뽑혀져 나온 경제학으로서, 경쟁적 시장 혹은 효과적 중앙계획을 위해 필요한 제도들에 대해서는 이야기하지 않고 현실 세계에서는 현재의 권력 배분 상태에 존재하는 위계적 제도들과 이 지도자들의 권력을 유지해주는 경제학이다. 1980년대가 되면 민주적 시장사회주의에 대한 요구가 다시 새롭게 나타나게 된다. 동유럽의 노동자들은 자기들 기업을 통제할 수 있는 새로운 권리들을 얻었고, 사회적으로건 사적으로건 생산수단을 소유하는 길로 향하고 있는 듯했다. 동유럽 경제학자들 또한 궁극적으로 시장사회주의를 구축하고 국가의 사멸, 모종의 공산주의 그리고 진정한 노동자 권력을 가져올 수도 있는 다양한 형태의 개혁을 실현했다. 1989년, 마침내 시장사회주의가 실현될 수 있는 것처럼 보였다.

하지만 1989년과 1990년에 정치적 지형이 극적인 변화를 겪었고, 이로 인해 옛날의 엘리트와 새로운 엘리트는 국제적 자본주의 기관들과 동맹을 맺음으로써 또 국제적인 사회주의 기관들과 동맹을 내려놓음으로써 자신들의 정치적, 경제적 권력을 포획하고 확장시켰다. 이 공산주의 이후의 엘리트들은 그 다음으로 노동자들과 좀더 크게는 사회 일반에 대한 자신들의 약속을 어겼으며 또 동시에 경영자들, 미래의 소유자들, 기술관료적 전문가들에 대한 지원을 확장했다. 이리하여 1989년경에는 이 엘리트들이 우리가 7장에서 정의한 바 있는 신자유주의 즉 경쟁적 시장, 더 작고 권위적인 국가, 위계적인 기업, 경영진, 소유자들, 자본주의 등을 옹호하는 일련의 사상 및 그와 관련된 정책들로 정의되는 신자유주의를 실행에 옮기게 된다. '시장으로의 이행'과 같이 한때 사회주의 논의의 일부였던 용어들이 그 옛날 의미를 한편으로 간직한 채로 이제는 또한 새로운 자본주의적 의미들까지 가지게 되었다. 사회주의 체제 내에서 '진정한 시장'과 급진적인 경제민주주의 및 정치 민주주의를 창출하려고 했던 시장 이행은 이제 자본주의 그리고 대의제 민주주의로의 이행으로 변형되어버렸다.

신자유주의는 이렇게 사회주의에 기원을 두고 있다. 경제학자들뿐만 아니라 반체제 인사들, 사회 운동의 성원들, 공산당 내부의 개혁 그룹 등이 모두 함께 사회주의에 대한 새로운 사상을 발전시켰으며, 그 후 권력을 잡은 엘리트들이 이를 멋대로 가져다가 신자유주의로 왜곡시켜버린 것이다. 내 관점에서 볼 때, 사회주의를 놓고 벌어졌던 경제학자들의 장기적이고도 지속적인 초국가적 대화 그리고 이들이 경제학 분야에서 벌였던 진정한 싸움들을 간과해서는 안 된다. 이러한 싸움의 진정한 대립 구도는 시장을 지지하는 이들 대 경제계획을 지지하는 이들이 아니라 권위적인 기술관료제를 지지하는 이들 대 급진적 민주주의를 지지하는 이들이었다. 1989년이라는 새로운 정치 환경을 맞게 되자 권위주의를 신봉하고 급진적 민주주의를 반대하는 특정한 신고전파 경제학자들이 영향력을 얻고 신자유주의를 실행에 옮기게 된다.

신자유주의의 승리는 민주적 시장사회주의의 여러 모델을 개발하여 1989년 이후의 기간에 이를 실행에 옮기기를 희망했던 경제학자들이 있었기에 이루어진 것이 아니었다. 오히려 그들의 존재에도 불구하고 신자유주의가 승리하고 만 것이었다.

살아남은 사회주의

—

1990년대 초는 많은 사회주의자에게 기력의 소진과 혼동의 시기였다. 영국의 정치학자 크리스토퍼 피어슨은 스스로의 사회주의 정치에 대해 이렇게 말한 바 있다.

내가 그 '사회주의'라는 말을 사용하는 방식이 있다. 어떤 이들에게 이 말은 기껏해야 낡아 빠진 말이며 최악의 경우에는 눈이고 귀고 모두 틀어막고 계속 사회주의적 전망에 대한 글을 쏟아놓으려는 옹고집으로 보일 것이다. 사회주의란 오직 해체에만 적합한 사상에 속하거나 아니면 정치적 오만에 빠져 오해로 인한 유혈사태만 낳고 지금은 완전히 소진되어버린 역사를 상징하는 말이 되었다. 심지어 '좌파 진영'에서도 (…) 이는 거리를 유지해야 할 말이 되었다. 나는 최소한 이 관점에 일정 부분 동감하고 있다(Pierson, 1995: ix).

그 이전에 이미 크리샨 쿠마르는 동유럽인들이 공산주의와 사회주의를 "더러운 말들"로 여기고 있음에 주목했다(Kumar, 1992: 334-335). 또 다른 학자들은 동유럽인들이 사회주의로부터 빠져나오고자 이행을 추구하고 있지만 그 이행의 목표가 무엇인지는 극히 불명확하기 때문에 결국 이들도 **변형**이라는 용어를 쓰게 되었다는 것을 발견한 바 있다(Stark and Bruszt, 1998). 하지만 사회주의는 다양한 방식으로 계속되고 있다. 비록 자본주의 대 무너진 사회주의라는 갈수록 헤게모니적이 되어가는 이분법 때문에 그리고 이행은 결국 자본주의가 승리를 거둔 역사라는 식의 이야기 서술 때문에 모호하게 되어버렸지만 말이다.

사회주의는 신자유주의 자체 내부에 은폐된 채 그대로 남아 있다.』 제프리 색스와 같은 경우 동유럽의 사회주의적 유산을 쓰레기장이라고 무시했지만, 이와는 대조적으로 사회주의의 과거를 미래를 위해 반드시 필요한 자원이라고 보는 이도 있다.

> 제도적 진공 상태는커녕, 우리는 여러 일상적 과정과 관행들, 조직
> 적 형태들과 사회적 유대를 발견한다. 이런 것들은 사람들이 서로
> 를 믿을 수 있게 만드는 책임감과 행동의 조화에 있어서 자산이요
> 자원이요 기초가 될 수 있는 것들이다. (…) 요컨대, 정치학자들이
> 대경실색하는 방향감 상실도 또 경제학자들이 아주 매력적이라고
> 생각하는 백지 상태tabula rasa도 여기에는 존재하지 않으며 그 대신
> 우리는 은밀한sub-rosa 조직적 형태들이 환골탈태하는 것과 이미 존
> 재하던 연계 네트워크들이 활성화되는 것을 보고 있다(Stark, 1992:
> 300).

사회주의의 기간에도 이 지역 전반에 걸쳐서 기업들은 계속 존속
했으며, 1989년보다 오래전에 개발되었던 시장 이행 내에서 작동했던
여러 전략, 기업 간 네트워크, 비공식적 연계 등을 그대로 보유하고 있
었다. 파친스카는 사회주의 기간에 폴란드 노조운동이 자원, 제도, 역
사적 경험을 획득해냈고, 이를 통해 폴란드의 일부 노동자들은 이행
기간에도 자기들의 소유권을 조직하고 보호할 수 있었다는 것을 입증
했다(Paczyńska, 2009). 사회주의 기간의 여러 제도, 네트워크, 전략, 경
험 등이 시장 이행을 위한 풍부한 자원을 제공했고 이리하여 신자유
주의 내부의 것으로 남게 되었다.

좌익의 지원을 받은 우익 집단들은 그 이전부터 존재했던 사회주
의의 여러 사상과 개념을 '자본주의적' 혹은 '신자유주의적'이라고 이

름을 붙였다. 간극적 공간으로부터 발전되어온 사회주의 및 자본주의에 대한 지식은 오늘날 그저 신자유주의 이데올로기의 앞선 논의쯤으로밖에는 보이지 않겠지만, 이는 미첼이 "신자유주의적 상상력의 좁은 창문"이라고 부른 것으로 인해 우리들 눈에 오직 헤게모니만이 보이고 이에 대한 토론 그리고 이를 대체할 대안들은 보이지 않게 된 것뿐이다(Mitchell, 1999: 32). 이탈리아의 자율주의 전통을 따라오다 보면 사실 우리는 소련 사회주의와 서방 자본주의를 모두 '자본의 공산주의'에 터전을 닦은 것으로 비판했던 간극적 공간들을 볼 수 있다.

> 만약 포디즘이 자기 나름의 방식으로 사회주의 경험의 일부 측면들을 통합하고 다시 썼다고 할 수 있다면, 포스트포디즘은 케인스주의와 사회주의 **양자 모두를** 근본적으로 기각했다. 포스트포디즘은 (…) **자기 나름의 방식으로** 공산주의의 전형적인 요구들(노동의 폐지, 국가의 해체 등)을 제출했다. 포스트포디즘은 자본의 공산주의다(Virno, 2004: 111).

간극적 공간들로부터 나타난 지식은 서방 자본주의의 핵심을 바꾸어놓으면서도 그 헤게모니는 유지했다. 이 공간들은 우익들이 자기 멋대로 가져다 쓴 형태로 바뀌어 그들의 신자유주의 헤게모니 프로젝트를 도와주었다. 이와 동시에, 사회주의 사상은 이러한 신자유주의 프로젝트 내부에도 여전히 도사리고 있다.

신고전파 경제학자들의 개인적 정치 신조와 무관하게 그들의 방법과 지식에는 사회주의가 중심적인 위치를 차지하고 있다. 신고전파의 개척자들은 사회주의 경제가 신고전파적으로 작동하는 방식을 고찰하는 것을 자기들 생각의 기초로 삼아왔다. 미제스와 하이에크의 오스트리아학파도 그 기원은 여러 사회주의 모델에 있으며, 이를 나중에 그들이 거부하게 되면서 오스트리아학파가 신고전파 주류로부터 탈피하게 된다. 1930년대에 걸쳐서 신고전파 경제학자들은 한계효용, 한계비용, 수요탄력성의 계측 등 일반균형이론에서의 근본적 혁신과 사회주의 연구에서의 근본적 혁신을 동시에 이루게 된다. 유고슬라비아와 헝가리의 경제학자들은 훗날 신고전파 경제학을 사용하여 경제적 개혁을 구상하고 또 두 개의 다른 종류의 시장사회주의를 창출한다. 미국 경제학자들은 동유럽 나라들의 경제와 사회주의 기업들을 모델로 삼아 1950년대와 1960년대의 가장 대중적인 주제들에 해당하는 탈중앙집중화, 중앙집중화, 메커니즘 이론, 여러 체제에 대한 최적의 선택, 정책 분석, 비용–편익 분석 등에 대한 새로운 지식을 구축했다.[2] 동유럽 학자들은 자신들의 작업이 초국적인 적실성을 갖는다는 것을 알게 된다. 1989년 이후, 이러한 경제학 방법론들 및 개념들은 사라지지 않았지만, 그것들의 사회주의적 기원들은 은폐되어 있다.

소련식 중앙계획 사회주의가 여러 비판으로 초토화된 이후에도 그 '사회적 계획가'라는 개념은 거시경제학에서의 신고전파 모델 작업의 핵심을 이루고 있으며, 종종 주류경제학 교과서에(Ljungqvist and Sargent, 2004; Mankiw, 2008; Mankiw and Taylor, 2006) 또 전문적인 경제학 논문에(Arnott and Stiglitz, 1991; Åslund et al., 1996; Sachs, 1989: 288; Summers, Gruber, and Vergara, 1993) 등장하기도 한다.[3] 신고전파 경제학의 핵심 자체에는 세상을 모종의 계획가라는 입장에서 보는 관점이 내장되어 있다. 제프리 색스 그리고 동유럽 및 여타 지역에서 활동했던 수백의 다른 경제 자문이 중앙계획가로서 행동한 바 있다. 1990년대 세계 곳곳에서 벌어진 이행 과정에 참여하도록 경제학자들을 추동한 데에는 자본주의에 대한 그들의 특별한 이해관계보다는 이러한 신고전파 경제학의 계획가라는 관점이 훨씬 더 큰 역할을 했다.

그런데 신고전파 경제학자들 중에는 사회적 계획가 모델을 사용하면서도 계속해서 권위주의를 거부했던 이들도 많다. 자신들의 학문적 모델에서뿐만 아니라 소련식 국가사회주의와 서방 자본주의의 현실 내부에서도 말이다. 이들이 꿈꾸었던 사회주의적 대안 형태들 또한 신자유주의에 그대로 잠재되어 있다. 1920년대 이래로 사회주의자들은 중앙계획을 가진 소련식 국가사회주의를 비판했고, 이에 대한 대응으로 시장 및 민주적 사회주의의 대안들을 발전시켜왔다. 신고전파 경제학의 개척자라 할 케네스 애로는 1950년대 초에 고안한 사회적 선택 모델에서 한 독재자가 사회적 선호를 결정한다는 식의 사고방식을 거부했고 민주주의를 통해서 이러한 사회적 선호를 확인하고 실현할 가능성이 없는가라는 질문을 던졌다. 1989년 이후에조차도 경제학자 마이클 케렌은 이렇게 말한다. "나는 그럼에도 불구하고 시장사회주의 아래에서의 더 나은 사회라는 꿈이 죽지 않았다고 믿는다(Keren, 1993: 333)." 6장에서 논의했지만 시장사회주의, 일리리아 모델(현실의 유고슬라비아 노동자자주관리의 경험을 추상화시켜 완벽한 것으로 만든 모델), 기업가 사회주의, 협동조합 등 비국가사회주의로의 시장 이행을 다룬 여러 모델은 오늘날에도 언제든 사용할 수 있는 것으로 남아 있다. 민주적이면서도 탈중앙집권적인 여러 형태의 사회주의는 비록 멋대로 왜

곡되고 이용당한 형태로이기는 하지만 신자유주의 안에도 그대로 남아 있다.

헝가리의 경제사회학자인 에르제베트 설러이는 이렇게 말한다. "비록 지금까지 가장 거대했던 사회주의 실험은 실패로 끝났지만, 그것이 만들어낸 도전은 아직 유효성을 잃지 않았다. 뿌리를 따져보면 사회주의로부터 나온 여러 경로에 있어서도 그 도전은 여전히 유효하다 (Szalai, 2004: 63)." 1989년 이후 계급 갈등, 착취, 소외 등과 같은 사회주의적 주제들이 다시 살아날 조건들도 여전히 그대로 무르익은 상태다. "사회주의 이후라고 여겨져온 현재의 맥락에서도 사회주의는 저항의 수단으로서 여전히 쓸모가 있으며, 이런 점에서 정치 생활에 새로운 목적과 새로운 생명력을 부여한다(Creed, 1999: 240)." 옛날의 공산당들은 1990년대 이래 새로운 형태를 취하여 권력의 자리로 돌아왔다.[4] 경제학자 제임스 밀라르는 이러한 신사회운동이 "충격요법의 옹호자들 앞에 하나의 기념비를 쌓아놓는다. 이들이 오직 한마음으로 한결같이 편 정책 때문에 일반 민중들의 삶은 빈곤으로 빠져들었던바, 사회주의 정치의 부활을 생각하게 만들고 또 가능하게 만드는 것도 바로 그들의 그러한 정책이다"라고 말하기도 한다(Millar, 1996: 5). 쿠마르는 사회주의를 '자본주의의 반反문화'라고 보는 바우만의 관점을 다시 음미하면서 사회주의운동이 혁명적 도전을 하든 아니면 충실한 반대세력이 되든, 자본주의의 관행들에 가차 없는 비판을 가함으로써 자본주의로 하여금 그것의 보편적인 약속을 상기하게끔 하라고 요구한다(Kumar, 1992).[5] 비록 오늘날의 세계는 사회주의 이후의 세계라고들 말하지만, 사회주의는 여전히 중요한 역할을 맡고 있는 것이다.

사회주의의 여러 생각이 신자유주의 내에 잠재되어 남은 방식은 이것만이 아니다. 우리는 반동적 세력으로서의 우익 활동가들이 냉전 시기에 형성된 간극적 공간을 채웠던 창조적 투쟁들을 뜻대로 이용하고 사실상 '경계 없는 은하계'였던 것에다가 자기들의 정치적 입맛에 맞게 인위적으로 짜낸 별자리이름을 붙였다는 사실을 알 수 있다. 나는 이 책을 통해 그때 이후로 여러 이분법, 양극화된 권력 세계로 갈라져버린 이 간극적 공간들과 다시 연결을 맺어보고자 했으며 신자유주의의 역사에서 배제당한 사회주의, 동유럽, 초국가적 좌파들을 신자유주의의 역사와 다시 연결시키려 노력했다.[6] 초국가적 간극적 공간 속에 있는 이들은 여전히 1989년 이후에 벌어진 수렴 현상을 이해하고자 노력하고 있으며 공산주의 이후의 세계가 무엇인지, 신자유주의적 자본주의는 무엇인지, 사회주의가 취할 수 있는 모습은 어떤 것이 있을지를 이해하려 하고 있다. 이 책은 그들을 위한 것이다.

서론

1_1998년과 2007년의 여러 경제위기를 거치면서 여러 학자는 하나의 정책 패키지로서의 신자유주의는 헤게모니적 지위를 잃게 되었다고 주장한 바 있다(Darden, 2009; Fourcade, 2006; Harvey, 2005). 다른 학자들은 신자유주의는 한 번도 지구적 규모에서 헤게모니의 위치를 가진 적이 없으며 항상 다른 이데올로기들과 경쟁하는 자리에 있었고, 계속적인 비판과 저항을 겪어야 했다고 주장했다(Munck, 2003). 어떤 이들은 신자유주의란 혹시 국가 자본주의, 국가사회주의, 혹은 과두적 기업 국가의 연속에 불과한 것이 아닌가 묻기도 했다(Nonini, 2008).

2_사회학자들은 경제학자들이 단순히 관측이나 예견만을 수행하는 것이 아니라, 자신들이 관찰하기로 되어 있는 여러 현상을 만들어내기도 한다고 주장했다(Callon, 1998; MacKenzie, 2006; MacKenzie and Millo 2001; MacKenzie, Muniesa, and Siu, 2007).

3_어떤 이들은(Mirowski and Plehwe, 2009) 이러한 신자유주의 사상의 패키지가

개발되는 데 시간이 걸렸다고 주장했으며, 나는 이들이 옳다고 생각한다.

4_ 알리지카와 에번스는 신고전파 경제학이 서방세계가 만들어낸 것으로서 동유럽의 마르크스주의를 잠식해 들어갔다고 주장했다. "동유럽에서의 경제사상의 확산—'신자유주의 혁명'—은 중심부의 주류경제학에 굳건하게 뿌리박고 있었다(Aligica and Evans, 2009: 23)."

5_ Blyth(2002), Duggan(2003), Sklair(2001) 등. 그밖에도 여러 사람이 신자유주의와 지구화를 하나의 계급 프로젝트로 이해하고 있다.

6_ 이와 비슷하게 사회과학자들 또한 경제학자들이 의제 설정, 다른 대안들의 틀 마련, 정책 확산 및 구현 등을 통하여 어떻게 "인식론적 공동체들" 즉 비슷한 사고방식을 가진 전문가들의 네트워크를 형성했는지를 보여준 바 있다(Haas, 1992; Hall, 1989). 또 어떤 이들은 정책 확산의 문제를 다룬 광범위한 문헌들에 대한 비판적 검토를 보여주었다(Dobbin, Simmons, and Garrett, 2007).

7_ 이러한 접근법은 다음 저작의 영향을 입고 있다. Kipnis(2008), Nonini(2008).

8_ 어떤 이들이 올바르게 주장한 대로(Mirowski, 2009; Plehwe, 2009) 하나의 패키지로서의 신자유주의 사상은 오랜 시간에 걸쳐 진화해온 것으로서, 명확하고 보편적인 정의를 부여하는 것은 불가능하다. 내가 이해하는 신자유주의 또한 이전의 역사적 시대와 여러 다른 장소에 존재했던 신자유주의와 닮아 있을 가능성이 크지만, 결코 보편적으로 적용되는 것은 아니다.

9_ 신자유주의의 핵심은 보통 거의 종교적인 방식으로(Fourcade and Healy, 2007) "'시장'을 신성한 것이라고 주장하는 이데올로기 시스템"이며(Mudge, 2008: 706) "거래의 숫자, 빈도, 반복 가능성, 공식화 등을 증대시켜서 시장을 강화하고 확장하는(Treanor, [n.d]: 6)" 것이라고 묘사된다.

10_ 나중에 논의하겠으나, 1990년대 초에 제프리 색스 등의 경제학자들은 "포퓰리즘"의 발호를 경고하면서 강력한 국가 특히 충격요법을 밀고나갈 수 있는 강력한 집행부를 요구했다. 칼 폴라니는 일찍이 자유방임을 위해서 경제적 자유주의자들이 국가를 동원했다는 사실을 명확히 인식한 바 있다. "중앙에서 조직하고 통제하는 지속적인 개입주의가 엄청나게 증가한 덕에 자유시장으로 가는 길이 열렸으며 또 계속 열린 채 유지된 것이다. (…) 심지어 국가가 쓸데없는 임무

를 맡지 않도록 해야 한다고 가장 열렬히 희망했던 이들 그리고 국가의 여러 활동에 제약을 가할 것을 요구하는 것에 온 철학을 바쳤던 이들조차도 자유방임의 확립에 필요한 여러 새로운 권능, 기관, 도구들을 바로 그 똑같은 국가에다 위탁하지 않을 수 없었던 것이다(Polanyi [1944]1957: 140-141)."

11_마찬가지로 폴 크루그먼은 밀턴 프리드먼을 이데올로그 역할을 한다고 비판하는 가운데에서도 그의 전문적 연구는 환영한다(Krugman, 2007).

12_Weintraub(1985)와 Arnsperger and Varoufakis(2006)가 제시하는 신고전파 경제학에 대한 묘사는 특히 유용하다.

13_경제사상사가들은 정말 혁명적인 변화가 있었는가 아니면 그저 오랜 시간에 걸친 진화였을 뿐인가를 의심해왔다(Blaug, 1972; Howey, 1989; Niehans, 1994: 162).

14_19세기에 다른 많은 직종에 종사하는 사람들이 했던 일로서, 경제학자들 또한 자기들만의 배타적인 노동시장을 창출하여 이득을 보기 위해서 이러한 새로운 과학적 기법과 교육 프로그램들을 통해 자기들이 지배하는 구역을 전문화시키고 또 정당화시켰다(Abbott, 1988; Furner, 1975).

15_경제학자들은 시장 균형에 대한 전통적 가정들을 정책에 적용하면 그릇된 방향으로 가게 된다는 것을 보여준 바 있다.

16_Hansen과 Sargent는 사회적 계획가 모델을 탈중앙화된 경쟁적 모델로 다시 해석했지만, 궁극에 가면 이들의 모델 또한 중앙계획 모델과 똑같이 작동한다고 하틀리는 지적하고 있다(Hartley, 1997: 68-70).

17_이와는 대조적으로 오스트리아학파나 마르크스주의학파 등과 같은 이단적 경제학자들은 이러한 신고전파 모델들을 사용하지 않는 것이 일반적이다.

18_이 사회적 계획가라는 존재가 반드시 완벽한 지식을 가질 필요는 없다. 일부 경제학자들은 완벽한 정보의 모델을 선택하여 완전한 지식 상태를 가정하고 있지만, 다른 경제학자들은 불완전 정보의 모델을 사용하고 있으므로 그러한 가정을 두지는 않는다.

19_Callon(1998)Latour(1988, 1999), Mitchell(2002), Ross(2002) 또한 마찬가지로 지식을 창출하는 이질적인 여러 네트워크를 연구한다.

20_ 마찬가지로 낸시 프레이저는 가족 임금과 복지국가의 가부장적 온정주의를 비판했던 제2물결 여성주의의 주장을 엘리트들이 가져가서 여러 방면으로 이용했던 것(예를 들어 "우리가 아는 바의 복지를 끝장내는" 목적 등)을 입증한 바 있다(Fraser, 2009). Ross(2002)와 Boltanski and Chiapello(2005)는 기업 자본주의에 대한 신좌파의 여러 비판을 경영학 이론가들이 자기들 것으로 만들어 소위 개인의 창의성을 해방시킨다는 탄력적인 새로운 자본주의를 발전시키고 정당화하는 데에 이용했음을 발견했다.

21_ 하트와 네그리는 "다중은 우리 사회 세계의 진정한 생산적 힘이며, 제국이란 다중의 생명력을 포획하여 거기에 기식하는 장치에 불과하다"고 주장한다(Hardt and Negri, 2001: 62).

22_ 이러한 접근법은 지식을 창출하는 이질적인 여러 네트워크를 발견하고자 한다는 점에서 Callon(1998), Latour(1988), Mitchell(2002), Ross(2002) 등과 다시 한 번 유사점을 보인다. 하지만 오늘날 지배 권력의 패러다임은 여러 이분법과 본질주의를 넘어서서 혼합모방성, 유동성, 차이 등을 지지하고 있으며 여러 이분법에 대한 비판들에 기초하여 번성하고 있음을 인식하고 있다(Hardt and Negri, 2001: 138).

23_ 터너에 따르면(Turner, 1967), 이 이질적이고 간극적 공간은 "순수한 가능성의 영역"으로 볼 수 있으며 여러 혁신과 미래 구조의 원천이 될 수 있다. "전통적으로 자신들이 경작하고 채집한 것으로 살아온 수십억의 빈민은 여러 사회가 어떻게 기능하며 스스로를 다스리는지에 대해(협동조합, 참여민주주의, 집합체 등) 보기 드문 지식을 가지고 있다. (…) 이들로부터 서양인들은 그들이 상상하는 것보다 더 많은 것을 배우게 될 것이라고 우리는 감히 말하고자 한다(Moncada and Blau, 2006: 121)."

1장

1_ 학자들은 미제스의 주장의 성격에 대해서 그리고 하이에크가 실제로 이를 수

정했는지에 대해서 오늘날까지도 계속 논쟁하고 있다(Lavoie, 1985; Murrell, 1983; Steele, 1992).

2_서문에서 언급했지만, 엘리트들은 자신들의 권력을 떠받치기 위해 세계를 여러 가지 이분법의 "틀로 몰아넣는다(Mitchell, 1990)".

3_코츠 또한 경제학의 역사를 다룬 여러 저서가 케인스의 역할을 과도하게 강조하고 있다는 데 동의하면서 좀더 넓은 맥락을 볼 것을 권하고 있다(Coats, 1982: 18).

4_하지만 니한스가 그의 경제학사 교과서에서 논의한 바 있듯이, "관습적인 경제학사 서술에 따르면 이 한계주의 시대는 '한계주의 혁명'에 의해 두 단계로 나누어진다. 이 혁명은 1870년대에 윌리엄 스탠리 제번스, 카를 멩거, 레옹 발라라는 세 명의 '정초자들'이 이룬 혁신적인 성취를 통해 벌어진 것으로 되어 있다. (…) 이러한 해석은 대개 비엔나의 오스트리아학파가 퍼뜨린 것이거니와, 최근 20년간의 역사적 연구는 이것이 유지될 수 없다는 것을 설득력 있게 보여주었다(Niehans, 1994: 162)".

5_러너는 심지어 1930년대가 되어서도 수많은 사회주의자가 여전히 "적진의 '이념적' 중심부로부터 나온 이것이 과연 새로운 동맹자가 될 수 있는가를 의심했다"고 말한다(Lerner, 1934b: 52).

6_일부 경제학자들은 이러한 비판이 사회주의에 도움이 되었다고 믿는다. "하지만 오직 경제학이 과학적 성격을 갖춘 다음이 되어서야 사회주의는 이 새로 확립된 학문에 반대하면서 처음으로 명확하게 정식화되었다(Gide, 1904)." 이와는 대조적으로 하이만은 이렇게 말한다. "사회주의 시스템에 대한 경제학 이론은 사회주의 이론의 영향과는 전혀 독립적으로, 순전히 현대의 소위 정통 주류 이론에 기초하여 학계의 경제 이론가들에 의해 발전했다(Heimann, 1939: 88)."

7_시지윅은 사회주의가 경제학에 적극적인 영향을 주었다는 것을 전혀 인정하지 않았지만, 경제학자들이 현재의 권력 구조와 자유방임을 정당화하는 일을 그만두고 부와 소득의 분배로 연구의 방향을 돌리게 된 원인이 사회주의자들의 비판이었다는 점은 분명히 인정한다(Sidgwick, 1895: 340).

8_한 예로 파레토는 그의 저작에 대한 지독한 비판에 대해 언급하고 있다(Pareto,

1897b).

9_ 하위는 윅스티드가 1884년 한 사회주의 잡지에 신고전파 경제학의 관점에서『자본』을 비판한 글을 논의하고 있다. 사회주의자인 조지 버나드 쇼는 윅스티드를 공개적으로 비판하는 것을 자제했다. 왜냐면 "쇼는 심지어 마르크스가 아직 출간되지 않은『자본』2권 3권 등에서 제번스식의 이론을 감추어두고 있을 수 있다고 느꼈기 때문이었다. 이러한 상황에서라면 윅스티드에 맞서서 마르크스를 변호하는 것은 소용없는 짓이 될 테니까(Howey, 1989: 121)".

10_ 이 번역은 Cirillo(1980: 300)에서 가져왔다.

11_ 발라의 토지 국유화 사상은 엄청난 인기를 누렸던 헨리 조지의 저서『진보와 빈곤』의 그것과 유사하다. 피스는 영국을 논의하면서,『진보와 빈곤』이 "80년대 초반 엄청난 판매량을 기록했으며, 이 기간 영국에서 일어났던 사회주의의 부흥에 그 어떤 책보다도 더 큰 영향을 주었다는 것은 의문의 여지가 없다"고 말한 바 있다(Pease, 1916: 240). 헨리 조지의 사상은 당시 전 세계적인 인기를 얻었다.

12_ 이 인용은 Walras([1896] 1969: 144-145)에 나온 구절로서 Cirillo(1980: 300)에서 가져왔다. Cirillo(1976) 또한 발라의 사회주의 사상을 논의하고 있다.

13_ 발라의 신고전파 경제학과 사회주의가 어떤 관련이 있는지는 잘 알려져 있다. Mirowski(2002), Young(2005).

14_ 경제학자 카를 란다우어가 말한 바 있듯이, 이러한 비판가들은 사회주의 경제의 모델들을 발전시켰다. "두 차례 세계대전 사이의 기간에 이루어진 사회주의 이론의 큰 발전에 초석이 된 학문적 작업은 제1차 세계대전이 벌어지기 직전 몇 년간에 이루어졌던 것이 사실이지만, 그러한 준비 작업은 주로 사회주의자들 자신이 아니라 사회주의의 비판가들 일부에 의해 이루어졌다(Landauer, 1959: 1611)."

15_ 하이에크는 마르크스주의뿐만 아니라 고전파 경제학과 역사학파 또한 비판했다. "건설적인 사회주의 정책이 해결해야 할 문제들을 연구하려는 시도의 싹을 아예 미연에 밟아버리기" 위해서였다.

16_ 따라서 최소한 1890년대부터 심지어 1920년대 이전까지도 사회주의는 이론

적 형태로 경제학 지식을 확장하는 실험실 역할을 했다(Bockman and Eyal, 2002).

17_ 파레토와 발라는 여러 쟁점에서 견해가 달랐지만, 발라식의 일반 균형 모델에 대해 파레토는 몇 가지의 중대한 기여를 이루었다("Vilfredo Pareto, 1848~1923").

18_ 파레토는 효용utility이라는 용어보다는 '경제적 만족ophelimity'이라는 용어를 사용했다.

19_ 파레토는 이렇게 말한다. "어떤 집단의 성원 누군가가 경제적 만족ophelimity을 누리고 수준이 일정한 지점에 도달하여 조금이라도 그 지점을 벗어나게 되었을 때 그 집단의 다른 성원 개개인들이 향유하는 경제적 만족이 늘거나 줄게 된다면, 우리는 이 상태에서 그 집단의 성원들이 극대의 경제적 만족을 누리고 있다고 말할 것이다. 즉, 아무리 작더라도 이 지점으로부터 이탈하는 이동이 벌어질 경우 그로 인해 반드시 특정 개인들이 향유하던 경제적 만족은 증대되면서 다른 이들이 향유하던 경제적 만족은 줄어드는 즉 누군가에게는 마음에 들지만 다른 이들에게는 그렇지 않은 결과가 나오게 되는 것이다([1927] 1971: 261)." 파레토 효율의 지점이라고 해서 반드시 공정한 것은 아니며 이는 "완벽하게 구역질나는 것"일 수도 있다. 왜냐면 예를 들어 어떤 노예제 사회가 있다고 했을 때 이 사회도 한편으로는 노예제와 지독한 여러 불평등을 그대로 유지하면서도 사회적 후생의 극대화를 얻을 수 있기 때문이다(Sen, 1970: 22).

20_ 다른 신고전파 경제학자들과 마찬가지로 파레토는 마르크스 사회주의자들을 비판했지만 또한 '강단 사회주의자들' 즉 보수적인 국가사회주의를 지지했던 『사회정책학회Verein fuer Sozialpolitik』에 모였던 독일 역사학파의 사회학자들과 경제학자들 또한 비판했다(1897: 54). 국가사회주의 혹은 오로지 부르주아들에게만 도움이 되는 사회주의에 반대했던 그였지만 정치운동으로서의 사회주의는 경탄의 눈으로 예의주시했으며, 자유경쟁과 발라식의 신고전파 경제학에 근거한 사회주의야말로 "부르주아적인" 국가사회주의에 반대하여 자유를 수호할 "민중의" 사회주의로 가는 길이라는 비전을 가지고 있었다(Pareto, 1897a; Mornati, 2001: 23-24). 그는 국가사회주의를 대체할 수 있는 경제적으로 실현

가능한 사회주의를 발전시키고자 했다. 하지만 민중의 사회주의가 권위주의와 계급주의로 경도되었다고 판단되자 파레토는 사회주의에 대한 지지를 중단했다.

21_ 베르그송은 이렇게 말한다. "우리가 알고 있는 한, 사회주의경제학 혹은 후생경제학의 영역에서 방정식의 숫자와 미지수의 숫자를 세어 일치시킨 유일한 이는 바로네다(Bergson, 1948: 420)." 하지만 하이만은 비저가 이미 바로네의 작업을 예견하는 연립방정식 체계를 발전시킨 바 있다고 주장한다(Heimann, 1939: 90).

22_ 하이만도 인정하듯 초기에는 "이 저자들(사회주의 비판가들)이 이 문제의 정치적 측면들은 고찰하지 않았다. 사회주의는 아직 현실적 가능성이 전혀 없는 것이라고 보였기 때문이었다(1939: 92)."

23_ 노이라트는 오스트리아학파식의 신고전파 경제학을 비판했지만 그 또한 계속해서 이를 사용했다(Uebel, 2004: 56).

24_ Block(2003) 그리고 Krippner and Alvarez(2007: 228)는 폴라니가 자유방임정책을 거부하면서 시장은 포용하는 것이 모순적이라고 보았지만, 사실 이는 신고전파에서는 널리 유행하던 관점을 반영한 것이었다.

25_ 시장사회주의자에는 에두아르트 하이만, 카를 란다우어, 에밀 레데레르, 프란츠 오펜하이머, 클라라 티슈, 헤르베르트 차센하우스Herbert Zassenhaus 등이 들어간다. 하이만은 이렇게 말한다. "경제계획 시스템이라면 모종의 자유 시장 제도를 보유하게 될 것이다(Heimann, 1934: 503)."

26_ 카셀은 사회주의가 실제로 가능한지 또 바람직한 것인지의 문제를 자신은 논하지 않는다고 강조했다.

27_ 미제스 자신도 나중에 이렇게 반복한 바 있다. "따라서 문제는 여전히 사회주의와 시장경제 어느 쪽이냐다(Mises, 1936: 142)."

28_ 미제스의 1922년 저서 『사회주의경제Die Gemeinwirtschaft』는 사회주의자들의 새로운 사상에 대해 아무런 언급이 없다. 『사회주의: 경제학적·사회학적 분석Socialism: An Economic and Sociological Analysis』이라는 제목으로 출간된 영역본에는 이 새 사상에 대해 언급하는 부록 하나와 몇 페이지가 있다(Mises,

1936: 136-142). 미제스는 에두아르트 하이만의 시장사회주의 저작들에 대해 상당히 긍정적인 반응을 글로 남겼지만(Mises, 1923), 합리적 계산에는 사적 소유가 필요하다는 논점을 반복하고 있다.

29_크레이버는 비엔나 대학의 경제학 교수였던 한스 마이어를 들고 있다. 마이어는 신고전파 경제학자였지만 거기에 미제스가 말하는 정치적 결론이 본질적으로 내재해 있다고는 생각하지 않았다는 것이다(Craver, 1986: 10). 베치오는 미제스와 동일한 분석적 도구들을 사용했지만 미제스의 정치적 접근법을 비판했던 폴라니와 노이라트를 논의하고 있다(Becchio, 1972: 34).

30_브루스 또한 미제스와 하이에크가 경제계획과 개인의 자유의 관계에 대한 순수한 정치적 비판으로 옮겨갔던 것으로 인식하고 있다(Brus, 1972: 34).

31_LSE는 오늘날에도 복지국가 지지자였던 윌리엄 베버리지William Beveridge와 오스트리아학파로서 복지국가 비판자였던 하이에크 사이에 논쟁이 벌어졌던 곳으로 유명하다.

32_이 인용은 Kurz(1995: 24)에 나와 있다. 케임브리지 대학에서 마셜의 정치경제학 교수직을 승계한 인물인 피구A. C. Pigou는 신고전파식 사회적 후생함수를 개발했고, 페이비언 사회주의자와 유사한 사회주의를 추종하던 이였다(Spiegel, 1991: 574). 슈피겔에 따르면 영국의 사회주의자들은 유럽 대륙의 사회주의자들과는 달리 마르크스의 노동가치론을 신봉하지 않았고 "제번스의 새로운 가치 이론이 나오자 이를 남들보다 먼저 받아들여 전향한 이들이었다. 영국 경제학계의 나중 세대 학자들 중 피구와 로빈슨 여사 등 영향력이 큰 인물들은 이렇게 가치 이론을 놓고 분열하여 싸움을 벌이는 일이 없었기 때문에 굳이 노동가치론이라는 부담스러운 유산에 짓눌리는 일 없이 그리고 표준적인 경제학계의 개념들을 버리는 일 없이 사회주의로의 행진을 시작할 수 있었던 것이다(Spiegel, 1991: 514)."

33_힉스의 글 「The London School of Economics 1895~1945」(Hicks, 1946)이 이 기간을 논하고 있다.

34_당시 LSE의 대학원생이었던 로널드 코스의 기억에 따르면, 1929년 이전에는 "학생들이 사용하던 분석적 도구들이 오늘날의 기준으로 볼 때 상당히 조잡한

것이었다. (…) 1930년대가 되면서 경제학자들이 사용 가능한 분석적 도구들이 크게 개선되는 일이 벌어졌다(Coase, 1982: 31)."

35_ 스미스는 이렇게 말한다(Smith, 1955: 418). "내가 생각하기로 약 25년 전에는 거의 모든 젊은 경제학자가 남몰래 사회주의국가에서의 요소 가격 및 생산물 가격 체계의 문제를 놓고 씨름했던 것 같다."

36_ 이 인용이 나오는 페이지에서는 하이에크가 집단적 소유collective ownership라는 용어를 쓰고 있지만 이 책의 다른 부분에서 나오는 표현으로 볼 때 그가 의미하는 것은 국가소유다(ibid.). 미첼리니 또한 하이에크가 서로 상이한 주장들을 억지로 하나로 엮다 보니 "불협화음"을 내고 있다고 주장한다(Michelini, 2001: cxxvi).

37_ Bockman and Eyal(2002)에서는 자본주의 나라들에서 벌어진 논쟁에 이 이른바 '아무것도 모르는 순진한' 동유럽 출신의 목격자들이 일반적으로 어떻게 활용되었는지를 논하고 있다.

38_ 랑게는 이렇게 주장한다. "자본주의 체제는 경제학 이론에서 상세하게 논하고 있는 경쟁적 경제의 모델과는 크게 동떨어진 체제다. 그리고 앞에서 보았듯이, 설령 자본주의가 그러한 모델에 따라 움직인다고 해도 이 체제가 사회적 후생을 극대화하는 것은 어림도 없는 일일 것이다. 자유경쟁을 통해 달성되는 여러 가지에 관해서 많은 경제학자들이 내놓은 주장을 완전히 충족시킬 수 있는 것은 오직 사회주의경제뿐이다(Lange, 1937: 127)."

39_ 랑게는 생산수단의 경우 외에는 여러 다른 소유 형태도 인정했다.

40_ 그 '많은 이' 가운데에는 "특히 이곳 컬럼비아에서 내가 지적으로나 인간적으로나 많은 빚을 진 해럴드 호텔링Harold Hotelling 교수"가 있었다(Arrow, 1978: 476). 엄밀히 말해서 애로가 수상한 것은 '알프레드 노벨을 기념하는 스웨덴 중앙은행 경제학상'이었다. 그럼에도 이 상을 받은 이들은 오늘날에도 여전히 노벨상 수상자들이라고 불리고 있다.

41_ 돕은 『러시아의 경제 발전』(Dobb, 1928)에서 이러한 관점과 동일한 견해를 보이고 있지만, 나중에는 거부했다(Lerner, 1934b: 54).

42_ 콜드웰에 따르면 하이에크가 사회주의에 대한 논쟁에 더욱 깊이 뛰어들게 되면

서 그는 "표준적인 경제학적 분석만으로 사회주의의 여러 문제들을 이해하는 것은 잘못된 것까지는 아니지만 불충분할 수밖에 없다는 결론을 내리고 결국 복잡한 여러 사회 현상의 연구를 위해서는 좀더 통합적인 접근이 필요하다고 결단했다(Caldwell, 1997: 1857)."

43_ 19세기와 20세기 초 러시아의 경제학자들은 신고전파 경제학에 많은 기여를 했고 초국가적으로 벌어졌던 신고전파의 논의에 참여했다(Bernett, 2005). Howard and King(1995)에 따르면 특히 러시아에서 신고전파 경제학을 장려했던 이들은 러시아 마르크스주의자들이었다.

44_ 앞에서 말했듯이, 코스 또한 기업을 이러한 방식으로 그려냈다.

45_ "서방의 이러한 경제학-수학적 조류는 분명히 현실적으로 적용되었던바, 이는 부분적으로나마 심지어 1920년대의 소련에서조차도 발전이 있었다(Katsenlinboigen, 1980: 13)." 일부 학자들의 주장에 따르면 소련에서 수리경제학이 거부당한 주된 이유는 이념적인 것이 아니라 소련의 지배자들이 경제학 분석 도구가 더 발전할 때까지 기다리기를 거부했던 것이었다고 한다. 아직도 일반 균형 및 안정적 성장과 혁명 및 강제적 성장 사이에는 해결되지 않은 모순이 존재했던 데다 많은 당 관료가 수학을 잘 이해하지 못했기에 개인적으로도 이를 거부할 만한 유인이 있었다는 것이다(Katsenlinboigen, 1980: 12; Smolinski, 1971: 149-152).

46_ 러시아의 마르크스주의자였던 스타니슬라프 스트루밀린은 1931년에는 학자가 되지만, 러시아 혁명 직후에는 다음과 같은 제안을 내놓았었다.

47_ 이 인용문은 1930. 10. 31 『프라우다』지에 실린 것으로, Smolinski(1971: 148)에서 재인용했다.

48_ Káldor(1949)는 당시 동유럽 블록에서 실행되었던 일반적인 스탈린주의 모델을 반영하는 헝가리 쪽 자료다. 이 논의는 주로 Bockman(2000)에 의존하고 있다.

49_ Katsenelinboigen(1980: 18)에 의하면, 스탈린이 최고의 경제 전문가였고 그 다음은 Nikolai Voznesenskii—후에 스탈린에게 살해되었다—였고, 그 다음은 Konstantin Ostrovitianov였다.

50_1952년의 헝가리 부다페스트 마르크스-레닌주의 야간대학 설립 계획과 (Budapesti Bizottság, 1952) 헝가리 최초의 정치경제학 교과서였던 『Politikai Gazdaságtan: Tankönyv』([1954] 1956) 양쪽 모두가 이 정보의 출처다. 이 논의는 주로 Bockman(2000)에 의존하고 있다.

51_이 논의는 주로 Bockman(2000)에 의존하고 있다.

52_경험적 작업에 대해 쏟아진 공격의 예로서, 러시아의 수리경제학자였던 Katsenelinboigen(1980)의 개인적 회고 참조.

53_폴록은 이 논의에서 다음과 같은 사실을 발견했다. "학문적 의견 교환이 저지되고 사람들이 자기 작업을 공표하지 않으려 드는 원인이 혹시 작은 실수라도 저지르면 큰일이라는 공포에 있다는 데에 모두가 동의했다(Pollock, 2006: 193)." 스탈린과 당 지도부는 1949년 경제학 연구소로부터 50명을 체포하는 등의 여러 행동을 통해 이러한 공포를 조장했다(ibid., 178).

54_1940년대에 스탈린은 신고전파 사상을 가진 한 경제학자를 공개적으로 비판했고, 이 때문에 수텔라는 훗날 이렇게 말하게 된다. "이러한 캠페인이 필요한 것으로 여겨졌다는 사실 자체가 스탈린 치하의 몇십 년 동안에도 사회주의 경제학에 대한 신고전파식 효율성 접근법이 면면히 살아남았다는 것을 보여준다(Sutela, 1991: 17)."

55_하지만 이러한 고립 상태가 완벽했던 것은 아니었다. 한 예로, 1920년대와 1930년대에 걸쳐 서방의 "동반자fellow-travelers" 지식인들은 소련을 방문할 수 있었다(David-Fox, 2003; Hollanders, 1981).

56_칸토로비치는 준정렬 공간semiordered spaces—훗날 그를 기념하기 위해 K-공간이라고 불린다—의 이론을 정초한 이들 중 하나다. 그가 1935년 모스크바에서 열렸던 위상 수학 학술회의에서 만났던 이들 중에는 요한 폰 노이만John von Neumann과 터커A. W. Tucker 등 훗날 경제문제로 관심을 돌린 외국 수학자들도 있었다. 달리 밝히지 않는 한 칸토로비치에 대한 정보는 Bockman and Bernstein(2008)에서 얻은 것이다.

57_1975년 칸토로비치는 이 1939년의 발견들로 티알링 코프만스와 함께 노벨 경제학상을 수상하게 된다. 엄밀하게 말해서 이 상은 알프레드 노벨을 기념하는 스

웨덴 중앙은행 경제학상이다.

58_ 그는 자신의 작업을 1939년 레닌그라드 국립대학에서, 1940년 레닌그라드 공과 대학에서, 1943년에는 경제학 연구소에서 발표했고 그의 저작은 1000부나 인쇄되었다(Johansen, 1976: 72; Kantorovic, 1960: 366-367; Sutela, 1991: 29). 1940년에는 레닌그라드 공과 대학에서 노보질로프와 함께한 세미나에서 가르치기도 했다(Josephson, 1997: 207-208).

59_ 이 기사들은 1944년 4월 2일, 1944년 7월 2일과 3일에 게재되었다.

60_ 슘페터는 훗날 란다우어가 이러한 변화를 너무 과대평가했다고 생각했다 (Schumpeter, [1954] 1966).

61_ 랑게는 소련을 거의 언급하지 않는다(Lange, 1936~1937).

62_ 이 정보의 대부분은 베르그송의 짧은 비망록에서(Bergson, 1992) 그리고 2000 년에 저자가 행했던 베르그송과의 대화에서 왔다.

63_ 레온티예프는 소련에서의 학생 시절 소비에트의 국민계정 시스템에 대해 보고서를 작성한 바 있다. 그는 미국으로 이주하기 전 베를린에서도 공부했는데, 여기에서 신고전파식 사회주의에 대해 중부 유럽에서 벌어졌던 여러 논쟁과 접하게 되었을 가능성이 높다. 1973년 그는 노벨 경제학상을 수상했다.

64_ 베르그송은 이렇게 회상한다. "애초부터 나는 당시의 신고전파식 분석을 길잡이로 하여 나의 연구를 조직할 수가 있었고 또 상당한 성공을 거두었다고 생각한다. 만약 이게 불가능했다면 아마도 나는 소련 경제에 대한 연구를 중심적 주제로 계속 다루지 않았을 것이다(Bergson, 1992: 62)."

65_ 소련은 1936년이 되어서야 스스로를 사회주의 체제라고 선언한다. 베르그송의 연구는 1928년에서 1934년까지의 기간을 다루고 있기에 이러한 선언 이전 시기의 연구다.

2장

1_ 드물지만 서로 만날 기회가 아주 없었던 것은 아니었다. 1952년에 열렸던 모스

크바 경제학술대회가 그 한 예다. 한 참가자에 의하면 이 학술대회는 49개국에서 약 470명의 참가자를 모아 "서방 경제학자들이 소련을 방문하여 소련 경제학자들을 만날 수 있는 특이한 기회를 허락했으며" 사적인 논의도 가능하게 했고 이는 "잠깐 눈을 붙이기 위한 시간을 빼고는 2주일 내내 지속되었다(Cairncross, 1952: 113-114)." 이 진귀한 사건은 더 많은 연구의 가치가 있지만 이 장에서의 관심사는 아니다.

2_ 소비에트 연구는 어떤 의미에서는 슬라브 지역 분야에서 계속 이루어지고 있다. 슬라브, 동유럽, 유라시아 학회ASEEES: Association for Slavic, East European, and Eurasian Studies와 거기에서 발간하는 간행물들 참조.

3_ 이 점은 이 책 서문에서 더 충분히 논의했다.

4_ Breslau(2003)와 Mitchell(2002)은 1930년대와 1950년대 사이에 사회과학자들과 각국 정부가 '경제'라는 것을 사회과학, 통계 수치, 정부 정책의 대상이 되는 독특한 영역으로 구별하는 데 일조했다고 주장했다. 하지만 1950년대 초에는 미국과 러시아의 경제학자들이 소련 경제와 미국 경제가 비슷하다는 데 동의하지 않았다.

5_ 번스타인은 "저명한 영국 경제학자 조앤 로빈슨Joan Robinson은 1975년 신고전파 경제학은 탈중앙화된 시장이라는 환경보다는 계획경제 혹은 전시 경제에서 더 적용 가능성을 갖는다고 주장할 수 있었다"고 말한다(Bernstein, 2001: 89 n44).

6_ 정확히 말하자면 애로와 코프만스가 수상했던 상은 알프레드 노벨을 기념하는 스웨덴 중앙은행 경제학상이다. 이들은 여전히 노벨상 수상자들이라 불린다. 노벨 경제학상의 실제 명칭과 이유에 대해서는 다음의 노벨상 웹사이트 참조. http://nobelprize.org/nobel_prizes/economics/shortfacts.html.

7_ 정보기관들과 학계의 역사적 커넥션에 대해서는 여러 학자들과 저널리스트들이 밝혀낸 바가 있다. 제2차 세계대전 중 OSS는 학자들로 꽉 차 있었으며 그중 일부는 새로 만들어진 CIA에서도 계속 일했다(Katz, 1989; Winks, 1987). OSS 출신 학자들은 또한 저명한 미국 대학들에 설립된 새로운 지역연구센터에 참가하여 전쟁 중 군부 및 여타 정부 기관의 자금 지원으로 시작했던 활동을 계속했다

(Cumings, 1998; Diamond, 1992; O'Connell, 1990). 1960년대에도 정보기관과의 커넥션에 대한 여러 폭로가 있었다(Johnson, 1989). 예를 들어 CIA는 문화적 자유를 위한 회의가 조직한 연구들이나(Saunders, 2000) 여타 CIA의 위장 조직들이 조직한 연구를(Johnson, 1989) 몰래 지원했다. 하지만 CIA와 학계의 결합은 이보다 훨씬 깊은 차원에 이르고 있다. 존슨은 학자들이 정보기관들을 위해 일하게 되는 무수한 방법을 문서 근거를 대며 제시하고 있는데, 여기에는 위장 작전을 운영한다든가, 외국 학생들을 뽑는다든가, 비공식적으로 혹은 지불받은 계약 조건에 따라 전문적 견해를 제공한다든가, 외국 여행을 다녀오고 보고한다든가 하는 방법들이 들어간다. 존슨의 저작은 또한 이렇게 정보기관과 학계 사이에 긴밀한 커넥션이 맺어진 결과 치르게 되는 비용들에 대해서도 평가하고 있다.

8_ 러시아 연구소의 5명의 성원 모두가 1920년대와 1930년대에 소련에서 생활했다(Byrnes, 1976: 23). 이 다섯 명 가운데 미국 출생의 법 전문가 존 해저드John Hazard는 심지어 모스크바 법학원에서 법학 학위까지 받았다(Engerman, 2009: 30). 또한 흥미로운 일로서, 1943년에서 1946년 사이에 소련 학생들 다수가 컬럼비아 대학에서 영어 그리고 미국사 및 미국 정치에 대해 8개월에 걸친 특별 집중 프로그램을 이수했다(Barghoorn, 1960: 57).

9_ Harvard University Archive. Wassily Leontief papers. Russian Research Center correspondence and other papers, c. 1940s. HUG 4517.16, Letter from Fred Warner Neal, State Department, to Leontief, June 3, 1947.

10_ 이러한 방법을 사용한 유명한 인류학자는 러시아 연구센터의 초대 소장이었던 클라이드 클럭혼Clyde Kluckhorn과 루스 베네딕트다.

11_ 앨프리드 마이어Alfred G. Meyer는 러시아 연구센터의 소장에게 보낸 편지에서 이렇게 말한다. "비공식 채널(대사관의 물품 구매관)을 통하여 여러 상품 가격 목록을 천천히 하지만 꾸준히 공급받고 있다고 합니다. 그리고 우리가 여러 물품의 가격을 알아내는 것에 중요성을 부여하고 있다는 것을 소련 쪽 관료들이 모르게 해야 합니다." Harvard University Archive. Merle Fainsod papers. Correspondence relating chiefly to the Russian Research Center, Box 4, Ru-Z. Memorandum from Meyer to Clyde Kluckhohn, October 9, 1951.

Confidential.

12_하버드 대학 교수였던 앨프리드 마이어는 러시아 연구센터 소장에게 초빙 연사들의 질이 너무 낮다고 불평했으며, 개중에는 나치였음이 알려진 인물들도 있어 이들은 "점잖은 시민이라면 보통 악수조차 하지 않을 만큼 정치적 전력이 좋지 못하다"고 말하고 있다. Harvard University Archive. Merle Fainsod papers. Correspondence relating chiefly to the Russian Research Center, Box 2, G-M. Memorandum from Meyer to Kluckhohn, May 5, 1952.

13_코프만스는 이 역사를 다시 이야기하고 있다(Koopmans, 1960: 363). 훗날 플러드는 이러한 설명에 대하여 코프만스에게 보낸 편지에서 이렇게 말한다. "맥스 쉬프먼을 설명하면서 '러시아의 기술 문헌 연구를 임무로 포함하는'이라는 설명은 굳이 붙이실 필요는 없습니다. 왜냐면 저는 맥스가 정상적인 수학자로서의 연구 과정 속에서 우연히 칸토로비치 논문 초록을 접하게 된 것이라고 확신하기 때문입니다." Yale University Archive, Koopmans Papers, Box No. 14, Folder No. 251 "Kantorovich, Translations, 1960", Letter from Flood to Koopmans, June 13, 1960: 2.

14_Yale University Archive, Koopmans Papers, Box No. 13, Folder No. 237, "Kantorovich, Leonid V., 1956~1959", Letter from W. W. Cooper at Carnegie Institute of Tech to Dr. C. J. Hitch at RAND Economics Division, Jan. 13, 1958.

15_케스트너는 OSS의 한 그룹이 미국 국회도서관에 공개된 자료들을 통해 소련 경제를 연구했음을 논하고 있지만, OSS는 그들의 보고서를 기밀로 분류했다 (Kestner, 1999: 24).

16_미로스키가 말한 바 있듯이, "선형계획과 게임이론은 모든 나라에서 철저하게 장벽으로 둘러쳐진 영역 안에서 성장했고, 양쪽 모두의 최신 연구에 실질적으로 접할 수 있는 이들은 기밀 취급 인가를 가진 극소수의 사람들로 국한되었다 (Mirowski, 2004: 205)." 미로스키는 더 나아가 이렇게까지 말하고 있다. "또한 일부 과학자들은 군부와의 연줄을 통하여 소련에서의 과학 발전에 대해 특별히 접근할 수 있었지만, 거기에서 자신들이 얻은 영향의 성격과 정도에 대해서는

충분히 밝히고 인정하지 않는 현상도 있었다(ibid., 215)."

17_ 이는 문항 29a에 나와 있다. "지난 몇 년간 이 학과의 어떤 집단 혹은 인물이 다른 누군가를 비미국적 활동에 종사하거나 전복적인 자라고 고발한 적이 있습니까?" 이 질문에 "예"라는 대답은 1122개로서 응답자의 45.8퍼센트에 달하는 수치였고, "아니오"라는 대답은 1185개로서 48.3퍼센트에 해당했다. "모른다"는 133개, "해당 없음"도 있었다(ibid., 11).

18_ 라차르스펠트와 틸렌스에 따르면, 전후 기간에 들어서서 공산주의라는 말은 새롭게 아주 전반적인 의미를 갖게 되었다고 한다. 다른 강대국을 위한 간첩 활동에서부터 불쾌감을 자아내는 이상한 행동에 이르기까지 모든 것을 포괄하는 더욱 광범위하고도 위협적인 위험을 뜻하는 말이 되었다는 것이다. 그리고 "한 개인이 몰래 공산주의 사상을 품고 있음을 드러내는 것이라고 여겨지는 종류의 생각과 행동의 범위는 상당히 크게 확장되었던 것으로 보인다"고 말한다(ibid., 57).

19_ 예를 들어 미국인들은 뉴욕에 있는 "Four Continent Book Corporation"에서 소련 서적을 구입할 수 있었으며, 이는 또 소련 정부에게 미국의 과학 출간물들을 구매해주는 역할도 했다(Barghoorn, 1960: 55).

20_ 이 인용은 O'Connell(1990: 137, 136)에서 가져왔다. 이 연구는 1948년에서 1949년까지의 FBI 보고서들을 사용했다.

21_ Solberg and Tomlinson(1997)은 1950년 일리노이 대학에서 Howard Bowen이 해고되는 과정을 문서로 담고 있다.

22_ 어떤 학생이 한 정치학자에게 물었다. "소련에 살고 싶은 거예요? (…) 그게 아니라면 왜 그렇게 소련 이야기를 많이 하세요?(Meyer, 1993: 168)"

23_ 냉전을 다룬 많은 문헌(예를 들어 Chomsky et al., 1997; O'Connell, 1990; Robin, 2001; Simpson, 1998)과 달리 엥거먼은 다음과 같이 말하고 있다. "소련학의 창시자들도 또 소련학 분야 자체도 결코 전후의 반동적 시대에 전형적으로 보이는 광적인 반공주의자들이 지배한 것은 아니었다. 이를 주도한 것은 공공의 지적 생활과 토론 그리고 대외정책에 있어서 도움이 되는 지식을 내놓고 또 전문성을 쌓는 것을 목표로 삼는 광범위한 집단이었다(Engerman, 2009:

4)."

24_Mirowski(2002)와 Amadae(2003)는 군부와 정부라는 환경으로 인해 경제학이 어떻게 협소해졌는지를 보여준 바 있다. 그로 인해 경제학에서 배제당한 질문들은 훗날이 되어서야 다시 경제학의 중심적 문제로 떠오르게 된다. Goodwin(1998)은 매카시즘의 분위기에다가 국가까지 가세하여 더욱 기술적이고 수학적인 경제학을 장려했다고 확인하고 있다.

25_이 이론은 전체주의 국가들은 "인간 존재의 모든 핵심적 측면을 다루고 있으며 그 사회에 살고 있는 모든 이가 최소한 수동적으로나마 고수할 것으로 생각되는 공식적인 교리의 묶음으로 구성되는 단일의 공식적 이데올로기"를 가지고 있는 것으로 상정한다(Gleason, 1995: 125).

26_미국 정부는 소련에 대한, 특히 정책과 관련된 데이터와 분석을 요구했던바 이는 그저 이런저런 역사와 예측만을 요구했다는 것을 뜻한다(Cohen, 1985: Motyl, 1993: 81). 많은 정치학자 및 다른 과학자들은 소련학 학자들의 이러한 몰이론적인 입장을 비판했다. 사실관계의 수집에 관해서는 Armstron(1973) 참조.

27_원래는 비자를 신청한 러시아 연구소 대학원생들이 여덟 명이었지만 소련 대사관에서는 그중 네 명에게만 비자를 발급했다(Randall, 1955: 2). 그 네 명은 테드 커런Ted Curran, 게이 험프리Gay Humphrey, 제리 리즈키Jeri Lidsky, 프랭크 랜들Frank Randall로서, 두 명은 여성 두 명은 남성이었다.

28_경찰이든 군대든 이들이 찍은 특정 사진들을 이유로 얼마든지 체포할 수 있었다(Randall, 1955: 5).

29_이 반대자들의 담론은 공식적 담론과 분리된 것이 아니라 그 담론을 조롱하는 것이었다(Oushakine, 2001). 마찬가지로, 부라보이 또한 다음과 같이 말하고 있다. "노동계급은 기성 체제의 가치를 대체할 가치들을 지지한 것이 아니었으며 오히려 그 체제의 가치를 스스로의 것으로 삼았고, 이는 기성 체제의 실제 현실을 반대하는 기초가 되었다(Burawoy, 1992: 777)."

30_Barghoorn(1960)의 책 제목은 『소련의 문화적 공세The Soviet Cultural Offensive』다.

31_1920년대 초에는 소련과 여러 유대의 끈이 존재했다(Sivachev and Yakovlev, 1979). 1930년대에는 소련에서 일하는 미국 기술자가 1500명에 달했다(ibid., 102).

32_ 이 외국 학생들의 3분의 2는 러시아 정규 대학과 특수학교에서 공부했으며, 나머지는 모스크바에 있는 파트리스 루뭄바 인민 우정대학Patrice Lumumba People's Friendship University에서 공부했다.

33_이러한 정책을 반영한 예로서, 포드 재단의 1961년 내부 보고서는 미국으로 초대한 269명의 폴란드 학자들 중 물리학자, 공학자, 건축가, 도시 계획가 등은 40명에 불과했다고 말하고 있다. 나머지 229명은 인문학과 사회과학에서 온 이들로서, "경제학자들에 강조점을 두고 있었다". 유고슬라비아에서 온 학자들 또한 마찬가지로 이러한 분야들로부터 온 이들이었다. FF R2346 64-432, Nov. 10, 1961. Internal report by Ford Foundation's International Affairs Department "Educational Relations with Eastern Europe."

34_ 당시로서는 이러한 여러 협정이 이상한 것으로 보였다. 소련으로 가는 최초의 해외 연구 프로그램의 조직가 중 한 명인 로버트 번스는 이렇게 말하고 있다. "공식적인 교류 협정은 사상의 자유무역을 잠식하며, 지적 활동에 대한 우리 정부의 역할을 증대시키며, 문명화된 삶에 필수적인 여러 자유를 부인하는 정부의 행동에 정당성을 부여한다(Byrnes, 1976: 7)."

35_FF R2346 64-432, Nov. 10, 1961: 2. Internal report by Ford Foundation's International Affairs Department, "Educational Relations with Eastern Europe."

36_FF R2346, 64-432, December, 1963.

37_FF R2346, 64-432, May 6, 1965. Letter from Shepard Stone of the Ford Foundation to Earl O. Heady at Iowa State University.

38_FF R2346, 64-432, Feb. 14, 1967. Interview of György Varga.

39_FF R2346, 64-432, Feb. 7, 1964. Letter from S. T. Gordon to Shepard Stone of the Ford Foundation.

40_포드 재단과 연결된 다른 이들은 경제개혁을 넘어서서 변화를 이루고자 했다. "나는 포드 재단이 헝가리의 고등교육에 있어서 공식적인 지위를 가진 몇몇 개

인들을 미국으로 데려올 수 있도록 안배해주기를 희망합니다. 그들의 대학 시스템 전체를 정밀 검사하는 엄청난 작업이 지금 요청되고 있기 때문입니다." FF R2346, 64-432, March 8, 1965. Letter from Hubert Heffner at Stanford University to Shepard Stone at the Ford Foundation's International Affairs Program.

41_FF R2346, 64-432, Feb. 26, 1968.

42_FF R2346, 64-432, Nov. 18, 1961: 1. Letter from John Michael Montias to Shepard Stone at the Ford Foundation's International Affairs Program.

43_FF R2346, 64-432, Nov. 30, 1962. Letter from Earl O. Heady at Iowa State University to Dr. Charles Hardin at the Rockefeller Foundation.

44_FF R2346, 64-432, April 20, 1965: 2. Letter from Earl O. Heady at Iowa State University to Shepard Stone at the Ford Foundation.

45_미국 국회도서관은 이러한 교류의 주된 조직 주체였다. 제2차 세계대전이 끝난 뒤인 1946년에 국회도서관은 이 교류를 재개한다.

46_이 인용은 Richmond(2003: 148)에서 왔다.

47_Bockman and Bernstein(2008)에서 코프만스와 칸토로비치 사이의 동-서 관계가 자세히 논의되고 있다.

48_Harvard University Archive. Wassily Leontief papers. Correspondence, General, 1961~1965. Handwritten letter from Leontief to Karin [most likely his assistant in Boston], May 30, 1962.

49_이 위원회의 선전 책자에 따르면, "이러한 도서 배급 프로그램은 민간의 비정부 자금으로 운영되고 있으며, 이 자금을 대는 주체는 익명으로 남기를 원하고 있습니다." International Advisory Council(IAC) brochure. Harvard University Archive. Wassily Leontief papers. Correspondence, General, 1961-65. HUG 4517.5. Memo from Patricia Graham, Executive Assistant, IUCTG. Written: From Pattullo to Various people who may be interested in item II. 6-7-63.

50_Harvard University Archive. Wassily Leontief papers. Correspondence, General, 1961-65. HUG 4517.5. Box Harvard Economic Research Project to

International Statistical Institute, File "I." Letter from Leontief to International Advisory Council, Inc., May 9, 1963. 레온티예프는 또한 "길버트 씨"로부터 책과 여러 번역본들을 받고 있었다. "Dear Mr. Gilbert: Enclosed is the translation of the Russian article which you secured for me. Thanks for the most useful 'Survey of Soviet Economists and Economic Research Organizations.'(I assume it was sent by you)" Harvard University Archive. Wassily Leontief papers. Correspondence, General, 1961~1965. HUG 4517.5 Box F to G(general), File "G." Letter to Mr. George Gilbert, Room 304, 545 Technology Square, Cambridge, from Leontief, May 20, 1963.

51_제도 정치 및 냉전의 양 블록을 벗어나서 풀뿌리에 기초한 공공 영역을 구축하기 위해서 여러 지식인이 무수히 많은 기관 및 조직들을 만들어내고자 시도했고, 그중에는 문화적 자유를 위한 회의, 제네바 국제 페스티벌, 유럽 문화 협회 등이 있다. 특히 문화적 자유를 위한 회의에서 CIA가 어떤 역할을 했는지를 밝힌 저서가 다수 있다(Saunders, 2000). 하지만 이러한 회의들에 참여한 개개인들의 이유는 다양하다. 예를 들어 보비오는 유럽을 다시 동일하기 위해 이러한 기관들과 1950년대에 함께 일했으며 또 서방에서 동-서 관계를 추구하는 이들은 당연히 좌파 쪽에 속한 이들일 것이라고 간주했었다(Bobbio, 1999). Berghahn은 문화적 자유를 위한 회의 주변의 더 작은 지식인들 집단 가운데에서도 이와 비슷한 성격들을 발견한다(Berghahn, 2001).

52_레온티예프는 하버드 대학에 자신의 하버드 경제연구프로젝트HERP: Harvard Economic Research Project를 설립하며, 이는 1948년에서 1977년까지 유지되었다. HERP는 Hollis Chenery, Robert Solow, James Duesenberry 등 경제학에서 가장 유명한 학자들을 한데 모아 투입-산출 모델링에 대한 연구를 진행했다. 전 세계로부터 수많은 경제학자가 HERP에 교환학자로 오고 싶어했다. 1956년에서 1962년 사이에 28개국에서 99명의 경제학자들(또한 다른 교환학자들)이 HERP에서 하루에서 1년까지 다양한 기간에 걸쳐 연구를 진행했으며 개중에는 소련과 동유럽 각국의 학자들도 있었다. Harvard University Archive. Wassily Leontief papers. Correspondence, General, 1961~1965. HUG 4517.5.

Box Harvard Economic Research Project (cont'd) to International Statistical Institute, File "HERP 1961", List of Visiting Scholars, July, 1956－June, 1962. 이 국제 학술회의에는 여러 명의 HERP 방문학자 출신이 포함되어 있었다.

53_레온티예프는 자신의 작업이 신고전파 경제학이라고 이해하고 있었다. 그의 자서전에 의하면, 그는 1931년 이미 "경험적으로 실행이 가능한 일반균형이론을 정식화"하고자 한 바 있다("Wassily Leontief—Autobiography", 1973).

54_Ellman에 따르면, "개발도상국들의 경제적 문제들, 성장 모델들, 투입–산출 모델 등에 대한 논의 등 제2차 세계대전 이후의 이 '새로운' 서방 경제학의 많은 부분은 단순히 1920년대의 소련에서 나온 성과를 재발견하거나 발전시킨 것에 불과했다(Ellman, 1973: 1)".

55_헝가리 중앙통계청의 고위급 전문가였던 Zoltán Kenessey는 1965년 레온티예프에게 보낸 편지에서 이렇게 말한다. "내가 볼 때는 투입–산출 모델의 전체 역사가 대단히 흥미로운 주제입니다. 이것이 발전하는 과정에서 만인의 혜택을 위하여 몇 개의 지리적 지역들과 여러 나라들의 국경선이 성공적으로 극복되었으니까요." Harvard University Archive. Wassily Leontief papers. Correspondence, General, 1961~1965. HUG 4517.5. Letter from Kennesey to Leontief, May 11, 1965.

56_이 정보는 2000년에 있었던 던롭과의 개인적 대화에서 온 것이다. 그밖에도 계량경제학 협회와 여타 집단들도 동유럽인들과 러시아인들과의 국제 학술회의를 준비했었다(Bockman and Eyal, 2002: 325-326).

57_완성되어 수거된 설문지는 179개였다. 이들은 1966~1967년의 기간에 소련을 여행했던 소련학 학자들을 연구하고 있었다.

58_Bockman and Bernstein, 2008 은 칸토로비치와 코프만스 사이의 교류를 더 길게 논의하고 있다.

59_Yale University Archive. Tjalling Charles Koopmans papers. Correspondence, Group No. 1439, Series No. I, Box No. 13, Folder No. 237, "Kantorovich, Leonid V., 1956~1959", Letter from Tjalling C. Koopmans to Professor L. Kantorovich, Nov. 12, 1956.

60_ Ibid.

61_ Yale University Archive. Tjalling Charles Koopmans papers. Correspondence, Group No. 1439, Series No. I, Box No. 13, Folder No. 237, "Kantorovich, Leonid V., 1956~1959", Letter from Koopmans to Robert W. Campbell, March 27, 1958.

62_ Yale University Archive. Tjalling Charles Koopmans papers. Correspondence, Group No. 1439, Series No. I, Box No. 14, Folder No. 239, "Kantorovich, Leonid V., Cooper–Charnes discussion, 1960, 1961", Letter from Koopmans to Herb [Scarf, most likely], Dec. 7, 1960.

63_ 댄치그가 개발한 심플렉스법simplex method은 획기적인 발견이었음이 분명하지만, 노벨상 위원회는 그를 경제학자로 보지 않았다. 따라서 댄치그는 노벨 경제학상의 수상 대상이 되지 못했다.

64_ Yale University Archive. Tjalling Charles Koopmans papers. Correspondence, Group No. 1439, Series No. I, Box No. 14, Folder No. 239, "Kantorovich, Leonid V., Cooper–Charnes discussion, 1960, 1961", Letter from Harold Kuhn to R. M. Thrall, July 14, 1961.

65_ Yale University Archive. Tjalling Charles Koopmans papers. Correspondence, Group No. 1439, Series No. I, Box No. 14, Folder No. 239. "Esteemed Prof Thrall", handwritten letter from Kantorovich, translated by Richard Judy, Dec. 31, 1960: 7(typed translation).

66_ 새로운 후원자나 새로운 기관들이 나타나서 "과학의 사회적 조직화에 중대한 역사적 전환"이 벌어질 경우 이는 과학적 경쟁이 벌어질 자원을 제공할 뿐만 아니라 과학 연구를 행하는 규범이면서도 대안적인 규범을 가져오게 된다(Collins and Restivo, 1983: 200).

67_ Koopmans Papers, Box No. 14, File No. 250, "Kantorovich, Translations, 1958~1960", Letter from C. West Churchman to Koopmans, March 13, 1959.

68_ Yale University Archive. Tjalling Charles Koopmans papers. Correspondence, Group No. 1439, Series No. I, Box No. 14, Folder No. 246, "Kantorovich,

Papers and Bibliographic Materials, 1957~1960", Inquiry. From Marlow, Serial 6648/58, March 18, 1958. 말로는 그 책을 얻게 된 경위에 대해 "색깔 있는 이야기a colorful story"를 들은 바 있다고 했다. Yale University Archive. Tjalling Charles Koopmans papers. Correspondence, Group No. 1439, Series No. I, Box No. 13, Folder No. 237, "Kantorovich, Leonid V., 1956~1959", Letter from Marlow to Campbell, April 7, 1958.

69_Yale University Archive, Koopmans Papers, Box No. 14, Folder No. 251. "Kantorovich, Translations, 1960", Letter from Tucker to Koopmans, June 13, 1960.

70_Cramer에 따르면 1917년에서 1950년 사이에 소련에서는 외국의 저작권 아래에 있는 책들을 10억 권이나 출판했다고 한다(Cramer, 1965). 1950년대 전반 그리고 1960년대에 들어와서도 소련은 그 어떤 국제적 저작권 조약도 준수하지 않았다. 제정 시대의 러시아 또한 국제 저작권을 준수하지 않았다. 또 동시에 미국 또한 1988년 이전에는 문학적, 예술적 저작들의 보호를 위한 베른 회의에 조인하지 않았다(World Intellectual Property Organization, available at: www.wipo.int).

71_간첩 행위와 학문 연구의 경계선은 그 해당 과학자들이 살고 있는 사회적 세계 내의 신뢰 그리고 어떤 사람이 신뢰할 만한지를 결정하는 데 필요한 사회적 지식에 대한 여러 가정에 달려 있다(Shapin, 1994). 그러한 지식의 주장들을 평가하려면 또한 그러한 지식을 누가 만들어냈는지를 평가할 수 있어야만 한다. 그런데 여러 다른 사회적 세계가 충돌할 경우에는 그 사회적 세계의 성원들에 대한 신뢰와 지식이 의문에 처하게 된다.

72_카멜롯 프로젝트는 미국 군부가 자금을 대어 제3세계에서의 발전과 혁명을 예견하고 통제하기 위한 목적에서 진행된 연구다. 이 프로젝트는 과학의 탈을 쓴 첩보활동이라는 낙인이 붙었다(Herman, 1998: 101-104).

73_소련에 교환학생으로 갔던 이와의 토론에서.

74_"Expert on Soviet Society: Frederick Charles Barghoorn" and "Arrest in Soviet Union Shocks Scholars", *New York Times*, Nov. 13, 196.

75_Harvard University Archive. Wassily Leontief papers. Correspondence, General, 1961~1965. HUG 4517.5. Letter from Houthakker to L. Klein, Leontief, Malinvaud, Ruggles, Wold, June 6, 1964.

76_Harvard University Archive. Wassily Leontief papers. Correspondence, General, 1961~1965. HUG 4517.5. Letter from Koopmans to Leontief, Oct. 29, 1964.

77_Harvard University Archive. Wassily Leontief papers. Correspondence, General, 1961~1965. HUG 4517.5. Letter from Leontief to Federenko, Dec. 22, 1964.

78_Harvard University Archive. Wassily Leontief papers. Correspondence, General, 1961~1965. HUG 4517.5. Letter from Houthakker to Leontief, March 16, 1965.

79_Harvard University Archive. Wassily Leontief papers. Correspondence, General, 1961~1965. HUG 4517.5. Letter from Leontief to Houthakker, May 13, 1965.

80_Harvard University Archive. Wassily Leontief papers. Correspondence, General, 1961~1965. HUG 4517.5. Letter from Houthakker to Leontief, May 18, 1965.

3장

1_슬로베니아, 크로아티아, 세르비아는 1918년 단일 왕국으로 통일되지만 1941년 추축국들의 공격으로 무너지게 된다. 사회주의 연방 공화국으로서의 유고슬라비아는 1945년 11월 29일 출현한다(Curtis, 1990).

2_밀렌코비치도 같은 견해다. "소련은 완벽한 영향력을 가지고 있었으며 유고슬라비아인들은 이미 동유럽 다른 나라의 동지들보다 훨씬 먼저 서둘러서 생산수단을 국유화하고 중앙계획에 착수했다. 유고슬라비아 지도자들은 마르크스주의

해석에 있어서 소련 공산당을 유일한 권위로 간주했다." 이는 사회주의의 실천에 있어서도 마찬가지였다(Milenkovitch, 1971: 55)

3_코민포름은 공산주의 정보국Communist Information Bureau을 뜻한다. 여기에는 소련, 불가리아, 헝가리, 체코슬로바키아, 루마니아, 폴란드, 프랑스, 이탈리아의 공산당이 들어 있었으며, 유고슬라비아 공산당은 1948년 6월 축출되었다(Morris, 1953: 368).

4_칼롱과 매켄지 등이 주장한 바 있지만, 경제학은 경제 현상을 묘사하는 데에 그치는 것이 아니라 또한 "경제를 수행performs the economy"하기도 한다(Callon, 1998; Callon et al., 2007; MacKenzie, 2006; MacKenzie and Millo, 2003).

5_1948년 코민포름에서 축출되기 전까지 유고슬라비아 대외무역의 절반은 소비에트 블록과의 무역이었다(Campbell, 1967: 23). 유고슬라비아와 동유럽 블록 간의 무역은 1949년에는 8분의 7이 줄었고 그 다음 해에는 거의 정체 상태에 달했다(Montias, 1959: 294).

6_UN 내에서 이미 1949년 가을에 유고슬라비아 대표들은 소련의 공격을 비난했고(Campbell, 1967: 17) 공격적인 냉전 강대국들에 대한 다른 나라들의 여러 비판을 지지했다. 유고슬라비아 정부는 또한 소련과 소련 같은 형태의 사회주의를 지지했던 이들 즉 '코민포름주의자들'을 투옥하기 시작했다. 1952년 감옥에 들어간 '코민포름주의자들'의 숫자는 1만4000명에 달했다(Rusinow, 1977: 30).

7_이 새로운 단계에 대해 Boris Kidrič([1950] 1979)는 비슷한 주장을 펼친다.

8_키드리치는 1951년 연설에서 이렇게 말한다. "우리는 실제로 국가의 사멸을 수행하고 있는 것이다(Ramet, 2006: 190-191)."

9_이 용어는 새 체제의 현실이라기보다는 그 체제의 일부 사람들의 의도를 반영하는 것이었다.

10_이 인용은 Milenkovitch(1971: 66-67).

11_Juhász는 이러한 노동자 평의회들이 자생적으로 나타났으며, 합법화된 것은 나중인 1950년 6월 27일에 통과된 '노동 집합체들의 기업경영에 관한 기본법Basic Law in the Management of Enterprises by the Working Collectives'을 통해서였다고 한다(Juhász, 2001).

12_Prout에 따르면, "1953년의 새로운 헌법이 발효될 쯤에는 법적으로도 유고슬라비아의 산업 자원의 경영자 및 수탁인의 자리가 국가에서 노동자들의 집합체로 넘어갔다(Prout, 1985: 15)."

13_트로츠키의 1932년 발언은 Nov, 1987: 37. 우드워드에 따르면, 유고슬라비아 지도자들 중 일부—특히 카르델과 키드리치—는 최소한 1946년 이후로 트로츠키주의자였다고 한다(Woodward, 1987).

14_1949년 키드리치에 따르면, 가치법칙은 "경제계획의 강력한 무기가 되며, 경제계획에 의해 미리 고안되고 확립된 사회주의 건설의 여러 임무를 수행하는 수단이 된다(Milenkovitch, 1971: 58)."

15_유고슬라비아는 곧 UN 안전보장이사회에 합류하며, 거기에서 그 대표자들은 인도 및 이집트와 정규적으로 함께 일하며 훗날 비동맹운동으로 발전하는 기초를 닦게 된다(Willetts, 1978).

16_Willetts에 따르면 1956년의 수에즈-헝가리 위기를 거치면서 장차 비동맹운동의 지도자가 될 이들이 새로운 방식으로 뭉치게 되었다(Willetts, 1978). 1956년 이스라엘, 영국, 프랑스는 이집트가 수에즈 운하를 국유화하는 것을 막기 위해서 이집트를 침공한다. 그와 똑같은 달에 소련은 헝가리에서 벌어진 국민혁명을 짓밟기 위해 헝가리 침공을 감행한다. 인도와 유고슬라비아를 비롯한 여러 나라가 강대국들에 맞서 이집트를 지지했고 UN을 동원하여 이집트에서 영국 및 프랑스 군대를 철수하도록 한다(Willetts, 1978: 3-4).

17_한 예로 티토는 제1회 비동맹회의에서 폐쇄적인 지역적 경제 집합체들 때문에 생겨난 세계무역의 장벽들을 제거하기 위해 '세계적인 경제기구'를 만들 것을 주창했던바, 이는 1964년 무역과 발전에 대한 UN 회의(UNCTAD)의 창설로 이어진다(Rubinstein, 1970: 170-172).

18_Willetts는 비동맹운동이 1955년 반둥 회의가 아니라 1950년대 후반에 시작되었다고 주장한다(Willetts, 1978: 3).

19_더욱이 유고슬라비아 지도자들은 사회주의를 하나의 단일한 '세계적 과정'으로서, 사회주의 진영, 서방, 제3세계에서 동시에 벌어지는 것으로서 제시하기 시작한다(Rubinstein, 1970: 74).

20_유고슬라비아 지도자들은 곧 유고슬라비아에 대한 자신들의 관점을 원조가 필요한 나라에서 전 세계로 지원을 수출하는 나라로 바꾸어간다. 1952년 유고슬라비아 정부는 유고슬라비아에 대한 UN의 지원을 조직하기 위해서 국제기술협력연방제도Federal Institute for International Technical Cooperation를 만들었다. 하지만 1953년이 되면 이 기관은 유고슬라비아에 원조를 제공하는 것에서 여러 개발도상국에 대한 원조로 그 지향성을 바꾼다.

21_Archives of Serbia and Montenegro, Fond 142(Socijalistički savez radnog naroda Jugoslavije), 41(Materijali komisije za medjunarodne veze), 1951, 1955~1957, 1959. 142-41-137, Ivory Coast.

22_1983년 당시 유고슬라비아 정부는 개발도상국들과 경제협력 및 기술지원을 조정하는 무수한 기관들을 가지고 있었다. 국제 경제협력 유고슬라비아 은행, 비동맹 및 여타 개발도상국들을 위한 연대기금, 과학, 교육, 문화, 기술의 국제협력을 위한 연방관리국 등. 그밖에도 외국의 사업들, 은행들, 기업들에 유고슬라비아의 여러 정부 부처가 결합되어 있었다(*Yugoslavia*, 1983).

23_Willetts는 유고슬라비아가 1950년대 처음에는 "냉전에서의 서방 지지 입장"을 채택했지만 나중에 비동맹으로 바뀌었다고 한다(Willetts, 1978: 4).

24_Ramet에 따르면, 소련은 유고슬라비아를 침공하여 티토를 권좌에서 제거하려 했다. "1950년과 1951년 초에 걸쳐서 침공의 예행연습으로 고안된 전쟁 게임과 군사 작전이 반복되었다. 당시 헝가리, 루마니아, 불가리아의 군사력 수준은 파리 평화조약에서 허용된 것의 2배에서 3.5배 사이였다(Ramet, 2006: 177-181)."

25_미국은 이 수출입은행으로부터의 대출을 통해 유고슬라비아가 3백만 달러의 강철 마감공장을 미국에서 사가도록 허락했다(Hoffman and Neal, 1962: 148).

26_미국은 1957년 군사지원을 종결했다(Campbell, 1967: 39).

27_티토가 이 발언을 했던 것은 1955년이었다고 한다(Hoffman and Neql, 1962: 428).

28_캠벨은 다음을 인정한다. "미국 쪽에서는 최소한 일정한 기대가 없지 않았다. 경제적 문화적 군사적 관계가 발전하는 것만으로도 유고슬라비아가 어쩔 수 없

이 서방 쪽으로 끌려오도록 만들고 그 체제의 바람과는 무관하게 국내에도 일정한 변화를 장려할 수 있다는 기대였다(Campbell, 1967: 22)."

29_ 미국 경제학자 벤저민 워드는 유고슬라비아 경제학자들의 사상을 탐구하는 가운데 이들의 자유시장적 관점에 주목했다. "그 결과는 무슨 모종의 보이지 않는 손 따위의 부드러운 보살핌에다 경제를 맡기자는 그런 것은 아니었다(비록 이 기간의 유고슬라비아 경제학자들의 저작을 보면 그런 인상을 받기 쉬운 것이 사실이지만)(Ward, 1956a: 87)."

30_ 막시모비치는 이렇게 주장한다. "랑게 교수가 1936, 1937년에 정식화한 시장사회주의 모델은 우리의 견해로는 유고슬라비아 경제체제 모델에 가장 가까운 것이지만, 당시에는 우리는 그에 대해 거의 아는 것이 없었다(Maksimović, 1965: 349)."

31_ 일부 경제학자들은 1930년대에 외국에서 경제학을 공부하기도 했으며(Uvalić, 1954: 262), 신고전파 경제학 문헌들도 비록 대부분의 독자들에게 반드시 접근 가능한 것은 아니었겠지만 여전히 도서관에 남아 있었다. 한 예로 우발리치는 1930년대에 파리의 소르본에 있는 국제고등연구원과 통계원을 졸업했고, 그후 세계시장에서의 가격 변동에 대한 논문을 게재한 후 정치경제학 교수가 되었다. 1948년에서 1951년의 기간에 우발리치는 베오그라드 대학 경제학과의 과장이었고, 그 직후에는 세르비아 경제학자협회의 회장이었다(UNESCO, 1960).

32_ 자그레브 대학의 경제학과는 1954~1955학년 보고서에서 이렇게 말한다. 그 전해에 이 학과에서는 보유한 장서에서 '약점들'을 제거하려고 했으며 특히 미국 측 문헌을 구매하는 것이 중요하다는 것을 발견했다는 것이다. 이들은 또한 자신들에게 전쟁과 그 직후 기간의 경제학 문헌이 부족하다는 것을 알게 되었다. 경제-금융과 사회 연구의 문서들도 부족했으며, OECD, 미국 국회, IMF, 그밖에 집단적 경제, 도시 개발, 주택 등의 문제들을 다루는 여러 다른 기관들에서 나온 자료들도 필요로 하고 있었다("Skupština", 1955: 1014).

33_ 플라덴 코라치는 제2차 세계대전 이후 최초로 외국에서 공부한 이였을 듯하다. 그는 1953~1954년의 기간 동안 케임브리지 대학에서 신고전파 경제학의 비판자였던 피에로 스라파가 이끄는 경제학 세미나에서 공부했다(Ekonomski

Fakultet, 2007: 46).

34_ University of Belgrade, Faculty of Law(n.d.).

35_ Montenegrin Academy of Sciences and Arts(n.d.).

36_ 베오그라드 대학 경제학과 교수진과의 여러 인터뷰.

37_ University of Zagreb, Faculty of Law(n.d.).

38_ 베오그라드 대학 경제학과 교수진과의 여러 인터뷰.

39_ 예를 들어 Branislav Šoškić는 1962~1963년에 하버드대와 버클리대에서 공부
했다(Montenegrin Academy of Sciences and Arts, n.d.).

40_ 벤저민 워드와 그레고리 그로스먼은 버클리대에서 일하고 있었다. 아브람 베르
그송, 앤 카터Anne Carter, 바실리 레온티예프 등은 하버드대에 있었다. MIT는
엡세이 도마를 고용했다.

41_ 주요 연사로는 데니스 로버트슨Dennis Robertson, 제이컵 바이너Jacob Viner,
프랑수아 페루François Perroux, 고트프리트 하벨러Gottfried Harbeler, 에릭 룬
드베리Erik Lundberg 등이 있었다(Stojanović, 1956: 595).

42_ 우발리치는 이렇게 보고했다. "어느 학과에서든 외국 교수를 초빙하여 그의 특
별 주제로 일련의 강연을 하도록 해도 좋다. 다른 학과에서는 이 권리를 활용했
지만 여러 경제학과에서는 아직 그렇게 하지 않았다(Uvalić, 1954: 274)."

43_ University of Belgrade, Faculty of Law(n.d.).

44_ 막시모비치는 또한 하이에크의 주장들을 포함하여 신고전파 경제학에 대한 오
스트리아학파의 '신자유주의적' 비판을 설명했다.

45_ 막시모비치는 자신의 결론에서 소비자 가격으로 사회주의 경제 전체가 추동되
도록 하는 것에 반대했다. 신고전파의 균형 모델은 가격이 점차 조정되어가는
정태적 상황을 가정하고 있는 데 비해 개발도상국은 이런 상황이 아니기 때문이
라는 것이다. 개발도상국에서는 신고전파적 가격과 '경제적 자동주의economic
automatism'가 직접투자와 혼합되게 되어 있다는 것이었다.

46_ 브란코 호르바트는 맨체스터에서 1955년에서 1958년까지 공부하여 두 번째 박
사학위를 받는다.

47_ 호르바트는 "기업가정신 그리고 이윤에 해당하는 범주 등이 형식적 경제 이론

에서 가장 약한 고리를 나타낸다"고 말한다(Horvat, 1964: 114).

48_1958년 베오그라드 대학 경제학과에서는 두 분과를 만든다. 일반경제학(국민 경제를 취급)과 기업경제학이다. 일반경제학 분과에서는 학생들이 경제 발전론, 가격론과 가격 정책, 『자본』 세미나 등의 과목을 배운다. 학생들은 또한 경제학 설사 과목도 들었으며 여기에는 사회주의 계산논쟁도 들어 있었다. 이 과목들은 외국에서 신고전파 경제학으로 훈련받은 경제학자들이 가르쳤다(*Ekonomski Fakultet*, 2007).

49_이 책은 1960년 슬로베니아어로 출간되었다가 1966년 세르보크로아트어로 다시 출간되었다.

50_체르네는 또한 생산수단 가격은 상당히 다르게 형성될 것이라고 말하고 있다(Černe, 1966: 237).

51_글리고로프는 이렇게 말한다. "주류에 대한 반대 세력은 대개 중앙계획을 신봉하는 이들로 이루어져 있었다"(Gligorov, 1998: 329).

52_예를 들어 1950년대 초 경제학자들은 새로운 체제를 형성하기 위한 토론집단을 마련했다("Izvešaj", 1953: 61). 훗날 유고 연방경제계획청, 연방통계청, 경제연구소SRS, 그밖의 다른 기관들이 1957년에서 1961년에 걸친 제2차 경제계획에서 함께 일했다(Černe, 1966). 외국에서 신고전파 경제학으로 훈련된 경제학자들이 토론 과정에 영향을 미쳤다. 이들은 V. Tričković, B. Šefer, E. Berković, V. Franković, E. Vajs, I. Turk 같은 경제학자들의 저작을 근거로 삼았다(ibid. 58-59).

53_여기에서 나는 수행성 문헌들을 언급하고자 한다(Callon, 1998; Callon, Millo, and Muniesa, 2007; MacKenzie and Millo, 2003).

54_2007년 벤저민 워드와의 사신교환.

55_워드는 논문 후반부에서 이렇게 말한다. "이 모델의 법적 근거가 유고슬라비아 지도부의 궁극적 목적을 서술하는 것이라고 가정한다면, 이 모델이 유고슬라비아에 대해 갖는 적실성은 좀더 증대될 것이다(1958: 585)."

56_도마는 이렇게 말한다. "오늘날 소련의 콜호스Kolkhoz(집단 농장)가 직면한 대부분의 장애가 갑자기 사라지고, 콜호스들이 모든 것을 시장가격으로 사고 팔

수 있으며 콜호스의 본질적 구조가 유지되는 한에서 농민들이 알아서 자기 일을 돌볼 수 있는 랑게-러너 유형의 경쟁적 세계에 들어간다고 상상해보라. 이러한 이상한 세계에서 소련의 농업 그리고 이 점에서 볼 때 똑같은 방식으로 조직된 모든 경제부문은 어떤 성과를 보일 것인가?(1966: 734)" 모든 신고전파 모델과 마찬가지로, 그 또한 이 협동적 모델과 형식상으로는 그와 동등한 "자본주의 쌍둥이"를 모두 놓고 비교를 제시한다(ibid., 737). 이 논문으로 도마는 협동조합을 신고전파 주류경제학의 연구 대상으로 만들었다.

57_기업들은 또한 동일한 기술을 가지고 있어야 한다. 노동자 경영 경제는 탈중앙 집중과 더 작은 기업들을 장려하기 때문에 더욱 경쟁적이다.

58_특히 유고슬라비아가 그 경제를 세계경제에 개방했으므로 경쟁도 더 많아졌고 가격은 더욱 외생적이 되었다는 것이다.

59_호르바트는 "마땅히 합리적이게 되어 있다고 가정"하는 것에 반대하고 대신 유고슬라비아 기업들의 실제 관행들을 관찰할 것을 주장했다(Horvat, 1971: 105).

60_호르바트에 따르면 제대로 된 제도들의 시스템만 있으면 자유로운 경쟁적 시장이 자동적으로 작동할 것이며 이로써 모든 '행정적 개입'을 피할 수 있게 될 것이다(Horvat, 1967: 7).

61_Marschak(1968)와 Wachtel(1973)은 또한 경험적 데이터를 사용했다.

62_ 세르비아와 몬테네그로의 여러 문서고에는 정부 간 기관들에 파견되었던 전문 가들의 여러 리스트가 있다.

63_ 최소한 1971년까지 유고슬라비아인들은 한 번도 집행 이사executive director가 된 적이 없었고 그저 번갈아가며 일을 맡았을 뿐이다(Mason and Asher, 1973: 869).

64_ 옛 유고슬라비아 출신의 세계은행 경제학자들과 가진 여러 인터뷰에서 저자는 그들 중 일부는 독자적으로 자기들 일자리를 얻었다는 것을 알게 되었다.

65_Hollis Chenery는 세계은행에서 오래 일한 컨설턴트이자 아주 영향력이 컸던 벌 러셔에게 보낸 편지에서 이렇게 말한다. "당신의 대부분의 작업도 그러하지만, 세계은행의 방향성도 비교경제학에 있지요(Chenery, 1991: xiv)."

66_유고슬라비아 정부는 또 UNCTAD의 설립에도 손을 댔다(Rubinstein, 1970).

67_문서고의 자료들에 따르면 ICPE는 계속해서 비동맹 국가들의 유일한 중심이었다("*ostane samo centar nesvrstanih zemalja*"). Archives of Serbia and Montenegro, fond 465, popis br. 57, fasc. br. 46, UN Upravuljanje preduz., U javnon vlasnišvu uzu, 1971~1977. 유고슬라비아 쪽 창립자들은 애초부터 ICPE가 UN 체제 및 비동맹 운동의 일부가 될 것으로 가정했다.

68_미래의 ICPE 소장이 되는 안톤 브라투시Anton Vratuš에 따르면 ICPE는 유고슬라비아 기업의 노동자 자주관리 경험을 가르치는 가장 자연스러운 기관이 될 터였다. Archives of Serbia and Montenegro, fond 465, popis br. 57, fasc. br. 46, UN Upravuljanje preduz., U javnon vlasnišvu uzu, 1971~1977. Letter from Dr. A. Vratuš(deputy state secretary) to Ing. Marko Bulć, member of the SIV, March 23, 1971.

69_이 기관을 조직한 이들은 또한 공기업 경영 대학원과 국제 과학기술이전 대학원도 창립할 계획이었다.

70_Archives of Serbia and Montenegro, fond 465, popis br. 57, fasc. br. 46, UN Upravuljanje preduz., U javnon vlasnišvu uzu, 1971~1977. File: Interregionalni projekat: "Medjunarodni centar za upravljanje preduzecima u javnon vlasništvu", Information about the International Center.

71_도이치에 따르면, "1972년 노동자 자주관리를 주제로 한 국제 학술회의가 열렸고 이는 국제적으로 여러 연구자 및 실행가들 사이에 결정적으로 중요한 네트워크를 시작했던바, 유고슬라비아인들은 이를 시작으로 하여 중심적인 역할을 했다. 두브로브니크Dubrovnik에 있는 대학 간 후대학원 과정Inter-University Center of Post-Graduate Studies이 1970년대 동안 주관하여 개최되었던 노동자 참여에 대한 일련의 국제 세미나는 전 세계적으로 관심을 불러일으키고 또 여러 활동을 널리 알리는 데에 기여했다. 유고슬라비아 경제학자인 호르바트는 학술지 『경제 분석과 노동자 자주관리』에 논문을 게재하면서 노동자 자주관리에 대한 국제적인 경제학자들의 조직을 형성하는 데 지도적 역할을 했다. 한편 루디 수페크Rudi Supek와 같은 유고슬라비아 사회학자들은 이와 마찬가지

로 1978년 노동자 참여와 자주관리에 대한 국제 사회학협회 연구위원회를 시작하는 역할을 맡았다. 유고슬라비아의 연구자들은 노동자 자주관리에 대해 국제 공동체가 관심을 갖도록 자극하는 데 크고도 결정적인 역할을 했다(Deutsch, 2005: 647).

72_여기에 다른 새로운 학술지들이 합류했다. 그중 하나인 『자주관리: 계간 리뷰』는 1980년 『경제 분석과 노동자 경영』에 다음과 같은 광고를 게재했다. "'자주관리'는 도처에 나타나고 있다. 여러 서적과 팸플릿에서, 사람들의 머릿속과 벽의 낙서에 이르기까지." 『경제적 민주주의와 산업민주주의: 국제 학술지』 또한 이 해에 시작되었고, 페루의 『사회주의와 참여』는 1977년에 시작되었다.

4장

1_헝가리 공산당은 수십 년간 여러 번 이름을 바꾸었지만, 단순성을 위해서 나는 모스크바와 연계된 헝가리의 공산당을 그냥 '헝가리 공산당'이라는 가장 보편적인 용어로 부르고자 한다.

2_공산당이 정말로 소련 체제를 시행하기로 결정을 내렸었는지에 대해서는 많은 논쟁이 있다. Zhelitski는 일찍이 1945년에 이미 헝가리 공산당이 '전체주의 체제'를 확립할 계획을 가지고 있었다고 가정하고 있다(Zhelitski, 1997: 79). 다른 이들은 1947년 이전에는 스탈린조차도 동유럽을 소비에트처럼 만들겠다는 청사진을 갖고 있지는 않았다고 주장한다(Swain and Swain, 1993). Roman은 이 견해에 동의한다. "소련 사람들이 그러한 프로그램을 가지고 있었다는 증거는 전혀 없다(Roman, 1996: 167)." 로만에 따르면, 소련은 헝가리에서 가장 영향력이 큰 외국 세력이었지만 소련 당 지도자들은 제2차 세계대전 후 헝가리의 소비에트화를 요구하지 않았다고 한다. 실제로 스탈린은 다당제 연합의 형태를 고집했으며 정부에 비공산주의 정치가들이 참여해야 한다고 주장했다. 그런데 소련이 티토와 단절한 1948년부터 상황이 변했다고 한다(ibid., 222). 이 시점에서 헝가리 공산당은 정치 영역을 독점해버리고 헝가리의 소비에트화에 착수하는데, 여기에

소련식 경제학을 강제하는 것도 포함되어 있었다.

3_헝가리의 경제학계에는 이 학술지 하나만 남게 되었고, 이에 관해서는 당 지도 자들마저도 "낮은 수준의" 러시아 쪽 자료를 출간하고 있다고 인정한 바 있다. PIA 690/5/1948: 46. Notes about the economic press to Andor Berei, April 1, 1948.

4_1954년 5월에 열린 제3차 당 대회 또한 너지의 주장을 뒷받침하면서 경제과학의 발전을 주문했다(Szabó, 1954). 한 경제학자의 회상에 따르면, 그가 1953년 10월 부터 1954년 12월까지 당이 장악한 정부에서 일하는 동안 승진했던 이들은 대부분 노동자도 농민도 아닌 경제학자들과 지식인들이었다고 한다(Szabó, OHA, 1991: 147). 경제학자들은 1954년을 "경제과학 부흥"의 해라고 불렀다(ibid. 1991: 135).

5_이중 모두가 공식적 경제학 학위를 지녔던 것은 아니다. 옛날 세대 일부는 학위 가 없이 경제학을 다루는 위치에서 일을 했지만, 자신들을 경제학자라고 여겼다.

6_예를 들어 Zoltán Vas는 국가경제계획청의 의장 지위에서 쫓겨나 농촌에 있는 한 회사의 사장으로 좌천되었다. 그 이유는 부분적으로 당의 고용정책을 따르기를 거부했던 데 있었다(Vas, 1990). Vas는 소위 "의사들의 음모Doctors' Plot"[1952 년 스탈린정권은 시오니즘에 물든 유대인 의사 다수가 소련 지도부 요인들의 암살을 기도했다고 발표하여 대대적인 유대인 숙청에 나선다. 1953년 스탈린이 죽으면서 이는 끝났고, 후에 사건 자체가 조작이었음이 밝혀진다—옮긴이]에 대한 스탈린의 보복과 연계된 반유대인 숙청 과정에서 재판에 회부될 것으로 예상되었다. 하지만 스탈린이 죽으면서 이 과정도 끝나게 된다(ibid., 113). Vas는 너지 의 경제 프로그램과 연설들을 준비하는 것을 도왔다.

7_도나트와 너지는 농업관료들 중 강제적인 집단 농장을 지지하지 않았던 분파들 을 대표한다.

8_임레 너지와 터마시 너지는 친척 관계가 아니다. 터마시 너지를 지칭할 때에는 전 체 이름 혹은 T. 너지라고 썼다.

9_HAS 182/3/1950. Notes on the Business and Trade College lecturer Tibor Andersen by Margit Siklós to the Academy of Sciences, May 16, 1950.

10_HAS 183/3/a/1954. Minutes of Permanent Economics Committee, July, 19, 1954.

11_PIA 276/115/17/1948: 1-2. Report to Zoltán Vas from László Timár and Dr. Siklós at the National Planning Office's Economic Division, Dec. 13, 1948. 당-국가 지도부는 본래 이 HIER을 새로운 경제학 연구소로 대체했었지만 이 또한 금방 폐쇄된다. 당-국가의 여러 기관 안에서 적용 경제학자들이 연구를 수행했지만, 그들이 속한 기관의 직접적 관심사에 의해 제약당하고 있었다(Bockman, 2000).

12_헝가리어로는 ESI를 Közgazdaságtudományi Intézet(KTI)라고 부른다.

13_HAS 183/1/1954: 2. Suggestion to establish the Economic Science Institute, Nov. 5, 1954 (also dated Dec. 6, 1954).

14_HAS 183/4/a/1955. Letter from István Rusznyak to Nándor Gyöngyösi, Economics Documentation Center, Feb. 23, 1955.

15_1954년 가을 ESI는 너지의 경제 프로그램의 구체 사항들을 만들어냈다. ESI 경제학자들은 또한 너지의 세계관을 홍보하고 경제사상을 발전시키는 논문들을 출간했고 비밀 보고서도 집필했다. 하지만 ESI는 라코시의 최고급 경제 전문가였고 ESI의 수장이기도 했던 이슈트반 프리시처럼 너지와 그의 프로그램을 지지하지 않는 경제학자들도 고용했다. 프리시는 스탈린주의 경제 전문가였지만 죄르지 페테르와 같은 개혁경제학자의 가까운 친구로서(Szabó, OHA, 1991) ESI 경제학자들에게는 커다란 자산이었다(Péteri, 1996: 378). ESI 경제학자들이 모두 너지와 의견이 같았던 것은 아니었지만, 너지가 경제정책 임무를 결정하고 각종 경제 척도의 효과를 평가하고 가장 중요한 것으로서는 라코시의 여러 정책을 비판하는 데 있어서 이들 다수에게 의존할 수 있었다.

16_HAS 183/4/a/1954. Letter from Klara Fejér to István Rusznyak, both at the Hungarian Academy of Sciences, Nov. 4, 1954. 『경제학 리뷰』 1954년 봄호에서 서보는 경제 연구소의 필요성을 제기했다(62, 73). 과학 아카데미 내부의 경제학 분야 비서가 별도로 제안서를 제출하려고 했지만, 서보는 ESI의 계획은 그가 혼자서 결정할 것이라고 말했다. 심지어 과학 아카데미는 그의 생각에 대

해 견해를 제출하는 것조차 허용받지 못했다. 서보의 제안서는 곧바로 정치국 Politburo으로 들어갔다.

17_임레 너지의 중요한 지원자 중 하나였던 터마시 너지는 이 연구소의 창립 멤버의 하나였다(Péteri, 1993: 166). ESI는 너지의 동맹자이자 그의 장관 시절 차관 중 한 사람이었던 페렌츠 도나트가 이끄는 농업조직연구소Agricultural Organizational Institute를 통합했다. 도나트는 이 연구소의 부소장이 되었다(Péteri, 1993: 163).

18_그 대학원생들 중에는 Ferenc Fekete, ErnőCsizmadia, Béla Csendes 등이 있었다(Rainer, 1996: 457).

19_HAS 183/1/1954: 2. Suggestion to establish the Economic Science Institute, Nov. 5, 1954 (also dated Dec. 6, 1954).

20_HAS 183/1/1954. Suggestion to establish the Economic Science Institute, Nov. 5, 1954 (also dated Dec. 6, 1954).

21_헝가리어로는 이 대학원생들을 '어슈피란시aspiráns'라고 부른다. HAS 183/7/1956. Report originally written by Friss on work and problems at the Economic Science Institute, Feb. 1956.

22_페테리는 ESI가 "적용 경제학 연구소들에서 나온 박사논문들을 심사하는 여러 위원회에서 특출하게 높은 비중(47퍼센트)으로 수위를 차지했다. 이와 똑같이 주목해야 할 일은, 정치경제학과에서 나온 논문들에 대해서도 그러했다는 것이다(1996: 378)."

23_이 복간된 학술지의 헝가리어 이름은 『Közgazdasági Szemle』다.

24_1954년 4월호 『경제학 리뷰』에서 서보는 "독립적인 경제 이론 학술지"를 요구했다. "이러한 글들은 출간의 기회가 제한되어 있기 때문"이라는 것이었다(73). 다른 학술지에도 헝가리 저자들이 쓴 글은 잘 실리지 않았다. 1953년의 한 보고서는 경제학 서적의 출간 상황에 대해 다음과 같이 보고하고 있다.

① 금융 서적 출간─헝가리 저자 없음. 독자들은 주로 소련의 금융 및 회계 전문가들.

② 통계 서적 출간─독자들은 주로 소련에서 온 이들.

③ 경제계획에 관한 서적 출간―소련의 국가계획청에서 일하는 이들이 유일한 저자들임.

④ 넵서버Nepszava[헝가리 사회민주당 기관지였다가 1948년 이후 공산당에 의해 노동조합 신문으로 재창간되었다―옮긴이]의 출판사들―헝가리 저자 없음. HAS 182/8/1953. Report about the situation in economics book publishing

25_너지의 대학원생이었던 Ferenc Fekete 또한 이 학술지의 수석 편집자였다 (Rainer, 1996). 터마시 너지는『경제학 리뷰』의 편집진이었다. 그의 설명에 따르면, 편집위원회는 대단히 '진보적'이었다. 개혁을 지지하는 이들은 István Antos(공산당의 계획, 금융, 무역 분과 책임자), István Benke, 요제프 보그나르, Ferenc Erdei(너지 정권의 법무부 장관), Ferenc Fekete, 터마시 너지, 칼만 서보 등이었다. 개혁에 반대하는 이는 László Hay, György Lázár, G. 서보 등이었다 (T. Nagy, OHA, 1986: 147-148).

26_1950년대 초에 현업에 있었던 대부분의 경제학자는 이 학술지의 논문들이 어떤 충격을 주었는지를 기억하고 있다.

27_더욱이, 너지 정권을 지지했던 경제학자들은 또한『사회 리뷰Társadalmi Szemle』등의 편집위원회에도 이름을 올렸다.『사회 리뷰』편집진에는 칼만 서보, Ferenc Fekete, Andor Berei등이 있었다(Szabó, OHA, 1991: 125). 임레 너지는 또한 Antal Gyenes를 이 학술지의 경제 편집자로 만들었다(Rainer, 1996: 452).

28_HAS 183/2/1954. Meeting minutes of the Permanent Economics Committee, May 3, 1954.

29_페테르는 또한 스탈린이 사회의 이익을 위해 이러한 도구들을 사용하는 것을 지지했던 발언을 인용하고 있다(Péter, 1954: 91). 폴록은 경제개혁에 대한 스탈린의 복잡한 관점을 논의한다(Pollock, 2006).

30_비록 이 용어는 새로운 것은 아니지만, Szamuely는 이 용어가 전후 헝가리에서 처음으로 쓰였던 것은 1954년 10월 초입 중앙지도위원회Central Directorate의 명령으로 마련된 종합적인 경제정책 프로그램에 대한 토론에서였다고 말하고 있다(Szamuely, 1986: 15). 코르너이에 따르면, 1955년에는 경제적 메커니즘이

헝가리에서 토론 주제가 되었다고 한다(Kornai 〔1957〕 1959: 186). 이 용어는 다른 동유럽 나라들에서는 당분간 금지되거나 무시되었지만, 1970년대 말경이 되면 여러 동유럽 나라들에서 이 말이 유행하고 공식 문서에서도 사용되게 된 다(Szamuely, 1986: 9-10). 헝가리에서는 1980년대가 되면 이 용어가 "가장 많이 사용되는 기술적 표현들 중 하나"가 된다(ibid., 9).

31_아는 알기 쉽게 표현하기 위해 "잭 다이아몬드"라고 했지만, 버르거가 쓴 말은 "녹색 잭"이었다. 녹색 잭은 헝가리식 카드에서 약한 카드의 하나다. 버르거가 이 색을 선택한 것은 이 카드를 뽑은 이는 약자의 위치에 있다는 생각을 암시하고 있다. 그의 다음 문장의 문맥을 보면, 그가 이 색을 선택한 것은 기업들을 경제계획가와의 관계 속에서 약자의 위치에 있는 것으로 제시하는 것임이 분명히 드러난다.

32_물론 자기 조정 경제메커니즘은 인간 행위자들을 분명히 필요로 하는 것이다 (Bockman, 2000). 정치가들, 기업들, 소비자들은 모두 경제학자들로 하여금 자신들과 이 메커니즘 사이에 다리를 놓아줄 것을 요청한다. 따라서 경제적 메커니즘에 대한 주장들은 결국 경제학자들이 어떤 역할을 해야 하는가에 대한 주장들을 구현하고 있다. 이러한 모델들과는 대조적으로, 공산당은 또한 계속해서 경제에 개입했다.

33_나의 연구는 다음과 같은 주장이 그릇된 것임을 입증했다. "1948년 이전과 이후의 경제학자들 사이에는 인간적이거나 지적인 그 어떤 연관도 없다(Szamely and Csaba, 1998: 158)."

34_Gelegonya 또한 페테르의 부친이 독학 학자로서 헨리 조지의(이 사람에 대해서는 1장에서 논의했다) 열성적인 추종자였다고 언급하고 있다(Gelegonya, 1996: 126).

35_이 새로운 마르크스-레닌주의 경제 대학의 주요 조직가들 중 하나였던 터마시너지는 이 대학의 구조를 장차 어떻게 할 것인가를 놓고 경제학과의 학생들과 토론했고, 그중에는 이슈트반 헤테니와 칼만 서보 등 1946년부터 이 학과에서 공부한 이들도 있었다(Hetényi, OHA, 1987: 39). 경제 전문가로서 당의 2인자였던 이슈트반 프리시 또한 짧은 기간이나마 런던 정치경제대학에서 경제학을

공부했었다.

36_코르너이는 자신의 회상록에서 다음을 인정한다. "언드라시 브로지는 레온티에프의 모델들을 사용하여 어떻게 마르크스『자본』 2권에 나오는 저 유명한 '재생산 표식'을 설명할 수 있는지를 능숙하게 증명해 보였다(Kornai, 2006: 142)."

37_코르너이는 죄르지 페테르의 생각에 대해서도 비슷한 주장을 한다(Kornai, 1994: 78).

38_헝가리에서도 또 다른 곳에서도, 1956년 10월에 벌어졌던 사건들을 어떻게 명명해야 할지를 놓고 정치적으로나 감정적으로나 열띤 논쟁이 있어왔다. 공산당의 공식적 명칭은 1988년까지도 '반혁명'이었지만, 그 해 국회의원이었던 Imre Pozsgay가 이 사건을 "민중 봉기"라고 부른다. 그의 선언은 "야노시 카다르 체제 전체에 대한 공개적인 도전에 맞먹는 것"으로 여겨진다(Litván, 1996: xii). 1990년 최초의 자유선거로 선출된 의회가 내놓은 첫 번째 선언들 중 하나는 "그 혁명의 기억을 보존한다"는 것이었다(ibid., x). 내가 이 '혁명'이라는 용어를 그대로 쓰는 이유는 이것이 널리 쓰이는 용어이기 때문이다.

39_소련군이 개입하자 너지는 유고슬라비아 대사관으로 탈출한다. 소련군은 안전한 통과를 약속했지만 그 다음에 결국 그를 체포한다. 그는 1958년 처형당한다(Cox, 2006).

40_1956년 말과 1957년, 새로이 들어선 카다르 정권은 많은 개혁경제학자들을 조직하여 여러 위원회를 만들어 신정부의 프로그램을 만들어내도록 하지만 그 다음에는 경제학자들에 적대적으로 돌아선다.

41_PIA 288/23/1957/25, "Revisionism and Economic Science": 1.

42_ibid., 2.

43_ibid., 6.

44_Ibid., "Ideological Fight against Revisionist Economic Views": 22. Andor Berei 는 이 글을 1957년 5월 24일 경에 썼을 가능성이 아주 높다.

45_1957년 5월 17일에 있었던 당 중앙위원회에서 내무부 장관은 특히 『경제학 리뷰』가 수정주의자들의 관점이 담긴 글을 게재한다고 비판했다(Balogh, 1993: 331).

46_ 언드라시 너지와 1995년에 주고받은 사신에서. 언드라시 너지는 임레 너지와 친척 관계가 아니다.

47_ 당 지도자들은 경제의 성공을 달성 가능한 목표로 보았다. 이는 1957년 당이 내린 "경제학 영역에서 나온 결과물들과 올바른 조치들을 사용하여 공산당의 권위를 강화한다"는 결정에도 잘 드러나 있다. Ruling about Party organizational tasks in economic organizing work, July 30, 1957: 89(*Magyar Szocialista*, 1964: 88–93). Lampland는 헝가리 농업에서 개인주의 및 여타 자본주의적 가치들이 장려되었던 것을 설명하고 있다(Lampland, 1995).

48_ HVG 매거진은 1997년에 게재한 한 기사("Egy játék színeváltozásai: Kapitalizz okosan!")에서 이 게임을 자세히 묘사하고 있다. 로너터시는 특히 "지혜롭게 경영하라!" 게임을 자세히 논하고 있으며, 이를 사적 생활과 노동이라는 공적 영역 사이의 분리가 출현하고 있던 맥락 속에서 바라보고 있다(Róna-Tas, 1997: 85–86).

49_ 베렌드는 또한 1956년 이후 인텔리겐치아들 전체가 일반적으로 "정치와 정부에의 참여를 꺼리게" 되었던 과정을 논하고 있다(Berend, 1990: 72). 당 중앙위원회 비서였던 Jenő Fock는 과학 아카데미 연례 총회에서 행했던 1960년 연설에서 경제학자 대다수가 개혁에 대한 작업을 회피했음을 인정하고 있다. 그 이유는 "이들이 한때 그런 작업과 긴밀하게 연결되어 있었고, (…) 〔그렇기 때문에〕 무의식중에 길을 잃고 수정주의의 경지로 들어서고 말았다. (…) 또한 이러한 경제학자들의 예를 보면서 '현명해진' 다른 경제학자들은 아예 이 위험한 경지로 들어서는 것 자체를 꺼리기도" 했기 때문이라는 것이다(Berend, 1990: 86-87). 또 이 연설은 『경제학 리뷰』에서 다루어지기도 했다(B.-J. 1960).

50_ Lewin은 소련에서도 경제학자들이 비슷한 방식으로 수리경제학으로 퇴각했음을 발견했다(Lewin, 1974).

51_ 1995년에 행한 언드라시 브로지와의 사신교환.

52_ "우리의 동료인 벨라 크레코Béla Kreko 박사는 카를마르크스 경제대학에서 '경제계획과 경제학'이라는 새로운 학과를 제안했고 또 시작했다. 여기에서 학생들은 헝가리 대학들의 역사에서 처음으로 경제학, 수학, 컴퓨터 공학 등을 공부하

기 시작했다(1960)(Kovács, 2008: 4)."

53_ 미로스키가 밝혀낸 바 있듯이, 19세기의 신고전파 경제학자들은 물리학에서 얻은 지식을 경제학에 적용함으로써 자신들의 생각을 발전시켰다. 유럽 전역에 걸친 경제학자들이 경제를 하나의 메커니즘으로서, 즉 재설계가 가능한 하나의 기계로서 보았다. 따라서 "시장 메커니즘"이라는 생각은 새로운 것은 아니었다 (Mirowski, 1989). 또한 다음 참조. Nelson, 1997.

54_ 1955년 새뮤얼슨은 선형계획에 대해 러시아 경제학자들이 행했던 비슷한 작업에 대해 알고 있었다(Samuelson [1955] 1966).

55_ 이 분야에서 가장 유명한 개척자의 한 사람이 장래에 노벨 경제학상을 받게 되는 레오니트 후르비치로서, 그는 루트비히 폰 미제스와 프리드리히 하이에크 둘 모두를 선생으로 공부했으며 나중에는 폴 새뮤얼슨과 오스카르 랑게의 연구 조교로 일한 적도 있다.

56_ 헝가리 경제개혁에 대한 관심의 양은 어마어마했었다. 1983년, Rezler는 이렇게 말한다. "국회 도서관의 G. F. Horchler가 수집한 헝가리 경제개혁에 관한 문헌 목록에는 1620개의 항목이 있었다(Rezler, 1983: 143)."

57_ 그는 샘플링 이론으로 박사논문을 쓰고 계획가로서 일했지만, 국내 강제 이송을 겪게 된다. 이는 그가 높은 신분의 가족 출신이므로 더 이상 부다페스트에 살 수 없으며 따라서 지적인 작업도 더 할 수 없게 되었음을 뜻했다(Balassa, 1989: 16). 이러한 그의 강제 이송 기간에 이슈트반 버르거는 그에게 경제학 관련 서적들을 계속 제공해 주었기에 벌러셔는 계속 저술 작업을 할 수가 있었다 (ibid., 17).

58_ 더 많은 정보는 다음 참조. *New York Times* obituary: "Bela A. Balassa, 63, Economics Professor Who Fled Hungary", *New York Times*, May 11, 1991. Retrieved on August 25, 2010, from www.nytimes.com/1991/05/11/obituaries/bela-a-balassa-63-economics-professor-who-fled-hungary.html.

59_ 코르너이는 헝가리를 하나의 사례 연구로 보았기에 "독자들이 우리 작업에서 편협한 지역주의를 의심하지 않을까 하는 걱정은 전혀 해본 적이 없다(Kornai, 2006: 311)".

60_ 브루스의 책은 영국과 미국에서 『사회주의 경제에서의 시장The Market in a Socialist Economy』이라는 제목으로 출간되었다(Brus, 1972).

61_ 1964년 1월, 헝가리 경제학자 터마시 너지는 브루스의 저작을 공개적으로 설명하고 토론했다(T. Nagy [1964] 1986: 307-311).

62_ 물론 수혜자들이 최종 보고서에 써놓은 이야기들을 받아들일 때는 조심해야 할 필요가 있지만, 그래도 이 보고서들이 흥미롭고 유용한 정보를 담고 있는 것도 사실이다.

63_ 바실리 레온티예프(투입-산출 분석을 정초한 사람), 아브람 베르그송, 앤 카터 등은 하버드에서 일하고 있었다. 예일 대학은 존 마이클 몬티아스와 빌리엄 펠너를 고용했다. 그레고리 그로스먼은 버클리 대학에 있었다. 케네스 애로는 스탠퍼드 대학에서 일했다. 한 헝가리 경제학자는 이렇게 말한다. "이 수리경제학 학파는 최근 애로, 후르비치, 우자와Uzawa 등을 중심으로 발전되었던바, 우리에게는 아주 가치 있고 더 많은 관심을 쏟을 만하다." FF R2346, 64-432, Aug. 12, 1968: 1. Final report of György Kondor.

64_ 한 경제학자는 "하버드 대학 여러 도서관의 어마어마한 양의 문헌"에 대해 쓰고 있다. FF R2346, 64-432, Nov. 1966: 4. Final Report of Lajos Ács.

65_ FF R2347, 64-432, July 28, 1965: 1. Final report of András Bródy.

66_ 다른 이들 가운데에서도 Lajos Ács는 자신이 컴퓨터에 대해 배웠다고 말하고 있다(FF R2346, 64-432, Nov. 1966: 1). 브로지는 하버드 대학의 여러 교수들로부터 프로그래밍과 기타 컴퓨터 지식을 배웠다(FF R2347, 64-432, July 28, 1965: 1).

67_ FF R2346, 64-432, List of, 1966~1967 participants.

68_ 한 미국 경제학자가 이 문제를 언급했다(FF R2346, 64-432, April 20, 1965: 1-2, Letter from Earl Heady to Shepard Stone at the Ford Foundation). András Raba는 이렇게 말한다. "내 나라를 떠나기 전에 미국의 여러 대학 중 어디에서 어떤 식으로 내 전공 분야에 가장 좋은 기회를 얻을 수 있을지에 대해 충분한 지식을 얻었다고는 할 수 없었다(FF R2346, 64-432, Sept. 18, 1968)."

69_ NEM에 대한 정보는 Brus(1990), Friss(1969), Kowalik(1990), Swain(1992).

70_ 브루스가 말한 바 있듯이, "자본주의적 시장에서의 행위자들이 실제로 보이는 행태는 절대로 일반균형이론의 여러 명제로 결정되는 것이 아니다. 반면 사회 주의의 기업 경영자들은 교과서에 나온 규칙들을 따르도록 **훈련시켜야만** 한다 (Brus, 1990: 165)."

71_ "헝가리의 경제 메커니즘은 중앙집권화된 소련의 전통적인 계획경제모델에 대한 실현 가능한 대안임을 입증했다(Hare, Radice, and Swain, 1981: 3)."

72_ 물론 무역의 탈규제화는 상당히 논쟁적인 문제였다. 헝가리의 작은 규모 산업들이 다국적 기업들과의 직접적인 경쟁에 들어가게 되기 때문이었다.

73_ 헝가리의 경우는 또한 경제학자들이 자신들의 청사진을 실현시키는 데 성공을 거두는 것이 그리 자주 있는 일이 아님도 보여주었다.

74_ 전 세계에 걸쳐서 경제학자들이 자국 정부와 국제기관들에서 상당한 영향력을 갖게 되었다.

75_ 후에 랑게는 노동자들이 경영에 참여해야 한다고 주장했다고 한다(Feiwel, 1972: 616).

5장

1_ 이 장의 초기 버전은 "The Origins of Neoliberalism between Soviet Socialism and Western Capitalism: 'A Galaxy without Borders'", *Theory and Society* 36 (4, 2007): 343-371.

2_ CESES는 Centro studi economici e sociali 혹은 Centro studi e ricerche su problemi economico-sociali로 알려져 있다.

3_ CESES의 여러 프로그램에 윌리엄 폴커 기금William Volker Fund, 스카이프 재단Scaife Foundation, 이어하트 재단Earhart Foundation, 렘 재단Relm Foundation 등이 자금을 지원했다(Moore, 2003: 23).

4_ Library of Congress, William J. Baroody Sr. Papers, confidential memorandum to W. J. Baroody and others from G. W. [Warren] Nutter, Subject: CESES

Seminar, Florence, September 1416, 1966. September 29, 1966: 56. Bockman and Eyal(2002): 336에서 재인용.

5_CESES가 어떻게 기능했는지를 이해하기 위해서 나는 콘핀두스트리아의 여러 문서고를 조사했으며, 22명의 CESES 조직가 및 참가자들을 인터뷰했고, CESES 의 간행물들과 2차 문헌을 숙독했다. 나는 2004년과 2005년 여름에 14명의 이탈리아 참가자들을 인터뷰했고, 2000년에서 2002년 사이에 6명의 미국 참가자, 그리고 2000년과 2002년에 각각 한 명씩의 헝가리 참가자를 인터뷰했다. 문서고 조사는 2005년 여름 로마에 있는 콘핀두스트리아 역사 문서고에서 수행되었다. 이제부터 콘핀두스트리아 역사 문서고는 주에서 'Confindustria'라고 지칭할 것이다.

6_Eyal(2000)과 Chabot and Duyvendak(2002)은 초국가적인 이념의 확산 과정에 대한 대부분의 이해가 갖는 천박함을 보여준 바 있다. 이러한 대부분의 이해는 지식이 이미 완성된 형태로 존재하고 있다가 미국 혹은 서방으로부터 바깥으로 흘러나가며 또 이 새로운 환경에서 아무런 문제없이 사용되는 것으로 보고 있다. 문화적 제국주의와 이와 관련된 지구적 동질화를 비판하는 지구화 이론가들이 이러한 주장을 지지하고 있다(Hannerz, 1997; Tomlinson, 1999; Tsing, 2001).

7_지식의 생산은 사실 경계에서 가장 치열하게 이루어진다. 왜냐면 "경계선은 무언가가 그 현현을 시작하는 출처이기 때문이다." Martin Heidegger, "Building, Dwelling, Thinking", Bhabha(1994: 1)에서 재인용. 문화적 냉전을 다룬 많은 뛰어난 연구들이 냉전 초강대국들의 의도에 관한 연구에서 시작하고 있다(예를 들어 Scott-Smith, 2002; Saunders, 2000). 이 장에서는 동과 서가 냉전으로 분리되어 있었다고 가정하는 대신, 냉전의 경계에서 그리고 간극적 공간에서만 벌어질 수 있었던 종류의 지식 생산을 검토하고자 하는 것이다.

8_Confindustria 15.1/1, File A. Centro Studi e Ricerche su problemi economico-sociali, CESES, 196467, File, 1964, inner file "Seminario CESES", Letter from Vittorio De Biasi to Dr. Furio Cicogna, Nov. 6, 1964. 이 편지에 따른 1964년 첫해의 비용은 1억2500만 리라였다.

9_Confindustria 15.1/1, File A. Centro Studi e Ricerche su problemi economico-sociali, CESES, 196467. File, 1964, inner file "Seminario CESES", "Relazione sull'Attivita del CESES", Oct. 7, 1964. Attachment 3: "Schema operativo di un centro di studi sui problemi del socialismo": 1.

10_Ibid.

11_CESES의 한 참가자는 만약 CESES 창립자들이 동유럽 사람들을 자본주의로 개종시키기를 원했다면 똑같이 그들과 직접 서방 자본주의를 토론했을 것이라고 말한다(저자가 행한 인터뷰, 2004년 5월 28일).

12_한 관찰자에 따르면, 콘핀두스트리아에 있어서 소련학은 대단히 중요했다. 콘핀두스트리아의 중앙위원회는 최고 수준의 산업가들로 구성되어 있었는데(어떤 이는 이를 '예수의 12사도'라고 불렀다) 그 '사도들' 중 한 사람은 공산주의 연구를 발전시키는 임무를 맡고 있었다는 것이 이를 반영하고 있다는 것이다 (Pistolese, 1996: 5-6).

13_Confindustria 15.1/1. File A: Centro Studi e Ricerche su problemi economico-sociali, CESES, 196467. File, 1966. File: Corrispondenza, "Relazione sulle finalita e attivita del CESES", July 18, 1966: 13.

14_이 각서에는 서명이 없지만, Gennaro Pistolese가 쓴 것일 가능성이 높다. Pistolese. Confindustria 15.1/1, File A. Centro Studi e Ricerche su problemi economico-sociali, CESES, 1964~1967, File: 1966, File: Seminario Internationazionale di Firenze: 14/16-9-66, "Appunto per il Segretario Generale", n.131, Sep. 19, 1966: 5.

15_CESES 과정의 참가자였던 Giuliano Cittanti는 콘핀두스트리아에 자신의 비판을 보고했다. 그의 보고서를 묘사한 문서는 Confindustria 15.1/1, CESES B., File: 1968, File: Programma, "CESES-Corso propedeutico Ottobre, 1967, Relazione Dicembre, 1967 del dott. Cittanti (Ferrara)", Jan. 16, 1968.

16_Confindustria 15.1/1. CESES B, File, 1968, File: Programma. Letter from Vittorio De Biasi to Dr. Angelo Costa, President of Confindustria, Jan. 16, 1968.

17_Confindustria 15.1/12. Letter from Luigi Valenti of the Centro Studi Attivita

Economiche to Vittorio De Biasi, Oct. 31, 1969.

18_ 문헌 자료에 따르면 1956년에서 1958년 사이에 PCI를 떠난 숫자가 대략 20만 명이라는 합의가 있는 것 같다(Bracke and Jorgensen, 2002: Appendix; Galli, 2000: 51; Groppo and Riccamboni, 1987: 112). 하지만 1956년 이전에도 사람들은 PCI를 떠나고 있었다(Blackmer, 1975: 54).

19_ 미엘리는 자신 및 여러 다른 '직업적 공산주의자들'이 공산당을 떠난 후 일자리를 찾기 어려웠다고 회상한다. 공산주의자 출신들을 신뢰하는 이들은 많지 않았으며 '반공주의자들'은 PCI의 위기에 만족을 느꼈을 뿐 공산주의를 버린 이들을 돕기 위한 일은 아무것도 하지 않았다는 것이다(Mieli, 1996: 122-124).

20_ 1964년 미엘리는 다른 많은 이와 함께, 스탈린 숙청 기간에 사망한 이탈리아 공산주의자들에 대한 책을 집필했다. 이 책의 저자들은 사상의 자유를 요구하는 로자 룩셈부르크의 구절을 인용한 뒤 자신들을 "이탈리아 노동운동의 전투적 활동가들"이라고 정의하고 있다(Zaccaria, 1964: 7).

21_ 1964년 미엘리는 폴란드 공산당 당원들 살해에서 톨리아티가 공식적으로 맡았던 역할에 대한 자신의 폭로를 출간했다. 그는 자신이 흐루쇼프의 폭로에 영감을 받았다고 주장한다(Milei [1964] 1988: 17).

22_ 자유주의와 사회주의를 한데 결합시키려고 했던 이탈리아의 전통을 드러내주는 연구들이 있다(Urbinati and Canto-Sperber [2003] 2004; Urbinati, 1994, 2000). 하지만 이 장에서 내가 이야기하는 것은 단지 자유주의적 사회주의자들보다 좀더 폭넓고 더 이질적인 집단이다.

23_ 카피는 1887년에 태어나 1955년에 죽었다. 그는 1905년 러시아 혁명에 참여했다가 망명했으며 스스로를 좌파에 속한다고 여겼다. 카피는 1920년대 초 다시 소련에 돌아가 일하지만 체포당했고 결국 다시 한 번 떠나고 말았다. 이탈리아로 돌아온 후에는 무솔리니 정부에 맞서서 일했고 투옥되어 나치에게 고문을 당하기도 했다(Bianco, 1977).

24_ 지노 비앙코는 CESES에서 일하기 전에는 자율적인 사회주의운동의 주된 저널이었던 『사회비판Critica Sociale』의 편집장이었다. 갈리 또한 이 저널에 글을 쓰기도 했다(Galli, 2000: 21). 이들의 자율적 사회주의운동은 소련의 사회주의

운동으로부터 독립하고자 노력했으며, 1973년 출현한 안토니오 네그리의 자율
운동Autonomia Operaia보다 오래전에 형성된 것이었다(Wright, 2002). 훗날
CESES의 편집자 중 한 사람이었던 Alfredo Azzaroni는 이 나중에 생긴 자율운
동의 저널이었던 『메트로폴리Metropoli』의 편집자가 되기도 했다.

25_ 카피와 그의 가까운 동료였던 Nicola Chiaromonte는 그보다 훨씬 전에 소규모
출판사, 저널, 코뮌 등을 설립할 것에 대해 이야기한 바 있었다(Bianco, 1977:
90). Chiaromonte는 미국에서 저널 『정치Politics』에서 일하는 동안 카피의 생
각을 대중화했고, 여기에서 함께 일하던 이들 중에는 Dwight McDonald, Mary
McCarthy, Gaetano Salvemini 등이 있었다(Sumner, 1996).

26_ 저자의 인터뷰. 2004년 5월 19일, 5월 20일, 2005년 7월 22일.

27_ 저자의 인터뷰. 2004년 5월 28일. CESES 청년 프로그램에 있었던 다른 이는
CESES가 미국 정치 시스템에서와 같은 '실용주의적' 정치 엘리트를 창출하고
자 했다고 한다. 이들이 보기에 미국 정치 시스템에서는 정치적 토론이 가능하
며 따라서 그러한 능력을 가진 엘리트가 필요하다고 본 것이다.

28_ 이 집단은 스스로를 '라이코laico'라고 규정하기도 했다. '라이코'란 세속적이라
는 뜻을 가지고 있지만, 일부 이탈리아 지식인들은 이 말이 꼭 반종교적이라는
뜻은 아니라고 보았고 유럽식 자유주의를 포함하는 것으로 그 의미를 확장하기
도 했다.

29_ 이들이 일했던 저널들을 보자면, 『정치기술Il Politecnico』『노동자의 세계
Mondo operaio』『가교Il Ponte』『공동체Comunita』(훗날 『사회학적 비판Critica
sociologica』이라고 불림), 『남부와 북부Nord e Sud』『세계Il Mondo』『사회주
의의 여러 문제Tempo Presente, Problemi del socialismo』『사회주의 역사 리
뷰Rivista storia del socialismo』『현대Tempi Moderni』 등이 있다(Tranfaglia,
2005: 279-289).

30_ 그람시의 '진지전' 개념은, 시민사회를 통제하기 위해서는 문화 전쟁을 치를 필
요가 있다는 이탈리아 사회의 광범위한 믿음을 반영한 것이었다. CESES 창립
자들은 모두 PCI의 문화부문의 지도 인사들로서 PCI의 여러 저널 혹은 국제
공산주의 운동의 여러 저널에서 일했던 경험을 가지고 있었고, 따라서 PCI의

전략에 대해 잘 알고 있었다.

31_ 미엘리는 스스로의 정치적 신념을 포퍼식으로 재평가하는 과정을 오랫동안 성실하게 진행해온 이로서, 정치학에도 정치적 신념을 실험실에서 검증해볼 수 있는 '실험적 방법'을 사용할 필요가 있다고 주장하기도 했다(Mieli, 1984: 146).

32_ 한 예로 보비오는 유럽을 다시 통합하기 위해서 1950년대에 문화적 자유를 위한 회의Congress for Cultural Freedom, 제네바 국제 페스티벌Recontres international de Geneve, 문화와 유럽 사회Societa europea di cultura 등에서 일했었다(Bobbio [1997] 1999).

33_ 케네디 정권과 존슨 정권 또한 간극적 공간을 공산주의와 싸우는 한 방법으로 보았으므로 이를 지원했다. CIA와 여타 미국 정부 기관들은 냉전의 문화 전쟁을 치르는 방편으로 문화적 자유를 위한 회의 등과 같은 기관들을 통하여 반공주의 좌파 출신 인사들을 이용했다(Saunders, 2000; Scott-Smith, 2002). 하지만 1964년이 되면 미국의 자금 지원 우선순위가 변화하여 CESES는 오직 미국 신우익으로부터만 지원을 받게 된다.

34_ Wald에 따르면, 이 '뉴욕 지식인들'은 본래 트로츠키주의자들이었지만 이를 버리고 냉전의 자유주의를 포용하며 그 다음에는 신보수주의를 받아들이게 된다(Wald, 1987). Wald의 비판자들은 미국의 반스탈린주의 좌파들의 성격이 좀더 복잡했다는 점을 지적하며, 또 트로츠키주의에서 신보수주의로 이르는 경로에 해당하는 것은 이 집단의 한 부분의 행적만을 묘사하는 것임을 발견한다(예를 들어 Lipsitz, 1988; Wolfe, 1988).

35_ 이러한 집단들을 우산이 되어줄 정당 산하로 데려오고자 했던 시도들은 냉전 시기 전체에 걸쳐 계속해서 실패했다(Bobbio [1997] 1999; De Grand, 1989).

36_ Confindustria 15.1/1. File A. Centro Studi e Ricerche su problemi economico-sociali, CESES, 1964~1967. File, 1966. File: Corrispondenza. Letter from Vittorio De Biasi to Dr. Angelo Costa, July, 19, 1966.

37_ 1967년에서 1971년의 기간에 CESES는 또한 신문 및 잡지의 뉴스 서비스인 『동유럽 소식Notizie Est』과 서적 시리즈인 『자유문화Cultura Libera』를 출간했다. 이 『자유문화』 시리즈에서 CESES는 17권의 책을 출판했던바, 개중에는

하이에크, 프리드먼, François Fejtő, 해나 아렌트 등이 포함되어 있었고 Neil J. Smelser의 『집단적 행태의 이론』, Adam Ulam의 러시아 혁명에 대한 저작 등이 포함되어 있었다. CESES가 가장 강조했던 것이 하이에크나 프리드먼의 저작이었을 것이라고 기대할지 모르지만, 실제로는 1969년에 CESES가 스스로의 여러 활동에 대해 낸 보고서에서 이 시리즈의 '가장 중요한 저작들'을 비트포겔Karl Wittfogel의 『동양 전제주의Oriental Despotism』 그리고 타이어 J. Thayer의 『이탈리아와 제1차 세계대전Italy and the Great War』이라고 말하고 있다. Confindustria, 1969~1970. File: CESES: Relazioni. "Relazione sull' attivitàsvolta nel, 1969": 10. CESES 참가자 한 사람의 회상에 따르면 『자유문화』 서적들 중 일부는 단 70부 제작되었다고 한다(저자의 인터뷰, 2004년 6월 4일).

38_CESES는 볼로냐에 있는 카타네오 연구소를 의식적으로 모델로 삼았었다. 이는 1956년에 창설되어 이탈리아의 교육 시스템과 선거 정치에 초점을 두는 경험적 사회과학 연구센터가 되었다(Catanzaro, 2000: Galli, 2000: 101). 카타네오는 케네디 정권 및 미국의 여러 재단과 관계를 수립한 후 미국식 사회과학을 수입했다. 조르조 갈리 또한 CESES에 오기 전에 카타네오 연구소에서 일한 바 있었다. 카타네오 연구소와 그 자매 출판사인 일 물리노Il Mulino는 사회과학 저널과 서적을 출간했으며 학생들 및 젊은 교수들을 사회과학 방법론으로 훈련시켰으며, 사회과학 연구조사를 수행했다. 좀 일반적으로 보면, 미국의 여러 재단은 미국 사회과학을 유럽에 수출하고자 했으며 "사회 및 정치의 연구에 있어서 마르크스주의의 확장을 막고" 또 "사회과학을 사용하여 서방의 여러 민주주의 나라들이 사회적 경제적 개혁을 하도록" 강화시킬 수 있다는 희망을 품었다 (Gemelli and Row, 2003: 183).

39_Confindustria 15.1/1, "Notes for the Secretary General", n.131, Sep. 19, 1966: 5.

40_저자의 인터뷰. 2004년 5월 19일, 2004년 6월 3일.

41_저자의 인터뷰. 2004년 5월 17일 b, 2004년 5월 19일, 2004년 8월 13일.

42_Confindustria 15.1/12. Newspaper clippings sent Aug. 5, 1970. Pino

Querenghi, "Dove passano i confini della mappa del potere", *La Voce Repubblicana*, Jul. 24/25, 1970.

43_Gleason은 Robert Tucker가 이 혁명을 시작한 사람이었다고 생각한다. "Tucker 는 이 분야의 거의 전부가 널리 공유하고 있었던 감정 즉 소련에 대한 연구가 너무나 고립된 영역 안에서만 벌어지고 있다는 생각을 처음으로 표출한 이였다. 그는 전체주의 이론 틀을 쓰게 되면 필연적으로 비교가 주로 나치 독일과 공산 주의 러시아 사이에서만 일어나게 되지만 이러한 비교는 너무나 협소하며 좀더 상대적인 접근법이 꼭 필요하다고 주장했다(Gleason, 1995: 128)." 미국 학술회 The American Council of Learned Societies는 1960년에 새로운 출간물, 새로운 협회, 연구 개념의 재정비 등을 통하여 비교 공산주의 연구가 발전하도록 큰돈 을 투자했으며 미국 정치학 협회American Political Science Association와 여타 협회들은 소련학의 미래를 놓고 폭넓은 토론을 벌였다(Fleron, 1969: 28). 비교 경제학에서는 그로스먼이 개척자의 하나였으며, 그는 또 CESES의 국제적인 경 제학 세미나의 참가자 중 하나였다.

44_그람시 연구소는 역사 및 정치의 주제들을 다루었고 펠트리넬리 연구소도 역 사적 주제들을 다루었다. 동유럽 연구와 문서화를 위한 트리에스테 연구소 (ISDEE) 는 주로 무역 문제에 초점을 두었다.

45_소련학과 그 이전의 슬라브 연구는 이탈리아에 오랫동안 존재하고 있었다. 슬라 브 연구는 Mazzini식 유럽주의와 연관되어 있었고, 이탈리아 파시즘 국가는 이 를 이용하여 동유럽을 취하려는 자신들의 시도를 정당화하고 있었다(Santoro, 2003).

46_저자의 인터뷰. 2004년 5월 19일, 2004년 5월 31일 c.

47_저자의 인터뷰. 2004년 5월 31일 a. 많은 이탈리아 학생들은 대학원 과정을 밟 기 위해 외국으로 나갔다. 일부는 미국 혹은 영국으로 갔지만, 어떤 이들은 폴란 드와 헝가리로 갔다. 이곳에서는 1960년대 당시 경제학의 가장 흥미진진한 혁신 들이 벌어지고 있었다.

48_1993년이 되어도 다음과 같은 언급이 있었다. "스몰렌스크 자료와 그 외 다른 문서들이 드문드문 있는 것 말고는 최근까지도 학자들은 소련 문서고에 직접적

으로 방해 없이 접근할 수 없었다. 소련에서 나온 증거는 선별되고 걸러지고 가려져 결국 그릇된 모습을 전해주었던 것이다(Motyl, 1993: 85)."

49_저자의 인터뷰. 2004년 5월 31일 a. 동유럽을 여행하는 것은 더 나은 일이었다. CESES 참여자들은 동유럽인들과의 접촉선을 이용하여 동유럽으로의 연구 여행을 조직했으며 광범위한 전문가들과 만났다.

50_저자의 인터뷰. 2004년 5월 17일 a, 2004년 5월 20일.

51_여러 인터뷰에서 CESES 참가자들은 동유럽 블록에 대한 지식이 이탈리아를 이해하는 데에도 필수적이었다고 강하게 주장했다. 예를 들어 이탈리아 공산당을 이해하려면 소련 공산당을 이해해야만 했다. 동유럽의 개혁들은 이탈리아에도 똑같이 적용 가능한 것으로 여겨졌다. 저자의 인터뷰. 2004년 6월 4일, 2005년 7월 19일, 2005년 7월 22일. 본문의 인용문은 1968년에 있었던 경제계획에 대한 국제 경제학 학술회의의 발제문들에 대한 보고서에서 가져온 것이다. Confindustria 15.1/1, File B. Centro Studi e Ricerche su problemi economico-sociali, CESES, 1968~1970. File, 1969~1970. File: CESES: Relazioni—Programmi Giovani—Bilancio, "Relazione sull'attivitàsvolta nel, 1969": 9.

52_Confindustria 15.1/1, File A. Centro Studi e Ricerche su problemi economico-sociali, CESES, 1964~1967. File, 1964, inner file Seminario CESES. Notes for the General Secretary, Nov. 12, 1964, n.240: 2.

53_저자의 인터뷰(2004년 5월 20일) 그리고 Staffa(1975).

54_한 CESES 참가자는 자신의 과학적 저작들이 "사회주의적 가치들"을 드러낸다는 이유에서 좌파 쪽 이들에게 "신용"을 얻고 있었다고 말했다. 저자의 인터뷰. 2004년 5월 28일.

55_CESES 출판부의 한 책임자는 또한 "해법이 없는 문제들을 드러내는 것"(1965년 『동유럽 나라들에 대한 문서Documentazione sui paesi dell'Est』 표지 안쪽을 보라)을 추구한다고 말했으며, 그 때문에 이러한 문제들을 찾기 위해 검열이 덜 심한 지방 신문들을 샅샅이 뒤지게 되었다고 말했다. CESES 지도부는 이렇게 결론을 내렸다. "소련과 그 위성국들의 잘 알려지지 않은 매체들을 세심히 살펴서만 얻을 수 있는 소식과 정보를 제공할 수 있는 기관은 이탈리아에서

는 CESES뿐이라고 믿을 만한 여러 이유가 있다." Confindustria 15.1/1. File A. Centro Studi e Ricerche su problemi economico-sociali, CESES, 1964~1967. File, 1964, File Seminario CESES. "Relazione sull'attività del CESES", Oct. 7, 1964: 5.

56_저자의 인터뷰. 2004년 5월 17일 a, 2004년 5월 31일 a.

57_저자의 인터뷰. 2004년 5월 17일 a.

58_동유럽 경제학자들은 실제로 경제모델을 이용하여 여러 가격을 고정했고, 이는 동유럽 바깥의 이들에게 큰 관심을 불러일으켰다. 첫 번째 CESES 국제 경제학 학술회의에 참여한 이들은 수리경제학 내의 한 분야인 선형계획이 소련에서 큰 발전을 이루었다는 것에 동의했다. Confindustria 15.1/1, File A: Centro Studi e Ricerche su problemi economico-sociali, CESES, 1964~1967, File: 1964, inner file Seminario CESES, "Notes for the General Secretary", N.243, Nov. 13, 1964: 1.

59_그는 또한 1962년 유고슬라비아를 방문하여 그곳의 한 은행에 대한 연구를 수행하며 여러 강연을 행하기도 했다. 프리드먼은 이렇게 말한다. "계속 이어지던 우리의 방문에서 가장 큰 관심의 하나는 노동자 소유가 어떻게 기능하는가였다. 이 때문에 우리는 많은 기업을 방문했고 그 경영진과 광범위한 토론을 하기도 했다(Friedman and Friedman, 1998: 293)." 프리드먼은 1967년 유고슬라비아 방문 동안 워런 너터와 함께 여행하다가 그 직후 한 CESES 회합에 참여했다 (ibid., 423).

60_Confindustria 15.1/1, File B. Centro Studi e Ricerche su problemi economico-sociali, CESES, 1968~1970, File, 1968, File: Programma attività CESEs, 1968; Corso formazione giovani, "Appunto per il segretario generale", N.3, Jan. 12, 1968: 6. "그 '증거'는 무엇보다도 다양한 경험을 개인적으로 모은 이들이 내놓을 수 있을 것이다." Confindustria 15.1/1, "CESES—Corso propedeutico Ottobre, 1967, Relazione Dicembre, 1967 del dott. Cittanti (Ferrara)": 6.

61_Confindustria, "Notes for the General Secretary", N.131: 3.

62_ibid., 2.

63_Ibid.

64_Confindustria 15.1/1. "CESES—Corso propedeutico Ottobre, 1967, Relazione Dicembre, 1967 del dott.Cittanti(Ferrara)", Jan. 16, 1968: 7.

65_Confindustria 15.1/12. "Un 'Bisturi Analitico': Storia del Ceses", Il Gazzettino, Jul. 21, 1970.

66_사회이론은 객관성이 아무런 사회적 유대도 없는 고독한 지식인 혹은 이방인 으로부터 나오는 것이며, 이로 인해 "진리가 면전에 바로 드러나 있으며 또 다른 이들에게 바로 설명할 수 있는 것"이라고 가정한다(Shapin, 1994: 40). 하지만 또 샤핀이 주장하듯이, 객관성에 필요한 자유로운 활동은 광범위한 사회적 유대와 신뢰에 기초하는 것이다. 또한 재서너프 또한 이렇게 말하고 있다. "특히 과학적 지식은 현실을 있는 그대로 비추는 투명한 거울이 아니다. 이는 사회적 관행, 각종 정체성, 규범들, 관습들, 담론들, 도구들 및 제도들, 요컨대 우리가 사회적인 것이라고 부르는 모든 벽돌에 묻어 들어가 있을 뿐만 아니라 또 그것들이 묻어 들어가도록 만든다(Jasanoff, 2004: 3)."

67_CESES와 비슷한 카타네오 연구소 및 연관된 출판사인 '일 물리노'에 자금을 대던 이탈리아 보수파들은 우익의 반공주의를 창출하려고 했으나 대신 그 참가자들이 '좌파 비공산주의자들'이라는 것을 알게 되었고, 이에 대한 대응으로 1960년대 중반 지원을 끊어버린다(Catanzaro, 2000: 6). CESES가 미국의 자금 지원을 찾고 있었을 때에는 미국의 주류 재단들이 이미 초점을 독립적 사회과학 연구소들로부터 이탈리아 대학 개혁 및 유럽 통합 연구 쪽으로 돌려버린 후였다 (Gemelli and Row, 2003).

68_미엘리는 말한다. "나는 잘못된 진실에서 나 자신을 해방시키고 싶었다. 나는 공산주의 세계에서 정말로 어떤 일들이 벌어지고 있는지를 알고자 했다. 그 진정한 역사는 무엇이었던가?(Mieli, 1996: 127)"

69_카를로 리파 디 메아나는 이렇게 소련학에서 이탈리아 정치에 대한 영향 주기 작업으로 초점이 이동하는 것을 싫어했기에 1966년 CESES를 떠나게 된다(Ripa di Meana, 2000: 119).

70_CESES는 이 프로그램을 확장하여 100명의 청년들을 훈련시켜서 이들로 하

여금 지역의 CESES 지부를 세우게 하여 CESES 훈련을 이탈리아의 전 지역으로 확산시키자는 제안을 계속했다(하지만 성공하지 못했다). Confindustria 15.1/12. "Progetto: Nuovo programma per la formazione dei giovani", n.d

71_Confindustria, "CESES—Corso propedeutico Ottobre, 1967, Relazione Dicembre, 1967 del dott. Cittanti(Ferrara)": 1.

72_Confindustria 15.1/12. Letter to Luigi Valenti from Vittorio De Biasi, Nov. 13, 1969: 2.

73_Confindustria 15.1/12. Letter from Luigi Valenti to Vittorio De Biasi, Oct. 31, 1969: 1.

74_Confindustria 15.1/1, File B. Centro Studi e Ricerche su problemi economico-sociali, CESES, 1968~1970. File, 1969~1970, CESES: Relazioni—Programmi Giovani—Bilancio, Untitled. 1966년, 데 비아시는 이미 '사회주의자와 공산주의자' 연사들을 이 과정에 참여하도록 초빙하기로 계획했다. "왜냐면 이들도 비판을 받을 수 있게 하기 위해서다." Confindustria Archives, 15.1/1. File: Corso Propedeutico: November, 1966, "Appunto per il Segretario Generale", Nov. 21, 1966, No.178. 이 과정의 학생이었던 이 하나는 1968년 과정에는 "좌파 출신" 교사들이 4명에서 6명이었다고 기억한다(저자의 인터뷰, 2004년 5월 17일 b).

75_그의 짧은 전기는 Archivio storico del Senato della Repubblica. 2006의 웹사이트에서 찾을 수 있다. Catalogo delle pubblicazioni dell'Archivio storico, 2002~2006: 14. Available at www.senato.it/documenti/repository/relazioni/archiviostorico/catalogo_archiviostorico.pdf.

76_그의 저작인 『이탈리아 공산당 안의 저항자들Il dissenso nel PCI』(1978) 그리고 『보이지 않는 정실주의La partitocrazia invisibile』(1985)는 그의 비판적 입장을 반영하고 있다. 그는 "깨끗한 손" 수사 당시에 체포되었다. "Tangenti, condannato Ugo Finetti. L'ex segretario psi accusato da Chiesa", Corriere della Sera, May 15, 1997

77_과정의 학생 한 사람은 세니가를 CESES의 한 교사로 기억하고 있었다(저자의 인터뷰, 2004년 5월 17일 b).

78_ 스프리아노는 이탈리아 공산당에 대해 무수한 저작을 남긴 것으로 유명하다. 그중에는 『이탈리아 공산당의 역사Storia del Partito comunista italiano』(1967) 가 특히 유명하다.

79_ Confindustria 15.1/1. File B. Centro Studi e Ricerche su problemi economico-sociali, CESES, 1968~1970. File, 1968. File: Programma attività CESEs, 1968; Corso formazione giovani. "Il Marxismo: Teori e Prassi, Secondo Corso Propedeutico, Milano, 6-18 novembre, 1967."

80_ CESES는 또한 1970년에 경제학에 대한 과정을 최소한 하나 이상 개설했다. Confindustria 15.1/1. File B. File: Corrispondenza. Letter from Renato Mieli to Mario Morelli(secretary general of Confindustria), Feb. 3, 1970.

81_ Confindustria, "Notes for the General Secretary", N.131: 4.

82_ 갈리에 대한 이러한 정보는 그의 자서전에서 나왔다. Galli, 2000.

83_ Confindustria, "Relazione sull'attivitàsvolta nel, 1969": 3.

84_ Confindustria, "Relazione sull'attivitàsvolta nel, 1969", Attachment: "Elenco delle ricerche effettuate nel, 1969 nell'ambito del Programma Giovani."

85_ Confindustria 15.1/12. Letter from Luigi Valenti to Vittorio De Biasi, Dec. 29, 1969: 2.

86_ Confindustria 15.1/12. Letter from Luigi Valenti to Vittorio De Biasi, Oct. 31, 1969: 1; and Letter from Luigi Valenti to Vittorio De Biasi, Dec. 29, 1969: 2.

87_ 그리고 또 콘핀두스트리아 지역 분회에서는 능력 있는 학생들을 찾을 수가 없었기에 CESES에 참여했던 이들이 언급한 학생들을 CESES가 불러들이는 경우도 종종 있었다.

88_ Confindustria 15.1/12. Letter from Vittorio De Biasi to Luigi Valenti, Nov. 13, 1969: 2.

89_ 이러한 CESES 학생들에 대한 정보는 Galli, 2000: 105-108. 마우리치오 바우다냐가 미국사 교수로서 임용되었다는 내용은 www.lett.unipmn.it/docenti/vaudagna/default_en.htm.

90_하지만 미국의 재단 하나는 최소한 1982년까지 CESES 국제 경제학 학술회의에 참가하는 미국 학자들의 여행비용을 지불해주었다. 버클리 대학 경제학과 교수였던 그레고리 그로스먼은 나에게 1982년 9월 18일 후버 연구소의 John H. Moore 박사에게 자신의 CESES 회의 비행깃값을 지불해준 것에 대해 감사하며 보낸 편지를 보여주었다. 콘핀두스트리아가 자금 지원을 끊은 것에 대해서는 여러 이유가 나왔다. 소련에서 사업하기를 원했던 이탈리아 산업가들에게 소련이 압력을 넣은 것(Finetti, 2004), 전반적인 경제위기(Paolo Savona, 저자와의 사신), 미엘리의 연구 초점에 대한 의견 대립(Pistolese, 1996: 6), 이탈리아 공산당과 기독교 민주당 사이의 역사적 타협(저자의 인터뷰, 2005년 7월 22일) 등이다.

91_한 인터뷰 대상자는 자금 출처로서 이탈리아 은행, 이탈리아 외무부, 밀라노 시청 등을 언급했다(저자의 인터뷰, 2004년 5월 21일).

92_미첼은 '틀 안에 넣는다enframing'는 개념을 사용한다(Mitchell, 1990: 547). 이와 비슷하게 더글러스는 상징의 경계선을 유지하려면 간극적이고 모호한 것들을 성스러운 것the sacred의 범주로 몰아넣어 그 모호함을 제거하려고 들게 된다고 말한다(Douglas, 1966).

93_퍼거슨과(Ferguson, 1994) 지머맨(Zimmerman, 2005)은 식민주의 이데올로기들이 어떻게 실패하는지, 그러나 그 실패 속에서 식민 열강들이 어떻게 원했던 결과를 만들어내는 데 성공하는지 논의한다.

94_"폭력적인 것, 실정적인 것, 예외적인 것—이 모든 것은 법률이 비난하고 배제하며 없애버리는 것이며 또 이것을 찢어버리고 법률이 태어나는 원천이기도 하다. 하지만 이런 것들은 결코 사라지지 않는다. 이런 것들이 있어야 비난, 질서, 찢어버림이 가능하다(Mitchell, 2002: 79)."

95_좌익 활동가들 중에서 실제로 신보수주의자가 된 숫자는 극히 일부일 뿐이다(Klatch, 1998; Lipsitz, 1988; Wolfe, 1988).

96_1984년 CESES 국제 학술회의가 종말을 고하자 CESES 참가자들은 이탈리아 경제체제 비교 연구협회(AISSEC)를 결성한다. CESES가 문을 닫은 후 1년 뒤, CESES 참가자들은 경제체제 비교연구 유럽협회EACES를 창립하는데, 그

성원의 40퍼센트는 소련과 동유럽 사람들이었다. EACES의 최초 지도자들은 CESES 참가자가 압도적이었다. Vittorio Valli, Bruno Dallago, Alberto Chilosi, Silvana Malle, D. Mario Nuti 등. 비토리오 발리는 최초의 의장이었고 다른 많은 CESES 참가자도 나중에 의장이 되었다(http://eaces.gelso.unitn.it/eaces/brief-his.htm). CESES 여러 활동의 참여자들은 또한 참여경제를 위한 국제협회IAFEP에서도 중심적 역할을 했다. 이 조직은 노동자 소유와 노동자 참여에 대한 연구와 교육에 종사하는 학자들의 국제적 협회로서, 그 저널인 『경제 분석 Economic Analysis』은 노동자 자주관리에 대한 자신들의 관심을 계속 이어가고 있다.

6장

1_ 이 모델은 몇 개의 고도로 비현실적인 가정들에 기초하고 있다.

2_ 이 모델은 순수 경쟁 모델과 마찬가지로 고도로 비현실적인 가정들에 기초하고 있다.

3_ 브란코 밀라노비치와의 이메일. 2008년 1월 4일.

4_ 미국에서도 1973~1974 그리고 1974~1975학년도에 걸쳐서 경제학 과목 특히 경제원론 과목의 수강생이 비약적으로 늘어나게 된다.

5_ 하이에크와 같은 오스트리아학파 경제학자들은 신고전파 경제학의 개척자들이었지만, 1930년대의 논쟁으로 인하여 신고전파 경제학을 거부하고 좀더 정치적이고 철학적인 논의로 전환하게 된다. 1974년 하이에크는 신고전파 경제학에 대한 자신의 비판들을 계속 이어간다. "현재의 세계적인 인플레이션은 유감스럽게도 전적으로 그리고 완전히 경제학자들에게, 최소한 케인스 경의 가르침을 포용했던 나의 동료 경제학자들 대다수에게 책임이 있다고 하지 않을 수 없다 (Hayek, 1978: 192)." 동유럽과 서방의 마르크스주의 정치경제학자들 또한 신고전파 경제학이 균형에만 초점을 두고 좀더 폭넓은 계급 관계와 역사적 발전 같은 문제들을 무시하여 결국 부르주아적 자본주의를 지지하게 된다고 오랫동안 비판

해왔다.

6_Mirowski와 Hands는 여러 비판과 혁신에 대한 대응으로 신고전파 경제학도 어느 정도는 변화했다고 주장했다. "우리는 이것이 '신고전파 경제학' 그냥 경쟁 자체를 쫓아내버렸고(하지만 이 '경쟁'이라는 말이 제도주의학파, 마르크스주의학파, 오스트리아학파 등을 뜻하는 것이라면 그런 '경쟁'은 실제로 쫓아내버렸던 것이 사실이다) 다양성을 없애고 동질적인 신고전파 하나의 흐름만을 가져다 놓았다고 말하는 대신, 스스로를 좀더 든든한 앙상블로 변형시켰다고 말할 수 있다. (…) 그 하부의 프로그램들 각각은 일정한 형태의 비판들을 흡수할 능력이 있었으므로 이를 통해 다른 하부 프로그램들의 취약한 지역들로부터 비판을 끌어당겨와서 그 취약한 지역들을 보호할 수 있었던 것이다(Mirowski and Hands, 1998: 288-289)." 유고슬라비아와 헝가리의 경제학자들은 이런 식으로 비판자들을 무시할 수가 없었다. 그들이 일자리 및 여타 자원들을 통제하는 이들이었기 때문이다.

7_코르너이는 이렇게 말한다. "이 책의 영감이 된 것은 그것이 충분치 못하고 또 현실적으로 작동할 수 없는 성격을 가지고 있다는 데에 대한 나의 심한 분노였다. 이러한 분노는 이 책의 신랄한 어조에도 반영되어 있다. 어떤 곳에서는 비판이 공공연한 공격으로 변하기도 한다. (…) 하지만 이렇게 신랄하게 말하는 편이 더 도움이 될 것이다. 여러 증세 중에는 진정제가 아닌 충격요법이 더 치료에 좋은 것들이 있으니까(Kornai [1971] 1991: xvi)."

8_코르너이가 사용한 '신자유주의'라는 말은 1970년대에 쓰였던 의미로서, 내가 정의 내린 바와는 다르다.

9_Stark와 Nee 또한 헝가리 경제학자들이 제도에 초점을 두었던 것을 인식하고 있다. "국가사회주의가 안정적으로(비록 비효율적이지만) 재생산되는 독특한 제도적 과정들을 규정하고자 했던 사회과학자들의 시도가 나타난 것은 무엇보다도 헝가리였다(Stark and Nee, 1989: 9)."

10_이러한 정치에 대한 초점은 또한 동유럽식의 반정치anti-politics에서 영감을 얻은 것이었다(Eyal, 2000).

11_티보르 리슈커는 여기에서 더 옛날에 있었던 시장사회주의의 전통을 되살리고

있다(Brutzkus 〔1922〕 1935). 이 점은 레셰크 발체로비치 또한 인정하고 있다 (Balcerowicz 1992: 13).

12_그는 1981년 여러 도시에서 자신의 이론들을 시험해본다.

13_Márton Tardos와 Sándor Kopátsy는 소유권의 기능을 경영자의 기능 및 국가 계획과 분리하여 이윤에 관심을 갖는 은행들이 조직하도록 하자는 제안을 내 놓았다. Kopátsy는 한 걸음 나아가 주식의 발행까지 주장했다. Tamás Bauer와 László Lengyel은 '노동자의 자율성'과 사회적 소유권을 주장했다. 다음 참조. Voszka(1991).

14_"국가사회주의 경제들에 시장개혁이 시행되자 그 결과로 서방 경제와의 수렴 현 상이 벌어질 것 같았지만, 실제 결과는 이와 거리가 멀었다. 중국과 동유럽의 여 러 나라는 국가사회주의에 고유한 역동성에서 생겨나는 사회적 삶의 새로운 다 양성을 만들어내고 있다(Stark and Nee, 1989: 30)."

15_"1985년, 거의 60퍼센트의 기업들이 스스로 경영하는 기업이 되었다(Adam, 1992: 55 n7)."

16_브란코 호르바트와 다른 경제학자들 또한 프락시스 집단과 긴밀한 관계를 갖고 있었다(Soltan, 1984: 334).

17_보수주의자들은 '아나코-자유주의자들'을 우익 기회주의라고 비난했다고 한다 (Ramet, 2006: 210). 자유주의에 대한 공격의 예는 Markovićand Krža-vac(1978) 참조. 또한 이 기간에 대한 논의로는 Woodward(1977) 참조.

18_특히 크로아티아에서 하지만 슬로베니아에서도 자유주의자들은 중앙집권을 추 구하는 보수주의자들에 맞서 민족주의자들과 동맹을 맺었다. 티토와 유고슬라 비아 공산당 지도부는 1971년에는 크로아티아에서 1972년에는 세르비아에서 여러 민족주의 활동들을 분쇄하기로 결정했으며, 민족주의자들과 그들의 자유 주의 동맹자들을 권력에서 제거했다.

19_"주류에 대한 반대 층은 주로 중앙계획을 신봉한 이들로 이루어져 있었다 (Gligorov, 1998: 329)."

20_세르보크로아트어로 이 BOALs는 'osnova organizacija udrušenog rada' 즉 OOUR로 알려져 있었다.

21_ '사회적 협약social compacts'과 '자주관리 협정self-management agreements'이 라는 두 가지 종류가 있었다(Estrin and Uvalićdiscuss, 2008: 668 n2).

22_ 헝가리에서도 경제 전문가들에 반대하는 관료들의 움직임이 있었다. 그 논의로 는 Konrád and Szelényi(1979).

23_ "BOALs의 경제문제에 정치적 기관들이 능동적으로 개입하는 것이 합법화되었 다(Milenkovitch, 1977: 56)." 그리고 "시장의 역할에 대해서는 새로운 해석이 나와, 시장이란 이행기의 메커니즘일 뿐 곧 극복될 대상이라고 단언했다. 시장 은 장차 사회적 협정의 시스템으로 대체되리라는 것이었다(ibid., 58)."

24_ 1979년 호르바트는 이렇게 말한다. "따라서 두 체제 중 어느 쪽이 우월하다는 주장은 결국 신고전파 경제학이 우리에게 가르칠 수 있는 게 무엇인가의 문제 로 귀착된다(ibid., 168)."

25_ 타이슨도 Sirc(1979)와 Furubotn(1976)과 같은 노동자 자주관리 기업에 대한 경제적 비판가들이 유고슬라비아 경제의 실적에서 나타나는 여러 왜곡과 비효 율성을 의도적으로 사용하여 자주관리를 비난하고 "경제적 효율성은 오로지 경영자들이 경제적 결정을 내리며 기율도 없이 임금에만 굶주린 노동력을 통제 하는 위계적 시스템에서만 달성될 수 있다는 자신들의 믿음을 뒷받침했다"고 인 정하고 있다(Tyson, 1980: 107).

26_ 노벨 경제학상을 받은 경제학자 제임스 미드는 자신의 1989년 저서를 다음의 이들에게 헌정한다. "두 세계의 장점만을 취하고자 애썼던 모든 자본가와 사회 주의자에게 바치는 소책자".

27_ 1970년대에 브란코 호르바트는 젊은 경제학자들이 자기들 박사논문을 발표할 수 있는 장인그룹(JUNASET)을 만들었다. 이 그룹은 자신들이 신고전파 개념 도구들 이상을 필요로 한다고 결론을 내렸다. 학생들 중 일부는 영국에 있는 동 안 스라파의 사상을 연구했다. 이 정보는 베오그라드, 류블랴나, 자그레브에 있 는 경제학자들과의 여러 인터뷰에서 밝혀진 것이다.

28_ 이러한 다른 여러 전통을 흡수한 것은 Mirowski와 Hands에 따르면 신고전파 경제학이 "스스로를 좀더 단단한 앙상블로 변형시킨" 것이었다(Mirowski and Hands, 1998: 288-289).

29_ 이 문장은 1971년에 쓰인 것이다. Tajnikar(1977: 87)에서 재인용.

30_ 1970년대와 1980년대에 슬로베니아와 크로아티아의 관료들 및 경제학자들은 소기업의 발전을 강력하게 지지했다고 한다(Bateman, 2000). Prašnikar는 이 회사가 YUGEA로 바뀔 때쯤 떠난다.

31_ 이 티토의 언명에 대한 논의는 3장 참조.

32_ 신고전파 경제학 안에는 세 개의 별개 학파가 있다. 미로스키는 주요한 세 개의 학파로 분류한다. MIT, 하버드, 시카고학파다(Mirowski, 2002).

33_ 프리드먼의 『가격이론』 교과서의 부록에 보면 추천도서 목록이 나오는데, 이는 신고전파 경제학의 주류 전통을 그대로 나타내고 있다. 비록 그는 구체적 문제들을 연구하는 데에 발라식의 개념 도구들을 사용하는 것을 오래도록 비판해 왔고 항상 그 대신 마셜식의 개념들을 사용할 것을 주장해온 이지만, 그래도 발라식의 수요함수가 "지극히 유용한 추상적 개념"임을 강조하고 있다(Friedman, 1949; Friedman, 1962b: 27, 56).

34_ 한 예로, 1975년 프리드먼은 하이에크의 명예를 위해 열린 학술회의에 관해 하이에크에게 보낸 편지에서 이렇게 말한다. "인간 행동학 방법에 있어서 미제스를 따르는 열성적 오스트리아인들과, 과학적 가설들을 반증하거나 그 함의상 명제들 간에 모순이 있음을 지적하는 등의 방법으로 검증하는 포퍼를 신봉하는 저 사이에는 날카로운 불일치가 있습니다." Friedrich A. von Hayek papers, Hoover Institute Archives, Box 20, File, 19, Friedman, Milton. Letter from Friedman to Hayek, Sep. 11, 1975. See also Mirowski, 2009: 442–443; Skousen, 2005.

35_ 신고전파 경제학의 미국 쪽 개척자인 폴 새뮤얼슨에 있어서 이 "새로운 보수적 조류는 상당한 걱정거리"였다고 한다. 그는 심지어 이러한 조류에 대해 그의 1970년 노벨상 수상 강연에서도 언급했다. "불과 두 세대 전의 미국 경제학자이자 소스타인 베블런의 가장 친한 친구였던 대븐포트H. J. Davenport는 이렇게 말한 적이 있습니다. '이론경제학이 반동들의 독점이 되어야 할 이유는 전혀 없다.' 내 온 인생에 걸쳐서 나는 이 경고를 가슴 깊이 받아들였으며, 감히 여러분께도 주의를 환기시켜드리고자 합니다(Samuelson, 1982: 76)."

36_ "지난 15년간의 거대한 생산성 위기로 인해 기업가정신에 대한 관심이 새롭게 살아났다(Baumol, 1983: ix)."

37_ 이러한 논지는 Bockman and Eyal(2002)에서 내놓은 주장을 확장한 것이다.

38_ "우리는 이러한 선호의 원천을 모델화하지 않으며, 그저 '사회적 계획가'의 존재를 가정한다(Becker, Murphy, and Grossman, 2006: 11)."

39_ 이와는 대조적으로 이단적 경제학은 이러한 신고전파의 모델들을 사용하지 않는다. 오스트리아학파와 마르크스주의학파가 그 예다.

40_ "우리는 파레토식의 혹은 허구적인 사회적 계획 문제를 풀어 경쟁적 균형을 계산해내는 표준적인 방법을 사용한다. 이러한 유형의 모델에 대해 Lucas와 Prescott(1971)이 사용했던 방법이다(Hansen and Sargent, 1990: 7)."

41_ 틴베르헌은 양적인 정책 변화와 질적인 정책 변화를 구별하고 다시 이들을 한 경제의 기초를 바꾸는 경제개혁과 구별한다(Tinbergen, 1956).

42_ 이 개념을 처음으로 전개한 것은 Rosenstein-Rodan(1943)이다.

43_ 본스타인은 계속해서 이렇게 말한다. "그럼에도 불구하고, 비록 소유권이 경제 체제의 성격에 결정적인 것이 아니라고 해도 소득 분배에서의(이는 모든 체제에서 중요한 특징이다) 한 요소로서 또 그 공동체의 선호 함수를 정식화할 권력의 원천으로서는 여전히 중요성을 가진다(1989: 9)."

44_ 이러한 생각들은 4장에서 논의했듯 외부성과 인센티브 문제들을 다루기 위한 메커니즘 디자인 등의 경제학 분야들에 반영되어 있다.

45_ 롤랑은 이행 경제학을 다룬 그의 교과서에서 세계은행이 한 부분을 이루었던 워싱턴 컨센서스가 1) 표준적인 신고전파 가격이론 2) 표준적인 거시경제학과 안정화 정책의 경험 3) 비교경제체제론의 광범위한 지식 등에 뿌리를 두고 있다고 주장했다(Roland, 2000: 328). 앞에서 말한 바 있지만, Chenery는 경제학자이자 세계은행 컨설턴트였던 벨러 벌러셔의 명예를 기리는 책에서 이렇게 말했다. "세계은행은 비교경제학의 지향성을 가지고 있으며, 벨러의 대부분 저작도 그러하다(Chenery, 1987: 1)."

46_ 슈렌크는 이 보고서를 이렇게 시작한다. "이 보고서는 세계은행의 사회주의 나라들 경제에 대한 분석적 작업에 대해 일반화를 시도하는 최초의 작업이다. 이

는 사회주의 회원국들에 대한 세계은행의 저작과 비교경제체제론 분야의 문헌에 대한 아주 선별적인 검토에 기초하고 있다(Schrenk, 1987: 1)."

47_슈렌크는 또 주기적으로 중국의 여러 개혁으로 이야기를 돌리고 있지만, 이는 코르너이의 생각과는 모순되는 것으로 보인다.

48_오슬룬드가 1992년에 출간한 저서 『시장사회주의냐 자본주의의 회복이냐?』의 제목에는 당시 시장사회주의가 현실적인 선택지였다는 사실이 반영되어 있고, 또 그가 1990년에 조직했던 학술회의에서 이것이 현실적인 질문이었음을 말해주고 있다.

49_이제 곧 논하겠지만, 심지어 사람들이 이행 혹은 '체제' 변화에 대해 이야기할 때에도 그 새로운 '체제'가 다른 종류의 사회주의인지 자본주의인지 아니면 전혀 다른 무엇인지는 전혀 분명하지 않았다.

50_"최신의 경제개혁 조치들은 급진적인 변화를 선언했고 사회주의 내에서 최초의 성공적인 경제개혁이 되려 애쓰고 있다(Tomaš, 1989: 2880)." 글리고로프는 유고슬라비아에서의 1989년 개혁 조치들을 "다섯 번째이며 진정으로 체제적인 개혁"이라고 언급하고 있다(Gligorov, 1998: 338).

51_1989년, 소련 경제에 대한 영국의 전문가 알렉 노베는 이러한 생각들이 동유럽에서 인기가 있다는 것 때문에 당혹스러워 한다. "'사회주의 시장 자유방임 철학'을 채택하는 것이 매력 있는 것으로 보일 수 있으며, 자유방임은 독점 자본주의 하에서보다 사회주의 아래에서 더 잘 작동할 수 있다고 믿었던(지금도 믿고 있을지도) 이들이 있었다(Nove, 1989: 105)."

52_신고전파 훈련을 받은 경제학자들이 또한 시장사회주의에 대해 남긴 저작의 수는 놀랄 정도다(예를 들어 Bardhan and Roemer, 1993; Brus and Laski〔1989〕 1992; Le Grand and Estrin, 1989; Meade, 1989, 1993; Nuti, 1988; Pierson, 1995; Šik, 1991).

53_오닐이 말하고 있듯이, 1988년 말 헝가리 공산당 내에서는 "분명히 잘못되어버린 소련의 '볼셰비키' 체제에 반대함으로써 사회주의를 구원하고자 하는" 대중적 반대가 벌어졌다(O'Neil, 1998: xiii).

54_마찬가지로, 러시아 개혁가인 가이다르는 1960년대에 이미 자신은 소련 체제가

"지나치게 안정된 체제라서 바늘로 찌르는 식으로는 꿈쩍도 하지 않을 것"임을 깨달았다고 회상한다(Gaidar, 1999: 16).

55_폴란드 경제학자인 브루스와 라스키는 이렇게 주장했다. "우리는 고유한 시장사회주의(MS)란 일관되게 개혁된 체제라고 부를 것이다. 이는 비록 여전히 여러 형태의 국가 소유에 기초하고 있으나 생산물시장 및 노동시장은 물론 자본시장까지 포함하는 것이다(Brus and Laski [1989] 1991: 105)."

56_앞에서 언급한 로즈필드뿐 아니라(Rosefielde, 1973: 239), 이탈리아 경제학자이자 폴란드 경제 전문가인 누티 또한 랑게의 모델을 "자본가 없는 자본주의"를 만드는 것이라고 비판했다(Nuti, 1988: 383). 코르너이는 다음과 같은 혹독한 언사로 그러한 자본주의 흉내를 비판했다. "감히 말하건대, 이런 식의 흉내 내기에 질려버린 이는 나 혼자가 아니다. 우리는 지금까지 수많은 것을 흉내 내는 실험을 해보았다. 국유 기업은 이윤 극대화 기업의 행태를 흉내 낸다. 관료적인 산업 정책으로 다양한 생산부문을 확장하거나 축소하는 것은 경쟁의 역할을 흉내 낸다. 가격 통제청은 가격 결정에 있어서 시장을 흉내 낸다. 아주 최근에는 이 목록에 모사품 주식회사, 모사품 자본 시장, 모사품 주식 시장까지 추가되었다. 이러한 최근의 여러 발전을 모두 합치면 헝가리의 월스트리트라 할 만한 것이 생겨난다. 물론 플라스틱으로 만들어진 모사품 월스트리트다!(Kornai, 2006: 350)"

57_Marangos는 두 형태의 시장사회주의를 모두 이행기 모델로서 논의한다(Marangos, 2004).

58_에스트린에 따르면, 1952년에서 1973년에 이르도록 매년 "유고슬라비아의 놀라운 경제 발전의 기록을 발견할 수가 있다. 산업 생산 성장은 평균적으로 연 10퍼센트를 초과했고, 자본 스톡의 연간 증가율은 평균 9퍼센트였으며, 고용과 생산성 증가는 5퍼센트였던 데다가 자본-노동 비율은 완만하게 증가했다(Estrin, 1982: 73)".

59_누티는 이렇게 말한다. "진정으로 새로운 유일한 모델 즉 기본적으로 소련 타입의 모델을 다양하게 변형시킨 것과 다른 것으로서 지금 존재하는 유일한 모델은 유고슬라비아 모델이다." 비록 그는 유고슬라비아의 실험이 그다지 좋은 실적을

내지 못했고 "일시적인 변종에 불과한 것으로 판명될 가능성이 많다"고 생각했지만 말이다(Nuti, 1988: 357, 383).

60_ 폴란드의 〔연대〕 노조에서는 노동자 자주관리가 중심적인 역할을 맡았다. "〔연대〕 노조의 좌파 진영은 사회주의란 민주적이며 탈중앙집중화되고 참여적인 것이라는 상이한 이해를 가지고 있었지만, 미래의 경제를 노동자 계급의 자주관리 아래에서 사회화된 것으로 보고 있었다(Zubek, 1994: 802)."

61_ 프랑스 경제학자이자 동유럽 전문가인 마리 라비뉴도 비슷한 주장을 한다. "시장사회주의는, 강력한 국가부문과 민간부문이 나란히 존재하는 나라들에서 찾을 수 있는 모종의 '혼합경제'의 유형과는 다르다(Lavigne, 1989: 251)." 시장사회주의는 혼종 모델이 아니라 순수 모델로서, 일반적으로 신고전파 경제학자들이 더 선호하는 모델이다.

62_ 나중에 경제학자들은 중국 모델에 대해서도 비슷한 방식으로 생각했다. Lau, Qian, and Roland(2000)는 시장 자유화로 가는 중국의 이중 경로 접근 방식을 모델화하면서, 이 방식은 "효율적인 파레토 개선적 경제개혁 즉 패배자들을 낳지 않으면서 효율성을 달성하는 개혁"을 실행하는 것이라고 주장한다(120: 또한 Naughton, 1995).

63_ 사회학자인 Josip Županov는 유고슬라비아 사회주의의 실패가 노동자 자주관리를 포기해야 함을 뜻하지는 않는다고 주장했다(Županov, 1990). 그가 보기에 노동자 자주관리는 여전히 가능성을 가지고 있는 것으로 남아 있다. 또한 Estrin and Uvalić(2008) 참조.

7장

1_ 동시에, 또 다른 미국 경제학자인 존 윌리엄슨은 그가 "워싱턴 컨센서스"라고 이름붙인 것에 대한 그의 첫 논문을 게재한다(Williamson, 1990). 윌리엄슨은 '워싱턴'("국회 그리고 행정부 고위 관료들로 이루어진 정치적 워싱턴인 동시에 또 국제 금융기관들, 미국 정부의 경제기구들, 연방준비위원회, 싱크탱크의 기술관

료적 워싱턴")이 합의할 수 있는 것으로 정리한 개혁들이 1989년경 라틴아메리카에 필요했다고 보고 있다(ibid.). Marangos는 워싱턴 컨센서스를 일종의 "최소한의 공통분모"라고 부르고 있다(Marangos, 2007: 37). 충격요법과 완전히 동일한 것은 아니지만, 그것과 워싱턴 컨센서스는 대단히 유사하다.

2_ 립턴과 색스는 이렇게 주장한다. "가난한 것과 공산주의 체제 실패의 결과로 불필요하게 빈곤화되는 것은 전혀 다른 문제다. 변화로의 충동을 일으키고 있는 것은 빈곤화 그 자체뿐 아니라 자신들이 불필요한 몰락을 겪고 있다는 감정이다 (Lipton and Sachs, 1990a: 76)."

3_ 사실 신고전파 경제학자들을 포함한 많은 학자가 이러한 서방에서 온 경제 전문가들과 이들의 짝이 된 러시아의 전문가들을 "시장 볼셰비키들"이라고 주장한 바 있다(Cohen, 2000; Klein and Pomer, 2001; Reddaway and Glinski, 2001; Stiglitz, 1999). 하지만 시장 스탈린주의자라는 용어가 더욱 적절하다고 보인다. 헝가리 경제학자 László Szamuely는 충격요법의 속도에 대해 이렇게 논평했다. "이는 '5개년 계획을 4년 안에 완수하자'는 스탈린의 유명한 구호와 닮지 않았는가?" 이 문장은 그가 1993년에 내놓은 것으로 유명하다. Hedlund(2005: 266)에서 재인용.

4_ 립턴과 색스는 이렇게 천명한다. "개혁적 정부의 결정적인 행동들만이 이러한 포퓰리즘의 압력을 눌러 둘 수 있다(1990a: 87)." 이러한 강력한 정부에 대한 요구는 IMF와 연관된 이들이 내놓은 강한 정부에 대한 요구와 논리적으로 일치한다. 후자는 대중들로부터의 정치적 압력에 굴하지 말고 IMF에서 꾸어온 돈을 다시 갚는 강한 정부가 필요하다고 주장한 바 있다.

5_ 6장에 더 많은 정보가 있다. 덧붙여서, 초기에는 사유화가 종업원 매입의 형태를 띠고 있었다. 폴란드의 경우 ILO가 이렇게 보고한 바 있다. "1990년 이래 국영기업이 직접 사유화 즉 현물 형태로 새로운 회사에 매각되거나 기부되거나 그 종업원들에게 대여된 사례는 약 1100개다. 이러한 '직접적' 사유화에서 종업원 임대-매입lease buy-out이 차지하는 비중은 70퍼센트(약 800건)다(Schliwa, 1997: ix)."

6_ 립턴과 색스는 이렇게 주장한다. "사회적 형평성을 근거로 하여, 정부는 기업들

에 대해 노동자들이 완전한 소유권을 주장하는 것을 거부해야 한다. 산업 노동력은 전체 노동력의 30퍼센트일 뿐이며 전체 인구의 15퍼센트에 불과하기 때문이다(1990a: 128)."

7_ 1990년, 헝가리는 국가 소유원State Property Agency 하에서 소유권을 다시 중앙집중화했다(Róna-Tas, 1997: 191).

8_ 립턴과 색스는 1990년에 발표한 다른 논문에서 다음을 주장했다. 1) 국영기업들은 '재무부가 소유하는 주식회사'로 전환되어야 한다. 2) 그 주식의 일부는 종업원들에게 주거나 낮은 가격에 팔아야 한다. 3) 주식의 다른 일부는 뮤추얼펀드와 은행 등 다른 금융기관들에 주어야 한다. 4) 가정 경제는 그 다음 이 금융기관들로부터 주식을 받는다. 5) 정부는 각 기업의 주식 일부를 보유했다가 이 기업에 핵심적인 경영자 역할을 맡을 '핵심 투자가들'에게 팔아야 한다(1990b: 299).

9_ 스티글리츠는 특히 IMF의 '시장 근본주의적' 정책들이 1990년대 말 아시아와 러시아에서 경제적 재난들을 야기했다고 비난했다(Stiglitz [2002] 2003: 58, 221).

10_ 한 예로 스티글리츠는 이렇게 말한다. "나는 지구화—자유 무역의 여러 장벽을 제거하고 여러 국민경제를 더 긴밀하게 통합시키는 것—가 선을 위한 힘이 될 수 있다고 믿으며 또 이것이 전 세계의 모든 이 특히 가난한 이들을 부유하게 만들 잠재력이 있다고 믿는다(Stiglitz [2002] 2003: ix)." 나는 이제부터 경쟁을 지지하는 그의 주장을 논할 것이다.

11_ 이러한 자신의 주장에도 불구하고 그는 계속해서 신고전파 경제학을 사용한다. Hodgson은 스티글리츠가 어떻게 스스로를 비 신고전파 경제학자라고 인식할 수 있는지를 설명한다. "스티글리츠는 '신고전파'라는 말을 규정함에 있어서 단지 애로-드브뢰식 일반 균형 접근만으로 보는 상당히 협소한 정의를 사용한다. 따라서 그는 자신의 접근법을 비신고전파라고 규정할 수 있었던 것이다(Hodgson, 1999: 35)."

12_ 스티글리츠는 유고슬라비아 경험의 적실성에 대해 의문을 던진다. "옛 유고슬라비아에 있었던 노동자 경영 기업들의 실패에다가 너무 많은 의미를 부여하려고 해서는 안 된다. 왜냐면 이런 제도들에는 소유권 이전과 관련하여 특이한(그리고 분명코 전혀 만족스럽지 못한) 장치들이 들어 있었던 데다가, 또 그 제도적

세부 사항들로 들어가면 사전적으로나 또 오늘날 돌이켜보았을 때나 전혀 성공에 도움이 될 수 없을 것이 분명했던 것들이 산적해 있었기 때문이다(1994: 277)."

13_ 유고슬라비아에서는 슬로베니아의 새로운 국가 의장이 된 Janez Drnovšek가 제프리 색스를 정부 자문으로 초빙했다(Meier, 1999: 109).

14_ Mencinger에 따르면, "국내 경제학자들의 대부분은 과거의 유산을 유리하게 활용할 수 있는 것으로 여겨졌지만, 많은 외국 경제학자들 그리고 소수의 국내 경제학자들에게는 이것이 이행을 돕기보다는 방해하는 것으로 여겨졌다(Mencinger, 2004: 76)."

15_ 이는 옛 유고슬라비아의 경제학자들이 나와의 인터뷰 도중에 해준 이야기다. Franičević는 크로아티아의 경제학자들과 일반 대중이 크로아티아 경제의 '재국유화reétatization'가 벌어질지 모른다는 공포를 느꼈던 것을 논하고 있다(Franičević, 1999). 이러한 사태는 실제로 현실이 되었다.

16_ 그는 앨버트 허시먼Albert O. Hirschman 또한 비슷한 논쟁 구도를 대략적으로 설명한 바 있었음을 보여주었다.

17_ 1920년대와 1930년대에 루트비히 폰 미제스는 이러한 보편주의를 거부했고, 이로 인해 신고전파의 방법 자체에 의문을 표하고 결국 폐기하게 된다.

18_ 이 책 서론에서 논한 바 있듯이, 이 사회적 계획가 모델을 탈중앙집권적인 경쟁적 모델로 재해석한 이들도 있었지만 그들의 모델은 여전히 중앙집권화 모델처럼 움직이는 것이 사실이다(Hartley, Hansen, and Sargent, 1997: 68-70). 심지어 립턴과 색스의 1990년 사회주의 비판 논문이 게재되었던 같은 학술지의 같은 호에 로런스 서머스와 그의 공저자들은 '사회적 계획가'와 '정부 계획가' 모델에 기초한 한 연구를 게재하기도 했다(Cutler, Poterba, Sheiner, and Summers, 1990: 20, 50).

19_ 제임스 뷰캐넌이 이러한 경제모델에서의 전지전능한 계획가라는 개념을 비판했지만 자신의 저작에서는 계속해서 그보다 덜 전지전능한 계획가의 개념을 사용했다(Buchanan, 1959).

20_ 2006년 베커와 그의 공저자들은 이렇게 말한다. "우리는 이러한 선호의 원천을

모델화하지 않으며, '사회적 계획가'를 가정할 것이다(Becker et al. 2006: 46)."

21_ 헝가리에서는 경제학자인 Éva Voszka가 이렇게 말했다. "우리는 단지 그 풍성한 말잔치에 당혹스러워했을 뿐만 아니라 급격한 정치적 변화에서 기인한 불확실성이 개념의 대혼란을 낳는 바람에 더욱 강화된 용어 혼란 때문에도 황당함을 느꼈다(Voszka, 1991: 58)."

22_ 이행이라는 말에 대한 세계은행의 해석에 대해서는 앞 장 참조.

23_ 야노시 코르너이의 『자유 경제로의 길』은 "완전한 사적 자본주의를 옹호하는 최초의 공공연한 강령이었다. 그때까지도 대부분의 민주주의 정당은 이 점을 명확히 언명하는 것과는 거리가 멀었다(Szamuly and Csaba, 1998: 198)."

24_ 립턴과 색스는 이 논문의 한 각주에서 제목에 자본주의라는 말이 들어간 논문 하나를 언급한다. 이들은 논문 본문에서 자본주의라는 말을 한 번 쓰며 각주에서 한 번 쓰지만, 이 두 언급은 전혀 이행의 목표를 뜻하는 말들은 아니었다.

25_ 러키도 비슷한 주장을 편다. "헝가리에서는 그러한 기술들[시장 조사, 판매, 조직적 기술들]을 민간부문에서뿐만 아니라, 개혁된 국가부문의 탄력적인 하부 단위들, 전통적인 산업 및 농업의 협동조합들, 또 국가 소유에 민간 주도가 결합된 다양한 혼종 등에서도 (그리고 똑같이 훌륭하게) 얻을 수 있었다(Laki, 1996: 230)."

26_ 이러한 이동이 그렇게 순탄하게 벌어진 것에 대한 다른 설명도 있다. 동유럽 나라들은 한 번도 진정한 사회주의 체제였던 적이 없었으므로 이 이행은 사실상 옆길로 샌 것 정도라는, 즉 한 가지의 자본주의 변종(관료적 국가자본주의)에서 다른 종류의 자본주의 변종(다국적 자본주의)으로 이동한 것일 뿐이라는 것이다(Callinicos, 1991).

27_ 1989년 이후 쓰레기라는 언사는 더 큰 도덕적 프로젝트로서의 신자유주의의 일부가 되어 시장을 찬양하고 1989년 이후의 세계를 완전히 정화할 것을 정당화하는 데 사용되었다(Eyal, 2000; Fourcade and Healy, 2007). János Mátyás Kovács도 마찬가지로 쓰레기장의 세계를 그리고 있다. "대규모 국유화, 노후화된 산업 구조, 환경오염, 거대한 국가 관료체들, 기업가정신의 결여 등과 같은 공산주의 경제와 정치의 체제적 특징들은 그 관성으로 인해 자본주의로의 이

행을 초기부터 발목을 잡는 요소들이라고 간주했다. (…) 본질적으로 이런 것들은 옛날 체제의 비활동적인(활동성이 제거된) 폐기물들로서 즉시 제거되어야 할 것들이라고 여겨졌다(Kovács, 1994: xiii)."

28_ 6장에서 논의했듯이, 중국 사회주의 또한 이 모델에 들어맞는다고 볼 수 있다.

29_ 부라보이는 신자유주의가 "새로운 형태의 착취와 수탈을 정당화하기 위해 기회주의적으로 이용되는 차용해온 이데올로기"라고 주장했다(Burawoy, 2001: 1112).

30_ 물론 신자유주의 자체의 핵심 특징들이 있는 것은 분명하지만, 각 나라에서 신자유주의가 현실적으로 실현되는 데는 정치체제와 계급동맹을 포함한 그 나라 특유의 조건이 모습을 결정한다(Babb, 2001; Dezalay and Garth, 2002; Fourcade, 2006; Fourcade-Gourinchas and Babb 2002; Prasad 2006). (프랑스와 독일과 달리) 미국과 영국 등에서는 지위 상승을 이루어가면서 복지국가 정책에 불만을 품는 이른바 '희생자들'이 점점 더 늘어나며, 정치적 모험가들은 이들의 불만을 이용할 수가 있었다(Prasada, 2006). 동유럽에서는 정치적 모험가들이 더 폭넓고 다양한 집단들의 불만을 이용할 수가 있었다. 또한 제2경제에서 일하는 이들은 체제 전체를 바꾸는 데 이해관계를 갖게 되었다(Lampland, 1995; Róna-Tas, 1997; Seleny, 1993).

31_ 이러한 경제정책에 있어서의 명확성 결여는 1990년에서 1994년에 이르는 헝가리 민주 포럼 정부 기간 동안 계속되었다. 이 정권은 사회적 시장경제라는 구호를 채택했지만, 그것이 무엇을 뜻하는지는 구체적으로 밝히지 않았다(Szamuely and Csaba, 1998: 199).

32_ Susan Woodward에 따르면, "유고슬라비아의 해체는 국제적 환경의 근본적 변화들로부터 시작되었다". 여기에는 탈중앙집권화를 강화할 것, 연방 소속 공화국들의 권력을 강화할 것, 연방 국가를 해체할 것 등을 강제했던 옛날의 IMF가 내건 여러 조건이 들어간다. 또 냉전이 끝나자 그 안에서 유고슬라비아가 차지했던 간극적인 역할도 함께 끝나버렸다는 요인도 중요하다.

33_ 그레스코비츠는 이를 "경제개혁가들의 고독함"이 보여주는 "증후군"이라고 불렀다(Greskovits, 1998: 35). 또 다른 이들도 라틴아메리카에서 마찬가지로 국내

의 이해 당사자들로부터 고립되는 비슷한 형태들을 발견했다(O'Donnell, 1973; Markoff and Montecinos, 1993). 또 다른 이는 헝가리의 개혁가들이 정치 엘리트들에게 확신을 주기 위해서 훨씬 일찍 국제 금융기관들의 견해를 동원했음을 주목한다(Csaba, 1995: 216).

34_ 예를 들어 영국에서는 이러한 싱크탱크 및 재단들이 하나의 통일된 '담론 구성체' 혹은 '진리 레짐'으로서의 대처리즘을 창출하기 위해서 다양한 여러 담론을 "하나로 꿰매는" 작업을 했다고 한다(Hall, 1988: 53). 그러는 사이에 이러한 통일성은 그 모순적 성격을 그대로 안고 있었다. Hall은 이 개개인들이 허위의식에 속고 있다는 생각을 거부하고, 이데올로기는 사람의 주관성 자체를 형성하는 데다 1970년대 영국에 실제로 있었던 위기로 볼 때 이는 또한 설득력을 가진 것이었다고 주장한다.

35_ 경제학자들 사이에 민주주의에 대한 불신과 기술관료적 성향이 존재한다는 것을 다수의 연구자가 입증했다(Centeno, 1994, 1998; Markoff and Montecinos, 1993). Centeno는 특히 하이에크가 민주주의에 대해 갖는 근본적인 불신에 초점을 둔다(Centeno, 1998).

36_ 코르출라 여름학교, 두브로브니크 대학 간 센터, 국제 경제학협회 등 이런 기관은 여럿 있었다.

37_ 한 예로 이렇게 말하는 이들도 있었다. "랑게(1936)부터 오늘날에 이르도록 모든 형태의 시장사회주의에서는 결국 국가가 기업들을 통제한다(Shleifer and Vishny, 1994: 165)." 오스트리아학파에서 훈련받은 경제학자 David Prychitko 조차도 오스트리아학파가 "사회주의를 중앙계획과 동일한 것으로 보는 듯"하며 오로지 중앙계획에만 초점을 두는 그릇된 경향을 보인다고 말했다(Prychitko, 2002: 2).

38_ 서문에서도 말했지만 하트와 네그리는 이렇게 말한다. "다중은 우리의 사회적 세계의 진정한 생산력이며, 반면 제국은 이 다중의 생명력에 기생하는 촉수일 뿐이다(Hardt and Negri, 2000: 62)." 마찬가지로, Lotringer는 이렇게 말한다. "자본은 우리로 하여금 미래를 향해 계획을 투사하고, 내부로부터 그것을 작업해나가도록 허락한다. 어떤 종류의 창조적인 움직임도, 그것이 아무리 급진적인

것이라 주장한다 해도, 재빨리 도구화하여 이분법적인 대립물들로 만들어질 수 있다는 것을 너무나 잘 알기 때문이다. 그리고 오늘날의 현실은 이러한 이분법적 대립물들로 단순하게 사유하기에는 너무나 어려워졌으므로, 이런 이분법으로 현실에 대처한다는 것은 계속해서 실패할 수밖에 없다는 것임은 이미 입증된 바 있다(2004: 17-18)."

39_ 한 예로 1989년 체코슬로바키아에서 있었던 한 여론조사에서는 "자본주의적 방식"을 선택했던 비중이 3퍼센트에 불과했다. 41퍼센트는 "사회주의적 방식"을 선택했으며, 52퍼센트는 "자본주의와 사회주의의 융합"을 원했다(Kaser, 1990: 597-598).

결론

1_ "신자유주의가 오늘날 자기 것이라고 주장하는 공간들 내부에서 여전히 사회주의의 흔적들이 발견된다(Raman and West, 2009: 14)."

2_ 1980년대 이후 동유럽에서의 사유화 논쟁뿐 아니라 미국과 유럽 여러 나라에서 벌어진 사유화를 거치면서 신고전파 경제학자들은 경매의 디자인에 대한 연구로 전환했던바, 이 또한 사회주의 모델들로부터 출현한 주제였다. Leo Herzel은 이 분야의 기초를 닦은 1950년대 초에 발표된 자신의 논문에서 FCC 텔레비전의 사업 허가증을 경매에 붙일 것을 옹호했다. 그는 훗날 자신의 "사회주의에 매료되었던 사춘기"와 아바 러너의 저작(Lerner, 1944)을 "효율적인 사회주의 경제를 위한 청사진"으로 보아 관심을 가졌던 일 등을 회상한다(Herzel, 1998: 524). Herzel은 자신의 FCC 경매 논문에서 러너의 시장사회주의 모델을 TV 사업 허가증과 여타 "사적 소유라는 제도가 만족스런 해법을 제공하지 못하는 상황들"에 적용시키고 있다(ibid., 524). 소유권보다는 사용에 허가증을 발급하자는 제안은 많은 사회주의자가 옹호한 바 있었고, 여기에는 기업가적 사회주의를 옹호했던 카리스마적 헝가리 경제학자 티보르 리슈커도 포함된다.

3_ 1990년 이후 논문 색인인 Jstor는 경제학 학술지에서 1500편 이상의 논문이 '계

획가'를 논의하지만 '소련식' '사회주의적' '도시 계획가' 등의 용어를 언급하지 않는다는 것을 보여준다. 일부 다른 저자들은 '대표 행위자representative agent'라는 용어를 사용한다.

4_ 모든 동유럽 공산당은 이 이행 기간을 무사히 살아남아 여전히 정치적으로 활발한 세를 유지하고 있다고 한다(Grzymala-Busse, 2002). 공산주의 정당들은 이 지도자들에게 신규 활동가 채용, 협상, 정책개혁 등의 기술과 같은 중요한 자원을 제공했다. 이들의 정책개혁 경험과 또 모종의 사회주의적 의제들을 자신들이 지지한다는 주장 등은 그대로 남아 있었다. 동유럽인들은 여전히 사회주의를 중요하게 여긴다. 한 예로, 불가리아인들은 1990년 선거에서 공산당의 후신인 정당에게 표를 던졌으며 1994년에도 그러했다. "사회주의 당에 대한 큰 충성심은 그대로 남아 있다(Creed, 1999)." 지방으로 내려가보면 불가리아의 촌락민들은 사회주의의 뜻은 다양한 방식으로 해석하고 있지만 사회주의 자체는 여전히 적실성을 가지고 있다고 생각한다고 한다(ibid.).

5_ 바우만은 비록 소련을 혹독하게 비판하고 있지만 사회주의는 여전히 "자본주의의 반문화"라고 주장한다. "앞에서 보았듯이, 사회주의의 힘은 자본주의의 반문화라는 그 지위에 있으며 자본주의적 가치들의 역사적 상대성을 폭로하고, 그 역사적 한계들을 드러내며, 그를 통해 자본주의가 아무런 지평선도 없는 상식으로 굳어지는 것을 막는 철저한 비판적 유토피아로서의 그 역할에 있다(Bauman, 1976: 99)."

6_ 하지만 앞에서 말했듯이 하트와 네그리는 현행 권력 패러다임이 혼종성, 유동성, 차이 등을 지지하고 있으며 이렇게 해서 여러 양분법에 대한 비판들에 근거하여 번성한다고 주장하기도 한다(Hardt and Negri, 2000: 138).

경제학자

Luca Anselmi, University of Pisa, 2004

Kenneth Arrow, Stanford University, 2007

Abram Bergson, Harvard University, 2000

Joseph Berliner, Harvard University, 2001

Ivo Bićanić, University of Zagreb, 2008

Ferruccio Bresolin, Ca' Foscari University, Venice, 2004

András Bródy, Institute of Economics, Budapest, 1995 and 1996

Giorgio Brosio, University of Turin, 2004

Andrzej Brzeski, University of California, Davis, 2004

Anne Carter, Brandeis University, 2000 and 2001

Božidar Cerović, University of Belgrade, 2008

Janet Chapman, formerly Harvard University, 2001

Alberto Chilosi, University of Pisa, 2004

Richard Cooper, Harvard University, 2001

Béla Csikós–Nagy, Hungarian Economic Association, 2002

Bruno Dallago, University of Trento, 2004

Robert Dorfman, Harvard University, 2000

Božo Drašković, Institute of Economic Sciences, Belgrade, 2008

Ivo Družić, University of Zagreb, 2008

Dinko Dubravčić, Institute of Economics, Zagreb, 2008

John T. Dunlop, Harvard University, 2000

Dejan Erić, Institute of Economic Sciences, Belgrade, 2008

Mario Ferrero, University of Eastern Piedmont, 2004

Murray Feshbach, Woodrow Wilson Center, 2002

Vojmir Franičević, University of Zagreb, 2008

Marshall Goldman, Harvard University, 2000

Gregory Grossman, University of California, Berkeley, 2001 and 2004

Hans Heymann, formerly Central Intelligence Agency, 2001

Branko Hvastija, Center for International Cooperation & Development, Ljubljana, 2008

Peter de Janosi, formerly Ford Foundation, 2001

Dale Jorgenson, Harvard University, 2001

Milena Jovičić, University of Belgrade, 2008

Peter T. Knight, formerly Ford Foundation and World Bank, 2007

János Kornai, Harvard University and Collegium Budapest, 2000

Oskar Kovač, Megatrend University, 2008

Roger Levien, formerly RAND, 2001

Aladár Madarász, Institute of Economics, Budapest, 1996

Ljubomir Madžar, "Braća Karić" University, Belgrade, 2008

Stephen Marglin, Harvard University, 2000

Jože Mencinger, University of Ljubljana, 2008

Mieke Meurs, American University, 2007

Branko Milanović, World Bank, 2008

Milić Milovanović, University of Belgrade, 2008

Jim Millar, George Washington University, 2002

Peter Miovic, World Bank, 2008

J. Michael Montias, Yale University, 2000 and 2001

John H. Moore, Grove City College, 2001

András Nagy, Institute of Economics, Budapest, 1995

D. Mario Nuti, University of Rome "La Sapienza", 2004

Časlav Ocić, formerly Institute of Economic Sciences, Belgrade, 2008

Merton J. Peck, Yale University, 2001

Pavle Petrović, University of Belgrade, 2008

Janez Prašnikar, University of Ljubljana, 2008

Howard Raiffa, Harvard University, 2000

Ivan Ribnikar, University of Ljubljana, 2008

Gianni Salvini, University of Pavia, 2004 and 2005

Thomas Schelling, University of Maryland, 2001

Gertrude Schroeder, formerly Central Intelligence Agency, 2001

Michael Schwarz, Harvard University, 2001

Marjan Senjur, University of Ljubljana, 2008

Jan Svejnar, University of Michigan, 2008

László Szamuely, Kopint-Datorg, Institute for Economic and Market Research and Informatics, Budapest, 1998

Maks Tajnikar, University of Ljubljana, 2008

Vladimir Treml, Duke University 2001

Aleš Vahčič, University of Ljubljana, 2008

Vittorio Valli, University of Turin, 2004

Milan Vodopivec, World Bank, 2008

Gordana Vukotić–Cotič, Institute of Economic Sciences, Belgrade, 2008

Benjamin Ward, formerly University of California, Berkeley, 2007

Martin Weitzman, Harvard University, 2001

그 외

Francesco Leoncini, Ca' Foscari University, Venice, 2005

Carlo Lottieri, Bruno Leoni Institute, Turin, 2004

Bianca Mieli, Milan, 2004

Leonardo Morlino, University of Florence, 2004

Igor Pavlin, International Center for Promotion of Enterprises, Ljubljana, 2008

Yale Richmond, formerly U.S. State Department, 2001

Duško Sekulić, University of Zagreb, 2008

Priyadarshi Thakur, International Center for Promotion of Enterprises, Ljubljana, 2008

Anton Vratuša, International Center for Promotion of Enterprises, Ljubljana, 2008

문헌자료

Archives of Serbia and Montenegro, Belgrade, Serbia.

Confindustria Archives, Rome, Italy.

Ford Foundation Archives(FF), New York, NY.

Harvard University Archives, Cambridge, MA.

Hoover Institution Archives, Stanford, CA.

Hungarian Academy of Sciences Archive(HAS, MTA), Budapest, Hungary.

Hungarian Communist Party Institute Archive(PIA), Budapest, Hungary.

Library of Congress, William J. Baroody Sr. Papers, Washington, DC.

Oral History Archives(OHA), Budapest, Hungary, interviews of István Hetényi (1987), István Huszár(1990), Tamás Nagy(1986), Kálmán Szabó(1991), and Jenő Wilcsek(1983).

Yale University Archives, New Haven, CT.

Abbott, Andrew. 1988. *The System of Professions: An Essay on the Division of Expert Labor*. Chicago: University of Chicago Press.

Adam, Jan. 1992. "The Possible New Role of Market and Planning in Poland and Hungary". In *Market Socialism or the Restoration of Capitalism?* edited by Anders Åslund, 47–66. Cambridge, UK: Cambridge University Press.

Akerlof, George A. 1970. "The Market for 'Lemons': Quality Uncertainty and the Market Mechanism". *The Quarterly Journal of Economics* 84: 488–500.

Aligica, Paul Dragos, and Anthony John Evans. 2009. *The Neoliberal Revolution in Eastern Europe: Economic Ideas in the Transition from Communism*. Cheltenham, UK: Edward Elgar.

Amadae, S. M. 2003. *Rationalizing Capitalist Democracy: The Cold War Origins of Rational Choice Liberalism*. Chicago: University of Chicago Press.

Antal, L. 1982. "Thoughts on the Further Development of the Hungarian Mechanism". *Acta Oeconomica* 29: 199–224.

――――. 1999. "What is left of 'reform economics?'" *Acta Oeconomica* 50(1–2): 89–102.

Appadurai, Arjun, ed. 2001. *Globalization*. Durham, NC: Duke University Press.

Appel, Hilary. 2004. *A New Capitalist Order: Privatization and Ideology in Russia and Eastern Europe*. Pittsburgh: University of Pittsburgh Press.

Armstrong, John A. 1973. "Comments on Professor Dallin's 'Bias and Blunders in American Studies on the USSR.'" *Slavic Review* 32: 577–587.

Arnott, Richard, and Joseph E. Stiglitz. 1991. "Moral Hazard and Nonmarket Institutions: Dysfunctional Crowding Out of Peer Monitoring?" *The American Economic Review* 81: 179–190.

Arnsperger, Christian, and Yanis Varoufakis. 2006. "What Is Neoclassical Economics?" *Post-Autistic Economics Review* 38(1). Retrieved on June 29, 2010, from www.paecon.net/PAEReview/issue38/ArnspergerVaroufakis38.htm.

Arrow, Kenneth J. 1951. *Social Choice and Individual Values.* New York: John Wiley & Sons.

———. 1963. "Uncertainty and the Welfare Economics of Medical Care". *The American Economic Review* 53: 941–973.

———. 1978. "A Cautious Case for Socialism". *Dissent* 25 (Fall): 472–480.

Arrow, Kenneth J., and Gerard Debreu. 1954. "Existence of an Equilibrium for a Competitive Economy". *Econometrica* 22(3): 265–290.

Åslund, Anders, ed. 1992. *Market Socialism or the Restoration of Capitalism?* Cambridge, UK: Cambridge University Press.

Åslund, Anders, Peter Boone, Simon Johnson, Stanley Fischer, and Barry W. Ickes. 1996. "How to Stabilize: Lessons from Post-Communist Countries". *Brookings Papers on Economic Activity* 1996(1): 217–313.

Augusztinovics, Mária. 1995. "What Input-Output Is About". *Structural Change and Economic Dynamics* 6(3): 271–277.

B.-J. 1960. "Közgazdaságtudományi előadások a Magyar Tudományos Akadémia 1960. évi nagygyűlésén". *Közgazdasági Szemle* 7: 751–767.

Babb, Sarah L. 2001. *Managing Mexico: Economists from Nationalism to Neo-Liberalism.* Princeton, NJ: Princeton University Press.

Babić, Šimun. 1961. *Uvod u ekonomiku poduzeća.* Zagreb: Školska knj.

Bajt, Aleksander. 1988. *Samoupravni oblik društvene svojine.* Zagreb: Globus.

Balassa, Béla A. 1959. *The Hungarian Experience in Economic Planning: A Theoretical and Empirical Study.* New Haven, CT: Yale University Press.

———. 1971. "Discussion(with Edward Ames)". *The American Economic Review* 61: 436–439.

———. 1989. "My Life Philosophy". *American Economist* 33: 16–23.

Balázsy, Sándor. [1956] 1986. "Üzemi munkástanács, vállalati önállóság, iparvezetés...". In *A Magyar Közgazdasági Gondolat Fejlődése, 1954~1978*, edited by

László Szamuely, 156–166. Budapest: Közgazdasági és Jogi Könyvkiadó.

Balcerowicz, Leszek. 1989. "On the 'Socialist Market Economy'" *Acta Oeconomica* 40(3–4): 184–189.

——. [1989] 1995. "On the Socialist Market Economy". In *Socialism, Capitalism, Transformation*, 28–34. Budapest: Central European University Press.

——. 1992. "The 'Socialist Calculation Debate' and Reform Discussions in Socialist Countries". In *Reform and Transformation in Eastern Europe: Soviet-Type Economics on the Threshold of Change*, edited by János Mátyás Kovács and Márton Tardos, 5–18. London and New York: Routledge.

Balogh, Sándor, ed. 1993. *A Magyar Szocialista Munkáspárt ideiglenes vezető testüuleteinek jegyzőkönyvei*. Vol. 3. Budapest: Intera Rt.

Bandera, V. N. 1963. "New Economic Policy (NEP) as an Economic Policy". *The Journal of Political Economy* 71: 265–279.

Baran, Paul A. 1944. "New Trends in Russian Economic Thinking?" *The American Economic Review* 34: 862–871.

Baranzini, Roberto. 2001. "Léon Walras: il singolare socialismo di un marginalista atipico". In *Marginalismo e Socialismo nell'Italia Liberale, 1870~1925*, edited by Marco E. L. Guidi and Luca Michelini, 35–65. Milan: Fondazione Giangiacomo Feltrinelli.

Bardhan, Pranab K., and John E. Roemer, eds. 1993. *Market Socialism: The Current Debate*. New York: Oxford University Press.

Barghoorn, Frederick C. 1960. *The Soviet Cultural Offensive: The Role of Cultural Diplomacy in Soviet Foreign Policy*. Princeton, NJ: Princeton University Press.

——. 1964. *Soviet Foreign Propaganda*. Princeton, NJ: Princeton University Press.

Barghoorn, Frederick C., and Ellen Mickiewicz. 1972. "American Views of Soviet–American Exchanges of Persons". In *Communications in International Politics*, edited by Richard L. Merritt, 146–167. Urbana: University of Illinois Press.

Barna, Tibor, ed. 1963. *Structural Interdependence and Economic Development.* Proceedings of an International Conference on Input–Output Techniques, Geneva, September 1961. New York: St. Martin's Press.

Barnett, Vincent. 2005. *A History of Russian Economic Thought.* New York: Routledge.

Barone, Enrico. [1908] 1938. "The Ministry of Production in the Collectivist State". In *Collectivist Economic Planning: Critical Studies on the Possibilities of Socialism,* edited by F. A. von Hayek, 245–290. London: George Routledge & Sons.

Bársony, J. 1982. "Tibor Liska's Concept of Socialist Entrepreneurship". *Acta Oeconomica* 28 (3–4): 422–455.

Bateman, Milford. 2000. "Small Enterprise Development in the Yugoslav Successor States: Institutions and Institutional Development in a Post-War Environment". *Most* 10: 171–206.

Bator, Francis M. 1958. "The Anatomy of Market Failure". *The Quarterly Journal of Economics* 72: 351–379.

Bauer, Tamás. 1983. "The Hungarian Alternative to Soviet-Type Planning". *Journal of Comparative Economics* 7: 304–316.

———. 1984. "The Second Economic Reform and Ownership Relations: Some Considerations for the Further Development of the New Economic Mechanism". *Eastern European Economics* 22: 33–87.

Bauman, Zigmunt. 1976. *Socialism: The Active Utopia.* New York: Holmes & Meier Publishers.

Baumol, William J. 1983. "Preface". In *Entrepreneurship,* edited by Joshua Ronen, ix–x. Lexington, MA: Lexington Books.

Becchio, Giandomenica. 2005. "Two Heterodox Economists: Otto Neurath and Karl Polanyi". Working paper No. 11/2005. University of Torino. Retrieved on January 15, 2010, from: www.cesmep.unito.it/WP/2005/11_WP_Cesmep.pdf.

Becker, Gary S. 2000. "A Comment on the Conference on Cost–Benefit Analysis". *Journal of Legal Studies* 29: 1149–1152.

Becker, Gary S., and Casey B. Mulligan. 2003. "Deadweight Costs and the Size of Government". *Journal of Law and Economics* 46(2): 293–340.

Becker, Gary S., Kevin M. Murphy, and Michael Grossman. 2006. "The Market for Illegal Goods: The Case of Drugs". *The Journal of Political Economy* 114: 38–60.

Bekker, Zsuzsa. 1999. "Bródy András 75 éves". *Közgazdasági Szemle* 46: 849–850.

Berend, Iván T. 1990. *The Hungarian Economic Reforms, 1953~1988*. Cambridge, UK: Cambridge University Press.

Berghahn, Volker. 2001. *America and the Intellectual Cold Wars in Europe*. Princeton, NJ: Princeton University Press.

Bergson, Abram. 1936. "Real Income, Expenditure Proportionality, and Frisch's 'New Methods of Measuring Marginal Utility.'" *Review of Economic Studies* 4(1): 33–52.

——. 1938. "A Reformulation of Certain Aspects of Welfare Economics". *The Quarterly Journal of Economics* 52(2): 310–333.

——. [1944] 1946. *The Structure of Soviet Wages: A Study in Socialist Economics*. Cambridge, MA: Harvard University Press.

——. 1948. "Socialist Economics". In *A Survey of Contemporary Economics*, edited by Howard S. Ellis, 412–448. Berkeley: University of California Press.

——. 1967. "Market Socialism Revisited". *The Journal of Political Economy* 75: 655–673.

——. 1992. "Recollections and Reflections of a Comparativist". In *Eminent Economists: Their Life Philosophies*, edited by Michael Szenberg, 60–68. Cambridge, UK: Cambridge University Press.

Bernstein, Michael. 1995. "American Economics and the National Security State, 1941~1953". *Radical History Review* 63: 8–26.

――. 2001. *A Perilous Progress: Economists, Their Discipline, and Public Purpose in Twentieth Century America*. Princeton, NJ: Princeton University Press.

Bhabha, Homi. 1994. *The Location of Culture*. London: Routledge.

Bianco, Gino. 1977. *Un socialista irregolare: Andrea Caffi, intellettuale e politico d'avanguardia*. Cosenza, Italy: Lerici.

Bieber, Ilona, József Fábián, and Emil Gulyás. 1957. "Megjegyzések a *Közgazdasági Szemle* 1956. 11-12. számának vezércikkéhez". *Közgazdasági Szemle* 4: 393-409.

Biglaiser, Glen. 2002. *Guardians of the Nation? Economists, Generals, and Economic Reform in Latin America*. Notre Dame, IN: University of Notre Dame Press.

Blackmer, Donald. 1975. "Continuity and Change in Postwar Italian Communism". In *Communism in Italy and France*, edited by Donald Blackmer and Sidney Tarrow, 21-68. Princeton, NJ: Princeton University Press.

Blanchard, Olivier. 1999. "An Interview with János Kornai," *Macroeconomic Dynamics* 3(3): 427-450.

Blaug, Mark. 1972. "Was there a Marginal Revolution?" *History of Political Economy* 4: 269-280.

Blinder, Alan. 1990. "Introduction". In *Paying for Productivity: A Look at the Evidence*, edited by Alan Blinder, 1-14. Washington, DC: Brookings Institution.

Block, Fred. 2003. "Karl Polanyi and the Writing of *The Great Transformation*". *Theory and Society* 32: 275-306.

Blyth, Mark. 2002. *Great Transformations: Economic Ideas and Institutional Change in the Twentieth Century*. New York: Cambridge University Press.

Bobbio, Norberto. [1997] 1999. *Autobiografia*. Edited by Alberto Papuzzi. Rome: Laterza.

Bockman, Johanna K. 2000. "Economists and Social Change: Science, Professional Power, and Politics in Hungary, 1945-1995". PhD dissertation, Department of Sociology, University of California, San Diego.

――. 2007. "The Origins of Neoliberalism between Soviet Socialism and Western

Capitalism: 'A Galaxy without Borders.'" *Theory and Society* 36: 343–371.

Bockman, Johanna K., and Michael Bernstein. 2008. "Scientific Community in a Divided World: Economists, Planning, and Research Priority during the Cold War". *Comparative Studies in Society and History* 50: 581–613.

Bockman, Johanna K., and Gil Eyal. 2002. "Eastern Europe as a Laboratory for Economic Knowledge: The Transnational Roots of Neoliberalism". *American Journal of Sociology* 108: 310–352.

Boettke, Peter J. 2004. "Hayek and Market Socialism: Science, Ideology, and Public Policy". Retrieved on November 6, 2009, from: http://mises.org/etexts/hayek2004.pdf.

Bogavac, Blagoje. 1968. "Yugoslavia and Technical Cooperation". *Review of International Affairs* 19(430): 24–27.

Bogetić, Željko. 1992. "Is There a Case for Employee Ownership?" In *The Transition from Socialism in Eastern Europe: Domestic Restructuring and Foreign Trade*, edited by Arye L. Hillman and Branko Milanovic, 83–104. Washington, DC: World Bank.

Böhm-Bawerk, Eugen von. [1889, 1891] 1971. *The Positive Theory of Capital*. London: Macmillan.

Boim, Leon, Glenn G. Morgan, and Aleksander W. Rudzinski. 1966. *Legal Controls in the Soviet Union*. Leyden: A. W. Sijthoff.

Boltanski, Luc, and Eve Chiapello. 2005. *The New Spirit of Capitalism*. New York: Verso.

Bornstein, Morris. 1974. *Comparative Economic Systems: Models and Cases*, 3rd ed. Homewood, IL: R. D. Irwin.

——. 1989. *Comparative Economic Systems: Models and Cases*, 6th ed. Homewood, IL: Irwin.

Bourdieu, Pierre, and Gunter Grass. 2002. "The 'Progressive' Restoration". *New Left Review* 14 (March–April): 63–77.

Bourdieu, Pierre, and Loïc Wacquant. 1999. "On the Cunning of Imperialist Reason". *Theory, Culture and Society* 16(1): 41–58.

Bozóki, András. 2002. "Introduction: The Significance of the Roundtable Talks". In *The Roundtable Talks of 1989: The Genesis of Hungarian Democracy, Analysis and Documents*, edited by András Bozóki, xv–xxxiv. Budapest: Central European University Press.

Bracke, Maud, and Thomas Ekman Jorgensen. 2002. "West European Communism after Stalinism: Comparative Approaches". EUI Working Paper HEC No. 2002/4. San Domenico, Italy: Badia Fiesolana.

Breslau, Daniel. 2003. "Economics Invents the Economy: Mathematics, Statistics, and Models in the Work of Irving Fisher and Wesley Mitchell". *Theory and Society* 32: 379–411.

Broad, Robin. 1988. *Unequal Alliance: The World Bank, the International Monetary Fund, and the Philippines.* Berkeley: University of California Press.

Bruno, Michael. 1989. "Econometrics and the Design of Economic Reform". *Econometrica* 57: 275–306.

Brus, Włodzimierz. 1972. *The Market in a Socialist Economy.* London: Routledge and K. Paul.

———. 1990. "Market Socialism". In *Problems of the Planned Economy*, edited by John Eatwell, Murray Milgate, and Peter Newman, 164–177. London: MacMillan.

———. 1992. "The Compatibility of Planning and Market Reconsidered". In *Market Socialism or the Restoration of Capitalism?* edited by Anders Åslund, 7–16. Cambridge, UK: Cambridge University Press.

Brus, Włodzimierz, and Kazimierz Laski. [1989] 1991. *From Marx to the Market: Socialism in Search of an Economic System.* Oxford, UK: Clarendon Press.

Brutzkus, Boris. [1922] 1935. *Economic Planning in Soviet Russia.* London: George Routledge & Sons.

Bryant, John. 1983. "A Simple Rational Expectations Keynes–Type Model". *The Quarterly Journal of Economics* 98: 525–528.

Bryant, Ralph, and Richard Portes, eds. 1987. *Global Macroeconomics*. New York: St. Martin's Press.

Buchanan, James M. 1959. "Positive Economics, Welfare Economics, and Political Economy". *Journal of Law and Economics* 2: 124–138.

Buckley, William F. 1951. *God and Man at Yale; the Superstitions of Academic Freedom*. Chicago: Regnery.

Budapesti Bizottság, A. 1952. *Marxizmus-Leninizmus Esti Egyetemének Munkaterve és Szervezeti Felépítése*.

Bukharin, Nikolai. [1919] 1927. "Preface to the Russian Edition". In *Economic Theory of the Leisure Class*. Retrieved on October 23, 2009, from: www.marxists. org/archive/bukharin/works/1927/leisure–economics/ preface1.htm.

Bukharin, Nikolai, and Evgeny Preobrazhensky. [1919] 1966. *The ABC of Communism*. Ann Arbor: The University of Michigan Press.

Burawoy, Michael. 1992. "The End of Sovietology and the Renaissance of Modernization Theory". *Contemporary Sociology* 21: 774–785.

———. 2001. "Review: Neoclassical Sociology: From the End of Communism to the End of Classes". *American Journal of Sociology* 106: 1099–1120.

Burawoy, Michael, and Katherine Verdery, eds. 1999. "Introduction." In *Uncertain Transition: Ethnographies of Change in the Postsocialist World*, edited by Michael Burawoy and Katherine Verdery, 1–18. Lanham, MD: Rowman & Littlefield.

Byrnes, Robert F. 1976. *Soviet–American Academic Exchanges, 1958~1975*. Bloomington: Indiana University Press.

Cairncross, Alec. 1952. "The Moscow Economic Conference". *Soviet Studies* 4: 113–132.

Caldwell, Bruce. 1997. "Hayek and Socialism". *Journal of Economic Literature* 35: 1856–1890.

Callinicos, Alex. 1991. *The Revenge of History: Marxism and the East European Revolutions*. University Park: Pennsylvania State University Press.

Callon, Michel. 1998. *The Laws of the Markets*. Malden, MA: Blackwell.

Campbell, John C. 1967. *Tito's Separate Road: America and Yugoslavia in World Politics*. New York: Harper & Row.

Campbell, John L. 1998. "Institutional Analysis and the Role of Ideas in Political Economy". *Theory and Society* 27: 377–409.

Campbell, John L., and Ove K. Pedersen. 2001. "Introduction". In *The Rise of Neoliberalism and Institutional Analysis*, edited by John L. Campbell and Ove K. Pedersen, 1–23. Princeton, NJ: Princeton University Press.

Campbell, Robert W. 1991. *The Socialist Economies in Transition: A Primer on Semi-Reformed Systems*. Bloomington: Indiana University Press.

Caplan, Bryan Douglas. 2007. *The Myth of the Rational Voter: Why Democracies Choose Bad Policies*. Princeton, NJ: Princeton University Press.

Carlton, Dennis W. 1978. "Market Behavior with Demand Uncertainty and Price Inflexibility". *The American Economic Review* 68: 571–587.

Cassel, Gustav. [1918] 1923. *The Theory of Social Economy*. London: T. Fisher Unwin.

Catanzaro, Raimondo. 2000. "La Fondazione Istituto Carlo Cattaneo". In *Le fondazioni culturali in Italia. Origini storiche e primi sviluppi istituzionali*, edited by Giuliana Gemelli, *Storia e Società* 9: 707–724.

Caute, David. 1978. *The Great Fear: the Anti-Communist Purge under Truman and Eisenhower*. New York: Simon and Schuster.

Centeno, Miguel A. 1994. *Democracy within Reason: Technocratic Revolution in Mexico*. University Park: Pennsylvania State University Press.

———. 1998. "The Politics of Knowledge: Hayek and Technocracy". In *The Politics of Expertise in Latin America*, edited by Miguel A. Centeno and Patricio Silva, 36–51. New York: St. Martin's Press.

Centeno, Miguel A., and Patricio Silva, eds. 1998. *The Politics of Expertise in Latin America*. New York: St. Martin's Press.

Černe, France. 1966. *Tržište i cijene*. Zagreb: "Informator".

Chabot, Sean, and Jan Willem Duyvendak. 2002. "Globalization and Transnational Diffusion between Social Movements: Reconceptualizing the Dissemination of the Gandhian Repertoire and the 'Coming Out' Routine". *Theory and Society* 31: 697–740.

Chaloupek, Gunther K. 1990. "The Austrian Debate on Economic Calculation in a Socialist Economy". *History of Political Economy* 22: 659–675.

Charnes, Abraham. 1958. "Preface to L. Kantorovich's *On the Translocation of Masses*". *Management Science* 5(1): 1–4.

Chenery, Hollis. 1991. "Bela at the World Bank". In *Trade Theory and Economic Reform: North, South, and East: Essays in Honor of Bela Balassa*, edited by Jaime de Melo and Andre Sapir, xiv–xv. Cambridge, MA: Basil Blackwell.

Chomsky, Noam, Laura Nader, Immanuel Wallerstein, Richard C. Lewontin, and Richard Ohmann. 1997. *The Cold War & the University: Toward an Intellectual History of the Postwar Years*. New York: New Press.

Chossudowsky, E. M. 1939. "The Soviet Conception of Economic Equilibrium". *The Review of Economic Studies* 6(2): 127–146.

Cirillo, Renato. 1976. "The True Significance of Walras' General Equilibrium Theory". *Cahiers Vilfredo Pareto* 14(37): 5–13.

——. 1980. "The 'Socialism' of Leon Walras and His Economic Thinking". *American Journal of Economics and Sociology* 39(3): 295–303.

Coase, Ronald H. 1982. "Economics at LSE in the 1930's: A Personal View". *Atlantic Economic Journal* 10(1): 31–34.

——. 1988. "The Nature of the Firm: Origin". *Journal of Law, Economics, & Organization* 4(1): 3–17.

——. 1991. "The Nature of the Firm: Origin". In *The Nature of the Firm: Origins,*

Evolution, and Development, edited by Oliver E. Williamson and Sidney G. Winter, 34-47. New York: Oxford University Press.

———. [1991] 1997a. "The Institutional Structure of Production," *Nobel Lectures, Economics 1991~1995,* edited by Torsten Perssen. Singapore: World Scientific Publishing Co. Available at: http://nobelprize.org/nobel_prizes/economics/laureates/1991/coase-lecture.html

———. [1991] 1997b. "Autobiography," *Nobel Lectures, Economics 1991~1995,* Torsten Perssen, ed. Singapore: World Scientific Publishing Co. Available at: http://nobelprize.org/nobel_prizes/economics/laureates/1991/coase-autobio.html

Coats, A. W. 1977. "The Current Crisis in Economics in Historical Perspective". *Nebraska Journal of Economics and Business* 16: 3-16.

———. 1981. *Economists in Government: An International Comparative Study.* Durham, NC: Duke University Press.

———. 1982. "The Distinctive LSE Ethos in the Inter-War Years". *Atlantic Economic Journal* 10(1): 18-30.

———, ed. 1986. *Economists in International Agencies, An Exploratory Study.* New York: Praeger.

———, ed. 1996. *The Post-1945 Internationalization of Economics.* Durham, NC: Duke University Press.

Cockett, Richard. 1995. *Thinking the Unthinkable: Think-Tanks and the Economic Counter-Revolution, 1931~1983.* London: Harper Collins.

Cohen, Stephen F. 1985. *Rethinking the Soviet Experience: Politics and History since 1917.* New York: Oxford University Press.

———. 2000. *Failed Crusade: America and the Tragedy of Post-Communist Russia.* New York: Norton.

Collins, Randall, and Sal Restivo. 1983. "Robber Barons and Politicians in Mathematics: A Conflict Model of Science". *Canadian Journal of Sociology/Cahiers canadiens de sociologie* 8(2): 199-227.

Comey, David Dinsmore. 1967. "Review: Soviet Ideology and the Osnovy". Book review of *Soviet Ideology Today* by Gustav A. Wetter. *Soviet Studies* 19(2): 278 – 281.

Comisso, Ellen T. 1979. *Workers' Control under Plan and Market: Implications of Yugoslav Self-Management*. New Haven, CT: Yale University Press.

———. 1981. "The Logic of Worker (Non)Participation in Yugoslav Self-Management". *Review of Radical Political Economics* 13(2): 11 –22.

Corvinus University of Budapest, Faculty of Economics. 2009. "Tamás Szentes, Professor Emeritus, Member of the Hungarian Academy". Retrieved on July 16, 2009, from www.uni-corvinus.hu/index.php?id=24732.

Cotta, Maurizio. 1996. "Political Science in Italy". In *Report on the State of the Discipline in Western Europe*, 337 –351. Available at www.epsnet.org/publications/sod/italy.pdf.

Cox, Terry. 2006. "1956: Discoveries, Legacies and Memory". *Europe-Asia Studies* 58: iii –xvi.

Cramer, Allan P. 1965. "International Copyright and the Soviet Union". *Duke Law Journal* 1965(3): 531 –545.

Craver, Earlene. 1986. "The Emigration of the Austrian Economists". *History of Political Economy* 18: 1 –32.

Creed, Gerald W. 1999. "Deconstructing Socialism in Bulgaria". In *Uncertain Transition: Ethnographies of Change in the Postsocialist World*, edited by Michael Burawoy and Katherine Verdery, 223 –244. Lanham, MD: Rowman & Littlefield.

Csaba, László. 1995. "Hungary and the IMF: The Experience of a Cordial Discord". *Journal of Comparative Economics* 20: 211 –234.

———. 2002. "Economics —Hungary". In *Three Social Science Disciplines in Central and Eastern Europe, Handbook on Economics, Political Science and Sociology(1989~2001)*, edited by Max Kaase, Vera Sparschuh, and Agnieszka

Wenniger, 83–101. Berlin and Budapest: Social Science Information Centre (IZ)/ Collegium Budapest.

Csikós–Nagy, Béla. 1989. "Personal Comments on the Socialist Market Economy". *Acta Oeconomica* 40(3–4): 216–219.

Cumings, Bruce. 1998. "Boundary Displacement: Area Studies and International Studies during and after the Cold War". In *Universities and Empire: Money and Politics in the Social Sciences during the Cold War*, edited by Christopher Simpson, 159–188. New York: New Press.

Curtis, Glenn E. 1990. "Yugoslavia: A Country Study". Federal Research Division, Library of Congress. Available at http://international.loc.gov/frd/cs/yutoc.html.

Cutler, David M., James M. Poterba, Louise M. Sheiner, and Lawrence H. Summers. 1990. "An Aging Society: Opportunity or Challenge?" *Brookings Papers on Economic Activity* 1: 1–74.

Dahrendorf, Ralf. [1990] 2005. *Reflections on the Revolution in Europe*. New Brunswick, NJ: Transaction.

Dale, Gareth. 2009. "Karl Polanyi in Budapest: On His Political and Intellectual Formation". *European Journal of Sociology* 50: 97–130.

Dallin, Alexander. 1973. "Bias and Blunders in American Studies on the USSR". *Slavic Review* 32: 560–576.

Darden, Keith A. 2009. *Economic Liberalism and Its Rivals: The Formation of International Institutions among the Post-Soviet States*. Cambridge, UK: Cambridge University Press.

Dasgupta, Partha, and Joseph Stiglitz. 1980a. "Industrial Structure and the Nature of Innovative Activity". *The Economic Journal* 90(358): 266–293.

———. 1980b. "Uncertainty, Industrial Structure, and the Speed of R&D". *The Bell Journal of Economics* 11: 1–28.

David–Fox, Michael. 2003. "The Fellow Travelers Revisited: The 'Cultured West' through Soviet Eyes". *The Journal of Modern History* 75: 300–335.

De Grand, Alexander. 1989. *The Italian Left in the Twentieth Century: A History of the Socialist and Communist Parties*. Bloomington: Indiana University Press.

Deutsch, Steven. 2005. "A Researcher's Guide to Worker Participation, Labor and Economic and Industrial Democracy". *Economic and Industrial Democracy* 26(4): 645–656.

Deutscher, Tamara. 1977. "USSR: Democratic Alternatives". *New Left Review* I/104: 114–120.

Devine, Pat. 1993. "Review: [untitled]". *The Economic Journal* 103: 243–245.

Dezalay, Yves, and Bryant G. Garth. 2002. *The Internationalization of Palace Wars: Lawyers, Economists, and the Contest to Transform Latin American States*. Chicago: University of Chicago Press.

Diamond, Peter A. 1982. "Aggregate Demand Management in Search Equilibrium". *The Journal of Political Economy* 90: 881–894.

Diamond, Sara. 1995. *Roads to Dominion: Right-Wing Movements and Political Power in the United States*. New York: The Guilford Press.

Diamond, Sigmund. 1992. *Compromised Campus: The Collaboration of Universities with the Intelligence Community, 1945~1955*. New York: Oxford University Press.

Dickinson, H. D. 1939. *Economics of Socialism*. London: Oxford University Press.

Djilas, Milovan. 1969. *The Unperfect Society: Beyond the New Class*. New York: Harcourt, Brace & World.

Dobb, Maurice. 1928. *Russian Economic Development since the Revolution*. London: G. Routledge & Sons.

Dobbin, Frank, Beth Simmons, and Geoffrey Garrett. 2007. "The Global Diffusion of Public Policies: Social Construction, Coercion, Competition, or Learning?" *Annual Review of Sociology* 33: 449–472.

Domar, Evsey. 1966. "The Soviet Collective Farm as a Producer Cooperative". *American Economic Review* 56: 734–757.

Douglas, Mary. 1966. *Purity and Danger: An Analysis of the Concepts of Pollution and Taboo*. London: Routledge & Kegan Paul.

Drèze, Jacques H. 1989. *Labour Management, Contracts, and Capital Markets: A General Equilibrium Approach*. Oxford, UK: Basil Blackwell.

Drutter, Izak. 1990. "Integralno Tržište". In *Socijalizam u reformi: iskustvo i problemi jugoslavenske privredne reforme*, edited by Zvonimir Baletić and Dragomir Vojnić, 36–42. Zagreb: Informator.

Dubey, Vinod, ed. 1975. *Yugoslavia: Development with Decentralization: Report of a Mission Sent to Yugoslavia by the World Bank*. Baltimore: Johns Hopkins University Press.

Dubravčić, Dinko. 1970. "Labour as Entrepreneurial Input: An Essay in the Theory of the Producer Co-operative Economy". *Economica* 37(147): 297–310.

Duggan, Lisa. 2003. *The Twilight of Equality? Neoliberalism, Cultural Politics, and the Attack on Democracy*. Boston: Beacon Press.

Dunayevskaya, Raya. 1944. "A New Revision of Marxian Economics". The *American Economic Review* 34(3): 531–537.

Dunlop, John Thomas, and Vasilii P. Diatchenko, eds. 1964. *Labor Productivity*. New York: McGraw-Hill.

Dunlop, John Thomas, and Nikolay P. Fedorenko, eds. 1969. *Planning and Markets: Modern Trends in Various Economic Systems*. New York: McGraw-Hill.

Dunn, W. N. 1978. Review of *Yugoslavia: Development with Decentralization*, by International Bank for Reconstruction and Development. *Economic Development and Cultural Change* 26(3): 625–633.

Durbin, E. F. M. 1936. "Economic Calculus in a Planned Economy". *Economic Journal* 46: 676–690.

———. 1949. *Problems of Economic Planning; Papers on Planning and Economics*. London: Routledge & Paul.

Easterly, William. 2008. "Hayek vs. The Development Experts". Hayek Lecture, Manhattan Institute for Policy Research, October 23, 2008. Retrieved on

November 7, 2009, from www.manhattan-institute.org/html/hayek2008.htm.

"Egy játék színeváltozásai: Kapitalizz okosan!" 1997. *HVG*. Retrieved on July 3, 1997, from www.huvg.hu/lap/friss/972782.htm.

Ekelund, Robert B. Jr., and Robert F. Hébert. 1990. *A History of Economic Theory and Method*. New York: McGraw-Hill Publishing Company.

Ekonomski Fakultet, Universitet u Beogradu: 70 godina tradicija i razvoj. 2007. Belgrade: Čugura print.

Ekonomski Fakultet Zagreb, 1920-2005. 2005. Zagreb: Ekonomski fakultet.

Ellerman, David. 1990a. *The Democratic Worker-Owned Firm: A New Model for the East and West*. Boston: Unwin Hyman.

———. 1990b. "Report on a Socialist Reform Tour: Poland, Hungary, Soviet Union and Yugoslavia". *Economic and Industrial Democracy* 11(2): 205–215.

Ellerman, David P., Aleš Vahčič, and Tea Petrin. 1992. "Privatization Controversies in the East and West". In *Comrades Go Private: Strategies for Eastern European Privatization*, edited by Michael P. Claudon and Tamar L. Gutner, 117–144. New York: New York University Press.

Ellis, Howard S. 1948. "Preface". In *A Survey of Contemporary Economics*, edited by Howard S. Ellis, v–viii. Berkeley: University of California Press.

Ellman, Michael. 1973. *Planning Problems in the USSR: The Contribution of Mathematical Economics to Their Solution, 1960~1971*. Cambridge, UK: Cambridge University Press.

Engerman, David. 2009. *Know Your Enemy: The Rise and Fall of America's Soviet Experts*. Oxford, UK: Oxford University Press.

Estrin, Saul. 1982. "The Effects of Self-Management on Yugoslav Industrial Growth". *Soviet Studies* 34: 69–85.

———. 1991. "Yugoslavia: The Case of Self-Managing Market Socialism". *The Journal of Economic Perspectives* 5: 187–194.

Estrin, Saul, and Milica Uvalić. 2008. "From Illyria towards Capitalism: Did

Labour-Management Theory Teach Us Anything about Yugoslavia and Transition in Its Successor States?" *Comparative Economic Studies* 50: 663-696.

Eyal, Gil. 2000. "Anti-politics and the spirit of capitalism: Dissidents, monetarists, and the Czech transition to capitalism". *Theory and Society* 29(1): 49-92.

――. 2003. *The Origins of Postcommunist Elites: From Prague Spring to the Breakup of Czechoslovakia*. Minneapolis: University of Minnesota Press.

Eyal, Gil, Iván Szelényi, and Eleanor R. Townsley. 1998. *Making Capitalism without Capitalists: Class Formation and Elite Struggles in Post-Communist Central Europe*. London: Verso.

Falk, Barbara J. 2003. *The Dilemmas of Dissidence in East-Central Europe*. Budapest: Central European University Press.

Faucci, Riccardo, and Stefano Perri. 1995. "Socialism and Marginalism in Italy, 1880~1910". In *Socialism and Marginalism in Economics, 1870–1930*, edited by Ian Steedman, 116-169. London: Routledge.

Feiwel, George R. 1972. "On the Economic Theory of Socialism: Some Reflections on Lange's Contribution". *Kyklos* 25(3): 601-618.

――. 1982. "Samuelson and Contemporary Economics: An Introduction". In *Samuelson and Neoclassical Economics*, edited by George R. Feiwel, 1-28. Boston: Kluwer-Nijhoff Publishing.

Ferguson, James. 1994. *The Anti-Politics Machine: "Development," Depoliticization, and Bureaucratic Power in Lesotho*. Minneapolis: University of Minnesota Press.

Finetti, Ugo. 1978. *Il Dissenso Nel PCI*. Milano: SugarCo.

――. 1985. *La Partitocrazia Invisibile*. Milano: Mazzotta.

――. "Egemonia di sinistra, cultura del veleno?" *l'ircocervo* 3(2): 60-61. Available at: www.bietti.it/images/ircocervo/ircocervoarticoli-2-2004/pp60-61. pdf.

Fleron, Frederic J. Jr. 1969. "Introduction: Soviet Area Studies and the Social

Sciences: Some Methodological Problems in Communist Studies". In *Communist Studies and the Social Sciences: Essays on Methodological and Empirical Theory*, edited by Frederic J. Fleron, 1–33. Chicago: Rand McNally and Company.

Foucault, Michel. [1978–1979] 2008. *The Birth of Biopolitics: Lectures at the Collège de France, 1978-79*. New York: Palgrave Macmillan.

Fourcade, Marion. 2006. "The Construction of a Global Profession: The Transnationalization of Economics". *American Journal of Sociology* 112: 145–194.

———. 2009. *Economists and Societies: Discipline and Profession in the United States, Britain, and France, 1890s to 1990s*. Princeton, NJ: Princeton University Press.

Fourcade, Marion, and Kieran Healy. 2007. "Moral Views of Market Society". *Annual Review of Sociology* 33: 285–311.

Fourcade-Gourinchas, Marion, and Sarah Babb. 2002. "The Rebirth of the Liberal Creed: Paths to Neoliberalism in Four Countries". *American Journal of Sociology* 108: 533–579.

Franičević, Vojmir. 1983. *Radikalna politička ekonomija u SAD*. PhD dissertation, Economics Faculty, University of Zagreb.

———. 1989. "Poduzetništvo kao politčki projekt". *Naša Tema* 33(11): 2773–2782.

———. 1999. "Privatization in Croatia: Legacies and Context". *Eastern European Economics* 37: 5–54.

Fraser, Nancy. 2009. "Feminism, Capitalism, and the Cunning of History". *New Left Review* 56 (March–April): 97–117.

Friedman, Milton. 1949. "The Marshallian Demand Curve". *The Journal of Political Economy* 57:463–495.

———. 1962a. *Capitalism and Freedom*. Chicago: University of Chicago Press.

———. 1962b. *Price Theory: A Provisional Text*. Chicago: Aldine Publishing Company.

———. 1970. *The Counter-Revolution in Monetary Theory*. London: Institute of Economic Affairs.

Friedman, Milton, and Rose D. Friedman. 1998. *Two Lucky People: Memoirs*. Chicago: University of Chicago Press.

Friss, István. 1969. *Reform of the Economic Mechanism in Hungary: Nine Studies*. Budapest: Akadémiai Kiadó.

Furner, Mary O. 1975. *Advocacy and Objectivity: A Crisis in the Professionalization of American Social Science, 1865~1905*. Lexington: The University Press of Kentucky.

Furubotn, Eirik. 1976. "The Long-Run Analysis of the Labor-Managed Firm: An Alternative Interpretation". *The American Economic Review* 66: 104-123.

Gaidar, Yegor. 1999. *Days of Defeat and Victory*. Seattle: University of Washington Press.

Galli, Giorgio. 2000. *Passato prossimo: Persone e incontri, 1949~1999*. Milan: Kaos edizioni.

Gardner, Roy. 1990. "L. V. Kantorovich: The Price Implications of Optimal Planning". *Journal of Economic Literature* 28(2): 638-648.

Garton Ash, Timothy. 1990. *The Magic Lantern: The Revolution of '89 Witnessed in Warsaw, Budapest, Berlin, and Prague*. New York: Random House.

Gelegonya, Judit. 1996. "Péter György szerepe a magyar közgazdasági reformgondolkodáfejlődésében". In *Ünnepi dolgozatok Mátyás Antal tanszékvezetői kinevezésének 40. Evfordulójára*, edited by Géza Halász and István Mihalik, 119-133. Budapest: Aula Kiadó Kft.

Gemelli, Giuliana, and Thomas Row. 2003. "The Unexpected Effects of Institutional Fluidity: The Ford Foundation and the Shaping of the Johns Hopkins University Bologna Center". In *American Foundations in Europe: Grant-Giving Policies, Cultural Diplomacy and Trans-Atlantic Relations, 1920~1980*, edited by Guiliana Gemelli and Roy MacLeod, 181-197. Brussels: P. I. E. Peter Lang S.A.

George, Henry. 1879. *Progress and Poverty*. London: J. M. Dent and Sons.

Gerő, Ernő. 1948. "A haladó közgazdaságtudomány jelentősége a népi démokratikus Magyarországon". *Társadalmi Szemle* 3 (10-11): 652-657.

Gerovitch, Slava. 2002. *From Newspeak to Cyberspeak: A History of Soviet Cybernetics*. Cambridge, MA: The MIT Press.

Gide, Charles. 1904. *Principles of Political Economy*. Boston: D. C. Heath & Co.

Gill, Stephen. 1990. *American Hegemony and the Trilateral Commission*. Cambridge, UK: Cambridge University Press.

Gille, Zsuzsa. 2007. *From the Cult of Waste to the Trash Heap of History: The Politics of Waste in Socialist and Postsocialist Hungary*. Bloomington: Indiana University Press.

Giorello, Giulio. 2005. *Di nessuna chiesa: La liberta del laico*. Milan: Raffaelo Cortina Editore.

Gleason, Abbott. 1995. *Totalitarianism: The Inner History of the Cold War*. New York: Oxford University Press.

Gligorov, Vladimir. 1998. "Yugoslav Economics Facing Reform and Dissolution". In *Economic Thought in Communist and Post-Communist Europe*, edited by Hans-Jügen Wagener, 329–361. London: Routledge.

Goldman, Marshall, Jeffrey Sachs, Paul Samuelson, and Martin Weitzman. 2005. "Testimonials". *Comparative Economic Studies* 47: 492–502.

Goodwin, Craufurd D. 1998. "The Patrons of Economics in a Time of Transformation". In *From Interwar Pluralism to Postwar Neoclassicism,* edited by Mary S. Morgan and Malcom Rutherford, 53–81. Durham, NC: Duke University Press.

Gorbachev, Mikhail Sergeevich. 1996. *Memoirs*. New York: Doubleday.

Gregory, Paul R., and Marshall Goldman. 2005. "Introduction". *Comparative Eocnomic Studies* 47: 239.

Greskovits, Béla. 1998. *The Political Economy of Protest and Patience: East European and Latin American Transformations Compared*. Budapest: Central European University Press.

———. 2002. "The Path-Dependence of Transitology". In *Postcommunist*

Transformation and the Social Sciences: Cross-Disciplinary Approaches, edited by Frank Bönker, Klaus Müller, and Andreas Pickel, 219–246. Lanham, MD: Rowman & Littlefield Publishers.

Groppo, B., and G. Riccamboni, eds. 1987. *La Sinistra e il '56 in Italia e Francia*. Padova: Liviana Editrice.

Grosfeld, Irena. 1992. "Reform economics and western economic theory: Unexploited opportunities". In *Reform and Transformation in Eastern Europe: Soviet-Type Economics on the Threshold of Change*, edited by János Mátyás Kovács and Márton Tardos, 62–79. London and New York: Routledge.

Grossman, Gregory. 1963. Review of *Protiv burzhuaznykh ekonomicheskikh psevdoteorii sotsializma: Kriticheskii ocherk*, by S. A. Khavina. *The American Economic Review* 53(1): 211–213.

Grossman, Sanford J. 1977. "The Existence of Futures Markets, Noisy Rational Expectations and Informational Externalities". *The Review of Economic Studies* 44: 431–449.

Grzymala-Busse, Anna M. 2002. *Redeeming the Communist Past: The Regeneration of Communist Parties in East Central Europe*. Cambridge, UK: Cambridge University Press.

Haas, Peter M. 1992. "Introduction: Epistemic Communities and International Policy. Coordination". *International Organization* 46(1): 1–35.

Hahn, F. H. 1970. "Some Adjustment Problems". *Econometrica* 38: 1–17.

———. 1972. Review of *Economic Heresies: Some Old-Fashioned Questions in Economic Theory*, by Joan Robinson. *Economica* 39: 205–206.

Halabuk, L., Z. Kenessey, and E. Theiss. 1965. "An Econometric Model of Hungary". *Economics of Planning* 5(3): 30–43.

Hall, Stuart. 1988. "The Toad in the Garden: Thatcherism among the Theorists". In *Marxism and the Interpretation of Culture*, edited by Cary Nelson and Lawrence Grossberg, 35–57. Urbana: University of Illinois Press.

Halm, Georg. [1935] 1938. "Further Considerations on the Possibility of Adequate Calculation in a Socialist Community". In *Collectivist Economic Planning: Critical Studies on the Possibilities of Socialism*, edited by F. A. von Hayek, 131–200. London: George Routledge & Sons.

Haney, David Paul. 2008. *The Americanization of Social Science*. Philadelphia: Temple University Press.

Hannerz, Ulf. 1997. "Scenarios for Peripheral Cultures". In *Culture, Globalization and the World-System: Contemporary Conditions for the Representation of Identity*, edited by Anthony D. King, 107–128. Minneapolis: University of Minnesota Press.

Hansen, Alvin Harvey. 1953. *A Guide to Keynes*. New York: McGraw-Hill.

Hansen, Lars Peter, and Thomas J. Sargent. 1990. "Recursive Linear Models of Dynamic Economies," Working Paper no. 3479. New York: National Bureau of Economic Research.

———. [1994] 1996. "Recursive Linear Models of Dynamic Economies". In *Advances in Econometrics*, Sixth World Congress, vol. 1, edited by Christopher A. Sims, 97–139. Cambridge, UK: Cambridge University Press.

Hardt, John P. 2004. "Abram Bergson and the Development of Soviet Economic Studies". *Problems of Post-Communism* 51(4): 34–39.

Hardt, John P., and Richard F. Kaufman, eds. 1995. *East-Central European Economies in Transition*. Armonk, NY: M. E. Sharpe.

Hardt, Michael, and Antonio Negri. [2000] 2001. *Empire*. Cambridge, MA: Harvard University Press.

Hare, P. G., H. K. Radice, and N. Swain, eds. 1981. *Hungary: A Decade of Economic Reform*. London: George Allen and Unwin.

Hartley, James E. 1997. *The Representative Agent in Macroeconomics*. London: Routledge.

Hartwell, R. M. 1995. *A History of the Mont Pelerin Society*. Indianapolis: Liberty

518

Fund.

Harvey, David. 2005. *A Brief History of Neoliberalism*. Oxford, UK: Oxford University Press.

Hayek, Friedrich A. von. [1935] 1938a. "The Nature and History of the Problem". In *Collectivist Economic Planning: Critical Studies on the Possibilities of Socialism*, edited by F. A. von Hayek, 1–40. London: George Routledge & Sons.

———. [1935] 1938b. "The Present State of the Debate". In *Collectivist Economic Planning: Critical Studies on the Possibilities of Socialism*, edited by F. A. von Hayek, 201–243. London: George Routledge & Sons.

———. 1944. *The Road to Serfdom*. London: G. Routledge & Sons.

———. 1978. *New Studies in Philosophy, Politics, Economics and the History of Ideas*. Abingdon, UK: Taylor & Francis.

Hedlund, Stefan. 2005. *Russian Path Dependence*. London: Routledge.

Hegedűs, A. 1989. "Merely a Beauty-Spot". *Acta Oeconomics* 40: 225–227.

Hegedűs, B. András, and János M. Rainer, eds. 1989. *A Petőfi Kör Vitái: Hiteles Jegyző-könyvik alapján. I. Két Közgazdasái Vita*. Kelenföld, Hungary: ELTE.

Heimann, Eduard. 1932. *Sozialistische Wirtschafts- und Arbeitsordnung*. Potsdam: Alfred Protte.

———. 1934. "Planning and the Market System". *Social Research* 1(4): 486–504.

———. 1939. "Literature on the Theory of a Socialist Economy". *Social Research* 6(1): 88–113.

———. 1944. "Franz Oppenheimer's Economic Ideas". *Social Research* 11(1): 27–39.

Heller, Farkas. 1943. *A Közgazdasági Elmélet Története*. Budapest: Gergely R. Könyvkereskedése.

Heller, Walter W. 1975. "What's Right with Economics?" *The American Economic Review* 65: 1–26.

Hempel, Carl G. 1966. *Philosophy of Natural Science*. Englewood Cliffs, NJ:

Prentice–Hall.

Henisz, Witold J., Bennet A. Zelner, and Mauro F. Guillé. 2005. "The Worldwide Diffusion of Market–Oriented Infrastructure Reform, 1977~1999". *American Sociological Review* 70: 871–897.

Herman, Ellen. 1998. "Project Camelot and the Career of Cold War Psychology". In *Universities and Empire: Money and Politics in the Social Sciences during the Cold War*, edited by Christopher Simpson, 97–133. New York: New Press.

Herzel, Leo. 1998. "My 1951 Color Television Article". *Journal of Law and Economics* 41(2, part 2): 523–527.

Hillman, Arye L., 1994. "The Transition from Socialism: An Overview from a Political Economy Perspective". *European Journal of Political Economy* 10(1): 191–225.

Hillman, Arye L., and Branko Milanović. 1992. "Introduction". In *The Transition from Socialism in Eastern Europe: Domestic Restructuring and Foreign Trade*, edited by Arye L. Hillman and Branko Milanovic, 1–10. Washington, DC: The World Bank.

Hodgson, Geoffrey M. 1999. *Economics and Utopia: Why the Learning Economy Is Not the End of History*. London: Routledge.

Hoffman, George W., and Fred Warner Neal. 1962. *Yugoslavia and the New Communism*. New York: Twentieth Century Fund.

Hollander, Paul. 1981. *Political Pilgrims: Travels of Western Intellectuals to the Soviet Union, China, and Cuba, 1928~1978*. New York: Oxford University Press.

Horvat, Branko. 1961. *Ekonomska Teorija Planske Privrede*. Belgrade: Kultura.

———. 1964. *Towards a Theory of Planned Economy*. Belgrade: Yugoslav Institute of Economic Research.

———. 1967. "A Contribution to the Theory of the Yugoslav Firm". *Ekonomska analiza* 1(1–2): 7–28.

———. 1968. *Ekonomska nauka i narodna privreda: Ogledi i studije*. Zagreb:

Naprijed.

———. 1971. "Yugoslav Economic Policy in the Post-War Period: Problems, Ideas, Institutional Developments". *The American Economic Review* 61(3), Part 2: 71–169.

———. 1979. "Self-Management, Efficient and Neoclassical Economics". *Economic Analysis and Workers' Management (Ekonomska analiza)* 13(1–2): 167–174.

———. 1989. "What Is a Socialist Market Economy?" *Acta Oeconomica* 40: 233–235.

Horvath, Robert. 1963. "The Development and Present Status of Input-Output Methods in Hungary". *Economics of Planning* 3(3): 209–220.

Howard, Michael, and John King. 1995. "Value Theory and Russian Marxism before the Revolution". In *Socialism and Marginalism in Economics, 1870~1930*, edited by Ian Steedman, 224–257. London: Routledge.

Howey, Richard S. [1960] 1989. *The Rise of the Marginal Utility School, 1870~1889*. New York: Columbia University Press.

Hutt, W. H. 1940. "Economic Institutions and the New Socialism". *Economica* 7(28): 419–434.

Institut Ekonomskih Nauka, 1959–1969: Prvi decenij naucnog rada. 1969. Belgrade: Institut Ekonomskih Nauka.

Ives, Peter. 2006. "The Mammoth Task of Translating Gramsci". *Rethinking Marxism* 18: 15–22.

"Izveštaj Uprave Društva ekonomista Srbije—podnet na IX god. Skupštini u Nišu". 1953. *Ekonomist* 6(3): 59–70.

James, Émile. 1950. *Histoire Des Théories Économiques*. Paris: Flammarion.

Jasny, Naum. 1972. *Soviet Economists of the Twenties: Names to Be Remembered*. Cambridge, UK: Cambridge University Press.

Jasanoff, Sheila. 2004. "The Idiom of Co-production". In *States of Knowledge: The Co-Production of Science and Social Order*, edited by Sheila Jasanoff, 1–12. London: Routledge.

Johansen, Leif. 1976. "L. V. Kantorovich's Contribution to Economics". *The Scandinavian Journal of Economics* 78: 61–80.

Johnson, Harry G. 1971. "The Keynesian Revolution and the Monetarist Counter-Revolution". *The American Economic Review* 61: 1–14.

Johnson, Loch K. 1989. *America's Secret Power: The CIA in a Democratic Society.* New York: Oxford University Press.

Josephson, Paul R. 1997. *New Atlantis Revisited: Akademgorodok, the Siberian City of Science.* Princeton, NJ: Princeton University Press.

Jowitt, Kenneth. 1992. *New World Disorder: The Leninist Extinction.* Berkeley: University of California Press.

Judy, Richard W. 1971. "The Economists". In *Interest Groups in Soviet Politics*, edited by H. Gordon Skilling and Franklyn Griffiths, 209–251. Princeton, NJ: Princeton University Press.

Juhász, József. 2001. "A jugoszláv önizgagatási modell". *Múltunk* 46: 276–293.

Kaase, Max, Vera Sparschuh, and Agnieszka Wenniger, eds. 2002. *Three Social Science Disciplines in Central and Eastern Europe. Handbook on Economics, Political Science and Sociology(1989~2001).* Berlin and Budapest: Social Science Information Centre (IZ)/Collegium Budapest.

Káldor, Gyula. 1949. "Az állami ellenőrzés kérdései a népi demokráciában". *Társadalmi Szemle* 4: 470–474.

Kalogjera, Dražen. 1990. "Pluralizam vlasništva". In *Socijalizam u reformi: iskustvo i problemi jugoslavenske privredne reforme*, edited by Zvonimir Baletićand Dragomir Vojnić, 42–50. Zagreb: Informator.

Kantorovich, L. V. 1960. "Mathematical Methods of Organizing and Planning Production". *Management Science* 6: 366–422.

Karli, L. 1955. "Neka pitanja obrazovanja ekonomista". *Ekonomski Pregled* 6: 508–517.

Kaser, Michael. 1990. "The Technology of Decontrol: Some Macroeconomic

Issues". *The Economic Journal* 100: 596−615.

Kaser, M. C., and E. A. G. Robinson, eds. 1992. *Early Steps in Comparing East–West Economies: The Bursa Conference of 1958.* New York: St. Martin's Press.

Katsenelinboigen, Aron. 1978~1979. "L. V. Kantorovich: The Political Dilemma in Scientific Creativity". *Journal of Post Keynesian Economics* 1(3): 129−147.

──. 1980. *Soviet Economic Thought and Political Power in the USSR.* New York: Pergamon Policy Studies.

Katz, Barry M. 1989. *Foreign Intelligence: Research and Analysis in the Office of Strategic Services 1942–1945.* Cambridge, MA: Harvard University Press.

Kelly, John L. 1997. *Bringing the Market Back In: The Political Revitalization of Market Liberalism.* New York: New York University Press.

Kemenes, Egon. 1981. "Hungary: Economists in a Socialist Planning System". *History of Political Economy* 13(3): 580−599.

Keren, Michael. 1993. "On the (Im)Possibility of Market Socialism". *Eastern Economic Journal* 19: 333−344.

Kestenbaum, David. "India's China Envy," NPR, May 20, 2010. Retrieved on June 2, 2010, from www.npr.org/templates/story/story.php?storyId=127014493.

Kestner, John W. 1999. "Through the Looking Glass: American Perceptions of the Soviet Economy, 1941−1964". PhD dissertation, Department of History, University of Wisconsin, Madison.

Keynes, John Maynard. [1925] 1963. "A Short View of Russia". In *Essays in Persuasion*, 297−311. New York: W. W. Norton & Co.

──. 1936. *The General Theory of Employment, Interest and Money.* London: Macmillan and Company.

Khalatbari, Firauzeh. 1977. "Market Imperfections and the Optimum Rate of Depletion of Natural Resources". *Economica* 44: 409−414.

Kidrič, Boris. [1950] 1979. "Teze o ekonomici prijelaznog perioda u nasoj zemlji". In *Socijalizem i ekonomija*, edited by Viljem Merhar, 79−100. Zagreb: Globus.

Kipnis, Andrew B. 2008. "Audit Cultures: Neoliberal Governmentality, Socialist Legacy, or Technologies of Governing?" *American Ethnologist* 35: 275–289.

Klatch, Rebecca E. 1998. *A Generation Divided: The New Right, the New Left, and the 1960s.* Berkeley: University of California Press.

Klaus, Václav. [1989] 1990. "The Imperatives of Long-Term Prognosis and the Dominant Characteristics of the Present Economy". *Eastern European Economics* 28: 39–52.

Klein, Lawrence Robert. 1947. *The Keynesian Revolution.* New York: Macmillan Co.

Klein, Lawrence R., and Marshall I. Pomer, eds. 2001. *The New Russia: Transition Gone Awry.* Stanford, CA: Stanford University Press.

Klein, Naomi. 2007. *The Shock Doctrine: The Rise of Disaster Capitalism.* New York: Metropolitan Books.

Knight, Peter T. 1975. *Peru: ¿Hacia la Autogestion?* Buenos Aires: Editorial proyección.

Knorr, Klaus. 1967. "Social Science Research Abroad: Problems and Remedies". *World Politics* 19: 465–485.

Kogut, Bruce, and J. Muir Macpherson. 2008. "The Decision to Privatize: Economists and the Construction of Ideas and Policies". In *The Global Diffusion of Markets and Democracy,* edited by Beth A. Simmons, Frank Dobbin, and Geoffrey Garrett, 104–140. Cambridge, UK: Cambridge University Press.

Konrád, György, and Iván Szelényi. 1979. *The Intellectuals on the Road to Class Power.* New York: Harcourt Brace Jovanovich.

Koopmans, Tjalling C. 1951. "Introduction". In *Activity Analysis of Production and Allocation,* edited by Tjalling C. Koopmans, 1–12. New York: John Wiley and Sons.

Kornai, János. [1957] 1959. *Overcentralization in Economic Administration.* London: Oxford University Press.

————. [1957] 1986. "A gazdasági vezetés túlzott központosítása". In *A Magyar Közgazdasági Gondolat Fejlődése, 1954~1978*, edited by Lázló Szamuely, 127–153. Budapest: Közgazdasági és Jogi Könyvkiadó.

————. [1971] 1991. *Anti-Equilibrium: On Economic Systems Theory and the Tasks of Research*. Fairfield, NJ: A. M. Kelley, Publishers.

————. 1990a. "The Affinity between Ownership and Coordination Mechanisms: The Common Experience of Reform in Socialist Countries". *Journal of Economic Perspectives* 4(3): 131–147.

————. 1990b. "Comments and Discussion". In "Creating a Market Economy in Eastern Europe: The Case of Poland". *Brookings Papers on Economic Activity* 1990, by David Lipton and Jeffrey Sachs, 138–142.

————. 1992. *The Socialist System: The Political Economy of Communism*. Princeton, NJ: Princeton University Press.

————. 1994. "Péter György, a reformközgazdász". In *Péter György, 1903–1969: egy reformközgazdász emlékére*, edited by János Árvay and András B. Hegedűs, 75–89. Budapest: T-Twins Kiadó.

————. 2006. *By Force of Thought: Irregular Memoirs of an Intellectual Journey*. Cambridge, MA: MIT Press.

Kovács, Győző. 2008. "The Short History of M-3, the First Hungarian Electronic Digital Tube Computer". *IT Star Newsletter* 6(3): 4–6. Retrieved on November 5, 2009, from www.scholze-simmel.at/starbus/download/nl_3_08.pdf.

Kovács, János Mátyás. 1990. "Reform Economics: The Classification Gap". *Daedalus* 119(1): 215–248.

————. 1994. "Introduction". In *Transition to Capitalism? The Communist Legacy in Eastern Europe*, edited by János Mátyás Kovács, xi–xxiii. New Brunswick, NJ: Transaction Publishers.

Köves, Pál. 1994. "Theiss Ede". In *Magyar Közgazdászok a Két Világháború Között*, edited by Antal Mátyás, 176–197. Budapest: Akadémiai Kiadó.

Kowalik, Tadeusz. 1965. "Biography of Oskar Lange". In *On Political Economy and Econometrics: Essays in Honour of Oskar Lange*, 1–13. Oxford, UK: Pergamon Press.

———. 1990. "Lange–Lerner Mechanism". In *Problems of the Planned Economy*, edited by John Eatwell, Murray Milgate, and Peter Newman, 147–150. London: Macmillan.

"A Közgazdaságtudomány Fellendítésének Szolgálatában". 1954. *Közgazdasági Szemle* 1: 1–5.

Krippner, Greta R., and Anthony S. Alvarez. 2007. "Embeddedness and the Intellectual Projects of Economic Sociology". *Annual Review of Sociology* 33: 219–240.

Krugman, Paul. 2007. "Who Was Milton Friedman?" *The New York Review of Books* 54(2).

Kuhn, Thomas S. 1962. *The Structure of Scientific Revolutions*. Chicago: University of Chicago Press.

Kumar, Krishan. 1992. "The Revolutions of 1989: Socialism, Capitalism, and Democracy". *Theory and Society* 21: 309–356.

Kurz, Heinz D. 1995. "Marginalism, Classicism and Socialism in German–Speaking Countries, 1871–1932". In *Socialism and Marginalism in Economics, 1870~1930*, edited by Ian Steedman, 7–86. London: Routledge.

Kydland, Finn, and Edward C. Prescott. 1982. "Time to Build and Aggregate Fluctuations". *Econometrica* 50: 1345~1370.

Laki, Mihály. 1989. "What Is the Solution?" *Acta Oeconomica* 40: 248–251.

———. 1996. Book Review of *Starting over in Eastern Europe* by S. Johnson and G. Loveman. *Acta Oeconomica* 48: 228–232.

Lampe, John R. 1996. *Yugoslavia as History: Twice There Was a Country*. Cambridge, UK: Cambridge University Press.

Lampe, John R., Russell O. Prickett, and Ljubiša S. Adamović. 1990. *Yugoslav-American Economic Relations since World War II*. Durham, NC: Duke University

Press.

Lampert, Nicholas. 1985. *Whistleblowing in the Soviet Union: Complaints and Abuses under State Socialism*. London: MacMillan Press.

Lampland, Martha. 1995. *The Object of Labor: Commodification in Socialist Hungary*. Chicago: University of Chicago Press.

Landauer, Carl. 1931. *Planwirtschaft und Verkehrswirtschaft*. Munich and Leipzig: Verlag von Duncker & Humblot.

――. 1944. "From Marx to Menger: The Recent Development of Soviet Economics". *The American Economic Review* 34(2): 340–344.

――. 1959. *European Socialism: A History of Ideas and Movement, from the Industrial Revolution to Hitler's Seizure of Power*, vol. II. Berkeley and Los Angeles: University of California Press.

Lang, Rikard. 1955. *Medunarodna suradnja i ekonomski razvoj*. Zagreb: Kultura.

Lange, Oskar. 1934. "The Determinateness of the Utility Function". *The Review of Economic Studies* 1(3): 218–225.

――. 1935. "Marxian Economics and Modern Economic Theory". *The Review of Economic Studies* 2(3): 189–201.

――. 1936. "On the Economic Theory of Socialism: Part One". *The Review of Economic Studies* 4(1): 53–71.

――. 1937. "On the Economic Theory of Socialism: Part Two". *The Review of Economic Studies* 4(2): 123–142.

――. 1942. "The Foundations of Welfare Economics". *Econometrica* 10(3/4): 215–228.

――. 1945. "Marxian Economics in the Soviet Union". *The American Economic Review* 35(1): 127–133.

――. [1967] 1972. "The Computer and the Market". In *Socialist Economics*, edited by Alec Nove and D. M. Nuti, 401–405. London: Penguin Books.

Latour, Bruno. 1988. *The Pasteurization of France*. Cambridge, MA: Harvard

University Press.

———. 1999. *Pandora's Hope: Essays on the Reality of Science Studies*. Cambridge, MA: Harvard University Press.

Lau, Lawrence J., Yingyi Qian, and Gérard Roland. 2000. "Reform without Losers: An Interpretation of China's Dual-Track Approach to Transition". *The Journal of Political Economy* 108: 120–143.

Lavigne, Marie. 1989. "A Note on Market Socialism". *Acta Oeconomica* 40: 251–253.

———. 1997. "The Political Economy of Socialism: What Is Left?" *Europe-Asia Studies* 49(3): 479–486.

Lavoie, Don. 1985. *Rivalry and Central Planning: The Socialist Calculation Debate Reconsidered*. Cambridge, UK: Cambridge University Press.

Lazarsfeld, Paul F., and Wagner Thielens Jr. 1958. *The Academic Mind: Social Scientists in a Time of Crisis*. Glencoe, IL: The Free Press.

Leff, Nathaniel H. 1979. "Entrepreneurship and Economic Development: The Problem Revisited". *Journal of Economic Literature* 17: 46–64.

Le Grand, Julian, and Saul Estrin, eds. 1989. *Market Socialism*. Oxford, UK: Clarendon Press.

Leontief, Wassily. 1938. "The Significance of Marxian Economics for Present-Day Economic Theory". *The American Economic Review* 28(1): 1–9.

———. 1971. "Theoretical Assumptions and Nonobservable Facts". *The American Economic Review* 61(1): 1–7.

Lerner, A. P. 1933. "The Diagrammatical Representation of Elasticity of Demand". *The Review of Economic Studies* 1(1): 39–44.

———. 1934a. "The Diagrammatical Representation of Demand Conditions in International Trade". *Economica* 1(3): 319–334.

———. 1934b. "Economic Theory and Socialist Economy". *The Review of Economic Studies* 2(1): 51–61.

————. 1944. *The Economics of Control: Principles of Welfare Economics*. New York: The Macmillan Company.

Lewin, Moshe. 1974. *Political Undercurrents in Soviet Economic Debates: From Bukharin to the Modern Reformers*. Princeton, NJ: Princeton University Press.

Lewis, Paul. 2001. "Dragoslav Avramovic, 81, Economist with the World Bank," *The New York Times*, April 23, 2001. Retrieved on January 13, 2011, from www.nytimes.com/2001/04/23/world/dragoslav-avramovic-81-economist-with-the-world-bank.html.

Lipsitz, George. 1988. Review of *The New York Intellectuals: The Rise and the Decline of the Anti-Stalinist Left from the 1950s to the 1980s* by Alan Wald. *The Oral History Review* 16(2): 161–163.

Lipton, David, and Jeffrey Sachs. 1990a. "Creating a Market Economy in Eastern Europe: The Case of Poland". *Brookings Papers on Economic Activity* 1990(1): 75–147.

————. 1990b. "Privatization in Eastern Europe: The Case of Poland". *Brookings Papers on Economic Activity* 1990(2): 293–341.

Litván, György, ed. 1996. *The Hungarian Revolution of 1956: Reform, Revolt, and Repression, 1953~1963*. London: Longman.

Ljungqvist, Lars, and Thomas J. Sargent. 2004. *Recursive Macroeconomic Theory*. Cambridge, MA: MIT Press.

Logue, John, Sergey Plekhanov, and John Simmons, eds. 1995. *Transforming Russian Enterprises: From State Control to Employee Ownership*. Westport, CT: Greenwood Press.

"The London School of Economics 1895–1945". 1946. *Economica* 13: 1–31.

Lotringer, Sylvère. 2004. "Foreword: We, the Multitude". In *A Grammar of the Multitude: For an Analysis of Contemporary Forms of Left*, by Paolo Virno, 7–19. Cambridge, MA: The MIT Press.

Lucas, Robert E. Jr. 1972. "Econometric Testing of the Natural Rate of

Hypothesis". In *The Econometrics of Price Determination*, edited by Otto Eckstein, 50–59. Washington, DC: Board of Governors of the Federal Reserve System.

Lucas, Robert E. Jr., and Edward C. Prescott. 1971. "Investment under Uncertainty". *Econometrica* 39: 659–681.

Lupo, Salvatore. 2004. *Partito e Antipartito: Una storia politica della prima Repubblica(1946~78)*. Rome: Donzelli Editore.

Lydall, Harold. 1989. *Yugoslavia in Crisis*. Oxford, UK: Clarendon Press.

MacKenzie, Donald. 2006. *An Engine, Not a Camera: How Financial Models Shape Markets*. Cambridge, MA: MIT Press.

Mackenzie, Donald, and Yuval Millo. 2003. "Negotiating a Market, Performing Theory: The Historical Sociology of a Financial Derivatives Exchange". *American Journal of Sociology* 109: 107–145.

MacKenzie, Donald, Fabian Muniesa, and Lucia Siu, eds. 2007. *Do Economists Make Markets? On the Performativity of Economics*. Princeton, NJ: Princeton University Press.

Magyar Szocialista. 1964. *A Magyar Szocialista Munkáspárt határozatai és dokumentumai, 1956~62*. Budapest: Kossuth Köyvkiadó

Magyar Szocialista. 1994. *A Magyar Szocialista Munkáspárt Határozatai és Dokumentumai, 1985~1989*. Edited by Henrik Vass. Budapest: Interart Stúdió.

Major, Iván. 1993. *Privatization in Eastern Europe: A Critical Approach*. Aldershot, UK: E. Elgar.

Maksimović, Ivan. 1958. *Teorija Socijalizma u Građanskoj Ekonomskoj Nauci*. Belgrade: Nolit.

———. 1965. "Professor Oskar Lange on Economic Theory of Socialism and Yugoslav Economic Thinking". In *On Political Economy and Econometrics: Essays in Honour of Oskar Lange*, 347–362. Oxford, UK: Pergamon Press.

Mankiw, N. Gregory. 2008. *Principles of Macroeconomics*, 5th ed. Mason, OH: Cengage South–Western.

Mankiw, N. Gregory, and Mark P. Taylor. 2006. *Economics*. London: Thomson Learning.

Marangos, John. 2004. *Alternative Economic Models of Transition*. Farnham, UK: Ashgate Publishing.

―――. 2007. "Was Shock Therapy Consistent with the Washington Consensus?" *Comparative Economic Studies* 49: 32‒58.

Margold, Stella. 1967. "Yugoslavia's New Economic Reforms". *American Journal of Economics and Sociology* 26(1): 65‒77.

Máriás, A., S. Kovács, K. Balaton, E. Tari, and M. Dobak. 1981. "Organization of Large Industrial Enterprises in Hungary: A Comparative Analysis". *Acta Oeconomica* 27: 327‒342.

Markoff, John, and Verónica Montecinos. 1993. "The Ubiquitous Rise of Economists". *Journal of Public Policy* 13: 37‒68.

Marković, Dragan, and Savo Kržavac. 1978. *Liberalizam: Od Đilasa Do Danas*. Belgrade: Sloboda.

Márkus, Péter. 1996. "Tulajdon és hatalom (Közgazdaságtan es ideológia a renszerváltás időszakában)". In *Ünnepi dolgozatok Mátyás Antal tanszékvezetői kinevezésének 40. Evfordulójaára*, edited by Geza Halász and István Mihalik, 171‒179. Budapest: Aula Kiadó Kft.

Marschak, Thomas. 1959. "Centralization and Decentralization in Economic Organizations". *Econometrica* 27(3): 399‒430.

―――. 1968. "Centralized versus Decentralized Resource Allocation: The Yugoslav 'Laboratory' ". *Quarterly Journal of Economics* 82(4): 561‒587.

―――. 1973. "Decentralizing the Command Economy: The Study of a Pragmatic Strategy for Reformers". In *Plan and Market: Economic Reform in Eastern Europe*, edited by Morris Bornstein, 23‒63. New Haven, CT: Yale University Press.

Marx, Karl. [1867] 1990. *Capital: A Critique of Political Economy*, Volume 1. London: Penguin Classics.

——. [1885] 1992. *Capital: A Critique of Political Economy*, Volume 2. London: Penguin Classics.

——. [1894] 1991. *Capital: A Critique of Political Economy*, Volume 3. London: Penguin Classics.

Mason, John W. 1980. "Political Economy and the Response to Socialism in Britain, 1870–1914". *The Historical Journal* 23(3): 565–587.

Mason, Edward S., and Robert E. Asher. 1973. *The World Bank since Bretton Woods*. Washington, DC: The Brookings Institution.

Mátyás, Antal. 1960. *A Polgári Közgazdaságtan Főbb Irányzatai a Marxizmus Létrejötte Után*. n.p.: Közgazdaségi és Jogi Könyvkiadó.

Mayshar, Joram. 1977. "Should Government Subsidize Risky Private Projects?" *The American Economic Review* 67: 20–28.

McDonald, Jason. 1993. "Transition to Utopia: a Reinterpretation of Economics, Ideas, and Politics in Hungary, 1984 to 1990". *East European Politics and Societies* 7: 203–239.

McKenzie, Richard B. 1980. "The Neoclassicalists vs. the Austrians: A Partial Reconciliation of Competing Worldviews". *Southern Economic Journal* 47(1): 1–13.

Meade, J. E. 1972. "The Theory of Labour–Managed Firms and of Profit Sharing". *The Economic Journal* 82: 402–428.

——. 1974. "Labour–Managed Firms in Conditions of Imperfect Competition". *The Economic Journal* 84: 817–824.

——. 1989. *Agathotopia: The Economics of Partnership*. Aberdeen, UK: The Aberdeen University Press.

——. 1993. *Liberty, Equality, and Efficiency: Apologia Pro Agathotopia Mea*. New York: New York University Press.

Meier, Viktor. 1999. *Yugoslavia: A History of Its Demise*. London: Routledge.

Mencinger, Jože. 1992. "On the Privatization Dilemmas—The Experiences of Slovenia". Paper presented at the Second European Association for Comparative

Economic Studies Conference, September 24−26.

———. 2002. "Economics—Slovenia". In *Three Social Science Disciplines in Central and Eastern Europe: Handbook on Economics, Political Science and Sociology*, edited by Max Kaase, Vera Sparschuh, and Agnieszka Wenninger, 187−194. Berlin and Budapest: Social Science Information Centre and Collegium Budapest.

———. 2004. "Transition to a National and a Market Economy: A Gradualist Approach". In *Slovenia: From Yugoslavia to the European Union*, edited by Mojmir Mrak, Matija Rojec, and Carlos Silva-Jáuregui, 67−82. Washington, DC: The International Bank for Reconstruction and Development/The World Bank.

Merritt, Richard L. 1972. "Effects of International Student Exchange". In *Communications in International Politics*, edited by Richard L. Merritt, 65−94. Urbana: University of Illinois Press.

Meyer, Alfred. 1993. "Politics and Methodology in Soviet Studies". In *Post-Communist Studies and Political Science*, edited by Frederic J. Fleron Jr. and Erik P. Hoffman, 163−175. Boulder, CO: Westview Press.

Michelini, Luca. 2001. "Marginalismo e socialismo nell'Italia liberale, 1870−1925." In *Marginalismo e Socialismo nell'Italia Liberale, 1870–1925*, edited by Marco E. L. Guidi and Luca Michelini, xli−cxxxi. Milan: Fondazione Giangiacomo Feltrinelli.

Mieli, Renato. 1984. "Il ritardo culturale della sinistra italiana". In *Riformismo e socialdemocrazia ieri e oggi*, 145−150. Naples: Edizioni scientifiche italiane.

———. [1964] 1988. *Togliatti 1937*. Milan: Biblioteca Universale Rizzoli.

———. 1996. *Deserto Rosso: Un decennio da comunista*. Bologna: il Mulino.

Milanovic, Branko. 1989. *Liberalization and Entrepreneurship: Dynamics of Reform in Socialism and Capitalism*. Armonk, NY: M. E. Sharpe.

———. 1992. "Privatization Options and Procedures". In *The Transition from Socialism in Eastern Europe: Domestic Restructuring and Foreign Trade*, edited by Arye L. Hillman and Branko Milanovic, 145−150. Washington, DC: The World

Bank.

Milenkovitch, Deborah D. 1971. *Plan and Market in Yugoslav Economic Thought.* New Haven, CT: Yale University Press.

———. 1977. "The Case of Yugoslavia". *The American Economic Review* 67(1): 55–60.

———. 1984. "Is Market Socialism Efficient?" In *Comparative Economic Systems: An Assessment of Knowledge, Theory and Method*, edited by Andrew S. Zimbalist, 65–107. Boston: Kluwer-Nijhoff.

Mill, John Stuart. [1848] 1917. *Principles of Political Economy: With Some of Their Applications to Social Philosophy.* London: Longmans, Green, and Co.

Millar, James. 1980. "Where Are the Young Specialists on the Soviet Economy and What Are They Doing?" *Journal of Comparative Economics* 4: 317–329.

———. 1996. "From Utopian Socialism to Utopian Capitalism: The Failure of Revolution and Reform in Post-Soviet Russia". The George Washington University 175th Anniversary Papers. Washington, DC: The George Washington University.

———. 2005. "Bergson's Structure of Soviet Wages". *Comparative Economic Studies* 47: 289–295.

Mirowski, Philip. 1989. *More Heat Than Light: Economics as Social Physics, Physics as Nature's Economics.* Cambridge, UK: Cambridge University Press.

———. 2002. *Machine Dreams: Economics Becomes a Cyborg Science.* Cambridge, UK: Cambridge University Press.

———. 2004. Review of *From Newspeak to Cyberspeak: A History of Soviet Cybernetics* by Slava Gerovitch. *Journal of Economic Literature* 42(1): 214–215.

———. 2009. "Postface: Defining Neoliberalism". In *The Road from Mont Pèlerin: The Making of the Neoliberal Thought Collective*, edited by Philip Mirowski and Dieter Plehwe, 417–456. Cambridge, MA: Harvard University Press.

Mirowski, Philip, and D. Wade Hands. 1998. "A Paradox of Budgets: The Postwar Stabilization of American Neoclassical Demand Theory". In *From Interwar*

Pluralism to Postwar Neoclassicism. Annual Supplement to Volume 30, *History of Political Economy*, edited by Mary S. Morgan and Malcolm Rutherford, 260–292. Durham, NC: Duke University Press.

Mirowski, Philip, and Dieter Plehwe, eds. 2009. *The Road from Mont Pèlerin: The Making of the Neoliberal Thought Collective*. Cambridge, MA: Harvard University Press.

Mirrlees, J. A. 1971. "An Exploration in the Theory of Optimum Income Taxation". *The Review of Economic Studies* 38: 175–208.

Mises, Ludwig von. [1920] 1938. "Economic Calculation in the Socialist Commonwealth". In *Collectivist Economic Planning: Critical Studies on the Possibilities of Socialism*, edited by F. A. von Hayek, 87–130. London: George Routledge & Sons.

———. 1922. *Die Gemeimwirtschaft: Untersuchungen über den Sozialismus*. Jena, Germany: Verlag von Gustav Fishcher.

———. 1923. "Neue Beiträge zum Problem der sozialistischen Wirtschaftsrechnung". *Archiv für Sozialwissenschaft und Sozialpolitik* 51(2): 488–500.

———. [1932] 1936. *Socialism: An Economic and Sociological Analysis*. Translated by J. Kahane. London: Jonathan Cape.

Mitchell, Allan. 1965. *Revolution in Bavaria, 1918~1919: The Eisner Regime and the Soviet Republic*. Princeton, NJ: Princeton University Press.

Mitchell, Timothy. 1990. "Everyday Metaphors of Power". *Theory and Society* 19(5): 545–577.

———. 1999. "Dreamland: The Neoliberalism of Your Desires". *Middle East Report* 210: 28–33.

———. 2002. *Rule of Experts: Egypt, Techno-Politics, Modernity*. Berkeley: University of California Press.

Moncada, Alberto, and Judith Blau. 2006. "Human Rights and the Roles of Social Scientists". *Societies without Borders* 1: 113–122.

Montenegrin Academy of Sciences and Arts. [n.d.]. "Dr. Branislav Šoškić" Retrieved on November 5, 2009, from www.canu.org.me/cms/dr_branislav_%C5%A0o%C5%A1ki%C4%87/

Monti-Bragadin, Stefano. 1971. Review of *Scritti politici* by Andrea Caffi. *Controcorrente: Verifica delle ipotesi di trasformazione delle societa* 3(4): 61-62.

Montias. 1959. "Economic Reform and Retreat in Jugoslavia". *Foreign Affairs* 37(2): 293-305.

Moore, John. 2003. "Remembering Warren Nutter". In *Looking Forward to the Past: The Influence of Communism after 1989*, edited by Richard Pipes, et al., 19-31. London: The Chameleon Press.

Morgenstern, Oskar. 1972. "Thirteen Critical Points in Contemporary Economic Theory: An Interpretation". *Journal of Economic Literature* 10: 1163-1189.

Morlino, Leonardo. 1991. "Political Science in Italy: Tradition and Empiricism". *European Journal of Political Research* 20: 341-358.

Mornati, Fiorenzo. 2001. "Pareto e il socialismo sino alla vigilia della pubblicazione dei *Systèmes socialistes*: una ricognizione dei testi". In *Marginalismo e Socialismo nell'Italia Liberale, 1870–1925*, edited by Marco E. L. Guidi and Luca Michelini, 1-34. Milan: Fondazione Giangiacomo Feltrinelli.

Morris, Bernard S. 1953. "The Cominform: A Five-Year Perspective". *World Politics* 5: 368-376.

Motyl, Alexander. 1993. "The Dilemmas of Sovietology and the Labyrinth of Theory". In *Post-Communist Studies and Political Science*, edited by Frederic J. Fleron Jr. and Erik P. Hoffman, 77-104. Boulder, CO: Westview Press.

Mudge, Stephanie. 2008. "What Is Neo-Liberalism?" *Socio-Economic Review* 6: 703-731.

Mujżel, Jan. 1988. "Democracy or Technocracy? Discussion: The Second Stage of the Reform". *Eastern European Economics* 26: 72-87.

Munck, Ronaldo. 2003. "Neoliberalism, Necessitarianism and Alternatives in

Latin America: There Is No Alternative(TINA)?" *Third World Quarterly* 24: 495–511.

Murphy, Kevin M., Andrei Shleifer, and Robert W. Vishny. 1989. "Industrialization and the Big Push". *The Journal of Political Economy* 97: 1003–1026.

Murrell, Peter. 1983. "Did the Theory of Market Socialism Answer the Challenge of Ludwig von Mises? A Reinterpretation of the Socialist Controversy". *History of Political Economy* 15(1): 92–105.

———. 1995. "The Transition According to Cambridge, Mass". *Journal of Economic Literature* 33: 164–178.

Mussa, Michael. 1977. "External and Internal Adjustment Costs and the Theory of Aggregate and Firm Investment". *Economica* 44: 163–178.

Nagy, Imre. 1954. "A magyar tudomány elött álló feladatok". *Társadalmi Szemle* 9(6): 17–29.

Nagy, Tamás. [1964] 1986. "Az értéktörvény és az árak centruma a szocializmusban". In *A Magyar Közgazdasági Gondolat Fejlődése, 1954~1978*, edited by László Szamuely, 303–311. Budapest: Közgazdasági és Jogi Könyvkiadó.

———. 1989. "What makes a market economy socialist?" *Acta Oeconomica* 40: 259–264.

Naughton, Barry. 1995. *Growing Out of the Plan: Chinese Economic Reform, 1978~1993*. Cambridge, UK: Cambridge University Press.

Nee, Victor, and David Stark, eds. 1989. *Remaking the Economic Institutions of Socialism: China and Eastern Europe*. Stanford, CA: Stanford University Press.

Nelson, Lynn D., and Irina Y. Kuzes. 1994. *Property to the People: The Struggle for Radical Economic Reform in Russia*. Armonk, NY: M. E. Sharpe.

Nelson, Robert H. 1997. "In memoriam: On the death of the 'market mechanism'". *Ecological Economics* 20: 187–197.

Neuberger, Egon. 1989. "Comparing Economic Systems". In *Comparative Economic Systems: Models and Cases*, 6th ed. edited by Morris Bernstein. Homewood, IL:

Irwin.

Neuberger, Egon, and William J. Duffy. 1976. *Comparative Economic Systems: A Decision-Making Approach*. Boston: Allyn and Bacon.

Niehans, Jurg. [1990] 1994. *A History of Economic Theory: Classic Contributions, 1720~1980*. Baltimore: The Johns Hopkins University Press.

Nonini, Donald M. 2008. "Is China Becoming Neoliberal?" *Critique of Anthropology* 28: 145–176.

Nove, Alec. 1987. "Trotsky, Markets, and East European Reforms". *Comparative Economic Studies* 29(3): 30–40.

———. 1989. "The Role of Central Planning under Capitalism and Market Socialism". In *Alternatives to Capitalism*, edited by Jon Elster, and Karl Ove Moene, 98–109. Cambridge, UK: Cambridge University Press.

Nuti, D. Mario. 1988. "Perestroika: Transition from Central Planning to Market Socialism". *Economic Policy* 3(7): 353–389.

———. 1992. "Market Socialism: The Model That Might Have Been but Never Was". In *Market Socialism or the Restoration of Capitalism?* edited by Anders Åslund, 17–31. Cambridge, UK: Cambridge University Press.

———. 1996. "Efficiency, equality and enterprise democracy". In *Democracy and Efficiency in the Economic Enterprise*, edited by Ugo Pagano and Robert Rowthorn, 184–206. London: Routledge.

Obradović, Josip, and William N. Dunn. 1978. *Worker's Self-Management and Organizational Power in Yugoslavia*. Pittsburgh: University of Pittsburgh.

O'Connell, Charles Thomas. 1990. "Social Structure and Science: Soviet Studies at Harvard". PhD dissertation, Department of Sociology, University of California, Los Angeles.

O'Donnell, Guillermo A. 1973. *Modernization and Bureaucratic Authoritarianism. Studies in South American Politics*. Berkeley: Institute of International Studies, University of California.

538

O'Neil, Patrick H. 1998. *Revolution from Within: The Hungarian Socialist Workers' Party and the Collapse of Communism*. Cheltenham, UK: Edward Elgar.

Ong, Aihwa. 2006. *Neoliberalism as Exception: Mutations in Citizenship and Sovereignty*. Durham, NC: Duke University Press.

Orenstein, Mitchell A. 2001. *Out of the Red: Building Capitalism and Democracy in Postcommunist Europe*. Ann Arbor: The University of Michigan Press.

———. 2008. *Privatizing Pensions: The Transnational Campaign for Social Security Reform*. Princeton, NJ: Princeton University Press.

Oushakine, Serguei Alex. 2001. "The Terrifying Mimicry of Samizdat". *Public Culture* 13(2): 191–214.

Paczyńska, Agnieszka. 2009. *State, Labor, and the Transition to a Market Economy: Egypt, Poland, Mexico, and the Czech Republic*. University Park: Pennsylvania State University Press.

Pareto, Vilfredo. 1896. *Cours d'Economie Politique*, vol. 1. Lausanne: F. Rouge, Editeur.

———. 1897a. *Cours d'Economie Politique*, vol. 2. Lausanne: F. Rouge, Libraire-Editeur.

———. 1897b. "The New Theories of Economics". *The Journal of Political Economy* 5(4): 485–502.

———. [1927] 1971. *The Manual of Political Economy*. New York: A. M. Kelley.

Pease, Edward R. 1916. *The History of the Fabian Society*. London: A. C. Fifield.

Pels, Peter. 1999. "Professions of Duplexity: A Prehistory of Ethical Codes in Anthropology". *Current Anthropology* 40(2): 101–136.

Péter, György. [1954] 1986. "A gazdaságosság jelentősétéről és szerepéről a népgazdaság tervszerűirányításában". In *A Magyar Közgazdasági Gondolat Fejlődése, 1954~1978*, edited by László Szamuely, 74–91. Budapest: Közgazdasági és Jogi Könyvkiadó.

Péteri, György. 1991. "Academic Elite into Scientific Cadres: A Statistical

Contribution to the History of the Hungarian Academy of Sciences, 1945~49". *Soviet Studies* 43: 281–299.

———. 1993. "The Politics of Statistical Information and Economic Research in Communist Hungary, 1949~56". *Contemporary European History* 2(2): 149–167.

———. 1996. "Controlling the Field of Academic Economics in Hungary, 1953~1976". *Minerva* 34: 367–380.

Pető, Iván. 2002. "A Rendszerváltás Naplója". *Buksz* 14(2): 114–125.

Petrin, Tea. 1991. "Is Entrepreneurship Possible in Public Enterprises". In *Entrepreneurship Development in Public Enterprises*, edited by Joseph Prokopenko and Igor Pavlin, 7–31. Ljubljana, Slovenia: International Center for Public Enterprises in Developing Countries.

Petrin, Tea and Alex Vahcic. 1988. "Entrepreneurial Management and Small-Scale Sector in Socialist Countries—the Case of Yugoslavia". *Development & South-South Cooperation* 3(6): 115–124.

Petrović, Pavle. 1988. "Price Distortion and Income Dispersion in a Labor-Managed Economy: Evidence from Yugoslavia". *Journal of Comparative Economics* 12(4): 592–603.

Phelps Brown, E. H. 1972. "The Underdevelopment of Economics". *The Economic Journal* 82: 1–10.

Pierson, Christopher. 1995. *Socialism after Communism: The New Market Socialism*. University Park: Pennsylvania State University Press.

Pierson, N. G. [1902] 1938. "The Problem of Value in the Socialist Community". In *Collectivist Economic Planning: Critical Studies on the Possibilities of Socialism*, edited by F. A. von Hayek, 41–85. London: George Routledge & Sons.

Pieterse, Jan Nederveen. 2001. *Development Theory*. Thousand Oaks, CA: Sage Publications.

Pistolese, Gennaro. 1996. "La Confindustria con il suo ieri". *Apulia* 2. Available at www.bpp.it/Content/Content.asp?idModulo=455#.

Plehwe, Dieter. 2009. "Introduction". In *The Road from Mont Pélerin: The Making of the Neoliberal Thought Collective*, edited by Philip Mirowski and Dieter Plehwe, 1–44. Cambridge, MA: Harvard University Press.

Plehwe, Dieter, Bernhard Walpen, and Gisela Neunhöffer. 2005. "Reconsidering Neoliberal Hegemony". In *Neoliberal Hegemony: A Global Critique*, edited by Dieter Plehwe, Bernhard Walpen, and Gisela Neunhöffer, 1–24. New York: Routledge.

Porket, J. L. 1993. "Review: Socialism on the Retreat, but Not Dead". *The Slavonic and East European Review* 71: 133–136.

Polanyi, Karl. 1922. "Sozialistische Rechnungslegung". *Archiv für Sozialwissenschaft und Sozialpolitik* 49(2): 377–420.

――――. [1944] 1957. *The Great Transformation: The Political and Economic Origins of Our Time*. Boston: Beacon Press.

Politikai Gazdaságtan: Tankönyv. [1954] 1956. Budapest: Szikra.

Pollock, Ethan. 2006. *Stalin and the Soviet Science Wars*. Princeton, NJ: Princeton University Press.

Popper, Karl R. [1945] 1950. *The Open Society and its Enemies*. Princeton, NJ: Princeton University Press.

――――. 1959. *The Logic of Scientific Discovery*. New York: Basic Books.

Popov, Zoran. 1989. "Koliko su realistična očekivanja bliske reforme privrednog sistema". In *Ekonomisti O Krizi: Razgovor Ekonomista s Mandatorom Za SIV, Dipl. Ing. Antom Markovićem*, edited by Tomislav Popović, 139–143. Belgrade: Konzorcijum ekonomskih instituta Jugoslavije.

Portes, Richard D. 1972. "The Strategy and Tactics of Economic Decentralization". *Soviet Studies* 23: 629–658.

Prasad, Monica. 2006. *The Politics of Free Markets: The Rise of Neoliberal Economic Policies in Britain, France, Germany, and the United States*. Chicago: University of Chicago Press.

Prašnikar, Janez. 1980. "The Yugoslav Self-Managed Firm and Its Behaviour".

Economic Analysis and Workers' Management 14(1): 1–32.

Prašnikar, Janez, Jan Svejnar, Dubravko Mihaljek, and Vesna Prašnikar. 1994. "Behavior of Participatory Firms in Yugoslavia: Lessons for Transforming Economies". *The Review of Economics and Statistics* 76(4): 728–741.

Prout, Christopher. 1985. *Market Socialism in Yugoslavia*. Oxford, UK: Oxford University Press.

Prychitko, David L. 2002. *Markets, Planning, and Democracy: Essays after the Collapse of Communism*. Cheltenham, UK: E. Elgar.

Račić, Gjuro. 1955. "II. Međunarodni Kongres Kolektivne Ekonomije". *Ekonomski Pregled* 6(10): 903–906.

Radičević, Rikard. 1957. *Osnove ekonomike poduzeća*. Zagreb: Tehnička knjiga.

Rainer, János. 1996. *Nagy Imre: Politikai Életrajz. Első Kötet: 1896~1953*. Budapest: 1956-os Intézet.

Raman, Parvathi, and Harry G. West. 2009. "Poetries of the Past in a Socialist World Remade". In *Enduring Socialism: Explorations of Revolution and Transformation, Restoration and Continuation*, edited by Harry G. West and Parvathi Raman, 1–28. New York: Berghahn Books.

Ramet, Pedro. 1985. "Factionalism in Church–State Interaction: The Croatian Catholic Church in the 1980s". *Slavic Review* 44(2): 298–315.

Ramet, Sabrina P. 2006. *The Three Yugoslavias: State-Building and Legitimation, 1918~2005*. Washington, DC: Woodrow Wilson Center Press.

Randall, Francis B. 1955. "Four Holes in the Iron Curtain". *Amherst Alumni News* 7(3): 2–5.

Raymond, Edward A. 1972. "Education of Foreign Nationals in the Soviet Union". In *Communications in International Politics*, edited by Richard L. Merritt, 120–145. Urbana: University of Illinois Press.

"Razgovor Redakcije 'Pitanja' s Brankom Horvatom". 1972. *Pitanja*, 1747~1763.

Reddaway, Peter. 2001. "Market Bolshevism Harmed Russia". Available at www.

worldbank.org/html/prddr/trans/JulAugSep01/pgs16–19.htm.

Reddaway, Peter, and Dmitri Glinski. 2001. *The Tragedy of Russia's Reforms: Market Bolshevism against Democracy*. Washington, DC: U.S. Institute of Peace Press.

Rees, E. A. 1987. *State Control in Soviet Russia: The Rise and Fall of the Workers' and Peasants' Inspectorate, 1920~34*. London: MacMillan Press.

Reshetar, John S. Jr. 1955. *Problems of Analyzing and Predicting Soviet Behavior*. Garden City, NY: Doubleday and Company.

Révész, Gábor. 1979. "Enterprise and Plant Size Structure of the Hungarian Industry". *Acta Oeconomica* 22: 47–68.

———. [1988] 1989. "How the Economic Reforms Were Distorted". *Eastern European Economics* 27: 61–84.

Rezler, Julius. 1983. Review of *Hungary: A Decade of Economic Reform* by P. G. Hare, H. K. Radice, and N. Swain. *Slavic Review* 42: 143–144.

Richmond, Yale. 1987. *U.S.–Soviet Cultural Exchanges, 1958~1986: Who Wins?* Boulder, CO: Westview Press.

———. 2003. *Cultural Exchange and the Cold War: Raising the Iron Curtain*. University Park: Pennsylvania State University Press.

Ripa di Meana, Carlo. 2000. *Cane Sciolto*. Milan: Kaos.

Ripp, Zoltán. 2002. "Unity and Division: The Opposition Roundtable and its Relationship to the Communist Party". In *The Roundtable Talks of 1989: The Genesis of Hungarian Democracy, Analysis and Documents*, edited by András Bozóki, 3–39. Budapest: Central European University Press.

Robbins, Lionel. [1932] 1945. *An Essay on the Nature and Significance of Economic Science*. London: MacMillan.

Robin, Ron. 2001. *The Making of the Cold War Enemy: Culture and Politics in the Military–Intellectual Complex*. Princeton, NJ: Princeton University Press.

Roland, Gérard. 2000. *Transition and Economics: Politics, Markets, and Firms*. Cambridge, MA: The MIT Press.

Roman, Eric. 1996. *Hungary and the Victor Powers, 1945~1950*. New York: St. Martin's Press.

Róna-Tas, Ákos. 1997. *The Great Surprise of the Small Transformation: The Demise of Communism and the Rise of the Private Sector in Hungary*. Ann Arbor: University of Michigan Press.

Rose, Nikolas S. 1996. *Inventing Our Selves: Psychology, Power, and Personhood*. Cambridge, UK: Cambridge University Press.

——. 1999. *Powers of Freedom: Reframing Political Thought*. Cambridge, UK: Cambridge University Press.

Rosefielde, Steven. 1973. "Some Observations on the Concept of 'Socialism' in Contemporary Economic Theory". *Soviet Studies* 25: 229–243.

——. 1992. "Beyond Catastroika: Prospects for Market Transition in the Commonwealth of Independent States". *Atlantic Economic Journal* 20: 2–9.

Ross, Kristin. 2002. *May '68 and Its Afterlives*. Chicago: University of Chicago Press.

Rothschild, Michael, and Joseph Stiglitz. 1976. "Equilibrium in Competitive Insurance Markets: An Essay on the Economics of Imperfect Information". *The Quarterly Journal of Economics* 90: 629–649.

Rubinstein, Alvin Z. 1970. *Yugoslavia and the Nonaligned World*. Princeton, NJ: Princeton University Press.

Rudas, László. 1948. "Az új magyar Közgazdaságtudományi Egyetem feladatai". *Társadalmi Szemle* 3(10–11): 658–660.

Rusinow, Dennison I. 1977. *The Yugoslav Experiment, 1948~1974*. London: C. Hurst for the Royal Institute of International Affairs.

Sachs, Jeffrey. 1989. "Conditionality, Debt Relief, and the Developing Country Debt Crisis". In *Developing Country Debt and Economic Performance*, edited by Jeffrey Sachs, 255–298. Chicago: University of Chicago Press.

——. 1993. *Poland's Jump to the Market Economy*. Cambridge, MA: The MIT

Press.

Sader, Emir. 2008. "The Weakest Link? Neoliberalism in Latin America". *New Left Review* 52 (July–August): 5–31.

Samuelson, Paul A. 1947. *Foundations of Economic Analysis*. Cambridge, MA: Harvard University Press.

———. [1948] 1951. *Economics: An Introductory Analysis*. New York: McGraw–Hill Book Company.

———. [1948] 1955. *Economics: An Introductory Analysis*. New York: McGraw–Hill Book Company.

———. [1949] 1966. "Market Mechanisms and Maximization". In *The Collected Scientific Papers of Paul A. Samuelson*, vol. 1, edited by Joseph E. Stiglitz, 425–492. Cambridge, MA: The MIT Press.

———. [1955] 1966. "Linear Programming and Economic Theory". In *The Collected Scientific Papers of Paul A. Samuelson*, vol. 1, edited by Joseph E. Stiglitz, 493–504. Cambridge, MA: The MIT Press.

———. 1972. "Liberalism at Bay". *Social Forces* 39: 16–31.

———. 1973. *Economics*. 9th ed. New York: McGraw–Hill.

———. 1983. "My Life Philosophy". *The American Economist* 27(2): 5–12.

———. 1997. "Credo of a Lucky Textbook Author". *The Journal of Economic Perspectives* 11(2): 153–160.

Sandmo, Agnar. 1971. "On the Theory of the Competitive Firm under Price Uncertainty". *The American Economic Review* 61: 65–73.

Santoro, Stefano. 2003. "The Cultural Penetration of Fascist Italy Abroad and in Eastern Europe". *Journal of Modern Italian Studies* 8(1): 36–66.

Sassoon, Donald. 1996. *One Hundred Years of Socialism: The West European Left in the Twentieth Century*. New York: The New Press.

Saunders, Frances Stonor. 2000. *The Cultural Cold War: The CIA and the World of Arts and Letters*. New York: New Press.

Scano, Luigi and Giampaolo Zucchini. 1969. "Avvertenza". *Controcorrente* 1(2): 5-6.

Schliwa, Rainer. 1997. "Enterprise Privatization and Employee Buy-Outs in Poland: An Analysis of the Process". Available at www.ilo.org/wcmsp5/groups/public/—ed_emp/—emp_ent/documents/publication/wcms_126666.pdf.

Schrecker, Ellen. 1986. *No Ivory Tower: McCarthyism and the Universities*. New York: Oxford University Press.

Schrenk, Martin. 1987. "The Bank's Analytical Approach to Socialist Countries and Economic Reform". Report no. CPD5, Departmental Working Paper. Washington, DC: World Bank.

Schrenk, Martin, Cyrus Ardalan, and Nawal A. El Tatawy, eds. 1979. *Yugoslavia: Self-Management Socialism and the Challenges of Development*. Baltimore: The Johns Hopkins University Press.

Schumpeter, Joseph [1954] 1966. *History of Economic Analysis*. New York: Oxford University Press.

Scott-Smith, Giles. 2002. *The Politics of Apolitical Culture: The Congress for Cultural Freedom, the CIA and Post-War American Hegemony*. London: Routledge.

Seleny, Anna. 1993. "The Long Transformation: Hungarian Socialism, 1949~1989". PhD dissertation, Department of Political Science, Massachusetts Institute of Technology.

Sen, Amartya. 1970. *Collective Choice and Social Welfare*. San Francisco: Holden-Day.

Sernau, Scott. 2011. *Social Inequalities in a Global Age*. Thousand Oaks, CA: Pine Forge Press.

Shapin, Steven. 1994. *A Social History of Truth: Civility and Science in Seventeenth-Century England*. Chicago: University of Chicago Press.

Shleifer, Andrei, Edward L. Glaeser, Florencio Lopez De Silanes, Rafael La Porta, and Simeon Djankov. 2003. "The New Comparative Economics". *SSRN eLibrary*. Retrieved on April 14, 2009, from: http://papers.ssrn.com/sol3/papers.cfm?abstract_id=390760.

Shleifer, Andrei, and Robert W. Vishny. 1994. "The Politics of Market Socialism". *The Journal of Economic Perspectives* 5(2): 165–176.

Sidgwick, Henry. 1887. *The Principles of Political Economy*. New York: MacMillan and Co.

――――. 1895. "The Economic Lessons of Socialism". *The Economic Journal* 5(19): 336–346.

Šik, Ota. 1991. *Socialism Today? The Changing Meaning of Socialism*. New York: St. Martin's Press.

Simons, Henry Calvert. 1934. *A Positive Program for Laissez Faire; Some Proposals for a Liberal Economic Policy*. Chicago: University of Chicago Press.

Simpson, Christopher, ed. 1998. *Universities and Empire: Money and Politics in the Social Sciences during the Cold War*. New York: New Press.

Sirc, Ljubo. 1979. *The Yugoslav Economy under Self-Management*. New York: St. Martin's Press.

Sirotković, Jakov. 1959. "Input-output analiza i privredno planiranje". *Ekonomist* 1–2: 104–117.

Sivachev, Nikolai V., and Nikolai N. Yakovlev. 1979. *Russia and the United States*. Chicago: University of Chicago Press.

Sklair, Leslie. 2001. *The Transnational Capitalist Class*. Oxford, UK: Blackwell.

Skousen, Mark. 2005. *Vienna & Chicago, Friends or Foes? A Tale of Two Schools of Free-Market Economics*. Washington, DC: Capital Press/Regnery.

"Skupština Economskog Fakulteta u Zagrebu". 1955. *Ekonomski Pregled* 6: 1009–1029.

Smith, H. 1955. "The Economics of Socialism Reconsidered". *The Economic Journal* 65(259): 411–421.

Smith, James A. 1993. *The Idea Brokers: Think Tanks and the Rise of the New Policy*

Elite. New York: The Free Press.

Smolinski, Leon. 1971. "The Origins of Soviet Mathematical Economics". *Jahrbuch der Wirtschaft Osteuropas* 2: 137–154.

Solberg, Winton U., and Robert W. Tomilson. 1997. "Academic McCarthyism and Keynesian Economics: The Bowen Controversy at the University of Illinois". *History of Political Economy* 29(1): 55–81.

Soltan, Karol E. 1984. Review of *The Political Economy of Socialism: A Marxist Social Theory* by Branko Horvat. *Ethics* 94: 333–335.

———. 2000. "1989 as Rebirth". In *Between Past and Future: The Revolutions of 1989 and Their Aftermath*, edited by Sorin Antohi and Vladimir Tismaneanu, 25–38. New York: Central European University Press.

Soós, Károly Attila. [1989] 1990. "Privatization, Dogma-Free Self-Management, and Ownership Reform". *Eastern European Economics* 28: 53–70.

Šoškić, Branislav. 1952. "Emile James: Istorija ekonomskih teorija". *Ekonomist* 5(1): 89–94.

———. 1959. "Opšti pogled na stanje naše ekonomske nauke". *Naša Stvarnost* 12: 607–620.

Spence, A. Michael. 1973. "Time and Communication in Economic and Social Interaction". *The Quarterly Journal of Economics* 87: 651–660.

Spiegel, Henry William. 1991. *The Growth of Economic Thought*. Durham, NC: Duke University Press.

Spriano, Paolo. 1967. Storia del Partito Comunista Italiano. Torino, Italy: G. Einaudi.

Staffa, Dario. 1975. "Spunti per un'analisi del rapporto tra regime totalitario e letteratura". In *Totalitarismo nelle societa moderne*, Special issue of *L'Est*, edited by Dario Staffa, 7: 7–28.

Stark, David 1989. "Coexisting Organizational Forms in Hungary's Emerging Mixed Economy". In *Remaking the Economic Institutions of Socialism: China and*

Eastern Europe, edited by Victor Nee and David Stark, 137–168. Stanford, CA: Stanford University Press.

——. 1992. "From System Identity to Organizational Diversity: Analyzing Social Change in Eastern Europe". *Contemporary Sociology* 21: 299–304.

Stark, David and László Bruszt. 1998. *Postsocialist Pathways: Transforming Politics and Property in East Central Europe*. Cambridge, UK: Cambridge University Press.

Stark, David, and Victor Nee. 1989. "Toward an Institutional Analysis of State Socialism". In *Remaking the Economic Institutions of Socialism: China and Eastern Europe*, edited by Victor Nee and David Stark, 1–31. Stanford, CA: Stanford University Press.

Steedman, Ian, ed. 1995. *Socialism and Marginalism in Economics, 1870~1930*. London: Routledge.

Steele, David Ramsay. 1992. *From Marx to Mises: Post-Capitalist Society and the Challenge of Economic Calculation*. La Salle, IL: Open Court.

Stephanson, Anders. 1984. "Feasible Socialism: A Conversation with Alec Nove". *Social Text* 11(Winter, 1984~1985): 96–109.

Stigler, George. 1965. "The Economist and the State". *The American Economic Review* 55(1–2): 1–18.

Stiglitz, Joseph E. 1994. *Whither Socialism?* Cambridge, MA: The MIT Press.

——. 1999. "Whither Reform? Ten Years of the Transition." Keynote address at the annual bank conference on development economics, World Bank, Washington, DC.

——. [2002] 2003. *Globalization and Its Discontents*. New York: W. W. Norton.

Stojanović, Radmila. 1956. "Prikaz Kongresa u Rimu". *Ekonomist* 4: 594–604.

Strada, Vittorio. 1988. "Lo Stalinismo come fenomeno europeo". In *Lo stalinismo nella sinistra italiana*. Supplement of *Argomenti socialisti* 4(April): 21–36.

Summers, Lawrence, Jonathan Gruber, and Rodrigo Vergara. 1993. "Taxation and the Structure of Labor Markets: The Case of Corporatism". *The Quarterly Journal of Economics* 108(2): 385–411.

Sumner, Gregory D. 1996. *Dwight Macdonald and the politics Circle.* Ithaca, NY: Cornell University Press.

Sutela, Pekka. 1991. *Economic Thought and Economic Reform in the Soviet Union.* Cambridge, UK: Cambridge University Press.

———. 1992. "Rationalizing the Centrally Managed Economy: The Market". In *Market Socialism or the Restoration of Capitalism?* edited by Anders Åslund, 67–91. Cambridge, UK: Cambridge University Press.

Šuvaković, Đorđe. 1977. *Samoupravno i kapitalisticko preduzeć.* Belgrade: Savremena administracija.

Swain, Nigel. 1992. *Hungary: The Rise and Fall of Feasible Socialism.* London and New York: Verso.

Swain, Geoffrey, and Nigel Swain. 1993. *Eastern Europe since 1945.* London: The Macmillan Press.

Sweezy, P. M. 1935. "Economics and the Crisis of Capitalism". *Economic Forum* 3.

Szabó, Béla. 1989. Preface to *Szent barmunk a politika alaprendje* by Tibor Liska. Budapest: BetűvetőKisszövetkezet.

Szabó, Kálmán. 1954. "A Közgazdaságtudomány fellendítéséért". *Közgazdasági Szemle* 9(4): 55–74.

Szalai, Erzsébet. 2005. *Socialism: An Analysis of Its Past and Future.* Budapest: Central European University Press.

Szamuely, László. 1982. "The First Wave of the Mechanism Debate (1954~1957)". *Acta Oeconomica* 29(1–2): 1–24.

———. 1984. "The Second Wave of the Mechanism Debate in Hungary and the 1968 Reform in Hungary". *Acta Oeconomica* 33(1–2): 43–67.

———, ed. 1986. *A Magyar Közgazdasági Gondolat Fejlődése, 1954-1978.* Budapest: Közgazdasági és Jogi Könyvkiadó.

Szamuely, László, and LászlóCsaba. 1998. "Economics and Systemic Changes in Hungary, 1945~96". In *Economic Thought in Communist and Post-Communist Europe*, edited by Hans-Jürgen Wagener, 158-212. London and New York: Routledge.

Szentes, Tamás. 1996. "Mátyás, Antal". In *Ünnepi dolgozatok Mátyás Antal tanszékvezetői kinevezésének 40. Evfordulójára*, edited by Geza Halász and István Mihalik, 7-13. Budapest: Aula KiadóKft.

Tajnikar, Maks. 1977. "The Coexistence of Market and Plan in the Development of Yugoslav Economic Thought". *Eastern European Economics* 16(1): 74-101.

Tardos, Máton. 1982. "Development Program for Economic Control and Organization in Hungary". *Acta Oeconomica* 28(3-4).

Tarshis, Lorie. 1947. *The Elements of Economics, an Introduction to the Theory of Price and Employment*. Boston: Houghton Mifflin Co.

Taussig, Frank William. 1911. *Principles of Economics*. New York: MacMillan and Co.

Taylor, Fred M. 1929. "The Guidance of Production in a Socialist State". *The American Economic Review* 19(1): 1-8.

Teodori, Massimo, ed. 1998. *L'anticomunismo democratico in Italia: Liberali e socialisti che non tacquero su Stalin e Togliatti*. Florence: Liberal Libri.

Tinbergen, Jan. [1956] 1967. *Economic Policy: Principles and Design*. Amsterdam: North-Holland Publishing Company.

———. 1961. "Do Communist and Free Economies Show a Converging Pattern?" *Soviet Studies* 12: 333-341.

Tökés, Rudolph. 1996. *Hungary's Negotiated Revolution: Economic Reform, Social Change, and Political Succession, 1957-1990*. Cambridge, UK: Cambridge University Press.

Toma, Péter A., and Iván Völgyes. 1977. *Politics in Hungary*. San Francisco: W. H. Freeman and Company.

Tomaš, Rajko. 1989. "Preduzetništvo i privredna reforma". *Naše Teme* 33(11):

2879–2884.

Tomlinson, John. 1999. *Globalization and Culture*. Chicago: University of Chicago Press.

Tranfaglia, Nicola. 2005. *Ma esiste il quarto potere in Italia? Stampa e potere politico nella storia dell'Italia unita*. Milan: Baldini Castoldi Dalai editore.

Treanor, Paul. [n.d.] "Neoliberalism: Origins, Theory, Definition". Retrieved on May 4, 2009, from http://web.inter.nl.net/users/Paul.Treanor/neoliberalism.html.

Tsing, Anna. 2001. "Inside the Economy of Appearances". In *Globalization*, edited by Arjun Appadurai, 155–188. Durham, NC: Duke University Press.

Turner, Victor. 1967. *The Forest of Symbols: Aspects of Ndembu Ritual*. Ithaca, NY: Cornell University Press.

———. [1969] 1995. *The Ritual Process: Structure and Anti-Structure*. Chicago: Aldine Publishing Co.

Tyson, Laura D'Andrea. 1980. *The Yugoslav Economic System and its Performance in the 1970s*. Berkeley: University of California Press.

Uebel, Thomas Ernst. 2004. "Introduction: Neurath's Economics in Critical Context". In *Economic Writings, Sections 1904~1945*, by Otto Neurath, 1–108. Dordrecht: Kluwer Academic Publishers.

UNESCO. 1960. "Candidate for Election to the Executive Board, Curriculum Vitae, Professor Radivoj Uvalic (Yugoslavia)". Retrieved on July 2, 2009, from http://unesdoc.unesco.org/images/0016/001631/163145eb.pdf.

University of Belgrade, Faculty of Law.[n.d]. "In Memoriam, Ivan Maksimović". Retrieved on January 23, 2006, from www.ius.bg.ac.yu/informacije/in_memoriam%20Ivan%20Maksimovic.htm.

University of Zagreb, Faculty of Law.[n.d.]. "Rikard Lang (1913~1994)". Retrieved on November 5, 2009, from www.pravo.hr/PE/onkp/rikard_lang.

Urbinati, Nadia. 1994. Preface to *Liberal Socialism* by Carlo Rosselli. Princeton, NJ: Princeton University Press.

——. 2000. Preface to *On Liberal Revolution* by Piero Gobetti. New Haven, CT: Yale University Press.

Urbinati, Nadia, and Monique Canto-Sperber, eds. [2003] 2004. *Liberal-socialisti: Il futuro di una tradizione.* Venice: Marsilio Editori.

Uvalić, Milica. 1989. "Shareholding Schemes in the Yugoslav Economy". In *Financial Reform in Socialist Economies,* edited by Christine Kessides, Timothy King, Mario Nuti, and Catherine Sokil, 106–125. Washington, DC: The World Bank.

——. 1992. *Investment and Property Rights in Yugoslavia: The Long Transition to a Market Economy.* Cambridge, UK: Cambridge University Press.

Uvalić, Milica, and Vojmir Franičević. 2000. "Introduction: Branko Horvat— Beyond the Mainstream". In *Equality, Participation, Transition: Essays in Honour of Branko Horvat,* edited by Milica Uvalićand Vojmir Franičević, xx–xxxi. New York: St. Martin's Press.

Uvalić, Radivoj. 1952. "Stanje i razvoj ekonomske misli i prakse i njihov medjsobni odnos u našoj zemlji". *Ekonomist* 9–30.

——. 1954. "The Teaching of Economics in Yugoslavia". In *The University Teaching of Social Sciences: Economics,* edited by C. W. Guillebaud et al., 262–282. Amsterdam: UNESCO.

Vahčič, Aleš, and Tea Petrin. 1989. "Financial System for Restructuing the Yugoslav Economy." In *Financial Reform in Socialist Economies,* edited by Christine Kessides, Timothy King, Mario Nuti, and Catherine Sokil, 154–161. Washington, DC: The World Bank.

Valdés, Juan Gabriel. 1995. *Pinochet's Economists: The Chicago School in Chile.* Cambridge, UK: Cambridge University Press.

van der Zweerde, Evert. 2003. "Soviet Philosophy Revisited—Why Joseph Bocheński Was Right while Being Wrong". *Studies in East European Thought* 55(4): 315–342.

Vanek, Jaroslav. 1969. "Decentralization under Workers' Management: A Theoretical Appraisal". *The American Economic Review* 59 (1969): 1006–1014.

———. 1970. *The General Theory of Labor-Managed Market Economies*. Ithaca, NY: Cornell University Press.

Varga, György. 1978. "Enterprise Size Pattern in the Hungarian Industry". *Acta Oeconomica* 20: 229–246.

Vas, Zoltán. 1990. *Betiltott Könyvem, Életem III*. Budapest: Szabad Tér Kiadó.

Verdery, Katherine. 1999. "Fuzzy Property: Rights, Power, and Identity in Transylvania's Decollectivization". In *Uncertain Transition: Ethnographies of Change in the Postsocialist World*, edited by Michael Burawoy and Katherine Verdery, 53–81. Lanham, MD: Rowman & Littlefield.

"Vilfredo Pareto, 1848~1923," The History of Economic Thought website. Retrieved May 12, 2009, from: http://homepage.newschool.edu/het//profiles/pareto.htm.

Virno, Paolo. 2004. *A Grammar of the Multitude: For an Analysis of Contemporary Forms of Left*. Cambridge, MA: MIT Press.

Vojnić, Dragomir. 1989. *Ekonomska kriza i reforma socijalizma*. Zagreb: Globus.

Voszka, Éva. 1991. "Ownership Reforms or Privatization?" *Eastern European Economics* 30: 57–91.

———. 1992. "Chances and Dilemmas of Privatization in Hungary". *Annals of Public and Cooperative Economics* 63 (2): 317–323.

Wachtel, Howard M. 1973. *Workers' Management and Workers' Wages in Yugoslavia: The Theory and Practice of Participatory Socialism*. Ithaca, NY: Cornell University Press.

Wagener, Hans–Jürgen, ed. 1998. *Economic Thought in Communist and Post-Communist Europe*. London: Routledge.

Wald, Alan M. 1987. *The New York Intellectuals: The Rise and Decline of the Anti-Stalinist Left from the 1930s to the 1980s*. Chapel Hill: University of North Carolina

Press.

Walras, Léon. [1874] 1984. *Elements of Pure Economics or the Theory of Social Wealth*. William Jaffé, trans. Philadelphia: Orion Editions.

———. [1896] 1969. *Études d'économie sociale*. Rome: Bizzarri.

Ward, Benjamin Needham. 1956a. "From Marx to Barone: Socialism and the Postwar Yugoslav Industrial Firm". PhD dissertation, University of California, Berkeley.

———. 1956b. "What Is Welfare Economics?" *Ethics* 66(3): 209–213.

———. 1958. "The Firm in Illyria". *The American Economic Review* 48(4): 566–589.

———. 1972. *What's Wrong with Economics?* New York: Basic Books.

"Wassily Leontief—Autobiography". Nobelprize.org. Retrieved on August 18, 2010, from http://nobelprize.org/nobel_prizes/economics/laureates/1973/leontief.html.

Wedel, Janine. 2001. *Collision and Collusion*. New York: St. Martin's Press.

Weintraub, E. Roy. 1985. *General Equilibrium Analysis: Studies in Appraisal*. Cambridge, UK: Cambridge University Press.

Wieser, Friedrich von. [1893] 1989. *Natural Value*. Fairfield, NJ: Augustus M. Kelley, Publishers.

Willetts, Peter. 1978. *The Non-Aligned Movement: The Origins of a Third World Alliance*. London: Frances Pinter.

Williamson, John 1990. "What Washington Means by Policy Reform". Available at www.iie.com/publications/papers/paper.cfm?ResearchID=486.

Winks, Robin. 1987. *Cloak & Gown: Scholars in the Secret War, 1939~1961*. New York: Morrow.

Wolfe, Alan. 1988. Review of *The New York Intellectuals: The Rise and Decline of the Anti-Stalinist Left from the 1930s to the 1980s* by Alan M. Wald. *American Journal of Sociology* 93(4): 974–975.

Woodward, Susan Lampland. 1977. "From Revolution to Post-Revolution: How Much Do We Really Know about Yugoslav Politics?" *World Politics* 30(1): 141–166.

———. 1987. "Symposium on Trotsky's Revolution Betrayed: Fifty Years After". *Comparative Economic Studies* 29(3): 1–3.

———. 1995. *Balkan Tragedy: Chaos and Dissolution after the Cold War*. Washington, DC: Brookings Institution.

Worswick, G. D. N. 1972. "Is Progress in Economic Science Possible?" *The Economic Journal* 82: 73–86.

Wright, Steve. 2002. *Storming Heaven: Class Composition and Struggle in Italian Autonomist Marxism*. London: Pluto Press.

Yergin, Daniel, and Joseph Stanislaw. 1998. *The Commanding Heights: The Battle between Government and the Marketplace That Is Remaking the Modern World*. New York: Simon and Schuster.

Yonay, Yuval P. 1998. *The Struggle over the Soul of Economics: Institutionalist and Neoclassical Economists in America between the Wars*. Princeton, NJ: Princeton University Press.

Young, Cristobal. 2005. "The Politics, Mathematics and Morality of Economics: A Review Essay on Robert Nelson's *Economics as Religion*". *Socio-Economic Review* 3: 161–172.

Yugoslavia: Economic Co-operation with Developing Countries. 1983. Ljubljana: RCCDC.

Yurchak, Alexei. 2006. *Everything Was Forever, Until It Was No More*. Princeton, NJ: Princeton University Press.

Zaccaria, Guelfo. 1964. *200 Comunisti italiani tra le vittime dello stalinismo. Appello del Comitato per la veritàsui misfatti dello stalinismo*. Milan: Edizioni Azione Comune.

Zhelitski, Bela. 1997. "Postwar Hungary, 1944~1946". In *The Establishment of*

Communist Regimes in Eastern Europe, 1944-1949, edited by Norman Naimark and Leonid Gibianskii, 73-92. Boulder, CO: Westview Press.

Zimmerman, Andrew. 2005. "A German Alabama in Africa: The Tuskeegee Expedition to German Togo and the Transnational Origins of West African Cotton Growers". *American Historical Review* 110(5): 1362-1398.

———. 2010. *Alabama in Africa: Booker T. Washington, the German Empire, and the Globalization of the New South*. Princeton, NJ: Princeton University Press.

Žižek, Slavoj. 1999. "Attempts to Escape the Logic of Capitalism". *London Review of Books* 21(21): [1-13]. Available at www.bard.edu/hrp/resource_pdfs/Žižek. havel.pdf.

———. 2001. *Did Somebody Say Totalitarianism? Five Interventions in the (Mis)use of a Notion*. London and New York: Verso.

Zubek, Voytek. 1994. "The Reassertion of the Left in Post-Communist Poland". *Europe-Asia Studies* 46: 801-837.

Zucchini, Giampaolo. 1970. Review of *Filosofia delle scienze sociali* by R. S. Rudner. *Controcorrente* 2(1-2): 134-136.

Zukin, Sharon. 1975. *Beyond Marx and Tito: Theory and Practice in Yugoslav Socialism*. London: Cambridge University Press.

Županov, Josip. 1969. *Samoupravljanje i društvena moć.*. Zagreb: Naše teme, Zagreb.

———. 1990. "Samoupravni socijalizam: Konac jedne utopije". In *Socijalizam u reformi: iskustvo i problemi jugoslavenske privredne reforme*, edited by Zvonimir Baletić and Dragomir Vojnić, 22-36. Zagreb: Informator.

20세기 말에 벌어진 공산주의 체제의 몰락과 시장 근본주의의 부활
은 이제 200년 남짓한 산업 문명의 역사에 있어서 벌어진 극적인 대사
건이었다. 하지만 이 두 사건이 어떻게 해서 벌어진 것이었는지 그리고
그것이 인류의 미래에 갖는 함의가 무엇인지는 아직도 제대로 해명되
었다고 말하기 어렵다. 그런데 이러한 작업을 어렵게 만드는 요소의 하
나는 단순화된 이념적 이분법이다. 오늘날 습관적으로 통용되고 있는
정치경제학의 상식인 '국가 대 시장'이라는 이분법이 그것을 대표한다.
국가는 명령과 계획에 의해 조직되며 시장은 스스로의 이익을 쫓는 이
기적 개인의 자발적 거래에 의해 조직된다. 전자를 강조하는 것이 사회
주의이며 후자를 강조하는 것이 자본주의다. 각각의 이념은 마르크스
경제학과 신고전파 경제학을 이론적 기초로 삼으며, 그 중간에 사회민
주주의와 케인스주의 경제학이 있다. 신자유주의는 여기에서 신고전파

경제학에 기초한 시장 자본주의가 승리하여 다른 두 사조(경제학파)에 대해 승리를 거둔 현상이라는 것이 그 골자를 이룬다. 요컨대, 시장과 국가라는 양 극단을 두고 그 사이에 긴 연속선을 그은 뒤, 우리가 알고 있는 여러 정치경제체제를 마치 전선 위의 참새마냥 그 선 위에 주욱 늘어놓는 것이다.

이러한 이분법은 산업 시대의 인류 역사를 '자본주의와 사회주의의 투쟁'으로 이해하는 거대서사를 풀어놓는 데에는 쓸모가 있을지 모르지만, 막상 실제로 벌어졌던 일들을 이해하는 데에 과연 얼마나 소용이 있는지는 심히 의문스럽다. 산업 문명은 여러 이질적인 기술적, 사회적, 문화적 혁신의 산물들이 복합적으로 복잡하게 작동하는 체제이며, 그 요소들 하나하나의 내적 변화에 따라 또 그 요소들이 결합되는 방식에 따라 한순간도 멈추는 일 없이 계속 변화하며 사멸하기도 하고 새로운 체제의 탄생을 낳기도 한다. 우리가 지난 20세기에 벌어졌던 대사건들을 제대로 이해하고 우리의 미래에 대한 함의를 제대로 얻어내기 위해서는 그 복잡한 과정들 하나하나를 있는 그대로 볼 필요가 있다. 그런데 이렇게 복잡한 산업 문명의 진화 과정을 단순히 '자본주의 대 사회주의'라는 혹은 '국가 대 시장'이라는 단순화된 틀로 이해하려는 거대서사는 가르쳐주는 것보다는 은폐하는 것이 더 많을 수밖에 없다.

이 책은 그러한 거대서사를 넘어서서, 이 두 개의 거대한 사건에 있어서 핵심적 요소의 하나인 신고전파 경제학의 발전과 전개 과정을 있는 그대로 꼼꼼히 해명하고 있다. 그리고 이를 바탕으로 하여 1989년을 전후하여 발생했던 공산주의 체제 전환의 진정한 성격과 의미가 무엇이었는지 그리고 마치 그의 쌍생아처럼 함께 나타난 신자유주의이데올로기의 성격과 의미가 무엇이었는지에 대해서도 이념적인 통념과 전혀 다른 시각을 던져주고 있다. 서두에서 말한 거대서사의 이분법에 별 의문을 가져본 적이 없는 이들에게 이 책은 대단히 당혹스럽고 심지어 황당할 수도 있겠다. 신자유주의는 하에에크 및 대처의 영국과 프리드먼 및 레이건의 미국에서 시작된 것이 아닌가. 그런데 마르크스주의를 신조로 삼던 옛 동유럽 국가들의 경제학자들이 신자유주의 한 기원이라고? 하지만 이 글을 끝까지 주의깊게 읽은 이라면 면밀한 문헌 조사 및 인터뷰에 근거한 이 책의 논리에 압도되지 않을 수 없을 것이다. 그리고 그 결과, 앞에서 말한 이분법에 근거한 정치경제학의 통념에 대해 근본적 의문을 갖게 될 것이다.

이 책에서 자세히 전개되고 있는 논지를 다시 반복할 필요는 없을 것이다. 단지 그러한 통념적인 이분법에서 나올 수 있는 거부감을 조금이라도 완화시키기 위해서, 경제사상 발전의 맥락에서 볼 때 신고전파 경제학이 차지하는 위치와 의미에 대해 몇 마디 덧붙여보고자 한다.

1

1870년대의 소위 '한계주의 혁명'과 함께 경제학에 나타난 신고전파 경제학의 핵심은 흔히 오해되듯이 자본주의를 찬양하거나 부르주아의 이익을 옹호하는 데 있지 않았다. 개인에 있어 가장 만족스러운 경제행위의 선택과 전체 차원에서의 가장 효율적이고 이상적인 자원 배분을 동시에 만족시켜주는 균형이 존재한다는 믿음이 그 핵심이었다.

개개인의 자유와 전체의 조화라는 필연이 완벽한 조화를 이룬다는 이러한 믿음은 18세기 애덤 스미스 이래로 자유주의 사상이 하나의 사회사상으로서 성립하는 데 가장 중추를 이루는 명제였다. 하지만 고전파 경제학의 이론 체계 특히 그 근간을 이루는 가치론인 노동가치론으로는 이러한 명제를 입증하는 데 한계가 있었다. 고전파 경제학은 기본적으로 생산에 투입되는 토지, 자본, 노동이라는 세 요소를 중심으로 인간 세상을 지주, 자본가, 노동자 세 계급으로 나누어놓고 이 세 요소—계급—을 분석 단위로 하여 부와 가치가 창조되고 유통되며 축적되는 일련의 과정을 구성하는 이론이었다. 생산 과정에서 인간이 치러야 하는 희생 혹은 비용을 '고역으로서의 노동labour as toil'이라는 단위로 파악하여 계산하는 것이 그 방법이었지만, 큰 한계에 봉착한다. 생산 과정에서 이 노동을 치르는 것은 노동자일 뿐 지주와 자본가가 치르는 희생을 계산할 수는 없기 때문이다. 비록 리카도가 '날짜 붙은 노동dated labour과 그에 대한 이자'라는 개념으로 이를 모두 '죽은 노동'으로 환원하는 기법을 개발하려고 시도했지만 확고한 성취를 거두지 못했다. 결국 존 스튜어트 밀에 이르면 노동 가치라는 단일한 단위로의 경제 이론 구축은 실패하고 대신 스미스 이래의 '생산비 이론'으로 회귀해버리고 만다. 대신 카를 마르크스의 손으로 넘어간 고전파 경제학과 노동가치론은 엉뚱하게도 자본주의의 '자연적 질서'를 증명하는 이론이 아니라 그 필연적 모순을 입증하는 이론으로 바뀌어버린다.

　　가치의 기본 단위를 노동 시간에서 개개인의 주관적 효용으로 바꾸어놓은 신고전파 경제학은 그러한 본래의 자유주의적 자연법사상의 목적을 달성하는 데 훨씬 더 효과적인 서사를 제공했다. 물론 생산 과정 대신 유통 및 소비 과정에서 개개인이 느끼는 이 '주관적 효용'이라는 개념으로 가치론을 구성하자는 주장은 19세기 중반 이전의 나소 시니어Nassau Senior나 장 바스티아Jean Bastiat 등에게서도 볼 수 있지만, 이는 어디까지나 형이상학적 사변의 차원을 크게 넘어서지 못했다. 그런데 1870년대에 칼 멩거, 윌리엄 스탠리 제번스, 레옹 발라 등이 이루어낸 이른바 '한계주의혁명'은 그러한 주관적 효용의 극대화라는 원칙이 개인의 행위를 어떻게 이끌어내는가 그리고 이것이 하나하나 합쳐지게 되면서 어떻게 전체 가격 구조가 만들어지고 심지어 일반 균형에까지 이르게 되는가를 정밀한 수학적 논리로 구성해냈으며, 이에 하나의 실정적 이론positive theory으로서의 신고전파 경제학이 성립되기에 이르렀다.

2

여기서 흥미로운 점은 신고전파 경제학과 사회주의 경제학의 관계다. 1870년대 이후가 사회주의 운동이 본격적으로 성장하는 시기이자 또 경제학 주류의 전통이 신고전파 경제학으로 넘어가는 시기이기도 하기 때문에 흔히 신고전파 경제학이 사회주의 운동에 맞서서 자본주의 질서의 정당성을 변호하는 변신론으로 등장한 것이라는 주장이 나오기도 한다.* 하지만 신고전파 경제사상을 논리적으로 따져보나 또 실제 경제사상의 전개 과정을 역사적으로 살펴보나 이러한 생각은 정당

---

*이러한 오해의 한 예는 E. K. 헌트, 『경제사상사: 비판적 관점』(홍기빈 옮김, 시대의 창, 2015)이다. 하지만 이는 오늘날 광범위하게 발견되는 통념이다.

화되기 힘들다. 먼저 앞에서도 말했듯이 또 이 책에서 저자가 반복하여 강조하고 있듯이, 신고전파 경제학 이론이 스스로 입증했다고 주장하는 핵심 명제는 '개인과 전체의 경제적 목표를 모두 만족시키면서 모두에게 가장 이로운 균형점이 존재한다'는 것에 불과하다. 최소한 20세기 전반기의 신고전파 경제학자들이 주로 골몰했던 문제는 이러한 균형점에 어떻게 도달할 수 있는가를 이론적으로 입증한 뒤, 여기에 근거하여 그것이 현실에서도 이루어질 수 있도록 하기 위해서는 어떠한 사회 제도 및 정책이 마련되어야 하는가라는 실천적 함의를 뽑아내는 일이었다.

따라서 이 '개인과 전체를 모두 만족시키는' 해解는 사회주의냐 자본주의냐를 떠나서 모든 경제 시스템이 도달해야 할 이상인 것이다. 논자에 따라서 거기에 도달하는 방법이 모든 이의 욕망과 모든 생산 요소의 희소성과 효율적 결합 방식에 대해 완벽한 지식을 가진 '중앙계획'이 될 수도 있고, 지극히 이기적인 방식으로 행동하는 낱낱의 개인들로 이루어진 완전경쟁의 시장일 수도 있고, 또 그러한 상태에 도달하기 위해 여러 다양한 사회적 존재와 단위에서 여러 다양한 방법의 토론과 의사소통이 벌어지는 또 다른 방식일 수도 있다.

따라서 19세기 말 이래로 사회주의적인 이상이 실현되는 경제 시스템을 설계하기 위해서는 노동가치론에 기초한 마르크스 경제학이 아니라 효용가치론에 근거한 신고전파 경제학이 훨씬 유리하다고 생각한 사회주의자들은 얼마든지 찾을 수 있다. 우선 레옹 발라 자신이 온건한 사회주의자였고, 마르크스 경제학에 거의 영향을 받지 않았던 페이비언 소사이어티 등의 영국 사회주의자들 중에서도 신고전파 경제학에 근거하여 사회주의 경제학을 구성하려 한 이들이 무척 많았다. 젊은 칼 폴라니도 효용가치론이 노동가치론보다 훨씬 과학적인 이론이며 사회주의 시스템의 구상에도 더 효과적이라고 믿었으며 이는 폴라니 혼자만의 생각이 아니었다. 오스카르 랑게나 아바 러너 이전에도 신고전파 경제학에 근거하여 사회주의 경제 시스템을 구상했던 이는 여럿 찾을 수 있다.*

　신고전파 경제학이 일방적으로 시장자본주의만을 정당화하는 강력한 이념적 성격을 띠게 된 데는 무엇보다도 미제스 이후의 오스트리아학파의 역할이 크다. 1920년대에 시작된 사회주의 계산논쟁 과정에서 그는 신고전파 경제학이 상정하는 합리적인 가격 형성과 이를 통한 이상적인—'자연적인'—경제 질서의 형성을 가져오기 위한 필수적 조건은 사적 소유권의 확립 그리고 이를 전제로 한 철저한 자유시장질서뿐이라고 주장한다. 미제스 이전의 오스트리아 학파의 대표자들—뵘바베르크, 비저 등—에게도 이러한 생각이 잠재되어 있었는지는 모르지만 이렇게 명시적인 형태로 신고전파 경제학을 자본주의의 이념으로 주창한 것은 미제스였다.

　신고전파 경제학은 앞에서 말한 바의 이상적 (혹은 '자연적') 상태를 현실에 구현하기 위해서는 어떠한 조건이 필요한가라는 물음으로 바뀌는 순간 대단히 강력한 규범경제학으로 바뀌게 되며, 또 아주 폭

---

*더 많은 이의 논의를 보고 싶다면 다음 참조. Ian Steedman ed., *Socialism and Marginalism, 1870~1930*(London: Routledge, 1995). 이러한 사실이 계속 무시된 것은 항상 마르크스주의가 '정통'의 자리에 있는 것처럼 사회주의 사상사를 기술해온 잘못된 편향의 탓이 크다. 하지만 1930년대 이전 유럽 각국의 민주적 사회주의운동에서 마르크스주의 사상의 영향력을 과장해서는 안 된다.

넓은 사회적, 제도적 장치를 포괄하는 정치경제학이 된다. 이 책에서 논의되는 대로, 스탈린 시대의 소련식 중앙계획경제로는 그러한 이상적 상태에 도달할 수 없다고 생각한 사회주의 경제학자들은 국가의 일방적 명령 대신 생산자들과 소비자들 스스로가 사회적 균형을 발견하고 거기에 도달하는 길을 찾아나갈 수 있는 여러 대안적 체제를 구상할 수 있으며, 이것이 다양한 '시장사회주의' 모델로 발전할 수 있다고 보았다. 자본주의 진영에서도 마찬가지다. 시장 기구 자체가 그러한 이상적 상태로 가는 데에 가장 중요한 제도임을 받아들인다고 해도 다양한 현실의 여러 문제와 또 시장 자체의 '실패'로 인해 그러한 상태에 도달하지 못할 수 있다는 점을 인정한다면, 이를 보완하기 위해 경제계획이나 규제 등을 포함한 다양한 제도를 가미한 '수정자본주의' 모델로 발전할 수 있다. 즉, 사회주의이건 자본주의이건 신고전파 경제학이 상정하는 이상적 상태에 도달하는 데에 시장이나 국가의 독재보다는 다양한 민주적 제도 및 절차가 더 유리하다는 입장에 서게 되면 극단적인 공산주의나 극단적인 자본주의를 모두 피해갈 수 있으며,[*] 이 대안적 장치들을 설계하고 고안하는 데 있어 신고전파 경제학은 효과적 도구로 쓰일 수 있게 된다.

하지만 냉전시대로 들어오고 공산주의와 자본주의라는 단순한 이분법적 이념 대립 구도가 점차 강해지면서 이러한 가능성의 여지는 점차 줄어들고, 신고전파 경제학은 점차 자본주의의 폐쇄적 이데올로

---

[*] 사회주의자였던 폴라니 또한 1919년 발표한 한 글에서 이러한 논지를 전개하고 있다. Karl Polanyi, "What Matters Today" in *For a New West: Essays, 1919–1958*(London: Verso, 2014: 홍기빈 옮김, 『새로운 문명을 위하여(가제)』, 작은책).

기로 변질된다. 폴 새뮤얼슨 등 케인스주의 경제학에 호의적인 이들이 신고전파 경제학 내에서 주류의 위치를 차지했던 시절, 시카고 대학을 중심으로 이에 반발한 신고전파 경제학자들은 점차 미제스나 하이에크 등의 오스트리아학파의 이념적 틀을 받아들이게 되었고 이들은 이후 오로지 개인만을 경제적 존재로 인정하여 이 개인들만으로 구성되는 시장경제가 어떻게 완벽한 상태에 도달할 수 있는지를 반복해 강조하는 오늘날의 신고전파 경제학을 만들어냈다. 1970년대 이후 신고전파 경제학의 초석이 된 합리적 개인의 이미지가 있다. 경제적 의사결정에 필요한 모든 정보를 스스로 구해내어 또 자기 나름의 완벽한 경제 모델을 운용하여 완벽하게 합리적인 의사결정을 하는 것이 개인이라는 이미지다. 말할 것도 없이, 이는 '전지전능한 중앙계획기구'를 개개인에게 이전시켜놓은 것이라고밖에는 할 수 없다.

이렇게 경제사상사의 맥락에서 볼 때, 신고전파 경제학 자체는 자본주의와 사회주의의 이념 싸움의 산물이라고 할 수 없는 학문이다. 물론 신고전파 경제학이 그려내는 세계는 현실에 존재하지 않으며, 신고전파 이론이 현실을 묘사하는 이론도 아니다.* 신고전파 이론은 특수한 전제와 가정으로 구성된 가상의 세계에서라면 자원의 활용과 욕구의 만족에 있어서 개인과 전체를 모두 만족시키는 해가 존재한다는 것을 증명하는 이론일 뿐이다. 따라서 이는 자본주의에서나 사회주의에서나 현실의 경제 상태를 성찰하고 그 개선책을 찾아내는 데 공

---

* 이는 독일 역사학파 경제학자들과 칼 멩거 이래의 오스트리아학파 경제학자들이 지리하게 벌였던 이른바 "방법론 투쟁Methodenstreit"에서도 양쪽 진영 모두가 공히 인정했던 바다. 순수경제이론 그 자체가 현실적 경제 분석이 될 수는 없다.

히 도움이 되는 하나의 '규범적$_{normative}$' 이론으로서 위력을 발휘하게 된다. 공산주의 진영 내에서 이미 스탈린 집권 이전부터 면면히 내려온, '시장 요소의 도입'을 골자로 하는 경제개혁주의자들은 정통 마르크스-레닌주의자들이나 좌파 이론가들에 의해 "자본주의적 요소를 도입하고자 했던 수정주의·자유주의자들"이라는 딱지가 붙곤 했지만, 이들의 다수는 이 책에서 설명하는 대로 그저 이러한 신고전파 경제학을 활용하여 사회주의 경제체제를 발전시키고자 했던 철저한 사회주의자들이었다. 여기에서 우리는 공산주의 진영 내에서 몇십 년간 벌어졌던 경제 이론과 정책 갈등과 논쟁을 단순히 "사회주의 내에 침투한 자유주의적 요소와의 투쟁"이라는 이념적 양분법으로 보아서는 안 된다는 이 책의 주장을 이해할 수 있게 된다. 이 갈등의 진면목은 폭압적인 스탈린주의 및 마르크스-레닌주의 체제를 개혁하여 보다 합리적, 효율적이면서도 민주주의적 요소를 강화한 사회주의 경제체제를 건설하려고 했던 노력이었다. 이것이 바로 이 책의 주장이다.

3

이렇게 놓고 보면, 서두에 말한 단순화된 이분법의 거대서사는 사실 서로 결이 다른 몇 개의 요소들로 분해된다는 것을 알 수 있다. 자본주의 대 사회주의, 시장 대 국가, 신고전파 경제학 대 다양한 급진파 경제학 등의 대립 구도는 '자본주의-시장-신고전파' 대 '사회주의-국가-급진파 경제학'으로 묶어버릴 수 없다. 오히려 이 세 개의 이항대립을 구성하는 각 요소는 서로 다양한 방식으로 연결될 수 있다. 신고전파 경제학-시장-사회주의의 결합도 얼마든지 있을 수 있다는 이야기다. 이렇게 본다면, 자본주의 대 사회주의라는 단순화된 이념적 구도로 보는 거대서사와는 달리 20세기 전체 특히 제2차 세계대전 이후부터 오늘날까지의 산업 체제의 진화 과정은 훨씬 복잡한 그림으로 볼 수밖에 없다. 양쪽 진영 모두에서 산업사회가 성숙해나가는 데에 따라 벌어진 이러한 체제 및 담론의 변화에서, 저자가 제시하고 있는 다른 이해의 틀은 '권력'이라는 문제다.

저자가 볼 때, 동유럽에서나 미국에서나 신고전파 경제학의 변용과 현실의 제도 개혁의 역동을 이해하는 데 더 유용한 틀은 더 많은 경제 주체에게 참여와 경제 권력을 분산시키려는 민주화냐 아니면 엘리트 혹은 기업의 소유자 및 경영자들에게 전일적 권력을 집중시키려는 중앙계획이냐의 대립 구도였다. 이때 "간극적" 공간에서 벌어진 초국가적인 신고전파 경제학 및 시장사회주의에 대한 토론은 이러한 대립 구도 속에서 계속 내용과 현실 적용의 방향이 좌우되었고, 그 와중에서 공산주의 체제의 몰락과 신자유주의 이데올로기라는 두 개의 대사건이 동일하게 큰 영향을 받게 되었다는 것이다.

이러한 저자의 논지는 단순한 주장이 아니다. 실로 보기 드문 범위와 규모의 연구 조사를 통해 촘촘하면서도 널찍하게 짜놓은 논지가 책 전체를 뒤덮고 있기에 일단 압도되지 않을 수 없다. 인류학과 사회학의 조사 방법을 취하면서도 신고전파 경제학과 경제사상사의 복잡하고 까다로운 논리를 소화하고 있으며 나아가 이탈리아어, 헝가리어, 유고슬라비아어로 되어 있는 문서들을 출간된 문헌들뿐만 아니라 문서고 조사까지 행하여 근거로 삼고 있기 때문이다. 물론 이 책의 제목처럼 '신자유주의의 기원'이라는 훨씬 크고 복합적인 과정을 이 연구만으로 규정할 수는 없을 것이다. 그럼에도 이 책이 이루고 있는 중요한 기여는, '국가 대 시장'이라는 기존의 낯익은 이분법을 넘어서야만 실제 벌어졌던 일들을 있는 그대로 볼 수 있게 될 것임을 분명하게 이야기한 것이다. 그릇된 이분법을 대신해 이 책은 자본주의 진영에서건 공산주의 진영에서건 보다 민주적이고 효율적인 경제 질서를 건설하려는 여러 방향에서의 노력과 일방적인 논리를 앞세워서 국가 혹은 자본을 권력의 철옹성으로 삼아 위계적인 방식으로 정치경제 질서를 구성하려하는 노력 사이의 갈등에 착목할 것을 요청한다.

4

이 책에 전개된 신고전파 경제학의 진화 과정을 둘러싼 20세기 후반 경제체제의 변동은 '제도주의 경제학'의 관점에서 볼 때에는 그 한계가 뚜렷하고 어찌 보면 필연적인 것일 수 있다는 것이 필자의 사견이다. 이를 간단히 덧붙여 두고자 한다.

신고전파 경제학은 18세기 애덤 스미스 이래 경제학이 풀고자 했던 근본 문제에 대해 수미일관한 논리적 해답을 제시한 걸작임이 분명하다. 하지만 그것이 완성되는 순간 이미 베블런Thorstein Veblen, 뮈르달 Gunnar Myrdal, 캅Karl William Kapp과 같은 제도주의 경제학의 거장들이 그 치명적인 한계와 결함을 지적한 바 있다.

첫 번째는 개인의 경제적 효용 계산으로 환원할 수 없는 종류의 경제적 계산에 대해 완전히 무력하다는 결함이었다. 바로 '사회적 가치'와 '사회적 비용'의 문제다. 개개인들에게 높은 주관적 효용을 가져다준다고 해서 사회적 차원에서도 높은 가치를 부여할 수 있는 것은 아니며, 그 반대도 마찬가지다. 전자의 경우는 마약을 생각해보면 알 수 있고 후자의 경우는 양서로 가득 찬 공공도서관을 생각해보면 된다. 신고전파 경제학은 이 문제를 풀기 위해 후생경제학이라는 분과를 만들기도 하지만 그 발전은 답보 상태에 있었다. 그런데 이 문제는 단순히 규범적 차원의 문제가 아니라 경제의 작동을 해명하고 처방하는 데 있어서 갈수록 가장 핵심적인 문제로 떠오르게 된다. 다름 아닌 '투자의 사회적 가치'라는 문제 때문이다. 수익 극대화라는 원칙으로 행동하는 투자자 개인들에게 사회적 총투자를 모조리 맡겨두게 되면 공황과 만성적 실업 등 별의별 해악이 다 나타날 것이다. 신고전파 경제학은 이를 '시장의 실패'라는 제목 아래에 일종의 특수$_{ad\ hoc}$이론들로서 해결하려고 하지만, 이미 뮈르달 같은 이들은 1930년대 초에 이는 '사회적 가치'를 독자적으로 계산할 수 있는 경제학을 개발함으로써만 해결할 수 있는 문제임을 지적했다.[*]

이는 '사회적 비용'의 문제에도 고스란히 적용되는 이야기다. 환경 문제나 '님비' 문제에서 볼 수 있듯이, 개개인들로서는 전혀 비용을 부담하려 들지 않고 회피하고 전가하는 것이 가능하지만 사회 전체로서 보면 꼼짝없이 발생할 수밖에 없는 비용이 있다. 신고전파 경제학에서는 이를 '외부적 (비)경제'의 개념으로 해결하려고 하지만, 이는 어디까

---

[*]Gunnar Myrdal, *The Political Elements in the Development of Economic Theory*(London: Routledge, Kegan & Paul, 1964) 특히 6장 참조.

지나 다른 개개인들에게 비용 혹은 가치라는 효과를 낳을 때만 그 정도에 한하여 계산을 한다는 점에서 근본적인 해결책이 될 수 없다. 이에 칸과 같은 이들은 이를 '사회적 비용'의 개념으로 포착해야 한다고 주장한다.[*] 영리기업의 활동은 반드시 자신들이 치러야 할 각종 인간적, 자연적 비용을 사회에 전가시키도록 되어 있으며, 이를 제대로 계산하고 해결하기 위해서는 독자적인 계산 방식과 회계 방식이 필요하다는 것이다. 20세기 후반이 되어 산업경제가 고도화되고 복잡해질수록 이러한 신고전파 경제학의 결함, 즉 개개인의 효용과 비용으로 환원할 수 없는 사회적 차원의 가치와 비용을 포착할 수 없다는 문제점은 더더욱 두드러져갔다.

둘째, 권력의 문제가 완전히 이론에서 배제되어 있다는 점이다. 신고전파 경제학에서는 인간의 다른 사회적 행동과 구별되는 '경제적 행동'이라는 것을 상정하고 이것만으로 구성되는 순수한 의미의 '경제 시스템'이 사회 여타 부문과 독립적으로 존재하면서 작동한다는 것을 전제로 하고 있다. 하지만 현실에 존재하는 모든 '경제 행위자'들은 동시에 정치 행위자이자 종교 행위자 그리고 여타 모든 사회적 행동과 뒤섞여 있다는 점에서 포괄적인 의미의 '사회적 행위자'인 것이다. 이러한 현실을 무시하고 무리하게 추상적, 이론적으로 '순수경제법칙'이라는 것을 상정한 결과 나타난 가장 치명적인 신고전파 경제학의 결함은 '권력'이라는 현실을 무시해버린다는 것이다.

---

[*]Karl William Kapp, *The Social Costs of Business Enterprise*(Nottingham, Bullwell: Spokesman, 1978).

권력은 우발적인 현상도 아니며 또 경제와 무관한 현상도 아니다. 오히려 이는 모든 인간 사회의 조직에서 가장 본질적인 요소이며 경제적 관계는 무엇보다도 이 권력 관계에 의해서 조직된다는 것은 미국 제도주의 경제학의 아버지인 베블런이 이미 19세기 말에 강조했던 바다. 농경과 목축이 시작되고 지배계급이 출현한 이후로 경제적 관계에서 최대한 남들을 지배하여 육체노동을 피하고 '땀 안 흘리고' 살고자 하는 것이 인간의 또 하나의 본능이 되었다. 따라서 고대사회 이래로 이러한 권력집단의 사회적 지배라는 것은 생산 관계의 조직과 분배 구조를 결정하는 가장 중요한 요소였으며, 다른 어느 때보다도 자본주의 시대에 들어와서 그러하다는 것이 베블런의 주장이었다.

신고전파 경제학이 제아무리 논리적으로 완벽한 체계를 내적으로 구축해놓았다고 해도, 이 두 가지 비판이 제기되면 가상의 규범적 체계로서는 몰라도 현실 경제를 이해하고 이를 분석하는 과학으로서의 가치는 여지없이 무너지게 된다. 이 두 비판은 모두 사회를 존재론의 기초 단위로 삼아 방법론적 개체주의에 기초하고 있는 신고전파 이론을 밑동부터 부정하는 것이기 때문이다.

게다가 이 두 가지 문제 즉 '사회적' 가치 및 비용의 계산 문제와 권력에 의한 경제적 관계의 조직이라는 문제는 서로 결합되어 나타날 때가 많다. 이를 있는 그대로 인정하고 오히려 공준으로 삼아 정치경제학 이론을 구성해보면 20세기 후반 이후에 실제로 존재했던 자본주의 및 사회주의 경제의 현실에 대단히 근접하는 하지만 신고전파 경제학 이론과는 거리가 먼 상(像)을 얻게 된다. 바로 '위계에 의한 권력 체제'라는 상이다. 현실의 생산 관계 및 분배 구조는 지배집단의 권력에 의해 지배되도록 되어 있으며, 그 조직은 사회적 가치와 비용의 계산이 체계적으로 지배집단에게 유리하도록 짜여진다는 것이다. 이렇게 되면 현실의 경제적 관계는 자본주의에서든 사회주의에서든, 지배집단의 이익이 관철되도록 즉 권력이 큰 쪽에서 권력이 약한 쪽으로 일방적인 명령과 복종의 관계로 된 위계서열 관계가 된다는 것이 그 귀결이다.

아이러니하게도 이것은 이 책의 끝부분에서 묘사되고 있는 1989년 이후의 상황과 직결되는 이야기이기도 하다. 공산주의 타도 혁명이 벌어진 1989년 이전의 기간에 동유럽 경제학자들이 신고전파 경제학 이론에 근거하여 구상했던 다양한 민주적 사회주의의 아이디어는 모두 사라졌다. 대신 1990년대 초 지구적 규모에서 형성되고 있었던 신자유주의적인 초국적 지배 블록에 의존하고 종속되는 과정에서 정권을 잡은 정치적·경제적 엘리트 집단은 국내의 정치경제 제도 또한 그러한 권력 질서에 맞추어 재편했다. 모든 민주적 제도와 정책의 구상은 무력화되고 정치경제 시스템은 다시 상부로부터 하부로 일률적인 명령에 의해 일사불란하게 조직되는 종류의 자본주의 경제와 그에 상응하는 정치적 위계 구조로 재편된다.

밀턴 프리드먼 같은 이는 자본주의적 시장경제는 정의상 '위계'와는 모순된다고 말할지도 모르겠다. 그러나 그렇지 않다. 옛날의 공산주의 경제가 중앙계획기구의 명령에 따라 모든 인적, 물적 자원의 배치와 활용이 결정되는 위계적인 상명하복 체제였다면, 1990년대 이후의 자본주의는 자본과 시장의 명령에 따라 그러한 일이 벌어지는 위계적인 상명하복 체제라고 할 수 있다. 공산당 관료들이 국가기구의 이름을 빌어 행하던 지배와 통제가 이제는 '주주' 및 소유자의 이름을 빌어 자본주의적 경영의 방식으로 행해지는 차이가 있을 뿐이다. 1990년대에 동유럽 국가들에서 급속하게 진행된 '자본주의'로의 이행은 자율적이고 민주적인 시장경제의 질서라 할 만한 것을 건설하는 과정이 아니라 그 이전의 지배계급이 명찰과 신분만 바꾼 채 전국의 경제자원을 사적으로 독점하여 이전과 같이 자신들의 일방적인 지배와 권력의 수단으로 바꾸는 과정에 더 가깝다. 러시아에서 형성된 '과두 체제'는 이러한 과정을 잘 드러내고 있다.

나는 이러한 방향, 즉 정치와 경제의 부당한 이분법을 넘어서서 진정으로 사람과 자연이 물질적으로나 정신적으로나 풍요와 안녕을 보장받을 수 있는 민주적이고 효율적인 질서의 수립은 어떻게 가능한가 그리고 그것을 가로막는 현실의 권력 관계는 어떠한가를 예리하게 분석하는 정치경제학의 수립이 지금 우리에게도 절실한 과제라고 생각한다. 그리고 한 세기가 훌쩍 넘도록 인류의 경제적 사고방식을 지배해온 신고전파 경제학 또한 이러한 맥락에서 그 위대성과 한계를 모두 정당하게 평가받는 작업이 필요하다고 생각한다. 역자에 불과한 필자가 이러한 사견을 감히 이 책의 말미에 덧붙이는 이유는, 이것이 이 책을 쓴 저자가 진정으로 바라는 방향과 크게 어긋나지 않는다고 믿기 때문이다. 산업사회와 경제체제의 진화는 오늘도 계속되고 있으며 미래에도 결코 멈추지 않을 것이다. 20세기에 있었던 "공산주의 체제의 몰락과 신자유주의의 승리"라는 것도 그래서 결코 "역사의 종말"이 아니라 그러한 끝없는 진화 과정의 한 매듭일 뿐이며, 미래는 계속 우리 앞에 빈 여백으로 남아 있다. 그 여백을 채워나갈 우리의 이제부터의 노력에, 이 책이 하나의 중요한 준거점이 될 것이라 믿는다.

댄치그, 조지Dantzig, George B. 139, 235

더글러스Douglas, Mary 34

더빈, 에반Durbin, E. F. M. 70, 170

던롭Dunlop, John T. 135

데 비아시, 비토리오De Biasi, Vittorio 262-263, 280, 284, 290-291

델 노체, 아우구스토Del Noce, Augusto 285

도나트, 페렌츠Donáth, Ferenc 211

도마, 엡세이Domar, Evsey 190-191, 194-195

독일 33, 62, 64, 67, 70, 73, 77-78, 90, 122, 224

독일 역사학파 62

독점체 55, 308, 320, 328, 369

돕, 모리스Dobb, Maurice 77

두나옙스카야, 라야Dunayevskaya, Raya 89

드브뢰, 제라르Debreu, Gerard 99, 100, 119, 237, 306

디킨슨Dickinson, H. D. 76, 94

ㄹ

레이어드, 리처드Layard, Richard 361

라코시, 마차시Rákosi, Mátyás 208, 210-212, 250

라트비아 360

라틴아메리카 39, 333, 390

라포이, 돈Lavoie, Don 68

랑그, 리카르드Lang, Rikard 172

란다우어, 카를Landauer, Carl 68, 90

랑게, 오스카르Lange, Oskar 47, 70, 73, 75-77, 81, 90, 94, 96-98, 166-167, 173-174, 183, 186-187, 193, 226, 232, 235-237, 241-242, 247, 250, 303, 305, 334, 345-347, 357, 366, 368

랜드 연구소RAND 92, 98, 100, 109, 112-113, 119, 235

램플랜드, 마사Lampland, Martha 12

러너, 아바Lerner, Abba 70, 77, 94, 96

러시아 연구센터 7, 12, 111-112, 115, 273

러시아 연구소 111-112, 123, 125, 273

러키, 미하이Laki, Mihály 339, 342

런던 정치경제대학LSE 69, 171, 173, 233

레닌, 블라디미르 일리치Lenin, V. I. 72, 85, 91, 206, 209, 285, 288

레오니, 브루노Leoni, Bruno 285

레온티예프, 바실리Leontief, Wassily 92, 97, 110, 132-134, 149, 232, 234

레이건, 로널드Reagan, Ronald 6, 18, 21, 298

머요르, 이반Major, Iván 359, 375

머지, 스테파니Mudge, Stephanie 398

멘친게르, 요제Mencinger, Jože 371-373, 380

멩거, 카를Menger, Carl 28, 50, 70, 90

모카가타, 비토리오Moccagatta, Vittorio 292

모틸, 알렉산더Motyl, Alexander 121

몬티아스, 마이클Montias, John Michael 147

몽 펠르랭 협의회 20, 255, 265, 293-294, 393

무이젤, 얀Mujžel, Jan 352, 400

뮤렐Murrell, Peter 383

미국 경제학 학회AEA 97, 102

미드, 제임스Meade, James E. 194

미로스키Mirowski, Philip 324

미엘리, 레나토Mieli, Renato 256, 262-263, 265, 270, 276-277, 282, 288, 291, 293

미제스, 루드비히 폰Mises, Ludwig von 47, 62, 67-70, 73, 78, 80, 413

미첼, 티머시Mitchell, Timothy 12, 25, 412

미츠키에비치, 엘렌Mickiewicz, Ellen 135

미쿨리치, 브란코Mikulić, Branko 352

민주적 지도부 위원회 399

밀, 존 스튜어트Mill, John Stuart 53

밀라노비치, 브란코Milanović, Branko 11, 300-301, 340

밀라르, 제임스Millar, James 413

밀렌코비치Milenkovitch, Deborah D. 193, 386

밀로셰비치, 슬로보단Milošević, Slobodan 198

ㅂ

바네크, 야로슬라프Vanek, Jaroslav 191-193, 195, 202-203, 315

바란, 폴Baran, Paul A. 77, 89

바로네, 엔리코Barone, Enrico 60-61, 65, 68, 73, 75-76, 87, 92-93, 186-187

바르나, 티보르Barna, Tibor 134

바륵호른, 프레데리크Barghoorn, Frederick C. 135, 147

바우다냐, 마우리치오Vaudagna, Maurizio 292

바우만, 지그문트Bauman, Zigmunt 415

바이트, 알렉산데르Bajt, Alexsander 168, 318-319, 372

바토르, 프랜시스Bator, Francis M. 237

케인스, 존 메이너드Keynes, John Maynard 92, 131

케인스주의 경제학 25, 28, 48, 65, 102, 117, 187-188, 224, 301, 322-323, 328, 387, 404, 412

코넬 대학 172, 191, 202

코니우스Konius, A. A. 82

코라치, 믈라덴Korač, Mladen 171

코르너이, 야노시Kornai, János 147, 214, 218-219, 230, 233, 241-242, 306-307, 336, 338, 341, 348, 363

코미소, 엘런Comisso, Ellen T. 12

코민테른 125

코민포름 155-156, 165, 199

코스, 로널드Coase, Ronald H. 71-72, 77

코프만스, 티알링Koopmans, Tjalling 110, 112, 132, 136-143, 149, 235, 241

콘핀두스트리아 11, 255-260, 263, 268-270, 275, 279-280, 282-283, 289, 291, 293

콜레티, 루초Colletti, Lucio 284

콜스 위원회 235

쿠마르, 크리샨Kumar, Krishan 408

쿠퍼, 윌리엄Cooper, W. W. 113

쿤, 토머스Kuhn, Thomas 143, 289

쿤, 해럴드Kuhn, Harold 143

크로아티아 312

크로체, 베네데토Croce, Benedetto 266, 288

클라우스, 바츨라프Klaus, Václav 342, 344-346, 348, 357

클라인, 나오미Klein, Naomi 20, 298

클라인, 로런스Klein, Lawrence R. 224

키드리치, 보리스Kidrič, Boris 157, 159-160, 169

ㅌ

타시스, 로리Tarshis, Lorie 117

탈집중화 101, 158, 169, 178

터르도시, 마르톤Tardos, Márton 250, 348

터커, 앨버트Tucker, A. W. 143

테이시, 에데Theiss, Ede 225

테일러, 프레드Taylor, Fred M. 46, 49, 102

토리노 대학 290, 292

톨리아티, 팔미로Togliatti, Palmiero 263

통화주의 25, 27, 38, 299, 321-323, 404

투입-산출 기법에 대한 제1차 국제회의 133

트로츠키Trotsky, Leon 77, 89, 123,

플로리다 주립대학 173
피그 만 위기 144
피네티, 우고Finetti, Ugo 284
피노체트Pinochet, Augusto 23
피닉스 프로그램 146
피르손, 니콜라스Pierson, N. G. 57, 73
피어슨, 크리스토퍼Pierson, Christopher 409
피에라치니Pieraccini, Giovanni 275

ㅎ

하버드 대학 7, 11-12, 92, 111, 115, 131-132, 172, 234, 244, 273, 328
하비, 데이비드Harvey, David 21, 389, 398
하우트하커르, 헨드릭Houthakker, Hendrik S. 148-149
하이만, 에두아르트Heimann, Eduard 64, 66
하이에크, 프리드리히Hayek, Friedrich A. von 20, 27, 38, 47, 57, 65, 67-68, 72-74, 78, 81, 170, 255, 303, 323, 393, 396, 398, 413
한, 프랭크Hahn, Frank 326
한계주의 혁명 28, 63-65, 69
한센, 앨빈Hansen, Alvin Harvey 188

할음, 게오르게Halm, Georg 73
합리적 기대학파 31, 329
헤겔.Hegel, G. W. F. 292
헤베시, 줄러Hevesi, Gyula 222
헤테니, 이슈트반Hetényi, István 222
헬레르, 퍼르커시Heller, Farkas 222-223
헴펠, 칼 구스타프Hempel, Carl G. 289
협동조합 33-35, 190-191, 250, 337, 350, 370, 400, 414
호르바트, 로베르트Horváth, Róbert 232
호르바트, 브란코Horvat, Branko 171, 175-178, 182, 194-196, 202-203, 300, 311, 314-315, 320, 352, 357
호프먼Hoffman, George W. 161
후르비치Hurwicz, Leonid 241
후생경제학 92-94, 96, 101, 179, 374
후자르Huszár, István 222
후지모리Fujimori, Alberto 23, 396
흐루쇼프, 니키타Khrushchev, Nikita 124, 227, 261-263, 271
힉스, 앨빈Hicks, Alvin 182
힉스, 존Hicks, John 70
힐먼, 아뤼에 르Hillman, Arye L. 378

신자유주의의 좌파적 기원

초판인쇄	2015년 3월 2일
초판발행	2015년 3월 9일

지은이	조하나 보크만
옮긴이	홍기빈
펴낸이	강성민
기획	이택광
편집	이은혜 박민수 이두루 곽우정
마케팅	정민호 이연실 정현민 지문희 김주원
온라인 마케팅	김희숙 김상만 한수진 이천희
독자 모니터링	황치영

펴낸곳	(주)글항아리 ∣ 출판등록 2009년 1월 19일 제406-2009-000002호

주소	413-120 경기도 파주시 회동길 210
전자우편	bookpot@hanmail.net
전화번호	031-955-1934(편집부) 031-955-8891(마케팅)
팩스	031-955-2557
ISBN	978-89-6735-184-7 93300

글항아리는 (주)문학동네의 계열사입니다.

이 도서의 국립중앙도서관 출판시도서목록(CIP)은 e-CIP 홈페이지(http://www.nl.go.kr/ecip)에서
이용하실 수 있습니다.(CIP제어번호: CIP2015004962)